U0444094

莊子釋讀

（下）

程水金 著

人民文学出版社

雜篇

陸氏《經典釋文·莊子敍録》云：『其《内篇》多家並同，自餘或有《外》而無《雜》。』其所著録者：崔譔《注》十卷，二十七篇（《内篇》七，《外篇》二十）；向秀《注》二十卷，二十六篇（一作二十七篇，一作二十八篇，亦無《雜篇》）；司馬彪《注》二十一卷，五十二篇（《内篇》七，《外篇》二十八，《雜篇》十四，《解説》三）；郭象《注》三十三篇（《内篇》七，《外篇》十五，《雜篇》十一）。《漢書·藝文志》録《莊子》五十二篇，陸氏謂『卽司馬彪、孟氏所注』，是三分《莊子》書爲《内篇》、《外篇》與《雜篇》，或爲《漢志》之舊，司馬彪不過沿用其體而已。郭象省併五十二篇爲三十三篇，『若《閼弈》、《意修》之首，《危言》、《游鳧》、《子胥》之篇，凡諸巧雜』（《釋文》引郭象之語），今皆無蹤跡，乃郭氏盡行剔除矣。而成玄英《莊子序》所謂『《内篇》明於理本，《外篇》語其事跡，《雜篇》雜明於理事』云云，乃概而言之耳。王夫之《莊子解》説：『《雜篇》唯《庚桑楚》、《徐无鬼》、《寓言》、《天下》四篇爲條貫之言，《則陽》、《外物》、《列禦寇》三篇皆雜引博喻，理則可通，而文義不相屬，故謂之雜。』又：『《外篇》文義雖相屬，而多浮蔓卑隘之説；《雜篇》言雖不純，而微至之語，較能發《内篇》未發之旨。』

雜篇

庚桑楚第二十三

庚桑楚，取首句中第二人之名以爲篇。之所以不取『老聃』爲篇名，避與《老子》之書名相混。《史記·莊子傳》作《亢桑子》。陸德明《經典釋文》：『《莊子·雜篇·庚桑第二十三》，以人名篇。本或作《庚桑楚》。』則《釋文》本篇名無『楚』字。王叔岷《校詮》云『古鈔卷子本、《道藏》羅勉道《循本》本並無楚字，與《釋文》本合』。本篇既敷衍《内篇》的養生之旨，亦發皇其道論及其天人境界之義。尤其以《養生主》『爲善不近名』與老子『不尚賢，使民不爭』的政治哲學思想相關爲説，確有獨到之處。

〔一〕

老聃之役有庚桑楚者，偏得老聃之道，〔一〕以北居畏壘之山。其臣之畫然知者去之，其妾之挈然仁者遠之；〔二〕擁腫之與居，鞅掌之爲使。居三年，畏壘大壤。〔三〕畏壘之民相與言曰：『庚桑之子始來，吾洒然異之。〔四〕今吾日計之而不足，歲計之而有餘。庶幾其聖人乎！子胡不相與尸而祝之，社而稷之乎？』〔五〕

庚桑子聞之，南面而不釋然。〔六〕弟子異之。庚桑子曰：『弟子何異於予？夫春氣發而百草生，正得秋而萬寶成。〔七〕夫春與秋，豈无得而然哉？天道已行矣。〔八〕吾聞至人，尸居環堵之室，而百姓猖狂不知所如往。〔九〕今以畏壘之細民而竊竊焉欲俎豆予於賢人之間，我其杓之人邪！吾是以不釋於老聃之言。』〔一〇〕

弟子曰：『不然。夫尋常之溝，巨魚无所還其體，而鯢鰌爲之制；步仞之丘陵，巨獸无所隱其軀，而孽狐爲之祥。〔一一〕且夫尊賢授能，先善與利，自古堯、舜以然，而況畏壘之民乎！夫子亦聽矣！』〔一二〕

庚桑子曰：『小子來！夫函車之獸，介而離山，則不免於罔罟之患；吞舟之魚，碭而失水，則蟻能苦之。〔一三〕故鳥獸不厭高，魚鱉不厭深。夫全其形生之人，藏其身也，不厭深眇而已矣。〔一四〕

『且夫二子者，又何足以稱揚哉！是其於辯也，將妄鑿垣牆而殖蓬蒿也。簡髮而櫛，數米而炊，竊竊乎又何足以濟世哉！〔一五〕舉賢則民相軋，任知則民相盜。之數物者，不足以厚民。〔一六〕民之於利甚勤，子有殺父，臣有殺君，正晝爲盜，日中穴阫。〔一七〕吾語女，大亂之本，必生於堯、舜之間，其末存乎千世之後。千世之後，其必有人與人相食者也！』〔一八〕

【釋義】

〔一〕**老聃之役有庚桑楚者**　役，服侍。《釋文》：「司馬云：學徒弟子也。」庚桑楚，姓庚桑，名楚。《史記·老子韓非列傳》「畏累虛、亢桑子之屬，皆空語無事實」，司馬貞《索隱》：「亢音庚。亢桑子，王劭本作庚桑。」《列子·仲尼》「老聃之弟子有亢倉子者」，殷敬順《釋文》：「亢倉音庚桑，名楚，《史記》作亢倉子。賈逵《姓氏英覽》云：吴郡有庚桑姓，稱爲士族。」**偏得老聃之道**　偏，頗。成玄英《疏》：「門人之中，庚桑楚最勝，故稱『偏得』也。」行甫按：偏亦通「徧」，今作遍，全。

〔二〕**以北居畏壘之山**　以，猶及。北居，猶居北。畏壘，虛擬之山名，司馬遷所謂「畏累虛」。**其臣之畫然知者去之**　臣，男僕。之，猶若。畫，界分。行甫按：畫然，出類拔萃，與人截然有分之貌。知，通智。**其妾之挈然仁者遠之**　妾，女僕。挈，通契，結合。《釋文》：「本又作契。」《說文》「契，大約也」，段玉裁注：「約，取纏束之義。」《文心雕龍·書記》：「契者，結也。」《說文繫傳》：「《韓子》『宋人得契，密數其齒』，謂以刀分之，有相入之齒縫也。」王叔岷《校詮》：「《道藏》成《疏》本、覆宋本挈並作絜，郭注同。挈、絜古亦通用，《道藏》林希逸《口義》本亦作絜。」行甫按：挈、絜、契三字，皆從㓞得聲，音同通用，然其本字當從《釋文》或本作契。契然，與人接交，融洽相入之貌。「畫然」言智，顯其穎特出衆；「挈然」狀仁，言其親和相入。

〔三〕**擁腫之與居**　擁腫，無知貌。行甫按：《逍遥遊》「其大本擁腫而不中繩墨」，猶今言其人腦子笨拙，則稱榆木疙瘩。之，猶乃。說見吴昌瑩《經詞衍釋》。與，猶共。居，處。**鞅掌之爲使**　鞅掌，無親之意。《釋文》：「崔云：鞅掌，不仁意。」行甫按：《小雅·北山》「王事鞅掌」，毛《傳》：「失容也。」可與「不仁」之意相會。爲，猶以。使，猶用。**居三年**　居，猶積。《國語·晉語八》「假貸居賄」，韋昭注：「居，蓄也。」《大戴禮·虞戴德》

『居小不約』，王聘珍《解詁》：『居，蓄也，積也。』**畏壘大壤**　壤，通穰，豐足。《釋文》：『本亦作穰，崔本同。《廣雅》云：豐也。』

〔四〕**畏壘之民相與言**　相與，聚在一起。言，議論。**庚桑之子始來**　之，猶是，此。子，先生。**吾洒然異之**　洒，音洗，郭象注：『異其棄知而任愚。』《釋文》：『洒然，崔、李云：驚貌。』

〔五〕**今吾日計之而不足**　日，每天。計，統計。《說文》『計，會也；筭也』，段玉裁注：『會，合也；筭當作算，數也。』足，滿。**歲計之而有餘**　歲，每年。行甫按：日計不足，歲計有餘，猶言無短期之利，有長遠之功。亦謂日無小利，歲有大功。**庶幾其聖人**　庶幾，殆，大抵。聖人，善於理政之人。**子胡不相與尸而祝之**　子，你。胡，何。尸，主。祝，祭。之，指代庚桑楚。**社而稷之**　社，立社爲祭。稷，谷神。《風俗通義·祀典》：『《孝經說》：「稷者，五穀之長，五穀眾多，不可偏祭，故立稷而祭之。」』行甫按：尸而祝之，社而稷之，互文見義，猶言爲庚桑子立生祠，以之爲祭主，祭拜而祈福。

〔六〕**庚桑子聞之南面而不釋然**　南面，居君位。行甫按：庚桑楚治畏壘之民，猶畏壘之君。釋，通懌，釋然，悅樂貌。

〔七〕**弟子異之**　異，怪。《孟子·梁惠王上》『王無異於百姓之以王爲愛也』，趙岐注：『異，怪也。』**弟子何異於予**　猶言弟子何以怪異於我不受此生爲人祀之殊榮。**夫春氣發而百草生**　夫，猶若。發，散出。**正得秋而萬寶成**　正，猶當。《周易·豐·象傳》『正乎凶也』，王引之《經義述聞》：『正，亦當也。』《禮記·檀弓上》『狐死正丘首』，俞樾《羣經平議》：『正之言當也。』劉淇《助字辨略》卷四：『《世說》「庾公正料事」，此正字，猶適當也，言正直其時也。』得，當。《周易·未濟》『各得其所』，《釋文》：『一本得作當。』行甫按：正得，猶言適當，同義複詞。俞樾《平議》以爲『得』字爲衍文，陶鴻慶《讀莊札記》以爲『得』字當在『秋』字之下，武延緒《札記》以爲當作『秋得正』，皆非也。萬寶，當作『萬實』。《釋文》：『元嘉本作「萬實」。』成玄英《疏》：『夫春生秋實，陰陽之恆。實亦有作寶字者。』

〔八〕**夫春與秋** 夫，猶彼。 **豈无得而然哉** 无，猶不。得，猶當。然，如此。哉，反詰語氣詞。 **天道已行矣** 天道，猶言自然規律，《釋文》本作『大道』，義無二致。已，通以；以，猶之。說見吳昌瑩《經詞衍釋》。矣，猶耳。說見王引之《經傳釋詞》。

〔九〕**吾聞至人** 至人，境界極高的人。 **尸居環堵之室** 尸居，成玄英《疏》：『如死尸之寂泊，故言尸居。』王叔岷《校詮》：『「尸居」猶「靜處」。』環堵，周圍皆止一堵之牆。《釋文》：『司馬云：一丈曰堵，環堵者，面各一丈，言小也。』行甫按：環堵之室，猶言斗室。 **而百姓猖狂不知所如往** 而，猶然，轉折連詞。猖狂，隨心所欲而無所顧忌。《山木》『猖狂妄行，乃蹈乎大方』，是其義。所，猶何。如往，去，同義複詞。行甫按：此言『至人』無爲而治，放任百姓，不加約束。

〔一〇〕**今以畏壘之細民而竊竊焉欲俎豆予於賢人之間** 今，現在。以，因。細民，猶庶民。竊竊焉，私下談論貌。俎，薦牲體之砧板。豆，盛祭品之器皿。成玄英《疏》：『俎，切肉之几；豆，盛脯之具，皆禮器也。』行甫按：俎豆，以祭器代指祭祀，名詞用作動詞。於，猶與。行甫按：俎豆予於賢人之間，猶言與賢人一起共享祭禮。 **我其杓之人邪** 其，猶乃。杓，音標，《說文繫傳》：『杓，猶標也。』《廣雅·釋詁一》『杓，末也』，王念孫《疏證》：『杓，猶標也。』又音的，《釋文》：『王云：斯由己爲人準的也。向云：馬氏作馰，音的。』行甫按：二音二義相備，因高高在上，故爲眾矢之的。郭象注曰『不欲爲物標杓』，即讀音爲的而取義於標。 **吾是以不釋於老聃之言** 是以，因此。於，以，因。老聃之言，郭象注：『聃云：功成事遂，而百姓皆謂我自爾。』成玄英

《疏》：『老君云：功成弗居，長而不宰。』行甫按：今本《老子》第三章曰：『不尚賢，使民不爭，不貴難得之貨，使民不爲盜。不見可欲，使民不亂。是以聖人之治，虛其心，實其腹，弱其志，强其骨。常使民無知無欲也，使夫智者不敢爲也，爲無爲，則無不治。』據下文『舉賢則民相軋，任知則民相盜』云云，『老聃之言』或指此。

〔一一〕**不然**　然，如此。**夫尋常之溝**　夫，猶若，亦彼。尋常，猶小。成玄英《疏》：『八尺爲尋，倍尋爲常。』王叔岷《校詮》：『《御覽》七五引溝下有洫字。』**巨魚无所還其體**　所，猶可。還，音旋，回轉。**而鯢鰌爲之制**　鯢鰌，音泥秋。行甫按：鯨鯢，乃大魚之稱；鯢鮒，爲小魚之名。鯢鰌猶言鯢鮒。爲，猶以。制，當爲利字之譌。奚侗《補注》：『制當作利，形近而譌；言尋常之溝，爲鯢鰌之利。』王叔岷《校詮》：『奚氏謂「制當爲利」，於義爲長，下文「先善與利」，利字卽承此言。《鶡冠子·泰鴻篇》「執大同之制」，陸注：「制，或作利。」卽二字相亂之例。』行甫按：奚說可從。上言『爲之利』，下言『爲之祥』，祥猶善，正與『先善與利』之文相合。**步仞之丘陵**　步仞，與上文尋常相對。《釋文》：『六尺爲步，七尺曰仞。孔安國云：八尺曰仞。《小爾雅》云：四尺曰仞。』丘陵，山坡。王叔岷《校詮》：『《釋文》引崔云「蠱狐以小丘爲害也」，疑崔本此文丘下無陵字。《記纂淵海》五五、《韻府羣玉》一四引此並無陵字，《亢倉子》同。』行甫按：步仞之丘，與『尋常之溝』相對，當以無陵字爲是，乃抄寫者先增『陵』字而後增『洫』字。**巨獸无所隱其軀**　所，猶可。隱，藏。**而孽狐爲之祥**　孽，與孽、櫱、枿字相通。《說文》『孽，庶子也』，段玉裁注：『凡木萌旁出皆曰櫱，人之支子曰孽，其義略同。何注《公羊》曰「庶孽，衆賤子，猶樹之有櫱生」，得其義矣。』行甫按：孽狐，猶言幼狐。祥，《釋文》：『崔云：善也。』行甫按：言畏壘之民，小富卽安，對庚桑子十分滿意，故欲生祀其人以爲謝。

〔一二〕**且夫尊賢授能**　且夫，且也，更端之詞。**先善與利**　善，給予榮譽。利，授予祿位。**自古堯舜以然**　以，猶已。然，如此。**而況畏壘之民**　而況，更何況。行甫按：言自古帝王尊敬賢能，畏壘之民，親受庚桑之益，故欲生祀其人以爲尊。**夫子亦聽** 亦，猶庶幾，幸詞。聽，從。

〔一三〕**小子來** 小子，年輕人。來，呼語詞，敦促聽者認真聆聽。**夫函車之獸** 夫，猶若。函，含，容。《説文》：『函，舌也』，段玉裁注：『函之言含也，含於口中也。』《禮記·曲禮上》『其間函丈』，鄭玄注：『函，猶容也。』行甫按：函車之獸，言獸之大容於一車。《國語·魯語下》『獲骨焉，節專車』，徐元誥《集解》引吳曾祺曰『專車，滿一車也』，是其義。**介而離山** 介，獨。《釋文》：『《廣雅》云：獨也。一本作分，謂分張也。元嘉本同。』俞樾《平議》：『《方言》：「獸無偶曰介。」一本作「分」，非。』**則不免於罔罟之患** 罔，通网。罔罟，同義複詞，獸網。**吞舟之魚碭而失水** 碭，音義同蕩，散溢。**則蟻能苦之** 蟻，螻蟻。或補『螻』字，以與上文『罔罟』相耦。苦，困。《漢書·張騫傳》『以苦漢使』，顔師古注：『苦，令其困苦也。』《馮奉世傳》『爲外國所苦』，顔師古注：『苦，謂困辱之。』《釋文》：『崔本作枯。』通假字。行甫按：此言居賢之名，則有高標離羣之害。

〔一四〕**故鳥獸不厭高** 厭，滿足。高，猶遠。**魚鱉不厭深** 深，水深。**夫全其形生之人** 夫，猶若。全，保全。形生，形體與生命。**藏其身也不厭深眇而已矣** 眇，遠，與上『高』字相關聯。

〔一五〕**且夫二子者** 二子，堯、舜。**又何足以稱揚** 足，猶得。稱揚，稱舉，同義複詞。**是其於辯** 是，此，指『尊賢授能，先善與利』。其，猶之。辯，治。《左傳》昭公元年『誰能辯焉』，杜預注：『辯，治也。』《荀子·儒效篇》『治辯之極也』，王先謙《集解》：『辯，亦治也。』**將妄鑿垣牆而殖蓬蒿** 將，猶當。妄，亂。垣牆，墻壁，同義複詞。《説文》：『垣，牆也；牆，垣蔽也。』殖，通植，種植。蓬蒿，蒿草，同義複詞。《説文》：『蓬，蒿也。』**簡髮而櫛** 簡，猶選。櫛，猶梳理。《釋文》：『扻，莊筆反，又作櫛，亦作楖，皆同。』**數米而炊** 數，猶計算。**竊竊乎又何足以濟世** 竊竊，私下計較。《釋文》：『司馬云：細語也。一云：計較之貌。崔本作察察。』行甫按：竊竊、察察，聲轉義通，猶言細心分辨。濟，猶益。《爾雅·釋言》：『濟，益也。』《漢書·董仲舒傳》：『未嘗以亂濟亂』，顏師古注：『濟，益也。』行甫按：此言不能順其自然而無爲。

〔一六〕**舉賢則民相軋**　軋，輾軋。**任知則民相盜**　知，讀智。《人間世》：『名也者，相軋也；知也者，爭之器也。』**之數物者**　之，猶是，此，代指『舉賢』與『任知』以及『先善與利』。物，猶事。**不足以厚民**　厚，益。《國語·晉語一》『彼得其情以厚其欲』，韋昭注：『厚，益也。』《爾雅·釋詁》『惇，厚也』，郝懿行《義疏》：『厚，爲增益之義也。』

〔一七〕**民之於利甚勤**　勤，勞苦，企望。《法言·先知》『或問民所勤』，李軌注：『勤，苦。』《召南·江有汜·序》『勤而無怨』，孔穎達《正義》：『勤者，心企望之。』**子有殺父臣有殺君**　有，或。殺，《釋文》：『音試，本又作弒，下同。』**正晝爲盜**　正，猶當。行甫按：正晝，猶言當午，與下文『日中』同義相耦。**日中穴阫**　穴，鑿孔挖洞。阫，音胚，牆垣。行甫按：此言舉賢任智以治民之害。

〔一八〕**吾語女**　語，告訴。女，通汝，你。**大亂之本**　本，根本，源頭。**必生於堯舜之間**　之間，猶之中。**其末存乎千世之後**　末，流變，影響。行甫按：『末』對『本』而言。乎，於。**千世之後其必有人與人相食**　其，猶將。

此乃本篇第一章第一節，言老聃之徒庚桑楚治畏壘之民，去智去仁，不循治法，自然無爲，而畏壘之民無不豐足，欲生祀庚桑楚，庚桑楚堅辭而不受。其弟子則以堯、舜『尊賢授能，先善與利』，規勸庚桑楚聽從民願，接受生祀之禮。而庚桑楚則以爲，賢能之名，乃養生全形之累。且『舉賢』而『任知』，有爲而治，則更是『大亂之本』。若以此導民，必將世風日下，以致『千世之後，其必有人與人相食者也』。本節既演繹《養生主》『爲善不近名』之全生保身，亦發揮老子『不尚賢，使民不爭』之無爲而治。

【繹文】

老聃有一位名叫庚桑楚的弟子，頗得老聃思想學説之真傳，出師後隱居在北面的畏壘山。他的男僕中有智慧超羣的人便把他們趕走，他的女僕中有親和仁善的人也不讓留在身邊；在他周圍服役辦事的，要麼是愚蠢笨拙的榆木疙瘩，要麼是不近人情的扎手刺頭。到了第三年，畏壘這地方便家給人足，民衆十分富裕了。畏壘地方的民衆三三五五聚在一起議論説：『庚桑這位先生剛來的時候，我們都對他感到非常驚訝。現在，我們要是每天盤算自己的進項，確實有點兒不夠當日的開銷，可是按照年度來計算，那結餘就多多了。大概這人是個了不起的聖人吧！你們爲什麼不能共同建造一座祠堂，爲他立個牌位，讓他活著就享受人們的祭祀呢？』

庚桑先生聽到這些話，心裏老大不高興。弟子門人很好奇，不知道他爲什麼不高興。庚桑先生説：『徒兒們有什麼可奇怪的呢？正像春天裏生機發動，所有的草木便蓬勃生長起來；適當秋天到來的時候，所有的果實也就成熟了。那春天的草木生長和秋天的果實成熟，難道不是適逢其時才是這樣的嗎？不過是天地自然的運行規律而已。我聽説過，最會治理天下的聖人，他衹是安靜地坐在一丈見方的斗室之中什麼事也不做，天下百姓便隨心所欲無所顧忌，想去哪兒就去哪兒，想幹什麼就幹什麼。現在，就因爲畏壘的庶民百姓們交頭接耳在私下裏議論紛紛，想建造祠堂把我放在聖賢的行列享受祭祀之禮，我豈不是高高在上成了萬衆注目的靶子了嗎？我感到有悖於老聃的教誨，因而心裏十分不高興。』

弟子們說：『話不是這樣說的。譬如說，那一丈多長的小水溝，大魚沒有辦法轉動它的軀體，可是那些小魚卻認爲非常方便；七八尺高的小土坡，大獸沒有辦法隱藏它的身形，可是那些幼小的狐貍卻覺得非常適意。所以畏壘之民小富卽安，容易滿足。至於說，尊敬賢者，授職能人，首先就是給予他們一定的榮譽和好處，自從古代的唐堯虞舜以來就是這樣的，更何況畏壘之民對你是發自内心的感謝與尊敬呢！老師您還是隨了他們的意願吧！』

庚桑先生說：『弟子們聽著！那能夠填滿一輛車的巨獸，如果獨自離羣下山，就免不了落網的災難；能夠吞下一艘船的大魚，如果播蕩失水，那些螻蟻就能制服它。所以飛鳥與野獸不滿足於遠走高飛，魚兒與龜鱉也盡量地潛藏到深水裏去。至於那些保全形體與生命的人，他們的藏身之處，也是有多遠就走多遠，越遠越安全就是了。

『再說，唐堯、虞舜這兩個人吧，又有什麼值得稱揚的呢！他們對於國家的治理，就相當於胡亂在墻壁上鑿洞來種植蒿草。那種如同數著頭髮來梳頭，數著米粒來做飯，自以爲盤算得很清楚，做得很仔細周到的治理方法，又怎麼能夠使天下富足呢？推舉賢能就會使民衆互相傾軋，任用智慧就會讓民衆互相掠奪。這些治理舉措，是很難讓民衆受益的。而且民衆趨利心切，也會無所不用其極。爲了利益，兒子可以殺了老子，臣下可以殺了主君，光天化日之下可以公然殺人搶劫貨物，青天白日之中可以穿牆打洞盜竊家財。我告訴你們吧，天下大亂的根源，一定就是產生在唐堯、虞舜的時代，大亂的餘毒與影響至千年之後。千年之後，將一定有人吃人的事情發生！』

南榮趎蹵然正坐曰：『若趎之年者已長矣，將惡乎託業以及此言邪？』〔一〕庚桑子曰：『全汝形，抱汝生，无使汝思慮營營。若此三年，則可以及此言矣。』〔二〕

南榮趎曰：『目之與形，吾不知其異也，而盲者不能自見；耳之與形，吾不知其異也，而聾者不能自聞；心之與形，吾不知其異也，而狂者不能自得。〔三〕形之與形亦辟矣，而物或間之邪，欲相求而不能相得？〔四〕今謂趎曰：「全汝形，抱汝生，勿使汝思慮營營。」趎勉聞道，達耳矣！』〔五〕庚桑子曰：『辭盡矣。曰奔蜂不能化藿蠋，越雞不能伏鵠卵，魯雞固能矣。雞之與雞，其德非不同也，有能與不能者，其才固有巨小也。〔六〕今吾才小，不足以化子。子胡不南見老子！』〔七〕

南榮趎贏糧，七日七夜至老子之所。〔八〕老子曰：『子自楚之所來乎？』南榮趎曰：『唯。』〔九〕老子曰：『子何與人偕來之眾也？』南榮趎懼然顧其後。老子曰：『子不知吾所謂乎？』南榮趎俯而慙，仰而嘆曰：『今者吾忘吾答，因失吾問。』〔一〇〕老子曰：『何謂也？』南榮趎曰：『不知乎人謂我朱愚，知乎反愁我軀；不仁則害人，仁則反愁我身；不義則傷彼，義則反愁我己。〔一一〕我安逃此而可？此三言者，趎之所患也，願因楚而問之。』〔一二〕老子曰：『向吾見若眉睫之間，吾因以得汝矣，今汝又言而信之。〔一三〕若

規規然若喪父母，揭竿而求諸海也。女亡人哉，惘惘乎！汝欲反汝情性而无由入，可憐哉！』〔一四〕

【釋義】

〔一〕**南榮趎蹵然正坐**　南榮趎（音除），《釋文》：『李云：庚桑弟子也。《漢書·古今人表》作南榮疇。或作儔，又作壽。《淮南》作南榮幬。』蹵然，成玄英《疏》：『驚悚貌。』正，端直。**若趎之年者已長**　若，猶如，列舉之詞。者，也。**將惡乎託業以及此言邪**　將，猶當。惡，猶何。乎，於。託，寄。業，學業。《國語·晉語七》『守業而不淫』，韋昭注：『業，所學事業。』《禮記·檀弓上》『大功廢業』，孔穎達《正義》：『業，謂所學。』以，猶而，目的連詞。及，達。此言，即上文『全其形生』之言。

〔二〕**全汝形抱汝生**　全，保全。形，形體。抱，猶保，養。生，生命。**无使汝思慮營營**　无，猶毋，禁止之詞。營營，往來馳逐。《小雅·青蠅》『營營青蠅』，毛《傳》：『營營，往來貌。』《文選·鮑照〈行藥至城東橋〉》『擾擾遊宦子，營營市井人』，呂延濟注：『擾擾、營營，皆馳逐貌。』行甫按：全汝形，抱汝生，即南榮所謂『此言』，與上文『全其形生』相關聯；无使汝思慮營營，乃南榮所謂『託業』。是二句乃述謂關係，亦即下句釋上句。**若此三年**　若，猶如。此，指『无使汝思慮營營』。**則可以及此言矣**　此言，『全汝形，抱汝生』，亦即上文『全其形生』。

〔三〕**目之與形吾不知其異也**　之，猶其。與，猶於。形，形狀。行甫按：形，指感官外形而言，下同。知，猶見知或聞知。其，猶或，有。**而盲者不能自見**　自，猶用，以。說見吳昌瑩《經詞衍釋》。**耳之與形吾不知其**

異也而聾者不能自聞　自聞，以聽。**心之與形吾不知其異也而狂者不能自得**　狂，悖亂。得，得事宜。《禮記·大學》『慮而後能得』，鄭玄注：『得，謂得事之宜也。』

〔四〕**形之與形亦辟**　形，形體。行甫按：此『形』就人之整體形軀而言。辟，通譬，猶比，類。**而物或間之**　物，外在之物。或，也許，擬測之詞。間，猶廁，隔。之，代形體。**欲相求而不能相得**　行甫按：總結之辭，言同樣修養身心以求道，卻未必同樣能得其道。

〔五〕**今謂趎曰**　謂，告。**趎勉聞道達耳矣**　勉，努力。《釋文》：『本或作踠。』高山寺卷子本作『晚』。行甫按：于省吾以作『晚』爲是，非。踠、晚皆『勉』字之借。行甫又按：此『勉』字吃緊，參見下文『召其所好，去其所惡』釋義。聞道，猶得道。達耳，《釋文》：『崔、向云：僅達於耳，未徹入於心也。』行甫按：連接上文『今謂趎曰』云云，句當讀爲『勉聞道，達耳矣』，故正文斷之如此。猶言我將努力得道，您的話我已經聽進耳朵裏去了。崔、向之說未達其義。行甫又按：南榮趎既疑形雖相同未必能悟道，故而繼言努力依言而行，至於得道與否，則不可知。是以庚桑子以其『才小』而『不足以化』之，乃薦之於老子。

〔六〕**辭盡矣**　辭，言辭。行甫按：辭盡矣，庚桑子對南榮趎傳道之言，乃盡於『全汝形』云云而已。《大宗師》『可傳而不可受，可得而不可見』，是其義。**曰奔蜂不能化藿蠋**　曰，王先謙《集解》：『引古語。』王孝魚《校記》云『《闕誤》引江南古藏本及李張二本曰字俱作口』。行甫按：『曰』字當爲衍文。奔蜂，《釋文》：『司馬云：小蜂也。一云：土蜂。』化，猶轉化。成玄英《疏》：『奔蜂細腰，能化桑蟲爲己子，而不能化藿蠋。』藿，豆科植物。蠋，音蜀，《釋文》：『司馬云：豆藿中大青蟲也。』**越雞不能伏鵠卵**　越雞，《釋文》：『司馬、向云：小雞也。或曰：荊雞也。』伏，孵化。鵠，鶴。《釋文》：『本亦作鶴。』**魯雞固能**　魯雞，《釋文》：『向云：大雞也，今蜀雞也。』王叔岷《校詮》：『蓋雞大者魯，亦曰蜀。《爾雅·釋畜》「雞大者蜀」，郭注：「今蜀雞。」是也。』固，必。**雞之與雞其德非不同** 德，猶功能。**有能與不能** 有，猶或。與，猶有，或。**其才固有巨小** 才，猶能力。巨小，大小。

〔七〕**今吾才小** 今，猶若。**不足以化子** 足，猶得。以，猶用。**子胡不南見老子** 胡，猶何。

〔八〕**贏糧七日七夜至老子之所** 贏，音盈，擔荷。《釋文》：『《方言》：「贏，儋也；齊楚陳宋之間謂之贏。」一音果。』成玄英《疏》：『贏，裹也，擔也。』

〔九〕**子自楚之所來乎** 楚之所，畏壘山。乎，猶邪。**唯** 承應之聲，猶是。

〔一〇〕**子何與人偕來之衆** 偕，共。之，猶如此。錢穆《纂箋》：『王安石曰：此釋氏所謂「汝胷中正鬧」也。』行甫按：言南榮趎心境不能安寧，顧慮正多。**懼然顧其後** 懼然，驚視貌。顧，回頭看。行甫按：懼然顧其後，言南榮趎執著於實跡，不能透悟其義。朱熹謂『《庚桑楚》篇全是禪』，或因此而發。**子不知吾所謂** 所，何。謂，言。**俯而慚** 俯，低頭。而，猶以，因。慚，愧。**仰而嘆** 仰，抬頭。**因失吾問** 因，由。失，猶忘。行甫按：二句言南榮趎心思重重，故不能解老子之意，無從作答，又因此而不知何從問起。

〔一一〕**何謂** 謂，猶指。**不知乎人謂我朱愚** 知，通智。朱愚，遲鈍愚蠢。章太炎《解故》：『王念孫說《淮南·齊俗訓》「其兵戈銖而無刃」注「楚人謂刃頓爲銖」，此「朱愚」即銖愚。案銖、朱並假借字。《說文》本作錭，云「鈍也」，音變爲銖、爲朱，猶侏儒爲周饒矣。』**知乎反愁我軀** 愁，猶憂。行甫按：智者則多憂。**不仁則害人** 則，猶卽。**仁則反愁我身** 成玄英《疏》：『仁者，兼愛之跡。』**不義則傷彼** 彼，猶他人。**義則反愁我己** 我己，我自己。成玄英《疏》：『義者，成物之功。』行甫按：仁則愛助他人，義卽節制自己。

〔一二〕**我安逃此而可** 安，猶何。逃，避免。行甫按：猶言如何逃避此類價值抉擇。**此三言** 三言，上述三種或者傷人或者傷己之事。 **趎之所患** 患，憂愁。 **願因楚而問之** 願，猶希望。因，猶依。行甫按：言通過庚桑楚之引薦而詢問。

〔一三〕**向吾見若眉睫之間** 向，猶剛才。《釋文》：『本又作嚮，同。』若，汝。眉睫之間，容貌顔色。 **吾因以得汝** 得，猶言推知。 **今汝又言而信之** 今，現在。信，實。

〔一四〕**若規規然若喪父母** 若，汝。規規然，惘悵自失貌。行甫按：《秋水》『規規然自失』，成玄英《疏》：『規規，自失之貌。』是其義。若，如。喪，猶走失，《齊物論》『弱喪而不知歸』之『喪』，是其義。 **揭竿而求諸海** 揭，高舉。竿，旗竿。《鄘風·干旄》所謂『干旄』、『干旌』，注旄羽於竿頭。諸，之於合音。海，荒遠之處。《荀子·王制篇》『北海則有走馬吠犬焉』，楊倞注：『海，指荒晦絶遠之地，不必至海水也。』行甫按：一句當連讀，謂汝悵然自失如走失了父母然後舉旗竿於荒無人烟之處尋找而無所得。父母者，人之本，言喪其本而求之末，喻南榮趎失其本性而外求。 **女亡人** 女，通汝。亡人，迷失之人。 **惘惘乎** 惘惘，迷惘而無所歸。乎，語氣詞。 **汝欲反汝情性而无由入** 反，通返，還。由，猶從。 **可憐** 憐，哀。

此乃本篇第一章第二節，庚桑子不能使南榮趎踐行養生之道，因爲相同之形，相同之心，相同之行，未必有相同之效。教之者雖『有聖人之道』，學之者未必『有聖人之才』，是『可傳而不可受』。且南榮趎愁苦於『知』與『不知』、『仁』與『不仁』、『義』與『不義』之間而難以抉擇，則與『勿使汝思慮營營』之『全形』、『抱生』相去之遠，又何可以道里計！ 此節發揮《内篇》道可悟而得不可學以知之說，可與

《大宗師》南伯子葵問乎女偊『道可得學邪』相參。

【繹文】

弟子南榮趎聽了這番話，大爲驚詫地坐直身子，問庚桑子說：『像我這樣年紀已經老大不小了，應當托身於何種學業才可以達到這裏所說的保全形體生命的境界呢？』庚桑子回答說：『保全你的形體，維護你的生命，就是讓你心境寧靜，不要往來逐物，慾望過多。如果這樣做，三年便可以達到所說的這種境界了。』

南榮趎說：『眼睛與眼睛的形狀，我不知道有什麼不同，但是瞎子不能用來看事物；耳朵與耳朵的形狀，我不知道有什麼不同，但是聾子不能用來聽聲音；心與心的形狀，我不知道有什麼不同，但是思維狂亂的人不能用來明事理。身體與身體的形狀，也好有一比了，是不是有什麼東西隔在中間呢？希望找到那個想要的對象，爲什麼就得不到呢？今天先生教導我說：「保全你的形體，維護你的生命，就是讓你心境寧靜，不要往來逐物，慾望過多。」我將努力悟道，我已經把這話聽到耳朵裏去了！』庚桑先生說：『能說的就這麼多了。可是小土蜂並不能改變豆葉中那個大青蟲的習性，小雞子不能孵化鶴鳥的蛋，大雞子必定是能孵的了。雞與雞的形體一樣，它們的功能也沒有什麼不同，可它們有的能孵鶴蛋，有的不能孵鶴蛋，它們的才能必定有大有小。像我這樣才能很小的人，是沒有本領教化你的。你爲何不去南方見見老子呢！』

南榮趎背著乾糧，走了七天七夜到達老子的住處。老子說：『你從庚桑楚那兒來的嗎？』南榮趎答道：『是啊。』老子說：『你怎麼和這麼多人一起來呀？』南榮趎驚詫地回頭看看他的身後。老子說：『你不明白我說的是什麼意思嗎？』南榮趎慚愧地低下頭，又仰著脖子嘆口氣，說：『今天呀，我先是不知道該如何回答您的問話，接下來我又不知道如何向您請教。』老子說：『什麼意思呀？』南榮趎說：『不聰明吧，人家說我愚蠢笨拙；聰明吧，反過來讓我自己憂心忡忡。沒有同情愛助之心便會損害別人；同情愛助吧，反過來會損害我自己。不堅持原則吧，就會傷害別人；堅持原則吧，就會傷害我自己。我要怎樣避免這些艱難的抉擇才好呢？我說的這三個方面的境況，就是我愁苦擔憂的地方，希望能夠看在庚桑楚的面子上向您請教這些問題。』老子說：『剛才我看你的容貌和臉色，我就據此推知你的心理狀態了。現在你又這麼說，就更加證實了我的判斷。你六神無主的樣子，就好像是走失了父母卻高舉著旗竿到荒無人烟的地方去尋找一樣。你才是真正走失的人啊，眼前一片迷茫不知歸途竟在哪裏呢！你想返還你的真性情卻沒有門徑可以進入了，實在是悲哀啊！』

南榮趎請入就舍，召其所好，去其所惡，十日自愁，復見老子。〔一〕

老子曰：『汝自洒濯，熟哉，鬱鬱乎！然而其中津津乎猶有惡也。〔二〕夫外韄者不可繁而捉，將內揵；內韄者不可繆而捉，將外揵。外內韄者，道德不能持，而況放道而行者乎！』〔三〕

南榮趎曰：『里人有病，里人問之，病者能言其病，然其病，病者猶未病也。〔四〕若趎

之聞大道，譬猶飲藥以加病也。趎願聞衛生之經而已矣。』〔五〕

老子曰：『衛生之經，能抱一乎？能勿失乎？能无卜筮而知吉凶乎？〔六〕能止乎？能已乎？能舍諸人而求諸己乎？〔七〕能翛然乎？能侗然乎？〔八〕能兒子乎？兒子終日嗥而嗌不嗄，和之至也；終日握而手不掜，共其德也；終日視而目不瞚，偏不在外也。〔九〕行不知所之，居不知所爲，與物委蛇，而同其波。是衛生之經已。』〔一〇〕

南榮趎曰：『然則是至人之德已乎？』〔一一〕

曰：『非也。是乃所謂冰解凍釋者，能乎？〔一二〕夫至人者，相與交食乎地而交樂乎天，不以人物利害相攖，〔一三〕不相與爲怪，不相與爲謀，不相與爲事，〔一四〕翛然而往，侗然而來。是謂衛生之經已。』〔一五〕

曰：『然則是至乎？』

曰：『未也。〔一六〕吾固告汝曰：「能兒子乎？」兒子動不知所爲，行不知所之。〔一七〕身若槁木之枝而心若死灰。若是者，禍亦不至，福亦不來。禍福无有，惡有人災也！』〔一八〕

【釋義】

〔一〕**南榮趎請入就舍** 請，猶求。入，入門爲弟子。舍，學舍。**召其所好** 召，致。所好，與己相投合者。

去其所惡　去，除。所惡，與己相悖逆者。王先謙《集解》：『宣云：召清虛，去物欲。』鍾泰《發微》：『「好」謂情性。「惡」謂思慮。』行甫按：莊文本意不在『所好』與『所惡』之物事，而在『召』與『去』之行爲本身，爲上文『勉』字注腳，以爲用力即能得道（此亦證于省吾當作『晚』字之非）；且『好』之與『惡』，皆不離抉擇之途，而非無心以應物，仍然重蹈『知』與『不知』、『仁』與『不仁』、『義』與『不義』之舊轍。注家皆不了。**十日自愁**　自，《闕誤》引諸本作『息』。褚伯秀《義海纂微》：『「自愁」，一本作「息愁」，又作「愁息」，說俱未通。審詳經意，猶《書》云「自怨自艾」之義，退處旬日，怨艾日前爲學不力，見道不明。』行甫按：此乃抄讀者不知『自』義而改作『息』。《說文》『自，鼻也，象鼻形』，段玉裁注：『許謂自與鼻，義同音同；而用自爲鼻者絕少也。凡從自之字，如尸部「眉，臥息也」，言部「詯，膽氣滿，聲在人上也」，亦皆於鼻息會意。』則『自』之本義爲『鼻』，固有『鼻息』之義。諸家以爲『自』乃『息』字之譌，訓『息』爲『止』，非。褚氏不知『息愁』、『愁息』皆爲嘆息之義，而以『怨艾』說之，其義差爲得之，於故訓則無據。**復見老子**　復，重，又。行甫按：南榮趎用力勤劬，十日以來，一無所得，因而嘆息憂愁，重見老子。

〔二〕**汝自洒濯**　自，由，由通猶，是自亦訓猶。又，自亦訓若，如詞。說見吳昌瑩《經詞衍釋》。洒，通洗。洒濯，洗滌，同義複詞。行甫按：『召其所好，去其所惡』，即有汰洗而『全其形生』之義，不過其誤在用力於外而已。**熟**　猶熱。世德堂本作孰，通用字。《素問·大奇論》『五藏菀熟』，王冰注：『熟，熱也。』行甫按：菀熟，今本作『菀熱』，張志聰《集注》：『張兆璜曰：菀熱，久鬱之氣。』**鬱鬱乎**　鬱鬱，熱氣蓊鬱蒸騰貌。《秦風·晨風》『鬱彼北林』，《考工記》『欲其惌也』，鄭司農注：『惌讀爲「宛彼北林」之宛。』《小雅·菀柳》『有菀者柳』，毛《傳》：『菀，茂木也。』《釋文》：『菀音鬱。』《大雅·桑柔》『菀彼桑柔』，毛《傳》：『菀，茂貌。』《釋文》：『菀音鬱，注同。』此宛、菀、惌皆與鬱字音同義通；則《素問》『菀熟』即『鬱熱』，亦即此『熟哉』之義，故又以『鬱鬱乎』補狀其熱氣蓊鬱之貌。**然而其中津津乎猶有惡**　其中，其内。津津，熱而汗出。惡，穢垢。《左傳》成公六年「有汾澮以流其惡」，杜預注：「惡，垢穢。」《管子·水地》「夫水淖弱以清，而好洒人之惡」，尹知章注：「惡，垢穢也。」行甫按：言南榮趎用力悟道，如同以熱水浴身，雖熱氣蒸騰，卻不免汗流沾濕仍有垢穢。朱熹謂本篇「全是禪」，大抵亦指此言之。

〔三〕**夫外韄者不可繁而捉**　夫，猶彼。韄，音獲，《釋文》：「外擭，本亦作韄，音獲。李云：縛也。《三蒼》云：佩刀靶韋也。」行甫按：此當以「擭」爲本字，「韄」爲假借。《說文》「擭，一曰握也」，段玉裁注：「握者，搤持也。《西京賦》『擭獑猢』，薛云：『擭，謂握取之也。』」是「外擭」者，外取也。「擭」與下文「捉」字、「持」字相關爲義。李譔訓「縛」者，因《三蒼》「韄」字義爲說耳。繁，紛繁。俞樾《平議》以爲「繁」（今作繳）字之誤，因李訓爲說，非。而，猶以。捉，握持。《說文》：「捉，搤也，一曰握也。」**將内揵**　將，猶乃。揵，猶持。古鈔卷子本作「楗」者，假借字。《鬼谷子·内揵》「内揵第三」，陶弘景注：「揵者，持之令固也。」**内韄者不可繆而捉**　繆，纏繞。《唐風·綢繆》「綢繆束薪」，毛《傳》：「綢繆，猶纏綿也。」《豳風·鴟鴞》「綢繆牖戶」，鄭《箋》：「綢繆，猶纏綿也。」**將外揵**　外揵，猶外取。行甫按：夫外韄云云，意謂向外求，因其外紛繁而不可把持，於是轉而求之於内。向内求，因其内亦纏繞而不可把持，於是轉而外求。猶言外不通而求之内，内不通求之外，内外踟躇，終無所定。**外内韄者道德不能持**　道，心靈境界。德，行爲方式。行甫按：「道」在内，「德」在外；與上「外韄」、「内韄」以及「内揵」、「外揵」相關聯。持，把持，與「韄」、「捉」、「揵」同義，亦互相關聯。行甫按：猶言無論内求，還是外求，皆無所獲。内求於心，無道的高遠境界；外求於行，無合於道的行爲方式。**而況放道而行者**　況，更。放，棄而遠之。《小爾雅·廣言》：「放，棄也。」《楚辭·悲回風》「見伯夷之放跡」，王逸注：「放，遠也。」行甫按：此言雖勉力於求道，無論求之於外，抑或求之於内，猶皆不能得；更何況既不内求，亦不外求之遠於道而行邪？尤其不足稱道！

〔四〕**里人有病** 里，五家爲里。里人，猶鄰人。**里人問之** 問，猶探望。**病者能言其病** 言其病，自述其病狀。**然其病病者猶未病** 于省吾、王叔岷以『然其病』三字爲衍文，非。病病，以病爲病。猶，乃。行甫按：猶言能以其病爲病者乃未病。

〔五〕**若趎之聞大道** 若，猶如。聞，勉聞。行甫按：此『聞』字與上文『趎勉聞道，達耳矣』相照應，猶言勉力得道。**譬猶飲藥以加病** 猶，猶如。以，猶而。加病，使病情惡化。**趎願聞衛生之經而已** 衛生，養護形體，保衛健康。經，常。猶言日常可行之法。已，止。行甫按：而已矣，南榮趎聞道不得，退而求其次。

〔六〕**衛生之經能抱一** 能，猶寧，能不能。抱一，保其身心合一而不分離。《老子》『載營魄抱一，能無離乎』，言其精神與肉體合而不分，是其義。**能勿失** 失，喪失。行甫按：猶言魂與魄、心與身相離散。《齊物論》『荅焉似喪其耦』，即此抱一、勿失之義。**能无卜筮而知吉凶** 卜筮，龜卜與筮占。知，猶明。行甫按：身安心靜，無私無欲，無歷凶犯險之行，外不傷於物，內不傷於性，其吉凶無須預測亦可知。《秋水》『至德者，火弗能熱，水弗能溺，寒暑弗能害，禽獸弗能賊。非謂其薄之也，言察乎安危，寧於禍福，謹於去就，莫之能害也』，是其義。

〔七〕**能止** 止，猶停止。《鄘風・相鼠》『人而無止』，毛《傳》：『止，所止息也。』**能已** 已，亦止息。**能舍諸人而求諸己** 舍，置，猶今言放下。諸，之於合音。求，審察反省。行甫按：抱一、勿失，是爲處己自持；止、已，是爲待人接物；人己不合，則反求諸己。

〔八〕**能翛然** 翛，音蕭，自由往來貌。**能侗然** 侗，音侗，愚昧無知貌。

〔九〕**能兒子** 兒子，嬰兒。行甫按：嬰兒純樸天真，無知無識。**兒子終日嗥而嗌不嗄** 嗥，音豪，號哭。

《釋文》：『本又作號。』嗌，音益，咽喉。嗄，音憂，嘶啞。**和之至** 和，和氣。行甫按：和，猶無憂無慮、無私無欲。至，猶極。**終日握而手不挩** 挩，音你，手拳曲不伸貌。**共其德也** 共，猶同。其，猶於。德，和之德。《德充符》『德者，成和之修也』，是其義。行甫按：猶言此亦共於和氣之表現。注家皆不了。**終日視而目不瞚** 瞚，音舜，《釋文》：『字又作瞬，動也。』《說文》：『瞚，開闔目數搖也。』行甫按：不瞚，不眨眼皮，不動眼珠。**偏不在外** 偏，專。《戰國策·楚策四》『不偏於死』，鮑彪注：『偏，猶專也。』行甫按：猶言其專注不在外物。

〔一〇〕**行不知所之** 所，猶何。之，往。**居不知所爲** 居，猶處。**與物委蛇** 委蛇，猶隨順。**而同其波** 波，水流。《說文》：『波，水涌流也。』**是衛生之經已** 已，猶矣，語終之詞。

〔一一〕**然則是至人之德已乎** 是，此。已，猶矣。乎，猶邪，詰問之詞。成玄英《疏》：『至人之德，止此可乎？』

〔一二〕**非** 非止於此。**是乃所謂冰解凍釋者** 乃，猶是，爲。冰，凍。凍，冰。解，釋。釋，解。者，指事代詞。行甫按：冰解凍釋，言冰消雪化，春日初至；萬木欣欣，枝葉條暢，尚在其後。以喻無知無識，無私無欲，身安心靜，不過是至人之初基德行而已。**能乎** 猶言能爲至人之德乎？

〔一三〕**夫至人者** 夫，猶若，彼。者，也。**相與交食乎地而交樂乎天** 相與，與人一起。交，猶交互。行甫按：言至人混跡於黎甿，與世俗交相處而無所異。下文『不相與爲怪』，是其義。《內篇·大宗師》『以刑爲體，以禮爲翼，以知爲時，以德爲循』，《外篇·天地》『明白入素，无爲復樸，體性抱神，以遊世俗之間者』，《雜篇·天下》『獨與天地精神往來而不敖倪於萬物，不譴是非，以與世俗處』，皆是其義。俞樾不明『交食』、『交樂』乃『共食』、『共樂』之義，以爲『交』通『徼求』之『徼』，其說非。**不以人物利害相攖** 以，猶與。人物，他人與外物。利害，環境之適與不適。《齊物論》『齧缺曰：子不知利害，則至人固不知利害乎？王倪曰：至人神矣！大澤焚而不能熱，河漢沍而不能寒，疾雷破山、飄風振海而不能驚』，是此『利害』之義。參見《齊物論》相關釋義。攖，擾。《淮南子·繆稱》『勿攖勿攖』，是『攖』亦『擾』。行甫按：猶今所謂不與人物環境相衝突。

（一四）**不相與爲怪** 怪，異。行甫按：言不故意標新立異，與衆不同。《天地》『且渾沌氏之術，予與汝何足以識之哉』；《大宗師》『以德爲循者，言其與有足者至於丘也；而人真以爲勤行者也』；皆是其義。**不相與爲謀** 謀，咨訪。行甫按：言不向衆人咨詢與訪謀。成玄英《疏》『絕謀謨於黎首』，是。**不相與爲事** 爲，行。行甫按：言不與衆人共同行事。行甫又按：三『不相與』，猶言境界極爲高遠的至人，精神超拔於世俗，行爲卻與世俗打成一片，但又不與世俗同流合污。由此可見，僅僅是身安心靜，固守於己，超越世俗，不過如冰消雪化之初始階段而已，尚離春景明和，萬木欣暢之際猶遠。

（一五）**儵然而往** 儵然，自由往來貌。**侗然而來** 侗然，愚昧無知貌。**是謂衛生之經已** 已，猶也。行甫按：此爲『夫至人者』云云之小結。語雖重復，內涵則不同。上文强調精神修養與超越世俗，此處强調以超越的精神重新回到世俗。雖同爲『衛生之經』，其境界（道），其行爲（德），則大爲不同。

（一六）**然則是至** 至，猶極。**未** 猶未必。行甫按：老子擔心南榮趎執跡以求，舍前而趨後，故重新强調自身精神修養。

（一七）**吾固告汝** 固，通故，猶剛才。**能兒子乎兒子動不知所爲行不知所之** 行甫按：重提無知無識，純樸天真之嬰兒，堵塞因舍前以趨後而流於油滑與算計之路。

（一八）**身若槁木之枝而心若死灰** 若，猶如。行甫按：嬰兒之喻已結，則既堵其後路，亦復以『槁木』、『死灰』教其木訥，以息其心而安其身。**若是** 若，如。是，此。**禍亦不至福亦不來** 亦，也。至，亦來。**禍福**

无有 禍福，來自『利害』。**惡有人災** 惡，猶何。人災，來自『人物』。行甫按：果若形如槁木而心如死灰，當無已。

此乃本篇第一章第三節，言養生修道，並非用力於把控外在的物染與內在的情慾，否則如同飲藥治病反而加重了病症。相反，『行不知所之，居不知所爲』，無知無識；『與物委蛇，而同其波』，無心無爲；斯乃養生修道之不二法門。然而，如果刻意於『與物委蛇，而同其波』，又不免流於有心而爲乃至油滑與算計，反不如『身若槁木之枝而心若死灰』以守其拙，庶幾乎則『禍福无有』，亦無『人災』耳。則此節言養生修道，如抽絲剝繭，卻又一波三折。雖前說而後掃，卻愈轉而愈深也。

本章三節，以庚桑楚與南榮趎以及老聃三人爲珠聯主線，每節所發之義各有側重。此乃莊子『文聯而意不聯』之實活章法，倘若囫圇以觀之，則不免遺珠之憾。

【繹文】

於是南榮趎便請求做老聃的入門弟子，住進了學舍，他開始修道養生，招致那些與他相投合的情緒，排除那些與他相悖逆的心理，十天之後，並無明顯效果，於是嘆息憂愁，又去見老子。

老子說：『你勉力求道的方法，就像洗澡，熱乎乎的，頭上還冒著濃濃的熱氣呢！可是你衣服底下汗液沾濕，身體上仍然有污穢。如果向外求取，因外物繁多不易掌控，便轉而向內求取；如果向內求取，因內心複雜不易把握，便轉而向外求取。這一會兒外求，一會兒內求，游移不定，又怎麼能有所收穫呢？在內不可能獲得寧靜的心靈境界，在外也不能形成美好的行爲方式。當然，話得說回來，雖然這種勉力求道的方法並沒有什麼實際效果，但是總比遠離道的境界與行爲不加追求要好得多啊！』

南榮趎說：『鄰里有人生病了，鄰里有人去探望他，生病的人能夠說出他的病來，那麼他既然能認爲自己的病是病，就充分證明這病人並沒有病。像我這樣勉力地求取那個偉大的道，卻好像吃藥之後使病情加重一樣，看來那個偉大的道對我並不適合，我衹希望了解養護形體保證健康的日常做法就可以了。』

老子說：『養護形體保證健康的日常做法，能不能做到形神不離身心一致呢？能不能做到形與神、身與心不會互相撕裂呢？能不能做到謹於去就因而不需要占龜卜卦便可以預見吉凶呢？能不能守往底線呢？能不能有所收斂呢？能不能放過別人而反躬自問呢？能不能無所拘束地自由往來呢？能不能瞢瞢懂懂地無知無識呢？能不能像嬰兒一樣呢？嬰兒成天號哭嗓子卻不會嘶啞，這是和氣充盈最爲突出的表現；成天握著拳頭手掌卻不會彎曲，也是那和氣充盈的共同表現；成天看這看那，眼皮卻不眨，眼珠不動，這是專注力不在外面的體現。行動不知道要去的方向，靜處不知道要做的事情。與外物相隨順，與大流相推移，這就是養護形體保證健康的日常做法了。』

南榮趎說：『那麼最了不起的人物，他的行爲就是這樣了嗎？』

老子說：『不是。這所說的衹是冰消雪化的初期階段，豈能就是這樣呢？離春明景和萬類欣榮的氣象還遠著呢！那了不起的偉大人物，他與世俗的人們一道吃著大地出產的食物，與世俗的人們一起享受著上天賜予的樂趣，他與周圍的人物不會發生衝突，無論外部環境對他適與不適，他都不會心生計較。他不會標新立異與眾人不同，不會與眾人商討主意，也不會與眾人建立事功。無所拘束地自由而去，糊裏糊塗地懵懂而來。這就是所說的養護形體保證健康的日常做法了。』

南榮趎說：『那麼這就是最高境界嗎？』

老子說：『未必。我剛才告訴你說「能不能像嬰兒一樣呢」，意思就是說嬰兒有所動作，卻並不知道要幹什麼；有所走動，卻並不知道要去哪裏。形體就像枯槁的樹枝，心靈就像燃過的灰燼。如果你能夠做到這樣，禍也不會來，福也不會來，禍福不會找上門來，哪裏還有人爲的災害呢！』

〔二〕

宇泰定者，發乎天光。發乎天光者，人見其人，「物見其物」。〔一〕人有脩者，乃今有恆。有恆者，人舍之，天助之。〔二〕人之所舍，謂之天民；天之所助，謂之天子。〔三〕學者，學其所不能學也；行者，行其所不能行也；辯者，辯其所不能辯也。〔四〕知止乎其所不能知，至矣；若有不即是者，天鈞敗之。〔五〕

備物以將形，藏不虞以生心，敬中以達彼，〔六〕若是而萬惡至者，皆天也，而非人也，不足以滑成，不可內於靈臺。〔七〕靈臺者有持，而不知其所持，而不可持者也。〔八〕

不見其誠己而發，每發而不當；業入而不舍，每更爲失。〔九〕爲不善乎顯明之中者，

人得而誅之；爲不善乎幽閒之中者，鬼得而誅之。明乎人，明乎鬼者，然後能獨行。〔一〇〕

券內者，行乎无名；券外者，志乎期費。〔一一〕行乎无名者，唯庸有光；志乎期費者，唯賈人也，人見其跂，猶之魁然。〔一二〕與物窮者，物入焉；與物且者，其身之不能容，焉能容人！不能容人者无親，无親者盡人。〔一三〕兵莫憯於志，鏌鋣爲下；寇莫大於陰陽，无所逃於天地之間。非陰陽賊之，心則使之也。〔一四〕

【釋義】

〔一〕**宇泰定者** 宇，心之室。泰，通太。定，平靜安定。**發乎天光** 乎，猶於；於猶如。天光，日月星之光。錢穆《纂箋》：『薛瑄曰：言心定則明也。』行甫按：言心境寧靜至極而生智慧。**人見其人** 其，猶此。行甫按：緊縮複句，猶言：人，即能察知爲何人。**〔物見其物〕** 物，即能察知爲何物。王孝魚《校記》：『「物見其物」四字依《闕誤》引張君房本及注文補。』行甫按：補四字是。無之，則語意不完。五句猶言靜生定，定生慧，慧生明，明則察知人與物。

〔二〕**人有脩者** 有，猶或。脩，通修，養。行甫按：修養身心。**乃今有恆** 乃，猶及。有，猶爲。恆，長久。**有恆者人舍之** 舍，止。《人間世》『鬼神將來舍，而況人乎』，是其義。**天助之** 天，天神。行甫按：天助之『天』，意志之『天』；天光之『天』，自然之『天』。

〔三〕**人之所舍** 之，猶若。所，猶可。**謂之天民** 天民，天所眷顧之民。**天之所助謂之天子** 天子，天所養育之子。

〔四〕**學者學其所不能學也**　行甫按：既『不能學』，則『學』乎？**行者行其所不能行也**　行甫按：既『不能行』，猶『行』乎？**辯者辯其所不能辯也**　行甫按：既『不能辯』，豈『辯』邪？行甫又按：此三『也』字皆當讀爲『邪』，乃疑詞而非決詞。說見俞樾《古書疑義舉例》『也邪通用例』。故下文卽接『知止乎其所不能知』。

〔五〕**知止乎其所不能知**　知，認知。**至矣**　至，猶極。**若有不卽是者**　卽，猶就，往。是，此。**天鈞敗之**　天鈞，天然之陶鈞，猶言造化。字又作均。《寓言》：『天均者，天倪也。』說見《齊物論》『休乎天鈞』釋義。敗，挫敗，傷害。《釋文》：『或作則。元嘉本作則。』王叔岷《校詮》：『則、敗古通，《淮南子・道應訓》「大則大矣，裂之道也」，《文子・上禮》則作敗。』行甫按：《尚書・堯典》『怙終賊刑』，是則與賊相通。則、賊、敗三字通用。

〔六〕**備物以將形**　備，猶具。以，猶用來，目的連詞。將，養。**藏不虞以生心**　藏，猶蓄。虞，猶企望。《廣雅・釋詁一》『虞，望也』，王念孫《疏證》：『虞，亦候望也。』《左傳》桓公十一年『且日虞四邑之至也』，王引之《經義述聞》：『《方言》曰：「虞，望也。」言日望四邑之至也。昭六年《傳》「始吾有虞於子，今則已矣」，案：虞，亦望也。言昔也吾有望於子，今則無望矣。』生，猶養。行甫按：不虞，與『備物』相關聯，猶言雖備物以養形，但並無覬覦之心而貪多務得，乃以此爲養心。注家皆不了。**敬中以達彼**　敬，恭謹嚴肅。中，心。行甫按：敬中，猶言藏恭謹嚴肅於心。達，猶通。彼，他人。

〔七〕**若是而萬惡至者**　若是，如此。惡，猶災禍。**皆天也而非人也**　天，天數，天命。**不足以滑成**　滑，猶亂。成，猶和。行甫按：成者，修成之和。《德充符》『德者，成和之修也』，是其義。**不可內於靈臺**　內，入。靈臺，猶心，又稱靈府。《德充符》『故不足以滑和，不可入於靈府』，是其義。

〔八〕**靈臺者有持**　者，也。持，操守。奚侗《補注》：『「有持」卽釋「臺」字之義，故《釋名》云「臺，持也」。』

段玉裁《說文注》『臺』字條曰：『古臺讀同持，心曰靈臺，謂能持物。《淮南子》「其所居神者，臺簡以游大清」，注：「臺，持也。」又「臺無所鑒，謂之狂生」，注：「臺，持也。」』**而不知其所持** 而，猶若。所，猶何。**而不可持** 而，猶乃。行甫按：有持、所持、可持，謂『持誠』、『持業』。

〔九〕**不見其誠己而發** 誠己，猶言持誠於己。發，猶動。**每發而不當** 每，必。王叔岷《校詮》：『《文心雕龍·聲律》「雙聲隔字而每舛，疊韻雜句而必睽」，每、必互文，每猶必也。』而，猶亦。當，中，得。**業入而不舍** 業，學業。行甫按：此卽上文『託業』之『業』。入，進，得。《玉篇·入部》：『入，進也。』《廣雅·釋詁三》：『入，得也。』舍，通捨，棄置。《說文》『捨，釋也』，朱駿聲《通訓定聲》：『經傳皆以舍爲之，訓放、訓棄、訓止、訓去、訓除、訓縱皆是。』**每更爲失** 更，改。爲，猶乃。失，不得。行甫按：業入而不舍，承前『不見其』而言；每更爲失，與『每發而不當』亦相對爲文。猶言『不見其業入而不舍，每更爲失』。注家皆不了。

〔一〇〕**爲不善乎顯明之中** 乎，於。顯明，猶光明。**人得而誅之** 得，取。《呂氏春秋·順說》『臣弗得也』，高誘注：『得，猶取也。』誅，殺滅。**爲不善乎幽閒之中者** 幽閒，幽僻。**鬼得而誅之** 鬼，神靈。**明乎人明乎鬼** 明，知曉。**然後能獨行** 獨行，單獨行走。行甫按：猶今語『爲人不做虧心事，半夜不怕鬼敲門』。

〔一一〕**券内** 券，猶契合。行甫按：『券』本契約之名，徐鍇《說文繫傳》『以木牘爲要約之書，以刀剖之，屈曲犬牙相入，故《韓子》曰「宋人得遺契而數其齒」是也』。券契，猶兩半相合而有分之義。《老子》七十九章『聖人執左契不責於人』，卽是其證。『執左契』而『責於人』，則是求右契。此『券内』與『券外』，猶言『求於内』與『求於外』之分。《釋文》：『券，字又作卷。』說者或以爲字當作『劵』而依《說文》訓爲『勞』，非也。**行乎无名** 行，行動。无名，猶言不爭功名。**券外** 猶言責求於外。**志乎期費** 志，向往。期費，猶言聚集財富。俞樾《平議》：

『《荀子》書每用「綦」字爲窮極之義。《王霸篇》「目欲綦色，耳欲綦聲」，楊倞注曰：「綦，極也。」亦或作「期」。《議兵篇》曰「已朞三年，然後民可信也」，《宥坐篇》曰「綦三年而百姓往矣」，是「期」與「綦」通。「期費」者，極費也。費，謂財用也。《呂氏春秋·安死》篇「非愛其費也」，高注曰：「費，財也。」「期費」之義與「綦色」、「綦聲」相近，彼謂窮極其聲色，此謂窮極其財用也。』行甫按：『无名』與『期費』相對爲文，俞説是。

（一二二）**行乎无名者唯庸有光**　唯，通雖。庸，常。《禮記·中庸》『庸德之行』，鄭玄注：『庸，猶常也。』錢穆《纂箋》：『陸長庚曰：君子之道，闇然而日章。』行甫按：不爭名利者，雖庸常亦有光芒。**志乎期費者唯賈人**　唯，爲。賈人，猶商人。**人見其跂**　跂，通企，翹足而望。《衛風·河廣》『跂予望之』，馬瑞辰《傳箋通釋》：『跂，卽企之假借。』**猶之魁然**　猶，如，若，譬喻之詞。之，猶如。行甫按：猶之，虛詞連用。魁，羹勺。《説文》『魁，羹斗也』，段玉裁注：『抒羹之勺也。魁頭大而柄長。』行甫按：猶之魁然，卽『譬如魁然』。言人見其引頸舉踵『志乎期費』，就像豎著一把頭大柄長之羹勺一樣滑稽可笑。

（一二三）**與物窮**　物，猶人。窮，通。行甫按：與物窮，猶言『與物通』。《大宗師》『樂通物，非聖人也』，正作『通物』。是窮之爲通，亦所謂『美惡不嫌同辭』。猶以亂爲治，以曩爲曏，以故爲今，以落爲始，以入爲出之例。**物入焉**　入，猶舍。行甫按：物入焉，卽上文『人舍之』。**與物且**　且，章太炎《解故》：『且借爲阻，《大射儀》「且左還」，古文且爲阻，則亦可借且爲阻。』行甫按：章説是。『阻』與『通（窮）』相對爲義。**其身之不能容**　之，猶乃。容，猶容受，容納。**焉能容人**　焉，猶安，何。**不能容人者无親**　親，猶近。**无親者盡人**　盡，猶窮。行甫按：『窮』既可訓『盡』，『盡』亦可訓『窮』。《慧琳音義》卷二十七：『盡，窮也。』卽是其證。窮人，舉目無親，走投無路的人。

〔一四〕**兵莫憯於志**　兵，兵器。憯，音慘，毒。志，猶言情志。行甫按：下文『寇莫大於陰陽』，知『志』爲情志。**鏌鋣爲下**　鏌鋣，寶劍名。爲下，在下。**寇莫大於陰陽**　寇，猶賊害。陰陽，由喜怒之情所導致的生理機能紊亂。《人間世》『事若成，則必有陰陽之患』，『吾未至乎事之情，而既有陰陽之患矣』，是其義。**无所逃於天地之間**　所，猶可。逃，猶免。行甫按：情志者，人皆有之，不擇時地焉。**非陰陽賊之**　賊，害。**心則使之**　心，猶情志。與上文『志』字相關聯。

此乃本篇第二章，言心境安寧平和，無私無欲，則於人於物，皆通達而無礙。若修道有恆，不滯於人，不滯於物，不强爲其所不能爲，則外物不能侵其身，內志不能亂其心。是以『心閒而無事』，容於人，容於物，可以『獨行』於幽明兩界，而不爲人鬼所傷。

【繹文】

心境處在極爲寧靜的狀態，大腦便自然地閃耀著智慧的光芒。如果大腦自然地閃耀著智慧的光芒，那麼見到人便知道他是什麼人，見到物便知道它是什麼物。人如果修養身心，至今持續了較長時間。持續時間長久了，人們就會歸附他，上天就會佑助他。人們歸附的人，就稱之爲天眷顧的人；上天佑助的人，就稱之爲天養育的人。

學習，是爲了學習那些不能學習的東西嗎？施行，是爲了施行那些不能施行的事情嗎？辯說，是爲了辯說那些不能辯說的道理嗎？認知停止在那些不能認知的對象上，這就是最爲明智的舉動了；否則，如果偏要不撞南牆不回頭，天地間的自然規律就會懲罰他。

預備必不可少的物質來養護形體，保持無所奢望的精神來養護心靈，以由衷的嚴肅恭敬來與他人打交道，如果做到這些了，卻仍有災禍來臨，那就是造化所至，非人力所爲，也就不必擾亂了內心的寧靜，不必讓它侵蝕了心靈。人的心靈應當有所堅守，但不知道什麼東西值得堅守，也就無所謂堅守了。

看不出他的言論是真誠地發自内心的，他發出的言論一定不能切中要害；看不出他的學業是深造自得不是半途而廢的，他改變的學業一定得不償失。在稠人廣眾之中幹壞事，人人都能拿他治罪；在偏僻幽暗之中幹壞事，鬼神就會拿他治罪。知道明處有人責，知道暗處有鬼罰，然後才可以獨往獨來。

執意求取於内心的人，他的行爲不是爲了名利；執意求取於外在的人，他的志向衹在於最大的財富。行爲不是爲了名利，即使人生平淡無奇，卻擁有生命的光輝。志向衹在於最大的財富，不過是做生意的商人而已，人們見他踮著腳跟求財不已的模樣，就好像眼前豎著一把頭大柄長的湯勺子一樣滑稽可笑。與人相勾通的人，人們便會親附他，進入他的圈子；與人相阻隔的人，他自己便不能爲他人所容納，又怎麼能容納他人呢！不能容納他人的人也沒有人願意親近他，沒有人願意親近的人便是一個舉目無親、走投無路的人。最能傷害人的武器是人的情志，吹毛即斷的寶劍鏌鋣尚在其次；最能傷害身體的是生理疾病，活在天地人世之間是無可逃避的。當然，並不是生理疾病傷害人，而是人的各種心理情緒導致的結果。

〔三〕

道通，其分也，其成也毀也。〔一〕所惡乎分者，其分也以備；所以惡乎備者，其有以備。〔二〕故出而不反，見其鬼；出而得，是謂得死。滅而有實，鬼之一也。〔三〕以有形者象无形者而定矣。〔四〕

出无本，入无竅，有實而无乎處，有長而无乎本剽，有所出而无竅者有實。〔五〕有實而无乎處者，宇也。有長而无本剽者，宙也。〔六〕有乎生，有乎死，有乎出，有乎入，入出而无見其形，是謂天門。〔七〕天門者，无有也，萬物出乎无有。〔八〕有不能以有爲有，必出乎无有，而无有一无有。聖人藏乎是。〔九〕

古之人，其知有所至矣。惡乎至？有以爲未始有物者，至矣，盡矣，弗可以加矣。〔一〇〕其次以爲有物矣，將以生爲喪也，以死爲反也，是以分已。〔一一〕其次曰始无有，既而有生，生俄而死；以无有爲首，以生爲體，以死爲尻；孰知有无死生之一守者，吾與之爲友。〔一二〕是三者雖異，公族也。昭景也，著戴也；甲氏也，著封也，非一也。〔一三〕

【釋義】

〔一〕**道通**　道，無終始、無邊際的時空架構。行甫按：此外在於人心之宇宙之道。通，大化流行。**其分**　其，猶乃。分，分化。王孝魚《校記》：『高山寺本「其分也」下有「成也」二字。王叔岷《校詮》：「無「成也」二字，則文意不完。』**其成也毀**　毀，壞。行甫按：分而又成，成而又毀，變動不居之謂。

〔二〕**所惡乎分**　所，猶何。或據郭象注『所以惡分也』以爲奪『以』字。行甫按：所，猶所以，兩通。惡，厭惡。乎，於。**其分也以備**　其，猶彼。以，讀已。備，猶具。**所以惡乎備**　所以，猶何以。**其有以備**　以，猶所以。吳昌瑩《經詞衍釋》：『《左傳》襄二十七年「兵所以威不軌，而昭文德也，聖人以興，亂人以廢」，《潛夫論》作「所以興，所以廢」。』行甫按：此意是說，何以惡於分化邪？那分化是早就具備的。何以惡於分化已具備邪？那具備也是有具備的原因的。猶言無須厭惡分化，分化乃是大化流行的必然趨勢。

〔三〕**故出而不反**　故，通顧，相反。反，通返。出，生。行甫按：出而不反，言物生有分而無成，有成而無毀。**見其鬼**　鬼，歸，物魅。《禮記·祭法》『人死曰鬼』，鄭玄注：『鬼之言歸也。』《論衡·訂鬼》『鬼者，老物之精也』。《說文》『鬽，老物精也。從鬼、彡；彡，鬼毛。魅，或從未。』行甫按：言物生雖不見其成毀，然終有死滅之期。是此『鬼』字既有『歸』義，亦有『老物精』之義。**出而得**　得，猶得反。**是謂得死**　死，猶滅。行甫按：出而得，與『出而不反』相對，承前省『反』字。**滅而有實**　滅，死滅。實，猶種。《周頌·載芟》『實函斯活』，鄭《箋》：『實，種子也。』行甫按：滅而有實，言雖滅而種子猶存。《寓言》『萬物皆種也，以不同形相禪，始卒若環，莫得其倫』，是其義。《知北遊》『臭腐復化爲神奇，神奇復化爲臭腐。故曰：通天下一氣耳』，亦是其義。**鬼之一也**　鬼，猶歸。之，猶則。一，猶同。

〔四〕**以有形者象无形者而定**　有形者，猶言可見之物。象，猶擬測，想象。无形者，猶言不可見之物。定，確定。行甫按：此爲上文之結語。猶言分與成，成與毀，雖非事事可見，猶能於可見之物推知想象不可見之物以確定。行甫又按：『道通』至此，乃言道之大化流行，而非言所謂『情識外馳』而『滅其性』。自郭《注》、成《疏》乃至陸《釋》以降，說者皆入於歧路矣！

〔五〕**出无本**　出，生。本，猶根。**入无竅**　入，死。竅，通徼，邊際。鍾泰《發微》：『竅通徼。《老子》「常有欲以觀其徼」，徼本或作竅，知相通矣。』行甫按：出與入，言萬物在時空框架的大道之中生與死，顯與隱；道無始終，無邊際。故曰出入於無本根，無邊界。**有實而无乎處**　實，猶塞，滿。行甫按：凡可充塞、充滿者必爲虛空。有實，猶言有虛空。乎，於，以。處，止。行甫按：有實而无乎處，猶言空間無止境。**有長而无乎本剽**　長，猶時間。剽，通標，末。行甫按：有長而无乎本剽，猶言時間無始終。**有所出而无竅者有實**　呂惠卿《莊子義》：『文宜曰：「有所出而無本者有長，有所入而無竅者有實」，今但曰「有所出而無竅者有實」，蓋脫簡也。』奚侗《補注》：『「有所出而無竅者有實」句，是釋「出無本，入無竅」之義，當迻置「有實而无乎處」句之上。』行甫按：呂說是，當據以補正。奚說不免『出』、『入』夾雜，文理稍嫌混亂。行甫又按：此二句互文見義，爲上四句之總括，猶言爲物所出入隱顯的時間是無始無終綿延無限的，爲物所出入隱顯的空間是無邊無際展延無窮的。

〔六〕**有實而无乎處者宇**　宇，四方上下，今言空間。**有長而无本剽者宙**　宙，往古來今，今言時間。郭象《注》：『宇者，有四方上下，而四方上下未有窮處。宙者，有古今之長，而古今之長無極。』

〔七〕**有乎生有乎死**　有，猶或。乎，猶以。**有乎出有乎入**　出入，生死，亦猶聚散顯隱。**入出而无見其形**　入出，《闕誤》引張君房本作『出入』。无見其形，生者自生，死者自死，非有形跡。郭象《注》：『死生出入，皆欻然自爾，無所由，故無所見其形。』**是謂天門**　天門，造化之門，老子所謂『玄牝之門』。

〔八〕**天門者无有**　行甫按：任萬物自行出入生死，聚散顯隱，則無門。**萬物出乎无有**　无有，猶天門。行甫按：造化之門雖無，而萬物皆生於造化，故曰『萬物出乎无有』。

〔九〕**有不能以有爲有**　有，具有廣延性及不可入性的存在物，今語所謂實體是。以，猶因。有，已然存在之物。行甫按：猶言存在之物不可依托於已經存在之物而存在，因物皆有廣延而不可入。**必出乎无有**　出，猶呈現。《玉篇》：『出，見也。』行甫按：見，讀爲現。无有，猶言虛空。**而无有一无有**　无有，能容『存在之有』的虛無空間，亦卽實體所佔的空間。一，同。无有，猶言天門之無有。行甫按：萬物所佔的空間，無論其大小廣狹，同是萬物於其中生死出入聚散隱顯的無盡空間。**聖人藏乎是**　藏，托身，生存。是，指無盡的宇宙時空。行甫按：自『出无本』至此，言大化流行之道，就是無始無終、無邊無際的宇宙時空，萬物皆在其中出沒隱顯，生死變滅；而萬物無論其爲大爲小，其爲壽爲夭，皆涵藏在這無限的宇宙時空之中，卽使是有道的聖人亦不能外於此。

〔一〇〕**古之人其知有所至**　知，猶認知。至，達。**惡乎至**　惡，何。**有以爲未始有物**　未始，不曾。未始有物，不曾有物。**至矣盡矣**　至，猶極。盡，猶止。**弗可以加**　加，猶增。

〔一一〕**其次以爲有物**　有物，始有物。**將以生爲喪**　將，猶且，而。喪，猶走失。**以死爲反**　反，通返。行甫按：言人乃寄旅之客，雖有物而無主。**是以分已**　是，猶是故，是以。說見吳昌瑩《經詞衍釋》。以，通已，猶不。王先謙《集解》：『以，同已。』行甫按：《禮記・表記》『與其有諸責也，寧有已怨』，鄭玄注：『已，謂不許也。言諾而不與，其怨大於不許。』是『已』有『不』義。分，分別，分際。已，通矣。行甫按：猶言雖有物而無主，因此亦無所謂分際。《齊物論》『其次以爲有物矣，而未始有封也』，『封』乃邊界，是亦『分』之義。

〔一一二〕**始无有**　无有，猶無物。**既而有生**　既，已，猶言然後。有，猶物。**生俄而死**　俄，猶傾。而，猶然。死，猶滅。**以无有爲首**　首，猶開端。**以生爲體**　生，物之生。體，猶中期。**以死爲尻**　尻，屁股，猶結尾。**孰知有无死生之一守者**　之，猶爲，如。守，猶條貫。俞樾《平議》：『「一守」者，「一道」也。「道」字古讀若「守」，故與「守」通。《知北遊》篇「大馬曰：『子巧與？有道與？』曰：『臣有守也。』」，「守」即「道」字。說本王氏念孫。』行甫按：《大宗師》已有此語，『一守』作『一體』。然則一守、一道、一體，猶言『一條』、『一貫』。《德充符》『使彼以死生爲一條，以可不可爲一貫者』，是也。**吾與之爲友**　爲友，猶交友。

〔一一三〕**是三者雖異**　是，猶此。三者，未始有物者，有物而不分者，始無物而繼有物者。異，不同。**公族**　猶言同宗。行甫按：三說雖異，然皆依托於無終始、無邊際之宇宙時空，亦即大化流行之道。**昭景**　昭，昭氏。景，景氏。皆楚國公族。**著戴**　著，猶表明。戴，通載，猶始。《釋文》：『本或作載。』孫詒讓《札迻》：『戴當爲載，《爾雅·釋詁》云「載，始也」，王逸《楚辭·離騷序》云「三閭之職，掌王族三姓，曰昭、屈、景」，蓋以所出君之謚爲氏者。「著載」，謂著其所始。』**甲氏**　甲，申字之譌。**著封**　封，分封，胙土命氏。于鬯《香草續校書》：『甲必申字之誤也。申、甲隸書止爭半筆。故誤申爲甲。申氏則遠見於春秋，如申舟、申犀、申驪、申無宇、申亥、申包胥皆是，與姜姓四嶽之後氏申者自別。據此，則亦爲楚之公族。楚文王滅申國而縣之，故楚有申邑，則公族之封此固宜。申氏必以封邑爲氏，故曰「申氏也，著封也」，謂表著其封邑也。』**非一**　非一，不同。行甫按：猶言『三者』之說雖然皆是依托於大化流行之道，但無物與有物，畢竟有層次的不同，仍有深淺遠近之別。

此乃本篇第三章第一節，言道乃無始無終、無邊無際且大化流行之時空構架，物因之以有成毀，人因之而有死生，故稱之爲『天門』。知乎物之從無到有，人之從生到死，則人與物雖有異而無異。然而，有無與生死，雖皆爲大化流行而無所異，但畢竟有人與物之不同。而且大化流行雖云『生死爲同一條』，但畢竟仍有先後過程之異，猶楚之三姓，雖有『著戴』與『著封』之别，然皆出自公族。但雖是皆出公族，又仍有『戴祖』與『封邑』之不同。知乎此之有異而不異，不異而有異，則通矣。此節發揮《大宗師》道論之旨。

【繹文】

道，無始無終、無邊無際的時空架構，是大化流行而永遠變動不居的，它使物有所分化又有所合成，使之有所合成又讓它走向毁滅。爲什麼要討厭分化呀，其實那分化是早已具備了的；爲什麼要討厭分化早已具備了呀，那早已具備也是有具備的前提條件的。相反，如果某物產生之後並不走向滅亡，那才是見到所謂老物之精的鬼魅了；如果某物產生之後得以走向滅亡，那才是得到它應該得到的死去之結局。不過物雖滅亡死去了，卻仍有它的種子在，那種子也同樣是老物之精的鬼魅了。通過有形體的事物可以想象無形體的事物；因此，通過有形事物的分合成毁，可以確定道是大化流行、永遠變動不居的。

萬物的生與死，都是在無始無終、無邊無際的大道之中出没的。這大道就是廣大虛無而没有邊界的空間序列，也是漫長綿延而没有終始的時間序列。爲萬物所出入隱顯的時間序列，是無始無終綿延無限的；爲萬物所出入隱顯的空間序列，也是無邊無際展延無窮的。具有無限虛空而没有邊界，就是上下四方的無限空間。具有漫長綿延而沒有終始，就是往古來今的無限時間。在這個無限的時空框架之中，有的產生了，有的滅亡了，有的出現了，有的隱沒了，這些生滅隱顯，看不出什麽痕跡，這就叫作造化之門。造化之門，就是什麽都沒有，而萬物就呈現在這個什麽都沒有的時空之中。當然，具有廣延與不可入性的存在之物，是不能依托另一個具有廣延與不可入性的存在之物而存在的，它必須呈現於沒有别的物體存在的空間。不過，這個存在之物所佔有的空間，同樣是那個上下四方的無限空間。即使是偉大的聖賢人物，也同樣是托身在這個無限的空間之中。

古代的人，他們的認知可以達到某種程度。能達到什麽樣的程度呢？有的認爲最初並沒有物的存在，這是最高的程度了，到了認知的盡頭了，不可以再進一步了。其次是認爲有物了，而且認爲活在世上就是迷路走失了，認爲死去就是回到自己的故鄉，因此人生在世就是客居異地，所以雖然有物卻沒有主人，也就沒有彼此的分别了。第三就是説開始時是什麽都沒有的，然後才產生了物，但產生的物又很快滅亡了；把什麽都沒有當作腦袋，把物的產生當作軀體，把滅亡當作屁股；誰要是懂得有與沒有、產生與滅亡是同條共貫的，我就和他做朋友。這三種説法雖然不一樣，卻都是以大化流行的道爲依托的，這就像楚國的貴族雖各有不同，但都是出於楚國的公族一樣。當然，話得説回來，雖然楚國貴族都是出於楚國公族，可是卻有像昭氏與景氏這樣表示始於楚國君主的謚號或名字的家族，也有像申氏這樣表示土地分封的家族，雖然説他們都是出於楚國公族，但畢竟考慮的著眼點並不完全相同。因此，這三種説法，仍然有一定層次的差别。

有生，黬也，披然曰移是。嘗言移是，非所言也。雖然，不可知者也。〔一〕臘者之有膍胲，可散而不可散也；觀室者周於寢廟，又適其偃焉，爲是舉移是。〔二〕

請常言移是。是以生爲本，以知爲師，因以乘是非；〔三〕果有名實，因以己爲質；使人以爲己節，因以死償節。〔四〕若然者，以用爲知，以不用爲愚，以徹爲名，以窮爲辱。〔五〕移是，今之人也，是蜩與學鳩同於同也。〔六〕

【釋義】

〔一〕**有生**　有，猶惟，雖。說見吳昌瑩《經詞衍釋》。生，生存。**黬**　音衍，《釋文》：『《字林》云：釜底黑也。』行甫按：此以鍋爲喻，猶言人生在世，既有爲人所見的乾淨光鮮一面，亦有爲人所不見的墨黑污垢一面。**披然曰移是**　披，猶兩旁。《說文》『披，從旁持曰披』，段玉裁注：『《士喪禮》「設披」，注曰：「披，絡柳棺上，貫結於戴，人君旁牽之，以備傾虧。」又「執披者旁四人」，注曰：「前後左右各二人。」此從旁持之義也。』《釋名·釋喪制》『兩旁引之曰披；披，擺也，各於一旁引擺之，備傾倚也』，畢沅注：『《說文》「從旁持曰披」，無擺字，當借捭字爲之。』行甫按：披，乃兩邊對等排開之狀。披然，猶言像『披』一樣兩邊對等。曰，猶謂之。移，猶旁。《禮記·大傳》『絶族無移服』，《釋文》：『本或作施，同。移，猶旁也。』孔穎達《正義》：『在旁而及曰移。』是，此。行甫按：是，既與彼相對，亦與非相對。行甫又按：此以『釜底黑』喻人生有光鮮與污垢兩個面相。兩面如『旁持』之『披』而雙邊對等，因而站在任意一邊，都可以稱之爲『這邊』，故曰『披然曰移是』。**嘗言移是**　嘗，曾經。《齊物論》『彼出於是，是亦因彼，彼是方生之說也』，即『嘗言移是』。行甫按：以此觀之，本篇與《齊物論》當出自同一手筆。**非所言** 所，猶此。楊樹達手批王引之《經傳釋詞》：『所本音許，本字爲兮。兮，語所稽也。若讀齒音則「斯」之借，實當作此、是。』行甫按：二句謂曾經言過『移是』，但並非此言之『移是』。嘗言移是，卽《齊物論》『彼是方生之說』；此言移是，則『彼是相對而旁移』之說。**雖然** 卽使如此。**不可知** 知，猶明白，知曉。行甫按：其意猶今語『可與智者道，難與俗人言』。

（二二）**臘者之有膍胲** 臘，臘祭。《說文》：『臘，冬至後三戌臘祭百神。』《左傳》僖公五年『虞不臘矣』，杜預注：『臘，歲終祭衆神之名。』行甫按：臘，字又作『蜡』，《禮記・郊特牲》：『蜡也者，索也，歲十二月，合聚萬物而索饗之也。』者，也。之，猶其。膍，音皮，牛百葉，又稱脾析。胲，音該，《釋文》：『胲，足大指也。崔云：備也。』孫詒讓《札迻》：『陸說與禮不合。竊疑胲當爲胘之誤，《說文》膍、胘二字同訓「牛百葉」（《廣雅・釋詁》云「胃謂之胘」），則是一物也。散，《說文・肉部》作㪟，云「襍肉也」，此散亦當如許義。蓋「膍胘」卽《周禮・醢人》之「脾析」，饋食以爲豆實，以其特薦於豆，不襍它肉物，故云「不可散」。古書多假散爲㪔（《說文・林部》云「㪔，分離也」），惟此尚用其本義。而陸仍以散棄釋之，蓋古訓之湮失久矣（崔譔訓胲爲備，亦非）！』行甫按：孫說『胲』爲『胘』之譌，可從。然以『散』爲『㪟』字之借，則非，說見下文釋義。王叔岷《校詮》云『胃謂之胘』爲《廣雅・釋器》文。**可散而不可散** 散，通㪔，猶切碎。《說文》：『㪔，分離也，從攴，從林，林，分㪔之意也。』行甫按：祭祀所用之牛百葉，必細切之而後升於豆，故亦謂之『脾析』；若薦牲體則或全烝、或房烝、或殽烝以升於俎，皆無須細切。卽使殽烝爲折俎，雖肢解牲體，亦無須碎切耳。故曰『可散而不可散也』。而，猶與。行甫按：此『移是』之一例。**觀室者周於寢廟** 室，宮室。周，匝，遍。寢，居室。廟，宗廟。**又適其偃** 適，往，至。偃，廁所。郭象注：『偃，謂屛廁。寢廟則以饗燕，屛廁則以偃溲；當其偃溲，則寢廟之是移於屛廁矣。』行甫按：此『移是』之又一例。**爲是舉移是** 爲，猶以。是，此。舉，稱舉，擬象。《墨子・經上》：『舉，擬實也。』說舉，告以文名，舉彼實也』，吳毓江注：『舉，稱謂也。擬，擬象也。如《易·繫辭》「擬諸形容，象其物宜」之「擬」。』行甫按：猶言臘祭之有膍胲，宮室之有屏廁，以此擬象『移是』；則所謂『移是』者，猶言存在便是合理的。而人生亦如鍋底黑，亦有光鮮與不堪之兩面存焉。

〔三〕**請常言移是**　常，通嘗，試。行甫按：請常言移是，照應上文『雖然，不可知者也』。『移是』所以難言以致『不可知』，因其既有合理性，亦有隨意性，不可一概肯定或否定。其合理性，即已『舉』之事例；其隨意性，則將『常言』之事。**是以生爲本**　是，猶乃。生，猶言生存。本，猶根，始。行甫按：《秋水》『井鼃』與『夏蟲』之不可語以『海』與『冰』者，『拘於虛』與『篤於時』耳，猶此『生』之義。**以知爲師**　知，知識。師，師法，取效。行甫按：《齊物論》『夫隨其成心而師之，誰獨且无師乎』，是其義。**因以乘是非**　因以，因而，虛詞連用。乘，加於其上。《說文》『乘，覆也』，段玉裁注：『加其上曰乘；人乘車，是其一耑也。』行甫按：因以乘是非，猶言生存狀態與知識水平，乃是非形成之根本原因，亦是『移是』之隨意性的根源所在。

〔四〕**果有名實**　果，猶若。劉淇《助字辨略·補遺》：『果，猶若也。』名實，實，偏義複詞。行甫按：既可偏於『名』，亦可偏於『實』。偏於『名』者，意爲說法；偏於『實』者，意爲實情。**因以己爲質**　因以，以，虛詞連用。質，猶本。《禮記·樂記》『禮之質也』，鄭玄注：『質，猶本也。』行甫按：二句連接上文，猶言如果真有是非的話，原因就在於以己爲本。**使人以爲己節**　使，猶令。人，他人。以，猶乃。爲，猶作。節，符節，節信。行甫按：令人作己之節以與我相符，猶言令人以我之是非爲是非。**因以死償節**　因，猶且。償，鍾泰《發微》：『猶殉也。』謂雖死而不易其所執。』行甫按：以死償節，猶言以我之是非爲是非，且至死不變。

〔五〕**若然者**　若，猶果。行甫按：『果』訓『若』，『若』自可訓『果』。然，如此。者，也。**以用爲知**　用，用於世。知，通智。**以不用爲愚** 愚，無智。**以徹爲名** 徹，通，達。名，猶聲譽。**以窮爲辱** 窮，困。辱，恥。行甫按：此言果若以己之是爲是，則一切價值評判皆以我爲標準，由此以往，則勢必以用不用於世爲智慧與愚蠢的判斷標準，以窮達爲榮譽與恥辱的價值準據。

〔六〕**移是** 回照前文『常言移是』。**今之人** 今，猶言現代、當代。行甫按：猶言這類價值轉移，當今之人皆是如此。**是蜩與學鳩同於同** 是，猶乃。蜩與學鳩，《逍遥遊》中嘲笑大鵬『奚以之九萬里而南爲』者，此喻見識短淺之人。行甫按：此可證本篇與《內篇》出於同一手筆。同於同，同而又同。於，猶且。說見吳昌瑩《經詞衍釋》。

此乃本篇第三章第二節，言人生在世，總是正反兩面相持，左右平衡互引；正如臘祭之有脾析與體烝，宮室之有寢廟與溷廁，凡是存在的都是合理的。但當今之世，人們往往將這種雙邊合理性加以濫用，以致以一己之是非爲是非，進而變亂一切價值準據。由此以往，則既無所謂是非，亦無所謂價值了。此節發皇《齊物論》『彼是方生』之說，至爲深刻；其於人生之識見，尤爲剴切。

【繹文】

人生在世，就像一口年深日久的鍋，正面雖然乾淨光滑，背面卻有污垢墨黑，這種兩邊同時存在的狀況，就好像左右兩分相互牽引以保持平衡的『棺披』一樣，稱之爲『雙邊同是』。曾經說過『雙邊同是』，但那是說『彼是方生』，並不是此處所說的『雙邊同是』。不過，即使是作了這種聲明，也還是不能把它說得明白。這麼說吧，歲終大索百神的臘祭，祭品中有盛在豆中的牛百葉，有放在俎上的牲體，二者同時並排在祭壇的兩邊。但牛百葉必須切碎，故而稱之爲脾析；牲體無論分解或不分解，都是不必碎切的。這就是可以碎切與不可以碎切之雙邊同時並存的例子。又比如，觀看宮室建築，將路寢與宗廟看了個遍，然後又去看看偏僻的廁所，可見富麗堂皇的路寢宗廟，與偏僻污穢的廁所也是同時存在的。這些具體事象，無非是說明：『雙邊同是』，的確是存在的。

然而這『雙邊同是』，卻被肆意濫用了。請讓我試著說說今人所謂『雙邊同是』吧。那就是以生存狀態爲根據，以認知水平爲法則，於是在此基礎上形成了是與非的觀念；如果真的有是非，那就是以自己爲依據所產生的；不僅如此，還要求別人所持的是非觀必須與自己的是非觀相符合，而且還要求至死不變。按照這種想法，勢必會把行用於世作爲智慧的標誌，把不能爲世所用當作愚昧的象徵，然後把顯赫通達當作榮耀，把窮困沉淪當作恥辱。果如此，則一切是非與價值都將樊然淆亂以至徹底泯滅。這就是當代社會普遍所持的既沒有根據、也沒有標準的『雙邊同是』，它與知了和學鳩的見識淺陋卻又自以爲是的愚蠢行爲完全沒有兩樣。

蹍市人之足，則辭以放驁，〔一〕兄則以嫗，大親則已矣。〔二〕故曰，至禮有不人，至義不物，至知不謀，至仁无親，至信辟金。〔三〕

徹志之勃，解心之謬，去德之累，達道之塞。〔四〕貴富顯嚴名利六者，勃志也。〔五〕容動色理氣意六者，謬心也。〔六〕惡欲喜怒哀樂六者，累德也。〔七〕去就取與知能六者，塞道也。〔八〕此四六者不盪胷中則正，正則靜，靜則明，明則虛，虛則无爲而无不爲也。〔九〕道者，德之欽也；生者，德之光也；性者，生之質也。〔一〇〕性之動，謂之爲；爲之僞，謂之失。〔一一〕知者，接也；知者，謨也；知者之所不知，猶睨也。〔一二〕動以不得已之謂德，動无非我之謂治，名相反而實相順也。〔一三〕

【釋義】

〔一〕**蹍市人之足** 蹍，踩踏。市人，猶陌生人。**則辭以放鷔** 辭，猶道歉。以，因。放，猶言非存心。《孟子·告子上》『其所以放其良心者』，焦循《正義》：『放者，存之反也。』鷔，通敖，《邶風·終風》『謔浪笑敖』，孔穎達《毛詩正義》：『《釋詁》云「謔浪笑敖，戲謔也」，舍人曰：「敖，意舒也。」』《左傳》襄公三十年『大夫敖』，《釋文》：『敖，本亦作傲，服本作放，云淫放也。』行甫按：放敖，同義複詞，猶言非存心肆意而爲。成玄英以『傲慢放縱』爲說，非。

〔二〕**兄則以嫗** 嫗，好臉色。《方言》卷十三『嫗，色也』，郭璞注：『嫗煦，好色貌。』**大親則已** 大親，至親，父母。行甫按：二句皆承前省『蹍』字。已，止。行甫按：已，既無須道歉，亦無須賠笑臉。

〔三〕**故曰** 故，所以。**至禮有不人** 至，極。人，他人。郭象注：『不人者，視人若己。視人若己則不相辭謝，斯乃禮之至也。』**至義不物** 義，猶宜。不物，猶言不佔有物。**至知不謀** 知，通智。不謀，不用於謀慮。**至仁无親** 仁，愛。親，近，愛。**至信辟金** 信，誠信。辟，通譬，如。金，黃金。《說文》：『金，五色金也，黃爲之長，久薶不生衣，百鍊不輕，從革不韋。』《水經·河水》『又東過金城允吾縣北』，酈道元注：『《漢書集注》薛瓚云：金者，取其堅固也，故《墨子》有金城湯池之言矣。」行甫按：至信辟金，猶言最大的誠信如同黃金，永固而不變。舊注以爲「金玉小質，至信則除」，恐非其義。莊子文法跳脱，不可執一而泥。

〔四〕**徹志之勃**　徹，通撤，除去。《禮记·曲禮上》「客徹重席」，鄭玄注：「徹，去也。」志，心之所之。勃，通悖，亂。**解心之謬**　解，散去。謬，惑。《釋文》：「一本作繆，亦音謬。」**去德之累**　德，合於道的行爲方式。累，羈絆。**達道之塞**　達，通。道，超邁曠達的心靈境界。塞，閉塞。

〔五〕**貴富顯嚴名利六者**　貴，高貴。富，富裕。顯，顯赫。嚴，威嚴。名，聲名。利，利祿。**勃志**　擾亂心志。

〔六〕**容動色理氣意六者**　容，儀表。動，動作。色，顔色。理，辭理。氣，聲氣。意，情意。**謬心**　惑亂心情。行甫按：《尚書·洪範》有「貌言視聽思」之「五事」，此「理」與「氣」略當於「言」，「意」略當於「思」。

〔七〕**惡欲喜怒哀樂六者**　惡，厭惡。欲，慾望。喜，高興。怒，憤怒。哀，哀傷。樂，快樂。**累德**　束縛行爲。

〔八〕**去就取與知能六者**　去，離開。就，趨赴。取，獲取。與，付出。知，智慧。能，能力。**塞道**　堵塞心靈。

〔九〕**此四六者不盪胷中則正**　盪，猶湧動，搖蕩。正，定。**正則靜**　靜，寧靜。**靜則明**　明，明澈。**明則虚**　虚，淡泊。**虚則无爲而无不爲**　无爲，不主動作爲。无不爲，應物無方。

〔一〇〕**道者德之欽**　欽，猶欽慕向往。《説文》「欽，欠皃」，段玉裁注：「凡氣不足而後欠，欽者，倦而張口之皃也，引伸之乃欿然如不足謂之欽。《詩·晨風》「憂心欽欽」，《傳》曰：「思望之，心中欽欽然。」《小雅》「鐘鼓欽欽」,《傳》曰:「欽欽,言使人樂進也。」欽、歆、欿、歁皆雙聲疊韻字,皆謂虛而能受也。』行甫按:猶言道乃德之所欽慕向往的對象。**生** 猶生命,生存。**德之光** 光,通廣。《堯典》『光被四表』,古文作光,今文作廣。行甫按:猶言生存乃是行爲方式的展開。**性** 天性。**生之質** 質,本質,楨幹。行甫按:猶言自然天性是生命的本質。

〔一一〕**性之動** 動,率性之動。**謂之爲** 爲,作爲,行爲。**爲之僞** 僞,人爲。**謂之失** 失,失其本性。

〔一二〕**知者** 知,認知。**接** 與外物相接觸。**知** 通智,猶言智力。**謨** 謀慮。**知者之所不知** 知,認知。者,代詞。之,猶於。**猶睨** 猶,尚。睨,旁視。《楚辭·離騷》『忽臨睨夫舊鄉』,朱熹《集注》:『睨,旁視也。』《説文》:『睨,衺視也。』行甫按:猶睨,尚旁斜而視。言認知者對於其所不知,仍然斜眼旁視以努力擴大視界。行甫又按:接、謨、睨,皆言『爲之僞』。

〔一三〕**動以不得已之謂德** 以,猶因。已,猶止。行甫按:動以不得已,動不在我,猶無爲。**動无非我之謂治** 非我,不是出於我的本性。治,猶爲。《淮南子·原道》『治在道不在聖』,高誘注:『治,爲也。』《易·巽·象傳》『利武人之貞,志治也』,焦循《章句》:『治,猶爲也。』行甫按:動无非我,動皆由我,動不違於我,猶有爲。**名相反而實相順** 相反,『動以不得已』與『動无非我』之名相反。順,猶隨。行甫按:承上文『虛則无爲而无不爲也』,是無爲與有爲,名雖相反,實則相隨。

此乃本篇第三章第三節,言人類所創生的仁、義、禮、知、信等一切制度文明與價值準據,無非是爲了束縛人的行爲,窒塞人的天性。若是自然純樸至質之天性,則無須任何文飾。因此,『蹍市人之足,則辭以放鶩』，若『大親則已矣』。而衝破文明與價值的牢籠，要在袪除智慧與認知，達於虛靜與無爲。不得已而後動，動亦不傷於己；雖動而不動，所謂『名相反而實相順也』。

本章三節，亦各言一義，然其關聯線索乃『道通爲一』，是所謂『意聯文不聯』之章法。首言大化流行而物有成毀，人有生死。次言人生皆有正反兩面，以己之所是爲是，以己之所非爲非，則一切是非皆無準據。再言一切文明與價值，無非束縛人的自然天性，突破文明與價值的囿限，不如虛靜與無爲。不得已而後動，感而後應，亦不至自傷。是亦『道通爲一』而無可無不可之義。

【繹文】

在大街上踩了陌生人的腳，便會拿不小心並非故意之類的說辭向他表示歉意；如果是踩了兄長的腳，朝他賠個笑臉便完事；要是踩上自己最親近的父母，便無須任何表示了。所以說，最高的禮就是沒有人與我的區別，最高的義就是不會佔有私人財物，最大的智慧不用來營謀算計，最大的仁愛就是不必親昵貼近，最高的誠信就好像金子一樣堅固永不變質生銹。

撤除意志中的混亂，解散心緒中的迷惑，拋棄行爲上的羈絆，打通心靈上的堵塞。高貴、富裕、顯赫、威嚴、聲譽、利祿這六種價值，就是心志的混亂。儀表、動作、臉色、言辭、聲氣、情意這六種作派，就是心緒的迷惑。厭惡、慾望、高興、憤怒、悲哀、歡樂這六種情緒，就是品行的拖累。背離、趨赴、獲取、付出、智力、才能這六種行爲，就是心靈的閉塞。這四個方面的六種障礙不在胷中產生震盪，便是情緒安定；情緒安定，便是心境平靜；心境平靜，便是思想明智；思想明智，便會心志淡泊；心志淡泊，便無所作爲卻無所不爲了。曠達超邁的心靈，是行爲方式的向往境界；生命存在的狀態，是德性行爲的展開樣式；自然稟賦的天性，是生命存在的終極本質。符合自然天性的行動，就叫作有所作爲；違背自然天性的行爲，就叫作喪失本性的作僞。認知，就是感官與外物相接觸；智慧，就是用心力思慮與謀劃；認知的人對於他所不能認知的東西，卻還要像正視不著又斜眼旁視一樣，努力地擴大自己的視野。事實上，不得已的行動，就叫作合於道的行爲，合於道的行爲，當然就是無所作爲了；一切行動皆從我的天性發出，不違背我的天性，當然就叫作有所作爲。這有所作爲與無所作爲，聽起來好像是互相矛盾的，實際上兩者卻是相因而相隨的。

〔四〕

羿工乎中微而拙乎使人无己譽，聖人工乎天而拙乎人。〔一〕夫工乎天而俍乎人者，唯全人能之。〔二〕唯蟲能蟲，唯蟲能天。全人惡天？惡人之天？而況吾天乎人乎！〔三〕一雀適羿，羿必得之，威也；以天下爲之籠，則雀无所逃。〔四〕是故湯以胞人籠伊尹，秦穆公以五羊之皮籠百里奚。〔五〕是故非以其所好籠之而可得者，无有也。〔六〕介者拸畫，外非譽也；胥靡登高而不懼，遺死生也。〔七〕夫復謵不餽而忘人，忘人，因以爲天人矣。〔八〕故敬之而不喜，侮之而不怒者，唯同乎天和者爲然。〔九〕出怒不怒，則怒出於不怒矣；出爲无爲，則爲出於无爲矣。〔一〇〕欲靜則平氣，欲神則順心。〔一一〕有爲也，欲當則緣於不得已，不得已之類，聖人之道。〔一二〕

【釋義】

〔一〕**羿工乎中微而拙乎使人无己譽**　羿，傳說中遠古時代的射箭能手。工，巧，猶擅長。乎，於。中，射中。微，細小。拙，短，猶笨拙。無己譽，無譽己，否定句代詞賓語前置。行甫按：猶言羿且不能擺脫世俗價值體系的綁架，此句乃爲下句起興發端。**聖人工乎天而拙乎人**　聖人，聰明睿智境界高遠的人。天，自然天性。人，人間事務，世俗價值。行甫按：此以『聖人』置於『全人』之下，卽《齊物論》所謂『道未始有封』，人生境界通過修養是可以不斷提升且沒有上限。

〔二〕**夫工乎天而俍乎人者**　夫，猶若。俍，音良，善。行甫按：『俍』與『工』相近而與『拙』相對。者，也。**唯全人能之**　唯，祇有。全人，心靈境界與行爲方式相互貫通的人。能，猶做到。之，此。行甫按：《天下》『獨與天地精神往來而不敖倪於萬物，不譴是非，以與世俗處』，是此『全人』之境界與作派。

〔三〕**唯蟲能蟲**　唯，祇有。蟲，泛指人之外的所有動物。能，猶安。《易·屯》『利建侯而不寧』，《釋文》：『鄭讀而曰能，能猶安也。』行甫按：言祇有蟲才安於蟲的生活。**唯蟲能天**　天，自然天性。行甫按：言祇有蟲才安於自然天性。猶言祇有蟲才沒有人的價值體系，祇有蟲才有純粹的天然本性。**全人惡天**　惡，猶何。天，自然天性。**惡人之天**　人之天，人的自然天性。**而況吾天乎人**　而，猶且。況，猶遑。吾，我；猶言主體，主觀。行甫按：猶言『全人』超越了『天』與『人』，既無所謂『自然天性』，也無所謂『人的自然天性』，更沒有所謂『我的自然天性，我的價值觀念』。

〔四〕**一雀適羿** 適，往。**羿必得之** 得，猶中。**威** 善射之威。**以天下爲之籠** 之，猶其，代雀。籠，鳥籠。**則雀无所逃** 所，猶可。行甫按：羿憑其威，可得一雀；若以天下爲籠，雀無可逃。比喻『全人』依賴個人修養固可忘乎『自然本性』與『人世價值』的區分與對待，但如果這『自然本性』與『人世價值』的觀念本身就根本不存在，則天下盡皆『全人』。

〔五〕**是故湯以胞人籠伊尹** 是故，因此，推而轉論之詞。湯，商湯。胞，通庖，《釋文》：『本又作庖。』王孝魚《校記》：『趙諫議本作庖。』籠，與上『籠』字雙關爲用，猶言籠絡。伊尹，以割烹求見商湯，商湯以之爲相。**秦穆公以五羊之皮籠百里奚** 秦穆公，名任好。百里奚，本虞國人。事見《田子方》第六章『釋義』。

〔六〕**非以其所好籠之而可得者** 非，不。**无有** 沒有。行甫按：言若要籠絡人心，必投其所好；以喻若要籠絡世道人心，亦必投其所好；而人心之所好，在率性而動，不甘受其約束。因此，無爲而治，乃世人之所好。此因上文泯棄『天』與『人』的觀念對待便盡是『全人』，進而推向從天下之所好以泯棄所有文明與價值施行無爲而治，則天下皆爲『蟲』而大安（『能』）。

〔七〕**介者拸畫** 介，獨；因刖刑斷去一足。拸，音恥，放縱。《釋文》：『本亦作移。』畫，無禮。《釋文》：『崔云：移畫，不拘法度也。』俞樾《平議》：『《漢書·司馬相如傳》「痑以陸離」，師古注曰：「痑，自放縱也。」即此「拸」字之義。桓六年《穀梁傳》「以其畫我」，《公羊傳》作「化我」，何休注曰：「行過無禮謂之化。」即此「畫」字之義。蓋人既刖足，不自顧惜，非譽皆所不計，故不拘法度也。』**外非譽** 外，排除。非，指責。譽，讚譽。**胥靡登高而不懼** 胥靡，刑徒勞役之人。**遺死生** 遺，委棄。行甫按：『遺』與上『外』字義近，忘卻，不計較。

〔八〕**夫復謵不餽而忘人**　夫，猶彼。復，往來。謵，音習，當音折，《說文》『讋，失气言，一曰言不止也。從龖省聲，𧮰，籒文讋不省。傅毅讀若慴』，段玉裁注『一曰言不止』曰：『言字各本無，依《玉篇》補，謂詘詘沓沓也。』《說文》『謵，言謵讋也』，段玉裁注：『疑上文「失气言」之上當有「謵讋」二字，疊韻字也。』《玉篇》『謵讋，言不正也。』行甫按：謵讋，疊韻連綿詞，可分用，亦可合用，載籍之例甚夥。復謵，猶絮絮叨叨，反覆以言，喋喋不休。餽，報。《釋文》：『元嘉本作愧。』郭嵩燾曰：『以言論餉人亦曰餽。』行甫按：夫復謵不餽，與下『侮之而不怒』相關聯，猶言彼人反覆絮叨，喋喋不休，責數於我，我則不予理睬，乃『忘人』。而，猶乃。忘人，猶言忘卻人倫價值。成玄英《疏》：『斯忘於人倫之道也。』是其義。**忘人因以爲天人**　天人，合於自然天性之人。行甫按：忘毀譽，忘生死，忘人倫，則人類社會的一切文明與價值乃至人的生存方式皆一一爲之擺落，不過一赤裸裸的自然人而已。

〔九〕**故敬之而不喜**　敬，尊敬。喜，高興。**侮之而不怒**　侮，辱嫚。**唯同乎天和者爲然**　唯，祇有。乎，於。天和，天地間自然之和氣。爲，猶乃。然，如此。

〔一〇〕**出怒不怒**　出怒，怒氣應機而發。不怒，怒發不再蓄怒。**則怒出於不怒**　則，猶卽。不怒，已發之前無怒，既發之後亦無怒。**出爲无爲**　出爲，應勢而爲。无爲，無心而爲。**則爲出於无爲**　情勢所迫，不得已而爲，雖有爲亦是無爲。

〔一一〕**欲靜則平氣**　欲，想要，動詞。靜，平靜。平氣，平和其心氣。**欲神則順心**　神，猶智慧。《左傳》莊公三十二年：『神，聰明正直而壹者也。』《淮南子·俶真》：『神者，智之淵也。』是其例。順心，順其心志。行甫按：此二句解釋『出怒不怒，則怒出於不怒』之意。應機而發之怒，『順心』；怒發而不怒，『平氣』。

〔一二〕**有爲**　有所行動。行甫按：王孝魚『有爲也』三字連上文爲讀，鍾泰《發微》連下文爲讀。細審文意，鍾讀爲是。此四句乃解釋『出爲无爲，則爲出於无爲』之意。**欲當則緣於不得已** 當，猶得，值。緣，猶因。已，止。**不得已之類** 類，猶倫。《資治通鑒·魏紀四》『琬出類拔萃』，胡三省注：『類，倫也。』**聖人之道** 道，心靈境界，處世方法。

此乃本篇第四章，言人本是由其自然秉賦與其人倫價值相互衝突而又相互依存的生命體，因而對於人類個體而言，『天』與『人』的張力不僅永遠存在，而且不落於『無所逃』之『天』，便落於『其所好』之『人』。衹有無知無識的動物與昆蟲，才沒有這種矛盾與張力。至於境界高遠的悟道聖人，則超脫了生死，遺棄了價值，也就超越『天』與『人』的對待而『同乎天和』了。其於『人』，『緣於不得已』而應之，則雖有爲亦無爲。

【繹文】

后羿善於射中微小的目標卻不善於讓天下人不要讚美自己，境界高遠的聖人擅長於順從自然天性卻不擅長於處理人間的事務。如果既善於順從自然天性又善於處理人間的事務，就衹有思想境界與行爲方式都無可挑剔的『完人』才能做得到。衹有蟲子們才能安心過著蟲的日子，衹有過著蟲的日子，才能夠安於自然天性。那無可挑剔的『完人』哪有什麼自然天性這一說呢？又哪有什麼人的自然天性這一說呢？至於說還有我的自然天性，我的人間事務，就更加無從談起了！

一隻麻雀飛進后羿的射程範圍，后羿一定能把它射下來，后羿的射技威力必然如此。如果是以天下爲鳥籠，那麽所有鳥雀便無處可逃了。也就是説，無可挑剔的『完人』依賴個人修養固然可以忘掉自然本性與人世價值的對待，但如果這自然本性與人世價值的觀念本身就壓根兒不存在，那麽天下所有的人豈不都是『完人』了嗎？據此而論，商湯用伊尹喜歡幹的烹調活兒籠絡了伊尹，秦穆公用五隻黑公羊皮就籠絡了百里奚。由此可見，不用人們所喜歡的東西來籠絡就可以得到人們的心，這種事情是不可能發生的。可想而知，天下人最喜歡的東西，不就是率性而動，自由自在，不願意有任何約束嗎？要想得到天下人心，不就是無爲而治嗎？

受過刖刑砍掉一隻腳的人，放浪形骸，不守法度，因爲他這殘廢的人生已經把毁謗與讚譽忘得一乾二淨了；做了囚徒服著苦役的罪犯，爬到高處毫無恐懼之心，因爲他這痛苦的鐵窗生涯與悲慘的苦役人生早就把生死不當一回事了。别人不斷地在耳邊絮絮叨叨地數落你，你卻絲毫不予理睬，是因爲在你心目中早就没有他人的存在了。心目中没有了他人的存在，因而就是一個灑脱自在的人了。所以别人尊敬他，他不覺得喜悦；别人侮辱他，他不感到憤怒，祇有與天地自然的大和之氣相同的人才能達到這種境界。怒氣應機而發，怒發不再蓄怒，這種發怒就不是發怒，因爲怒發之前没有怒，怒發之後也没有怒；行爲應勢而爲，雖爲而無所爲，因爲這種行爲是出於不得已而爲，不得已而爲，就不是主動有爲了。想要得到心境寧靜就要平和心氣，想要得到神明智慧就要隨順心意。有所作爲，想要得當，就要事態到了不得已的時候才動手；不得已的這套做法，就是聰明睿智境界高遠的聖人的處世方法。

徐无鬼第二十四

徐无鬼，以首句人名爲篇名。錢穆謂『此篇義旨，與《齊物論》、《大宗師》、《應帝王》皆有關』，實則與《德充符》思想關聯更多，也有發揮老子『知止』之意的片斷。本篇章段比較蕪雜，文意不太聯貫，因此各章段之分合，注家見仁見智，不一而足。茲依莊子『文聯而意不聯』或『意聯而文不聯』之靈動章法，分本篇爲十一章。

〔一〕

徐无鬼因女商見魏武侯，武侯勞之曰：『先生病矣！苦於山林之勞，故乃肯見於寡人。』〔一〕徐无鬼曰：『我則勞於君，君有何勞於我！〔二〕君將盈耆欲，長好惡，則性命之情病矣；君將黜耆欲，掔好惡，則耳目病矣。〔三〕我將勞君，君有何勞於我！』武侯超然不對。〔四〕

少焉，徐无鬼曰：『嘗語君，吾相狗也。〔五〕下之質執飽而止，是狸德也；中之質若視日，上之質若亡其一。〔六〕吾相狗，又不若吾相馬也。吾相馬，直者中繩，曲者中鉤，方者中矩，圓者中規，是國馬也，而未若天下馬也。〔七〕天下馬有成材，若卹若失，若喪其一，若是者，超軼絕塵，不知其所。』武侯大悅而笑。〔八〕

徐无鬼出，女商曰：『先生獨何以說吾君乎？〔九〕吾所以說吾君者，橫說之則以《詩》、《書》、《禮》、《樂》，從說之則以《金板》、《六弢》，奉事而大有功者不可爲數，而吾君未嘗啓齒。〔一〇〕今先生何以說吾君，使吾君說若此乎？』〔一一〕

徐无鬼曰：『吾直告之吾相狗馬耳。』女商曰：『若是乎？』〔一二〕曰：『子不聞夫越之流人乎？去國數日，見其所知而喜；去國旬月，見所嘗見於國中者喜；〔一三〕及期年也，見似人者而喜矣。不亦去人滋久，思人滋深乎？〔一四〕夫逃虛空者，藜藋柱乎鼪鼬之逕，踉位其空，聞人足音跫然而喜矣，〔一五〕又況乎昆弟親戚之謦欬其側者乎？久矣夫莫以真人之言謦欬吾君之側乎！』〔一六〕

【釋義】

〔一〕**徐无鬼因女商見魏武侯**　徐无鬼，隱士。《釋文》：『緡山人，魏之隱士也。』因，猶經由。女商，姓女，名商；魏國寵臣。魏武侯，名擊，魏文侯斯之子，魏惠王罃之父。**武侯勞之**　勞，猶慰撫。**先生病**　病，病且重。《說文》『病，疾加也。』**苦於山林之勞**　苦，勤苦。《戰國策·齊策三》『無勞倦之苦』，高誘注：『苦，勤也。』

勞，勞苦。**故乃肯見於寡人** 故，猶若。乃，猶裁。肯，猶願。

〔二〕**我則勞於君** 則，猶將。**君有何勞於我** 有，通又。

〔三〕**君將盈耆欲** 將，猶如。盈，猶滿足。耆，通嗜，嗜好。欲，慾望。**長好惡** 長，增長。好惡，猶偏好之情。**則性命之情病** 性命之情，性命之真。**君將黜耆欲** 黜，猶抑退。《釋文》：『黜，退也。司馬本作咄。』**掔好惡** 掔，猶控制。《釋文》：『司馬云：牽也。』行甫按：掔，通『牽』，《史記·鄭世家》『鄭襄公肉袒掔羊以逆』，《楚世家》作『鄭伯肉袒牽羊以逆』，是其例。**則耳目病** 耳目病，猶言感官快樂得不到滿足。

〔四〕**我將勞君** 將，猶當。**武侯超然不對** 超然，惆悵貌。王叔岷《校詮》：『《天地》篇「怊乎若嬰兒之失其母也」，《釋文》：「怊音超，《字林》云：悵也。」』對，答。

〔五〕**少焉** 不久。**嘗語君** 嘗，試。語，告訴。**吾相狗** 相，以長相察看品質。

〔六〕**下之質執飽而止** 下之質，下等品質。執，攫取。飽，飽腹。行甫按：執飽而止，猶言奮勉於捕食，不飽不止。**是狸德** 狸，野貓。德，猶品行。行甫按：《逍遥遊》『卑身而伏，以候敖者；東西跳梁，不辟高下』，是『狸德』。**中之質若視日** 若，如。視日，猶言懶洋洋睜不開眼，舊說皆誤。行甫按：由下而上三種材質之狗，實乃每上愈況，此乃莊子之詼諧語。**上之質若亡其一** 亡，猶喪。亡其一，《釋文》：『一，身也；謂精神不動，若無其身也。』行甫按：若亡其一，言神形皆無活力，猶《齊物論》『荅焉似喪其耦』。《達生》紀渻子之養鬭雞，最後『望之似木雞』，亦是其義。

〔七〕**吾相狗又不若吾相馬** 不若，不如。**吾相馬直者中繩** 中，合。繩，繩墨，取直之具。**曲者中鉤** 鉤，曲尺，取弧之器。**方者中矩** 矩，工尺，取角之器。《說文》作『榘』，古文象手持工尺之形。**圓者中規** 規，圓規，取圓之器。**是國馬**　國馬，成玄英《疏》：『諸侯之國上品馬也。』行甫按：直者中繩云云，言所相之馬，其品質動靜有合於此。**而未若天下馬**　未若，不如。天下馬，成玄英《疏》：『宇内上馬，天王所馭也。』行甫按：此以『國馬』與『天下馬』以誇言其材質高下。

〔八〕**天下馬有成材**　成材，無須調教，即時可用。**若卹若失**　若，如。卹，少。《說文》：『卹，憂也；一曰鮮少也。』《德充符》『寡人卹焉若有亡也』，是其義。行甫按：若卹若失，猶言如同失魂落魄毫無生氣。**若喪其一**　喪，猶亡。行甫按：若喪其一，即上文『若亡其一』，亦猶『望之似木雞』之意。**若是者**　若是，如此。者，也。**超軼絕塵**　軼，猶超出。《說文》：『軼，車相出也。』行甫按：超軼，同義複詞，本義爲車輛超速行駛，引申爲行動飛快。絕塵，猶言足不點地，不沾灰塵。**不知其所**　所，猶何。行甫按：不知它是個什麼東西，猶言無法形容。**武侯大悅而笑**　大悅，非常高興。行甫按：武侯聞『黜耆欲，掔好惡』之說教則『超然不對』，而聞狗馬之事則『大悅而笑』，是《天地》之所謂『大聲不入於里耳，《折楊》、《皇荂》，則嗑然而笑』。然其言『上質』之狗馬，實寓『黜耆欲，掔好惡』之意。此乃莊子之詼諧與幽默，正言若反，寓教於樂。

〔九〕**徐无鬼出**　出，辭而出。**先生獨何以說吾君**　獨，猶特。以，猶用。說，勸諫，遊說。行甫按：徐无鬼因女商而見武侯，武侯與徐无鬼語於堂上，女商則候於堂下。二人所語，女商聽不真切，故出而有問。

〔一〇〕**吾所以說吾君者**　所以，猶以。者，也。**横說之則以詩書禮樂**　横說，與『從說』相對，猶言左說、右說、反覆說。《詩》、《書》、《禮》、《樂》，儒家學說。**從說之則以金板六弢**　從，通縱。《金板》、《六弢》，鑄於銅版之太公兵法。《釋文》作『金版』。**奉事而大有功者不可爲數**　奉，承。奉事，猶言承辦之事。不可爲數，猶言無數。**而吾君未嘗啓齒**　未嘗，未曾。啓齒，猶開口笑。

〔一一〕**使吾君説若此**　説，同悦。若此，如此，指『大悦而笑』。

〔一二〕**吾直告之吾相狗馬**　直，猶特，但。之，猶以。**若是乎**　若，猶唯。《經詞衍釋》『家大人曰：若，詞之「惟」也』，楊樹達手批：『此「若」亦「乃」之借，與「唯」義近。』行甫按：若是乎，猶言僅如此乎？

〔一三〕**子不聞夫越之流人**　夫，猶彼。越，越國。流人，流落去國之人。**去國數日**　去國，離開故國。**見其所知而喜**　知，猶認識。**去國旬月**　旬，十日。旬月，十多日不足一月。**見所嘗見於國中者喜**　嘗見於國中，曾經在本國見過，並不熟識。

〔一四〕**及期年**　及，至。期年，去國滿一年。**見似人者而喜**　似人，似本國人。行甫按：猶今人於歐美見亞裔之比。**不亦去人滋久**　亦，猶特。滋，益。**思人滋深乎**　思人，思念故人。

〔一五〕**夫逃虛空者**　夫，猶彼。虛空，空曠無人之地。**藜藋柱乎鼪鼬之逕**　藜，藜蒿。藋，音弔，一種長莖野草。郭慶藩《集釋》：『藜藋皆生於不治之地，其高過人，必排之而後得進。故《史記·仲尼弟子傳》曰排藜藋。』柱，撐塞。乎，於。鼪鼬，音生又，黃鼠狼。逕，小路。行甫按：鼪鼬之逕，猶言人跡罕至之處。**踉位其空**　踉，音良，跳擲。《廣韻·陽韻》：『踉，跳踉也。』《集釋》引郭嵩燾曰：『舒言之曰蹌踉，急言之曰踉。』位，猶立。行甫按：立、位古今字，金文立字皆位字義。其，猶於。空，無人之處。行甫按：踉位其空，承前省主語『逃虛空者』。猶言獨處於無人之空徑。**聞人足音跫然而喜**　跫，音窮，腳步聲。《釋文》：『跫然，崔云：行人之聲。』

〔一六〕**又況乎昆弟親戚之謦欬其側**　況，益，更。昆，兄。親戚，父母。謦欬，音磬慨，同義複詞，猶咳嗽。其，猶於。側，身邊。**久矣夫莫以真人之言謦欬吾君之側**　矣夫，猶矣，虛詞連用。真人之言，猶性情之言。謦欬，乃上文『謦欬其側』之借代用法。

此乃本篇第一章第一節，言《詩》、《書》、《禮》、《樂》與《金板》、《六弢》之類，規範人的行爲，桎梏人的情性，並不爲人所喜愛；　相反，與人性相貼近的狗馬之事，卻讓人覺得格外開心。因此，徐无鬼要求魏武侯『黜耆欲，掔好惡』，武侯『超然不對』；　而爲之講狗馬，則『大悅而笑』。這就像流落他鄉的浪人或者逃於空谷的隱士，『去人滋久，思人滋深』。武侯長期受到人類禮樂文化與價值文明的桎梏與束縛，所以聞性情之言，便如同聽到兄弟父母咳嗽一樣無比親切。

【繹文】

徐无鬼通過女商的引薦而入見魏武侯，魏武侯慰撫徐无鬼說：『先生病得不輕了！在山林裏勞累受苦，於是就想到來見我了。』徐无鬼說：『我應當慰撫君侯，君侯又哪裏要慰撫我呀！君侯如果要滿足嗜好和慾望，放縱喜好與厭惡的情緒，那麼你的真實本性就要生病了。君侯如果退去了嗜好和慾望，控制了喜好與厭惡的情緒，那麼你的耳目感官就要生病了。所以，我應當慰撫君侯，君侯又哪裏要慰撫我呢！』魏武侯滿臉惆悵，無言以答。

沒過多久，徐无鬼打破沉默，說：『嘗試跟君侯談談吧，我會根據長相判斷狗的品質。下等材質的狗，恃其氣力，東西跳踉，捕食出遊的小動物，直到吃飽爲止，這是野貓子的德行。中等材質的狗，懶洋洋地半醒半睡的樣子，就像看著太陽睜不開眼似的。上等材質的狗，則無精打采，就像掉了魂似的，呆若木狗。我判斷狗的品質，又不如我判斷馬的本領高。我通過長相挑選的馬，讓它走直線就像用繩墨拉過一樣直，走曲線就像用曲尺畫過一樣彎，讓它走折角就像用工尺量過一樣標準，走圓圈就像用圓規劃過一樣圓。這是從諸侯國裏挑出來的馬，還比不上從全天下選出來的馬。從全天下挑選出來的馬，是用不著調教訓練的，直接就可以用來駕車。不過那馬看起來無精打采，像丟了魂似的呆頭呆腦，可是像這樣的馬跑起來卻是速度飛快，四隻蹄子不沾一點兒灰塵，遠遠超過別的馬，真不知這是個什麼東西，簡直無法形容。』魏武侯聽了哈哈大笑，非常高興。

徐无鬼從魏武侯那裏出來，女商說：『先生是用了什麼特殊辦法說動我們君侯的呀？我用來說服我們君侯的辦法，這會兒用儒家的《詩》、《書》、《禮》、《樂》勸說他，過會兒又用兵家的《金版》、《六弢》勸說他，我承辦的事情立了大功已有無數次，可是我們的君侯卻從來沒有開口笑過。今天先生是怎樣說服我們君侯的呢，能讓我們君侯如此開懷大笑呀？』

徐无鬼說：『我不過是告訴他我會憑長相判斷狗馬的材質而已。』女商將信將疑地說：『僅僅就是這樣嗎？』徐无鬼說：『你沒聽說過那越國的流浪者嗎？離開故國幾天，見到他認識的人就很高興；離開故國十天半月，見到曾經在故國見過的人便高興；等到一年以後，見到與本國人長得相像的人就高興了。不就是因爲離開親人越久，對親人的思念就越加深切嗎？那些逃到荒無人烟的地方隱居起來的人，藜蒿藋草塞滿了祇有黃鼠狼們經常出沒的小路，那長期隱居在這裏的人在無人之徑獨處久了，祇要聽到人的腳步聲就高興得不得了，又何況是聽到兄弟父母在旁邊的咳嗽聲呢？很久很久了，恐怕沒有人用悟道高人的性情之言在我們君侯身邊咳嗽幾聲了吧！』

徐无鬼見武侯，武侯曰：『先生居山林，食芧栗，厭葱韭，以賓寡人，久矣夫！〔一〕今

老邪？其欲干酒肉之味邪？其寡人亦有社稷之福邪？』〔二〕

徐无鬼曰：『无鬼生於貧賤，未嘗敢飲食君之酒肉，將來勞君也。』〔三〕

君曰：『何哉，奚勞寡人？』曰：『勞君之神與形。』〔四〕

武侯曰：『何謂邪？』徐无鬼曰：『天地之養也一，登高不可以爲長，居下不可以爲短。〔五〕君獨爲萬乘之主，以苦一國之民，以養耳目鼻口，夫神者不自許也。〔六〕夫神者，好和而惡姦。夫姦，病也，故勞之。唯君所病之，何也？』〔七〕

武侯曰：『欲見先生久矣。吾欲愛民而爲義偃兵，其可乎？』〔八〕徐无鬼曰：『不可。愛民，害民之始也；爲義偃兵，造兵之本也。〔九〕君自此爲之，則殆不成。凡成美，惡器也。君雖爲仁義，幾且僞哉！〔一〇〕形固造形，成固有伐，變固外戰。〔一一〕君亦必无盛鶴列於麗譙之間，无徒驥於錙壇之宮，〔一二〕无藏逆於得，无以巧勝人，无以謀勝人，无以戰勝人。〔一三〕夫殺人之士民，兼人之土地，以養吾私與吾神者，其戰不知孰善？勝之惡乎在？〔一四〕君若勿已矣，脩胷中之誠，以應天地之情而勿攖。〔一五〕夫民死已脫矣，君將惡乎用夫偃兵哉！』〔一六〕

【釋義】

〔一〕**先生居山林食芧栗** 芧，音敍，似栗而小，又稱橡子。栗，栗子。**厭葱韭** 厭，飽腹。行甫按：言食葱韭以果腹。**以賓寡人** 以，猶而。賓，通擯，棄。**久矣夫** 夫，猶乎，句末語氣詞。

〔二〕**今老** 今，今日。**其欲干酒肉之味** 其，抑。干，求。**其寡人亦有社稷之福** 亦，特。社稷之福，委婉語，實指徐无鬼欲求官入仕。

〔三〕**无鬼生於貧賤** 貧，不足。賤，卑微。**未嘗敢飲食君之酒肉** 未嘗，不曾。**將來勞君** 將，猶乃。

〔四〕**何哉** 何，問其原因。**奚勞寡人** 奚，問其方法。**勞君之神與形** 神與形，猶心與身，答『奚』問。

〔五〕**何謂** 謂，言。**天地之養也一** 養，猶滋養。一，相同。**登高不可以爲長** 登，升。爲長，猶增高。**居下不可以爲短** 居，處。爲短，猶縮短。行甫按：此乃雙關語，言天地之養不分高下，以喻不分貴賤。

〔六〕**君獨爲萬乘之主** 獨，猶言一人。萬乘，萬輛兵車；言其大。主，君。**以苦一國之民** 以，猶而，順接連詞。苦，傷。《漢書·張騫傳》『以苦漢使』，顔師古注：『苦，令其困苦也。』**以養耳目鼻口** 以，猶而，目的連詞。耳目鼻口，猶言感官享樂。**夫神者不自許** 夫，猶彼。神者，猶言心靈。許，猶可。行甫按：自許，猶言自安。

〔七〕**夫神者好和而惡姦** 和，寧静。姦，猶亂，僞。**夫姦** 夫，猶若。**病** 勞神傷形。**故勞之** 之，代武侯。**唯君所病之何** 唯，祇有。所，猶以。之，代姦。何，言何以犯此僞亂之姦病，是以武侯答『欲愛民而爲義偃兵』。

〔八〕**吾欲愛民而爲義偃兵** 爲，行。偃，猶止息。偃兵，猶言息戰。**其可乎** 其，猶寧。可，可行。

〔九〕**不可愛民** 愛民，行仁。**害民之始** 始，猶本。**爲義偃兵造兵之本** 造兵，猶言興起戰事。

〔一〇〕**君自此爲之** 自，由，從。此，指愛民與偃兵。爲，猶行。**則殆不成** 殆，猶大抵，推斷之詞。**凡成**

美　凡，非一，總括之詞。成美，成就美事。**惡器**　惡，醜惡。器，工具，手段。行甫按：凡成美，文眼在『成』，强調『成』的行爲。惡，動詞，猶言成就醜惡。惡器，猶言成就醜惡之工具。**君雖爲仁義**　仁義，復指『愛民』與『偃兵』。**幾且僞**　幾，庶幾。且，猶其。

〔一一〕**形固造形**　形，有形之事。固，猶必。造，猶生。行甫按：形固造形，有前事必生後事。**成固有伐**　成，成功。伐，攻伐。**變固外戰**　變，更。行甫按：唱言偃兵，不自設防，則必有攻伐之患；變更偃兵之議，則必興戰於外。此釋『形固造形』之義。

〔一二〕**君亦必无盛鶴列於麗譙之間**　亦，也詞。盛，多。《廣雅·釋詁三》：『盛，多也。』《楚辭·懷沙》『任重載盛兮』，王逸注：『盛，多也。』鶴列，《釋文》：『李云：謂兵如鶴之列行。』鍾泰《發微》：『取義於如鶴之列，猶春秋鄭有魚麗之陳也。』麗譙，郭象注：『高樓也。』**无徒驥於錙壇之宫**　徒，步卒。驥，騎驥。錙壇，苑囿之名。宫，猶苑囿。《儀禮·覲禮》『爲宫方三百步』，鄭玄注：『宫，謂壝土爲埒，以象牆壁也。』《禮記·祭法》『王宫，祭日也』，鄭玄注：『宫、壇，營域也。』《國語·吴語》『王乃之壇列』，韋昭注：『壇在野，所以講列士衆誓告之處。』行甫按：錙壇之宫，乃壝土爲埒圈圍於野外以講武誓軍之所，非宫室之名。

〔一三〕**无藏逆於得**　藏，隱藏。逆，悖逆。得，通德，行爲方式。《釋文》：『司馬本作德。』行甫按：唱言『爲義偃兵』，卻又盛陳『鶴列』與『徒驥』於宫苑之内，是『藏逆於得（德）』。**无以巧勝人**　巧，投機取巧。**无以謀勝人**　謀，謀慮策劃。**无以戰勝人**　戰，攻伐爭戰。行甫按：三種『勝人』方式，亦是『藏逆於得（德）』。

〔一四〕**夫殺人之士民**　夫，猶若。**兼人之土地**　兼，猶並。**以養吾私與吾神**　養，奉養，滋養。私，私心，私欲。神，精神。**其戰不知孰善**　孰，何善，猶好。《呂氏春秋·長攻》『所以善代者乃萬故』，高誘注：『善，好也。』**勝之惡乎在** 惡乎，猶何以。

〔一五〕**君若勿已** 若，猶如。勿，無。已，此。**脩胷中之誠** 脩，通修，修養。誠，信。**以應天地之情而勿攖** 應，猶合。情，猶實。攖，擾亂。

〔一六〕**夫民死已脫** 夫，猶若。已，猶既。脫，解脫。**君將惡乎用夫偃兵** 將，猶且。夫，猶彼。

此乃本篇第一章第二節，言『愛民』與『偃兵』，不過是假仁假義之僞行。先之『以苦一國之民，以養耳目鼻口』，然後侈談『愛民』；先之以『殺人之士民，兼人之土地，以養吾私』，然後奢談『偃兵』。如果真要施『愛民』之『仁』，行『偃兵』之『義』，不如拋棄虛僞，不要擾亂百姓們的生活。如果老百姓自由自在，生活得很好，哪裏需要你這『愛民』與『偃兵』的虛假口號！

本章二節，以徐无鬼見魏武侯爲線索，一則言禮樂文化與價值文明對人類真性情的桎梏與束縛，一則言所謂『愛民』之『仁』與『偃兵』之『義』不過是虛僞與欺詐的謊言。仍然是『文聯而意不聯』的靈活章法。本章大抵發揮《應帝王》之無治思想。

【繹文】

徐无鬼拜見魏武侯，魏武侯說：『先生居住在深山老林，用橡子與栗實充飢，用香蔥與韭菜果腹，因而擯棄我已經很久了呀！今天到這裏來，是覺得自己老了想求得些許酒肉的滋味呢？再不就是我的國家和人民將會特別有福氣了呢？』

徐无鬼說：『无鬼出生於貧寒與微賤，從來沒有奢望吃喝君侯您的酒肉，我是來撫慰您的。』君侯詫異地問：『爲什麼呀？你用什麼辦法撫慰我呢？』徐无鬼回答說：『撫慰君侯您的心靈與肉體。』

魏武侯不解地問：『什麼意思呀？』徐无鬼解釋道：『天地恩澤養育天下人都是平等的，升到高處不會因此就身材加長了，處在低地不會因此就個頭變矮了。君侯您一人高高在上作爲大國的君主，卻勞苦全國的民衆，來供養您吃喝玩樂，滿足您的感官享樂，在您那靈魂深處恐怕是不能心安理得的。人的靈魂，是喜歡安寧平靜而討厭躁動不安的。如果心神躁動不安，無端生事，就是毛病，所以需要撫慰它。衹是君侯您竟患上這個毛病，是什麼原因呀？』

武侯說：『想見見先生已經很長時間了。我打算仁愛民人並且推行正義止息戰爭，是不是可行啊？』徐无鬼說：『不可行。仁愛民人，就是殘害民人的開始；推行正義止息戰爭，便是製造戰爭的根源。君侯從這些事上著手行動，那大抵是不會成功的。凡是有意成就美好的行爲，最終都會淪爲造就醜惡的工具。君侯雖然是施行仁義，那差不多就是近於弄虛作假啊！有形的前期事件必然會生出有形的後續事件來，如果止兵息戰的動議成功了，就一定會招來討伐；如果止兵息戰的動議改變了，便會導致對外的戰爭。君侯也一定不要在望樓之間多多陳兵布陣講武習戰，不要在立有壇場誓師列衆的苑囿裏訓練步兵與騎兵，不要在行爲上包藏悖逆禍亂之心，不要用投機取巧勝過別人，不要用陰謀詭計勝過別人，不要用攻伐爭戰勝過別人。如果是屠殺別國的青年壯士，兼並別國的肥沃土地，用來奉養我自己的私欲，滿足我自己的心理需求，這種戰爭不知道有什麼好處？戰爭的勝利又在哪裏呢？君侯如果實在是閒不下來了，可以修養心中的誠意，用來順應天地的實情而不要擾亂了天地之間的自然秩序。如果民眾已經脫離了苦厄，君侯又哪裏還用得著什麼止兵息戰啊！」

〔二〕

黄帝將見大隗乎具茨之山，方明爲御，昌寓驂乘，張若、謵朋前馬，昆閽、滑稽後車；〔一〕至於襄城之野，七聖皆迷，无所問塗。〔二〕適遇牧馬童子，問塗焉，曰：『若知具茨之山乎？』〔三〕曰：『然。』『若知大隗之所存乎？』曰：『然。』〔四〕

黄帝曰：『異哉小童！非徒知具茨之山，又知大隗之所存。請問爲天下。』〔五〕

小童曰：『夫爲天下者，亦若此而已矣，又奚事焉！〔六〕予少而自遊於六合之內，予適有瞀病，有長者教予曰：「若乘日之車而遊於襄城之野。」〔七〕今予病少痊，予又且復遊於六合之外。夫爲天下亦若此而已。予又奚事焉！』〔八〕

黄帝曰：『夫爲天下者，則誠非吾子之事。雖然，請問爲天下。』小童辭。〔九〕

黄帝又問。小童曰：『夫爲天下者，亦奚以異乎牧馬者哉！亦去其害馬者而已矣！』黄帝再拜稽首，稱天師而退。〔一〇〕

知士无思慮之變則不樂，辯士无談說之序則不樂，察士无淩誶之事則不樂，皆囿於物也。〔一一〕

招世之士興朝，中民之士榮官，筋力之士矜難，勇敢之士奮患，兵革之士樂戰，〔一二〕枯槁之士宿名，法律之士廣治，禮教之士敬容，仁義之士貴際。〔一三〕農夫无草萊之事則不比，商賈无市井之事則不比。〔一四〕庶人有旦暮之業則勸，百工有器械之巧則壯。〔一五〕錢財不積則貪者憂，權勢不尤則夸者悲。〔一六〕勢物之徒樂變，遭時有所用，不能无爲也。〔一七〕此皆順比於歲，不物於易者也，馳其形性，潛之萬物，終身不反，悲夫！〔一八〕

【釋義】

〔一〕**黃帝將見大隗乎具茨之山** 大隗，神人名。《釋文》：『崔本作泰隗。或云：大隗，神名也。一云：大道也。』乎，於。具茨之山，山名。奚侗《補注》：『《山海經·中山經》「大騩之山」，郭注：「今滎陽密縣有大騩山。」《元和郡縣志》云：「密縣大騩山，在縣西東南五十里。」竊謂大隗卽具茨，此山原名具茨，因有大隗神人居之，人或以大隗名其山，是一山二名也。』**方明爲御** 方，溥；方明，虛擬人名，義取溥明。御，駕車者。**昌寓驂乘** 昌，光。《說文》：『一曰日光也；《詩》曰東方昌矣。』寓，通宇。昌寓，虛擬人名，義取光照寰宇。驂乘，音餐剩，車右武士。行甫按：古之車，主乘者居中，御車者在左，武衛者在右。驂，通參；參，叁，一車三人。**張若謵朋前馬** 張若，虛擬人名。張，猶張大；若，猶如。行甫按：若，詞綴，猶《易·離》九四『突如，其來如，焚如，死如，棄如』諸『如』。謵朋，《釋文》：『謵，音習，元嘉本作謂。崔同。㢋，崔本作㢋，本亦作朋，蒲登反。』鍾泰《發微》：『謵㢋，所習者廣也。㢋音侈，今各本並作朋，形相似而誤也。』行甫按：鍾氏説字是，釋義則非。謵，《説文》：『一曰言不止也。』㢋，猶侈張。謵㢋，音折侈，虛擬人名，義取言辭侈張。行甫又按：張若，行爲張狂；謵㢋，言語張狂。前馬，馬前引導，猶先馬、洗馬。**昆閽滑稽後車** 昆，《説文》：『同也。』閽，通昏，《大雅·召旻》『昏椓靡共』，鄭《箋》：『昏椓皆奄人也。昏，其官名也。』孔穎達《正義》：『《天官·閽人》注云「閽人，司昏晨以啓閉者」，是「昏，其官名也。」』是其例。《左傳》哀公十六年：『失志爲昏。』是其義。滑，音骨，亂。稽，求。行甫按：昆閽，虛擬人名，義取同昏。滑稽，虛擬人名，義取亂求。後車，車後隨從。行甫按：黄帝六人之名，各有隱喻。或謂明照寰宇，或謂言行侈張，或謂志昏亂求，皆不無反諷之意，故後言『七聖皆迷』。

〔二〕**至於襄城之野** 襄城，今河南襄城縣，在大隗山之南。野，郊外。**七聖皆迷** 七聖，黄帝一行七人。**无所問塗** 所，猶可。塗，通途，道路。

〔三〕**適遇牧馬童子** 適，猶正，恰。童子，猶言年輕人。**問塗焉** 焉，於是。**若知具茨之山乎** 若，猶爾，你。

〔四〕**然** 是，應辭。**若知大隗之所存** 之，猶其。所，猶何。存，猶在。

〔五〕**異哉小童** 異，猶怪。**非徒知具茨之山** 非徒，猶不但。**請問爲天下** 爲，猶治。

〔六〕**夫爲天下** 夫，猶若。**亦若此而已** 亦，猶特，衹。若此，如此。王先謙《集解》：『亦若此遊於襄城之野而已。』行甫按：猶言不過如當前逍遥於襄城之狀而已。**又奚事焉** 又，猶寧。奚，何。事，爲。焉，猶乎。

〔七〕**予少而自遊於六合之内** 予，我。少，少年。六合之内，人間塵世。**予適有瞀病** 適，猶正。瞀，音冒，眊亂。《釋文》：『李云：風眩貌。』行甫按：遊於世俗，誘惑正多，以致眼花繚亂。**有長者教予** 長者，有道之士。教，告。**若乘日之車而遊於襄城之野** 若，汝，你。乘日之車，以日爲車，猶言無所事事信天而遊。行甫按：遊於襄城之野，照應上文『亦若此而已矣』。

〔八〕**今予病少痊** 今，此時，與『少』字相關聯。少，稍。痊，病愈。《釋文》：『李云：除也。』**予又且復遊於六合之外** 且，猶將。復，猶再。行甫按：又且復，虛詞連用。六合之外，塵世之外。行甫按：遊於六合之外，猶言遊於超越高遠的道的境界。**夫爲天下亦若此而已** 夫，猶若。**予又奚事** 奚事，何爲。行甫按：此與上文相關聯，則上文之『若此』，即此之無事而遊。

〔九〕**夫爲天下者則誠非吾子之事** 則，猶即。誠，猶實。**雖然** 即使如此。**小童辭** 辭，辭讓。《禮記·哀公問》『固臣敢無辭而對』，鄭玄注：『辭，讓也。』

〔一〇〕**夫爲天下者亦奚以異乎牧馬** 奚，猶何。以，猶有。異，不同。乎，於。**亦去其害馬者而已** 去，除去。害馬者，猶言傷害馬性之行爲。行甫按：前答以無事，此答以去事，則不得已而求其次。**黃帝再拜稽首** 再拜，拜兩次。稽首，頭至於地。**稱天師而退** 稱，猶呼。《國語·吳語》『王稱左畸曰』，韋昭注：『賈、唐二君云：稱，呼也。』天師，郭象注：『師夫天然。』王叔岷《校詮》：『黃帝稱牧馬小童爲天師，蓋師夫自然者也。』退，猶去。

〔一一〕**知士无思慮之變則不樂** 知，通智；智士，智謀之士。變，變化。行甫按：思慮之變，猶言變化而有所裁定。《易·繫辭上》『化而裁之謂變』，是其義。則，猶乃。**辯士无談說之序則不樂** 辯士，名辯之士。序，次序。行甫按：談說之序，猶言論辯談說的次序條理。孔穎達《尚書正義》：『毛《傳》云：「序者，緒也。」

則緒述其事，使理相胤續，若繭之抽緒。』**察士无淩誶之事則不樂**　察，苛察。察士，苛察之士。淩，雜。錢穆《纂箋》：『嚴復曰：《史記》「淩雜米鹽」，淩誶猶淩雜也。』誶，與訊聲轉義通，今音歲，問也。行甫按：淩誶之事，猶言毛舉細故發人陰私之事。王叔岷以『淩誶』爲『好陵辱責罵人』，恐與『苛察之士』不相侔。**皆囿於物**　囿，限。物，事，此特指名利之事。《管子·戒》『尊道而賤物』，尹知章注：『物，謂名利之事。』

〔一二〕**招世之士興朝**　招，聲名顯赫。行甫按：許慎說『招』之本義爲『手呼』，引申之則爲顯眼易見。《荀子·勸學篇》『登高而招，臂非加長也，而見者遠』，是此『招』字之義。則『招世之士』者，猶言高自標榜以顯名於世之士。興，猶起。行甫按：興朝，猶言興起於朝廷。**中民之士榮官**　中，猶得。行甫按：古『中』、『得』聲轉義通，當讀去聲。中民之士，與上『招世之士』相對爲文，猶言投其所好以籠絡民心之士。榮官，以入仕做官爲榮。**筋力之士矜難**　筋力，猶言體魄强壯。矜難，以爲難爲之事而夸耀。**勇敢之士奮患**　奮，猶矜伐。《荀子·子道篇》『奮於言者華，奮於行者伐』，楊倞注：『奮，振矜也。』患，猶災害，憂患。**兵革之士樂戰**　兵，兵器。革，甲冑。行甫按：兵革之士，猶言披堅執銳以衝鋒陷陣之士。

〔一三〕**枯槁之士宿名**　枯槁，面容憔悴。枯槁之士，猶言隱居林泉而面容憔悴之士。宿，猶取。俞樾《平議》：『宿讀爲縮。《國語·楚語》「縮於財用則匱」，《戰國·秦策》「縮劍將自誅」，韋昭、高誘注並云「縮，取也」。「枯槁之士宿名」，猶言「取名」也。』**法律之士廣治**　法律之士，猶言法術之士。廣，推廣，擴大。治，治理。**禮教之士敬容**　禮教，禮樂教化。敬，猶謹。容，容儀。**仁義之士貴際**　仁義之士，猶言講求仁義樂善好施之士。貴際，看重交際。郭慶藩《集釋》引郭嵩燾曰：『貴際，謂相與交際，仁義之用行乎交際之間者也。鄭康成《禮記·中庸》注：人也，讀如相人偶之人，以人意相存問之言。故人與人比而仁見焉，仁義之士所以貴際也。』行甫按：

貴際、敬容，相對爲文，皆言其人之行爲取向。

〔一四〕**農夫无草萊之事則不比**　草萊，猶除草翻耕。比，成玄英《疏》：『和樂。』奚侗《補注》：『《廣雅》：「比，樂也。」』此與上文『知士无思慮之變則不樂』云云文義相類。**商賈无市井之事則不比**　商賈，行商坐賈。市井之事，猶言交易買賣。行甫按：市爲交易之所，井爲汲水之處，有人之處，必有商品交换。

〔一五〕**庶人有旦暮之業則勸**　業，事。勸，勤勉。**百工有器械之巧則壯**　百工，製造器物之工匠。器械之巧，製作用具與工具之技巧。壯，氣盛雄强。《易》『大壯』，鄭玄注：『氣力浸强之名。』

〔一六〕**錢財不積則貪者憂**　貪，貪財好貨。**權勢不尤則夸者悲**　權勢，權利與勢力。尤，特異。夸，猶張揚自大。《説文》：『夸，奢也。』《呂氏春秋·下賢》『富有天下而不騁夸』，高誘注：『夸，詫而自大也。』

〔一七〕**勢物之徒樂變**　勢，因利以制權。《孫子兵法·計篇》『勢者，因利而制權也』，楊丙安《十一家注校理》引王皙曰：『勢者，乘其變者也。』物，名利之事，與上文『囿於物焉』相關聯。行甫按：勢物，隨事之變以權衡利弊得失。樂變，猶言樂於事變。**遭時有所用**　時，猶時變。所，猶可。用，猶行。**不能无爲**　猶言因利制權，遭時乘變，因以有所作爲。

〔一八〕**此皆順比於歲**　此，指『招世之士』以下有爲之徒。順比，猶從，同義複詞。《大雅·皇矣》『克順克比』，毛《傳》：『擇善而從曰比。』歲，猶時日。行甫按：順比於歲，猶言順從歲時的推移而有所爲。**不物於易**　物，名詞意動用法，猶以物爲物，有主宰之義。於，對於。易，變易，推移，與上文『變』、『時』、『歲』諸字相關聯而言之。行甫按：不物於易，不能對時勢的推移變易有所宰制，猶言逐物而不返。**馳其形性**　馳，猶馳逐、放縱。形性，形體與心性。**潛之萬物**　潛，猶沉没。之，猶於。**終身不反**　反，通返，還。**悲夫**　夫，猶乎。行甫按：

自『知士无思慮之變則不樂』以下，乃就黄帝及牧馬童子各爲其爲所發之議論，乃莊子『意聯而文不聯』之章法，説者多解爲兩章，兹從王孝魚點校本連爲一章。

此乃本篇第二章，言黄帝之徒求『爲天下』之法而不得，問於牧馬童子。牧馬童子先答以『又奚事』，繼答以『去其害馬者而已』，則黄帝之徒與牧馬童子都是事其所事的同類。雖然牧馬童子曾經有所曲折，而黄帝之徒則舍大道而不求以問治天下之法，終究與『不能无爲』的『勢物之徒』並無本質之别，皆爲『馳其形性』、『終身不反』的可悲之人！

【繹文】

黄帝要去名叫具茨的山裏拜見神人大隗，號稱陽光普照的方明駕車，名爲光照寰宇的昌寓做車右，而行爲張狂的張若與言語張狂的謵㒹二人在馬前作嚮導，心志全然昏亂的昆閽與糊塗不知所求的滑稽二人在車後作隨從。他們一行人來到了襄城的郊野之外，這七位了不起的人物都迷失了方向，也没人可以問路。

這時恰好來了一位放馬的年輕人，於是向他問路説：『你知道那個具茨山嗎？』年輕人回答説：『當然。』又問：『你知道神人大隗他住在哪裏嗎？』年輕人又回答説：『當然。』

黄帝説：『了不起啊，年輕人！不單單是知道具茨山，還知道大隗他在哪裏。請問治理天下——』

黄帝話音未落，年輕人就回答説：『要説治理天下吧，祇不過就像我現在這個樣子罷了，又有什麽可幹呢！我小時候就開始自己遊走在人世之間討生活，要做的事情太多，我便患上了頭暈目眩的毛病。有一位老人告訴我説：「你就把每天的太陽當作車子，到襄城的郊野之外去自由自在地玩耍吧。」現在我的病稍稍有些好轉了，我又要到天地之外超凡脱俗的無人之處自由玩耍。那治理天下也不就像我這樣自由玩耍而已，我在這兒又有什麽事幹呢！』

黄帝説：『説到治理天下吧，那的確不是你這年輕人的事。即使是這樣，請問治理天下——』年輕人謝絶回答。

黄帝繼續詢問。年輕人説：『那治理天下吧，與放馬的事情也没有什麽不同的呀！祇不過就是不做傷害馬匹的事情罷了！』黄帝聽後，給年輕人拜了兩拜，叩了兩個響頭，稱他爲天然的老師，然後離去。

富有智慧的人物，如果没有需要思慮與謀劃作出推斷的事情變化便找不到快樂；善於辯論的人士，如果没有機會展示論難談説的次第條理便覺得不愉快；喜歡吹毛求疵的傢伙，如果没有地方打探别人雞毛蒜皮的個人隱私就會鬱鬱寡歡。這些人都被名利之事纏繞著脱不了身。

高自標榜以顯聲名於世的人，希望得到朝廷的重用；仗義疏財以籠絡民心的人，總想得到一官半職的榮耀；體魄强壯膂力過人的人，希望通過難能之事炫耀力氣；勇氣和膽量超羣出衆的人，喜歡在災難來臨之際表現奮不顧身的英勇；披堅執鋭衝鋒陷陣的戰士，希望通過戰爭獲得快樂；隱遁山林面容憔悴的人，不過爲了沽名釣譽；研究刑名學習律法的人，不過爲了推廣法治；崇尚禮樂重視教化的人，便特別注重容貌與儀表；講求仁義樂善好施的人，便非常重視人際交往。農夫如果沒有割草翻耕的事情便感到不快樂，商賈如果沒有市井買賣的事情就覺得不愉快。廣大的民衆有維持日常生計的事業，便手腳勤快；各業的工匠有製作器具的技巧，便腰板直挺。金錢與財富積累得不夠多，那些貪財好貨的人就憂心忡忡；權力與勢位超不過別人，那些張揚自大的人就悲觀失望。隨著事變以權衡利弊的那幫人，最喜歡事情變化多端，遇到時機可資利用便大顯身手以求一逞，不可能一無所爲。這些人都是順從時勢的推移，不能在光陰流轉與事情變易之中作爲萬物的主宰，而是放縱他們的形體與心性，沉溺於萬物之中，終身不能自拔，可悲啊！

[三]

莊子曰：『射者非前期而中，謂之善射，天下皆羿也，可乎？』惠子曰：『可。』〔一〕莊子曰：『天下非有公是也，而各是其所是，天下皆堯也，可乎？』惠子曰：『可。』〔二〕

莊子曰：『然則儒墨楊秉四，與夫子爲五，果孰是邪？或者若魯遽者邪？〔三〕其弟子曰：「我得夫子之道矣，吾能冬爨鼎而夏造冰矣。」〔四〕魯遽曰：「是直以陽召陽，以陰召陰，非吾所謂道也。吾示子乎吾道。」〔五〕於是爲之調瑟，廢一於堂，廢一於室，鼓宮宮動，鼓角角動，音律同矣。〔六〕夫或改調一弦，於五音无當也，鼓之，二十五弦皆動，未始異於聲，而音之君已。且若是者邪？』〔七〕

惠子曰：『今夫儒墨楊秉，且方與我以辯，相拂以辭，相鎮以聲，而未始吾非也，則奚若矣？』〔八〕

莊子曰：『齊人蹢子於宋者，其命閽也不以完，其求鈃鍾也以束縛，其求唐子也而未始出域，有遺類矣！〔九〕夫楚人寄而蹢閽者，夜半於无人之時而與舟人鬬，未始離於岑而足以造於怨也。』〔一〇〕

莊子送葬，過惠子之墓，顧謂從者曰：『郢人堊慢其鼻端若蠅翼，使匠石斲之。〔一一〕匠石運斤成風，聽而斲之，盡堊而鼻不傷，郢人立不失容。〔一二〕宋元君聞之，召匠石曰：「嘗試爲寡人爲之。」匠石曰：「臣則嘗能斲之。雖然，臣之質死久矣。」〔一三〕自夫子之死也，吾无以爲質矣，吾无與言之矣。』〔一四〕

【釋義】

〔一〕**射者非前期而中** 前，猶事先。期，猶約定。行甫按：非前期而中，沒有事先約定具體目標而射，則射無不中。**謂之善射** 謂，猶稱。善射，善於射箭。**天下皆羿** 羿，相傳爲古代神箭手。**可乎** 郭象注：『若謂謬中爲善射，是則天下皆可謂之羿，可乎？言不可也。』**惠子曰可** 惠施以不可爲可。行甫按：此以射箭爲起與發端，意在引出下文有無『公是』之論。

〔二〕**天下非有公是** 公是，共同認可的是非標準。**而各是其所是** 是其所是，認可自己所認可的。**天下皆堯也可乎** 堯，傳説之遠古帝王。行甫按：此以堯之認知能力最爲高超，不致於判斷失誤；猶如羿之善射，百發百中。**惠子曰可** 惠施亦以不可爲可。行甫按：據《天下》所載惠施『麻物十事』，知其學説性質乃辯證的自然哲學，『既不完全擯棄同異之別，也並非無條件地主張合同異』（參見拙著《中國早期文化意識的嬗變》第三卷下册相關論述，武漢大學出版社二〇一四年版，第七九〇—八四三頁）。此言惠施以不可爲可，或者是莊子加於惠施以爲文戲之耳，或者爲惠施對莊子『莫若以明』之『齊物』思想反脣相譏。無論出於何故，莊子胷中自有丘壑，故下文以『儒墨楊秉四，與夫子爲五，果孰是邪』，令惠施矛盾自陷。

〔三〕**然則儒墨楊秉四** 儒墨，儒家與墨家，此就學派而言之。楊，楊朱；秉，公孫龍字子秉；此就學人而言之。行甫按：《説文》：『秉，禾束也，從又持禾。兼，並也，從又持秝；兼持二禾，秉持一禾。』依古人名字相應之理，字子秉之公孫龍，當讀作『公孫龓』。《説文》：『龓，兼有也，從有，龍聲，讀若聾。』公孫龓，字子秉，名與字相反爲義，猶曾子名點字子晳，韓子名愈字退之之比（參見程水金《公孫龍名字解詁與〈孟子〉『龍斷』語義探原》，《孔子研究》二〇一三年第四期）。**與夫子爲五** 夫子，先生，指惠施。**果孰是** 果，猶實。行甫按：莊子以其人之道，還治其人之身。既然惠施以不可爲可，則無所是非矣。既無所是非，又何以五人相爭不息？**或者若魯遽者** 若，猶如。魯遽，《釋文》：『李云：人姓名也。一云：周初時人。』行甫按：若魯遽者，對於同一事實，在人則非之，在己則是之。

〔四〕**其弟子曰我得夫子之道** 其弟子，魯遽弟子。夫子，指魯遽。道，猶言學問。**吾能冬爨鼎而夏造冰**

爨，音篡，燒火。冬爨鼎，成玄英《疏》：『冬取千年燥灰以擁火，須臾出火，可以爨鼎。』夏造冰，成玄英《疏》：『盛夏以瓦瓶盛水，湯中煮之，縣瓶井中，須臾成冰也。』

〔五〕**是直以陽召陽** 直，猶特。召，致。以陽召陽，成玄英《疏》：『千年灰陽也，火又陽也，此是以陽召陽。』**以陰召陰** 成玄英《疏》：『井中陰也，水又陰也，此是以陰召陰。』**非吾所謂道** 魯遽不承認其弟子得己之道。**吾示子乎吾道** 示，以事告人。乎，猶以。

〔六〕**於是爲之調瑟** 於是，猶因此。調瑟，調理琴瑟之弦。**廢一於堂** 廢，猶置。**廢一於室** 一瑟在堂上，一瑟在內室。**鼓宮宮動** 鼓，撥動瑟弦。宮，宮調。**鼓角角動** 角，角調。宮商角徵羽爲五音。**音律同矣** 鼓堂上之瑟，室內之瑟，相應之弦振動，音調完全相同。行甫按：魯遽謂『以陽召陽，以陰召陰』非其道，然其鼓堂上瑟而室內瑟相應振動，其共鳴現象『猶是以陽召陽也』（成玄英《疏》）。

〔七〕**夫或改調一弦** 夫或，猶若或，假設之詞。行甫按：『夫或』以下，乃莊子證魯遽之所爲亦是『以陽召陽』而已。改調一弦，更改一弦。**於五音无當** 當，合。行甫按：一弦改變音調，此音調不合宮商角徵羽五音，是爲變調。**鼓之** 之，代改調之弦。**二十五弦皆動** 一瑟二十五弦。鼓其變調，二十五弦皆應。**未始異於聲** 未始，未嘗。異於聲，於音調沒有差別。**而音之君已** 音之君，音聲之主調。王叔岷《校詮》：『已下當據《淮南子・覽冥》篇補形也二字。』形，猶成。王先謙《集解》引宣穎曰：『言無論二瑟五音相應，姑就一瑟言之，當其本調既成，五音各有定弦，今或改調一弦，而爲變調，則於本調之五音移動而無當也，宜不相應矣。乃鼓之而二十五弦亦隨之而變，無不相應，此豈於五音之外有異聲哉？蓋五音可旋相爲宮，今所改一弦，便是變調之宮，如君主然，則餘弦自隨之而動也。夫一瑟之間，又是變調，無不相應如此，則二瑟五音之上，其相應尤理之常然，何足異乎？今遽以此誇其弟子，自謂積微，不知五音之相動與二氣之相召有以異乎？可見在人則見以爲非，在己則見以爲是，究之相等耳。』**且若是者**　且，猶尚。若是，如此。行甫按：且若是者，照應上文『或者若魯遽者邪』，謂如魯遽，事雖無異，在人則非之，在己則是之。

〔八〕**今夫儒墨楊秉**　夫，猶彼。**且方與我以辯**　而，而且。方，猶並。以，猶爲。行甫按：猶言今彼儒墨楊秉四人自相辯，且又並與我爲辯。**相拂以辭**　拂，擊。世德堂本作排；排，擠。**相鎮以聲**　鎮，壓。**而未始吾非**　未始，未曾。非，不是。行甫按：未始吾非，未曾使我不是，猶言眾家皆未曾勝過我。**則奚若矣**　則，猶將。說見吳昌瑩《經詞衍釋》。奚，何。若，如。矣，猶乎。行甫按：則奚若矣，猶言眾家與我爲辯，皆未曾勝過我，將如何說呢？意即你怎麽看待此事呢？

〔九〕**齊人蹢子於宋者**　蹢，通擿，今作擲，投。者，指事代詞，猶之事，非指其人。行甫按：齊人投擲其子於宋，此事之所不能有。一則如挾泰山以超北海，勢之所不可能；二則世亦無如此之父，情之所不能忍。**其命閽也不以完**　其，猶有，說見吳昌瑩《經詞衍釋》。行甫按：此『其』爲列舉之詞，句末承前省『者』字，猶言『有命閽不以完者』。四句文法皆同，唯『齊人』句蒙後省『其』字，下二句承前省『者』字。命閽，使人守門。以，猶與。完，通筦，完乃筦之省。《韓非子·初見秦》『筦山東河間』，《戰國策·秦策一》『筦』作『完』。『筦』與『管』通。《周頌·執競》『磬筦將將』，《釋文》：『筦本亦作管。』《史記·平準書》『而桑弘羊爲大農丞，筦諸會計事』，《漢書·食貨志》『筦』作『管』。《漢書·食貨志上》『筦子曰』，顔師古注：『筦與管同。』是其證。筦，管籥。《禮記·月令》『修鍵閉，慎管籥』，鄭玄注：『管籥，搏鍵器也。』《周禮·司門》『掌授管鍵以啓閉國門』，鄭衆曰：『管，謂籥也；鍵謂牡。』行甫按：命閽人守門，不與其管籥，此亦爲荒悖之事。**其求鈃鍾也以束縛**　求，猶得。鈃，長頸鍾。鍾，《說文》：「酒器也。」以，猶爲。束縛，捆綁，同義複詞。行甫按：鈃鍾皆爲盛酒之器，不可如繩索用於捆綁。求酒器爲繩索之用，此亦荒謬之事。**其求唐子也而未始出域** 求，猶尋找。唐，猶蕩。郭象注：「唐，失也。」唐子，走失之子。域，猶居所。《史記・禮書》「人域是域」，司馬貞《索隱》：「域，居也。」行甫按：尋找走失之子，卻未曾出居所，此亦悖謬之事。**有遺類** 有，猶如，爲。說見吳昌瑩《經詞衍釋》。遺，猶餘。《楚辭・離騷》「願依彭咸之遺則」，王逸注：「遺，餘也。」類，同類。《說文》「類，種類相似，唯犬爲甚」，段玉裁注：「類本爲犬相似，引伸假借爲凡相似之偁。」行甫按：此答惠施「則奚若矣」之一端。言惠施所辯之事，皆如此類子虛烏有毫無意義的僞命題；如《天下》篇所記惠施「厤物之意」，在常識看來，大抵皆爲此類自相矛盾之無理悖論。

〔一〇〕**夫楚人寄而蹢閽** 夫，猶且，更端之詞。寄，寄宿。蹢，通謫，俞樾《平議》：「蹢當讀謫，揚雄《方言》『謫，怒也』，張揖《廣雅・釋詁》『謫，責也。』」閽者，守門人。行甫按：寄居於人卻怒責其閽者，此乃莽撞狂悖無益卻無端造怨於主人之事。**夜半於无人之時而與舟人鬬** 舟人，船家。行甫按：乘舟之客於夜半無人之時與船家爭鬬，實乃莽撞狂悖無益卻無端造怨於船主之事。行甫又按：此二句亦爲列舉之辭，句式亦爲「有……者」。上句省「其」（「有」）字，下句「其」（「有」）「者」二字皆省。**未始離於岑而足以造於怨** 未始，未曾。離，通麗，猶附著。岑，坡岸。造，猶生。王先謙《集解》：「宣云：『離同麗。』案夜半無人之時，舟未著岸而與舟人鬬，將有性命之虞，與寄而謫閽之事，皆足以造怨也。」行甫按：此答惠施「則奚若矣」之又一端。言惠施等人「相拂以辭，相鎮以聲」，不僅莽撞狂悖無益，更是無聊的意氣之爭，不過相互結怨於彼此而已。

〔一一〕**莊子送葬過惠子之墓** 過，路過。墓，墳墓。**顧謂從者** 顧，回頭。謂，猶告。從者，隨從送葬之人。**郢人堊慢其鼻端若蠅翼** 郢人，《釋文》：「楚都也。《漢書音義》作獿人，音鐃。」《漢書・揚雄傳》載《解嘲》『獿人亡，則匠石輟斤而不敢妄斲』，服虔注：『獿，古之善塗塈者也。』顏師古注：『獿，抆拭也，故謂塗者爲獿人。』王念孫《讀書雜志》：『此字本從巾，𢙢聲，非從夒聲，音乃昆、乃回二反。𢙢，籀文婚字，故𢅏從其聲而讀乃昆反。車部之𨏺字亦從𢙢聲而讀若閔，是其例也。』王叔岷《校詮》：『朱駿聲云：「《廣雅·釋宮》『𢅏，塗也』，《漢書·揚雄傳》誤爲獿，《莊子》以郢爲之。」朱氏謂「《莊子》以郢爲之」，是郢乃𢅏之借字，郢非楚都也。』堊，白色土。慢，趙諫議本作漫，皆鏝若槾之借。《說文》『鏝，鐵杇也。槾，鏝或從木』，段玉裁注：『杇，所以涂也。秦謂之杇，關東謂之槾，從木。是則木爲者曰杇，金爲者曰鏝。』若蠅翼，如蒼蠅翅膀。行甫按：言其小而薄。**使匠石斲之** 匠石，木工，名石。斲，砍削。

〔一二〕**匠石運斤成風** 運，揮動。斤，斧子。成風，揮動斧子，攪動空氣，形成氣流。**聽而斲之** 聽，猶言不以視覺。郭象注：『瞑目恣手。』行甫按：聽而斲之，猶言隨手斲而削之。**盡堊而鼻不傷** 盡堊，白泥全部斲削乾淨。**郢人立不失容** 不失容，臉色不變。

〔一三〕**宋元君** 名佐，宋平公之子；《史記·宋微子世家》稱宋元公。**召匠石** 召，徵召。**嘗試爲寡人爲之** 嘗試，猶試，同義複詞。**臣則嘗能斲** 則，猶是，寔。說見吳昌瑩《經詞衍釋》。嘗，猶曾。**雖然** 即使如此。**臣之質死久** 質，猶言椹板，準的。《資治通鑑·周紀一》『奈何獨以吾爲智氏質乎』，胡三省注：『質，謂椹質也，質的也；椹質受斧，質的受矢。』王叔岷《校詮》：『質，猶今言對手，謂郢人也。』行甫按：此『質』爲喻體，『郢人』乃本體，猶今之俗語所謂『搭檔』。

〔一四〕**自夫子之死** 夫子，指惠施。**吾无以爲質** 无以，猶無使。**吾无與言之** 言，猶言談，討論。

此乃本篇第三章，言惠施與莊子討論天下有無共同的是非標準以及爭論的性質。大旨乃謂，天下並無共同的是非標準，惠施與儒墨楊秉所爭論不休的問題，其實都是毫無意義的僞命題。他們『相拂以辭，相鎮以聲』，不過徒爭意氣以結怨於人而已。莊子與惠施是能夠相互讀懂對方的諍友，惠施死後，莊子再無可以質疑論難的對手了。本章文勢，一波三折，愈轉愈深，愈轉愈奇，出人意表。最後以莊子過惠子之墓而歸於寂靜，大有『回看射雕處，千里暮雲平』之氣韻，不愧爲千古文章聖手！

【繹文】

莊子問惠施說：『射箭沒有事先約定目標就算射中了，並且稱他爲善射的弓箭手，那麼天下所有人都成爲善射的后羿了，可以嗎？』惠施回答說：『可以呀。』

莊子又問說：『天下沒有公認的認知標準，因而每個人都認爲自己的認知結果是正確的，那麼天下所有人都成爲認知水平最爲高超的唐堯了，可以嗎？』惠施說：『可以呀。』

莊子反駁道：『這樣說來，那麼儒者、墨者、楊朱、公孫龍四位先生，加上先生你，總共五個人，到底誰是正確的呢？或者是就像魯遽那樣呢？魯遽的弟子說：「我通曉先生的學問了，我能夠在冬天裏用死灰復燃的辦法燒鼎，而且在夏天裏用燒開的水造出冰來。」魯遽指責他的學生說：「這不過是用陽氣招致陽氣，用陰氣招致陰氣而已，並不是我所宣講的學問。」於是他爲衆人調好瑟弦，放一把瑟在前堂上，又放一把瑟在內室裏，然後撥動一瑟的宮調，另一瑟的宮調也同樣振動起來；又撥動一瑟的角調，另一瑟的角調也同樣振動起來。音律相同了，當然便相感互動，發生共鳴了。如果試著改調一根弦，它的調式不與宮商角徵羽任何一個調式相合，然後撥動這根弦，瑟上的二十五根弦便能全部同時振動起來，跟平常音律沒有什麽不同，不過是變調成爲主調罷了。你們相互爭辯的是不是跟魯遽一樣：同一事實，在别人那裏就認爲是不對的，在自己這裏就認爲是對的呢？』

惠施說：『當今那些儒者、墨者以及楊朱、公孫龍，他們不僅自相論辯，並且又一起跟我辯論，彼此之間用言辭互相攻擊對方，用聲音相互壓制對方，可是他們從來就沒有把我駁倒過，你覺得怎麼樣呢？』

莊子說：『有齊國人把自己的兒子隔著魯國扔到宋國去，有人叫人守門卻不給他鎖門的管鑰，有人想把盛酒的器具當繩索使用，有人尋找走失的兒子卻沒有出過家門。你所談論的那些話題，不過如同這類無稽之談的流毒餘種罷了！再說，有楚國人寄宿於主人家卻指責主家的守門人，有乘客深更半夜在沒人的時候與船家鬬毆的，船還沒有到岸就與船家深深地結下了仇怨。你們那些爭論，都是如此這般的意氣之爭而且白白與人結怨，實在是愚蠢可笑。』

許多年以後，莊子送葬，路過惠施的墳墓，回過頭來對跟隨送葬的人羣說：『有位泥工糊牆的時候，一滴白色泥水掉落在他的鼻尖上，就像蒼蠅翅膀一樣又薄又小，請名叫石的木工爲他砍削下來。石木工掄起手中的斧子，帶出一股風來，嗖一下砍過去，看都沒看就把那白色的小泥點削得乾乾淨淨，一點也沒傷到他的鼻子，泥工也站著一動不動，神色自若，沒有一點恐懼害怕的樣子。宋元公子佐聽說了這事，把石木工召進宮，說：「試著爲我砍削一下吧。」石木工說：「我的確曾經能夠砍人鼻子上的泥點。即使如此，可是我的搭檔已死去很久了。」自從惠施先生死了之後，就沒有人可以做我的搭檔了，我再也沒有人可以一起討論學術了。』

〔四〕

管仲有病，桓公問之，曰：『仲父之病病矣，可不諱云，至於大病，則寡人惡乎屬國而可？』〔一〕

管仲曰：『公誰欲與？』公曰：『鮑叔牙。』〔二〕

曰：『不可。其爲人絜廉善士也，其於不己若者不比之，又一聞人之過，終身不忘。〔三〕使之治國，上且鉤乎君，下且逆乎民。其得罪於君也，將弗久矣！』〔四〕

公曰：『然則孰可？』對曰：『勿已，則隰朋可。其爲人也，上忘而下畔，愧不若黃帝而哀不己若者。〔五〕以德分人謂之聖，以財分人謂之賢。以賢臨人，未有得人者也；以賢下人，未有不得人者也。〔六〕其於國有不聞也，其於家有不見也。勿已，則隰朋可。』〔七〕

【釋義】

〔一〕**管仲有病**　管仲，姓管，名仲，字夷吾。齊桓公之相。**桓公問之**　桓公，名小白。問，探問。**仲父之病病**　仲父，桓公稱管仲爲仲父，以示尊敬。病病，猶言病情加重。**可不諱云**　諱，忌諱。云，猶言。行甫按：猶言可以不須諱言了。**至於大病** 大病，病重將亡。**則寡人惡乎屬國而可** 惡，猶何。乎，於。屬，託付。國，國事。而，猶乃。

〔二〕**公誰欲與** 誰欲與，欲與誰。**鮑叔牙** 姓鮑，名叔牙。齊國大夫，管仲之友，薦管仲爲相者。

〔三〕**不可** 可，適。**其爲人絜廉善士** 其，代鮑叔。爲人，猶言做人，實指其人品。絜，猶潔。廉，正直。善士，品行端方之人士。**其於不己若者不比之** 不己若，不如自己。比，親近。**又一聞人之過** 一，祇要，但凡。行甫按：此『一』乃『或』、『皆』，引申爲『祇要』、『但凡』。**終身不忘** 終身，一生。

〔四〕**使之治國上且鉤乎君** 上，向上。且，猶則。鉤，猶逆。章太炎《解故》：『鉤，亦逆也。《說文》「亅」下云：「鉤逆者謂之亅」。」凡言鉤距者，亦有逆義。』乎，於。**下且逆乎民** 下，向下。**其得罪於君** 得，猶獲。**將弗久** 將，猶當。

〔五〕**然則孰可** 然則，如此那麼。**對曰勿已** 對，猶答。勿已，猶不得已。**則隰朋可** 則，猶即。隰朋，姓隰，名朋，齊國賢士。**其爲人也上忘而下畔** 上忘，不矜伐其能，不違逆其君，則君上忘其人。下畔，不顯人之卑，不記人之過，則下民樂與行。章太炎《解故》：『畔，即今伴字。《說文》作「㚘」，云「並行也」；《唐韻》：「薄旱切。」下㚘，則不逆乎民；與鮑叔牙異矣。《則陽》篇「是自埋於民，自臧於畔」，畔亦㚘之借字。』**愧不若黃帝而哀不己若** 愧，猶自慚。哀，猶憐憫。

〔六〕**以德分人謂之聖** 德，猶德惠。行甫按：不矜伐其能，不違逆其君；不顯人之卑，不記人之過；皆爲『以德分人』。聖，聰明睿智境界高遠。**以財分人謂之賢** 財，財利。賢，《說文》：『多財也。』段玉裁注：『賢本多財之偁，引伸之凡多皆曰賢。人稱賢能，因習其引伸之義，而廢其本義矣。』**以賢臨人** 賢，多財，賢能。

行甫按：此『賢』乃兼用其本義及引伸義。臨人，猶言居高臨下傲視他人。**未有得人** 得人，猶言得人心。**以賢下人未有不得人** 下人，甘爲人之下。

〔七〕**其於國有不聞** 聞，猶問。**其於家有不見** 見，猶察。**勿已** 已，止。勿已，猶不得已。行甫按：不聞、不見，猶言無爲而治。**則隰朋可** 則，猶卽。

此乃本篇第四章，言管仲薦隰朋而不推鮑叔，不以私害公也；隰朋其人，有容人之德，不爲苛察，『其於國有不聞也，其於家有不見也』，庶幾乎無爲之治。

【繹文】

齊相管仲生病了，齊桓公去探望他，說：『仲父的病，已經不輕了，說話也可以不用忌諱什麼了，到了病重起不了床，那麼我應該把國事託付給誰才好呢？』

管仲反問齊桓公說：『君公想交付給誰呢？』桓公說：『鮑叔牙。』

管仲說：『不合適。鮑叔牙這個人，是一位廉潔正直的大好人，他對於不如自己的人便不加親近，而且祇要他知道某人有過錯，便一輩子也忘不掉。讓鮑叔治理國家，在上他會忤逆於君主，在下他會違背於民衆。他遭到君主的處罰，爲時當不會久！』

桓公說：『這麼說來，那誰人合適呢？』管仲回答說：『實在沒有辦法，那就隰朋合適。隰朋這個人，不矜伐其才能，不忤逆其君主，所以在上的君主忘記他的存在；不凸顯他人的卑微，不計較他人的過失，所以在下的民眾樂於與他爲伴；他總是自愧才德比不上黄帝，而且憐憫能力不如自己的人。把德惠分施給别人叫作境界高遠的聖人，把財物分施給别人叫作仗義疏財的賢人。以多才或多財下視他人，從來就没有得到人心的；相反以多才或多財甘爲人下，没有不得人心的。隰朋對於國事不過問，對於家事不苛察。如果没有更好的人選，那就衹有隰朋適合了。』

〔五〕

吴王浮於江，登乎狙之山。眾狙見之，恂然棄而走，逃於深蓁。〔一〕有一狙焉，委蛇攫搔，見巧乎王。〔二〕王射之，敏給搏捷矢。王命相者趨射之，狙執死。〔三〕王顧謂其友顔不疑曰：『之狙也，伐其巧恃其便以敖予，以至此殛也！〔四〕戒之哉！嗟乎，无以汝色驕人哉！』〔五〕顔不疑歸而師董梧以助其色，去樂辭顯，三年而國人稱之。〔六〕

【釋義】

〔一〕**吴王浮於江** 浮，《説文》：『汎也。』**登乎狙之山** 狙之山，多猴之山。**眾狙見之恂然棄而走** 恂，音旬，驚懼。走，奔逃。**逃於深蓁** 深蓁，音針，叢棘茂密之處。

〔二〕**有一狙焉** 焉，猶於是。**委蛇攫搔** 委蛇，從容不迫。攫搔，跳擲騰挪，搔首弄姿；猶言無懼。世德堂本『搔』作『抓』。**見巧乎王** 見，音現，表現。巧，靈巧。

〔三〕**王射之敏給搏捷矢** 敏給，猶敏捷，同義複詞。搏，猶取。捷，通接。搏捷，近義複詞。**王命相者趨射之** 相者，《釋文》：『司馬云：佐王獵者也。』趨，猶促，急。**狙執死** 執，猶言摔下。于鬯《香草續校書》：『執蓋有墜下之義。故從執之字如𡪺，《說文》宀部云「𡪺，屋傾下也」；又如墊，土部云「墊，下也」。墊之訓下，亦爲墜下之義，故《書·益稷》篇孔義引鄭注云「墊，陷也」。陷猶墜也。然則狙執死者，謂此狙墜下而死耳。』

〔四〕**王顧謂其友顔不疑** 顧，回頭。顔不疑，姓顔，字不疑，吳王之友。**之狙** 之，猶此。**伐其巧恃其便以敖予** 伐，猶言炫耀。恃，猶依賴。便，敏捷。敖，通傲，慢，猶言藐視。**以至此殛** 殛，通極，死乃『極』之引申義，而『極』與『殛』，當爲古今字。

〔五〕**戒之** 猶言以此爲鑒。**嗟乎** 嘆息聲，猶『嗚呼』。**无以汝色驕人** 色，臉色，神情。行甫按：傲慢之心形之於顔色。驕，傲慢無禮。行甫按：『驕』與上文『敖』字相照應，則『驕人』，亦爲藐視人。

〔六〕**顔不疑歸而師董梧以助其色** 董梧，姓董，名梧，當是吳國賢德有道之士。助，通鋤，猶除去。《釋文》：『師其德，以鋤色。本亦作鋤。』色，驕人之色。**去樂辭顯** 去樂，除去可樂之事，猶言甘於淡漠。辭顯，辭去榮顯之勢，猶言甘於貧賤。**三年而國人稱之** 稱，猶讚揚。行甫按：顔不疑以王之友不免忘乎所以，遭吳王借題發揮以警示其人，乃師事董梧而學以韜晦，然國人稱之，亦無所逃名焉。用世之人，難矣夫！

此乃本篇第五章，吳王以猴子因矜其巧而自取滅亡，以戒其友顔不疑。於是顔不疑乃師事董梧以去其驕泰之色，放棄快樂，辭去高位。然而卻又爲國人所稱道，則無能逃其名。

【繹文】

吳王在長江上汎舟，然後登上一座多猴的山。衆多猴子見到有人來登山，立刻驚恐萬狀地拋開人羣奪路狂奔，逃到茂密的荊棘灌木叢躲藏起來。其中有一隻猴子既不逃跑，也不害怕，從容不迫地在那裏跳擲騰挪，抓耳撓腮，更在吳王面前顯示它的靈巧。吳王拔箭射過去，它卻非常敏捷，竟然能抓接吳王發來的箭。吳王讓旁邊協助打獵的人一齊急速放箭射向那隻猴子，猴子終於中箭從樹枝上掉下來摔死了。吳王回過頭來對他的好友顔不疑説：『這隻猴子，想炫耀它的靈巧，依仗它的敏捷來藐視我，於是得到這個下場！把它作個教訓吧！唉，不要用你的臉色去藐視别人啊！』顔不疑當然明白吳王的意思，回去之後，便趕緊拜董梧爲師，幫助他祛除臉上的傲色，放棄倍感快樂的事情而甘於淡漠，辭讓顯示榮耀的勢位而甘於貧賤，三年之後，國人們對他大加讚揚。

［六］

南伯子綦隱几而坐，仰天而嘘。顔成子入見曰：『夫子，物之尤也。形固可使若槁骸，心固可使若死灰乎？』〔一〕曰：『吾嘗居山穴之中矣。當是時也，田禾一覩我，而齊國之衆三賀之。〔二〕我必先之，彼固知之；我必賣之，彼故鬻之。若我而不有之，彼惡得而知之？若我而不賣之，

彼惡得而鬻之？〔三〕嗟乎！我悲人之自喪者，吾又悲夫悲人者，吾又悲夫悲人之悲者，其後而日遠矣。」〔四〕

【釋義】

〔一〕**南伯子綦隱几而坐**　南伯子綦，成玄英《疏》：「猶是《齊物》中南郭子綦也。」郭慶藩《集釋》：「伯郭古聲相近，故字亦通用。《唐韻正》「伯，古讀若博」，《周禮·司几筵》其柏席用萑，亦借柏爲槨（鄭注以柏爲槨字磨滅之餘，非也。說見《經義述聞》）。」隱，依，憑。几，几案。**仰天而噓**　噓，吐氣。**顏成子入見**　顏成子，子綦弟子；《齊物論》爲顏成子游。**夫子**　先生，子游稱其師子綦。**物之尤**　物，猶人。尤，特異。《說文》：「尤，異也。」王先謙《集解》引宣穎云：「言其出類拔萃。」**形固可使若槁骸**　固，猶乃。若槁骸，如枯骨。**心固可使若死灰**　死灰，燃盡的灰燼。

〔二〕**吾嘗居山穴之中矣**　嘗，曾。居，處。山穴，《釋文》：「李云：齊南山穴也。」矣，猶也。**當是時**　當，猶值。**田禾一覩我**　田禾，太公和，篡姜氏之齊爲田氏之齊的開基君主，前三八六年至前三八四年在位。一，猶初，始。覩，見，今作睹。**而齊國之衆三賀之**　賀，慶賀。鍾泰《發微》：「賀其能得賢而下之也。」

〔三〕**我必先之**　先之，先於田禾之見我。**彼固知之**　彼，太公和。固，通故。行甫按：我必先有顯名於世，而後爲太公和所知。**我必賣之**　賣，猶出售。《說文》：「賣，出物貨也。」**彼故鬻之**　鬻，通𧶠，《說文》：「𧶠，衒也。從貝，𦣞聲。𦣞，古文睦，讀若育。」段玉裁注：「衒，行且賣也。𧶠字不見經傳，《周禮》多言儥，儥訓買，亦訓賣。《胥師》「飾行儥慝」，《賈師》「貴儥者」，蓋卽《說文》之𧶠字。而《說文》人部「儥，見也」，則今之覿字也。《玉篇》云「賷，或作粥、鬻」，是賷、鬻爲古今字矣。按賷隸變作賣，易與賣相混。』行甫按： 彼故鬻之，猶言田禾買於我而又賣於人。 **若我而不有之** 而，猶且。有，猶以，用。行甫按： 猶言若我且不以賢名。 **彼惡得而知之** 惡得，何得。 **若我而不賣之** 之，指我； 與上文『我必賣之』之『之』義同。 **彼惡得而鬻之** 之，亦指我； 與上文『彼故鬻之』之『之』義同。

〔四〕**嗟乎** 嗟，嘆息聲。 **我悲人之自喪者** 悲，猶哀傷。人，猶人們。行甫按： 此『人』乃以己度人。自喪，喪失自我。者，也。行甫按： 自喪，猶言追逐聲名，繼而享受其利。 **吾又悲夫悲人者** 夫，猶彼。悲人者，悲其自喪之人。 **吾又悲夫悲人之悲者** 悲人，悲傷之人。悲人之悲，自喪之悲。行甫按： 悲夫悲人者，猶言悲其自喪之人； 悲夫悲人之悲者，猶言悲其自喪之事。 **其後而日遠** 其，猶之。日，猶言日比一日。遠，猶深。行甫按： 猶言既悲其人，又悲其事，此後所悲乃日深一日矣，與上文形如槁骸，心如死灰相照應，所謂哀莫大於心死。行甫又按： 此文與《齊物論》皆言『隱几』，然各有立言之旨，不可混爲一談。舊注皆不了。

此乃本篇第六章，言南伯子綦自悔爲聲名所累以至喪失自我，因而不勝其悲乃至心死。

【繹文】

南伯子綦依憑几案打坐，抬頭仰面對著天，輕輕地吐著氣。弟子顏成子進來見此情狀，說：『老師呀，您可是人羣中出類拔萃的人物呀！ 難道形體竟然可以讓它像枯槁的骨骸一樣，心靈竟然可以讓它像燒盡的死灰一樣嗎？』

子綦說：『我曾經隱居在南山的洞穴之中。就在這時候，齊國的竊國大盜田禾第一次見到我，便受到齊國民眾三番五次的祝賀，以爲他不僅得了賢士還能卑躬俯就。一定是我先有名聲在外，所以他才能知道我；我也一定是出賣了我自己，所以他才能販賣我的名聲從而博得禮賢的聲譽。如果不是我先有顯名於世，他田禾又哪裏能有機會知道我呢？如果不是我用名聲來賣弄我自己，他田禾又哪裏能有機會販賣我的名聲去博取禮賢的聲譽呢？唉！我爲人們喪失了自我而感到悲傷啊，我又爲那些悲傷喪失自我的人而感到悲傷啊，我又爲那些悲傷的人悲傷喪失自我的事而感到悲傷啊，從此以後，我的悲傷便一天一天地加深以至於心死了。』

〔七〕

仲尼之楚，楚王觴之，孫叔敖執爵而立，〔一〕市南宜僚受酒而祭曰：『古之人乎！於此言已。』〔二〕

曰：『丘也聞不言之言矣，未之嘗言，於此乎言之。〔三〕市南宜僚弄丸而兩家之難解，孫叔敖甘寢秉羽而郢人投兵。丘願有喙三尺。』〔四〕

彼之謂不道之道，此之謂不言之辯，故德總乎道之所一。而言休乎知之所不知，至矣。〔五〕道之所一者，德不能同也；知之所不能知者，辯不能舉也。名若儒墨而凶矣。〔六〕

故海不辭東流，大之至也。聖人並包天地，澤及天下，而不知其誰氏。〔七〕是故生无爵，死无謚，實不聚，名不立，此之謂大人。〔八〕狗不以善吠爲良，人不以善言爲賢，而況爲大乎！〔九〕夫爲大不足以爲大，而況爲德乎！〔一〇〕夫大備矣，莫若天地。然奚求焉，而大備矣。〔一一〕知大備者，无求，无失，无棄，不以物易己也。〔一二〕反己而不窮，循古而不摩，大人之誠。〔一三〕

【釋義】

〔一〕**仲尼之楚** 之，往。**楚王觴之** 觴，以酒食招待。《釋文》：『李云：酒器之總名也。』**孫叔敖執爵而立** 孫叔敖，姓蔿，名艾獵，字叔敖，楚莊王時爲令尹。爵，酒器，形如雀頭，受一升。行甫按：執爵，猶言侍筵行酒。《釋文》：『案《左傳》孫叔敖是楚莊王相，孔子未生。』

〔二〕**市南宜僚受酒而祭** 市南宜僚，楚國勇力之士。《左傳》哀公十六年載：楚國白公勝言於石乞曰『市南有熊宜僚者，若得之，可以當五百人矣』，乃從白公而見之。《釋文》：『哀公十六年，仲尼卒後，白公爲亂，宜僚未嘗仕楚。又宣公十二年傳，楚有熊相宜僚，則與叔敖同時，去孔子甚遠。蓋寄言也。』行甫按：孔子生於魯襄公二十二年，卒於魯哀公十六年，與孫叔敖不同時。祭，祭酒。《禮記·鄉飲酒義》『祭薦、祭酒，敬禮也』，孔穎達《正義》：『祭薦、祭酒，相尊敬之心，貴禮賤財之義。祭酒是未飲之僃。』行甫按：市南宜僚受孫叔敖之酒，乃進觶於席前祭飲食之神，以示敬於賓主。**古之人乎** 乎，猶也。**於此言已** 於此，猶在此。鍾泰《發微》：『養老乞言，遵古之制，意謂古之人皆然，以是誘孔子使言也。』已，猶矣。

〔三〕**丘也聞不言之言** 聞，鍾泰《發微》：『謂聞之古人。「不言之言」，謂言不在於言也。』**未之嘗言** 猶未曾言之。**於此乎言之** 於此，於此席間。鍾泰《發微》：『兩「之」字，皆指此「不言之言」而言，謂今欲我言之，亦惟此「不言之言」一語而已。』

〔四〕**市南宜僚弄丸而兩家之難解** 弄，猶玩。丸，小球。行甫按：弄丸，或猶今人於掌中玩轉兩隻鋼球或核桃之類。難，猶紛爭。解，止，息。鍾泰《發微》：『當時宜僚爲人排難解紛，事當有之，今已不可攷。』**孫叔敖甘寢秉羽而郢人投兵** 甘寢，猶酣臥。行甫按：甘，當與酣通。柳宗元《寄許京兆孟容書》『如得甘寢』，蔣之翹《輯注》：『甘寢，與酣寢同字。』即其證。秉羽，手持羽毛以舞。《周禮·樂師》『教國子小舞。凡舞，有帗舞，有羽舞』，鄭玄注：『鄭司農云：帗舞者，全羽。羽舞者，析羽。社稷以帗，宗廟以羽。玄謂帗，析五采繒，今靈星舞子持之是也。』行甫按：甘寢，言其自處爲人；秉羽，言其處朝爲事；皆不以言。郢，楚都。投兵，放棄兵器。**丘願有喙三尺** 丘，孔子自名。願，望。喙，鳥嘴。行甫按：既無三尺之喙，則不得而言。

〔五〕**彼之謂不道之道** 彼，市南宜僚與孫叔敖。不道之道，猶無須言說之言說。行甫按：後『道』字與前『道』字義同，以『不言之辯』知之。**此之謂不言之辯** 此，仲尼。不言之辯，猶無須言說之辯論。**故德總乎道之所一** 德，行爲方式。行甫按：此『德』即『不道』與『不言』。總，歸結。道，思想境界。所一，同一之處。行甫按：謂行爲方式歸結於思想境界一統之處。**而言休乎知之所不知** 休，猶止。**至矣** 至，猶極。

〔六〕**道之所一** 思想境界一統之處。**德不能同** 德不能同，行爲方式有所不同。行甫按：相同的思想境界，行爲方式卻不盡相同。市南宜僚弄丸而兩家之難解，孫叔敖寢臥而郢人之兵投，是『道』同而『德』不同。**知之所不能知者辯不能舉** 舉，稱說。**名若儒墨而凶** 名，聲名。若，猶如。而，猶乃。凶，猶災禍。《人間世》：

『德蕩乎名，知出乎爭。名也者，相軋也；知也者，爭之器也。』行甫按：猶言以聲名相軋如儒墨之爭，乃是災禍。

〔七〕**故海不辭東流** 故，通顧，猶相反。辭，拒絶，推讓。東流，東向流入大海。《淮南子·天文》『地不滿東南，故水潦塵埃歸焉』。**大之至** 至，猶極。**聖人並包天地** 並，猶兼。包，猶容。行甫按：猶言聖人胷懷寬廣，兼容萬類。**澤及天下** 澤，恩澤，德澤。**而不知其誰氏** 誰，何人。氏，支，猶姓氏。

〔八〕**生无爵** 爵，爵位。**死无謚** 謚，謚號。**實不聚** 實，德澤，恩惠。聚，積。成玄英《疏》：『縱有財德，悉分散於人也。』行甫按：實不聚，言恩澤施於天下，而已則一無所有。**名不立** 立，樹。行甫按：名不立，言生無爵位，死無謚號，不樹功名。**大人** 偉大的人物。

〔九〕**狗不以善吠爲良** 善，猶能。吠，狗叫。良，優。**人不以善言爲賢** 賢，多才能。**而況爲大** 大，猶偉大。

〔一〇〕**夫爲大不足以爲大** 夫，猶若，假設之詞。不足，猶不得。行甫按：爲大不足以爲大，猶言畫虎不成反類犬。**而況爲德乎** 況，更。德，行爲方式。行甫按：而況爲德乎，猶言『爲德』微不足道。修養良好的行爲方式雖然不無小補，但終究離修養偉岸的人格精神相去甚遠。

〔一一〕**夫大備矣** 夫，猶且，更端之詞。備，猶全。矣，猶也。馬敍倫《義證》：『「備矣」二字涉下句而羨。當以「夫大莫若天地」連讀。』行甫按：馬說恐非。大備，乃並列複詞，猶言偉大而全備。下文兩『大備』義亦從同，且互爲關聯照應。**莫若天地** 莫，猶無，無定代詞。若，如。**然奚求** 然，猶如此。奚，猶何。求，猶取。**而大備** 大備，偉大而全備。行甫按：天地無求而自然偉大亦自然全備。

〔一二〕**知大備者** 者，也。**无求** 無求取。**无失** 無喪失。**无棄** 無廢棄。行甫按：『大備者，无求，无失，无棄』，皆爲『知』的賓語。『者』字非代名詞，乃助語詞。**不以物易己**　物，猶人。易，改變。

〔一三〕**反己而不窮**　反，通返。反己，返歸自我。而，猶乃。窮，盡，止。行甫按：猶言返歸自我，樹立偉大的人格精神，乃前途無量。**循古而不摩**　循，順。摩，猶滅。《釋文》：『一本作磨。郭云：摩，拭也。王云：摩，消滅也。』行甫按：循古而不摩，與市南宜僚『古之人』及孔子『丘也聞』爲正面關聯，與『名若儒墨而凶矣』爲反面照應。猶言遵循古人『不言之言』，則無滅亡之凶。**大人之誠**　誠，實。行甫按：猶言偉大人物的真實之處。

此乃本篇第七章，言天地之大德無所不備，然非其『求』乃備；聖人德包天地，澤及萬民，然其生無爵，其死無謚，其名不立。然則天地之大德，何可道哉？是猶市南宜僚及孫叔敖之『不道之道』。聖人之大德，何可言哉？是猶孔子之『不言之言』。不『求』，則『反己而不窮』；不『名』，則『循古而不摩』。是所謂『名相反而實相順』。

【繹文】

孔子到楚國去訪問，楚王用酒食熱情地招待他，令尹孫叔敖手拿著酒壺站立在旁邊酌酒，市南宜僚接過孫叔敖倒好的酒杯放在席前祭奠酒食之神，然後說：『古時候的人吧，在這種場合，必定要請老者賜一席話的。』

孔子說：『我呀，聽說過有不用說話的說話呢。我不曾在任何場合說過，今天就借此機會說說這句話的意思。在座的市南宜僚先生手掌上玩弄著兩隻小球，便從容不迫地解除了兩家的矛盾糾紛；在座的孫叔敖先生在家裏躺在臥榻上酣然大睡，在朝堂上手拿羽毛且歌且舞，便悄無聲息地讓郢都人放下了武器。好像都不用說話吧？我好想說話，衹是沒有一張三尺長的嘴巴。』

在市南宜僚與孫叔敖那裏，就叫作不用言說的言說；在孔丘這裏，就叫作不用言說的辯論；所以人的行爲方式歸根到底是與思想境界相統一的。而且言論在智力無法認知的地方停止下來，就是最高的思想境界了。不過，雖然思想境界可以相同，但所表現的行爲方式卻未必是相同的；智力所不能認知的東西，言論也是無法稱舉的。像儒墨那樣以聲名相軋，相互爭辯不止，是非常凶險的。相反，大海不拒絕奔向東方的流水，所以它無比遼闊。境界高遠的聖人能夠兼容天地萬物，恩澤惠及天下萬民，卻不知道他的名氏。因此，他活著時沒有爵祿，死了也沒有謚號，德澤恩惠全部散發給別人，功業名望也沒有樹立起來，這就叫作偉大人物。狗不因爲會叫就是良種的狗，人不因爲會說就是能幹的人，那就更談不上偉大了！如果想做偉大人物卻做不了，這就是畫虎不成反類犬，何況是等而下之的修養行爲方式呢？就更加微不足道了。再說，偉大而全備，沒有誰比得上天地的。然而天地又求取過什麼呢？可是它就是偉大而全備的。懂得偉大全備沒有求取，沒有喪失，沒有廢棄，就不會因爲外在的人和事改變自己。回歸自我，修養偉大的人格精神，就會前途無量；遵循古人不用言說的言說，便不會有磨滅之災；這就是偉大人物的真誠實在之處。

〔八〕

子綦有八子，陳諸前，召九方歅曰：『爲我相吾子，孰爲祥？』〔一〕九方歅曰：『梱也爲祥。』子綦瞿然喜曰：『奚若？』曰：『梱也將與國君同食以終其身。』〔二〕

子綦索然出涕曰：『吾子何爲以至於是極也！』〔三〕九方歅曰：『夫與國君同食，澤及三族，而況父母乎！〔四〕今夫子聞之而泣，是禦福也。子則祥矣，父則不祥。』〔五〕

子綦曰：『歅，汝何足以識之，而梱祥邪？盡於酒肉，入於鼻口矣，而何足以知其所自來？〔六〕吾未嘗爲牧而牂生於奥，未嘗好田而鶉生於宎，若勿怪，何邪？吾所與吾子遊者，遊於天地。〔七〕吾與之邀樂於天，吾與之邀食於地。〔八〕吾不與之爲事，不與之爲謀，不與之爲怪。〔九〕吾與之乘天地之誠而不以物與之相攖，吾與之一委蛇而不與之爲事所宜。〔一〇〕今也然有世俗之償焉？凡有怪徵者，必有怪行，殆乎！非我與吾子之罪，幾天與之也！吾是以泣也。』〔一一〕

无幾何而使梱之於燕，盜得之於道，全而鬻之則難，不若刖之則易，〔一二〕於是乎刖而

鬻之於齊，適當渠公之街，然食肉而終。〔一三〕

【釋義】

〔一〕**子綦有八子** 子綦，成玄英《疏》：「楚司馬子綦也。」鍾泰《發微》：「即南伯子綦，承上文而言，故不著姓氏。」行甫按：鍾說是。司馬之子「將與國君同食」，不足爲異，何以「出涕」而言「至於是極也」。**陳諸前** 陳，列。諸，猶之於。**召九方歅** 召，呼。《釋文》：「九方歅，音因，善相馬人。」王叔岷《校詮》：「《淮南子·道應》篇作九方堙，《列子·說符篇》乃作九方皋。」**爲我相吾子** 相，相面。**孰爲祥** 祥，福氣。《說文》：「祥，福也。」段玉裁注：「凡統言則災亦謂之祥，析言則善者謂之祥。」

〔二〕**梱也爲祥** 梱，音捆，子綦之子。**子綦瞿然喜** 瞿（音句）然，驚訝瞪視貌。《說文》：「瞿，鷹隼之視也。」徐鍇《繫傳》：「驚視也。」**奚若** 奚，何。若，如。**將與國君同食以終其身** 將，猶當。

〔三〕**子綦索然出涕曰吾子何爲以至於是極** 索然，猶言連成一線貌。吾子，我的兒子，指梱。是，此。極，猶窮，盡。《爾雅·釋詁上》「極，至也」，邢昺《疏》：「極者，窮盡之至也。」

〔四〕**夫與國君同食** 夫，猶若。**澤及三族** 澤，猶恩惠。及，猶達。三族，父、母、妻三族。**而況父母** 況，猶更，滋。父母，父母本人。

〔五〕**今夫子聞之而泣** 夫子，猶先生，指子綦。**是禦福** 禦，拒。**子則祥** 則，猶若。**父則不祥** 則，猶乃。

〔六〕**歅** 呼而告之。**汝何足以識之** 足以，得以。識，猶知。**而梱祥邪** 而，猶乃。邪，反詰語氣詞。行猶乃。

甫按：猶言以爲梱祥邪？**盡於酒肉**　盡，止，僅。**入於鼻口矣**　鼻口，口，偏義複詞。矣，猶耳。**而何足以知其所自來**　而，猶爾，你。所，猶何。自，猶從。

〔七〕**吾未嘗爲牧而牂生於奥**　未嘗，未曾。牧，畜牧。牂，音臧，羊。奥，室内西南角。**未嘗好田而鶉生於宎**　田，田獵。鶉，今音羣，古音屯，鵪鶉。宎，音夭，室内東北角。**若勿怪何邪**　若，猶爾，你。怪，猶異。**吾所與吾子遊者**　所，猶可。吾子，指梱。遊，猶生存。者，也。**遊於天地**　天地，猶言天地之間。

〔八〕**吾與之邀樂於天**　之，指其子梱。邀，通徼，猶求。行甫按：邀樂於天，猶言自然天放，無所拘束。**吾與之邀食於地**　行甫按：邀食於地，猶言隨地所生，不問好醜。

〔九〕**吾不與之爲事**　爲事，無事找事。**不與之爲謀**　爲謀，思慮營謀。**不與之爲怪**　爲怪，舉止怪異。

〔一〇〕**吾與之乘天地之誠**　乘，猶因。誠，實。行甫按：天地之誠，猶言天地的自然本性。**而不以物與之相攖**　物，猶人。攖，擾亂。**吾與之一委蛇而不與之爲事所宜**　一，皆。行甫按：猶言自始至終。委蛇，隨順。所，猶可。宜，適宜。行甫按：爲事所宜，爲事與己意相適宜；若然，則强人以就我。

〔一一〕**今也然有世俗之償焉**　然，猶如是。償，報。行甫按：世俗之償，即『與國君同食』的福報。焉，疑問語氣詞。**怪徵**　奇異的徵兆。**必有怪行**　怪行，奇異的行爲。**殆**　危。**非我與吾子之罪幾天與之**　幾，猶豈。郭象注：『今無怪行，而有怪徵，故知其天命也。』**吾是以泣**　是以，因此。

〔一二〕**无幾何而使梱之於燕**　无幾何，成玄英《疏》：『謂俄頃間也。』行甫按：幾，動之微；何，動之因。无幾何，突然之間，猶言梱於途中爲盜所得的偶然性，純屬命運的捉弄而已。而，猶乃。之，往。燕，燕國。成玄英《疏》：『楚使梱聘燕。』**盜得之於道**　盜，賊人。道，道路。成玄英《疏》：『途道之上，爲賊所得，略梱爲奴。』**全而鬻之則難**　全，身體完整。郭象注：『全恐其逃。』鬻，賣。**不若刖之則易**　若，猶如。刖，斷其一足。

〔一三〕**於是乎刖而鬻之於齊適當渠公之街**　適，猶恰。當渠公之街，孫詒讓《札迻》：『「當」當爲「掌」，「渠」當爲「康」，齊康公名貸，見《史記·齊世家》。康公當周安王時，與莊子時代正不遠。康與渠形近而誤，《列子·湯問篇》「秦之西有義渠之國」，張引別本「渠」又作「康」，與此可互證。「街」當爲「閨」，蓋梱賣於齊，適爲康公守閨，卽刖鬻之齊君爲閽人也。』行甫按：孫氏之說可從。街、閨皆諧圭聲，自可通用。《爾雅·釋宮》：『宮中之門曰闈，其小者謂之閨。』**然食肉而終**　然，猶如是。

此乃本篇第八章，言人之生於天地之間，本可以無災無難，順其自然，『邀樂於天』，『邀食於地』，平安地度過一生，可是往往不免受到命運的播弄。福邪？其有禍焉；福兮禍之所伏也。禍邪？其有福焉；禍兮福之所倚也。既然禍福無據，唯有安之而已。《人間世》曰『知其不可奈何而安之若命，德之至也』，《德充符》曰『知不可奈何而安之若命，唯有德者能之』，皆是其義。

【繹文】

子綦有八個兒子，排成隊站在面前，呼九方歅說：『給我相一下我的這些兒子，看誰有福份。』九方歅說：『梱吧，有福。』子綦瞪大眼睛看著九方歅，高興地說：『說說看，是什麼樣的福份？』九方歅說：『梱呀，一輩子當與國君同席吃飯。』子綦聽完，眼淚不斷線地往下掉，說：『我的兒爲什麼會走到這樣的境地啊！』

九方歅說：『如果與國君同席吃飯，恩惠旁及父親、母親和妻子的族人，更何況是他的親生父母呢！現在，您聽到這樣的大好事卻哭泣流淚，這是拒絕福惠。兒子如果有福了，父親卻沒了福。』

子綦說：『九方歅，你哪得知道這其中的事理啊！你以爲梱就是有福嗎？僅僅衹是酒肉進入嘴巴裏而已！你哪裏知道這酒肉從何而來的呢？我不曾放過牧卻有母羊出現在室內西南角，不曾喜歡打獵卻有鵪鶉出現在室內東北角，這無故而來的東西你不覺得奇怪，爲什麼呀？我和我兒子可以生存走動的地方，也就是生存走動在天地之間。我和他衹求在碧藍的天空下快樂地生活，我和他衹求在豐饒的大地上有什麼吃什麼。我不和他沒事找事胡亂折騰，我不和他挖空心思投機鑽營，我不和他標新立異炫人耳目。我和他依從天地的自然本性而行動，從不根據人的自我意志與自然本性相紛擾。我和他自始至終因循隨順，從不和他强行做事。今天竟然像這樣有了來自世俗的福報嗎？凡是有怪異的徵兆，必定是有怪異的行爲，而沒有怪異的行爲卻出現怪異的徵兆，危險啊！並不是我和我兒子的罪過，難道是上天給我們的捉弄？我因此而哭泣流淚。』

過了沒多久，差派梱到燕國去辦事，在半路上被一羣强盜賊人捉去了。强盜認爲形體完好地賣掉他有些麻煩，擔心他逃跑了，不如砍掉他一隻腳再賣就容易得多，於是便砍他一隻腳，然後把他賣到齊國去，正好去掌管齊康公宫内的小門，於是一輩子有肉吃。

〔九〕

齧缺遇許由，曰：『子將奚之？』曰：『將逃堯。』〔一〕曰：『奚謂邪？』曰：『夫堯，畜畜然仁，吾恐其爲天下笑。後世其人與人相食與！〔二〕夫民，不難聚也。愛之則親，利之則至，譽之則勸，致其所惡則散。〔三〕愛利出乎仁義，捐仁義者寡，利仁義者衆。夫仁義之行，唯且无誠，且假乎禽貪者器。〔四〕是以一人之斷制利天下，譬之猶一覕也。〔五〕夫堯知賢人之利天下也，而不知其賊天下也。夫唯外乎賢者知之矣。』〔六〕

【釋義】

〔一〕**齧缺遇許由**　齧缺，虚擬人名，已見《齊物論》。許由，傳説堯時高士，已見《逍遥遊》。**曰子將奚之曰**，齧缺曰。子，指許由。奚，何。之，往。**曰將逃堯**　曰，許由曰。逃堯，逃避堯，恐其禮讓帝位。事見《逍遥遊》。

〔二〕**奚謂**　奚，何。謂，猶説。**夫堯**　夫，猶彼。**畜畜然仁**　畜畜然，《釋文》：『李云：行仁貌。王云：卹愛勤勞之貌。』行甫按：畜，好。《孟子·梁惠王下》『畜君者，好君也』，是其證。畜畜然，猶言慈眉善目和睦仁愛貌。**吾恐其爲天下笑**　爲，猶被。**後世其人與人相食與**　其，猶將。與，通歟。行甫按：以仁愛的名義行不仁之事，歷史已有見證矣。

〔三〕**夫民**　夫，猶若。**不難聚**　聚，猶言招集凝聚。**愛之則親**　親，猶近。**利之則至**　至，來。**譽之則勸**　譽，獎賞稱讚。勸，勤勉努力。**致其所惡則散**　致，猶給予。惡，討厭。散，離散。

〔四〕**愛利出乎仁義**　出，猶呈現。乎，於。行甫按：愛利出乎仁義，猶言仁義體現於愛利。**捐仁義者寡**　捐，棄。仁義，指代愛利。**利仁義者衆**　利，以之爲利。行甫按：仁義既體現於愛利，則仁義等同於愛利。因此捐棄愛利之人少，由愛利獲利之人多。**夫仁義之行**　夫，猶若。行，行爲。**唯且无誠**　唯，猶祗要。且，猶其。无誠，猶言不實。**且假乎禽貪者器**　且，猶其。假，猶借。禽貪，貪，同義複詞。章太炎《解故》：『禽借爲廞，同得聲於今也。《周禮》故書以淫爲廞，《說文》廞讀若歆，《樂記》「聲淫及商」，注：「淫，貪也。」《楚語》韋解：「歆猶貪也，是禽貪二字一義。』行甫按：《說文》：『貪，欲物也，從貝，今聲。』禽貪，乃侵談部雙聲疊韻連綿詞。器，工具。行甫按：猶言仁義一旦變成愛利，便失其本意，成爲牟取利益的工具，故曰『假禽貪者器』。

〔五〕**是以一人之斷制利天下**　是，猶此。以，猶憑。之，猶而。斷制，猶決斷。利天下，使天下獲利。**譬之猶一覕**　猶，猶若。覕，音蔑，猶言行爲專斷。《說文》：『覕，蔽不相見也，從見必聲。』郭象《注》與成玄英《疏》皆訓『覕』爲『割』，章太炎《解故》以爲訓『割』乃『𠨹』字之借。《說文》『𠨹，宰之也』，宰割同義。行甫按：『割』與『斷制』義相關聯。一覕，猶今語謂行爲專斷爲『一刀切』。

〔六〕**夫堯知賢人之利天下**　夫，猶彼。**而不知其賊天下**　賊，猶害。**夫唯外乎賢者知之**　唯，猶僅。外，猶遠。

此乃本篇第九章，言仁義不過是貪婪者借以利己的工具，聖賢不過是殘害天下的屠夫。此章亦發揮《應帝王》之無治思想。

【繹文】

齧缺路遇許由，問許由説：『你要去哪兒？』許由回答説：『我要逃避帝堯。』齧缺説：『怎麽説呢？』許由説：『那帝堯，慈眉善目滿面和睦的樣子，内心充滿了仁愛，我擔心他會被天下人恥笑。後世恐怕會出現人吃人的事情吧！至於民衆，是不難召集的。愛護他們，他們便親近；利好他們，他們便歸附；讚譽他們，他們便勤勉；把他們討厭的事情强加給他們，他們便離去。仁義體現在愛利，捐棄名爲仁義實爲愛利的人很少，利用仁義之名牟取實際好處的人很多。仁義的行爲一旦失去它的真實本意，便變成牟取好處的手段，也就是把牟利的武器和工具轉借給那些貪得無厭的惡人。因此，憑借一個人的決斷讓天下人獲利，就好比是簡單的一刀切！那帝堯知道賢能的人可能會爲天下謀利益，卻不知道他們也會敗壞天下人心。祇有遠離賢能的人才會明白這個道理罷了。』

〔一〇〕

有暖姝者，有濡需者，有卷婁者。〔一〕

所謂暖姝者，學一先生之言，則暖暖姝姝而私自說也，自以爲足矣，而未知未始有物也，是以謂暖姝者也。〔二〕

濡需者，豕蝨是也，擇疏鬣自以爲廣宮大囿，奎蹏曲隈，乳間股腳，自以爲安室利處，〔三〕不知屠者之一旦鼓臂布草操烟火，而己與豕俱焦也。此以域進，此以域退，此其所謂濡需者也。〔四〕

卷婁者，舜也。羊肉不慕蟻，蟻慕羊肉，羊肉羶。〔五〕舜有羶行，百姓悅之，故三徙成都，至鄧之虚而十有萬家。〔六〕堯聞舜之賢，舉之童土之地，曰冀得其來之澤。〔七〕舜舉乎童土之地，年齒長，聰明衰矣，而不得休歸，所謂卷婁者也。〔八〕

是以神人惡衆至，衆至則不比，不比則不利也。故无所甚親，无所甚疏，抱德煬和以順天下，此謂真人。〔九〕於蟻棄知，於魚得計，於羊棄意。〔一〇〕以目視目，以耳聽耳，以心復心。若然者，其平也繩，其變也循。〔一一〕古之真人，以天待人，不以人入天，古之真人！〔一二〕

【釋義】

〔一〕**暖姝**　《釋文》：『暖，柔貌。姝，妖貌。』鍾泰《發微》：『「暖」借作媛。媛、姝皆女子美好貌。孟子曰「以順爲正者，妾婦之道也。」學一先生之言，而不敢少逾其範圍，是亦以順爲正者，故名之爲媛姝。』行甫按：鍾氏之說可從。《集韻·阮韻》『暖，柔婉貌』，亦其證。暖姝，猶言自媚自戀。**濡需**　《釋文》：『謂偷安須臾之頃。』鍾泰《發微》：『濡、需皆懦耎義。《說文》「儒，柔也」，康成鄭氏《小戴禮記目錄》於《儒行篇》曰「儒之言優也，柔也」，又曰「儒者，濡也。以先王之道能濡其身」。此之所詮，皆爲古訓，則儒之取名，原從濡、需得義，以「濡需」指儒，於文字有明徵矣。』行甫按：鍾說是。《說文》『需，䇓也，遇雨不進，止䇓也，從雨而』，段玉裁注：『䇓者，待也；以疊韻爲訓。《易·彖傳》曰「需，須也」，須卽䇓之假借也。《左傳》曰「需，事之賊也」，又曰「需，事之下也」，皆待之義也。』濡需，猶言懦弱需滯。**卷婁**　《釋文》：『猶拘攣也。』王叔岷《校詮》：『《大雅·卷阿》「有卷者阿」，毛《傳》：「卷，曲也。」婁借爲僂，《廣雅·釋詁一》：「僂，曲也。」』行甫按：《說文》『卷，厀曲也』，段玉裁注：『卷之本義也，引申爲凡曲之偁。』《說文》『婁，空也；從毌從中女，婁空之意也。一曰：婁務，愚也』，段玉裁注：『務讀如瞀，婁務卽子部之「㝅瞀」，故云「愚也」。』《說文》『㝅，乳也；從子㱿聲。一曰㝅瞀也』，段玉裁注：『㝅瞀疊韻。《荀子·儒效篇》作溝瞀，《漢書·五行志》作傋霿，《楚辭·九辨》作怐愗，《廣韻》五十候作怐愗，又作㲉瞀，又作嫯瞀，其字皆上音寇，下音茂，其義皆謂愚蒙也。』卷婁，猶言傴僂愚昧。卷，言傴曲老態；　婁，言昏瞶糊塗。

〔二〕**學一先生之言**　學，猶倣效。《廣雅·釋詁三》：『學，效也。』言，猶言論，學說。**則暖暖姝姝而私自說**　暖暖姝姝，鍾泰《發微》：『媛媛姝姝而私自悅，此與婦人之搔首弄姿何異？』說，通悅。**自以爲足**　足，猶滿足。《呂氏春秋·義賞》『不足於文』，高誘注：『足，猶厭也。』**而未知未始有物**　未始，未曾。成玄英《疏》：『豈知所學未有一物可稱也。』**是以謂暖姝**　是以，因此。

〔三〕**濡需者豕蝨**　豕，豬。蝨，寄生人畜毛髮之中食血之小蟲子。**擇疏鬣自以爲廣宮大囿**　疏，稀疏。鬣，長毛壯豎。《說文》『鬣，髮鬣鬣也』，段玉裁注：『鬣鬣，動而直上皃，所謂頭髮上衝冠也。人部曰「儠者，長壯儼儼也』，字意略同。今《左氏傳》長儼作「長鬣」，杜以多須釋之，殊誤。須下垂不稱鬣，凡上指者稱鬣。』行甫按：疏鬣，稀疏長壯之毛。成玄英《疏》『疏長之毛鬣』，乃補足文義，非謂所見之本作『疏鬣長毛』。張君房本鬣下有『長毛』二字，乃誤讀成《疏》耳。宮，宮室。囿，苑囿。**奎蹏曲隈**　奎蹏，猶言兩腿。王叔岷《校詮》：『王念孫云：「《廣雅》『胯，奎也』，胯通作跨，《爾雅》『驪馬白跨，驈』，《釋文》引《倉頡篇》云『跨，兩股間也』，《說文》『胯，股也』，又云『奎，兩髀之間也』，《莊子》『奎蹄曲隈』，向秀注云：『股間也。』」曲隈，兩胯內側。郭慶藩《集釋》：『凡言隈者，皆在內之名。《淮南・覽冥》篇「漁者不爭隈」，高注：「隈，曲深處，魚所聚也。」《列子・黃帝篇》「河曲之淫隈」，殷敬順曰：「隈，水曲也。」僖二十五年《左傳》「秦人過析隈」，杜注：「隈，隱蔽之處。」故知言隈者，皆在內曲深之謂。』**乳間股腳**　乳間，猶言肚皮。股腳，猶奎蹏。**自以爲安室利處**　利處，有利的處所。

〔四〕**不知屠者之一旦鼓臂布草操烟火**　之，猶乃。鼓臂，猶言振臂。布草，鋪草。操，執持。行甫按：操烟火，古人當是以火燒牲體之毛。**而己與豕俱焦**　而，猶然，如是。焦，爛。**此以域進此以域退**　域，猶界限。《漢書・賈誼傳》『故其在大譴大何之域者』，顏師古注：『域，界局也。』行甫按：此以域進、此以域退，互文見義，猶言始終周旋於狹小範圍之內。**此其所謂濡需**　其，猶乃。

〔五〕**卷婁者舜**　舜，儒家理想的三代帝王之一。**羊肉不慕蟻**　慕，猶貪戀。《淮南子・原道》『誘慕於名位』，高誘注：『慕，貪。』蟻，螞蟻。**蟻慕羊肉**　成玄英《疏》：『夫羊肉羶腥，無心慕蟻，蟻聞而歸之。舜有仁行，不慕百姓，百姓悅之。故羊肉比舜，蟻況百姓。』**羊肉羶也**　羶，羊肉氣味。《說文》：『羴，羊臭也，從三羊。凡羴之屬皆從羴。羶，羴或從亶。』

〔六〕**舜有羶行百姓悅之**　羶行，仁愛之行。**故三徙成都**　徙，遷徙。《呂氏春秋・慎人》：『舜耕於歷山，陶於河濱，釣於雷澤，天下說之，秀士從之，人也。』《史記·五帝本紀》：『舜耕於歷山，歷山之人皆讓畔；漁雷澤，雷澤之人皆讓居；陶河濱，河濱之器不苦窳。一年而所居成聚，二年成邑，三年成都。』《管子·治國》：『舜一徙成邑，二徙成都，三徙成國。』**至鄧之虛而十有萬家** 鄧，在今河南南陽市附近。《說文》『鄧，曼姓之國，今屬南陽』，段玉裁注：『《左傳》楚武王夫人曰鄧曼，則知鄧國曼姓也。南陽郡，鄧。二《志》同。今河南南陽府鄧州是其地。』而，猶乃。有，通又。

〔七〕**堯聞舜之賢舉之童土之地** 之賢，猶爲賢。舉，拔舉。之，猶於。童，不生草木。《漢書·公孫弘傳》『山不童』，顏師古注：『童，無草木也。』**曰冀得其來之澤** 曰，堯曰。冀，企望。其來，猶言將來。澤，潤澤。《說文》：『澤，光潤也。』行甫按：其來，猶言未來，非言舜來；今爲『童土之地』，未來則爲『光潤之地』。

〔八〕**舜舉乎童土之地** 乎，於。**年齒長矣** 年齒，年歲之數。長，猶老大。《尚書·堯典》言舜年三十爲帝堯所徵用，年六十堯崩而登於帝位，在位五十年而後巡狩蒼梧而死於道。**聰明衰** 聰，猶聽覺。明，猶視覺。**而不得休歸** 休，休止。歸，歸老。

〔九〕**是以神人惡衆至** 是以，因此。神人，超脫世俗之人。《逍遥遊》『藐姑射之山有神人居焉』，是其義。惡，厭惡。至，猶來。**衆至則不比** 則，猶卽。比，親近。**不比則不利** 利，猶和諧。王叔岷《校詮》：『比訓親，則利當訓和，《廣雅·釋詁三》「利，和也」。』行甫按：王說是。《說文》『利，銛也，刀和然後利，從刀和省。《易》曰：利者，義之和也』，段玉裁注：『銛者，臿屬，引伸爲銛利；引伸爲凡利害之利。引《易》說從和省之意；上云「刀和然後利」者，本義也。引《易》者，引伸之義也。』**故无所甚親** 所，猶可。甚，猶過。親，猶近。**无所甚疏** 疏，猶遠。行甫按：『无所甚親，无所甚疏』關『比』字。**抱德煬和以順天下** 抱，猶保。《釋名·釋慫容》：『抱，保也，相親保也。』德，和之德。《德充符》『德者，成和之修也』，是其證。煬，通養，《淮南子・精神》『抱德煬和，以順於天』，高誘注：『煬，讀供養之養。』行甫按：『抱德煬和』關『利』字。順天下，王叔岷《校詮》：『此文本以親、天、人爲韻，今本疏、親二字誤錯，「以順於天」誤爲「以順天下」，遂失其韻矣。』行甫按：王說是。順天，猶順循天地之自然。若作『順天下』，則爲順循天下的人，乃與『神人惡衆至』相捍格，於理不可通。**此謂真人**　真人，境界超邁、心胷曠達之人，即有道之士。

〔一〇〕**於蟻棄知**　於，猶爲；爲讀去聲，介詞，替。知，通智。行甫按：於蟻棄知，以羊言之；去羊之羶，則蟻無所效其智，是爲蟻棄其智。**於魚得計**　計，猶謀度。行甫按：於魚得計，猶言爲魚得其謀。**於羊棄意**　意，猶志。王叔岷《校詮》：『三句義頗難通，惟上文僅言蟻與羊，而此忽雜魚於蟻、羊之間，殊覺不倫。成《疏》先釋「於蟻棄知，於羊棄意」，後釋「於魚得計」，文理較順。』行甫按：於羊棄意，以蟻言之；蟻不趨羊羶，則羊羶不能行其意，是爲羊棄其意。既爲蟻棄其智，亦爲羊棄其意，如是主客兩棄，互不相慕，則相忘於道術，猶魚之相忘於江湖，是爲魚得其謀。

〔一一〕**以目視目**　以，猶因。鍾泰《發微》：『目不外視也。』**以耳聽耳**　鍾泰《發微》：『耳不外聽也。』**以心復心**　復，覆，歸。鍾泰《發微》：『心不外馳也。』**若然**　猶如此。**其平也繩**　其，猶則。平，平正。繩，如繩墨之直。**其變也循**　變，猶動。《國語・楚語上》『故變而不勤』，韋昭注：『變，動也。』循，順。

〔一二〕**古之真人以天待人**　以天待人，成玄英《疏》：『用自然之道，虚其心以待物。』王孝魚《校記》：『人字依《闕誤》引張君房本改。』**不以人入天**　入，猶侵進。成玄英《疏》：『不用人事取捨，亂於天然之智。』**古之真人**　鍾泰《發微》：『兩言「古之真人」，讚歎之不容已也。』王叔岷《校詮》：『「古之真人」四字，疑涉上「古之真人」而衍。』行甫按：鍾説可通，不必爲衍文。

此乃本篇第十章，言有自媚自戀自以爲是而固步自封之『暖姝者』，有器識狹小得過且過而不顧難圖後之『濡需者』，亦有汲汲入世而年邁智衰不得休息之『卷婁者』，皆傷性命之『真』而不能『抱德煬和』。若『棄知』、『棄意』，相造於道，則『平』如繩，『變』而順，一切皆與自然天道相契合。

【繹文】

有自媚自戀的人，有懦弱需滯的人，有傴僂昏聵的人。

所説的自媚自戀的人，模仿單個老師的説法，便孤芳自賞自戀自媚地自己喜歡自己，不過是自以爲滿足而已，卻不知道腹笥空虚，什麽學問都没有，因此叫自媚自戀的人。

懦弱需滯的人，就像豬身上的虱子一樣，找一處鬣毛稀疏的地方呆著，便自認爲寬敞的宮殿與巨大的苑囿，把兩腿之間的隱蔽之處，肚皮上面的乳頭之間，大腿根部的皮肉夾縫之地，當作舒適的卧房與利樂的場所。殊不知屠夫在哪一天擺動手臂鋪下草梍然後一把火便將自己與豬一起燒得焦爛。這就是進也在一個狹小的地方，退也在一個狹小的地方，這就是所説的懦弱需滯的人。

傴僂昏聵的人，就是虞舜。羊肉並不貪戀螞蟻，螞蟻卻貪戀羊肉，因爲羊肉有羶腥氣味。虞舜也有類似羊肉羶腥氣味的行爲，因而百姓喜歡他，所以虞舜遷徙了三個地方，三個地方都成了繁華熱鬧的都市。到鄧這個地方，舜的人口便達到十多萬家。帝堯聽説虞舜有才能，把他提拔到一個寸草不生的荒涼地帶，説是希望那地方將來會土肥水美澤惠後世子孫。虞舜被提拔到光秃秃的不毛之地，年歲也老大了，聽力和視力也都衰退了，可是仍然要繼續勞累，不能回家養老，虞舜就是所説的傴僂昏聵的人。

因此超凡脱俗的人是討厭人們追隨的，大家到一起，就免不了不親近，不親近便不和睦。所以不可太親近，也不可太疏遠，保持和氣的品行，修養和氣的心性，遵循自然天道，這才叫境界超邁心胸廣博的有道之人。去掉羊肉的羶腥氣味，讓螞蟻無處用它們的聰明才智；螞蟻不趨赴羊肉的羶腥氣味，讓羊肉的羶腥氣味不能達到它的目的；這樣，它們互不貪戀，便是在高遠超越的境界中各自爲安，就好像魚兒在大江大湖中自得其所不須相互認識一樣。

用眼睛看眼睛所看的，用耳朵聽耳朵所聽的，用心靈回歸心靈所有的。如果是這樣，那麽平正便如同繩墨一樣正直，變動便順其自然。古時候境界超邁心胸廣博的有道之人，用自然對待人事，不用人事侵入自然。這就是境界超邁心胸廣博的有道之人！

〔一一〕

得之也生，失之也死；得之也死，失之也生；藥也。〔一〕其實，堇也，桔梗也，雞廱也，豕零也，是時爲帝者也，何可勝言！〔二〕句踐也以甲楯三千棲於會稽，唯種也能知亡之所以存，唯種也不知其身之所以愁。〔三〕故曰，鴟目有所適，鶴脛有所節，解之也悲。〔四〕

故曰：風之過，河也有損焉；日之過，河也有損焉。〔五〕請只風與日相與守河，而河以爲未始其攖也，恃源而往者也。〔六〕故水之守土也審，影之守人也審，物之守物也審。〔七〕

故目之於明也殆，耳之於聰也殆，心之於殉也殆。〔八〕凡能其於府也殆，殆之成也不給改。〔九〕禍之長也茲萃，其反也緣功，其果也待久。〔一〇〕而人以爲己寶，不亦悲乎！故有亡國戮民无已，不知問是也。〔一一〕

故足之於地也踐，雖踐，恃其所不蹍而後善博也；人之於知也少，雖少，恃其所不知而後知天之所謂也。〔一二〕知大一，知大陰，知大目，知大均，知大方，知大信，知大定，至矣。大一通之，大陰解之，大目視之，大均緣之，大方體之，大信稽之，大定持之。〔一三〕

盡有天，循有照，冥有樞，始有彼。〔一四〕則其解之也似不解之者，其知之也似不知之也，不知而後知之。〔一五〕其問之也，不可以有崖，而不可以无崖。〔一六〕頡滑有實，古今不代，而不可以虧，則可不謂有大揚搉乎！〔一七〕闔不亦問是已，奚惑然爲！以不惑解惑，復於不惑，是尚大不惑。〔一八〕

【釋義】

〔一〕**得之也生** 之，代藥。生，活。行甫按：藥到病除，則可活命。**失之也死** 失，猶不得。行甫按：不得其藥，病不能除，則不可活。**得之也死** 行甫按：藥不對症，雖得其藥，亦無治。**失之也生** 行甫按：烈性之藥，不得反而可活。**藥** 藥材。行甫按：主語倒置於後，與下文相貫。

〔二〕**其實** 實，猶材質。行甫按：得之也生云云，言藥之生殺功能；其實，言其材質不過草本植物而已。然而用之得其宜，可以回生；用之不得其宜，則可致死。**堇** 草藥名。成玄英《疏》：『烏頭也，治風痹。』鍾泰《發微》：『今謂之附子。』**桔**（音結）**梗** 草藥名。《釋文》：『司馬云：治心腹血瘀瘕痹。』**雞廱** 音雍。《釋文》：『即雞頭也。一名芡，與藕子合爲散，服之延年。』鍾泰《發微》：『《淮南子·主術訓》云「天下之物，莫凶於雞毒」，疑雞廱、雞毒一類。案之「得之也死，失之也生」之文，雞廱必爲烈性之藥，若雞頭可充常食，不得列之於此。』行甫按：鍾說有理。**豕零** 草藥名。《釋文》：『司馬本作豕囊，云：一名豬苓，根似豬卵，可以治渴。』**是時爲帝** 時，猶更替。王叔岷《校詮》引王念孫云：『時者，更也。《淮南·齊俗》篇「見雨則裘不用，升堂則蓑不御，此代爲帝者也」，《說林》篇「旱歲之土龍，疾疫之芻靈，是時爲帝者也」，《太平御覽·器物部》引馮衍《詣鄧禹牋》「見雨則裘不用，上堂則蓑不御，此更爲適者也」，或言「時爲」，或言「代爲」，或言「更爲」，是時、代皆更也。』帝，君，主。《釋文》：『司馬云：藥草有時迭相爲帝，謂其王相休廢，各得所用也。』**何可勝言** 可，堪。勝言，猶盡言。《漢書·賈山傳》『胡可勝計也』，顏師古注：『勝，盡也。』

〔三〕**句踐也以甲楯三千棲於會稽** 句踐，越王。甲，鎧甲。楯，通盾，盾牌。行甫按：甲楯，猶言軍士，借武器以代人。棲，棲息。會稽，即會稽之山，在今浙江紹興城東南。行甫按：句踐敗於吴，乃臥薪嘗膽，十年生聚，終滅吴以雪其恥，是其事。**唯種也能知亡之所以存** 唯，祇有。種，越國大夫。所，猶何。《釋文》：『《吴越春秋》云：姓文，字少禽。』成玄英《疏》：『其時句踐大敗，兵唯三千，走上會稽山，亡滅非遠，而種密謀深智，亡時可存，當時矯與吴和，後二十二年而滅吴矣。』**唯種也不知其身之所以愁** 其身，猶言他自己。所，猶何。

愁，猶憂。成玄英《疏》：『平吴之後，范蠡去越而遊乎江海，變名易姓，韜光晦跡，卽陶朱公是也。大夫種不去，爲句踐所誅，但知國亡而可以存，不知愁身之必死也。』行甫按：猶言藥性雖一，配伍則有君臣佐使；謀國盡忠，存亡則在出處進退。皆得其宜則生，失其宜則死。

〔四〕**故曰**　故，猶常。**鴟目有所適**　鴟，貓頭鷹。所，猶可。適，適應。《秋水》『鴟鵂夜撮蚤，察毫末，晝出瞋目而不見丘山』，是其義。**鶴脛有所節**　鶴脛，鶴足。節，猶止。黄生《字詁》：『凡骨之止處，爲一節也。』《駢拇》『鳧脛雖短，續之則憂；鶴脛雖長，斷之則悲』，是其義。**解之也悲**　解，猶分，斷。悲，猶傷。行甫按：言性各有所適，能各有短長；喻文種雖長於謀國，卻短於謀身。

〔五〕**風之過**　之，猶若。過，猶歷。《淮南子·覽冥》『過崑崙之疏圃』，高誘注：『過，猶歷也。』**河也有損**　損，猶耗減。**日之過**　過，猶照臨。**河也有損**　行甫按：風吹日曬，河水蒸發，有所損耗。

〔六〕**請只風與日相與守河**　請，通情，猶誠。行甫按：『情』若『誠』者，因果關聯詞。只，猶是。《小雅·南山有臺》『樂只君子』，鄭玄《箋》：『只之言是也。』守，猶久，留。《廣雅·釋詁三》：『守，久也。』《管子·正世》『不慕古，不留今』，尹知章注：『留，謂守常不變。』行甫按：留可訓守，守自可訓留。守河，猶言久留於河。**而河以爲未始其攖**　未始，未曾。其，猶爲。說見吴昌瑩《經詞衍釋》。攖，擾。**恃源而往**　恃，猶賴。源，水源。往，猶至。《廣雅·釋詁一》：『往，至也。』行甫按：風與日長相吹曬，河水雖有損而不知，爲有活水源源而來。猶言若境界高遠，心靈超邁，則不爲外物所攖擾；且若因其才性，順其自然，則國之存亡，身之進退，乃至藥之宜與不宜，亦皆無所挂懷。行甫又按：此莊子自說自掃，層層遮撥，而思想境界亦隨之不斷超越之文章法式。特唯深於莊學者知之耳。

〔七〕**故水之守土也審影之守人也審**　故，猶然而。守，待。《戰國策·秦策四》『今王之使盛橋守事於韓』，鮑彪注：『守，待也。』行甫按：守土、守河，其義相貫，久留、相待，不過緣辭生訓而已，非有二義。審，猶安定。《呂氏春秋·順民》篇『必先審民』，高誘注：『審，定也。』行甫按：『審』字與下『殆』字相對爲文。**物之守物也審**　物，猶物體。行甫按：物體有不可入性，是以物體與物體衹可相互並存，不可相入。行甫又按：風日與河相守，河水雖有損卻不知；然而水與土、影與人、物與物相守，則無損而有定。

〔八〕**故目之於明也殆**　故，通顧，相反。之，猶其。於，猶以。明，猶明視。殆，危殆。**耳之於聽也殆**　聽，猶聽聽。**心之於殉也殆**　心，心之官則思。殉，猶慧。章太炎《解故》：『明、聽、殉，詞例同。《說文》無殉字，但作佝，今字作徇，此假借爲佝也。《說文》「佝，疾也」，《史記·五帝本紀》、《素問·上古天真論》皆云「幼而徇齊」，《大戴禮》作「叡齊」，亦作「慧齊」。心之於徇也，即心之於佝也，亦即心之於慧也。目用在明，耳用在聽，心用在慧。《知北遊》篇云「思慮恂達，耳目聰明」，恂亦即佝齊字。』行甫按：諸『殆』字與諸『審』字相對爲關聯。

〔九〕**凡能其於府也殆**　凡，大凡；非一之詞。能，猶功用。王叔岷《校詮》：『能，如上文明、聽、殉等。』其，猶之。府，通腑，臟腑。行甫按：總結上三句之義，猶言大凡功能久用必對臟腑有危害。**殆之成也不給改**　之，猶若。給，猶及。行甫按：水與土、影與人、物與物相守而無損有定，然功能與臟腑相守則既損且殆，且殆成不及改。

〔一〇〕**禍之長也茲萃**　禍，猶危殆。行甫按：此承上諸『殆』字以申其義。長，猶增長。茲，通滋，猶益。成玄英《疏》：『滋，多也。』則成本作『滋』。萃，《釋文》：『茲莘，所巾反。郭云：聚也。李云：多也。本又作萃。』王叔岷《校詮》：『奚侗云「《釋文》萃，所巾反作莘，非是。萃、殆、改、久爲韻。」莘、萃義略同，惟以韻求之，則作萃爲是，莘蓋萃之形誤。「茲萃」，猶言「益多」也。』**其反也緣功**　其，猶將，若。反，返。緣，猶由。功，猶功力，功夫。鍾泰《發微》：『殆成禍長而欲反之，則非大著功力不可。』錢穆《纂箋》：『宣穎曰：欲反自然，須循學力。』行甫按：『反』猶言祛除禍殆，鍾說是。宣說『緣功』爲『須循學力』，義較精審。**其果也待久** 其，猶若，且。果，猶言成效。待，猶須。鍾泰《發微》：『雖著功力，亦必歷久始收其效果。蓋極言敗之易而救之難也。』

〔一一〕**而人以爲己寶** 而，猶然，轉折之詞。寶，珍寶。**不亦悲乎** 亦，猶特。悲，悲哀。鍾泰《發微》：『以聰明與能爲己之寶，而不知其爲殆禍之階也。』**故有亡國戮民无已** 故，猶因而。戮，屠殺。亡國戮民，猶滅其國屠其民。已，猶止。王叔岷《校詮》：『由文種之自殺，推至亡國戮民相續也。』行甫按：王說是。本節章法，如草蛇灰線，忽斷忽續，若隱若顯。**不知問是也** 問，猶追問，探究。是，此。行甫按：猶言不知追究聰明與能力乃是禍殆之源。

〔一二〕**故足之於地也踐** 故，所以。行甫按：既然盡用聰明與能力乃爲禍殆之源，那麼，若聰明與能力不盡其用，則可長得其用而無損。之，猶其。踐，通淺，猶狹。俞樾《平議》：『兩「踐」字並當作「淺」，或字之誤，或古通用也。足之於地，止取容足而已。然容足之外，雖皆無用之地而不可廢也。《外物》篇曰：「夫地非不廣且大也，人之所用容足耳。然則廁足而墊之致黄泉，人尚有用乎？」即此義也。』行甫按：俞說可從。《戰國策·楚策四》『踐亂燕以定身封』，《戰國策·燕策一》『越王句踐棲於會稽』，馬王堆帛書『踐』均作『淺』，是其證。**雖踐** 踐，通淺。**恃其所不蹍而後善博** 恃，通待，須。蹍，猶履，踐。善，猶能。博，猶寬廣。**人之於知也少** 知，認知，知識。**恃其所不知而後知天之所謂也** 知天，猶言知天之博大，下文諸『大』字所含之義。之，猶此。所謂，言說之理。行甫按：之所謂也，當是補綴語，猶言所說即是此理，亦即不盡其用之理。

〔一三〕**知大一** 大，讀太。一，整全。大一，猶言大而全。**知大陰** 陰，猶靜。大陰，陰陽初有所分，猶各安其分，靜而無動。**知大目** 目，猶綱目。大目，大分而有綱目。**知大均** 均，猶平。大均，雖有分，則均平而有邊界。**知大方** 方，猶正。大方，分均則公正。**知大信** 信，猶誠。大信，公平公正則無所欺詐。**知大定** 定，猶安。大定，誠信無欺則安定。**至矣** 至，猶極。**大一通之** 通，猶通徹，通達。郭象注：「道也。」行甫按：大一通之，天地宇宙大而全，則可通於一切，是通徹；知天地宇宙大而全，則可通達無礙，是通達。**大陰解之** 解，猶分判，解悟。行甫按：大陰解之，雖靜而未動，但畢竟陰陽有分，是分判。知陰陽有分，靜而未動，各安其本，則解悟。**大目視之** 視，猶察見，示是。《釋名·釋言語》：「視，是也，察其是非也。」王先慎曰：「古視、示二字通用，此視蓋即示字。《說文》「示，天垂象，見吉凶，所以示人也」，吉凶既著，是非自明，則示有明察是非之義。」行甫按：大目視之，分而有目，則可察而見之，是察見；知分而有目，則是非彼此可示而分明，是示是。**大均緣之** 緣，猶邊緣，順循。《慧琳音義》卷三十六「近緣」注：「緣，衣物四邊緣也。」行甫按：大均緣之，分而均平，則各有邊界，是邊緣。知分而均平，各有邊界，則可順而從之，是順循。**大方體之** 體，猶體現，體行。《周易·繫辭上》「神無方而易無體」，韓康伯注：「方、體者，皆係於形器者也。」《大雅·行葦》「方苞方體」，鄭玄《箋》：「體，成形也。」《刻意》「能體純素」，成玄英《疏》：「體，悟解也。」《淮南子·本經》「帝者體太一」，高誘注：「體，法也。」《氾論》「故聖人以身體之」，高誘注：「體，行也。」行甫按：大方體之，分均而公正，係聯於事事物物，則有形可見，是體現。知分均而公正有形體可見，則能體悟效法而行之，是體行。**大信稽之** 稽，猶留止，考合。《說文》：「稽，留止也。」《史記·平準書》「居邑稽諸物」，司馬貞《索隱》：「稽者，停也，留也。」《漢書·武帝紀》「稽諸往古」，顏師古注：「稽，考也。」《周禮·小宰》「聽師田以簡稽」，鄭司農曰：「稽，猶計也，合也。」行甫按：大信稽之，公平公正誠信無欺，則可信賴而依存之，是留止；知公平公正誠信無欺，則可考校而計合之，則考合。

大定持之　持，猶執持，保有。行甫按：大定持之，誠信無欺，則安定之勢成，必持而久之，是執持；知安定之勢成，無所擾動，則持而守之，是保有。行甫又按：大一通之云云，皆與上文諸『知』字相互關聯照應，是『知』者，『知天』也；既知『天』有諸多本質與功能，亦知『人』當取相應之行爲與心態。此句式可概括爲『知大A，則B之』之邏輯關係。

〔一四〕**盡有天**　盡，猶皆。有，猶擁有，知曉。行甫按：猶言擁有或知曉上文諸『知』字所涵天之本質與功能。**循有照**　循，猶遵從。照，猶明。行甫按：照，猶今語所謂『明確參照』。循有照，猶言遵循與順從天之本質與功能，乃有明白與明確之參照，卽上文所述『人』當取之相應行爲與態勢。**冥有樞**　冥，幽暗。樞，樞機。《說文》『樞，戶樞也』，段玉裁注：『戶所以轉動開閉之樞機也。』行甫按：冥有樞，猶言天在冥冥之中有樞機以轉動開閉。**始有彼**　始，猶乃。劉淇《助字辨略》卷三：『溫飛卿詩「霸才無主始憐君」，此「始」字猶云乃也，然後也。』彼，指上文諸『大』所述天之本質與功能也。行甫按：冥有樞，始有彼，猶言天在冥冥之中轉動樞機，乃有彼諸多質性與功能。

〔一五〕**則其解之也似不解之**　其，猶如此。解，猶體悟，分判。似，猶像，若。行甫按：解之，知曉與體悟天之諸質性與功能；似不解之，心知其意卻無須分判與解說，若不能解。**其知之也似不知之**　知，體悟之知。不知，無須言說之知。**不知而後知之**　不知而後知，知而不言，乃體悟之知。

〔一六〕**其問之**　其，猶若。問，猶追問，探究。行甫按：此『問』字與上文『不知問是』之『問』相關聯。**不可以有崖**　崖，猶岸畔，邊際。**而不可以无崖**　行甫按：不可以有崖，猶言天之諸質性本是相互關聯的，不可截然而分。不可以无崖，猶言雖不可截然而分，但畢竟有分；若全然無分，則無所謂『解』之，亦無所謂『知』之。

〔一七〕**頡滑有實** 頡滑，音協骨，猶頡頏。《説文》：『頡，直項也，從頁吉聲。』又，『頏，頭頡頏也；從頁出聲。讀又若骨』，段玉裁注：『頡頏，疊韻，古語頭菌蠢皃，若高祖隆準。服虔曰：「準音拙。」應劭曰：「頰權準也。」師古曰：「頰權頏字，豈當借準爲之。」』行甫按：頡滑，若『頡頏』，本義當爲顴骨高凸貌，引申爲果肉中之核骨團結貌。字又作『結縎』、『結愲』，《廣雅·釋訓》『結縎，不解也』，亦核骨團結貌之引申。實，猶覈。《説文》『覈，實也』，段玉裁注：『覈，凡有骨之偁也。骨下曰「肉之覈也」，蔡邕注《典引》曰「有骨曰覈」，《周禮》「其植物曰覈物」，謂梅李之屬。』行甫按：覈，今作『核』，《周禮》經作『覈』，注皆作『核』，是。**古今不代** 代，讀忒，差忒。《爾雅·釋詁下》『㫚，代也』，郝懿行《義疏》：『代與忒同。』《説文》『忒，更也』，段玉裁注：『代，更也，弋聲。與忒音義同。』行甫按：古今不代，猶言自古至今不變。**而不可以虧** 以，猶使。虧，猶損。王叔岷《校詮》：『此承上二句而言，「有實」，「不代」，故「不可以虧」也。』**則可不謂有大揚搉乎** 揚搉，大略。《廣雅·釋訓》：『揚搉、嫴榷、無慮，都凡也。』《墨子·經下》『搉慮不疑』，孫詒讓《閒詁》：『凡古書言大略計算者，重之曰揚搉、嫴榷、無慮；單言之則曰榷、曰慮。此合兩文言之曰搉慮，其義一也。』

〔一八〕**闔不亦問是已** 闔，通盍，猶何不。不亦，王叔岷《校詮》：『不字疑後人所加，或涉上文諸不字而衍。若本有不字，成《疏》不當訓闔爲「何不」矣。』行甫按：王説可從。亦，猶特。問，追問，探究。是，此，指上述核然有實且古今不變之天理質性。已，猶邪。**奚惑然爲** 奚，何。惑，疑惑。然，如此。爲，猶乎。《應帝王》『汝又何帠以治天下感予之心爲』，用法從同。**以不惑解惑復於不惑** 復，猶反。**是尚大不惑** 是，猶乃。尚，庶幾。《説文》：『尚，曾也，庶幾也。』

此乃本篇第十一章，言藥材物性各有所適，生死存亡各有其勢； 如物之相守者，有損者自有損，不損者自無損。 知乎此，則耳目感官之能不可盡用，恃其不用而爲用，如足之蹍地，恃其不蹍者以爲博。 心思慾望不必逐於物，如人之有知，恃其不知以知天。 若能懂得天的諸多偉大功能與特性，便可以通達無礙，便可以由不知而知，便可以用不解而解，乃至『以不惑解惑』，是爲『大不惑』！ 本章似有老子『知足不辱，知止不殆，可以長久』之意，然其間亦頗雜宇宙本體論的思想元素，學者不可不知。

【繹文】

得到了它就能活命，得不到它就會死人； 相反，得到了它也未必能活命，得不到它也未必就會死人，這就是藥物的功能。 可是它們的實際材質，卻是烏頭呀、桔梗呀、雞廱呀、豬苓呀這些草本植物，它們更替充當主藥，在配伍中的君臣佐使關係，哪能說得完！ 越王句踐兵敗於吳國，率領三千披堅執鋭的軍士暫居在會稽山上，衹有大夫文種能夠知道越國雖然敗亡卻是可以復國圖存的，也衹有大夫文種才不知道什麽是他自己應當擔憂的。 所以說，貓頭鷹的眼睛有它適應的場合，白鶴的腿子有它固定的長度，把它截斷了就會造成傷害。

常言道： 風吹過河水，河水便有損耗； 太陽晒到河水，河水便有損耗。 如果這風與太陽長時間吹晒河水，但河水並不因此而造成困擾，那是賴有源頭活水不斷流來。 然而水總是與土長期相伴的，不會有變化； 影子總是與人長期相伴的，不會有變化； 物體總是與物體長期相伴的，不會有變化。 相反，眼睛長期用來視見，就非常危險了； 耳朵長期用來聞聽，就非常危險了； 心靈長期用來思考，就非常危險了。大凡功能對於臟腑來說，都是危險的，危險一旦形成就來不及改變。禍患不斷滋長，便越增越多，要返回到本來狀態，不僅需要功夫與學力，達到效果也必須假以時日。然而人們卻把這些危險的臟腑功能當作自己的寶貝，豈不是特別可悲嗎！之所以國家敗亡生民屠戮不斷發生，原因就在不知道探究這個聰明能力與禍患危殆的關係問題。

因此，腳踩在地上所需的空間是很小的，雖然很小，但必須依賴它不踩的空間然後才能有所移動與拓展；人能認知的知識是很少的，雖然很少，但必須依賴他不能認知的知識然後才能認知天的性質與功能，說的就是這個意思。認知到偉大的完整而周全，認知到偉大的安分而寧靜，認知到偉大的綱分而目明，認知到偉大的均平而守界，認知到偉大的公正而無私，認知到偉大的誠信而無欺，認知到偉大的安定而有序，就達到最高的認知境界了。認知到偉大的完整而周全是通徹於宇宙萬物的，心胸便會覺得豁然通達而無礙；認知到偉大的安分而寧靜是天地初分的狀態，便能體悟到陰陽分判卻靜而未動的安寧與本分；認知到偉大的綱分而目明，便能察覺到是非彼此的界限是十分明確的；認知到偉大的均平而守界，便能理解到事物各有邊界從而就其邊界以循其本性；認知到偉大的公正而無私是體現在事事物物的，便能效法與表現在身體力行之中；認知到偉大的誠信而無欺，便能意識到信賴與依托的存在，是可以隨時考求與核對的；認知到偉大的安定而有序，便能把握到天地之間永久不變的秩序。

全部掌握了天的這些功能與特性，行爲便有了遵行與參照的明確對象，天在冥冥之中有著開合啓閉的機關與樞紐，才會創造出那些功能與特性。既然如此，理解了這些，也無須用話語去分析與解釋它們，這就像沒有理解一樣。懂得了這些，也就像不懂得它們一樣，正是因爲這種不懂，才最終能夠懂得它們。如果要對它們有所探究與追問，不可以固執以求，也不可以漫無邊際。這些功能與特性，就如同果肉中的果核一樣，堅硬而有物，而且自古至今不會發生變化，也是永遠不可能虧缺與損壞的。這就不能不說，它們就是大致上存在著的東西了！爲什麽不去追問與探討天的這些功能與特性呢，何必如此疑惑呢？用不疑惑去解決疑惑，返回到不疑惑，這差不多就是最大的不疑惑。

則陽第二十五

則陽，以篇首二字爲篇名。王叔岷曰：『此篇大抵發揮《人間世》與《大宗師》，略涉齊物、養生之旨。』其實，本篇對『齊物』與『養生』以及『道論』的思想旨趣均有深刻的發揮，而且通過不同人物性情描述以及多種喻象論證的手法揭示道的境界具有不同層次，皆不乏出人意表的新奇與可喜之處。

〔一〕

則陽游於楚，夷節言之於王，王未之見，夷節歸。〔一〕

彭陽見王果曰：『夫子何不譚我於王？』〔二〕

王果曰：『我不若公閲休。』

彭陽曰：『公閲休奚爲者邪？』曰：『冬則擉鼈於江，夏則休乎山樊。有過而問者，曰：「此予宅也。」〔三〕夫夷節已不能，而況我乎！吾又不若夷節。〔四〕夫夷節之爲人也，无德而有知，不自許，〔五〕以之神其交，固顛冥乎富貴之地，非相助以德，相助消也。〔六〕

夫凍者假衣於春，暍者反冬乎冷風。〔七〕夫楚王之爲人也，形尊而嚴；其於罪也，无赦如虎；非夫佞人正德，其孰能橈焉！〔八〕故聖人，其窮也使家人忘其貧，其達也使王公忘爵祿而化卑。〔九〕其於物也，與之爲娛矣；其於人也，樂物之通而保己焉。〔一〇〕故或不言而飲人以和，與人並立而使人化，父子之宜。〔一一〕彼其乎歸居，而一間其所施。其於人心者若是其遠也，故曰待公閱休。』〔一二〕

【釋義】

〔一〕**則陽游於楚**　則陽，成玄英《疏》：『姓彭，名陽，字則陽，魯人。』游，猶宦游。**夷節言之於王**　夷節，成玄英《疏》：『夷姓，名節，楚臣也。』鍾泰《發微》：『以「夷節歸」之文推之，則似未嘗仕於朝者。』行甫按：鍾說是。以下文『夫夷節之爲人』推之，其人當是平交王侯之名士，其能引薦則陽於楚王，或如薦李白於唐玄宗的道士吳筠之流。言，猶推薦、介紹。**王未之見**　之，代則陽。見，猶召見。**夷節歸**　歸，自朝而歸。

〔二〕**彭陽見王果**　王果，姓王，名果。《釋文》：『司馬云：楚賢人。』行甫按：王果當與夷節爲友。**夫子何不譚我於王**　夫子，猶先生。譚，通談，言。《釋文》：『本亦作談。』

〔三〕**我不若公閱休**　若，猶如。公閱休，鍾泰《發微》：『公閱爲姓，此如《孟子》之公明高、公都子，《墨子》之公輸般。休，其名也。』**公閱休奚爲者邪**　奚爲，猶何爲。**冬則擉鼈於江**　則，猶乃。擉，音戳，刺。鍾泰《發微》：『擉與簎同。《周禮・天官・鼈人》「以時簎魚鼈龜蜃」注：「簎謂以杈刺泥中搏取之。」是也。』**夏則休乎山樊**　休，止息。乎，於。山樊，山間樊圃。鍾泰《發微》：『山有林圃果蔬之類，足以取給，故夏休乎山樊。』**有**

過而問　過，猶往來。**此予宅**　宅，住所。行甫按：言公閱休安貧樂道。

〔四〕**夫夷節已不能**　已，猶既。行甫按：既可訓已，已自可訓既。既，猶終。不能，猶言做不到。**而況我**　況，猶更。**吾又不若夷節**　又，猶且。

〔五〕**夫夷節之爲人**　夫，猶若。**无德而有知**　德，一般指行爲方式，此偏指職業營生。鍾泰《發微》：『曰「無德」，曰「非相助以德」者，既以正德歸之公閱休，則夷節自不須以德稱，非其人果有悖德之行也。』行甫按：鍾說啓人心智，猶未達一間耳。无德，猶今所謂『無正當營生，靠耍嘴皮子過日子』之意。知，《釋文》：『音智。』行甫按：有知，猶言有知識。**不自許**　許，猶期許。《孟子·公孫丑上》『管仲、晏子之功可復許乎』，朱熹《章句集注》：『許，猶期也。』行甫按：夷節之爲人，風流倜儻，知識淵博，喜交王公貴冑，不過爲座上賓與言談客，並非高自期許，干謁求進之輩。舊注皆誤，唯鍾泰氏始發其覆。

〔六〕**以之神其交**　之，代『有知』。神，猶不測。《易·繫辭上》『陰陽不測之謂神』，韓康伯注：『神也者，變化之極，妙萬物而爲言，不可以形詰者也。』其，猶於。交，交往。行甫按：神其交，猶言使交往者覺得高深莫測。**固顛冥乎富貴之地**　固，通故。顛冥，猶言莫測高深，不知端倪。《說文》：『顛，頂也。』《方言》卷六：『顛，上也。』冥，幽深。《漢書·揚雄傳上》『窮冥極遠者』，顏師古注：『冥，幽深也。』行甫按：顛冥，與『神』字相關聯，乃指交往對象之心理反應。《方言》卷七『漢漫、賑眩，懣也。朝鮮洌水之間煩懣謂之漢漫，顛眴謂之賑眩』，錢繹《箋疏》：『「顛冥」與「顛眩」同，《玉篇》：「賑眩，懣也。」』是『顛冥』若『顛眴』者，猶顛眩煩懣，不測高深。則夷節乃『王公大人初見其術，懼然顧化』之鄒衍、鄒奭、淳于髡之流。《史記·孟子荀卿列傳》『談天衍，雕龍奭，炙轂過髡』，皆如夷節之『神其交』。富貴之地，猶言王公大人之間。**非相助以德**　德，與上文『无德』相照應。

相助消　消，猶消搖。行甫按：『消搖』之爲『消』，猶『扶搖謂之飆』。唐釋湛然《止觀輔行傳》弘決引王晉夜云：『消搖者，調暢逸豫之意。』行甫按：夷節爲王公大人座上賓，非以德業勸助其人，乃助其消搖逸豫，打發時光尋開心而已。故下文以『夫凍者』云云爲喻。

〔七〕**夫凍者假衣於春**　夫，猶且，更端之詞。凍者，受寒之人。假，猶借。於，猶如，比。說見吳昌瑩《經詞衍釋》。**暍者反冬乎冷風**　暍，音椰，《說文》：『傷熱也。』反，猶求。高亨《新箋》：『古書「反」字常用作「求」義。』奚侗《補注》：『「反冬乎冷風」，於義不順，當作「反冷風於冬」，鈔者誤倒之也。「假衣於春，反冷風於冬」，兩句相耦。《淮南·俶真訓》作「凍者假兼衣於春，暍者望冷風於秋。」』乎，猶如。行甫按：爲受凍寒者借衣如春，爲傷暑熱者求冷風如冬，猶言爲其消愁解悶。二句以比譬釋『相助消』之意。自郭《注》、成《疏》以降，皆誣夷節『情貪富貴』、『任知干上』，以致闡釋路徑全偏，賴鍾泰氏初發其覆，故爲之詳加證說，冀得莊文之旨。

〔八〕**夫楚王之爲人**　夫，猶彼。**形尊而嚴**　形，形貌。尊，尊貴。嚴，嚴厲。**其於罪**　於，猶爲，處置。罪，罪人。**无赦如虎**　赦，寬恕。如虎，猶言暴戾。**非夫佞人正德**　夫，猶彼。佞人，言語高才之人。正德，良好的行爲操守。行甫按：佞人正德，猶言辯才無礙且操行良好之人。**其孰能橈焉**　其，猶有。橈，曲。《說文》『橈，曲木也』，段玉裁注：『引伸爲凡曲之偁。』

〔九〕**故聖人**　故，通顧，但。**其窮也使家人忘其貧**　其，猶於。窮，猶困厄。家人，王叔岷《校詮》：『家人，亦猶庶人也，與下王公對言。《漢書·佞幸傳》「此豈家人子所能堪邪」，師古注：「家人，猶言庶人也。」』貧，猶匱乏。**其達也使王公忘爵祿而化卑**　達，通達。忘爵祿，猶言忘其身份。化卑，變尊貴爲卑賤。

〔一〇〕**其於物**　物，外物。**與之爲娱**　與，猶處。爲，猶以。娱，快樂。成玄英《疏》：『與物無私，所造皆適，故未嘗不樂也。』行甫按：以快樂之情與外物相處，猶言不計得失。**其於人** 人，與物相對。行甫按：上言『物』，下言『人』。**樂物之通而保己** 樂，猶喜，快意。物，外物，亦即『其於物』之『物』。通，共。《後漢書·來歷傳》『屬通諫何言』，李賢注：『通，猶共也。』而，猶如。保，通宲，藏。《說文》『宲，藏也；從宀呆聲。呆，古文保。《周書》曰陳宲赤刀』，段玉裁注：『宲，與保音同義近。』行甫按：樂於與人共物如同藏之於己，猶言不分彼此。

〔一一〕**故或不言而飲人以和** 或，猶有。飲人以和，以和順與和樂與人相處。行甫按：飲爲隱喻之辭，猶言如飲人醇醪，令人陶醉。**與人並立而使人化** 並立，猶言時間短暫。**父子之宜** 之，猶有。宜，猶義。行甫按：父子之宜，猶言父慈子孝，各盡其義。

〔一二〕**彼其乎歸居** 彼其，猶彼。行甫按：指與之『並立』之人。乎，於。歸，立而後歸。居，猶處。**而一間其所施** 而，猶乃。一，猶皆。間，猶更代，改變。《爾雅·釋詁下》：『間，代也。』《國語·周語下》『新不間舊』，韋昭注：『間，代也。』其，彼，亦指『並立』之人。施，猶行。《淮南子·修務》『聲施千里』，高誘注：『施，行也。』行甫按：猶言其人受公閱休之化，父子各盡其宜，歸家相處，乃一改其所行。**其於人心者若是其遠** 其，猶乃。若是，如此。其，猶之。遠，猶深遠。**待公閱休** 待，猶須。

此乃本篇第一章，言人生境界有不同層次，從則陽與王果至於夷節以及公閱休，乃是由凡人以至聖賢的階次。楚王暴戾，非集『佞人』與『正德』於一身者，不能矯其行，與聖賢相去，不啻霄壤。而則陽乃宦遊入世之人，或有功名之心，自不必說。王果不願爲之作筏，層次略高於則陽。而夷節其人，當是『佞人』而無『正德』，但並不以『有知』而高自期許，不過平交王侯，戲謔權貴而已。而公閱休者，『或不言而飲人以和，與人並立而使人化』，其境界乃於則陽、王果以至夷節一眾之人爲最高。其人能化楚王，自是無疑；其人能薦則陽，亦當如反掌之易；至於他是否願意出手相助，則不得而知。文章於『故曰待公閱休』戛然而止，且著一『待』字，不僅公閱休其人之境界令讀者遐想無限，而文章之妙亦豁然以顯！

【繹文】

彭則陽到楚國去宦遊求官，夷節將他推薦給楚王，楚王沒有召見他，夷節也就打道回府了。

彭則陽又拜見王果，說：『先生爲什麼不把我介紹給楚王呢？』

王果說：『我比不上公閱休。』

彭則陽問：『公閱休是干什麼的呢？』王果說：『他冬天便在江水裏用木杈刺取甲魚，夏天便去山中園圃中休息採食野果。有往來經過的人問他是什麼地方，他便回答說：「這是我的住處」。公閱休的這種生存方式，即使是夷節都做不到，而何況是我呢！我比夷節差遠了。說到夷節這個人的生活作派，他沒有正當的職業營生，但知識淵博，卻不高自期許，衹是利用他的淵博知識與王公大人相交往，與他們高談闊論，讓他們莫測高深，所以他在那富貴場中如魚得水，王公大人們被他播弄得神魂顛倒眼花繚亂，但不是對他們進德修業有什麼幫助，不過是幫助他們消遣解悶打發時光而已。就好像給寒冷受凍的人借夾衣讓他感覺如同春天一樣溫暖，給傷暑怕熱的人求冷風讓他感覺如同冬天一樣清冷。再說楚王這個人，看他的形貌就非常尊貴而威嚴；他對待罪犯，便如同虎狼一樣心狠手辣毫無寬恕之心；如果不是能說會道而且德行純正的人，有誰能夠改變他的主意呢？所以說，境界高遠聰明睿智的人物，當他處於困厄之時，也會讓人們忘記了他的匱乏；當他處於發達之時，也會讓王公大人們忘記自己的高貴身份而變得謙卑。他處理身外之物，得之不喜，失之不憂，心情愉快；他處理人際關係，非常隨和，樂意把財物送給別人，就像是保藏在自己這裏一樣。所以有時他根本不須說話，衹是用內在的一團和氣感染別人，卻像請人喝了玉液瓊漿一樣令人心醉不已；有時他衹是與別人站立片刻，就能讓人受到感化，無論父親還是兒子，都能各得其義。他們於是乎回到家中相處，便全部改變了他們過去的行爲作風。他對於人們心靈的影響是如此地深遠，所以說要等公閱休。』

［二］

聖人達綢繆，周盡一體矣，而不知其然，性也。〔一〕復命搖作而以天爲師，人則從而命之也。〔二〕憂乎知而所行恆无幾時，其有止也若之何！〔三〕

生而美者，人與之鑑，不告則不知其美於人也。若知之，若不知之，若聞之，若不聞之，其可喜也終无已，人之好之亦无已，性也。〔四〕聖人之愛人也，人與之名，不告則不知其愛人也。若知之，若不知之，若聞之，若不聞之，其愛人也終无已，人之安之亦无已，性也。〔五〕

舊國舊都，望之暢然；雖使丘陵草木之緡，入之者十九，猶之暢然。〔六〕況見見聞聞者也，以十仞之臺縣衆間者也！〔七〕

冉相氏得其環中以隨成，與物无終无始，无幾无時。〔八〕日與物化者，一不化者也，闔嘗舍之！〔九〕夫師天而不得師天，與物皆殉，其以爲事也若之何？〔一〇〕夫聖人未始有天，未始有人，未始有始，未始有物，與世偕行而不替，所行之備而不洫，其合之也若之何？〔一一〕湯得其司御門尹登恆爲之傅之，從師而不囿，得其隨成，爲之司其名；〔一二〕之名嬴法，得其兩見。仲尼之盡慮，爲之傅之。〔一三〕

容成氏曰：『除日无歲，无内无外。』〔一四〕

【釋義】

〔一〕**聖人達綢繆**　達，猶通。綢繆，《釋文》：『纏綿也。一云：深奥也。』《唐風·綢繆》『綢繆束薪』，毛《傳》：『猶纏綿也。』行甫按：達綢繆，猶言舒展糾結，解散凝滯，通達無礙。**周盡一體**　周，周全。盡，完備。一體，猶純而不雜。行甫按：周盡一體，猶言光明磊落，無内無外，通體無瑕。**而不知其然**　然，如此。行甫按：不知其然，猶言發乎自然而無自我意識。**性**　聖人之本性。

〔二〕**復命搖作而以天爲師**　復命，猶言靜。《老子》十六章：『歸根曰靜，是謂復命。』行甫按：復命乃用典借代之修辭法。搖，猶動。作，猶起。行甫按：搖作與復命爲並列複合詞，猶言靜與動。以天爲師，猶言效法自然。行甫又按：日出日落，月盈月虧，春夏秋冬，四時相嬗，皆天之自然。**人則從而命之** 則，猶乃。從，猶隨。命，猶名。行甫按：有聖人之行，乃有聖人之名。

〔三〕**憂乎知而所行恆无幾時** 憂，猶患。乎，於。知，猶認知，知識。行甫按：憂乎知，猶言爲知所苦。而，猶乃，反接連詞。所，猶以。行，猶用。恆，猶常。幾，猶期。章太炎《解故》：『《小雅》「如幾如式」，《傳》：「幾，期也。」《左氏》定元年傳「易幾而哭」，杜《解》：「幾，哭會也。」會亦期也。』行甫按：所行恆无幾時，猶言以知爲用常無休無止，故下文言有止若之何。**其有止也若之何** 其，猶庶幾，希冀之詞。若之何，如之何。行甫按：此乃商榷語氣，猶言庶幾有所止怎麼樣？

〔四〕**生而美者** 生而美，天生漂亮。者，也。**人與之鑑** 與，猶爲。鑑，猶照，引申爲鑑別。行甫按：其美者不能自見，必他人爲之鑑別而後告之則知。**不告則不知其美於人** 美於人，猶比他人美。**若知之** 若，猶或。**若不知之** 行甫按：不知，不自知。**若聞之若不聞之** 行甫按：聞，與『告』字相關。**其可喜也終无已** 可喜，猶可愛。終，竟。已，止。**人之好之亦无已** 好，喜愛。**性** 行甫按：猶言人之美，出於自然，無論其人知與不知，他人告與不告，其美皆存。可愛之美人，人皆愛之，亦出於自然。此乃美的本性。

〔五〕**聖人之愛人也人與之名** 行甫按：聖人不自以爲聖人，乃人爲之命其名。**不告則不知其愛人** 聖人愛人而不知。**其愛人也終无已** 終无已，猶無止境。**人之安之亦无已** 安，猶樂。《淮南子·氾論》『而百姓安之』，高誘注：『安，樂也。』**性** 行甫按：聖人愛人出自本性，無論知與不知，聞與不聞，其愛人終無竟止之時。行甫又按：此二節以美人與聖人互喻，言性乃出自天然，非刻意用心而爲之；亦不以知與不知，聞與不聞而失之。

〔六〕**舊國舊都** 舊，猶故。行甫按：舊國舊都，喻久失之人性。**望之暢然** 望，遠觀。暢然，喜悅貌。**雖使丘陵草木之緡** 雖使，猶即使，虛詞連用。丘，猶丘墟。《楚辭·哀郢》『曾不知夏之爲丘兮』，王逸注：『丘，墟也。』《後漢書·馮衍傳》『周秦之丘』，李賢注：『丘，亦墟也。』陵，陵夷。《後漢書·儒林傳論》『朝綱日陵』，李賢注：『陵，陵遲也。』行甫按：陵遲若『陵夷』。《漢書·成帝紀》『帝王之道日以陵夷』，王念孫《讀書雜志》：『陵與夷皆平也。』緡，猶覆蓋。《方言》卷六『緡、綿，施也。秦曰緡，趙曰綿。吳趙之間脫衣相被謂之緡綿』，郭璞注：『相覆及之名也。』錢繹《箋疏》：『《廣雅·釋詁三》「緡綿，施也」，「緡綿」，雙聲字。《說文》：「吳人解衣相被謂之緡。」《大雅·抑》篇「言緡之絲」，毛《傳》：「緡，被也。」』**入之者十九** 入，猶沒。十九，猶言十分之九。**猶之暢然** 猶，猶均。之，猶以。行甫按：猶之暢然，猶言均以暢然。

〔七〕**況見見聞聞** 況，滋益，猶更加。見見，見其所曾見。聞聞，聞其所曾聞。行甫按：見其遺老，聞其佚事，以喻本性之遺跡。**以十仞之臺縣衆間** 以，猶於。十仞，七丈，言其高。縣，猶懸挂。行甫按：在高臺之上懸挂於衆人之間，猶言視之則歷歷在目。

〔八〕**冉相氏得其環中以隨成** 冉相氏，想象中的古代帝王。得，猶處。其，猶於。環，承樞之臼。行甫按：《齊物論》『樞始得其環中』，猶言處於臼中，左右旋轉自如。以，猶因，而。隨，從。成，亦從。《玄應音義》卷十『諧遂』注：『成，就也，亦從也。』行甫按：隨成，猶隨和與順從，同義複詞。**與物无終无始** 與，隨從。《淮南子·墬形》『與月盛衰』，高誘注：『與，猶隨也。』《國語·齊語》『桓公知天下諸侯多與己也』，韋昭注：『與，從也。』**无幾无時** 幾，猶期。章太炎《解故》：『無幾無時者，無期無時。』

〔九〕**日與物化** 日，日日。與，亦隨從。化，變。**一不化** 一不化，冉相氏雖日日隨物而變，其主體之本性則無所變。行甫按：《知北遊》亦有此二句，言各有當。**闔嘗舍之** 闔，曷，何。嘗，猶曾。舍，放棄。之，代『與物化』及『一不化』。

〔一〇〕**夫師天而不得師天** 夫，猶若。師天，以天爲師。行甫按：師天，與上文『復命搖作而以天爲師』相呼應。得，猶知。《呂氏春秋·先己》『故心得而聽得』，高誘注：『得，猶知也。』《禮記·樂記》『禮得其報則樂』，鄭玄注：『得，謂曉其義，知其吉凶之歸。』行甫按：師天而不知師天，猶言師天乃無意識不自覺之行爲，非由知性計議權衡而爲之。**與物皆殉** 與，猶隨，從。皆，猶俱，偕。《爾雅·釋詁下》『僉，皆也』，郝懿行《箋疏》：『皆，通作偕。』殉，通徇，猶行。《國語·周語上》『徇，農師一之』，韋昭注：『徇，行也。』徐元誥《集解》：『《廣雅·釋言》：「徇，巡也。」《說文》：「巡視行皃。」』行甫按：與物皆殉，言隨物俱行，與下文『與世偕行』之義從同。**其以爲事也若之何** 其，猶庶幾。行甫按：與上『其有止也若之何』及下文『其合之也若之何』句法一律，猶言庶幾以與物俱行爲事如之何。

〔一一〕**夫聖人未始有天** 夫，猶且。未始，未嘗。行甫按：未始有天，即『師天而不得師天』。**未始有人** 行甫按：天人皆忘，無外無內，光明磊落，即『周盡一體』。**未始有始** 始，猶開端。**未始有物** 物，通歾，猶終。章太炎《解故》：『始、物相對爲文，猶上天、人相對爲文也。物，即物故之物，正當作歾。《說文》：「歾，終也。」始終，語相對。』行甫按：終始皆忘，無古無今，猶下『除日无歲』之義。**與世偕行而不替** 與，隨，從。世，猶時。《呂氏春秋·誣徒》『羈神於世』，高誘注：『世，時也。』偕行，俱行。替，廢。章太炎《解故》：『《說文》「替，廢一偏下也」，偏廢與偕行正相反。』**所行之備而不洫** 所，猶所以。之，猶以。備，周洽，完備。洫，猶間隔、邊界。《左傳》襄公十年『子駟爲田洫』，杜預注：『洫，田畔溝也。』行甫按：洫，本溝洫字，引申而有間隔、隔斷之義，再引申則有畛域、邊界之義。故下文言『其合之』。**其合之也若之何** 其，庶幾。合，冥合時世天人物我。若之何，如之何。行甫按：言天人兩遣，古今皆忘，與時世相推移，境界超然於物外，卻又冥合於世俗之中。《齊物論》『忘年忘義，振於无竟，故寓諸无竟』，是其義。

〔一二〕**湯得其司御門尹登恆** 湯，商湯。司，主。御，天子所養所用。《禮記·王制》『千里之内以爲御』，鄭玄注：『御，謂衣食。』朱彬《訓纂》引葉少蘊曰：『御者，乘輿服膳，匪頒賜予，王所用也。』門尹，門官。登恆，姓登，名恆。錢穆《纂箋》：『羅勉道曰：「或説門尹登恆卽伊尹。」』行甫按：《史記·殷本紀》『伊尹名阿衡，阿衡欲干湯無由，乃爲有莘氏媵臣，負鼎俎，以滋味説湯，致於王道』，則與司御之事有所合。行甫又按：司御與門尹登恆爲同位語，伊尹或先爲門尹，後爲司御。**爲之傅之** 爲之，爲湯。傅，爲傅。之，猶諸。**從師而不囿** 囿，猶限。行甫按：猶言隨從師傅而不局限於師傅。**得其隨成** 隨成，隨和與順從，同義複詞。行甫按：猶言得門尹登恆隨和與順從之德。**爲之司其名** 爲之，爲登恆。司，主，守。行甫按：爲之司其名，猶言『爲之守其名』，謂湯與登恆皆有『隨成』之名，故下文云『嬴法』、『兩見』。

〔一三〕**之名嬴法** 之，猶其。嬴，猶益，過。《逸周書·大武解》『勝人必嬴』，孔晁注：『嬴，謂益之。』《文選·班固〈幽通賦〉》『故遭儸而嬴縮』，李善注：『嬴，過也。』法，數。《周禮·司書》『凡税斂，掌事者受法焉』，鄭玄注：『法，猶數也。』孫詒讓《正義》：『是凡會計等數，並謂之法也。』**得其兩見** 得，猶出。《呂氏春秋·貴公》『平得於公』，高誘注：『得，猶出也。』其，猶於。見，讀現。成玄英《疏》：『見，顯也。』行甫按：之名嬴法，得其兩見，猶言『隨成』之名過於其數，出於兩顯，謂湯與登恆皆以『隨成』之名而顯。**仲尼之盡慮** 之，猶乃。盡，竭。慮，思慮。**爲之傅之** 猶言爲人君之傅。行甫按：言仲尼爲人君之傅，盡心竭慮，冀得其名，不知登恆

『爲之傅之』乃『隨成』而非『盡慮』。林希逸《鬳齋口義》：『孔子又慕之，盡其思慮，將以爲輔相於斯世；言夫子又欲爲伊尹之事也，此是譏侮聖人之意。』其説是。

〔一四〕**容成氏** 想象中的遠古帝王。**除日无歲** 除，猶去。无，猶忘。**无内无外** 忘内忘外。王叔岷《校詮》：『卽遣時間，遣空間也。』行甫按：猶言忘記時間，忘記空間。

此乃本篇第二章，言人的本性是固有而自存的，衹是人皆溺於物欲與智慮而不自知而已。唯有『師天』之自然，應物無心，與世偕行，既無古今，亦無内外，方可略見其本性。正如『舊國舊都』十之八九已埋入草叢，衹可見其一二舊觀而已。

【繹文】

境界高遠聰明睿智的聖人，通達無礙，無所糾結，光明磊落，表裏澂澈，通體無瑕了，但他並沒有意識到自己何以如此，這就是聖人的本性。無論是歸根復命的静止狀態，還是搖擺起伏的運動狀態，他都是效法天地自然的節律，人們因此把他叫作聖人。飽受認知與知識之苦卻又永遠無休無止地不斷用認知去尋求知識，最好還是把這種自討苦吃的行爲停止下來，可不可以呢？

生來就很漂亮的人，人們替她作了鑑别，不告訴她如何漂亮，她是不知道自己比别人漂亮的。或者知道自己漂亮，或者不知道自己漂亮，或者聽説過自己漂亮，或者没有聽説過自己漂亮，她始終是可愛的，人們也始終喜歡她，這就是漂亮的本性。聖人仁愛他人，人們替他取了個聖人的名字，人們不告訴他，他便不知道自己是仁愛他人的聖人。或者知道自己仁愛，或者不知道自己仁愛，或者聽說過自己仁愛，或者沒有聽說過自己仁愛，可他始終仁愛，人們也始終樂於接受他的仁愛，這就是仁愛的本性。

故國故都的遺址，遠遠望去也覺得心情舒暢。即使丘墟陵夷，十分之九的原貌已被野草覆蓋，也同樣看著它感到愉快與欣悦。更何況是見到曾經見過的遺老，聽到曾經聽過的舊聞呢！這印象之清晰，如同在衆人之間用高臺懸挂著一樣！

冉相氏可以隨著外物無休無止地推移運動，就像處在門樞的承臼之中一樣，可以永遠不停地左右轉動。雖然他每天不斷地與外物相推移，不曾有片刻的停息，但他的自然本性卻永遠不會起變化。如果效法天地自然，卻不知道是在效法天地自然，無思無慮地隨著外部世界一起往前走，最好還是把這個事認真當個事，可不可以呢？至於境界高遠聰明睿智的聖人，既不曾有天，也不曾有人，既不曾有開端，也不曾有終結，隨著時世的推移永不偏廢，他爲人處事十分周洽完備，天衣無縫，與世俗世界沒有絲毫破綻與裂痕，最好還是冥合天人古今物我，可不可以呢？商湯得到了爲他照顧飲食起居乃至守門的登恆，讓他作爲自己的師傅輔助國政，商湯雖然順從師傅卻不局限於師傅的做法，而是得到他隨和與順從的處事方法，從而爲登恆守著隨和與順從的好名聲；這名聲也算是超過數量了，出現兩人共顯同一名聲的現象。可是孔丘卻不明白，羨慕登恆與商湯的好名聲，殫精竭慮地爲當世人君做師傅，卻不知道登恆與商湯的名聲來自隨和與順從。

容成氏説：『去掉時光，忘卻歲月，就沒有時間；忘記天與人，忘記物與我，就沒有空間。』

〔三〕

魏瑩與田侯牟約，田侯牟背之。魏瑩怒，將使人刺之。〔一〕犀首［公孫衍］聞而恥之曰：『君爲萬乘之君也，而以匹夫從讎！〔二〕衍請受甲二十萬，爲君攻之，虜其人民，係其牛馬，使其君內熱發於背，然後拔其國。〔三〕忌也出走，然後抶其背，折其脊。』〔四〕

季子聞而恥之曰：『築十仞之城，城者既十仞矣，則又壞之，此胥靡之所苦也。〔五〕今兵不起七年矣，此王之基也。衍亂人，不可聽也。』〔六〕

華子聞而醜之曰：『善言伐齊者，亂人也；善言勿伐者，亦亂人也；謂伐之與不伐亂人也者，又亂人也。』〔七〕

君曰：『然則若何？』曰：『君求其道而已矣！』〔八〕

惠子聞之而見戴晉人。戴晉人曰：『有所謂蝸者，君知之乎？』曰：『然。』〔九〕『有國於蝸之左角者曰觸氏，有國於蝸之右角者曰蠻氏，時相與爭地而戰，伏尸數萬，逐北旬有五日而後反。』〔一〇〕

君曰：『噫！其虛言與？』曰：『臣請爲君實之。君以意在四方上下有窮乎？』

君曰：『无窮。』〔一一〕曰：『知遊心於无窮，而反在通達之國，若存若亡乎？』君曰：『然。』〔一二〕曰：『通達之中有魏，於魏中有梁，於梁中有王。王與蠻氏，有辯乎？』君曰：『无辯。』〔一三〕

客出而君惝然若有亡也。客出，惠子見。〔一四〕君曰：『客，大人也，聖人不足以當之。』〔一五〕惠子曰：『夫吹筦也，猶有嗃也；吹劍首者，吷而已矣。堯、舜，人之所譽也；道堯、舜於戴晉人之前，譬猶一吷也。』〔一六〕

【釋義】

〔一〕**魏瑩與田侯牟約** 魏瑩，梁惠王名。《釋文》：『郭本作罃。』田侯牟，成玄英《疏》：『卽齊威王也，名牟，桓公之子。田恆之後，故曰田侯。』郭慶藩《集釋》：『俞樾曰：《史記》威王名因齊。田齊諸君無名牟者，惟桓公名午，與牟字相似。牟或午之譌。然齊桓公午與梁惠王又不相值也。』約，訂立盟約。**田侯牟背之** 背，猶違。**魏瑩怒將使人刺之** 將，猶且。

〔二〕**犀首〔公孫衍〕聞而恥之** 犀首，魏國官號。《釋文》：『司馬云：若今虎牙將軍。公孫衍爲此官。』公孫衍，王孝魚《校記》：『三字依疏文及趙諫議本補。』《史記·張儀列傳》：『犀首者，魏之陰晉人也，名衍，姓公孫氏。』恥，猶羞恥。**君爲萬乘之君** 萬乘之君，猶言大國之君。**而以匹夫從讎** 而，猶乃。以，用。匹夫，平民。從讎，成玄英《疏》：『猶報讎也。』

〔三〕**衍請受甲二十萬**　請，猶願。受，猶領。甲，代指兵士。**爲君攻之**　攻之，攻打齊國。**虜其人民**　虜，擄掠。**係其牛馬**　係，羈而牽之。**使其君内熱發於背**　内熱，内心怒氣鬱結而生熱。發，出。成玄英《疏》：『國破人亡而懷恚怒，故熱氣藴於心，癰疽發於背也。』**然後拔其國**　拔，攻取。

〔四〕**忌也出走**　忌，成玄英《疏》：『姓田，名忌，齊將也。』出走，《釋文》：『忌畏而走，或言圍之也。元嘉本忌作亡。』孫詒讓《札迻》：『以《史記·田齊世家》考之，是時齊相爲騶忌，將爲田忌。而威王二十年，使田忌伐魏，大敗之桂陵，則惠王所深怨者，宜是田忌也。成説近是，《釋文》及元嘉並誤。』**然後抶其背**　抶，音赤，抽打。其，代田忌。**折其脊**　折，斷。脊，脊骨。

〔五〕**季子聞而恥之**　季子，《釋文》：『魏臣。』于鬯《香草續校書》：『季子卽季梁也。《戰國·魏策》云：魏王欲攻邯鄲，季梁聞之，中道而反，衣焦不申，頭塵不去，往見王曰：「今王動欲成霸王，舉欲信於天下，恃王國之大、兵之精鋭而攻邯鄲，以廣地尊名。王之動愈數，而離王愈遠矣。」是季梁在當時不主戰者，嘗止攻邯鄲，則其止此攻齊固宜。則季子之爲季梁無疑。』**築十仞之城**　十仞，七丈。**城者既十仞矣**　既，猶已。十，當爲七之譌。俞樾《平議》：『下「十」字疑「七」字之誤。城者既七仞，則雖未十仞，而去十仞不遠矣，故壞之爲可惜。下文曰「今兵不起七年矣，此王之基也」，明是以七仞喻七年，其爲字誤無疑。』**則又壞之**　則，猶而。**此胥靡之所苦**　胥靡，刑徒之人而服勞役者。所，猶所以。苦，猶患，憂。

〔六〕**今兵不起七年**　今，猶迄今。起，發動。**此王之基**　王，猶王道治化。基，猶始。《説文》：『基，牆始也。』《釋名·釋言語》：『基，據也，在下物所據也。』**衍亂人**　亂，惛惑。《爾雅·釋訓》『夢夢，亂也』，郝懿行《箋疏》：『亂者，《釋名》云「渾也」。按渾謂渾渾無分别；渾渾猶惛惛，不憭慧之言也。』《吕氏春秋·論人》『此不肖主之所以亂也』，高誘注：『亂，惑也。』**不可聽**　聽，猶從。

〔七〕**華子聞而醜之**　華子，《釋文》：『亦魏臣。』于鬯《香草續校書》：『卽子華子也。《讓王》篇云「子華子見昭僖侯」，陸《釋》引司馬云：「子華子，魏人也。昭僖侯，韓侯。」韓昭僖侯正與魏惠王同時，則此華子之卽子華子明矣。』醜，恥，羞。**善言伐齊者亂人**　善，喜。《荀子·解蔽篇》『其爲人也愚而善畏』，楊倞注：『善，猶喜也。』**善言勿伐者亦亂人**　行甫按：善言伐齊者，公孫衍。善言勿伐者，季子。**謂伐之與不伐亂人**　謂，言說。行甫按：謂伐之與不伐云云，乃華子自指。**又亂人**　又，猶更。成玄英《疏》：『猶以是非爲心，故亦未免爲亂人，此華子自道之辭也。』

〔八〕**君曰然則若何**　君，梁惠王。然則，如此那麼。若何，如何。**曰君求其道而已矣**　曰，華子曰。其，猶於。行甫按：求於道，則超越衆生，超越是非。

〔九〕**惠子聞之而見戴晉人**　惠子，惠施。見戴晉人，引薦戴晉人見梁惠王。戴晉人，《釋文》：『梁國賢人，惠施薦之於魏王。』**有所謂蝸者**　蝸，蝸牛。《釋文》：『李云：蝸蟲有兩角，俗謂之蝸牛。《三蒼》云：小牛螺也。一云：俗名黃犢。』**君知之乎**　乎，猶邪。**曰然**　曰，惠王曰。

〔一〇〕**有國於蝸之左角者曰觸氏**　國，猶立國。觸，牴觸。《說文》：『觸，牴也。』行甫按：句前省曰字，此乃戴晉人曰。**蠻氏**　蠻，蠻橫。《說文》：『蠻，南蠻，它種。』《白虎通義·禮樂》：『蠻者，執心違邪。』行甫按：觸氏與蠻氏，喻蠻橫無文，以爭鬭爲樂。**時相與爭地而戰**　時，有時。爭地，爭蝸角之地。**伏尸數萬**　伏尸，倒伏之死尸。**逐北旬有五日而後反**　北，敗而反奔。旬，十日。有，通又。反，通返。

〔一一〕**噫**　驚訝之詞。**其虛言與**　其，猶乃。虛言，不實之言。與，通歟。**臣請爲君實之**　請，願。實，證實，充實。**君以意在四方上下有窮乎**　以，猶用。意，猶想象。在，猶察。四方上下，猶天地之間。窮，止，盡。**无窮**　無止境。

〔一二〕**知遊心於无窮**　知，猶曉。遊心，心靈自由放飛。**而反在通達之國**　反在，猶反觀。通達，猶言四通八達。郭象《注》：『人跡所及爲通達，謂今四海之内也。』國，猶域。**若存若亡乎**　若，猶如。存，猶有。亡，猶無。乎，猶邪。**君曰然**　然，如此。

〔一三〕**通達之中有魏**　魏，魏國。**於魏中有梁**　梁，大梁。魏國於安邑遷都大梁，今之河南開封。**於梁中有王**　王，指惠王。**王與蠻氏有辯乎**　辯，讀辨，别。**无辯**　郭象《注》：『王與蠻氏，俱有限之物耳。』

〔一四〕**客出而君惝然若有亡**　客，戴晉人。惝（音倘）然，惆悵貌。郭象《注》：『自悼所爭者細。』**客出**或疑此二字爲衍文。行甫按：上『客出』對君而言，此『客出』就惠子而言。**惠子見**　見，見君。

〔一五〕**客大人**　大人，偉大人物。**聖人不足以當之**　聖人，成玄英《疏》：『謂堯、舜也。』足，猶得。當，猶值。

〔一六〕**夫吹筦**　夫，猶若。筦，通管，笙簫之類樂器。**猶有嗃**　猶，猶尚。嗃，音消，聲音洪亮。**吹劍首**劍首，《釋文》：『司馬云：劍環頭小孔也。』**吷**　音謔，象聲詞，形容聲音喑啞，猶今語『噓』。**堯舜人之所譽**人，猶世俗之人。譽，猶讚譽。**道堯舜於戴晉人之前**　道，猶稱道。**譬猶一吷**　譬猶，比如。

此乃本篇第三章，言人生境界是可以通過放下執念而不斷超越以層層提升的。魏王準備利用刺客報復齊王爽約，犀首試圖通過戰爭解決爭端，季子反戰，華子求道，此四人之心胷與境界已然廣狹不同。至於戴晉人以蝸角觸蠻之爭誘導魏王放棄仇恨，『遊心於無窮』，儼然具有無限超拔與高遠的思想境界。而歷來譽滿人間號稱聖賢的唐堯和虞舜，與戴氏其人相比，則完全不能相提並論了。

【繹文】

梁惠王魏瑩與齊侯田牟訂立盟約，齊侯田牟違約不遵。梁惠王十分憤怒，派人去行刺齊侯田牟。魏國犀首公孫衍聽說之後，覺得這事有些可恥，說：『君王爲大國君主，卻使用平頭百姓的手段報仇！本人願意率領甲士二十萬人，替君王攻打齊國，擄掠他的民人，牽走他的牲口，讓他的君主怒氣鬱結，急火攻心背上生瘡，然後攻取他的國家。田忌出奔逃跑，然後抓住他，抽打他的後背，折斷他的脊梁骨。』

季梁聽說公孫衍有這番說辭，覺得這樣做也不光彩，說：『壘築十仞高的城墻，已經壘築到差不多七仞了，卻又毀壞它，這是築城的刑人徒役們最爲苦惱的事。如今沒有發兵作戰已經七年了，這就是建立王道治化的基礎。公孫衍是個糊塗昏惑的人，他的話不能採納。』

子華子聽到季梁這番話，覺得這樣做也不免可恥，說：『喜歡談論用兵攻打齊國的人，是個糊塗昏惑之人；喜歡談論不用兵攻打齊國的人，也是個糊塗昏惑之人；而說攻打與不攻打都是糊塗昏惑之人的人，更是個糊塗昏惑之人。』

梁惠王說：『這麼說來，那該怎麼辦呢？』子華子說：『君王不過是講求於一種超邁高遠的心靈境界罷了！』

惠施聽了子華子這番話，便向梁惠王引薦了戴晉人。戴晉人對梁惠王說：『有一種稱爲蝸牛的蟲子，君王知道嗎？』梁惠王說：『知道。』

戴晉人說：『有一個建立在蝸牛左角上的國家叫觸氏，另有一個建立在蝸牛右角上的國家叫蠻氏，有時他們互相爭奪地盤打起仗來，倒在地上的尸體幾萬具，追趕棄陣逃跑的敗軍十四五天後才返回來。』

梁惠王說：『咿呀，大概是信口胡說的吧？』戴晉人說：『我願意給君王把這個道理講得真實可信一些。君王您憑想象觀察一下，天地之間四方上下有止境嗎？』梁惠王說：『沒有止境。』戴晉人接著說：『明白心靈翱遊在無窮無盡的廣闊空間然後回頭觀察腳下這個四通八達的地方，是不是好像有又好像沒有呢？』梁惠王回答說：『是啊。』戴晉人繼續開導梁惠王說：『在腳下這個四通八達的地方裏有一個魏國，在魏國裏面有一個都城大梁，在大梁裏面有一個梁王。梁王與蠻氏，有區別嗎？』梁惠王說：『沒有區別。』

客人說完，便出去了。可是梁惠王卻如同丟失了什麼東西一樣心情悵然不快。客人走了之後，惠施入見梁惠王。梁惠王說：『你那位客人，真是個了不起的人物，堯、舜那樣的聖人也不能夠與他相比。』惠施回答說：『如果是吹簫管，聲音還很洪亮；如果是吹劍頭上的小孔，不過發出一聲「噓」而已。唐堯、虞舜，雖然歷來被人稱讚，但是在戴晉人面前稱道唐堯和虞舜，就好比吹劍頭小孔「噓」一下罷了。』

〔四〕

孔子之楚，舍於蟻丘之漿。〔一〕其鄰有夫妻臣妾登極者，子路曰：『是稯稯何爲者邪？』〔二〕

仲尼曰：『是聖人僕也。是自埋於民，自藏於畔。〔三〕其聲銷，其志无窮，其口雖言，其心未嘗言，方且與世違而心不屑與之俱。〔四〕是陸沈者也，是其市南宜僚邪？』

子路請往召之。〔五〕

孔子曰：『已矣！彼知丘之著於己也，知丘之適楚也，以丘爲必使楚王之召己也，彼且以丘爲佞人也。〔六〕夫若然者，其於佞人也羞聞其言，而況親見其身乎！而何以爲存？』〔七〕

子路往視之，其室虛矣。〔八〕

【釋義】

〔一〕**孔子之楚**　之，往。**舍於蟻丘之漿**　舍，寄宿。蟻丘，丘名。漿，酒漿。《釋文》：『李云：賣漿家。』

〔二〕**其鄰有夫妻臣妾登極者**　鄰，賣漿家之鄰人。夫妻，主人主婦。臣妾，男女僕役。登，升。極，屋脊，房屋最高處。王叔岷《校詮》：『馬氏《故》引陳治安曰：「宜僚欲觀夫子爲人，又不屑與接也。《宋史》許將使遼，入幽燕境，人皆升屋而觀。」』**是稯稯何爲者邪** 是，此。稯稯，音總，通悤。《釋文》：『字亦作總。』行甫按：古總、緫字可借爲䍟、緵，《商頌・長發》『百祿是總』，《釋文》：『本又作䍟。』《周禮・掌客》『米八十筥』鄭玄注云『十筥曰稯』，《釋文》：『曰總，本又作緵。』是總、稯、緫、䍟、稯、緵，皆音同通用，則稯稯卽悤悤若怱怱。《說文》『悤，多遽悤悤也』，是其義。

〔三〕**是聖人僕** 僕，猶徒。奚侗《補注》：『僕與徒同義，《廣雅・釋詁一》：「僕、徒，使也。」』。**是自埋於民** 埋，猶藏。**自藏於畔** 藏，猶埋。畔，通伴，章太炎《解故》：『卽今伴字，《說文》作㚘，云「竝行也」』。《則陽》篇「自埋於民，自藏於畔」，畔亦㚘之借字。』

〔四〕**其聲銷** 銷，通消，消除。**其志无窮** 志，心志。窮，猶止。行甫按：无窮，高遠無極。**其口雖言** 郭象《注》：『所言者皆世言。』**其心未嘗言** 未嘗，未曾。成玄英《疏》：『口應人間，心恆凝寂，故不言而言，言未嘗言。』**方且與世違而心不屑與之俱** 方且，且。屑，猶顧。《後漢書・馬援傳》『不屑毀譽』，李賢注引王逸注《楚辭》云：『屑，顧也。』俱，猶偕。

〔五〕**陸沈** 猶埋藏。《釋文》：『司馬云：當顯而反隱，如無水而沈也。』**是其市南宜僚邪** 其，猶殆。**子路請往召之** 召，猶呼。

〔六〕**已矣** 已，止。**彼知丘之著於己** 之，猶乃。著，猶明。己，指市南宜僚自己。行甫按：猶言市南宜僚知道我對他非常了解。**知丘之適楚** 之，猶乃。適，往。**以丘爲必使楚王之召己** 之，猶以，目的連詞。己，指市南宜僚。**彼且以丘爲佞人** 佞人，巧言媚世之人。

〔七〕**夫若然者** 夫，猶且，遞進連詞。若然，猶如此。**其於佞人也羞聞其言** 其，指市南宜僚。羞，猶恥。**而況親見其身乎** 親，猶親自。乎，猶邪。**而何以爲存** 而，通爾，你。以，猶用。爲，作爲。存，同情而慰問。《說文》：『存，恤問也。』行甫按：而何以爲存，猶言你拿什麼去安慰他？此語文約而旨豐，頗可玩索。意即道不同不與相謀，你去同情他，他反而覺得你更值得同情。舊注皆不達其意。

〔八〕**子路往視之** 視，探視。**其室虛** 虛，空。成玄英《疏》：『辭聘情切，宜僚已逃，其屋虛矣。』

此乃本篇第四章，言人生各有不同的價值取向，陸沈避世的市南宜僚羞與汲汲入世的孔子相見相接，所謂道不同不與相謀。

【繹文】

孔子到楚國去，住宿在蟻丘這個地方的一家酒店。酒店隔壁有一戶人家，戶主夫婦及其男女僕役們紛紛登上屋頂觀望孔子一行的動向。子路說：『這人匆匆忙忙的，是幹什麼的呀？』

孔子說：『這個人是聖人的門徒。他自願隱姓埋名，自願藏身在民間。他不求聞達，銷聲匿跡，但他的心志卻無限廣闊高遠，雖然他也與世俗之人一樣開口說話，但在他內心卻不曾說過一句話，他與世俗的價值取向完全相反，並且在内心是不願意與世俗之人同流合污的。他就是在陸地上沈隱自己的人，他大概就是市南宜僚吧？』

子路想去把他召呼過來見面寒暄幾句。

孔子說：『算了吧！他自己知道我對他了解得非常清楚，知道我要到楚國去，以爲我一定會讓楚王來召見他，他還以爲我是一個巧言諂說取悅人主的人。如果是這樣的話，他認爲聽巧言諂說取悅人主的人說話都是非常可恥的，更何況是親自來與他本人見面呢？既然如此，你拿什麼去同情安慰他呀？』

子路過去看了看，那屋子已經空空蕩蕩，全家人已不知去向了。

〔五〕

長梧封人問子牢曰：『君爲政焉勿鹵莽，治民焉勿滅裂。〔一〕昔予爲禾，耕而鹵莽之，則其實亦鹵莽而報予；芸而滅裂之，其實亦滅裂而報予。〔二〕予來年變齊，深其耕而熟耰之，其禾蘩以滋，予終年厭飧。』〔三〕

莊子聞之曰：『今人之治其形，理其心，多有似封人之所謂：〔四〕遁其天，離其性，滅其情，亡其神，以衆爲。〔五〕故鹵莽其性者，欲惡之孽，〔六〕爲性萑葦；蒹葭始萌，以扶吾形，尋擢吾性；〔七〕並潰漏發，不擇所出，漂疽疥癰，內熱溲膏是也。』〔八〕

【釋義】

〔一〕**長梧封人問子牢曰**　長梧，地名。成玄英《疏》：『其地有長樹之梧，因以名焉。』封人，守邊疆之人。

問，存，恤問。子牢，《釋文》：『司馬云：卽琴牢，孔子弟子。』行甫按：『曰』下所言乃告誡而非詢問語，知『問』乃存問、恤問之意，或以『謂』字解之，非。推其文意，當是子牢爲政治民有所不周，故封人安慰之而告誡之。**君爲政焉勿鹵莽** 爲政，治理政務。鹵莽，《釋文》：『司馬云：麤粗也。』**治民焉勿滅裂** 滅裂，成玄英《疏》：『輕薄也。』行甫按：鹵莽滅裂，猶言粗疏草率，缺乏細致與耐心。

〔二〕**昔予爲禾** 爲禾，種莊稼。**耕而鹵莽之** 耕，翻土整地。《釋文》：『謂淺耕稀種也。』**則其實亦鹵莽而報予** 實，果實。報，回報。**芸而滅裂之** 芸，通耘，鋤地除草。**其實亦滅裂而報予** 實，果實。

〔三〕**予來年變齊** 齊，通劑，猶方法。**深其耕而熟耰之** 其，猶於。熟，猶言反覆多次。耰，音憂，鋤。**其禾蘩以滋** 蘩，茂盛。以，猶而。滋，生長。**予終年厭飧** 厭，飽足。飧，音孫，熟食。《魏風·伐檀》『不素飧兮』，毛《傳》：『孰食曰飧。』

〔四〕**今人之治其形** 治其形，修其身。**理其心** 理，治。理其心，養其心。**多有似封人之所謂** 似，類似。

〔五〕**遁其天** 遁，逃遁。其，猶於。天，自然規律。**離其性** 離，脫離。性，自然本性。**滅其情** 滅，滅失。情，猶實，真實之情。**亡其神** 亡，失。神，猶精。行甫按：精力不濟，則神情呆滯。**以衆爲** 以，猶如此。衆，猶多，指遁天、離性、滅情、亡神諸多行爲。爲，行。行甫按：以衆爲，猶言如此衆多行爲。

〔六〕**故鹵莽其性者** 其，猶於。**欲惡之孽** 欲惡，猶好惡之情。之，猶乃。孽，萌蘖。

〔七〕**爲性萑葦** 爲，猶使。萑葦，開花之蘆葦。郭象《注》：『萑葦害黍稷，欲惡傷正性。』行甫按：猶言使性爲蘆荻所遮蔽。**蒹葭始萌** 蒹葭，蘆葦尚未開花。《說文》：『蒹，萑之未秀者。葭，葦之未秀者。』始萌，猶言初生。**以扶吾形** 扶，猶言蔓。《國語・晉語四》『侏儒扶盧』，韋昭注：『扶，緣也。』**尋擢吾性** 尋，寖假。擢，拔，引。《說文》：『擢，引也。』《慧琳音義》卷二十四『擢本』注引《考聲》：『擢，連根拔也。』《小爾雅・廣物》：『拔根曰擢。』

〔八〕**並潰漏發** 並，通迸。王叔岷《校詮》：『並與迸通。《玉篇》「迸，散也。」』潰，潰爛。漏發，漏泄多便。**不擇所出** 不擇，猶言隨處隨時。所，猶可。出，指瘡癰流膿，小便漏泄。**漂疽疥癰** 漂，通瘭。《釋文》：『本亦作瘭。瘭疽，謂病瘡膿出也。』疥癰，膿腫。**内熱溲膏** 内熱，消渴症。溲膏，尿糖。

此乃本篇第五章，言爲政治民，不可魯莽滅裂，否則政民兩傷。治形理心，亦不可魯莽滅裂，否則身心兩傷而不可活矣。

【繹文】

長梧這個地方一位守衛邊界的老農告慰琴牢說：『主君處理政務不要太粗疏，管理百姓也不要太草率。以前我種莊稼，耕地播種粗疏馬虎，於是那果實也就稀稀拉拉地用粗疏馬虎來報復我；除草鋤地草率敷衍，那果實也就空空癟癟地用草率敷衍來報復我。第二年我便改變了這種粗疏草率的做法，深深地翻耕土地，並且一次次地鋤地除草，那禾苗便非常茂盛長得綠油油的了，我一年到頭都不缺吃的。』

莊子聽到這番話，不無感慨地說：『當今人們處理自己的身體，管理自己的心靈，有很多類似守邊老農說的這種做法。逃避自然規律，背離自身本性，滅棄真實情感，喪失精神風采，如此眾多行爲。因此粗疏馬虎地對待自然本性，好惡之情便生出旁枝來，使自然本性雜草叢生，像長滿蘆葦一樣；慾望好惡的蘆葦剛剛開始抽芽生長，還祇是掩蓋了我們的形體，接著便慢慢地把我們的自然本性連根拔掉了；於是渾身到處出現潰爛，大小便失禁，隨時隨處流水流膿，瘡疽潰爛，膿皰紅腫，內生消渴，下遺糖尿。好惡之情，傷身滅性，就是這種結果。

〔六〕

柏矩學於老聃，曰：『請之天下遊。』老聃曰：『已矣！天下猶是也。』〔一〕又請之，老聃曰：『汝將何始？』曰：『始於齊。』〔二〕至齊，見辜人焉，推而强之，解朝服而幕之，號天而哭之曰：〔三〕『子乎子乎！天下有大菑，子獨先離之。曰莫爲盜！莫爲殺人！〔四〕榮辱立，然後覩所病；貨財聚，然後覩所爭。〔五〕今立人之所病，聚人之所爭，窮困人之身使无休時，欲无至此，得乎！〔六〕古之君人者，以得爲在民，以失爲在己；以正爲在民，以枉爲在己；故一形有失其形者，退而自責。〔七〕今則不然。匿爲物而愚不識，大爲難而罪不敢，重爲任而罰不勝，遠其塗而誅不至。〔八〕民知力竭，則以僞繼之，日出多僞，士民安取不僞！〔九〕夫力不足則僞，知不足則

欺，財不足則盜。盜竊之行，於誰責而可乎？』〔一〇〕

【釋義】

〔一〕**柏矩學於老聃**　柏矩，《釋文》：『有道之人。』成玄英《疏》：『柏姓，矩名。懷道之士，老子門人也。』**請之天下遊**　請，猶求。之，猶往。遊，遊歷。成玄英《疏》：『請遊行宇內，觀風化，察物情也。』**已矣**　已，止。**天下猶是**　猶，猶均。是，如此。

〔二〕**又請之**　又請，再求。**汝將何始**　將，猶當。**始於齊**　先去齊國。

〔三〕**至齊見辜人焉**　辜人，殺而碎尸之罪人。俞樾《平議》：『辜，謂辜磔也。《周官·掌戮》「殺王之親者，辜之」，鄭《注》曰：「辜之言枯也，謂磔之。」是其義也。《漢書·景帝紀》改「磔」曰「棄市」，師古曰：「磔謂張其尸也。」是古之辜磔人者，必張其尸於市。』行甫按：俞說尚有未諦。《公羊傳》僖公三十一年『天子秩而祭之』，何休注：『風磔雨升。』徐彥《疏》：『《爾雅》云「祭風曰磔」，孫氏（炎）云「既祭，披磔其牲，以風散之」，李氏（巡）曰「祭風以牲頭蹏及皮，破之以祭，故曰磔」，郭氏（璞）曰「今俗當大道中磔狗」。』辜磔，猶今所謂碎尸，故下文云『推而强之』。或因其行刑過於殘忍，故景帝改磔爲棄市，僅殺而暴尸而已。**推而强之**　推，推求。《資治通鑑·隋紀五》『付執法者推之』，胡三省注：『推，尋繹也，推考而尋繹其事也。』强，勉强。《釋文》：『字亦作彊。』行甫按：彊、强通用。推而强之，猶言推求碎尸部位勉强拼湊成完尸。舊注皆不了。**解朝服而幕之**　解，脱。朝服，官服。幕，覆蓋。行甫按：一則碎尸難看，一則尊敬死者，故解衣覆蓋之。**號天而哭之曰**　號天，言仰頭向天而大聲號叫。哭之，爲死者痛哭。

〔四〕**子乎子乎**　猶言你呀！你呀！痛苦惋惜之情使然。**天下有大菑**　菑，通災，禍。**子獨先離之**　獨，猶何。離，通罹，遭遇。**曰莫爲盜**　曰，言，謂。莫，毋，禁止之詞。**莫爲殺人**　錢穆《纂箋》：『馬其昶曰：二句推執法者罪之之詞。』行甫按：馬說未審，卻頗有啓迪。此『曰』字下二句，乃柏矩所引官方教導士民之辭，但又與官方推行的價值觀相衝突。讀下文『榮辱立』云云，自可領會。舊注皆不了。

〔五〕**榮辱立**　立，建立，樹立。行甫按：以顯達爲榮，以困厄爲辱。**然後覩所病**　覩，猶顯現。所，猶所以。病，苦惱。行甫按：猶言樹立了榮辱的價值觀之後，便凸現了力行而不得的苦惱。**貨財聚**　聚，猶積。**然後覩所爭**　爭，猶奪。行甫按：猶言財貨不斷聚積之後，便凸現了積累財貨的爭奪。

〔六〕**今立人之所病**　今，猶若。立，猶提倡。人之所病，猶言使人力行而不得之榮辱觀念。**聚人之所爭**　人之所爭，猶言積累使人爭奪之財貨實利。行甫按：二句猶言宣揚錯誤的價值導向。**窮困人之身使无休時**　窮困，猶言疲乏。休，止。**欲无至此得乎**　此，指犯罪。

〔七〕**古之君人者**　君，統領，治理。**以得爲在民**　得，猶言政績。**以失爲在己**　失，猶言失誤。**以正爲在民**　正，正確。**以枉爲在己**　枉，過失。**故一形有失其形者**　形，通行，行爲。《列子·湯問》『太形王屋二山方七百里』，張湛注：『形當作行。』**退而自責**　退，猶言事後。責，猶求。《說文》『責，求也』，段玉裁注：『引伸爲誅責、責任。』行甫按：《國語·周語上》『在《湯誓》曰：「余一人有罪，無以萬夫；萬夫有罪，在余一人。」』是其義。

〔八〕**今則不然**　今，當代。行甫按：今，與上『古』字相對，猶言『今之君人者』。**匿爲物而愚不識**　匿，隱藏。爲，猶其，以。愚，當爲過之譌。俞樾《平議》：『《釋文》曰「愚，一本作遇」，「遇」疑「過」字之誤。《廣雅·

釋詁》曰「過，責也」，因其不識而責之，是謂「過不識」。《呂氏春秋・適威》篇曰「煩爲教而過不識，數爲令而非不從，巨爲危而罪不敢，重爲任而罰不勝」，與此文義相似，而正作「過不識」。高誘注訓「過」爲「責」，可據以訂此文之誤。「過」誤爲「遇」，又臆改爲「愚」耳。」行甫按：俞說是。《呂氏春秋・審分》『夫說以智通，而實以過悗』，舊校云：『過一作遇。』此『過悗』與上『智通』相對，實爲『愚悗』之譌。『愚』字一譌爲『遇』字，再譌爲『過』字，是『愚』與『過』互譌之路徑。不識，猶不知。**大爲難而罪不敢**　大，猶增大。**重爲任而罰不勝**　任，肩任。勝，猶任。**遠其塗而誅不至**　塗，通途，道路。誅，責。

〔九〕**民知力竭**　知，通智。竭，盡。**則以僞繼之**　僞，猶欺詐。**日出多僞**　日，日日。出，生。行甫按：日出多僞，猶言多僞日出。**士民安取不僞**　士民，士與民。安取，猶何爲。王叔岷《校詮》：「《廣雅・釋詁三》：「取，爲也。」」

〔一〇〕**夫力不足則僞**　夫，猶且，更端之詞。僞，作僞。**知不足則欺**　知，通智。**財不足則盜**　盜，搶劫。**盜竊之行**　盜竊，搶劫偷竊。之，猶若。**於誰責而可乎**　責，誅，罪。

此乃本篇第六章，言士民之所以欺僞盜竊，不畏刑憲，實爲君人者所奉行的價值觀念所誤導，亦爲所懸立的苛刻目標所陷害。因此，盜竊大行，世風日下，其罪責根源不在士民，而在君人者自身。

【繹文】

柏矩師從老聃求學，一日對老聃說：『請求老師批準我到各地去遊歷一番，以體察天下民情風俗。』老聃說：『還是算了吧！天下各處跟這兒沒有兩樣。』

過了幾天，又請求外出遊歷。老聃說：『你打算從哪裏開始？』柏矩說：『從齊國開始。』

柏矩到了齊國，在那裏見到一個尸體被肢解的罪犯。柏矩把他的碎尸勉强拼湊成一具完整的尸身，然後脱下自己的禮服蓋在尸體上，仰頭向天大聲號叫，又哭著對這罪人的尸體說：『你呀，你呀！天下發生了大災禍，你怎麼就先遭了殃啊！平時總是教育我們說：不要偷盜，不要殺人！可是榮譽與恥辱的觀念一旦建立起來，便立刻顯示出榮譽不能得而恥辱不可免的苦惱；物質財富一旦積累起來，便立刻顯示出財富的積累原是來自爭奪。當今之世，建立讓人苦惱的價值觀念，積累使人爭奪的物質財富，竭盡全力困乏人們的身體，讓他們無休無止地奔波勞累，想叫他們不走到這樣觸犯刑憲的地步，是不可能的！古代治理百姓的人，把成績歸之於民眾，把過失歸之於自己；把正確的歸之於民眾，把失誤的歸之於自己。所以有一個行爲失誤而得不到這個行爲的真正效果，事後便會責備自己。當今之世，可是大不如此了。事先把真相隱藏得嚴嚴的，然後指責臣民見識不夠；事先把困難製造得大大的，然後怪罪臣民膽子太小；事先把任務佈置得重重的，然後處罰臣民不能勝任；事先把路途規定得遠遠的，然後責備臣民不能到達。民眾智力枯竭，體力不支，衹好用弄虛作假來繼續敷衍塞責，各種弄虛作假層出不窮，廣大士民羣眾哪能不造假成風！再說，力量不夠就會弄虛作假，智慧不夠就會坑蒙拐騙，財力不夠就會偷盜搶劫。偷盜搶劫如果大行於世，應該找誰來加以指責才算合理呢？』

〔七〕

蘧伯玉行年六十而六十化，未嘗不始於是之而卒詘之以非，未知今之所謂是之非五十九非。〔一〕萬物有乎生而莫見其根，有乎出而莫見其門。〔二〕人皆尊其知之所知而莫知恃其知之所不知而後知，可不謂大疑乎！〔三〕已乎已乎！且无所逃。此所謂然與，然乎？〔四〕

【釋義】

〔一〕**蘧伯玉行年六十而六十化** 蘧伯玉，姓蘧，名瑗，字伯玉，衛國大夫。《人間世》告誡顔闔者。行年，流年。**未嘗不始於是之而卒詘之以非也** 是之，以之爲正確。卒，終。詘，讀黜，貶下。《戰國策·韓策三》「秦勢能詘之」，鮑彪注：「詘，貶下也。」《資治通鑑·周紀四》「詘楚之名」，胡三省注：「詘，讀曰黜。」以，猶爲。**未知今之所謂是之非五十九非也** 之，猶而。之非，不是。非，不正確。

〔二〕**萬物有乎生而莫見其根** 乎，於。根，猶本。**有乎出而莫見其門** 門，門戶。行甫按：猶言宇宙萬物的根源與出處是沒有人知道的。

〔三〕**人皆尊其知之所知而莫知恃其知之所不知而後知** 尊，猶看重。知，認知能力。所，猶可。行甫按：尊其知之所知，猶言看重其認知能力可以認知的東西。恃，猶依仗，憑借。行甫按：知之所不知，即上文萬物『莫見其根』之『生』、『莫見其門』之『出』。恃其知之所不知而後知，即以不知爲知，猶言認知活動停止在認知能力所不能認知的地方便是最大的認知。**可不謂大疑乎** 可，猶何。疑，猶惑。

〔四〕**已乎已乎** 已，止也。行甫按：猶言止於知。**且无所逃** 且，況且，遞進之詞。所，猶可。行甫按：无所逃，猶言未知者無處不在。**此所謂然與** 此，指蘧伯玉之所爲。行甫按：此所謂，猶言這裏所說的蘧伯玉的行爲。與，通歟。**然乎** 乎，猶邪。行甫按：然與，猶言對嗎？然乎，猶言對不對呢？

此乃本篇第七章，言宇宙萬物存在許多根本不爲人知的領域，也有許多昔日以爲天經地義而轉眼卽成荒謬的事理。既然如此，那麼知與不知，有何區別？知多與知少，有何意義？面對無限的未知領域，蘧伯玉行年六十而六十化，這種無所節制地不斷地否定自己，究竟是對，還是不對？本章所思考的問題，較之《養生主》與《齊物論》有較大程度之深化。

【繹文】

蘧伯玉年六十卻有六十次改變了自己的看法，沒有哪一次不是開始認爲是正確的，到後來便貶低它認爲是錯誤的，也不知道他現在所說的正確是不是他以前的五十九次不正確，很可能他現在所說的正確又是他以前的五十九次不正確。宇宙萬物有它產生的地方，但是沒有人能看見它產生的根源；宇宙萬物有它出來的地方，但是沒有人能看見它出來的門坎。人們都很重視他的認知能力可以認知的東西，卻沒有人憑借他的認知能力不可以認知的東西然後去加以認知，何不稱爲最大的疑惑呢！

算了吧，算了吧！人的認知能力不可以認知的東西，無所不在，到處都是。所以這裏所說的蘧伯玉的做法，是對的嗎？對不對呢？

〔八〕

仲尼問於大史大弢、伯常騫、狶韋曰：〔一〕『夫衛靈公飲酒湛樂，不聽國家之政；田獵畢弋，不應諸侯之際；其所以爲靈公者何邪？』〔二〕

大弢曰：『是因是也。』〔三〕

伯常騫曰：『夫靈公有妻三人，同濫而浴。〔四〕史鰌奉御而進，所搏幣而扶翼。〔五〕其慢若彼之甚也，見賢人若此其肅也，是其所以爲靈公也。』〔六〕

狶韋曰：『夫靈公也死，卜葬於故墓不吉，卜葬於沙丘而吉。〔七〕掘之數仞，得石槨焉，洗而視之，有銘焉，〔八〕曰：「不馮其子，靈公奪而里之。」〔九〕夫靈公之爲靈也久矣，之二人何足以識之！』〔一〇〕

【釋義】

〔一〕**仲尼問於大史大弢伯常騫狶韋**　大史，猶太史。成玄英《疏》：『下三人皆史官之姓名也。』伯常騫，伯常，複姓，名騫。鍾泰《發微》：「《晏子春秋》作柏常騫。」

〔二〕**夫衛靈公飲酒湛樂** 夫，猶彼。衛靈公，姬姓，名元。湛，沉湎。樂，逸樂。**不聽國家之政** 聽，猶治。**田獵畢弋** 田，通畋，圍獵。畢，手持之長柄網，用以捕獸。弋，帶繩索之短箭，用以射鳥。**不應諸侯之際** 應，猶應對。際，猶交際，交往。《釋文》：「諸侯之際，司馬云：盟會之事。」**其所以爲靈公者何邪** 其，此，代其人。所以，猶何以。靈，既爲惡謚，亦爲美謚。《謚法》：「亂而不損曰靈。」又云：「德之精明曰靈。」何邪，猶言如何解釋「靈」之謚。

〔三〕**是因是** 是，此，指「靈公」之謚號。因，猶憑，依。是，此，指「不聽國家之政」、「不應諸侯之際」之德行。

〔四〕**夫靈公有妻三人** 夫，猶彼。**同濫而浴** 濫，通鑑，浴盆。鍾泰《發微》：「《說文》『鑑，大盆也』，以其銅製，故字從金；以其貯水，故字或從水，非氾濫之濫也。」

〔五〕**史鰌奉御而進** 史鰌，成玄英《疏》：「姓史，字魚，衛之賢大夫也。」奉，猶承，供事。御，治事。《大雅·嵩高》「王命傅御」，毛《傳》：「御，治事之官也。」行甫按：奉御，猶言供辦治事。**所搏幣而扶翼** 所，時。《墨子·節用上》「有所二十年處家，有所四十年處家」，王念孫《讀書雜志》：「所，猶時也。」《公羊傳》文公十三年「往黨，衛侯會公於沓」，何休注：「黨，所也。所，猶時，齊人語也。」行甫按：《釋文》：「所搏，音博。」是陸氏以「所」字屬下爲讀。今王孝魚點校郭慶藩《集釋》本屬上爲讀，良由「搏幣而扶翼」注解紛歧，故不得「所」字之義使然。茲從《釋文》屬下讀。搏幣，猶言弈棋。章太炎《解故》：「此與同浴分爲兩事，上事自謂無禮，此事自謂敬賢，非二事同時也。靈公妻妾同浴，史鰌豈得闌入？「所搏獘而扶翼」當爲一句，搏借爲簙，獘即蔽也。《楚辭》「菎蔽象棊，有六簙些」，王逸曰：「蔽，簙箸。」《墨子·號令篇》曰「無敢有樂器獘騏軍中，有則其罪射」，獘騏，即菎蔽之蔽，象棊之棊也。」扶翼，猶扶持。章太炎《解故》：「此謂簙弈時，適值史鰌進御，乃急止簙而下扶之，是所以肅賢人也。』行甫按：當言史鰌因供辦治事而進，其時靈公正在弈棋，乃置博弈而扶持史鰌。

〔六〕**其慢若彼之甚** 慢，褻慢。若，如。彼，指同鑑而浴之事。甚，猶過。**見賢人若此其肅** 其，猶而。肅，恭敬。**是其所以爲靈公** 是，此，指敬賢。行甫按：言衛靈公區分公私，尊敬賢臣，則以『靈』爲美謚。

〔七〕**夫靈公也死** 也，猶之。**卜葬於故墓不吉** 故墓，生前所營之墓穴。吉，善。**卜葬於沙丘而吉** 沙丘，地名。

〔八〕**掘之數仞** 掘，掘地。之，猶於。**石槨** 石製外棺。**洗而視之** 洗，猶洒。**有銘** 銘，銘文。

〔九〕**不馮其子** 馮，《釋文》：『音憑，「其子靈公」，郭讀絕句。司馬以「其子」絕句，云：言子孫不足可憑，故使公得此處爲冢也。』行甫按：『馮』當讀『逢』，古人言子孫興旺發達皆曰『逢』。《尚書·洪範》『子孫其逢』，李惇《羣經識小》云：『逢訓大，《禮記·儒行》「衣逢掖之衣」，鄭注：「逢，猶大也。」又訓豐，豐亦大也。《禮記·玉藻》「縫齊倍要」，鄭注云：「縫，或爲逢，或爲豐。」是古逢、豐聲義皆同也。』《楚辭·天問》云『何變化以作詐，後嗣而逢長』，王逸注：『舜爲天子，封象於有庳，而後嗣子孫長爲諸侯也。』《天問》又云『何馮弓挾矢，殊能將之？既驚帝切激，何逢長之』，言武王既伐殷商，驚動天帝，何又封其子武庚於殷之故國，令其發達。是『不馮其子』，猶『不逢其子』。王叔岷《校詮》引《博物志》七作『不逢箕子，靈公奪我里』，則『馮』字正作『逢』，卽是其證。不逢其子，猶言葬在此處不能令其後世子孫興旺發達。**靈公奪而里之** 而，猶爾，汝。里，猶居。《釋文》：『里，居處也。一本作「奪而埋之」。』王叔岷《校詮》：『洪頤煊云「子、里協韻，當以司馬讀爲正」，《釋文》本里下無之字，注「靈公將奪汝處也」，是郭本原作「靈公奪而里」。』

〔一〇〕**夫靈公之爲靈** 夫，猶彼。**之二人何足以識之** 之二人，此二人。足以，得以。識，猶知。行甫按：大弢以『靈』爲惡謚，伯常騫以『靈』爲美謚，狶韋則以『靈』之謚，無關乎其人之德行，乃天意如此。

此乃本篇第八章，言衛靈公一人之身，其所以謚爲『靈』，三人之言卻大相徑庭。太史弢以『靈』爲惡謚，因其人無君人之德，内政外交皆無足稱道；伯常騫以『靈』爲良謚，因其人公私有別，尊敬賢臣；而狶韋則以爲謚『靈』乃命中前定，與其公私之德無關。則認知結果因人而異，此亦《齊物論》之餘緒。

【繹文】

孔子問太史大弢與伯常騫及狶韋說：『那衛靈公喜歡喝酒，沉湎於享樂，不治理國家的政治事務；不是外出打獵，便是張網捕鳥，不處理諸侯的外交事務；他爲什麼謚爲靈公，應當怎樣理解呢？』

大弢說：『他就是因爲這樣才謚爲靈公呀。』

伯常騫說：『那衛靈公有三個妻子，同在一個浴盆裏洗澡。史鰌承辦事務進入内室，其時靈公正在與人弈棋，連忙放下博弈起身去扶持史鰌。他的私生活像那樣過分地褻慢無禮，見了賢能的大臣卻又如此地嚴肅尊敬，這大概是他爲什麼謚爲靈公的原因吧。』

狶韋說：『那衛靈公死的時候，卜問安葬在已經建好的墓穴是否吉利，卜兆顯示不吉；卜問安葬在沙丘是否吉利，占卜顯示吉兆。於是在沙丘開挖墓穴，挖到二三丈深的地方，發現此處有一座石製的外棺，洗掉上面的泥土一看，上面刻有銘文，說：「不能發達你的子孫後人，靈公搶奪你的墓室居寢。』那靈公謚爲靈已經在很久以前就注定了，大弢與伯常騫這二個人又怎麽能知道呢！』

〔九〕

少知問於大公調曰：『何謂丘里之言？』〔一〕

大公調曰：『丘里者，合十姓百名而以爲風俗也。合異以爲同，散同以爲異。〔二〕今指馬之百體而不得馬，而馬係於前者，立其百體而謂之馬也。〔三〕是故丘山積卑而爲高，江河合水而爲大，大人合並而爲公。〔四〕是以自外入者，有主而不執；由中出者，有正而不距。〔五〕四時殊氣，天不賜，故歲成；五官殊職，君不私，故國治；文武大人不賜，故德備；萬物殊理，道不私，故无名。无名故无爲，无爲而无不爲。〔六〕時有終始，世有變化。禍福淳淳至，有所拂者而有所宜；自殉殊面，有所正者有所差。〔七〕比於大澤，百材皆度；觀於大山，木石同壇。此之謂丘里之言。』〔八〕

少知曰：『然則謂之道，足乎？』〔九〕

大公調曰：『不然。今計物之數，不止於萬，而期曰萬物者，以數之多者號而讀之也。〔一〇〕是故天地者，形之大者也；陰陽者，氣之大者也；道者爲之公。〔一一〕因其大以號而讀之則可也，已有之矣，乃將得比哉！〔一二〕則若以斯辯，譬猶狗馬，其不及

遠矣。』〔一三〕

少知曰：『四方之內，六合之裏，萬物之所生惡起？』〔一四〕

大公調曰：『陰陽相照相蓋相治，四時相代相生相殺，欲惡去就於是橋起，雌雄片合於是庸有。〔一五〕安危相易，禍福相生，緩急相摩，聚散以成。此名實之可紀，精微之可志也。〔一六〕隨序之相理，橋運之相使，窮則反，終則始。此物之所有，言之所盡，知之所至，極物而已。〔一七〕覩道之人，不隨其所廢，不原其所起，此議之所止。』〔一八〕

少知曰：『季真之莫爲，接子之或使，二家之議，孰正於其情，孰偏於其理？』〔一九〕

大公調曰：『雞鳴狗吠，是人之所知；雖有大知，不能以言讀其所自化，又不能以意其所將爲。〔二〇〕斯而析之，精至於无倫，大至於不可圍，或之使，莫之爲，未免於物而終以爲過。〔二一〕或使則實，莫爲則虛。有名有實，是物之居；无名无實，在物之虛。可言可意，言而愈疏。〔二二〕未生不可忌，已死不可徂。死生非遠也，理不可覩。或之使，莫之爲，疑之所假。〔二三〕吾觀之本，其往无窮；吾求之末，其來无止。无窮无止，言之无也，與物同理；或使莫爲，言之本也，與物終始。〔二四〕道不可有，有不可无。道之爲名，所假而行。或使莫爲，在物一曲，夫胡爲於大方？〔二五〕言而足，則終日言而盡道；言而不足，則終日言而盡物。道物之極，言默不足以載；非言非默，議有所極。』〔二六〕

【釋義】

〔一〕**少知問於大公調**　少知，成玄英《疏》：『智照狹劣，謂之少知。』大公調，成玄英《疏》：『道德廣大，公正無私，復能調順羣物，故謂之太公調。』行甫按：少知、大公調，乃虚構人名，具有概念之性質。**何謂丘里之言**　丘里之言，當地風俗習慣普遍認同的言論。《釋文》：『古者鄉里井邑，士風不同，猶今鄉曲各自有方俗，而物不齊同。』

〔二〕**丘里**　鄉民聚居之地。鍾泰《發微》：『丘里，猶言鄉曲也。』**合十姓百名而以爲風俗**　合，猶兼，聚。十姓百名，猶言衆人。**合異以爲同**　以，猶而。成玄英《疏》：『采丘里之言以爲風俗，斯合異以爲同也。』**散同以爲異**　成玄英《疏》：『一人設教，隨方順物，斯散同以爲異也。』吕惠卿《莊子義》：『合十姓百名以爲丘里，則合異以爲同；散丘里以爲十姓百名，則散同以爲異。』行甫按：成以風俗爲言，吕就丘里爲説，各舉一邊。權而論之，風俗既來自丘里，是合異以爲同；丘里亦遵守風俗，是散同以爲異。行甫又按：風俗以喻道，丘里以喻物，然似是而非。故下文曰『謂之道，足乎』曰『不然』。

〔三〕**今指馬之百體而不得馬**　今，猶若，假設之詞。成玄英《疏》：『指馬百體，頭尾腰脊，無復是馬，此散同以爲異也。』**而馬係於前者**　而，猶若。係，猶拴。**立其百體而謂之馬**　立，猶竪，站立。成玄英《疏》：『係於前見有馬，此合異以爲同也。』

〔四〕**是故丘山積卑而爲高**　是故，因此。卑，猶低。爲，猶成。**江河合水而爲大**　水，《釋文》：『合水，一本作合流。』俞樾《平議》：『「水」乃「小」字之誤。卑高小大，相對爲文。』王叔岷《校詮》：『《疏》「聚細流以成江海」，成本水蓋作流，與《釋文》所稱一本合。』**大人合並而爲公**　大人，偉大人物。合並，猶兼聚同類以相從。

《説文》：『並，相從也。』公，共，通。賈誼《新書・道術》：『兼覆無私謂之公。』《釋文》：『合羣小之稱以爲至公之一也。』行甫按：前二句乃此句之起興，所謂先言他物以引起所詠之詞。此言『合十姓百名以爲風俗』之方法。

〔五〕**是以自外入者** 是以，因此。入，猶進入。**有主而不執** 主，猶主張、主見。執，拘泥，固執。行甫按：此二句言『合並』所當秉承之態度。謂外言入於耳，我自有主見以爐捶熔鑄之，卻不致固執己見。**由中出者** 中，猶内心。**有正而不距** 正，猶糾正，質正。距，通拒，拒絶。行甫按：此二句言『爲公』所當秉承之態度。謂我自出胷臆以凝成之，人若有所質正，卻不致拒而不納。此四句乃總言『大人合並而爲公』之態度，亦猶客觀與隨順之二端。

〔六〕**四時殊氣** 氣，猶節候。**天不賜** 賜，猶與，予。**故歲成** 歲，猶年。《論衡・調時》：『積日爲月，積月爲時，積時爲歲。』**五官殊職** 五官，鍾泰《發微》：『謂司徒、司馬、司空、司士、司寇。見《小戴禮記・曲禮篇》。』**君不私** 私，猶偏私。**故國治** 治，猶安。**文武大人不賜** 文武，文官與武將。王先謙《集解》：『宣本「武」下有「殊材」二字。文似有闕，而郭本已無，《釋文》、成《疏》皆然，自係後人增竄。』王叔岷《校詮》：『疑正文「文武」下本有「殊能」二字。「文武殊能」，與上文「四時殊氣」、「五官殊職」，下文「萬物殊理」句例一律。宣本作「文武殊材」，云「一本缺『殊材』字」。各本皆無「殊材」二字，蓋宣氏臆增耳，然亦近是。』**故德備** 德，治國功能。備，周全，完備。**萬物殊理** 理，性。《禮記・樂記》『天理滅矣』，鄭玄注：『理，猶性也。』**道不私** 道，廣大而無限的宇宙時空。行甫按：猶言宇宙時空涵覆萬物之性，不獨厚一物。**故无名** 无名，猶言不可指稱。**无名故无爲** 故，猶則。**无爲而无不爲** 行甫按：猶言宇宙時空涵覆包容萬物，並不支配主宰萬物，而萬物皆有其形體與功用。行甫又按：上九句『四時殊氣』云云，乃下三句之起興與鋪墊；下三句『萬物殊理』云云，合上九句皆補充上文『大人合並而爲公』之方法與態度；最後三句『故无名』云云，言『道』之特性，實就『道不私』而申其義，猶言『丘里之言』與『道』的特性在『合異』與『散同』的意義上有些類似而已。

〔七〕**時有終始** 時，猶言四時節候。**世有變化** 世，猶言人間世事。**禍福淳淳至** 淳淳，猶茫昧難知。鍾泰《發微》：『淳淳，言茫昧而難測也。知淳淳爲茫昧者，老子曰「其政悶悶，其民淳淳；其政察察，其民缺缺」，淳淳與悶悶爲類，而與察察、缺缺相反，則是茫昧也。郭注云「流行反覆」，特因老子禍福倚伏之言而爲之辭，非淳淳本義也。』**有所拂者而有所宜** 所，猶以。拂，猶逆。宜，猶適。行甫按：有所拂者，禍。有所宜者，福。行甫又按：王孝魚校讀『至』字屬下，然『有所拂而有所宜』與下『有所正者有所差』相對爲文，則屬下爲讀不妥。或以爲『淳淳』二字誤疊，當爲『禍福淳至』，則『淳至』之語不詞。**自殉殊面** 自，猶苟，若詞、如詞。說見吳昌瑩《經詞衍釋》。殉，猶從。《漢書·李陵傳》『常奮不顧身以殉國家之急』，顔師古注：『殉，從也。』面，猶向。**有所正者有所差** 正，正向。差，偏向。行甫按：此言『道』對於林林總總萬事萬物的包容性，與『丘里之言』對於『十姓百名』的概括性有所類似。

〔八〕**比於大澤** 比，猶譬。於，猶如。澤，通宅。《釋文》：『本亦作宅。』王叔岷《校詮》：『宅與澤通，陶淵明《歸園田居》五首之一「方宅十餘畝」，《藝文類聚》六五引宅作澤，澤亦宅之借字。』**百材皆度** 度，通宅，《方言》卷三『度，凥也』，戴震《疏證》：『宅、度古多通。《詩·大雅》「宅是鎬京」，《坊記》引作「度是鎬京」，《周禮·縫人》注引《書》「度西」，今《書》作「宅西」。』行甫按：百材皆度，猶言百材皆處其所。**觀於大山木石同壇** 壇，成玄英《疏》：『基也。』馬敍倫《義證》：『壇借爲墠，與擅借爲撣同例。《說文》曰「墠，野土也」。』行甫按：

馬説是。壇之作墠，猶襌之作禫，癉之作瘅，蟬之作蟺。**此之謂丘里之言**　之，猶乃。行甫按：此言『丘里之言』有同於『道』的包容性，然『丘里之言』非『道』。

〔九〕**然則謂之道**　然則，如此，那麽。之，代『丘里之言』。**足**　猶得。

〔一〇〕**不然**　否。**今計物之數**　今，猶若。**不止於萬**　止，猶盡。萬，萬之數。**而期曰萬物**　期，猶限。**以數之多者號而讀之**　號，猶稱。讀，猶述説。

〔一一〕**是故天地**　是故，因此。**形之大**　形，形體。**陰陽**　猶冷暖。**氣之大**　氣，猶氣候。**道者爲之公**　之，猶其。公，猶通。鍾泰《發微》：『道則包天地、合陰陽、兼形氣，故曰「道者爲之公」。』

〔一二〕**因其大以號而讀之**　因，猶憑。**已有之**　已，猶既。有，猶以。行甫按：猶今語所謂依據。**乃將得比哉**　乃，猶寧。將，猶當。得比，猶足比，與上文『足乎』相關聯。行甫按：猶言『丘里之言』以其『合十姓百名以爲風俗』的來歷而稱之爲大，當然是可以的。既然是依據『合十姓百名以爲風俗』，寧當與包天地、合陰陽、兼形氣的『道』相比麽？

〔一三〕**則若以斯辯**　則若，猶即如。斯，猶此。辯，通辨，别。**譬猶狗馬**　猶，猶若。行甫按：狗與馬，體與用皆不相類。

〔一四〕**四方之内六合之裏**　四方、六合，互文。**萬物之所生惡起**　所，猶所以。惡，猶何。起，猶始。行甫按：猶言萬物的生長是如何開始。

〔一五〕**陰陽相照相蓋相治**　照，知曉。《楚辭·九嘆》『指日月以延照兮』，王逸注：『照，知也。』《淮南子·繆稱》『照惑者以東爲西』，高誘注：『照，曉。』蓋，如字，覆蓋。俞樾《平議》：『「蓋」當讀爲「害」。《爾雅·

釋言》：「蓋，割裂也。」《釋文》曰：「蓋，舍人本作害。」是蓋、害古字通。陰陽或相害，或相治，猶下句云「四時相代，相生相殺」也。』行甫按：蓋不必讀「害」，如字讀更合事理。治，通持。《讓王》『道之真以治身』，古鈔卷子本治作持。《盜跖》『約養以持生』，王叔岷《校詮》：『持生猶治生。』行甫按：相治，即相持，猶言彼此互存。**四時相代相生相殺** 代，猶更。殺，猶衰減。**欲惡去就於是橋起** 欲惡，猶好惡。去就，猶取舍。橋，桔槔。《淮南子·主術》『橋直植立而不動』，高誘注：『橋，桔槔上衡也。』《說苑·反質》：『爲機，重其後，輕其前，命曰橋。』行甫按：橋起，猶言此起彼伏。**雌雄片合於是庸有** 雌雄，猶言牝牡。片，猶半，分。王叔岷《校詮》：『錢大昕《類聲》三「牉爲片」，《喪服傳》「夫妻，牉合也」，《莊子》「雌雄片合」，「片合」即《禮傳》之「牉合」。』行甫按：片合猶言分合。雌雄片合、欲惡去就，相對爲文。庸，常。

〔一六〕**安危相易** 易，變。**禍福相生** 生，長。**緩急相摩** 緩，寬緩。急，急躁。摩，通靡，滅。《方言》卷十三『靡，滅也』，錢繹《箋疏》引玄應《音義》：『靡，音糜，或作摩滅字。』《徐无鬼》『循古而不摩』，《釋文》引王叔之云：『摩，消滅也。』**聚散以成** 以，猶相。成，就。**此名實之可紀** 名實，猶有名有實。之，猶乃。紀，猶識。**精微之可志** 精微，猶有精有微。志，猶意。《秋水》『可以意致者，物之精也』，是其義。

〔一七〕**隨序之相理** 隨，從。序，次第。行甫按：隨序，猶言從四時之序。之，猶而。理，猶條貫。《荀子·正名篇》『道也者，治之經理也』，楊倞注：『理，條貫也。』**橋運之相使** 運，動。行甫按：橋運，猶言上下起伏之動。使，猶從。《爾雅·釋詁下》：『使，從也。』**窮則反終則始** 窮，盡。反，通返。**此物之所有** 物，有形可見之物。**言之所盡** 盡，猶止。**知之所至** 知，認知。至，極。**極物而已** 極，猶達。物，猶言物本身。

〔一八〕**覩道之人** 覩，今作睹，猶知見。**不隨其所廢** 隨，猶隨從，追問。其，指物。所，猶何。廢，猶終止。

不原其所起　原，猶推原。起，猶起始。**此議之所止**　議，言說，評議。行甫按：謂萬物如何運動與終始不可言議。

〔一九〕**季真之莫爲**　季真，或有其人，今不可考。莫，猶無。爲，作。**接子之或使**　接子，《史記·孟子荀卿列傳》有『接子』，《田敬仲完世家》作『接予』，《漢書·藝文志》『《接子》二篇，齊人』。是『接子』即『接予』。或，猶有。使，猶指使。行甫按：季真主張萬物之運動與終始沒有外力推動，接子主張萬物之運動與終始有外力推動。**二家之議**　議，議論。**孰正於其情**　孰，誰。正，猶合。情，猶實。**孰偏於其理**　偏，通偏，猶差。理，猶性。

〔二〇〕**雞鳴狗吠是人之所知**　所，猶可。**雖有大知**　知，通智。**不能以言讀其所自化**　以言讀，用語言轉述。所，猶何。自化，自爲。《鄭風·褰裳》『狂童之狂也且』，毛《傳》『狂行童昏所化也』，陳奐《傳疏》：『化，爲也。』行甫按：自化、將爲，相對爲文，是『化』亦『爲』。**又不能以意其所將爲**　意，心志。王叔岷《校詮》：『疑正文意下本有測字，「不能以言讀其所自化，不能以意測其所將爲」，文正相耦。』行甫按：雞鳴狗吠，人所不知，以喻『莫爲』與『或使』皆不能解釋萬物終始運動的原因。

〔二一〕**斯而析之**　斯，分。《說文》：『斯，析也。從斤，其聲。《詩》曰：斧以斯之。』析，亦分。行甫按：斯而析之，據下文乃是指分事物現象與人體生命兩邊爲說。**精至於无倫**　精，精微。至，猶極。倫，猶迹。《小雅·正月》『有倫有脊』，馬瑞辰《毛詩傳箋通釋》：『脊，《春秋繁露》作迹。《玉篇》「迹，跡也，理也」。是知《傳》訓脊爲理者，正以脊爲迹之假借也。倫與迹亦同義。《說文》「倫，一曰道也」，《小爾雅》「跡，道也」。倫又通綸，荀爽《易注》：「綸，迹也。」』**大至於不可圍**　圍，通囗，環繞。《易·繫辭上》『範圍天地之化而不過』，惠棟《述》：

『圍，古作囗。』行甫按：猶言無論其精細至於無跡，其大至於不可圍，皆物。**或之使** 或，猶有。之，猶以；以，猶與。**莫之爲** 莫，猶無。行甫按：或之使，猶言有與使；莫之爲，猶言莫與爲。**未免於物而終以爲過** 免，猶離。而，猶乃。過，猶誤。錢穆《纂箋》：『陳壽昌曰：二說皆從物上起論，故終不免於過。』

〔一一二〕**或使則實** 則，猶乃。實，猶有。行甫按：若言有外力推動，其過乃在認爲有。**莫爲則虛** 虛，猶無。行甫按：若言没有外力推動，其過乃在認爲無。猶言萬物運動終始乃自動所致，而非外力所使；因而既不能肯定其有，亦不能肯定其無。**有名有實** 名，猶名稱。實，猶實體。**是物之居** 是，猶乃。居，猶止。行甫按：猶言有名稱有實體的物，乃是物的靜止狀態。**无名无實** 實，猶形質。**在物之虛** 虛，猶言無形質。行甫按：此言在靜止的物體之中，存在某種無形質可見因而不可名狀卻能夠決定物體運動終始的力量。下文『理不可覩』、『與物同理』之『理』，即此所謂『在物之虛』。行甫又按：古人又將這種『在物之虛』的元素或稱爲『精』，或稱爲『氣』，或合稱爲『精氣』。**可言可意** 言，言說。意，意擬。行甫按：可言可意，就『有名有實，是物之居』而言之。**言而愈疏** 疏，猶遠。行甫按：言而愈疏，就『无名无實，在物之虛』而言之。錯綜文法，舊注皆不了。

〔一一三〕**未生不可忌** 忌，禁。**已死不可徂** 徂，通阻，止。《釋文》：『一本作阻。』**死生非遠** 非遠，郭象注：『近在身中，猶莫見其自爾而欲憂之。』**理不可覩** 理，道理，原理。行甫按：理，生死之『理』；此『理』即上文所謂『在物之虛』。**或之使** 接子之議。**莫之爲** 季真之論。**疑之所假** 疑，猶言疑惑而無主見。《逸周書·王佩解》『時至而疑』，孔晁注：『疑，由豫不果也。』是其義。之，猶乃。所，猶以。假，猶借。行甫按：疑之所假，猶言接子之或使，季真之莫爲，不過是猶豫疑惑而無主見以爲依托與藉口而已。行甫按：自『斯而析之』至此，乃分物與人兩邊爲說。

〔二四〕**吾觀之本** 之，猶其。本，始。**其往无窮** 往，猶過往。窮，盡。**吾求之末** 末，終。**其來无止** 來，未來。止，盡。**无窮无止** 无窮，猶其往。无止，猶其來。**言之无** 之，猶其。无，虛。行甫按：本末無窮之往來運動的根源，就是所說的那個『在物之虛』。**與物同理** 物，人。理，即上文『理不可覩』之所謂生死之『理』。行甫按：與物同理，猶言物之往來運動，與人之生死往來，其根源相同。**或使莫爲** 二家所議。**言之本** 之，猶其。**與物終始** 猶言未免於物。此『物』乃『有名有實，是物之居』之『物』。行甫按：猶言若以『或使』與『莫爲』乃物之本，則其論始終不離於物而已。

〔二五〕**道不可有** 有，猶實。**有不可无** 有，猶又。錢穆《纂箋》：『馬其昶曰：「有不」之有，讀爲又。』无，虛無。行甫按：猶言道並非實有之物，但又不是純粹之虛無。**道之爲名** 之，猶所以。**所假而行** 所，猶可。假，猶借。行，猶用。**或使莫爲在物一曲** 曲，猶偏。《中庸》『其次致曲』，朱熹《集注》：『曲，一偏也。』**夫胡爲於大方** 夫，猶彼。胡，猶何。爲，助。王叔岷《校詮》：『爲，猶助也。』大方，猶言大道。

〔二六〕**言而足** 而，猶若。足，猶得。**則終日言而盡道** 則，猶乃。終日，竟日。盡，猶皆。**道物之極** 道物，道與物。極，猶至高至遠。**言默不足以載** 言默，言論與沉默。足，猶能。載，猶任。《荀子·榮辱篇》『皆使人載其事而各得其宜』，楊倞注：『載，行也，任之也。』**非言非默** 非，猶無關。行甫按：非言非默，猶言無關乎言默。**議有所極** 極，猶止。王孝魚《校記》：『世德堂本「有所」作「其有」。』行甫按：猶言論議言說有其止境。

此乃本篇第九章，言當地民情風俗所普遍認同的言論，便是『丘里之言』。而『丘里之言』之所以能被普遍認同，是因爲它具有極大的概括性與代表性。其所以具有概括性，因爲它本是『合異以爲同』；其所以具有代表性，因爲它能夠『散同以爲異』。當然，這具有概括性與代表性的『丘里之言』，是由偉大人物不帶任何主觀偏見地從『十姓百名』之中歸納抽象出來的，所以它有一本萬殊的特性。不過，不能把這種一本萬殊的『丘里之言』，簡單地等同於『道』。因爲『道』不僅對於天地宇宙萬事萬物具有更大的包容性，它本身也是混同於萬物不斷地大化流行而變動不居的。而且更重要的是，它既不可認知，也無法言說。因爲人的認知與言說，祇能觸及有形世界，所以『道』不是如同『丘里之言』那樣從有形世界或者『十姓百名』之中抽象概括出來的，它的大化流行與變動不居也是無法解釋的。雖然有人試圖說明『道』與萬物的大化流行是否由外力所推動，但都不能達其本質。此章發揮《大宗師》的道論之旨。

【繹文】

少知問大公調說：『什麼叫鄉曲公論？』

大公調回答說：『鄉曲這個東西，就是綜合各大姓氏及其衆多人口的行爲方式從而使它成爲風氣與習俗。這就是首先綜合衆多不同使它成爲基本相同，然後又把這種基本相同分散到各家各戶與各個不同的個人使它得到普遍遵守。比如指著馬的各個不同部位說這是馬，是不能獲得馬的完整形象的，可是如果拴一匹馬在你眼前，它的各個不同部位完整地合立起來，就可以叫它是馬。所以高丘大山是累積了低下矮小的土堆才成爲高大的，大江大河是匯集了小溪小流才成爲寬大的，偉大的人物把衆多的不同拼接成一個共同認可的整體。因此，從外面進入耳朵的東西，他內心裏有自己的判斷，但並不固執己見；由他自己用心歸納與綜合出來的東西，如果有人對它提出修正意見，他也不會拒絕。就好像春夏秋冬四季的氣候有所不同，上天並不私相授與，所以一年四季完整而均衡；司徒、司馬、司空、司士、司寇五類官員各有不同的職責，君主並無倚輕偏重，所以國家太平無事；文武官員各有不同的才能，他們的主管上司並不對他們私相授受，所以治國功能周洽而完備；萬物各有不同的性質，宇宙時空並沒有專門授予，所以無從指稱。無從指稱便不見有所作爲，不見有所作爲卻又無處不作爲（看那萬物的蓬勃生長就能明白這個道理）。四季節候有起始，人間世事有變化。幸福與災禍在冥冥之中不期而來，有的人會遭殃，有的人會走運；如同按照不同的方向行走，有的人走對了，有的人走錯了。又好比一個大宅子，各種不同的材質都有它不同的位置；再看看那大山，樹木與石頭在野地裏隨處共存。這就叫作鄉曲公論。

少知說：『既然如此，那麼把鄉曲公論叫作「道」，妥當嗎？』

大公調說：『不妥。譬如統計事物的數量，比萬多得多，但祗限於說萬物，是因爲數量太多所以給予萬物這個名號來稱述它。因此，所謂天地，是說形體的大；所謂陰陽，是說元氣的大；所謂「道」，是說形體與元氣共同擁有的大。因爲它大，所以用「道」這個名號來稱述它是適合的，而鄉曲公論既然是鄉曲公論，哪裏當得起與這包天地、合陰陽、兼形氣的「道」相提並論呀！倘若從這個意義上分別「道」與鄉曲公論的不同，就好像拿狗與馬的不同來相比一樣，它們的差別可就太遠了。』

少知又問：『天地四方之中，萬物的生長是如何開始的呢？』

大公調說：『陰陽二氣兩相照知彼此覆蓋相互並存，四季節候相互取代彼此生發互相衰滅，好惡取舍因此而一上一下此起彼伏，雌雄牝牡相分相合因此而常常存在。安全與危險相對而變化，災禍與福分相關而發生，緩慢與急躁相磨而互滅，聚合與分散相繼而後成。這些都是有名稱、有實體因而是可以識別的，雖然有的精細、有的微小也是可以意會的。至於隨著時序而相互條貫，上下起伏而相互影響，到了盡頭又返回原處，結束終了又重新開始。這些現象是事物自身所具有的，但是言語到此為止而難以說清，認知到此為止而不能認知，言語和認知衹不過達到物體本身而已。因此，悟道的人，不會追問事物何以終結，也不會推原事物何以開始，這是言說與議論停止的場合。』

少知又說：『季真認為萬物終始無所推動，接予認為萬物終始有所推動；二家的說法，誰對萬物的實情有所符合，誰對萬物的性質有所偏差？』

大公調說：『雞打鳴，狗吠叫，這是人人知道的現象；但即使是大智慧，也不能用言語來復述它本身所要表達的意思，而且也不能用心意去領會它們想要幹什麼。還是把你提的問題分開來講吧：無論事物精細到了沒有形跡，還是龐大到了沒有邊界，說有所推動也罷，說無所推動也罷，都沒有離開物體本身立論因而最終還是錯誤的。說有所推動，其錯誤在於認為有外力加入；說無所推動，其錯誤在於認為什麼動力都沒有。有名稱，也有實體，這是事物的靜止狀態；然而在事物內部，卻存在著某種既沒有名稱、也沒有實體的無形質的東西。可以言說，可以意會，那是有名稱有實體的靜止之物；而事物內部既無名稱也無實體的那種沒有形質的東西卻是不可以言說的，越是言說就離它越遙遠。這是就事物這一邊而言的。再就人體的生命現象來說，人在要生沒生之時是無法阻止的，人在要死沒死之時也是不能阻擋的。出生與死亡的現象，就發生在我們身體裏，離我們並不遙遠，可是我們卻看不透它的原因與道理。因此，說有所推動也好，說無所推動也好，不過是爲那些不明事理沒有主見的人隨便找個依托的說辭而已。我看那萬物的起始與運動，從它過去的維度來觀察，追溯不到它的開頭；從它未來的維度來觀察，也發現不了它的終止。這無始無終的運動根源，說的就是萬物之中那個沒有形質的東西，與人的生死是同一個道理；因此，說有所推動也罷，說無所推動也罷，說到底，還是始終沒有脫離萬物本身起講。「道」不是具有形質的具體存在，但又不是完全虛無。「道」之所以作爲名稱，衹是一種依托假借的用法而已。所以無論是說有所推動，還是說無所推動，都是偏於物這一邊說的，它們對於理解大道能起什麼作用呢？言說如果能夠觸及道，那麼一天到晚言說的都是道；言說如果不能觸及道，那麼一天到晚言說的都是物。道與物的終極之境，無論言說還是不言說，都不能勝任；那道與物的終極之境，與言說或不言說並無直接關係，它是言說與議論所觸及不到的地方。』

外物第二十六

外物，以首句二字爲篇名。《釋文》謂『以義名篇』，當是區別於以人名爲篇名之説，其義實不能貫通於全篇。王叔岷《校詮》云：『此篇可發揮《人間世》篇，但頗瑣碎。』王氏當是以『外物』與『人間世』字面意義較近，故説之如此。其實本篇幾乎發揮了《内篇》各篇思想，涉及莊子思想體系的各個環節，亦有《内篇》引而未發的思想觀念，因而不僅無貫通全篇之義，卽使章段之内，亦有前後不侔之處。則注者於本篇章節分合之紛歧無定，良有以也。

〔一〕

外物不可必，故龍逢誅，比干戮，箕子狂，惡來死，桀、紂亡。〔一〕人主莫不欲其臣之忠，而忠未必信，故伍員流於江，萇弘死於蜀，藏其血三年而化爲碧。〔二〕人親莫不欲其子之孝，而孝未必愛，故孝己憂而曾參悲。〔三〕木與木相摩則然，金與火相守則流。陰陽錯行，則天地大絯。於是乎有雷有霆，水中有火，乃焚大槐。〔四〕有甚憂兩陷而无所逃，螴蜳不得

成，心若縣於天地之間，慰暋沈屯。〔五〕利害相摩，生火甚多，衆人焚和。月固不勝火，於是乎有僓然而道盡。〔六〕

【釋義】

〔一〕**外物不可必** 外物，凡與我相對之人與事。必，猶今語所謂必然性。**故龍逢誅** 龍逢，關龍逢，夏桀賢臣，夏桀殺之。**比干戮** 比干，商紂之諸父；諫紂，紂剖其心。**箕子狂** 箕子，商紂之庶叔，或曰庶兄；見紂之亂而佯狂，終然被殺。行甫按：三者乃善人爲善亦未必有善終之例。**惡來死** 惡來，紂之諛臣，與紂同亡。**桀紂亡** 亡，湯、武亡之。行甫按：惡來阿諛以固寵，桀、紂爲暴以制權，三者乃惡人爲惡亦未必得其所願之例。

〔二〕**人主莫不欲其臣之忠** 之，猶爲。**而忠未必信** 信，猶信任。**故伍員流於江** 伍員，伍子胥，名員，字子胥，春秋時楚國大夫伍奢之子。楚平王誅殺伍奢，伍子胥流亡於吴國。諫吴王夫差，被賜劍自殺，又以鴟夷之皮裹其尸投於江。**萇弘死於蜀** 萇弘，周王朝賢臣，遭讒放逐歸蜀，自恨忠而遭譖，遂刳腸而死。**藏其血三年而化爲碧** 蜀人感念其誠，以匱盛萇弘之血收而藏之，三年乃化爲碧玉。化，變。碧，綠色玉石。

〔三〕**人親莫不欲其子之孝** 人親，人之父母。孝，敬而順。**而孝未必愛** 愛，關愛。**故孝己憂而曾參悲** 孝己，殷高宗之子，遭後母虐待，憂苦而死。《世説新語·言語》注引《帝王世紀》：『殷高宗武丁有賢子孝己，其母早死，高宗惑後妻之言，放之至死，天下哀之。』曾參，《釋文》：『李云：曾參至孝，爲父所憎，嘗見絕糧而後蘇。』《説苑·建本》：『曾子芸瓜而誤斬其根，曾皙怒，援大杖擊之，曾子仆地，有頃蘇。』

〔四〕**木與木相摩則然** 摩，摩擦。然，讀燃，古今字。王夫之《莊子解》王敔注：『同而相害。』**金與火相**

守則流　守，持久。《大戴禮・曾子制言》『貴其能守也』，王聘珍《解詁》：『持不惑曰守。』《廣雅・釋詁三》：『守，久也。』流，猶熔化。王夫之《莊子解》王敔注：『異而相鑠。』**陰陽錯行**　陰陽，二氣。錯行，無序而行。**則天地大絯**　絯，通侅，《說文》：『侅，奇侅，非常也。』《慧琳音義》卷九十七『信侅』注引《考聲》：『侅，奇也，謂人事奇異也。』**於是乎有雷有霆**　乎，猶焉。雷，《淮南子・天文》：『陰陽相迫爲雷。』霆，疾雷。《爾雅・釋天》：『疾雷謂之霆。』**水中有火**　水，雨水。火，閃電。《釋文》：『司馬云：「水中有火」，謂電也。』**乃焚大槐**　焚，雷電生火。大槐，老槐。鍾泰《發微》：『樹獨言槐者，取與絯爲韻，無他義。』行甫按：『行』與『霆』、『槐』與『絯』爲韻。

〔五〕**有甚憂兩陷而无所逃**　甚憂，極憂。兩陷，天塌地陷。**螴蜳不得成**　螴蜳，音陳惇，鍾泰《發微》：『螴讀如《詩・草蟲》「憂心忡忡」之忡，蜳讀如《小雅・正月》「憂心惸惸」之惸，其字從虫者，如蟲之蠢蠢不安寧也。』成，平，安。**心若縣於天地之間**　若，猶如。縣，通懸。**慰暋沈屯**　慰暋，讀若鬱悶。《釋文》：『慰，鬱也。暋，悶也。』沈屯，讀與顛頓相近。《淮南子・要略》『終身顛頓乎混溟之中，而不知覺寤乎昭明之術』，以『顛頓』與『覺寤』相對，則『沈屯』若『顛頓』猶今語所謂『陰郁』、『壓抑』之意。

〔六〕**利害相摩**　利害，既爲人際關係之互利與互害，亦有自身選擇之趨利與避害。摩，摩擦。**生火甚多**　生火，與上文『木與木相摩則然，金與火相守則流』相關聯，一則爲人際關係之利害相迫，一則爲內心慾望之利害相戰；因利害相迫與相戰，乃引發諸多憤怒與怨恨。**衆人焚和**　衆人，猶言所有人。焚和，猶言既破壞人際關係之和諧，亦破壞內在心靈之和氣。**月固不勝火**　月，猶水，陰。固，猶本來。行甫按：古人既以水火配陰陽，亦以月日配陰陽。月固不勝火，猶言陰本來即不能勝陽。然而由於『利害相摩，生火甚多』，是陽强之極而又陰弱之極，必生內熱之症。**於是乎有僓然而道盡** 乎，猶焉。僓（音頹）然，倒塌崩壞貌。道，猶言人體內部之生理平衡關係。盡，竭。

此乃本篇第一章，自人際關係之緊張對峙而言及天地間大秩序與大氣候之紊亂失衡，又自天地之間大環境與大氣候之失調失序言及人世間因陰陽失調失序而恐懼驚惶乃至身心俱創之生存狀態。此由外及內而又由內及外，進而又再次由外及內的惡性循環，既是造成『外物不可必』的歷史原因，亦是『外物不可必』所導致的必然結果。這些本體與喻體相互交織的所有敘述，猶今人所言『他人便是地獄』。

【繹文】

所有外在的人和事都是靠不住的，所以關龍逢被夏桀殺了，王子比干被商紂王剖心而死，箕子假裝瘋狂也難逃被殺，惡來阿諛逢迎而終不免於死，夏王桀與商王紂拚命維護權力，最終也被商湯與周武王推翻了。治人的君主沒有誰不希望他的大臣忠心耿耿，但忠心耿耿未必受到君主的信任，所以伍子胥忠於吳王夫差卻被賜劍自殺，甚至尸體還被裝進皮囊投了江；萇弘盡忠於姬周王朝，卻被放逐歸蜀，刳腸而死，蜀人感懷他的忠誠，收藏他的熱血，三年之後變成一塊綠色的玉。人的父母沒有誰不願意他們的孩子孝順長輩，但是孝順長輩未必能得到父母的歡心，所以殷高宗武丁的兒子孝己便憂愁而死，曾皙的兒子曾參的命運也十分悲慘。木塊與木塊相摩擦便生火燃燒，金屬與烈火長期相處便會熔化成液體。陰陽二氣運行錯亂，天地之間便出現重大詭異現象。於是就有雷霆有霹靂，暴雨夾雜雷電，電閃雷鳴，以致天火燃燒了古老的大槐樹。於是有人異常憂恐天塌地陷，害怕發生大災大難無處逃生，整天憂心忡忡不得安寧，這樣提心弔膽地過日子，就像心被懸在半空中一樣驚恐萬狀，情緒鬱悶，精神壓抑。既擔心人際之間趨利而互害，又擔心自己不夠强狠吃虧上當，人人心裏都窩著一團火，於是人們的怨憤之情便把人世間所剩無多的一點溫潤和諧之氣燃燒殆盡了。陰冷的月亮本來就比不過太陽的熾熱，弱水本來就經不起烈火的煎熬，於是人們身心俱疲以致生理徹底失衡終於僵仆而倒地了。

〔二〕

莊周家貧，故往貸粟於監河侯。監河侯曰：『諾。我將得邑金，將貸子三百金，可乎？』〔一〕

莊周忿然作色曰：『周昨來，有中道而呼者。周顧視車轍中，有鮒魚焉。〔二〕周問之曰：「鮒魚來！子何爲者邪？」〔三〕對曰：「我，東海之波臣也。君豈有斗升之水而活我哉？」〔四〕周曰：「諾。我且南遊吳越之王，激西江之水而迎子，可乎？」〔五〕鮒魚忿然作色曰：「吾失我常與，我无所處。〔六〕吾得斗升之水然活耳，君乃言此，曾不如早索我於

枯魚之肆！」』〔七〕

【釋義】

〔一〕**故往貸粟於監河侯**　貸，借入。監河侯，管理河道的官員。《釋文》：『《說苑》作魏文侯。』**諾**　猶好啊，應允之詞。**我將得邑金**　邑，家邑，采地。《周禮·載師》『以家邑之田任稍地』，鄭玄注：『家邑，大夫之采地。』行甫按：邑金，賦斂采邑百姓所得之金。**將貸子三百金**　貸，借出。子，先生。金，貨幣單位。《戰國策·齊策二》『公孫閈乃使人操十金而往卜於市』，高誘注：『二十兩爲一金。』**可乎**　可，猶適。

〔二〕**莊周忿然作色**　忿然，怨恨貌。作色，變臉色。**周昨來**　昨，昔。**有中道而呼者**　中道，半途。**周顧視車轍中**　顧，回頭。**有鮒魚**　鮒魚，小魚。《呂氏春秋·貴直》『鮒入而鯢居』，高注：『鮒，小魚。』

〔三〕**鮒魚來子何爲者邪**　來，呼語詞。于鬯《香草續校書》：『此來爲語助辭，與《大宗師》篇「嗟來桑戶乎」一例。王引之《釋詞》謂彼「嗟來」猶「嗟乎」，然則此猶云「鮒魚乎！子何爲者邪」。』

〔四〕**對曰我**　對，答。**東海之波臣**　波臣，猶失水之臣。《釋文》：『司馬云：謂波蕩之臣。』王引之《經義述聞》引王念孫曰：『波讀爲播，司馬彪云「謂波蕩之臣」，波蕩即播蕩也。』**君豈有斗升之水而活我**　君，尊稱，古音如威。《說文》：『莙，牛藻也，從草，君聲，讀若威。』豈，猶安。斗升，一斗一升，猶言量少。而，猶以，目的連詞。活我，令我活，使動用法。

〔五〕**諾我且南遊吳越之王**　且，猶將。遊，猶遊說，勸說。張君房本作『遊說』。**激西江之水而迎子**　激，猶引。《說文》『激，水礙衺疾波也。一曰半遮也』，段玉裁注：『當依《眾經音義》作「水流礙邪急曰激也」』，水流不礙則不衺行，不衺行則不疾急。《孟子》「激而行之，可使在山」。』西江，江水由西流入吳越之境。鍾泰《發微》：『江曰「西江」者，對東海言，江在西也。成《疏》云「西江，蜀江也」，失之矣。』**可乎** 行甫按：諸、可乎，皆模仿監河侯口吻。

〔六〕**鮒魚忿然作色** 忿然作色，與上文『莊周忿然作色』相關聯。**吾失我常與** 與，猶處。錢穆《纂箋》：『林雲銘曰：常與，謂水。』**我无所處** 所，猶可。行甫按：所處、常與，互文，是『與』猶『處』之證。

〔七〕**吾得斗升之水然活** 然，猶乃。**君乃言此** 乃，猶則。**曾不如早索我於枯魚之肆** 曾，猶則。索，猶挂。裘錫圭曰『就是穿在繩索上挂起來的意思』（見《說「索我於枯魚之肆」》，載《裘錫圭學術文集》第四冊）。肆，市。

此乃本篇第二章，以莊周貸粟於監河侯而遭到搪塞與婉拒，言世態炎涼，人心冷漠，沒有人會真正關心與同情你的疾苦。人生在世，苦難而已。

【繹文】

莊周家裏很貧困，所以到監河侯府上去借糧食。監河侯說：『好呀，我不久會得到采邑裏收上來的稅金，到時候借給你六千兩黃金，行嗎？』

莊周非常不高興地陰沉著臉說：『我昨天來這裏的時候，半路上聽到有呼叫聲。我回頭一看，車軲轆印子下有一條小鮒魚。我問它說：「鮒魚啊，你是幹什麼的呀？」鮒魚回答說：「我是東海裏失水的大臣。您老先生能用一斗或一升的水讓我活下來嗎？」我告訴它説：「好呀，我馬上去南邊遊説吳越的國王，叫他們派人築上堤壩攔住西來的江水，把它引到這裏來迎接你，行嗎？」鮒魚非常不高興地陰沉著臉説：「我失去我平時居住的處所，我已無地容身了。我祇要得到一斗或一升的水就可以活命而已，您老先生竟然説出這種話來，還不如乾脆用根繩子把我挂在賣乾魚的鋪子裏得了！」』

〔三〕

任公子爲大鉤巨緇，五十犗以爲餌，蹲乎會稽，投竿東海，旦旦而釣，期年不得魚。〔一〕已而大魚食之，牽巨鉤，錎沒而下，騖揚而奮鬐，白波若山，海水震盪，聲侔鬼神，憚赫千里。〔二〕任公子得若魚，離而腊之，自制河以東，蒼梧已北，莫不厭若魚者。〔三〕已而後世輇才諷説之徒，皆驚而相告也。〔四〕夫揭竿累，趣灌瀆，守鯢鮒，其於得大魚難矣！〔五〕飾小説以干縣令，其於大達亦遠矣。〔六〕是以未嘗聞任氏之風俗，其不可與經於世亦遠矣。〔七〕

【釋義】

〔一〕**任公子爲大鉤巨緇** 任，國名。鍾泰《發微》：『春秋任國，漢爲任城，今山東濟寧。』爲，猶造作。緇，音資，黑色粗繩。**五十犗以爲餌** 犗，音介，閹割去勢的公牛。餌，魚餌。**蹲乎會稽** 蹲，踞。《玄應音義》卷六

『蹲踞』注引《字林》：『踞謂垂足實坐也，蹲猶虛坐也。』會稽，山名，在浙江紹興。**投竿東海** 竿，釣竿。**旦旦而釣** 旦旦，猶天天。而，猶以。**期年不得魚** 期年，周年。

〔二〕**已而大魚食之** 已，猶既。而，猶乃。**牽巨鉤** 牽，猶拉扯。**錎沒而下** 錎，通陷。行甫按：錎沒，言釣繩上的浮標沉沒入水。**騖揚而奮鬐** 騖揚，王叔岷《校詮》：『謂馳騖激揚。』而，猶且。奮，猶振動。鬐，魚背上豎翅。**白波若山** 白波，白色浪濤。若山，如山。**海水震蕩** 震蕩，動蕩。**聲侔鬼神** 侔，等同。《說文》：『侔，齊等也。』**憚赫千里** 憚，盛威。赫，怒。王先謙《集解》：『赫亦怒也，皆以魚言。』

〔三〕**任公子得若魚** 若，猶如此。**離而腊之** 離，剖分。而，猶且。腊，音昔，曬乾成乾魚片。**自制河以東** 制，通折。制河，浙江。《釋文》：『河亦江也，北人名水皆曰河。司馬云：浙江，今在會稽錢塘。』《史記·項羽本紀》『渡浙江』，司馬貞《索隱》：『《莊子》所謂制河，即其水也。』**蒼梧已北** 蒼梧，山名，在湖南與廣西接壤之處。已，通以。**莫不厭若魚者** 厭，通饜，飽足。若魚，猶此魚。

〔四〕**已而後世輇才諷說之徒** 已而，既而。輇，通詮，猶衡量次第。諷，猶諷誦，諷刺。行甫按：輇才，猶言臧否人物。諷說，猶言借古諷今。**皆驚而相告** 驚，猶驚奇。相告，相互轉述。行甫按：猶言皆以之爲傳奇故事相互複述與轉告。

〔五〕**夫揭竿累** 夫，猶若，更端之詞。揭，舉。累，繩索。**趣灌瀆** 趣，通趨。灌瀆，猶小溝小水。《釋文》：『司馬云：溉灌之瀆。』**守鯢鮒** 守，猶久待。鯢鮒，皆小魚之名。**其於得大魚難** 其，猶乃。

〔六〕**飾小說以干縣令** 飾，猶文飾。小說，殘叢小語，鄙陋之言。干，猶求。縣，猶久遠。《淮南子·主術》『其於以御兵刃，縣矣』，高誘注：『縣，遠也。』《管子·事語》『縣時積歲』，張佩倫云：『縣，遠也。』參見《天地》

『離堅白若縣寓』釋義。令，猶令名。王叔岷《校詮》：『《禮記・中庸》「必得其名」，鄭注：「名，令聞也。」則令猶名也。』行甫按：縣令，猶言不世之名。**其於大達亦遠**　大達，大而通。亦，猶特。行甫按：大達，與小說相對，猶言通人之説。

〔七〕**是以未嘗聞任氏之風俗**　是，此。以，因。未嘗，猶未曾。風俗，猶言風采與習氣。行甫按：任氏之風俗，猶言任公子之影響力與輻射性。**其不可與經於世亦遠**　與，猶以。經，行。《孟子・盡心下》『經德不回』，趙岐注：『經，行也。』行甫按：經於世，猶言行於世，與上文『干縣令』所謂求不世之名相關聯。

此乃本篇第三章，言任公子垂釣於會稽，投竿於東海，以五十犗爲釣餌的大手筆，既是那些祇在小溝小水裏釣小魚小蝦的釣徒難以想象的奇觀，也是他們模仿不來的壯舉。借以隱喻那漸行漸遠的往古風俗祇不過留下一個驚心動魄的宏大敍事而已，在當今之世是不可能再現與複製的。這是一種文明與文化不斷衰退與沒落的歷史觀，與《應帝王》的思想一脈相承。

【繹文】

任國公子制作了一副巨大的魚鈎，配上一條黑色的粗繩，用五十頭閹牛作爲釣餌，蹲在會稽山上，將釣竿甩到東海，天天在那裏垂釣，一年到頭都沒有釣上一條魚。後來有一條大魚吞食魚餌了，拖著巨大的魚鈎，直往水底下拉。祇見那條大魚飛快地游動，昂頭挺背，怒張長鰭，攪起排山倒海的白色巨浪，摇蕩得整個東海波濤洶湧，發出鬼神一般驚天動地的嚎叫，那驚心魂魄的聲音與場面，震撼千里之外。任國公子釣得如此大魚，剖分之後曬製成魚乾，從浙江以東，到蒼梧以北，沒有漏掉一個，人人都用這條大魚飽餐了一頓。後來事情過去許久，那些喜歡臧否人物且好借古論今的談客們都艷羨不已，紛紛把它作爲驚心動魄的傳奇故事不斷地轉相復述。至於那些舉著釣竿提著釣繩，跑到小溝小水裏去浪費時間釣一點小魚小蝦，對於釣大魚來說，簡直是不能同日而語了！這就好比通過整飾一點道聽途說的小段子就妄想博取不世之名，比起通達的大學問家來，也實在差得太遠了。這是因爲他們不曾聽說過任公子當年的風采與作派，當然不可能靠這些東西流芳百世的。他們與任公子相比，相差簡直不可以道里計了。

〔四〕

儒以《詩》、《禮》發冢，大儒臚傳曰："東方作矣，事之何若？"〔一〕小儒曰："未解裙襦，口中有珠。"〔二〕"《詩》固有之曰：'青青之麥，生於陵陂。生不布施，死何含珠爲！'"〔三〕接其鬢，壓其顪，儒以金椎控其頤，徐別其頰，无傷口中珠！"〔四〕

【釋義】

〔一〕**儒以詩禮發冢** 儒，儒生。以，猶用。發，開。冢，墳墓。行甫按：發冢，猶言盜墓。**大儒臚傳曰東**

方作矣　大儒，年長之儒。臚，今音盧，傳。《釋文》：『蘇林注《漢書》云：上傳語告下曰臚。臚，猶行也。向云：從上語下曰臚傳。』行甫按：臚傳，依次傳遞，同義複詞。《漢書·叔孫通傳》『臚句傳』，顏師古注引蘇林曰『上傳語告下爲臚，下告上爲句也。』作，起。《釋文》：『司馬云：謂日出也。』**事之何若**　事，墓中所行之事。之，猶已。何若，如何。行甫按：『作』與『若』韻。

〔二〕**小儒曰未解裙襦**　小儒，年輕之儒，弟子。解，脫。裙，下裳。襦，短襖。**口中有珠**　珠，珠玉，琀。《說文》：『琀，送死口中玉也。』行甫按：『襦』與『珠』韻。

〔三〕**詩固有之曰**　《詩》，逸詩，不在《詩三百》。《釋文》：『此逸詩，刺死人也。』固，猶則。之，猶如是。**青青之麥生於陵陂**　生，猶長。陵陂，猶崗坡。**生不布施**　生，活著。布施，散財接濟貧困。**死何含珠爲**　爲，猶乎，語氣詞。行甫按：『陂』、『施』與『爲』韻。

〔四〕**接其鬢**　接，讀插。《漢書·蒯通傳》『將爭接刃於公之腹』，王念孫《讀書雜志》：『接，讀爲插。』行甫按：接其鬢，言手指插入鬢髮之間。**壓其顪**　壓，按。《釋文》：『本亦作擪。《字林》云：擪，一指按也。』顪，音誨，《釋文》引司馬云『頤下毛也』，馬敍倫《義證》：『《說文》無顪，疑借爲喙，《說文》「喙，口也」。』行甫按：顪，當是額角，手指插入鬢角，自是按壓額頭，不可能壓嘴巴，且另有一手須以金椎控其頤。**儒以金椎控其頤**　儒，馬敍倫《義證》：『王念孫曰「儒以金椎控其頤」，《藝文類聚·寶玉部》引儒作而，是也。而、儒聲相近，上文又多儒字，故而誤爲儒。而，汝也。倫案：自「《詩》固有之」以下，皆大儒答小儒之辭。兩人之辭而省曰字，古書多有其例，詳俞先生《古書疑例舉例》。儒字，王謂當作而，是也。但不必作汝解。』行甫按：今注者多從王說，不可不辯。類書改動古書之例甚夥，不可據之以改動原文。儒，柔弱。《說文》：『儒，柔也。』徐鍇《繫傳》：『柔，弱也。又儒之言懦也。』是其義。《荀子·修身篇》『勞苦之事則偷儒轉脱』，楊倞注：『儒，謂懦弱畏事。』是其例。此『儒』字正與下文『徐別』之『徐』字相照應。金椎，鐵錐。控，拉開。《説文》『控，引也』，段玉裁注：『引，開弓也。引申之爲凡引遠使近之偁。』頤，下巴。行甫按：儒以金椎控其頤，猶言輕柔地用鐵椎插入牙縫撥開嘴巴。

徐別其頰 徐，緩慢。別，猶分開。頰，腮幫子。**无傷口中珠** 无，毋。傷，損壞。

此乃本篇第四章，以兩儒生誦讀詩句依照禮儀程序盜墓，言儒家推崇的文明與文化舉措，本以維護綱常匡濟人心，卻爲無恥之徒盜用以文飾其罪惡與私欲。因而文明成爲庇護陰謀與私欲的保護傘，文化也淪爲掩飾罪惡的遮羞布。此亦《應帝王》之餘緒。

【繹文】

儒生利用《詩》與《禮》盜墓。年長的老儒生趴在洞口對著下面喊話説：『東方發白了，太陽快出了；事情已到哪一步？』

年輕的小儒生回答説：『還沒解開下衣和短襖，口裏含有珠寶。』年長的老儒生在上面念念有辭地説：『《詩》裏正有這幾句：「麥苗青汎汎，生在高坎坂；活當守財倌，死後珠寶含，不知爲哪般！」』念完詩句，告誡年輕的小儒生説：『手指插進他的鬢角，壓住他的額頭，輕輕地用鐵錐子撬開他的嘴巴，慢慢地分開他的腮幫子，不要損壞了他口裏的珠寶。』

〔五〕

老萊子之弟子出薪，遇仲尼，反以告，〔一〕曰：『有人於彼，脩上而趨下，末僂而後耳，視若營四海，不知其誰氏之子。』〔二〕

老萊子曰：『是丘也，召而來。』〔三〕

仲尼至。曰：『丘！去汝躬矜與汝容知，斯爲君子矣。』〔四〕

仲尼揖而退，蹙然改容而問曰：『業可得進乎？』〔五〕

老萊子曰：『夫不忍一世之傷而驁萬世之患，抑固窶邪，亡其略弗及邪？〔六〕惠以歡爲，驁終身之醜。中民之行［易］進焉耳，相引以名，相結以隱。〔七〕與其譽堯而非桀，不如兩忘而閉其所譽。反无非傷也，動无非邪也。〔八〕聖人躊躇以興事，以每成功。奈何哉其載焉終矜爾？』〔九〕

【釋義】

〔一〕**老萊子之弟子出薪**　老萊子，《史記·老子韓非列傳》：『或曰老萊子亦楚人也，著書十五篇，言道家之用，與孔子同時云。』出薪，出門打柴。《釋文》：『出採薪也。』**反以告**　反，通返，以告，將所遇之人告於老萊子。

〔二〕**有人於彼** 於，猶如。行甫按：於彼，如彼，述其相貌，猶言像那樣。**脩上而趨下** 脩，通修，長。上，上身。趨，通促，短。下，下身。**末僂而後耳** 末僂，脊背微曲，頭稍前凸。《釋文》：『李云：末上，謂頭前也，又謂背膂也。』後耳，耳朵偏後。《釋文》：『司馬云：耳卻後。』**視若營四海** 若，猶如。營，通環；《韓非子·五蠹》『古者倉頡之作字也，自環者謂之私』，《說文》『厶』字條曰：『韓非曰：倉頡作字，自營爲厶。』四海，天下。行甫按：視若營四海，猶言眼光似若環視天下。**不知其誰氏之子** 氏，猶支。行甫按：『氏』乃同宗之支派。誰氏，猶今語所謂姓什麼。

〔三〕**是丘也** 是，此。**召而來** 召，呼。而，猶以。

〔四〕**仲尼至** 至，猶到。**曰丘** 曰，老萊子曰。**去汝躬矜與汝容知** 去，拋棄。躬，猶形體。矜，猶炫耀。《公羊傳》僖公九年『矜之者何？猶曰莫若我也』，何休注：『矜，色自美大之貌。』容，容貌。知，通智。**斯爲君子矣** 斯，猶乃。爲，猶謂。君子，有身份、有教养之人。

〔五〕**仲尼揖而退** 揖，手置胷口。《說文》『揖，攘也；一曰手箸匈曰揖』，段玉裁注：『鄭《禮》注云「推手曰揖」。上言揖以爲讓，謂手遠於胷，此言手箸於胷曰揖。《禮經》有揖有厭，推手曰揖，引手曰厭。推者，推之遠胷；引者，引之箸胷。』行甫按：揖而退，謂拱手平胷而後拉向胷口向後退以表謙敬。**蹙然改容而問** 蹙然，偪促恭敬貌。改容，變臉色。**業可得進乎** 業，學業。進，精進。《釋文》：『問可行仁義於世乎？』行甫按：猶言忠孝仁義之學說能否推而廣之。

〔六〕**夫不忍一世之傷而驁萬世之患** 夫，猶若。忍，容忍，忍受。傷，猶言社會動盪，秩序紊亂。驁，輕。

郭象注：『不可輕也。』王叔岷《校詮》：『《呂氏春秋·下賢》篇「士驁爵祿者固輕其主」，高注：「驁亦輕也。」與此文驁字同義。「驁萬世之患」，謂輕萬世之患也。』**抑固窶邪** 抑，猶然。固，通故，本來。窶，貧。行甫按：此『窶』與下『略弗及』相關聯，猶言腹笥甚儉，學殖不豐。**亡其略弗及邪** 亡其，猶毋乃，轉折連詞。略，智略。及，逮。行甫按：略弗及，猶言智慧不逮，謀略不足。

〔七〕**惠以歡爲** 惠，通惟，猶唯。行甫按：『惠』與『惟』相通互用之例參見拙著《尚書釋讀》附錄一《〈尚書〉『予不惟』、『予不惠』、『予不允』文例釋義——兼與裘錫圭先生商榷》。歡，歡心，歡喜。林希逸《鬳齋口義》：『歡，欲得人之歡心也。』鍾泰《發微》：『「歡」如孟子云「容悅」、云「媚世」。』爲，猶行，用。《國語·晉語七》『諸侯之爲，日在君側』，韋昭注：『爲，行也。』《漢書·賈捐之傳》『皆可且無以爲』，顔師古注：『爲猶用也。』行甫按：惠以歡爲，猶言唯以得人歡心而行之。不忍一世之傷，言其學說爲救一時之患；惠以歡爲，言其學說爲討王公之喜。**驁終身之醜** 驁，輕。醜，恥。鍾泰《發微》：『「驁終身之醜」與「驁萬世之患」同一句法。「萬世之患」就天下言，「終身之醜」則就一己言。』行甫按：鍾說是。注者多以『驁』屬上讀，非其義。**中民之行〔易〕進焉耳** 中民，中等之民。易，不難。行甫按：《闕誤》引張君房本、成玄英本皆有『易』字，郭象注『言其易進』，則郭本亦有『易』字。茲據補之。進，精進。焉耳，猶而已，語詞連用。行甫按：進，與上文『業可得進乎』之『進』相關聯，猶言忠孝仁義之說無須推而廣之，智力中等之人皆長於此道。**相引以名** 引，猶援。名，名聲。行甫按：猶言以忠孝仁義之名相互援引。**相結以隱** 結，猶勾結。隱，猶私。《呂氏春秋·圜道》『分定則下不相隱』，高誘注：『隱，私也。』行甫按：猶言用忠孝仁義之說相互勾結以營謀私利。

〔八〕**與其譽堯而非桀** 譽，讚譽。非，指責。**不如兩忘而閉其所譽** 兩忘，忘堯忘桀。閉，塞。成玄英

《疏》：『閉塞毀譽。』**反无非傷**　反，違背。傷，傷害。**動无非邪**　動，猶行動。成《疏》：『夫反於物性，無不傷損。擾動心靈，皆非正法。』邪，邪惡。行甫按：二句互爲補充，乃就孔子之『業』而言。反動者，反動學說，反動行爲。猶言提出違反人性的學説就是害人，做出違反人性的行爲就是邪惡。

〔九〕**聖人躊躇以興事**　躊躇，徘徊不進之貌，猶言小心翼翼，敬畏謹慎。興，猶起。行甫按：此與上文『不忍一世之傷而驁萬世之患』相關聯，謂大賢聖哲無論提倡學説，還是推進行動，都會格外謹慎，小心翼翼，決不貿然而爲，顧此失彼，遺患於後。**以每成功**　每，猶謀慮。章太炎《解故》：『《小雅》「每懷靡及」，《魯語》説之曰「懷和爲每」，鄭君讀和爲私；《漢書·賈誼傳》「品庶每生」，然則「每成功」者，猶求成功耳。每與謀聲義亦相近。古文謀作母。』成功，所成之業。行甫按：以每成功，連上文之意，猶言慮及所興之事或有歷史後患。**奈何哉其載焉終矜爾**　奈何，如何。其，猶於。載，始。焉，猶於。行甫按：其載焉終，猶言於始於終。矜，炫耀。爾，猶矣。行甫按：矜，與上文『視若營四海』及『躬矜』相關聯，猶言自始至終夸耀自己的學説。

此乃本篇第五章，以老萊子對孔子的指責，批評儒家學説爲救一時之弊而遺萬世無窮之患，孔子也必將蒙受永遠洗刷不盡的羞辱。而大賢聖哲提出思想主張，推進時代前行，必須考慮歷史後果；把傷害人性、違背自然的理論學説作爲自誇自衒的理由就更不應當了。本章對孔子儒學的本質認識尤爲超卓，是繼《應帝王》之後對人類文明與文化愈加深刻的歷史反思。

【繹文】

楚人老萊子的弟子出門打柴，路遇孔子，回去之後，將路上所見告訴老萊子說：『有一個人長得像那個樣子：上半身長，下半身短，背稍駝而腦門凸，耳朵靠近腦後，目光高遠彷彿環顧天下，不知道此人是哪個家族的後裔。』

老萊子說：『這個人是孔丘，把他叫來吧。』

孔子來了。老萊子說：『孔丘，去掉你那炫耀夸飾的體態以及你那聰明智慧的容貌，才可以稱得上有教養有身份的人物了！』

孔子抬手撫胸恭敬地後退，臉上帶著侷促謙卑的神情問道：『忠孝仁義的學說可以得到進一步推廣嗎？』

老萊子說：『像這樣不能忍受當下一時的混亂卻忽視了萬世永久的災難，到底是你的思想本來就貧乏不學無術呢，還是智慧謀略不足沒有引領天下蒼生的才具呢？僅僅是爲了討好當世王公的歡心，卻忽視了自己一輩子的恥辱。你的那套學說也不是什麼高深的理論，中等智商的人做起來都是輕而易舉，不過是用你那套虛僞說法來騙取名聲然後相互攀援互相吹捧，再就是用你那套學說來掩蓋私欲然後相互結黨而朋比爲姦而已。與其像你那樣讚美唐堯而指責夏桀，還不如忘掉唐堯與夏桀從而杜絕讚美與指責的思想方法。違反人性的理論無非就是傷害，背離人性的行動無非就是邪惡。大賢聖哲無論是提出理論還是推進行動都是慎之又慎，小心翼翼，總是深入細致地考量事後的成敗得失，不留後患。爲什麼你自始至終都不考慮那套歪理邪說的災難性後果，反而一直爲此沾沾自喜，炫耀自夸不已呢！』

［六］

宋元君夜半而夢人被髮闚阿門，曰：『予自宰路之淵，予爲清江使河伯之所，漁者余且得予。』〔一〕

元君覺，使人占之，曰：『此神龜也。』〔二〕

君曰：『漁者有余且乎？』

左右曰：『有。』

君曰：『令余且會朝。』〔三〕

明日，余且朝，君曰：『漁何得？』

對曰：『且之網得白龜焉，其圓五尺。』〔四〕

君曰：『獻若之龜。』

龜至，君再欲殺之，再欲活之，心疑，卜之，曰：『殺龜以卜吉。』乃刳龜，七十二鑽而无遺筴。〔五〕

仲尼曰：『神龜能見夢於元君，而不能避余且之網；知能七十二鑽而无遺筴，不能避刳腸之患。〔六〕如是，則知有所困，神有所不及也。雖有至知，萬人謀之。魚不畏網而畏鵜鶘。〔七〕去小知而大知明，去善而自善矣。〔八〕嬰兒生无石師而能言，與能言者處也。』〔九〕

【釋義】

〔一〕**宋元君夜半而夢人被髮闚阿門**　宋元君，宋元公，名佐，平公之子。被，通披。闚，通窺。阿，《釋文》：『司馬云：屋曲簷也。』成玄英《疏》：『阿，曲也，謂阿旁曲室之門。』**予自宰路之淵**　自，猶言來自。宰路之淵，《釋文》：『李云：淵名，龜所居。』**予爲清江使河伯之所**　清江，水清之江。河伯，河神。已見《秋水》。所，處所。**漁者余且得予**　漁者，漁夫。余且（音居），漁夫姓名。

〔二〕**元君覺**　覺，醒來。**使人占之**　人，占夢者。占，臆度，《爾雅·釋言》『隱，占也』，郝懿行《箋疏》：『占者，億度之詞。』**曰此神龜**　曰，占人曰。神，神靈，猶言智慧非凡。

〔三〕**君**　宋元君。**漁者有余且乎**　乎，邪。**左右**　近臣。**令余且會朝**　令，命。會朝，猶言赴朝。

〔四〕**余且朝**　朝，朝見。**漁何得**　漁，捕魚。**對曰且之網得白龜焉**　對，答。且，余且自名。之，猶以。**其圓五尺**　圓，直徑。

〔五〕**獻若之龜**　獻，猶進。若，汝。**君再欲殺之**　再，二次，猶言反覆。**再欲活之**　活，生，猶言不殺。**心疑**　疑，猶豫不決。**卜之**　卜，占卜。《左傳》桓公十一年：『卜以決疑，不疑何卜？』**曰殺龜以卜吉**　曰，占詞曰。**乃刳龜**　刳，剖開剔盡內臟。**七十二鑽而无遺筴**　七十二，極言其多。鑽，鑿。遺，猶失。筴，通策，籌策。行甫按：遺筴，猶言失算。无遺筴，猶言無不應驗。

〔六〕**神龜能見夢於元君** 見，讀現。見夢，猶言托夢。**而不能避余且之網** 避，逃避。**知能七十二鑽而无遺筴** 知，通智。**不能避刳腸之患** 患，災。

〔七〕**如是** 如，若。是，此。**則知有所困** 知，通智。所，猶時。說見吳昌瑩《經詞衍釋》。困，謀而不中。《國語·晉語三》『謀而困人不智』，韋昭注：『謀不中爲困。』**神有所不及** 神，神靈，猶言非凡之智。所，猶時。及，猶逮。**雖有至知** 至知，極大的智慧。**萬人謀之** 謀，猶言暗算。行甫按：雖有極大智慧，亦不敵萬人暗算。**魚不畏網而畏鵜鶘** 鵜鶘，音提胡，食魚水鳥。行甫按：漁網固定而可避，鵜鶘不測而難防；猶言必然性可事先防備，偶然性則變化難測。行甫又按：《德充符》『遊於羿之彀中，然而不中者，命也』，事雖相反，義則相同。

〔八〕**去小知而大知明** 小知，預測及規避之智。大知，通達與心安之智。明，明徹，明達。行甫按：去小知而大知明，猶安時而處順，知其不可奈何而安之若命。**去善而自善** 善，猶吉利。《說文》：『善，吉也。』行甫按：去善而自善，猶言放棄趨吉避凶的執念，隨遇而安，自然吉利。《德充符》申徒嘉曰『自狀其過以不當亡者眾，不狀其過以不當存者寡。知不可奈何而安之若命，唯有德者能之』，可與本文相參。

〔九〕**嬰兒生无石師而能言** 石，通碩。《釋文》：『一本作碩師。』《墨子·耕柱》『縣子碩』，《呂氏春秋·尊師》作『縣子石』，是其例。行甫按：石師，老師耆宿，學問淵博。**與能言者處** 處，猶居處。行甫按：此二句與上二句爲比擬關係。猶言隨遇而安，自然而然，無須預測規避，亦無須趨吉避凶，以免傷精勞神。

此乃本篇第六章，神龜被漁夫余且所得，托夢於宋元君自救，卻在宋元君猶豫再三之後不免『刳腸之患』，且用它來占卜，卻又能『七十二鑽而无遺筴』。然而神龜雖智卻不足以自救，何也？命運的偶然性不可預測，所謂『魚不畏網而畏鵜鶘』，卽喻其義。因此，智慧並不能預測命運，衹得『知其不可奈何而安之若命』。本章所述之命運無關乎智慧，實爲《內篇》引而未發之旨。

【繹文】

宋元君半夜裏夢見有個人披頭散髮地在曲簷門下探頭探腦地張望，然後對宋元君訴說道：『我來自宰路的深淵，我爲清水江出使到河神居住的地方，漁夫余且捕捉了我。』

宋元君醒來之後，讓占夢的人破了一下，說：『這是一隻智慧非凡的靈龜。』

宋元君於是問：『有個叫余且的漁夫嗎？』

左右近臣回答說：『有。』

宋元君說：『命召余且參加朝會。』

第二天，余且來朝。宋元君問道：『捕魚捕到什麼了？』

余且回答說：『我用網捕到一隻白色大龜，它的直徑足有五尺。』

宋元君說：『把你的龜進呈上來。』

龜送來了，宋元君多次想殺掉它，又多次想放了它，心裏猶豫不決，於是通過占卜來定奪，卜兆顯示說：『殺掉大龜用來占卜，吉。』於是剖開大龜，剔盡內臟，用來占卜，鑽鑿卜問七十二次都一一應驗，從未失算。

孔子說：『神靈的大龜能夠托夢給宋元君，卻不能逃避余且的漁網；智慧能使鑽鑿卜問七十二次都一一應驗，卻不能逃脱開膛剖肚剔盡内臟的災難。這樣說來，智慧也有謀而不中的時候，神靈也有預測不準的時候。卽使有最高的智慧，也敵不過一萬個人的暗算。魚並不害怕佈設在水中的漁網，卻害怕猝不及防的鵜鶘。去掉了小聰明，也就明白了和適通達的大智慧；放棄了趨吉的執念，也就自然而然地吉利了。嬰兒生來不用學問淵博的老師耆宿教他說話卻自然會說話，是因爲他與會說話的人朝夕生活在一起的緣故。』

〔七〕

惠子謂莊子曰：『子言无用。』

莊子曰：『知无用而始可與言用矣。〔一〕天地非不廣且大也，人之所用容足耳。〔二〕然則廁足而墊之致黄泉，人尚有用乎？』惠子曰：『无用。』〔三〕

莊子曰：『然則无用之爲用也亦明矣。』〔四〕

【釋義】

〔一〕**惠子謂莊子曰子言无用**　謂，猶評價。子，你。言，理論學説。用，行用。行甫按：无用，猶言無法實行。**知无用而始可與言用**　知，猶曉。而，猶然。始，猶乃。言，猶討論。

〔二〕**天地非不廣且大**　天，當是夫字之誤。成玄英《疏》「夫六合之内，廣大無最於地」，是其證。夫，猶若。且，猶又。**人之所用容足耳**　所，猶可。用，利用。容，盛，受。耳，而已。

〔三〕**然則廁足而墊之致黄泉**　然則，如此那麽。廁，側。《史記·張釋之馮唐列傳》「居北臨廁」，裴駰《集解》引蘇林曰：「廁，邊側也。」墊，音電，猶挖掘。《説文》：「墊，下也。」《釋文》：「本又作塹，掘也。」致，猶達。黄泉，地下泉水。成玄英《疏》：「若使側足之外，掘至黄泉。」**人尚有用乎惠子曰无用**　尚，猶猶。行甫按：有用、无用之「用」，皆利用。

〔四〕**然則无用之爲用也亦明**　之，猶乃。爲，猶有。亦，猶特。行甫按：无用之爲用之「用」，概念外延有所扩大，包含「行用」與「利用」。

此乃本篇第七章，發揮無用之用乃是大用之旨。然以「容足」爲喻，則擴大了思想内涵：有用必待無用而後顯其有用，有限祇因無限而後顯其有限。因此，無用彰顯有用，無限彰顯有限。本章拓展並深化了《逍遥遊》「用小用大」的價值取向之旨，從有關主體價值取向的考量轉入有關對象有限與無限之關係的思考。

【繹文】

惠施評價莊子說：「你的學説沒有用處。」

莊子説：『懂得沒有用處便可以一起討論用處了。比如説地面並不是不寬闊廣大，可是人能夠利用的，也就是腳下踩的這一小片而已。既然如此，那麽把腳旁邊的地面挖到黄泉下面去，人還能利用腳下的地面嗎？』惠施説：『無法利用。』

莊子説：『既然如此，那麽沒有用就是有用，特别明顯吧！』

〔八〕

莊子曰：『人有能遊，且得不遊乎？人而不能遊，且得遊乎？〔一〕夫流遁之志，决絶之行，噫，其非至知厚德之任與！〔二〕覆墜而不反，火馳而不顧，雖相與爲君臣，時也，易世而无以相賤。故曰至人不留行焉。〔三〕

『夫尊古而卑今，學者之流也。〔四〕且以狶韋氏之流觀今之世，夫孰能不波，唯至人乃能遊於世而不僻，順人而不失己。〔五〕

『彼教不學，承意不彼。〔六〕目徹爲明，耳徹爲聰，鼻徹爲顫，口徹爲甘，心徹爲知，知徹爲德。〔七〕凡道不欲壅，壅則哽，哽而不止則跈，跈則衆害生。〔八〕物之有知者恃息，其不殷，非天之罪。〔九〕天之穿之，日夜无降，人則顧塞其竇。〔一〇〕

『胞有重閬，心有天遊：室无空虚，則婦姑勃谿；心无天遊，則六鑿相攘。〔一一〕大

林丘山之善於人也，亦神者不勝。〔一二〕

德溢乎名，名溢乎暴，謀稽乎詃，知出乎爭。〔一三〕柴生乎守官，事果乎眾宜。〔一四〕春雨日時，草木怒生，銚鎒於是乎始脩，草木之到植者過半而不知其然。』〔一五〕

【釋義】

〔一〕**人有能遊**　有，猶如。能，能力與能願。遊，遊於世，猶言行爲自由自在，無拘無束。行甫按：能遊，猶言有能力且願意自由自在無拘無束地遊走於人世。**且得不遊**　且，猶尚，豈。得，猶當。**人而不能遊**　而，猶如。

〔二〕**夫流遁之志**　夫，猶若，彼。流，猶樂而忘反。《孟子·梁惠王下》『從流下而忘反謂之流』，趙岐注：『流，或浮水而下，樂而忘反，謂之流。』遁，逃。志，心意。**決絕之行**　決，斷。行，行爲。行甫按：二句爲互文，謂將逃遁避世之志果斷付之於行。**噫**　嘆詞。**其非至知厚德之任與**　其，猶殆。至，極。知，通智。厚，篤實。德，行爲方式。之，猶所。任，猶擔當。與，通歟，嘆詞。

〔三〕**覆墜而不反**　覆墜，覆亡墜落。反，通返，與下『顧』字爲互文。**火馳而不顧**　火，當爲北字之誤，北，通背。參見《天地》『尊知而火馳』釋義。顧，回頭。行甫按：覆墜指國家顛覆，北馳指隱遁避世，二者乃國家混亂覆亡之前的不同人生選擇。**雖相與爲君臣**　相與，猶相互。君臣，猶言貴賤。行甫按：猶言二者相互輕視。**時**　猶當下，此時。**易世而无以相賤**　易世，猶言改朝換代。以，猶所。賤，猶輕視。行甫按：莊子宋人，熟悉本族在殷周易代之際的痛史，反思亦異常深刻。**至人不留行**　至人，境界至爲高遠的人。留，猶滯。《呂氏春秋·圜道》『一不欲留，留運爲敗』，高誘注：『留，滯。』行，猶行爲。行甫按：至人不留行，與下文『至人乃能遊於世而不僻』相關聯，猶言『至人』不拘滯於行跡，既不『覆墜而不反』，亦不『北馳而不顧』，虚與委蛇，遊世而已。

〔四〕**夫尊古而卑今** 夫，猶且，更端之詞。尊，敬重。卑，蔑視。行甫按：尊古而卑今，有所軒輊，有所取捨。**學者之流** 學者，研習學問之人。流，派。行甫按：學者之流，猶言研習學問的那幫人，有蔑視之意。

〔五〕**且以狶韋氏之流觀今之世** 且，況且，遞進之詞。狶韋氏，遠古氏族。觀，猶觀察，評判。行甫按：以古觀今，亦赫然有所軒輊與取捨。**夫孰能不波** 夫，猶此。孰，誰。波，通頗。劉師培《斠補》：『波、僻並文，波蓋頗叚，《書·洪範》曰「人用側頗僻」，又曰「無偏無頗」，頗陂誼同。蓋自古觀今，不能無偏側也。』行甫按：學者及狶韋氏皆偏，猶『覆墜而不反』及『北馳而不顧』之皆偏。**唯至人乃能遊於世而不僻** 唯，衹有。僻，偏。**順人而不失己** 順，從。失己，猶言喪失自我。行甫按：遊於世而不僻，順人而不失己，即《應帝王》『虚而委蛇，不知其誰何，因以爲弟靡，因以爲波流』之意。

〔六〕**彼教不學** 彼，彼學者之流。教，猶設教以教授門徒。不學，猶無學。**承意不彼** 承意，接受教者之意。彼，猶非。《小雅·桑扈》『彼交匪敖』，王引之《經義述聞》：『彼，匪也，非也。』行甫按：彼學者教授門徒無學，門徒亦接受而無非。言『尊古卑今』之徒不能通達，而習非已久，故下文接言『目徹』、『知徹』云云。

〔七〕**目徹爲明** 徹，通。明，視之明。**耳徹爲聰** 聰，聽之聰。**鼻徹爲顫** 顫，猶言鼻能嗅氣味。鍾泰《發微》：『「顫」謂能審臭，此自當時常言，與耳之聰，目之明等。』**口徹爲甘** 甘，甜。**心徹爲知** 知，通智。**知徹爲德** 知，通智。德，王叔岷《校詮》：『智慧通則能自得也。』行甫按：知徹爲德，猶言智慧通達了，便能形成合於道的行爲方式，非僅爲『深造自得』之『得』，故下文又接言『道不欲壅』。

〔八〕**凡道不欲壅**　凡，非一之詞。道，猶學說、理論。行甫按：道與德，猶思想理論與行爲方式。壅，滯塞。行甫按：壅則不通，與徹相反。此又以『壅』反證『徹』。**壅則哽**　哽，通梗，阻塞。**哽而不止則跈**　而，猶若。跈，音診，乖戾。郭慶藩《集釋》引王念孫曰：『跈讀爲抮。抮，戾也。言哽塞而不止，則相乖戾。《廣雅》曰「抮，盭（盭與戾同）也」，《方言》曰「軫，戾也」，郭璞曰「相了戾也」。《孟子·告子》篇「紾兄之臂而奪之食」，趙岐曰：「紾，戾也」，此云哽而不止則跈，義並與抮同。』行甫按：跈，猶今語所謂扭曲、萎縮之意。**跈則衆害生**　害，危害。生，猶起。

〔九〕**物之有知者恃息**　物，生物。之，猶若。知，猶知覺。恃，依賴。息，呼吸，氣息。**其不殷**　殷，猶盛。**非天之罪**　行甫按：猶言人之過。

〔一〇〕**天之穿之**　之，猶乃。穿，猶通。**日夜无降**　降，猶差。《玉篇·尸部》：『屖，差也。今爲降。』王叔岷《校詮》：『《知北遊》篇「通天下一氣耳」，此謂天以氣息相通，日夜無減也。《廣雅·釋詁二》「屖，減也」，王氏《疏證》：「屖，通作降。」』**人則顧塞其竇**　顧，猶反。說見王引之《經傳釋詞》。竇，洞，孔竅。

〔一一〕**胞有重閬**　胞，通庖。于鬯《香草續校書》：『胞當讀爲庖。《小戴·祭統記》云「胞者，肉吏之賤者也」，胞者卽庖人也。就《莊子》中此二字之通亦可證。《養生主》篇「庖丁」，陸《釋》云「庖本作胞」，《庚桑楚》篇「胞人」，《釋》云「胞本作庖」。然則「胞有重閬」者，謂庖有重閬也。《說文》广部云「庖，廚也」今俗稱廚房，或稱竈間，是也。』閬，通㝗，空。王叔岷《校詮》：『于說是也。閬當借爲㝗，《說文》「㝗，㝩；　㝩，屋㝩㝗也」，段注：「《方言》『㝩，空也』。」《玉篇》「㝩，空虛也」。「庖有重㝗」，謂庖廚之間有較空曠之處也。』行甫按：胞有重閬，猶言廚房裏有較多剩餘空間。**心有天遊**　行甫按：心有天遊，猶言心靈有無限寬廣的自由空間。**室无空虛**

室，猶房間，與『胞』字相照應。**則婦姑勃磎**　婦，兒媳。姑，公婆。勃磎，《釋文》：『勃，爭也。磎，空也。司馬云：勃磎，反戾也。無空虛以容其私，反戾其鬭爭也。』**心无天遊則六鑿相攘**　六鑿，猶六孔。《釋文》：『司馬云：謂六情攘奪。』鍾泰《發微》：『鑿即《應帝王》篇「日鑿一竅」之鑿。鑿有六者，耳、目、口、鼻之外，益之以身、意，故六也。』王叔岷《校詮》：『《白虎通・情性章》：「喜、怒、哀、樂、愛、惡，謂六情。」』行甫按：《莊》書有『七竅』（《應帝王》），指頭部七孔；有『九竅』（《齊物論》），頭部七孔及兩陰。獨此言『六鑿』，不可解。鍾泰實本成玄英《疏》『六根』爲說，然成氏『六根』說乃至司馬氏『六情』說，不皆關乎孔竅。此『六鑿』者，亦當是就頭部孔竅爲說，不過以鼻之兩孔不如兩耳兩目之遠隔而以爲一『鑿』而已。攘，侵奪，擾亂。行甫按：猶言心無天遊而專注於感官快樂，則六竅嗜欲相擾。《老子》所謂『五色令人目盲，五音令人耳聾，五味令人口爽』是也。

〔一二〕**大林丘山之善於人**　大林丘山，空曠開闊之地。之，猶所以。善，猶和，宜。《呂氏春秋・貴公》『夷吾善鮑叔牙』，高誘注：『善，猶和也。』《淮南子・說林》『或善爲薪』，高誘注：『善，猶宜也。』**亦神者不勝**　亦，猶特。神，神明，心神。勝，猶任，堪。王先謙《集解》引宣穎云：『夫心有天遊，則方寸之內，逍遙無際，何假清曠之處而後適哉！今人見大林丘山之曠，而喜以爲善者，亦由平日胷次逼狹，神明不勝故也。』

〔一三〕**德溢乎名**　德，行爲方式。溢，猶蕩。乎，於。行甫按：行爲被名聲所播蕩，猶言名聲干擾行爲。**名溢乎暴**　暴，讀如暴露之暴。行甫按：猶言宣揚表露引來名聲。行甫又按：二句猶言聲聞過情，則行有所僞。**謀稽乎誸**　謀，猶謀慮。稽，至。鍾泰《發微》：『稽當如《逍遙遊》「大浸稽天」之稽，謂至也。』誸，音弦，急。行甫按：猶言謀由急而至。**知出乎爭**　知，通智。行甫按：猶言智由爭而出。行甫又按：上二句言聲聞過情，行有所僞；下二句言智謀所出，由急與爭。然行僞爭急，皆因心無天遊，六鑿相攘所致。

〔一四〕**柴生乎守官**　柴，猶積柴而燔。《爾雅·釋天》：「祭天曰燔柴。」生，猶起。乎，於。守官，主司之官。行甫按：《周禮·大宗伯》「以實柴祀日月星辰」，則「守官」爲大宗伯。行甫又按：王孝魚點校郭氏《集釋》本「官」字從郭象注屬下爲讀。錢穆《纂箋》從吳汝綸、馬其昶以「官」字屬上爲讀。王叔岷《校詮》：「『柴生乎守官，事果乎衆宜』，相對爲文。」**事果乎衆宜**　事，祭祀之事。行甫按：《左傳》成公十三年「國之大事，在祀與戎」，此「事」卽祭祀之事，與上文「柴」字相關聯。果，猶成。衆，衆人。宜，宜祭。《爾雅·釋天》「乃立冢土，戎醜攸行」，起大事，動大衆，必先有事乎社而後出，謂之宜」，郭璞注：「冢土，大社；戎醜，大衆。有事祭也；《周官》所謂宜乎社。」行甫按：此文法錯綜，當爲「柴生乎守官，宜果乎衆事」。燔柴祭天，起於主事之官；宜事祭社，成於大衆參與。猶言各有其人，各行其事。與上文「至人乃能遊於世而不僻，順人而不失己」相關聯，隱喻至人「不敖倪於萬物」，「以與世俗處」。此乃莊子意聯文不聯之章法，舊注皆不了。

〔一五〕**春雨日時**　日時，王叔岷《校詮》：「車柱環云：『日時』，卽《孟子·告子上》「日至之時」也。」**草木怒生**　怒生，暴生。**銚鎒於是乎始脩**　銚，音姚，今稱鍬。鎒，音耨，除草農具。始，猶乃。脩，通修，猶治。行甫按：始脩，猶言乃行除草治苗之事。**草木之到植者過半而不知其然**　之，猶乃。到，通倒。行甫按：到植，猶言倒生、倒長。不知其然，猶言自然而然。行甫按：草木雖被鋤除，仍然倒植生長，猶言得「春雨日時」，草木生機旺盛。隱喻至人「順人而不失己」，其生命力亦如得「春雨日時」之草木旺盛茁壯。此亦莊子意聯文不聯之章法。舊注皆不了，以致衆說紛歧，卻又言不及義。

此乃本篇第八章，言至人之處世方法，在於通達清虛，不拘滯於行跡。所謂「天遊」，既是自由自在，超越時空，與世無爭，「獨與天地精神往來」；亦是「遊於世而不僻」，因其自然，活在當下，「順人而不失己』。則『至知厚德』，便是『不敖倪於萬物，不譴是非，以與世俗處』。本章闡發《大宗師》『與物有宜而莫知其極』之旨。

【繹文】

莊子說：『人如果能夠自由自在地在人世間逍遥，又怎麼會不逍遥呢？人如果不能夠無拘無束地在人世間逍遥，又哪裏可以逍遥呢？至於那些逃避的想法，果斷的行爲，唉，大抵不是最高的智慧與篤實的德行所應有的擔當吧！顛覆墜亡以身殉國而義無反顧，背棄責任遠走高飛而在所不惜，雖然持有這種不同人生選擇的人相互看不起，但也是暫時的；如果不死，改朝換代之後做了遺民彼此身份也就一樣了。所以說境界最爲高遠的人物逍遥於人世是不會拘滯於行跡的。

『再說，尊崇古代而蔑視當今，這是研習學問的那幫人極其錯誤的思想。當然，如果用古代狶韋氏那幫人的眼光觀察當今之世，又誰能沒有偏見呢？祇有境界高遠的人物才能夠逍遥於人世之間而不會採取極端的行爲，他順應人們共同的生活方式卻又不喪失自己的精神獨立。

『那些靠教授門徒爲生的人並沒有學問，弟子們也不聰明，對接受的東西深信不疑，提不出半點不同的意見。視覺感官通徹便是眼睛明亮，聽覺感官通徹便是耳朵聰慧，嗅覺感官通徹便是鼻子敏鋭，味覺感官通徹便是口味甘甜，思維器官通徹便是心靈智慧，心靈智慧通徹便是行爲端方。大凡具有人生指導意義的理論與學説都不應當受到壅蔽，壅蔽就會發生梗塞，就像人體一樣，梗塞積累到一定程度就會萎縮與痙攣，一旦萎縮與痙攣便會產生種種危害。若是有知覺的生物依靠氣息而生存，氣息不旺盛，可不能怪罪老天爺。上天已經給人打通了氣息孔道，日夜通氣，一點都不會減少，可是人自己反而堵塞了自己的孔竅。

『廚房應該有足夠多的剩餘空間，心靈應該有無限大的活動空間。如果廚房沒有足夠多的剩餘空間，那麼婆媳之間就會發生矛盾衝突；如果心靈沒有無限大的活動空間，那麼人的各種感覺器官就會發生紊亂而相互侵奪。空曠的山谷與寬闊的山林之所以讓人心曠神怡，正是由於心神不堪煩擾的緣故。

『行爲受到名聲的制約，名聲受到宣揚的影響，謀慮來自事情急迫，智慧出於利益爭奪，無不導致心神煩擾。燔柴祭天，起始於主事的官員；大事祭社，成功於大眾的參與。無須煩擾，隨順而已。因其自然，活在當下，這就像春天雨水充沛，夏天陽光充足，草木便瘋狂生長，這時候哪怕運用鋤頭鐮刀進行鏟除，草木仍然遍地叢生，而且一大半還能無根倒長，便是自然而然的事了。』

〔九〕

『靜然可以補病，**眥媙**可以休老，寧可以止遽。〔一〕雖然，若是，勞者之務也，非佚者之所，未嘗過而問焉。〔二〕聖人之所以駴天下，神人未嘗過而問焉；〔三〕賢人之所以駴世，聖人未嘗過而問焉；〔四〕君子所以駴國，賢人未嘗過而問焉；〔五〕小人所以合時，君子未嘗過而問焉。〔六〕

『演門有親死者，以善毀爵爲官師，其黨人毀而死者半。〔七〕堯與許由天下，許由逃之；湯與務光，務光怒之。〔八〕紀他聞之，帥弟子而踆於窾水，諸侯弔之。〔九〕三年，申徒狄因以踣河。〔一〇〕

『筌者所以在魚，得魚而忘筌；〔一一〕蹄者所以在兔，得兔而忘蹄；〔一二〕言者所以在意，得意而忘言。〔一三〕吾安得夫忘言的人而與之言哉！』〔一四〕

【釋義】

〔一〕**靜然可以補病** 靜，安靜。然，如，形容詞尾。補，滋補調理。**眥媙可以休老** 眥媙，音自滅，按摩臉頰。眥，通𢪍。媙，通搣。《釋文》：『媙，本亦作搣。』《說文》：『搣，𢪍也。𢪍，一曰搣頰旁也。』段玉裁注：『搣頰旁者，謂摩其頰旁，養生家之一法。《莊子》曰靜默可以補病，眥媙可以休老，眥媙卽𢪍搣之假借字。』《釋文》：『眥，一作揃。』《說文》『揃，搣也』，與『𢪍』爲轉注。休，猶息。王孝魚《校記》：『《闕誤》引張君房本休作沐，高山寺本同。』王叔岷《校詮》：『休之作沐，蓋草書形近之誤。』**寧可以止遽** 寧，安寧。止，止息。遽，匆迫。

〔二〕**雖然** 卽使如此。**若是** 若，如。是，此。**勞者之務** 勞，辛勞。之，猶所。務，猶趨，求。**非佚者之所** 佚，通逸，安逸。所，猶意。《漢書·佞幸傳》『上有酒所，從容視賢笑曰吾欲法堯禪舜何如』，王先謙《補注》：『酒所，酒意也』。《左傳》襄公三十年子產曰『或主彊直，難乃不生，姑成吾所』，楊樹達《古書疑義舉例續補》：『「所」字亦當訓「意」』，『「姑成吾所」，姑成吾意也。』《尚書·大誥》『天閟毖我成功所』，拙著《釋讀》：『所，意也。』是『非佚者之所』，猶非佚者之意。行甫按：各本皆以『所』字連下爲讀，說者或以爲『非』字爲衍文，或以爲下

『未』字不當有，皆不知『所』之爲『意』而致誤。鍾泰《發微》讀於『所』字斷句，是。然以『所』爲所以，亦未達一間。**未嘗過而問焉**　未嘗，未曾。行甫按：承前省主語『佚者』。過，猶經過。問，猶聞。行甫按：未嘗過而問焉，猶言從來沒有聽說過。

〔三〕**聖人之所以駴天下**　聖人，境界高遠聰明睿智之人。駴，音械，通駭，驚。《釋文》：『王云：謂改百姓之視聽也。徐音戒，謂上不問下也。』**神人未嘗過而問焉**　神人，深不可測的人。成玄英《疏》：『神者，不測之號；聖者，顯跡之名。』

〔四〕**賢人之所以駴世聖人未嘗過而問焉**　賢人，猶言有能力、有才幹的人。駴世，驚駭一個時代。成玄英《疏》：『從深望淺，故不問之。』

〔五〕**君子所以駴國賢人未嘗過而問焉**　君子，有身份、有教養的人。駴國，驚駭一個區域。

〔六〕**小人所以合時君子未嘗過而問焉**　合時，合於時宜。成玄英《疏》：『夫趨世小人，苟合一時，如田恆之徒，無足可貴。』

〔七〕**演門有親死者**　演門，宋國城門。成玄英《疏》：『東門也，亦有作寅者，隨字讀之。』**以善毀爵爲官師**　善，猶多。《鄘風·載馳》『女子善懷』，鄭《箋》：『善，猶多也。』毀，過哀而毀容，猶形銷骨立。爵，授予爵位。官師，猶言官長。**其黨人毀而死者半**　黨人，鄰里鄉黨之人。而，猶乃。

〔八〕**堯與許由天下**　與，予。**許由逃之**　許由逃堯，《逍遙遊》、《徐无鬼》亦載其事。**湯與務光**　務光，夏時人，湯滅夏而讓天下於務光。**務光怒之**　怒，憤怒。

〔九〕**紀他聞之**　他，音駝。紀他，與務光同時。聞之，聞湯讓務光之事。**帥弟子而踆於窾水**　帥，通率。

踆，同逡，逃遁。鍾泰《發微》：『「踆」同逡，遯也。古從辵之字，或從足，如迹之與跡，逾之與踰皆是。』窾（音款）水，水名。**諸侯弔之**　弔，猶問候。《釋文》：『司馬云：恐其自沈，故弔之。』

〔一〇〕**三年申徒狄因以踣河**　申徒狄，複姓申徒，名狄。因以，因而。踣，音博，猶僵仆，困頓。行甫按：申徒狄與演門黨人同類，因諸侯弔問紀他而踣河。

〔一一〕**筌者所以在魚**　筌，漁具。成玄英《疏》：『筌，魚笱也，以竹爲之，故字從竹。亦有從草者，蓀荃也，香草也，可以餌魚，置香於柴木蘆葦之中以取魚也。』《釋文》：『崔音孫，香草也，可以餌魚。或云：積柴水中，使魚依而食焉。一云：魚笱也。』鍾泰《發微》：『荃可餌魚，未之前聞。道藏各本、覆宋本並作筌，《文選》注及《初學記》、《太平御覽》引文亦多作筌，釋玄應《一切經音義》亦作筌，且引司馬彪注云「筌，捕魚具也」。今《釋文》不列彪注，然有「一云魚笱也」之語，既爲魚笱，其字從竹不從艸，何疑！』在，猶得。行甫按：在魚，與下『得魚』互文，是『在』卽『得』。**得魚而忘筌**　忘，猶言遺脱。行甫按：手段不是目的，行跡並非真意；反諷演門黨人及申徒狄之流滯於行跡而不知真性情、真境界。

〔一二〕**蹄者所以在兔得兔而忘蹄**　蹄，捕兔網。《釋文》：『兔罝也。又云：兔弶也，係其腳，故曰蹄也。』

〔一三〕**言者所以在意得意而忘言**　言，言說，語詞。意，意義。行甫按：筌、蹄、言，三者皆工具，喻行跡；魚、兔、意，三者皆目的，喻真境界。

〔一四〕**吾安得夫忘言之人而與之言哉**　安，猶何。夫，猶彼。成玄英《疏》：『夫忘言得理，目擊道存，其人實稀，故有斯難也。』王叔岷《校詮》：『馬其昶云：「以惠子之可與言，猶有『子言無用』之疑，他何望哉！」』行甫按：此乃莊生借題發揮，既感慨世人執跡者多、得意者少，亦感慨世之知其學者尤稀。行甫又按：本章仍爲上章之『莊子曰』，然上下文意各有側重，是以别分一章。

此乃本篇第九章，言境界高遠超邁的偉大人物，遺世高蹈，不屑屑於世俗之瑣末細事，乃出自真性情、真境界，非刻意而爲之。演門之喪親哀傷以致毁容，許由逃堯，務光怒湯，亦皆如此。然其末流者則刻意而爲，遂生矯揉造作之弊。若演門之黨人及申徒狄者，皆拘滯於行跡，僅得其形似而不知其真意，不過『假修渾沌之術』的漢陰丈人之流而已，猶得其筌、蹄而不知有魚、兔。

【繹文】

『自處安靜可以滋補疾病，面部按摩可以延緩衰老，平和心態可以防止躁動。即使有這些效用，但如此這般祇是那些辛苦勞累的人想做的事情，安逸閒暇的人卻没有這個意思，他們不曾到這裏來聽説過。聰明睿智的人幹出一點驚動天下的事情來，境界高遠的人不曾到這裏來聽説過；能力超羣的人幹出一點驚動當世的事情來，聰明睿智的人不曾到這裏來聽説過；身份優越的人幹出一點驚動本地的事情來，能力超羣的人不曾到這裏來聽説過；地位卑下的人幹出一點合於時宜的事情來，身份優越的人不曾到這裏來聽説過。

『宋國都城演門旁邊有一個人死了長輩親人，因爲過於悲哀以致形銷骨立改變了容貌，官府爲了表彰他的孝行，任命他做了官長，於是他的鄰人紛紛傚效哀泣毁容乃至有一半人病死了。堯要把天下讓給許由，許由爲此逃跑了；湯要把天下讓給務光，務光爲此發脾氣了。紀他聽説了這事，擔心湯找上門來讓天下，於是率領他的弟子逃到窾水去了，那些王公大人們生怕他要投水自殺，紛紛都來安慰他。三年之後，申徒狄想得到王公大人的安慰，跑到河水旁邊餓得半死。

『漁笱這東西是用來捕魚的，魚捕到了就把漁笱忘記了；兔罝這個東西是用來捕兔的，兔捕到了就把兔罝忘記了；言論這個東西是用來表達意思的，意思表達了就把言論忘記了。我到哪裏找得到那個能夠忘記言論的人從而與他言論呢？』

寓言第二十七

寓言，以篇首二字爲篇名。陸德明以爲『以義名篇』，亦是區别於以人名爲篇名之説耳。王夫之以爲『此篇與《天下》篇，乃全書之序例』（《莊子解》），鍾泰認爲《天下》篇『以天下爲沈濁不可與莊語，以卮言爲曼衍，以重言爲真，以寓言爲廣』，即是『此篇首節之大意，則全書序例之説，的然似有據依』，然而『此專就首節言則可，若夫「莊子謂惠子」以下，博引雜出，頗難明其條貫，且如「罔兩問景」云云，與《齊物論》篇之文大致無甚差異，郭子玄編入雜篇，誠哉其爲雜也。以統篇言，作全書序例觀，未免失之矣』（《莊子發微》）。鍾氏之説是，本篇不僅條貫難明，文義晦澀不知所云者，亦不乏其例，則毋庸諱言。

［一］

寓言十九，重言十七，卮言日出，和以天倪。〔一〕

寓言十九，藉外論之。〔二〕親父不爲其子媒，親父譽之，不若非其父者也。非吾之罪也，人之罪也。〔三〕

與己同則應，不與己同則反；同於己爲是之，異於己爲非之。〔四〕重言十七，所以已言也，是爲耆艾。〔五〕年先矣，而无經緯本末以期年耆者，是非先也。〔六〕人而无以先人，无人道也；人而无人道，是之謂陳人。〔七〕

卮言日出，和以天倪，因以曼衍，所以窮年。〔八〕不言則齊，齊與言不齊，言與齊不齊也，故曰无言。〔九〕言无言，終身言，未嘗不言；終身不言，未嘗不言。〔一〇〕有自也而可，有自也而不可；有自也而然，有自也而不然。〔一一〕惡乎然？然於然。惡乎不然？不然於不然。惡乎可？可於可。惡乎不可？不可於不可。物固有所然，物固有所可。无物不然，无物不可。〔一二〕非卮言日出，和以天倪，孰得其久！〔一三〕萬物皆種也，以不同形相禪，始卒若環，莫得其倫，是謂天均。天均者天倪也。〔一四〕

【釋義】

〔一〕**寓言十九**　寓，猶寄。《釋文》：『以人不信己，故託之他人。』十九，十居其九。《史記·老子韓非列傳》『故其著書十餘萬言，大抵率寓言也』，司馬貞《索隱》：『其書十餘萬言，率皆立主客，使之相對語，故云「偶言」。又音寓，寓，寄也。故《別錄》云「作人姓名，使相與語，是寄辭於其人，故《莊子》有《寓言》篇。』行甫按：寓、偶相通。寓言，其內容爲寄辭之言，其形式爲偶語之言。**重言十七**　重言，猶權威人士之言。《釋文》：『謂爲人所重者之言也。』王叔岷《校詮》：『《淮南子·修務》篇「世俗之人多尊古而卑今，故爲道者，必託之神農、黃帝而後能入說」，所謂託古是也。』十七，十居其七。**卮言日出** 卮言，圓通之言。《釋文》：『《字略》云：卮，圓酒器也。王云：夫卮器，滿則傾，空則仰，隨物而變，非執一守故者也；施之於言，而隨人從變，已無常主者也。司馬云：謂支離無首尾言也。』行甫按：王叔之之說與郭子玄之注略同。卮爲『滿則傾』之酒器，卮言則『滿則傾』之言，猶自說自掃、自立自破之言。日出，日日湧現。**和以天倪** 和，猶協，諧，合。成玄英《疏》：『和，合也。』以，猶於。天倪，天鈞。行甫按：天倪即天鈞，猶言天然的大轉盤。『卮言』合於『天倪』，則首尾圓通，無所滯礙。如下文先言『重言』與『耆艾年先』相關，但又言倘若『无經緯本末』徒恃『年先』而無決斷能力，乃過時之『陳人』而已，其『言』則無足輕重未必能『已言』。如此自說自掃、自立自破，從而令其言首尾圓通、無所滯礙，是爲『卮言』。侯敏《〈莊子〉『卮言』再辨》（《早期中國文學與歷史批評》，人民文學出版社二〇二四年）同意曹础基《莊子淺注》『卮言是穿插在寓言與重言之中，隨其自然，經常出現的一些零星之言』，可參。

〔二〕**藉外論之** 藉，通借。外，外人。論，言說。郭象《注》：『言出於己，俗多不受，故借外耳。』

〔三〕**親父不爲其子媒** 媒，謀合。**親父譽之** 親父，親生父親。譽，讚譽。之，子。**不若非其父** 若，猶如。**非吾之罪** 吾，我；言說者。罪，過錯。**人之罪** 人，他人；聽取言說者。《說文》：『信，誠也，從人言。』則許君說字，誠而見信者，出於人之言而非己之言。行甫按：此陳述所以用『寓言』之原因。

〔四〕**與己同則應** 應，應合。則，乃。**不與己同則反** 反，反對。**同於己爲是之** 爲，猶則，乃。是，猶贊同。**異於己爲非之** 非，猶指責。鍾泰《發微》：『「與己同則應」當連下「重言十七，所以已言也」一氣讀之。蓋同則應，不同則反，同爲是之，異爲非之，是爭議之所起也。惟取彼此素所尊信之言而斷之，則爭議頓息。』行甫按：此陳述所以用『重言』之原因。

〔五〕**所以已言** 已，猶止。行甫按：已言，猶言平息爭論。**是爲耆艾** 是，此，指權威人士能『已言』。耆艾，年老。《禮記·曲禮上》：『五十曰艾，六十曰耆。』行甫按：《釋名·釋長幼》『艾，乂也；乂，治也。治事能斷割，芟刈無所疑也』，耆艾，猶言年老而有決斷。

〔六〕**年先**　先，猶長。**而无經緯本末以期年耆者**　而，猶如，假設之詞。經緯，猶縱橫。本末，猶首尾。行甫按：經緯本末，猶今所謂條理清晰、邏輯連貫。以，猶乃。期，望，猶今語所謂指靠。年耆，猶年老。劉文典《補正》：『高山寺古鈔本「年耆」作「來者」。楊守敬曰：按注「無以待人」，則作「來者」是。』行甫按：期來者，猶言待來者。『來』與『先』字照應，義較長。然作『以期年耆者』，以恃其年高者，亦可通，不必照改。**是非先**　是，此。非先，猶言非長。

〔七〕**人而无以先人**　而，猶若。先人，長於人。行甫按：長短之長，年長之長，上古音義無別。**无人道**　人道，猶言做人的理論與方法。**是之謂陳人**　是，此。之，猶乃。謂，猶爲。陳，猶舊，久。行甫按：陳人，猶言老朽之人。

〔八〕**因以曼衍**　因以，猶因而。曼衍，疊韻連綿詞，本意爲侵潤無邊界，引申爲流動無所滯礙。**所以窮年**　所，猶可。窮，盡。行甫按：窮年，猶言盡其天年。

〔九〕**不言則齊**　齊，齊一。行甫按：言則有是非，不言則無是非。**齊與言不齊**　不齊，不一致。行甫按：無是非與有是非不能一致。**言與齊不齊**　有是非與無是非不一致。行甫按：二句謂『齊』的境界不可『言說』，『言說』亦不能表達『齊』的境界。**故曰无言**　劉文典《補正》：『「無言」上當更有「言」字。《注》「故雖有言而我竟不言也」，正釋「言無言」之誼。《疏》「故曰言無言也」，是成所見本「無言」上亦有言字。高山寺古鈔本正作「故曰言無言」。』行甫按：語言並非萬能，它不能言說它所不能言說的對象。既然不能言說，卻又强行言說，遂成『言說「言說所不可言說」』之悖論，是所謂『言无言』。

〔一〇〕**言无言**　謂言說『言說所不可言說』。**終身言**　終身，猶一輩子。**未嘗不言**　行甫按：不字當爲衍文。既然用語言來表達語言所不能表達的對象，因而即使一輩子都在言說，也永遠不能將那不能表達的對象表達出來。**終身不言未嘗不言**　成《疏》：『此復解前「言無言」義。』林希逸《鬳齋口義》：『不言之中，亦可悟理，則非不言也。』行甫按：此乃『終身言，未嘗言』之邏輯換位，補充說明『言无言』之意。猶謂不能用語言表達的對象，縱使一輩子不去用語言表達它，卻並不意味著它不存在。既可以用默識心通的方式悟而得之，是《田子方》『目擊而道存矣，亦不可以容聲矣』；亦可以通過肢體容貌的途徑傳而授之，是《田子方》『物无道，正容以悟之，使人之意也消』。不過，就思想的傳達與接受而論，『終身不言，未嘗不言』，事實上不可能。《天道》曰：『夫形色名聲果不足以得彼之情，則知者不言，言者不知，而世豈識之哉！』是雖知語言文字不足以完全表達意識活動中的真實情形，但捨棄語言文字的媒介，意識活動中的真實情形，世人亦無從『識之』。這也是『言无言』卻又不可『不言』的言說悖論。因此，自『不言則齊』至此，乃從言說悖論角度闡釋其所取『卮言』之理由。

〔一一〕**有自也而可**　自，猶從。可，猶適合。**有自也而不可**　不可，不適合。行甫按：可與不可，就萬物之適應範圍言。**有自也而然**　然，如此。**有自也而不然**　不然，不如此。行甫按：然與不然，就萬物之不同性質言。行甫又按：四句猶言萬物之適應範圍及其不同性質，皆是有原因的。

〔一二〕**惡乎然然於然惡乎不然不然於不然**　惡乎，猶何以。行甫按：然於然、不然於不然，猶言萬物之不同性質皆由自身決定，並沒有外在原因。**惡乎可可於可惡乎不可不可於不可**　行甫按：可於可、不可於不可，猶言萬物之適應範圍也是由其自然決定的，也沒有外在原因。**物固有所然物固有所可**　固，猶必。**无物不然无物不可**　行甫按：猶言萬物之有不同性質及其各自的適應範圍，都是合理的。既不能是此而非彼，亦不能有此而無彼，乃至彼此取而代之。既然萬物各有其理，則不可執一而不通，顧此而失彼，則自說而又自掃、自立而又自破之『卮言』大有必要。

〔一三〕**非卮言日出和以天倪**　非，猶不用。**孰得其久**　得，猶能。其，猶以，有。久，久壽。王叔岷《校詮》：『「孰得其久」，不能窮年也。』

〔一四〕**萬物皆種**　種，種子。行甫按：種，即《至樂》『種有幾』之『種』。**以不同形相禪**　禪，猶代。**始卒若環**　始卒，猶始終。若，如。環，玉器。《爾雅·釋器》：『肉好若一謂之環。』**莫得其倫**　倫，猶次第。**是謂天均**　謂，猶爲。均，通鈞，陶輪。**天均者天倪**　天倪，天然的大磨盤。參見《齊物論》『天鈞』、『天倪』釋義。行甫按：此喻自說而又自掃、自立而又自破之『卮言』乃如循環無端之『天鈞』或『天倪』。

此乃本篇第一章，概言全書體例，有三種表達方式，相應亦有三種閱讀效果：寓言，藉外論之，以寓言爲廣。重言，耆艾年先之言，以重言爲真。卮言，無端崖之辭，以卮言爲曼衍。不過，雖有三種不同表達，卻又不可截然而分，故曰『十九』、『十七』。尤其『卮言日出，和以天倪』，因其『始卒若環，莫得其倫』，既是破除言語執著，自說而又自掃；亦是掃除思想僵固，自立而又自破。既言人生皆有死，但不可因有死而不活；既言超脫於現實人生，但不可能不食人間烟火。所謂『卮言曼衍』，如此而已。

【繹文】

寄託他人的言論在全書中佔有十分之九的比例，借重權威人物的言論在全書中佔有十分之七的比例，自立而又自破的言論天天都在不斷湧現，與天然的大磨盤旋轉無端相吻合。

寄託他人的言論佔全書十分之九的比例，假借别人的立場説話。就像親生父親不會給自己的兒子做媒人一樣，親生父親讚揚自己的親生兒子，不如不是親生父親的人讚揚他。這不是我這個説話的人有什麽過錯，而是聽話人的過錯。

與自己看法相同就呼應，與自己看法不相同就反對；與自己看法相同就認爲是正確的，與自己看法不相同就認爲是不正確的。借重權威人物的言論佔全書十分之七的比例，就是用來平息爭論的，這就像請長者作決斷。不過年紀很大了，如果没有清晰的條理，没有連貫的邏輯，衹是憑著年齡老大而倚老賣老，那就一無所長了。做人如果没有過人的長處，就活得不像人了；人如果活得不像人，那就稱爲老朽了。

自立而又自破的言論天天不斷湧現，與天然的大磨盤旋轉無端相吻合，因而可以自我糾偏無所拘滯，這是用來修養身心盡享天年的好辦法。不發表看法就没有是非，没有是非與發表看法是不能相容的，發表看法與没有是非不能相容，所以叫作説不可説。説不可説，卽使一輩子都在説，也説不出什麽來；當然，一輩子不説，也並不是没有説。事物的適應性是有原因的，事物的不適應性也是有原因的；事物有這種性質是有原因的，事物没有這種性質也是有原因的。爲什麽有這種性質？就因爲它有這種性質，所以它就有這種性質。爲什麽没有這種性質？就因爲它没有這種性質，所以它就没有這種性質。爲什麽能適應？就因爲它能適應，所以它就能適應。爲什麽不能適應？就因爲它不能適應，所以它就不能適應。事物本來就一定有它的性質，事物本來就一定有它適應的地方。没有哪一個事物沒有它特定的性質，也沒有哪一個事物沒有它適應的地方。既然每個事物都有它們各自的獨特性與適應性，如果不用自立而又自破的言論天天湧現，與天然的大磨盤旋轉無端相吻合，反而流於偏執與拘滯，又怎麼能怡養身心盡享天年呢？而萬事萬物都是同一個種子，祇是用不同的形體相互替代流轉而已，它們的起始與結束就像一隻圓環一樣，是沒有人可以找得到它的先後次序的，這就叫作天然的陶鈞。天然的天鈞，就是一個天然的大磨盤。

〔二〕

莊子謂惠子曰：『孔子行年六十而六十化，始時所是，卒而非之，未知今之所謂是之非五十九非也。』〔一〕

惠子曰：『孔子勤志服知也。』〔二〕

莊子曰：『孔子謝之矣，而其未之嘗言。〔三〕孔子云：「夫受才乎大本，復靈以生。鳴而當律，言而當法。」〔四〕利義陳乎前，而好惡是非直服人之口而已矣。〔五〕使人乃以心服而不敢蘁，立定天下之定。〔六〕已乎已乎！吾且不得及彼乎！』〔七〕

【釋義】

〔一〕**莊子謂惠子** 惠子，惠施。行甫按：謂惠子，對惠施說。**孔子行年六十而六十化** 行年，猶流年。化，變。**始時所是** 始時，猶初時。是，猶肯定。**卒而非之** 卒，猶終。非，猶否定。**未知今之所謂是之非五十九非** 所謂，所指說者。之，猶而。非，不是。非，否定。

〔二〕**孔子勤志服知** 勤，猶勤勉，勤勞。志，心志。服，猶事。知，通智。行甫按：勤志，猶言勞心。服知，猶言求知。

〔三〕**孔子謝之** 謝，棄去不用。**而其未之嘗言** 而，猶且。其，猶庶幾。未之嘗言，猶未嘗言之。行甫按：謂孔子棄去『勤志服知』，且幾乎未曾言及於此。

〔四〕**孔子云夫受才乎大本** 孔子云，引孔子之說，以證孔子另有所言。夫，猶若。受才，受性。鍾泰《發微》：『自天言則曰降，自人言則曰受。』王叔岷《校詮》：『才猶性也。《列禦寇》「搖而本才」，《釋文》：「一本才作性。」即才、性同義之證。』乎，於。大本，天。**復靈以生** 復靈，伏靈。章太炎《解故》：『復從畐聲，《說文》「畐，讀若伏」，是復可借爲伏，褚先生補《龜策列傳》曰：「下有伏靈，上有兔絲。所謂伏靈者，在兔絲之下，掘取之入四尺至七尺得矣。伏靈者，千歲松根也。」是此草所以名伏靈者，以其受才乎大本。凡受才大本者，皆伏藏靈氣於內，草所受才之大本，則松根也。人所受才之大本，則天地根也。今人但知伏靈爲藥草專名，不解其所從得義，由是莊子所言復靈不可解矣。』行甫按：當以章說爲是。伏靈生於千歲松根之下，與人之才性受之於天地之根，構成相關意義鏈。以，猶而。**鳴而當律** 鳴，聲音。而，猶乃。當，猶中。律，音律。**言而當法** 言，說話。法，法度。行甫按：孔子語至此。既得天地之靈而生，則聲音合於音律，言論合於法度，皆才性之所有，不假外求，以證孔子之與時俱化非『勤志服知』所爲。

〔五〕**利義陳乎前** 利義，利與義。行甫按：利指取捨，猶下文『好惡』；義指判斷，猶下文『是非』。陳，猶列。乎，於。前，猶眼前。**而好惡是非直服人之口而已** 而，猶則。好惡，以利言。是非，以義言。直，猶但，特。服，猶信從。行甫按：服人之口，猶言好惡是非，不過徒逞口辯。鍾泰《發微》：『此以諷惠子也。知其爲諷惠子者，《天下》篇說辯者之囿即「能勝人之口，不能服人之心」，以彼證此，其爲諷惠子何疑！』行甫按：鍾說或是。然以爲莊子自悟之辭亦通。

〔六〕**使人乃以心服而不敢蘁** 乃，猶將，當。以，猶用。心服，非僅口頭聽從。敢，猶能。蘁，逆。褚伯秀《義海纂微》：『無隱范先生從蘁絕句。』鍾泰《發微》：『「蘁」通「咢」，咢從屰，屰，逆也。《說文》：「咢，譁訟也。」譁訟謂爭，心服則不敢爭。故曰「使人乃以心服而不敢蘁」，此謂孔子也。』**立定天下之定** 立，猶立刻。奚侗《補注》：『「立定天下之定」，言其速也。與《家語·六本篇》「可立而待」，《史·平原君傳》「其末立見」，立字同義。《說文》「立，侸也」，立者不可久，故引伸有急速義，郭以「蘁立」連讀，大誤。』定，猶止，正。《說文》：『定，正也。』行甫按：『定』之爲『正』，『正』亦猶『止』。《德充符》『唯止能止衆止』，『幸能正生，以正衆生』，前言『止』而後言『正』，是『正』亦『止』。之，猶於。行甫按：立定天下之定，猶言立刻以己之定而定天下之定。

〔七〕**已乎已乎** 已，止。行甫按：立定天下之定，語意未完而莊子乃自止其言，故曰已乎已乎。**吾且不得及彼乎** 吾，吾輩。兼指惠施而言。且，猶今。及，逮。彼，彼孔子。

此乃本篇第二章，言孔子無所拘滯，與時俱化，但既不是勞其心志而刻意爲之，也不是運用智慧以追求知識，而是受性於天之自然，不期然而然。且既無好惡，亦無是非，令天下之人心服口服，無所爭執。

【繹文】

莊子對惠施說：『孔子流年六十歲卻改變了六十次，開頭時認爲是正確的，到末了時便認爲不正確，不知道當下所認可的正確是不是以前的五十九次不正確。』

惠施說：『孔子勞於心志不斷地追求知識吧！』

莊子說：『孔子早就放棄勞心求知的慾望了，而且也沒說過這樣的話。不過孔子倒是說過：「如果受性於天地之根，伏藏天地之靈氣而生在人世。聲音語調便自然合於樂律，發言講話便自然合於法度。」利益與判斷擺在面前，如果因好惡而有所取捨，因判斷而有所是非，便僅僅是讓人在口頭上信服罷了。讓人將在心裏頭信服而不能有所反對與非議，立刻便止息了天下所有的紛爭而歸於平靜。算了！不說了！我們如今算是沒辦法趕上他了！』

［三］

曾子再仕而心再化，〔一〕曰：『吾及親仕，三釜而心樂；後仕，三千鍾而不洎，吾心悲。』〔二〕

弟子問於仲尼曰：『若參者，可謂无所縣其罪乎？』〔三〕曰：『既已縣矣。夫无所縣者，可以有哀乎？〔四〕彼視三釜三千鍾，如觀雀蚊虻相過乎前也。』〔五〕

【釋義】

〔一〕**曾子再仕而心再化** 曾子，姓曾，名參，孔子弟子。再，二次。仕，爲官。心，猶心情，心境。化，變。

〔二〕**曰** 曾子曰。**吾及親仕** 及，猶逮。親，猶父母。行甫按：及親仕，猶言父母尚在時爲官。**三釜而心樂** 釜，六斗四升。**後仕** 後，後來，第二次。**三千鍾而不洎** 鍾，六斛四斗。而，卻，轉折連詞。洎，音記，猶言增添。《說文》『洎，灌釜也』，段玉裁注：『灌者，沃也。沃今江蘇俗云燠，烏到切。《廣韻》三十七『號』云：「燠釜，以水添釜也。」《周禮·士師》「洎鑊水」，注云：「洎，謂增其沃汁也。」《呂覽》「多洎之，少洎之」，《左傳》「去其肉而以其洎饋」，《正義》云：「洎者，添釜之名。添釜以爲肉汁，遂名肉汁爲洎。」』行甫按：舊注皆訓『洎』爲『不及養親』，非。三千鍾卻不洎，謂雖三千鍾而未添一釜耳。猶言父母已故，奉祿再多也沒增加分毫。**吾心悲** 悲，悲傷。

〔三〕**若參者** 若，猶如。**可謂无所縣其罪乎** 所，猶可。縣，猶係挂。罪，網罟。章太炎《解故》：『此罪乃罪罟之罪，非辠之借字也。《說文》：「罪，捕魚竹网也。」「無所縣其罪」，猶云無所絓其罔耳。以利祿比罔羅，或比之於羈絆纓紼，皆恆語也。郭不悟罪爲罪罟本字，乃云無係祿之罪，詰詘甚矣。』

〔四〕**曰** 曰，孔子曰。**既已縣矣** 既，猶已。行甫按：既已，已，同義複詞。**夫无所縣者** 夫，猶若。**可**

以有哀乎　可，通何。哀，王叔岷《校詮》：『此文哀下疑脱樂字，哀猶悲也。成《疏》以「哀樂」並言，可證。下文郭《注》「豈有哀樂於其間哉」，卽本此而言，亦其證。』

〔五〕**彼視三釜三千鍾**　彼，彼『无所縣者』。**如觀雀蚊虻相過乎前**　觀，王叔岷《校詮》：『《闕誤》引張君房本作「如觀鳥雀蚊虻」，據《注》「視榮祿若蚊虻鳥雀之在前而過去耳」，《疏》「鳥雀大，以諭千鍾。蚊虻小，以比三釜」，似正文本以「鳥雀蚊虻」連文，張君房本蓋存其舊。今本作「觀雀蚊虻」，觀下惟脱一鳥字耳。』

此乃本篇第三章，言曾子爲親而仕，奉祿少，心則樂；親人已故而仕，雖多心亦悲，則曾子亦不免羈絆於俗情。若無所羈絆者，其視奉祿多寡如蚊虻。

【繹文】

曾子兩次做官，但兩次做官的心情卻有很大變化，曾子說：『父母健在時做官，我雖然衹有三釜的奉祿卻心情快樂；父母已故之後再出來做官，雖然有三千鍾的奉祿卻還是覺得好像没給鍋裏添加半瓢水一樣，因爲我的心情很悲傷。』

弟子問孔子說：『像曾參這樣，可以説是無可羈絆於塵網嗎？』

孔子回答說：『已經羈絆在塵網上了。如果是無可羈絆於塵網，怎麽會有哀樂呢？那真正無可羈絆於塵網的人，看待三釜與三千鍾的奉祿，就好像是看鳥雀與蚊子先後在眼前飛過一樣。』

〔四〕

顔成子游謂東郭子綦曰：『自吾聞子之言，一年而野，二年而從，三年而通，四年而物，五年而來，六年而鬼入，七年而天成，八年而不知死、不知生，九年而大妙。〔一〕『生，有爲死也。〔二〕勸公，以其死也，有自也；而生陽也，无自也。而果然乎？〔三〕惡乎其所適？惡乎其所不適？〔四〕天有曆數，地有人據，吾惡乎求之？〔五〕莫知其所終，若之何其无命也？莫知其所始，若之何其有命也？〔六〕有以相應也，若之何其无鬼邪？无以相應也，若之何其有鬼邪？』〔七〕

【釋義】

〔一〕**顔成子游謂東郭子綦**　顔成子游，名偃，字子游。見《齊物論》。東郭子綦，居於東郭，號曰東郭。《齊物論》作南郭子綦。行甫按：『寓言』者，『偶言』也，『作人姓名，使相與語』而已，不必辨其一人還是二人。**自吾聞子之言**　聞，猶受。言，告道之言。**一年而野**　野，猶外。《淮南子·主術》『故有野心者不可借便勢』，高誘注：『野，外。』行甫按：猶言一年尚未入門。**二年而從**　從，猶聽從，隨從。行甫按：猶言二年能聽從師言而行之。**三年而通**　通，徹，達。行甫按：猶言三年乃通達無所滯礙。**四年而物**　物，猶言無我。行甫按：即

《齊物論》『形固可使如槁木，心固可使如死灰』。**五年而來** 來，猶言人來。行甫按：言其精神感召力。《德充符》『魯有兀者王駘，從之遊者與仲尼相若』、『衛有惡人焉，曰哀駘它。丈夫與之處者，思而不能去也。婦人見之，請於父母曰「與爲人妻寧爲夫子妾」者，十數而未止也』，皆是其例。**六年而鬼入** 鬼入，境界虛靜高遠。行甫按：猶言六年其心靈境界虛寂而寧靜，無所不容。《人間世》『虛室生白，吉祥止止』、『夫徇耳目內通而外於心知，鬼神將來舍，而況人乎』，是其證。**七年而天成** 天成，心靈超邁而曠達。《大宗師》『安排而去化，乃入於寥天一』，是其證。**八年而不知死不知生** 不知死生，猶言勘破生死。《大宗師》『以生爲附贅縣疣，以死爲決疣潰癰，夫若然者，又惡知死生先後之所在！假於異物，託於同體；忘其肝膽，遺其耳目；反覆終始，不知端倪。芒然彷徨乎塵垢之外，逍遙乎无爲之業』，是其證。**九年而大妙** 大妙，猶無可無不可。《大宗師》『以刑爲體，以禮爲翼，以知爲時，以德爲循』，『其好之也一，其弗好之也一。其一也一，其不一也一。其一與天爲徒，其不一與人爲徒。天與人不相勝也，是之謂真人』，是其證。行甫按：一年而野云云，言悟道之次序。

〔二〕**生** 猶生存，活著。**有爲死** 有，猶以。爲，去聲。死，死亡。郭象《注》：『生而有爲則喪其生。』成玄英《疏》：『處生人道，沈溺有爲，適歸死滅也。』行甫按：郭《注》成《疏》之說，誤；此言生與死之生命現象，而非言有爲與無爲之生存方式。『生，有爲死也』，猶言活著就是走向死亡，總言生命現象便是從生到死。

〔三〕**勸公** 勸，通觀。《尚書·君奭》『割申勸寧王之德』，《禮記·緇衣》引作『觀文王之德』。《尚書·大誥》『民養其勸弗救』，猶言『坐視旁觀』，是『勸』與『觀』互通之證。公，人人共通之生命。鍾泰《發微》：『「公」卽《則陽》篇「道者爲之公」之公。』《法言·昆》『鳥託巢於叢，人寄命於公』，司馬光《集注》：『宋曰：「公，均也。」光謂：公者道大同，無彼我也。』行甫按：此『公』卽『人寄命於公』之公，無關乎『大公調』之所謂『道』。勸公，卽『觀公』，猶言觀察人人所同之生命現象。《闕誤》引張君房本作『勸公以其私』，不解文義而臆增『私』字，不可信據。**以其死**　以，通似。《易·明夷》「文王以之」，《釋文》：「鄭、荀、向作似之。」《漢書·高帝紀上》「鄉者夫人兒子皆以君」，顏師古注引如淳曰：「以或作似。」皆其證。其，生命。**有自**　自，猶有原因。行甫按：形體逐漸衰老，生命走向死亡，此有形可見，故曰「有自也」。**而生陽**　而，猶然，乃。轉折之詞。生，滋長，動而出。《素問·四季調神大論》「則少陽不生」，王冰注：「生，謂動出也。」陽，陽氣。鍾泰《發微》：「『陽』即《知北遊》篇『天地之彊陽氣也』之陽。」行甫按：生陽，猶言生命力滋長運動。**无自**　猶不明其原因。**而果然乎**　而，猶乃。果，猶實。然，如此。乎，猶邪。行甫按：此質疑生命活力是否果真如此。

〔四〕**惡乎其所適**　惡乎，何以。其，有。所，猶何。適，猶適宜。《淮南子·說山》「不若得事之所適」，高誘注：「適，宜適也。」**惡乎其所不適**　不適，猶不適宜。行甫按：此言生存環境。

〔五〕**天有曆數**　曆，歷。數，度。行甫按：曆數，日月星辰之運行軌跡及其度數。**地有人據**　據，處，居。《戰國策·齊策三》「猿獮猴錯木據水」，高誘注：「據，處也。」《國語·晉語一》「今不據其安」，韋昭注：「據，居也。」行甫按：人據如字讀即通，不煩改字。此言天有運行，地有人居，對於任何人皆無異。**吾惡乎求之**　求，猶索。行甫按：天地自然環境對於任何人皆同，卻有人「適」而有人不「適」，此言生命之個體差異，當何從求其因。

〔六〕**莫知其所終**　終，猶死。**若之何其无命**　若之何，猶如之何。其，猶爲。命，命運；无命，猶言沒有命運的安排。行甫按：猶言無人能知道何時死，怎麼能沒有命運的安排。**莫知其所始**　始，猶生。**若之何其有命**　有命，猶言有命運的安排。行甫按：猶言無人能知道何時生，怎麼能爲有命運的安排。此言人之生死不定，不知是必然性還是偶然性。

〔七〕**有以相應**　以，猶與。應，對應。《禮記·禮運》：「魂氣歸於天，形魄歸於地。」行甫按：相應，猶言魂與魄相對應。**若之何其无鬼邪** 无鬼，猶言見不到鬼魂。**若之何其有鬼邪** 有鬼，猶言鬼魂之觀念。行甫按：自『生，有爲死也』至章末，當是顏成子游將諸多困惑與疑問皆在勘破生死之後於『九年而大妙』之中以無可無不可的方式消解了。

此乃本篇第四章，言道的生命感悟是勘破生死乃至無所拘滯而無可無不可，但生命現象仍然存有諸多困惑。生命的物質終結，當然就是死亡。由生而向死，乃生命之必然。但同樣的生存環境，何以有人適有人不適？倘若形與神相應而互存，人何以不見有鬼，卻又有鬼之觀念？皆不可認知與理喻之事，從而爲人生信仰留下了餘地。不過，顏成子游卻將這些困惑於『九年而大妙』之後擱置了。

【繹文】

顏成子游對東郭子綦說：『自從我聽從了您的教誨，一年之內尚摸不到邊，二年之內便隨之得其門而入了，三年之內通達而無所滯礙，四年之內便忘掉了自我，五年之內便有衆多的追慕者，六年之內便虛寂寧靜而無所不容，七年之內便境界超邁高遠而無所不適，八年之內便沒有生與死的差別，九年之內便神妙無方而無可無不可。

『活著，就是爲了走向死亡。觀察人人共同擁有的生命現象，似乎生命的死亡是有原因的；但是生命的陽氣滋長，卻是沒有原因的。然而果真是如此嗎？爲什麼有的人適宜生存，活到老壽？爲什麼有的人不適宜生存，生下來就夭折了呢？天上日月星辰有它們的運動軌跡及其運行規律，地上也人人都可以隨處居住，我到哪裏去找人們老壽和夭折的原因呢？沒有人能知道人什麼時候死，又怎麼能說沒有命運的安排呢？沒有人能知道人什麼時候生，又怎麼能說有命運的安排呢？人的生命有魂氣與形魄互相對應，爲什麼看不見鬼魂呢？人的生命沒有魂氣與形魄互相對應，爲什麼又有鬼魂的說法呢？』

〔五〕

衆罔兩問於景曰：『若向也俯而今也仰，向也括〔撮〕而今也被髮，〔一〕向也坐而今也起，向也行而今也止，何也？』〔二〕

景曰：『搜搜也，奚稍問也！〔三〕予有而不知其所以。予，蜩甲也？蛇蛻也？似之而非也。〔四〕火與日，吾屯也；陰與夜，吾代也。〔五〕彼吾所以有待邪？而況乎以〔无〕有待者乎！〔六〕彼來則我與之來，彼往則我與之往，彼强陽則我與之强陽。〔七〕强陽者又何以有問乎！』〔八〕

【釋義】

〔一〕**衆罔兩問於景**　罔兩，木石之怪，樹木與石塊皆非自行移動者，故疑怪而問之。説已見《齊物論》『罔兩』釋義。行甫按：罔兩而言『眾』，則木石之怪甚多。景，同影，古今字。**若向也俯而今也仰**　若，汝。向，通曏，猶剛才。俯，低頭。仰，抬頭。**向也括〔撮〕而今也被髮**　括撮，會聚攏束，同義複詞。王孝魚《校記》：『撮字，依成疏及《闕誤》引張君房本補。』被髮，披頭散髮。

〔二〕**向也坐而今也起**　坐，坐下。起，起身。**向也行而今也止**　行，行走。止，停止。

〔三〕**搜搜**　猶區區。《釋文》：『本又作叟。』**奚稍問**　奚，猶何。稍，亦小。劉師培《斠補》：『搜，讀《禮·學記》「謏聞」之謏，猶區區也。「稍問」猶言小問，稍與肖同，《方言》、《廣雅》肖並訓小，「奚稍問」者，猶云「奚問之小也」。』王叔岷《校詮》：『《廣雅·釋訓》：「區區、稍稍，小也。」』行甫按：猶言何問之淺薄。

〔四〕**予有而不知其所以**　有，猶存。其，猶爲。所，猶何。以，猶因，使。行甫按：猶言影之生，不知何因。**予蜩甲也**　蜩，蟬。甲，甲殼。《齊物論》作『蜩翼』。行甫按：作『蜩翼』義較長。也，猶邪。**蛇蛻**　蛻，蛇皮。**似之而非**　似，相似。非，不是。行甫按：使影之成者有二，一爲形，一爲光；二種相混猶如蜩甲與蛇蛻之難分，但究竟爲二物。

〔五〕**火與日**　火，火光。日，日光。**吾屯**　屯，聚。**陰與夜**　陰，無日光。夜，黑暗。**吾代**　代，謝，息。行甫按：此言光源乃成影之一因。

〔六〕**彼吾所以有待**　彼，光。吾，影。有待，有憑借。**而況乎以〔无〕有待者**　況，遞進之詞。以，猶由。无，王孝魚《校記》：『无字依郭注及《闕誤》引張君房本補。』行甫按：以无有待者，言影待形而生，而形既不待影，亦不待光。沒有形體，則雖有日與光，亦無影，則形爲『无有待者』。

〔七〕**彼來則我與之來彼往則我與之往**　彼，彼『无有待者』，形。行甫按：影與形同來同往。**彼强陽則**

我與之强陽　强陽，剛强之陽氣。成玄英《疏》：『運動之貌也。』鍾泰《發微》：『動而不息也。』行甫按：形之『强陽』，尤與影所待之『火與日』無關，故謂形爲無所待者。

〔八〕**强陽者又何以有問乎**　又，猶且。何以有問乎，猶言不可問。

此乃本篇第五章，以《齊物論》『罔兩問景』一節敷衍而成文。《齊物論》以之説明：認知有不同層次，此乃是非之爭的根源之一。《寓言》篇則以之説明：事物的代謝與運動，既無常亦無據，最終難以追問。是則言各有當。

【繹文】

一些木石之怪圍著影子問道：『你剛才低著頭，現在又抬起頭；剛才頭髮紮束著，現在又披頭散髮；剛才在行走，現在又停下來了，爲什麼呀？』

影子回答説：『區區小問題，哪裏值得問呀！我雖然存在，但不知道那原因究竟是什麼。我存在的原因就像蟬殼與蛇蜕一樣，兩個東西雖然非常相似，但畢竟不是一回事。有火光與日光，我便聚攏成形；陰天與夜晚，我就消失了。那火光與日光就是我憑借的東西吧？更何況還有那不需要憑借火光與日光的東西呢？那個東西來了，我便跟著一起來了；那個東西走了，我便跟著一起走了；那個東西强壯有力動過不停，我也跟著强壯有力動過不停。强壯有力動過不停又到哪裏去追問呢？』

〔六〕

陽子居南之沛，老聃西遊於秦，〔一〕邀於郊，至於梁而遇老子。〔二〕老子中道仰天而嘆曰：『始以汝爲可教，今不可也。』〔三〕

陽子居不答。至舍，進盥漱巾櫛，〔四〕脫屨戶外，膝行而前曰：〔五〕『向者弟子欲請夫子，夫子行不閒，是以不敢。〔六〕今閒矣，請問其過。』〔七〕

老子曰：『而睢睢盱盱，而誰與居？〔八〕大白若辱，盛德若不足。』〔九〕

陽子居蹵然變容曰：『敬聞命矣！』〔一〇〕

其往也，舍者迎將，其家公執席，妻執巾櫛，〔一一〕舍者避席，煬者避竈。〔一二〕其反也，舍者與之爭席矣。〔一三〕

【釋義】

〔一〕**陽子居南之沛** 陽子居，成玄英《疏》：『姓楊，名朱爲字子居。』行甫按：楊朱主張『貴生』、『重己』，與墨家『兼愛』相背反。《孟子·盡心上》：『楊子取爲我，拔一毛而利天下，不爲也；墨子兼愛，摩頂放踵利天下，爲之。』南，楊朱是魏國人，故南往見老聃。之，往。沛，老子所居，今江蘇徐州。**老聃西遊於秦** 秦在西，遊於秦往西。

〔二〕**邀於郊**　邀，遮。《慧琳音義》卷五十四『邀憤』注引《古今正字》：『邀，遮也，抄也。』行甫按：邀於郊，到遠郊攔截。**至於梁而遇老子**　梁，地名，當是戰國魏都大梁，今河南開封。而，猶乃。

〔三〕**老子中道仰天而嘆**　中道，中途。行甫按：因相遇乃相隨而行。嘆，慨嘆。行甫按：目擊而道存，瞥一眼即知其人。**始以汝爲可教今不可**　始，猶初。可，猶值得。

〔四〕**陽子居不答**　答，猶應。**至舍**　舍，旅舍。**進盥漱巾櫛**　進，猶呈上。盥，音灌，洗手用具。漱，漱口用具。巾，拭巾。櫛，梳子。

〔五〕**脫屨戶外**　屨，鞋子。**膝行而前**　膝行，跪地而行。

〔六〕**向者弟子欲請夫子**　向者，剛才。請，猶告白。《說文》：『請，謁也。謁，白也。』夫子，猶先生。**夫子行不閒**　閒，閒暇。《釋文》：『閒音閑。一音如字。』**是以不敢**　是以，因此。不敢，猶不能。

〔七〕**請問其過**　過，錯誤。行甫按：問其過，猶言何以不可教。

〔八〕**而睢睢盱盱**　而，爾，汝。睢，音雖，《說文》：『睢，仰目也。』盱，音虛，《說文》：『盱，張目也。』郭象《注》：『睢睢盱盱，跋扈之貌，人將畏難而疏遠。』**而誰與居**　居，處。行甫按：而誰與居，反詰語，猶言有誰願意與你相處？

〔九〕**大白若辱**　大白，猶潔白。若，如。辱，污黑。**盛德若不足**　盛德，大德。行甫按：二句爲《老子》四十一章，猶言高潔之士常自以爲有污點，大德之人常自以爲有缺陷。告其謙卑。

〔一〇〕**陽子居蹵然變容**　蹵，通蹙，皺眉頭。變容，改變臉色。**敬聞命**　聞，聽從。命，教令。

〔一一〕**其往** 往，猶去。**舍者迎將** 舍者，同時住店之旅客。將，送。行甫按：猶言同舍旅客對陽子居非常客氣。**其家公執席** 家公，店主。執席，親執坐席。**妻執巾櫛** 妻，女店主。

〔一二〕**舍者避席** 避席，避其坐席，以示敬。**煬者避竈** 煬，烤火。行甫按：猶言在竈口烤火取暖者讓於陽子居向火取暖。

〔一三〕**其反** 反，猶來。行甫按：上文『往』者，謂往見老聃之時。此文『反』者，見老聃而歸。去與來寄宿於同一旅舍。**舍者與之爭席** 與之爭席，成玄英《疏》：『從沛反歸，已蒙教戒，除其容飾，遣其矜夸，混跡同塵，和光順俗，於是舍息之人與爭席而坐矣。』

此乃本篇第六章，言老聃教導陽子居去矜夸張揚之習，陽子居一改其過，往返之際乃判若兩人。

【繹文】

陽子居到南邊的沛地去見老聃，可是老聃卻要到西邊的秦國去遊歷。於是陽子居到遠遠的郊外去等候，希望能在路上碰見老聃。在到梁國的途中終於遇見老聃，然後隨他西行。老聃中途仰頭向天大發感慨地說：『起初我還以爲你是值得教誨的，現在看來不值得。』

陽子居沒應聲。到了客舍，送上洗手漱口的用具與拭巾梳子，然後脱下鞋子放在門外，用膝蓋跪行到老聃面前說：『剛才弟子想請教先生，先生在走路，沒有空閒，因此不敢請教。現在閒下來了，請問我的過錯在哪兒，爲什麼不值得您教誨呀？』

老子說：『你呀，要麼眼睛向著天上，滿臉輕蔑傲慢的神情；　要麼眼睛瞪得大大的，一派咄咄逼人的架式。這樣一來，還有誰願意跟你相處啊？　志行高潔的人總覺得身上好像還有污點，品德崇高的人總覺得行爲好像還有缺陷。』

陽子居慚愧地縐起眉頭，頓時變了顏色，說：『謹聽您的指教！』

當他去見老聃之前，客店裏的旅客對他前呼後擁地迎進送出，店主人親自爲他鋪坐席，女店主親自爲他送來拭巾與梳子，旅客們自動避開坐席表示恭敬，在竈口烤火的旅客自動避開讓他烤火。見了老聃回來之後，陽子居的神情大爲改變，跟一般人沒有兩樣了，旅客們也沒對他特別高看一眼，竟然有人與他爭席而坐了。

讓王第二十八

讓王，辭讓王位，《釋文》謂『以事名篇』。然本篇文字多見於《呂氏春秋》、《淮南子》以及《韓詩外傳》、《新序》，與僞《列子》抄撮諸書類同。蘇東坡《莊子祠堂記》認爲《寓言》篇末『陽子居南之沛老聃西遊於秦』當與《列禦寇》篇首『列禦寇之齊中道而反』文字相接因而『實爲一章』，則『莊子之言未終』，而昧者剿《讓王》、《說劍》、《漁父》、《盜跖》四篇『以入其言』。爾後，學者多以此四篇爲僞書。然而本篇大旨，乃在鄙棄爵祿榮華，重視個體生命，不無楊朱學派『貴己』、『重生』思想，但與莊子追求精神自由並不相悖，當是莊子後學敷衍莊學之作。而且篇末數章由『讓王』至於表彰氣節卻動輒投水自沈，又與本篇前半『重生』大旨不免有所衝突。毋庸諱言，這種極端較真以及遊戲人生，其實皆爲莊學末流之弊。

〔一〕

堯以天下讓許由，許由不受。又讓於子州支父，子州支父曰：〔一〕『以我爲天子，猶之可也。雖然，我適有幽憂之病，方且治之，未暇治天下也。』〔二〕夫天下至重也，而不以害其

生，又況他物乎！唯无以天下爲者，可以託天下也。〔三〕

舜讓天下於子州支伯。子州支伯曰：『予適有幽憂之病，方且治之，未暇治天下也。』〔四〕故天下大器也，而不以易生，此有道者之所以異乎俗者也。〔五〕

舜以天下讓善卷，善卷曰：『余立於宇宙之中，冬日衣皮毛，夏日衣葛絺；〔六〕春耕種，形足以勞動；秋收斂，身足以休食；日出而作，日入而息，逍遥於天地之間而心意自得。吾何以天下爲哉！〔七〕悲夫，子之不知余也！』遂不受。於是去而入深山，莫知其處。〔八〕

舜以天下讓其友石戶之農，石戶之農曰：『捲捲乎后之爲人，葆力之士也！』〔九〕以舜之德爲未至也，於是夫負妻戴，攜子以入於海，終身不反也。〔一〇〕

【釋義】

〔一〕**堯以天下讓許由**　讓許由，成玄英《疏》：『堯許事跡，具載《內篇》。』**又讓於子州支父**　子州支父，成玄英《疏》：『姓子，名州，字支父，懷道之人，隱者也。』

〔二〕**以我爲天子**　以，猶使。**猶之可**　猶，猶尚，庶幾。之，猶其。**雖然我適有幽憂之病**　適，猶恰好。劉淇《助字辨略》卷五：『《漢書·灌夫傳》「適得萬金良藥」，此適字，猶俗云恰好。』幽，猶隱蔽。《說文》：『幽，隱也；隱，蔽也。』憂，當通忧，《說文》『忧，心動也；從心，尤聲，讀若祐』，段玉裁注：『《玉篇》曰「心動也」，

《廣韻》曰「動也」，與頁部之頗義近。』行甫按：《説文》『頗，顫也』，段玉裁注：『玄應引《説文》云：頗，謂掉動不定也。』幽憂之病，當指隱藏在内的心顫之病，生理疾病。舊注以爲憂愁字，恐非。心靈超越豈有憂乎？**方且治之** 方且，猶將，當，同義複詞。**未暇治天下** 暇，閒暇。

〔三〕**夫天下至重** 夫，猶彼。至，極。重，厚，大。**而不以害其生** 而，猶乃。以，因。行甫按：『以』下省之字，天下。其，猶於。**又況他物** 況，滋，益。行甫按：『況』乃滋益字，增多爲況，減少亦爲況，猶『不加多』、『不加少』皆曰加。他物，比天下爲輕之物。**唯无以天下爲者可以託天下** 唯，祇有。以，猶用。爲，猶爲事。託，寄託。行甫按：《帛書老子》十三『故貴爲身於爲天下，若可以迈（託）天下矣。愛以身爲天下，女可以寄天下』，是其義。

〔四〕**舜讓天下於子州支伯** 子州支伯，即子州支父。俞樾《人名考》：『《漢書·古今人表》有子州支父，無支伯，則支父、支伯是一人也。』

〔五〕**故天下大器** 大器，重器。**而不以易生** 易，猶換。**此有道者之所以異乎俗** 所，猶何。行甫按：所以，猶何以。異，不同。乎，於。俗，俗人。

〔六〕**舜以天下讓善卷** 善卷，姓善，名卷，隱者。**余立於宇宙之中** 立，通位，猶處。宇宙，成玄英《疏》：『處於六合，順於四時，自得天地之間，逍遥塵垢之外，道在其中，故不用天下。』**冬日衣皮毛** 衣，猶穿。**夏日衣葛絺** 葛，蔓生草本植物。《説文》：『葛，絺綌艸也。』絺，《説文》：『細葛也；綌，粗葛也。』

〔七〕**春耕種形足以勞動** 形，身體。足，猶得。勞，勤。動，運動。**秋收斂** 斂，猶藏。**身足以休食** 休，休息。食，飲食。**日出而作** 而，猶則。作，起。**日入而息** 息，休息。**逍遥於天地之間而心意自得** 心意自得，自得其心意，猶言隨心所欲。**吾何以天下爲** 以，猶用。爲，爲事。

〔八〕**悲夫** 夫，猶乎，感嘆之詞。**子之不知余** 之，猶乃。**遂不受** 遂，猶終。**於是去而入深山** 去，離走。**莫知其處** 猶言莫知所在，不知所終。

〔九〕**舜以天下讓其友石戶之農** 石戶，地名。農，農人。成玄英《疏》：『農，人也，今江南喚人作農。此則舜之友人也。』行甫按：石戶之農與友爲同位語。**捲捲乎后之爲人** 捲捲，勤勞貌。《釋文》：『音權，郭音眷，用力貌。』王叔岷《校詮》：『古鈔卷子本作「惓惓」，惓，或劵字。《說文》「劵，勞也。」』后，君，指舜。爲人，言其行爲作派。**葆力之士** 葆，通保，《釋文》：『葆音保，字亦作保。』成玄英《疏》：『葆，牢固也。言舜心志堅固，筋力勤苦，腰背捲捲，不得歸休，以此勤勞，翻來見讓，故不受也。』

〔一〇〕**以舜之德爲未至** 德，行爲方式。未至，猶言不達。**於是夫負妻戴** 負，以肩扛。戴，以頭頂。**攜子以入於海** 攜，提挈。《說文》：『攜，提也；提，挈也。』行甫按：攜子，猶今語所謂手拉著兒子。海，海島。《釋文》：『司馬云：凡言入者，皆居其海島之上與其曲隈中也。』**終身不反** 反，通返。

此乃本篇第一章，以堯、舜讓天下於許由、子州支父諸人之事，言人生當『逍遙於天地之間而心意自得』，不可以天下害其生、傷其性。

【繹文】

帝堯要把天下讓給許由，許由不願接受。又讓給子州支父，子州支父說：『讓我做天子，也不是不可以。雖然可以，但我正好患有看不出來的心顫毛病，將要治病，沒有工夫治理天下。』那天下可是極爲重要的東西，然而不用天下傷害了生命，更何況是別的比天下差得太遠的東西呢！看來，祇有不把天下當一回事的人，才可以把天下託付給他。

虞舜要把天下讓給子州支伯。子州支伯說：『我正好患有外人看不出來的心慌毛病，準備治病，沒有空閒時間治理天下。』天下是一座非常重要的寶器，卻不願用它來换取生命，所以這就是境界高遠的人士與俗人不同的地方。

虞舜要把天下讓給善卷，善卷說：『我生活在天地宇宙之間，冬天穿皮毛保暖，夏天穿葛衣納涼。春天來了，我耕地播種，身體能得到充足的勤勞運動；秋天到了，我收割儲藏了糧食，身體也能得到足夠的休息飲食。太陽出來了便起身勞動，太陽落山了便上牀睡覺，快快活活自由自在地在天地之間想幹什麼便幹什麼。我要那天下有什麼用呢！悲哀啊，你真是太不懂我了！』終於不願接受。於是離開虞舜進入深山之中，沒有人知道他去了哪裏。

虞舜要把天下讓給他居住在石戶的一位農夫好友，石戶的農夫說：『帝舜這個人，治理天下，心勞力拙，不得退休，是一個筋骨勤勞心志堅韌的人物。』但還是認爲舜的行爲作派並不是至高無上的，於是丈夫扛著行李，妻子頂著細軟，手拉著兒子進入一座海島，一輩子再也沒有回來。

〔二〕

大王亶父居邠，狄人攻之；事之以皮帛而不受，事之以犬馬而不受，事之以珠玉而不受，狄人之所求者土地也。〔一〕大王亶父曰：『與人之兄居而殺其弟，與人之父居而殺其子，吾不忍也。子皆勉居矣！〔二〕爲吾臣與爲狄人臣奚以異！且吾聞之，不以所用養害所養。』〔三〕因杖筴而去之。民相連而從之，遂成國於岐山之下。〔四〕夫大王亶父，可謂能尊生矣。能尊生者，雖貴富不以養傷身，雖貧賤不以利累形。〔五〕今世之人居高官尊爵者，皆重失之。見利輕亡其身，豈不惑哉！〔六〕

越人三世弒其君，王子搜患之，逃乎丹穴。而越國無君，求王子搜不得，從之丹穴。〔七〕王子搜不肯出，越人薰之以艾。乘以王輿。〔八〕王子搜援綏登車，仰天而呼曰：『君乎君乎！獨不可以舍我乎！』〔九〕王子搜非惡爲君也，惡爲君之患也。若王子搜者，可謂不以國傷生矣，此固越人之所欲得爲君也。〔一〇〕

【釋義】

〔一〕**大王亶父居邠** 大王，讀太王。亶父，成玄英《疏》：『王季之父，文王之祖也。』邠，音賓，字亦作豳，其地傳説在今陝西省旬邑縣一帶。又説在今山西省西南部汾河流域。邠猶汾也。行甫按：此節文字又見於《吕氏春秋·審爲》篇。**狄人攻之**　狄人，西北少數族種，以遊牧爲生。字亦作翟。**事之以皮帛而不受**　事，奉事。皮帛，毛皮及織物。不受，不許周人求和。**事之以犬馬而不受**　犬馬，重於皮帛。**事之以珠玉**　珠玉，又重於犬馬。

〔二〕**與人之兄居而殺其弟與人之父居而殺其子**　殺，猶言發動戰爭令民赴死。**吾不忍**　忍，忍心。**子皆勉居**　子，猶你們。勉，盡力。

〔三〕**爲吾臣與爲狄人臣奚以異**　臣，人臣，臣民。奚，猶何。以，猶有。異，不同。**不以所用養害所養**　以，猶使。用，猶以。行甫按：所用養，土地。所養，生命，民人。

〔四〕**因杖筴而去之**　杖，猶拄。筴，猶杖。**民相連而從之**　相連，猶言成羣結隊。《釋文》：『司馬云：連，讀曰輦。』章太炎《解故》：『連，本古文輦字。』行甫按：連如字讀，義即可通。若司馬與章氏之説，則作『連而從之』即可，『相』字爲贅文矣。從，跟隨。**遂成國於岐山之下**　遂，竟，終。成，建立。國，國都。岐山，地在今陝西岐山縣東北境。

〔五〕**夫大王亶父**　夫，猶若，譬況之詞。**可謂能尊生**　謂，猶稱，爲。尊生，尊重生命。**能尊生者雖貴富不以養傷身**　雖，即使。**雖貧賤不以利累形**　累，負累，羈絆。

〔六〕**今世之人居高官尊爵者**　居，處。**皆重失之**　重，猶重視。失之，失去高官尊爵。**見利輕亡其身**　輕，猶輕易。**豈不惑**　惑，迷惑。

〔七〕**越人三世弒其君王子搜患之**　王子搜，句踐五世孫無顓。俞樾《平議》：『《釋文》云：「搜，《淮南子》作翳。」然翳之前無三世弒君之事。《史記·越世家》、《索隱》以搜爲翳之子無顓。據《竹書紀年》翳爲其子所弒，越人殺其子立無余，又見弒，而立無顓。是無顓以前三君皆不善終，則王子搜是無顓之異名無疑矣。《淮南子》蓋傳聞之誤，當據《索隱》訂正。』患，猶害怕。**逃乎丹穴**　乎，於。丹穴，《釋文》：『《爾雅》云：「南戴日爲丹穴。」』成玄英《疏》：『丹穴，南山洞也。』**而越國無君**　而，猶以。**求王子搜不得從之丹穴**　從，猶追蹤。

〔八〕**越人薰之以艾**　薰，以烟熏灼。**乘以王輿**　王輿，國王所乘之車。

〔九〕**援綏登車**　援，引。綏，車中靶。行甫按：古人於車後登車，有供乘者拉手上車之繩索。**君乎君乎**　君，猶言君主之位。**獨不可以舍我**　獨，猶徒，但，何。

〔一〇〕**非惡爲君**　惡，厭惡。**惡爲君之患**　患，猶害。**若王子搜者**　若，猶如，列舉之詞。**此固越人之所欲得爲君**　固，猶必。所，猶何。

此乃本篇第二章，以古公亶父由邠遷岐及越國王子搜逃君之事，言尊重生命者『不以所用養害所養』。更嘆今世之人以富貴傷身，以貧賤累形。

【繹文】

周文王的祖父太王古公亶父率領周人居住在邠地之時，狄人常常來攻打他們。給狄人送上皮毛與織物求和，狄人不答應；給他們送上犬畜與馬匹求和，狄人也不接受；給他們送上珍珠寶物求和，狄人也不同意；狄人索要的其實是周人居住的土地。太王亶父說：『與人家的兄長住在一起卻害死了他的弟弟，與人家的父親住在一起卻害死了他的兒子，我不忍心這樣做。你們大家都好好地居住在這裏吧！ 做我的臣民與做狄人的臣民有什麽區别呢！ 況且我也聽説過這樣的話，不要讓用來養人的土地反過來傷害了土地該養的人。』於是拄著枴杖便離開邠地了。 老百姓卻三五成羣絡繹不絶地跟隨著太王離開邠地，最後在岐山腳下建立了國都。 像太王亶父可稱得上能夠尊重生命了。 如果能夠尊重生命，即使是大富大貴也不會讓養身的膏腴傷害了身體，即使貧困卑賤也不會讓利益拖累了形體。 當今這些人身居高位，級别顯赫，都害怕失去身份與地位。 見到利益就輕易地丢掉了生命，豈不是非常愚蠢嗎？

越國人連續三代殺掉了他們的君主，王子搜非常害怕，逃跑到南山稱爲丹穴的山洞裏躲藏起來。因爲越國沒有君主，人們到處尋找王子搜卻找不著他，於是按跡追蹤到南山的丹穴。 王子搜不願意出來，越國人用艾草燒烟熏灼洞口。 王子搜衹得出洞，人們便讓他乘坐國王的鑾輿。 王子搜拉著把手登上車後，仰頭向天大呼説：『君位啊，君位啊，爲什麽就單單不能放過我啊！』其實王子搜並不是討厭當君主，而是討厭當君主的災難。 像王子搜這樣，可以稱得上是不讓國家傷害生命了，這也正是越國人爲什麽一定要讓他當君主的原因。

［三］

韓魏相與爭侵地。 子華子見昭僖侯，昭僖侯有憂色。〔一〕子華子曰：『今使天下書銘於君之前，書之言曰：〔二〕「左手攫之則右手廢，右手攫之則左手廢，然而攫之者必有天

下。」〔三〕君能攫之乎？」〔四〕

昭僖侯曰：「寡人不攫也。」

子華子曰：「甚善！自是觀之，兩臂重於天下也，身亦重於兩臂。〔五〕韓之輕於天下亦遠矣，今之所爭者，其輕於韓又遠。君固愁身傷生以憂戚不得也！」〔六〕

僖侯曰：「善哉！教寡人者眾矣，未嘗得聞此言也。」〔七〕子華子可謂知輕重矣。〔八〕

【釋義】

〔一〕**韓魏相與爭侵地**　相與，猶互相。爭，爭奪。行甫按：本章文字亦見於《呂氏春秋·審爲》篇。**子華子見昭僖侯**　子華子，《釋文》：「司馬云：魏人也。」**昭僖侯有憂色**　昭僖侯，《審爲》作昭釐侯。高誘注：「昭釐，復謚」。行甫按：當作「複謚」，故或稱昭侯，或稱僖侯，釐與僖同。

〔二〕**今使天下書銘於君之前**　今，苟。使，令。行甫按：今使，猶假如，同義並列連詞。天下，擬人化稱謂。書，書寫。銘，通名，文字。《儀禮·士喪禮》「爲銘各以其物」，鄭玄注：「今文銘皆爲名。」《儀禮·聘禮記》「百名以上書於策」，鄭玄注：「名，書文也，今謂之字。」**書之言曰**　言，猶語。行甫按：書之言，猶文書之語。

〔三〕**左手攫之則右手廢右手攫之則左手廢**　攫，音決，猶取。廢，通癈，猶癱瘓。《左傳》襄七年「公族穆子有废疾」，《唐石經》作「癈疾」。《逸周書·武順解》「不和曰廢」，朱右曾《集訓校釋》：「廢，癈疾也。」**然而攫之者必有天下**　然，如此。而，猶乃。有，猶得。

〔四〕**君能攫之**　能，猶寧。

〔五〕**甚善**　善，好。**自是觀之**　是，此。**兩臂重於天下也身亦重於兩臂**　於，比較之詞。亦，猶又。

〔六〕**韓之輕於天下亦遠**　之，猶乃，則。遠，猶多。**今之所爭者其輕於韓又遠**　又，猶更。行甫按：『韓』字爲『天下』義較長。

〔七〕**教寡人者衆**　衆，多。**未嘗得聞此言**　未嘗，不曾。得，猶能。**君固愁身傷生以憂戚不得**　固，通顧，反。憂戚，憂，同義複詞。也，邪。

〔八〕**子華子可謂知輕重**　謂，猶爲。

此乃本篇第三章，言身軀重於兩臂，韓昭侯既不願斷廢兩臂以換取天下，則以『愁身傷生』爲代價而與魏國爭奪侵地，豈非尤其得不償失。

【繹文】

韓魏兩國互相爭奪侵佔土地。華子先生拜見韓昭僖侯，韓昭僖侯滿面愁容。華子先生說：『假若天下在君主面前寫了一份文書，文書上有這樣的話，說：「如果左手取天下，右手便癱瘓了；如果右手取天下，左手便癱瘓了。如此，那麼取天下的人一定得天下。」君主寧可取天下嗎？』

韓昭僖侯說：『我不取。』

華子先生說：『很好！由此看來，兩條手臂比天下重要，身體又比兩條手臂重要。韓國與天下相比就不是很重要了，現在所爭奪的那點土地比韓國更加輕於天下，簡直微不足道了。君主反而愁苦鬱悶傷害自己的身體去擔憂得不到嗎？』

韓信侯說：『好啊！開導我的人很多了，不曾聽得到這樣的說法。』華子先生可稱得上懂得哪輕哪重了。

〔四〕

魯君聞顏闔得道之人也，使人以幣先焉。〔一〕顏闔守陋閭，苴布之衣而自飯牛。魯君之使者至，顏闔自對之。〔二〕使者曰：『此顏闔之家與？』顏闔對曰：『此闔之家也。』〔三〕使者致幣，顏闔對曰：『恐聽者謬而遺使者罪，不若審之。』〔四〕使者還，反審之，復來求之，則不得已。故若顏闔者，真惡富貴也。〔五〕

故曰，道之真以治身，其緒餘以爲國家，其土苴以治天下。由此觀之，帝王之功，聖人之餘事也，非所以完身養生也。〔六〕今世俗之君子，多危身棄生以殉物，豈不悲哉！〔七〕凡聖人之動作也，必察其所以之與其所以爲。今且有人於此，以隨侯之珠彈千仞之雀，世必笑之。是何也？〔八〕則其所用者重而所要者輕也。夫生者，豈特隨侯之重哉！〔九〕

【釋義】

〔一〕魯君聞顏闔得道之人 魯君，《釋文》：『一本作魯侯。』成玄英《疏》：『魯侯，魯哀公，或云魯定公也。』顏闔，魯國賢人。已見《人間世》。**使人以幣先焉**　幣，幣帛。先，有後之辭。成玄英《疏》：『使人賫持幣帛，先通其意。』行甫按：猶言以幣帛爲禮物先行表達聘任之意，隨後即行正式聘任之禮。

〔二〕**顏闔守陋閭**　守，猶堅守。陋，邊遠而狹小。閭，猶里巷。**苴布之衣而自飯牛**　苴，粗。《釋文》：『苴音麤。李云：有子麻也。』成玄英《疏》：『苴布，子麻布也。居疏陋之閭巷，著粗惡之布衣。』飯，喂養。**顏闔自對之**　對，猶應。行甫按：自對之，猶言無僮僕可使，親自應門待客。李密《陳情表》『內無應門五尺之僮』，是其義。

〔三〕**此顏闔之家與**　與，通歟。行甫按：使者所問，不信顏闔居處如此簡陋貧困。**顏闔對曰**　對，答。**此闔之家**　行甫按：猶言別無他處。

〔四〕**使者致幣**　致，送上。**恐聽者謬而遺使者罪**　聽者，指魯君。謬，誤。俞樾《平議》：『上「者」字衍文。「恐聽謬而遺使者罪」，恐其以誤聽得罪也。聽即使者聽之，非聽者一人使者一人也。《呂氏春秋·貴生》篇正作「恐聽繆而遺使者罪」。』行甫按：俞說非。聽者謬，與上文『魯君聞顏闔得道之人』相照應，猶言恐魯君所聽傳聞有誤以致使者因上錯了門而獲罪。有無『者』字，不害文意，皆指魯君非指使者。**不若審之**　若，猶如。審，猶覈實。

〔五〕**使者還**　還，回朝廷。**反審之**　反，猶覆。行甫按：謂使者返回朝廷，與魯君覈實，君所聞之顏闔是否即使者所見之顏闔。**復來求之**　復，猶重，再。**則不得已**　則，猶乃。已，通矣。行甫按：此乃顏闔所施金蟬脫殼之計。**故若顏闔者**　若，猶如。**真惡富貴**　真，猶誠。惡，厭惡，蔑視。王叔岷《校詮》：『奚侗云：「《呂覽·貴生》篇『故若顏闔者，非惡富貴也，由重生惡之也』，文義較完，當據以訂補。」案奚說是。此文也下蓋先脱「由重生惡之也」六字，後人乃改「非惡富貴」之「非」爲「真」耳。』行甫按：呂氏門客改抄本文，不必强行據彼以校此。

〔六〕**道之真以治身**　真，猶言精髓。行甫按：道之真，猶言精神境界的真正價值。治身，養身。**其緒餘以爲國家**　緒餘，猶言殘餘。爲，猶治。**其土苴以治天下**　土苴，猶垃圾。《釋文》：『司馬云：如糞草也。李云：糟魄也，皆不真物也。』**由此觀之帝王之功**　功，猶功業。**聖人之餘事**　餘事，猶末事。**非所以完身養生**　完，猶全。

〔七〕**今世俗之君子**　君子，有身份地位者。**多危身棄生以殉物**　危身，傷身。棄生，猶言放棄養生。殉物，猶逐物。**豈不悲哉**　悲，悲哀。

〔八〕**凡聖人之動作**　凡，非一之詞。動，運動。作，興作。**必察其所以之與其所以爲**　察，猶審視。所以，猶所；所，猶何。之，猶往。行甫按：其所以之，猶言其動機；其所以爲，猶言其方式。**今且有人於此**　今且，猶若，虚詞連用。王孝魚《校記》：『高山寺本今下無且字。』於，猶如。**以隨侯之珠彈千仞之雀**　隨侯之珠，靈蛇之珠。《説苑·雜言》：『隨侯之珠，國之寶也。』成玄英《疏》：『隨國近濮水，濮水出寶珠，即是靈蛇所銜以報恩，隨侯所得者，故謂之隨侯之珠也。』**世必笑之是何也**　是，此。

〔九〕**則其所用者重而所要者輕**　所用者，猶前『所以爲』。所要者，猶所求，猶前『所以之』。**夫生者**　夫，猶若。**豈特隨侯之重**　特，猶僅，獨。俞樾《平議》：『「隨侯」下當有「珠」字。若無「珠」字，文義不足。《呂氏春秋·貴生》篇作「夫生豈特隨侯珠之重也哉」，當據補。』行甫按：俞説似是而非。此乃借代修辭法，補一『珠』字反爲贅語。呂氏門客無文，謬增一『珠』字耳！俞氏反據彼以校此，傎矣！

此乃本篇第四章，以顔闔惡富貴而發端，言生命比什麼都重要，若『危身棄生以殉物』，則不啻『以隨侯之珠彈千仞之雀』，其爲不知輕重之笑柄耳！

【繹文】

魯國君主聽説顔闔是一位悟道的人，派人帶上幣帛禮品先行前往通報聘任之意。顔闔長期居住在邊遠狹小的巷子裏，穿著粗劣的麻布衣服並且親自上草料喂牛。魯國君主派來的人到了家門口，顔闔也是站在門口親自迎接他，沒有一個應門的僮僕。來人説：『這是顔闔的家嗎？』顔闔回答道：『這就是我的家呀。』來人送上禮物之後，顔闔對來人説：『我擔心魯國君主聽岔了以致你走錯了門因而處罰你，不如回去覈實一下。』來人又返回去，反覆覈實此事之後，回頭來找顔闔，卻再也找不到他了。因此像顔闔這種人，才是真正厭惡富貴。

所以説，精神境界的真正價值就是修養身體，它那殘餘的價值用來治理國家，它那毫無價值的垃圾才用來治理天下。由此看來，帝王的事業，不過是境界高遠聰明睿智的人物一點微末之事而已，並不是可以用來修身養性的工夫。當今這些有身份有地位的俗人，往往傷害身體放棄養生去追逐物質利益，難道不是很悲哀的嗎！大凡境界高遠聰明睿智的人物，他們的行動與作爲，一定要看清行動與作爲的目的是什麼以及採取什麼方式。如果有人如此蠻幹，用隨侯價值連城的靈蛇之珠去彈射千丈高空的小雲雀，世人必定會拿他當笑柄。這是爲什麼呀？就是他花費的代價過於昂貴而所追求的東西過於渺小。至於生命的昂貴，又哪裏僅僅是隨侯的靈蛇之珠可以比擬的呢！

[五]

子列子窮，容貌有飢色。客有言之於鄭子陽者曰：『列禦寇，蓋有道之士也，居君之國而窮，君无乃爲不好士？』〔一〕鄭子陽即令官遺之粟。子列子見使者，再拜而辭。〔二〕使者去，子列子入，其妻望之而拊心曰：〔三〕『妾聞爲有道者之妻子，皆得佚樂，今有飢色。〔四〕君過而遺先生食，先生不受，豈不命邪！』〔五〕子列子笑謂之曰：『君非自知我也。以人之言而遺我粟，至其罪我也又且以人之言，此吾所以不受也。』〔六〕其卒，民果作難而殺子陽。〔七〕

【釋義】

〔一〕**子列子窮容貌有飢色**　子列子，即列禦寇。窮，困窘。**客有言之於鄭子陽者**　客，子陽門客。之，猶此。子陽，鄭相。《史記·鄭世家》：『繻公二十年，韓、趙、魏列爲諸侯。二十五年，殺其相子陽』。**列禦寇蓋有道之士**　蓋，猶乃。**居君之國而窮**　居，猶處。**君无乃爲不好士乎**　无乃，猶得無。爲，猶是。好，喜好。

〔二〕**鄭子陽即令官遺之粟**　遺，音衛，饋贈。**子列子見使者再拜而辭**　辭，推讓，謝絕。

〔三〕**使者去**　去，離開。**子列子入**　入，送客門外，道別而入。**其妻望之而拊心**　望，怨恨。拊，捶拍。

〔四〕**妾聞爲有道者之妻子**　妾，女子自稱。妻子，妻與子。**皆得佚樂**　佚，通逸，安逸。**今有飢色**　今，猶卽，則。

〔五〕**君過而遺先生食**　君，子陽。過，猶錯。行甫按：君過，猶言承蒙相君錯愛。**先生不受豈不命邪**　不，猶非。命，命運。行甫按：豈不命邪，豈非己之命邪？婦人怨望之言。

〔六〕**子列子笑謂之**　笑謂，笑著說。鍾泰《發微》：『解其惑，亦以慰其心，而列子之忘其飢窮亦可見矣。』**君非自知我**　自知，猶言本人親知。**以人之言而遺我粟**　以人之言，卽『非自知』。**至其罪我也又且以人之言**　罪，罰。且，將。**此吾所以不受**　所以，猶何以。

〔七〕**其卒**　其，猶此。卒，猶終。行甫按：其卒，猶言事後。**民果作難而殺子陽**　作難，興難。《淮南子·氾論》：『鄭子陽剛毅而好罰，其於罰也，執而無赦。舍人有折弓者，畏罪而恐誅，則因猘狗之驚以殺子陽。』鍾泰《發微》：『夫舍人，子陽之家臣也。家臣而至畏罪以殺其主，則子陽平日之暴可知。故列子曰「君非自知我也。以人之言而遺我粟，至其罪我也又且以人之言」，此非過慮也。剛暴之人，固不可與爲緣也。故列子之不受，亦所謂「不以利累形」者也。』

此乃本篇第五章，因道聽途說而加賞，必因道聽途說而加誅。列子不受飛來之利，卽免飛來之災，是亦『不以利累形』。

【譯文】

列禦寇先生處在困厄之中，餓得面黃肌瘦。有人把這事告訴了鄭國國相子陽，說：『列禦寇，是一位知識淵博的讀書人，生活在君相的國度裏卻困厄貧乏，豈不是顯得君相不喜愛讀書人嗎？』鄭國國相子陽立刻派官員給列禦寇送來糧食。列禦寇接待國相派來的官員，拜了兩拜之後便謝絕了。送走國相派來的官員之後，列禦寇一進門，他的妻子就捶胸頓足地怨恨起來，說：『我聽說學識淵博的讀書人的妻子，都會得到快樂安逸的好生活，如今反倒餓得面有菜色。承蒙國相君的錯愛給您送來糧食，您卻不接受，這不就是我的命嗎！』

列禦寇笑著對妻子說：『國相君本人並不了解我。僅憑旁人的一句話就給我送來糧食，等到他問我的罪，也將是僅憑旁人的一句話。這就是我爲什麼不接受的原因呀。』事情過去之後，果然有人造亂殺掉了子陽。

〔六〕

楚昭王失國，屠羊說走而從昭王。昭王反國，將賞從者，及屠羊說。〔一〕屠羊說曰：『大王失國，說失屠羊；大王反國，說亦反屠羊。臣之爵祿已復矣，又何賞之有！』〔二〕

王曰：『强之！』

屠羊說曰：『大王失國，非臣之罪，故不敢伏其誅；大王反國，非臣之功，故不敢當

其賞。』〔三〕

王曰：『見之！』

屠羊說曰：『楚國之法，必有重賞大功而後得見。今臣之知不足以存國，而勇不足以死寇。〔四〕吴軍入郢，說畏難而避寇，非故隨大王也。今大王欲廢法毁約而見說，此非臣之所以聞於天下也。』〔五〕

王謂司馬子綦曰：『屠羊說處卑賤而陳義甚高，子綦爲我延之以三旌之位。』〔六〕

屠羊說曰：『夫三旌之位，吾知其貴於屠羊之肆也；萬鍾之禄，吾知其富於屠羊之利也；〔七〕然豈可以貪爵禄而使吾君有妄施之名乎！說不敢當，願復反吾屠羊之肆。』遂不受也。〔八〕

【釋義】

〔一〕**楚昭王失國**　楚昭王，平王之子，名軫。失國，平王聽讒言殺伍奢及其子伍尚，尚弟伍員奔於吴。吴王闔閭用之，遂以吴師伐楚，攻入楚國郢都。楚昭王出逃到隨國，是其事。**屠羊說走而從昭王**　屠羊說，屠羊，其業；說，音悦，其名。走，奔。從，追隨。**昭王反國**　反，讀返。行甫按：反國，敵退而復國。**將賞從者**　將，猶欲。**及屠羊說**　及，猶言輪到。

〔二〕**大王失國說失屠羊**　失，失去。**大王反國說亦反屠羊**　亦，也詞。**臣之爵禄已復**　爵禄，入仕者所有。鍾泰《發微》：『屠羊其本業，比之於仕者之有爵祿。』行甫按：此爲借代修辭，猶言生業。復，恢復。**又何賞之有**　猶言有何賞，即無受賞之理。

〔三〕**强之**　令有司强行賞之。**不敢伏其誅**　伏其誅，猶服其罪。**不敢當其賞**　當，猶受。

〔四〕**見之**　見，猶言召而面君。**楚國之法必有重賞大功而後得見**　必，定。**今臣之知不足以存國而勇不足以死寇**　今，猶若。知，通智。存國，保存國家。寇，賊；死寇，死於抗敵。

〔五〕**吴軍入郢**　郢，楚國國都。**説畏難而避寇**　難，死亡。**非故隨大王**　故，猶言有意。隨，追隨。**今大王欲廢法毁約而見説**　今，猶苟。廢法毁約，無重賞大功而召見。**此非臣之所以聞於天下**　所以，猶可以。聞，聞名。行甫按：猶言臣不可因此而聞名於天下。

〔六〕**王謂司馬子綦**　謂，言説。司馬，軍中掌法之官。子綦，司馬之名。**屠羊説處卑賤而陳義甚高**　陳，猶講述。**子綦爲我延之以三旌之位**　延，猶進，引。三旌，《釋文》：『三公位也。司馬本作三珪，云：謂諸侯之三卿皆執珪也。』

〔七〕**夫三旌之位**　夫，猶彼。**吾知其貴於屠羊之肆**　屠羊之肆，猶言屠羊鋪子。**萬鍾之祿**　祿，奉祿。**吾知其富於屠羊之利**　行甫按：貴以爵言，富以祿言。

〔八〕**使吾君有妄施之名**　妄施，無根據、無理由之施舍。**説不敢當**　當，猶受。**願復反吾屠羊之肆**　復反，猶重返。**遂不受**　遂，猶竟，終。

此乃本篇第六章，言屠羊説無功不貪爵祿，安於貧賤而不慕富貴。

【繹文】

由於吳國軍隊攻入楚國郢都，楚昭王逃到國外，屠羊說放棄屠羊的生業而跟隨楚昭王逃亡。楚昭王復國之後，準備獎賞一批跟隨他逃亡的人，其中有屠羊說。屠羊說推辭說：『偉大的君王失去了國家，我也失去了屠羊的生計；偉大的君王重返國都，我也重返屠羊的生計。我的地位與奉祿已經恢復了，還受什麼獎賞呢！』

昭王命令說：『强迫屠羊說接受獎賞！』

屠羊說道：『偉大的君王失去國家，不是我的罪過，所以不敢接受懲罰；偉大的君王返回國都，也不是我的功勞，所以也不敢接受獎賞。』

昭王說：『召屠羊說進來面見！』

屠羊說道：『楚國的法律規定，必須要有重大的賞賜與重大的功勞然後才可以面見國君。可是像我這樣，既沒有能夠保存國家的智慧，也沒有能夠拼死退敵的勇氣。吳國軍隊攻入郢都，我害怕死亡因而逃避敵寇，並不是有意追隨偉大君王的。如果偉大君王想廢棄律條撕毀法規而召見我，這不應當是我用來揚名天下的好辦法。』

昭王對司馬子綦說：『屠羊說雖然處身卑微貧賤，但他陳述的思想觀念卻非常崇高，子綦替我把他引進到三公的位置上來。』

屠羊說道：『那三公的位置，我知道它的確比屠羊賣肉的職業高貴；萬鍾的奉祿，我也知道它比屠羊賣肉所獲的利潤要富裕豐足得多；但又怎麼能因爲貪戀爵位與奉祿從而讓我們的國君攤上胡亂賞賜的惡名呢？我實在不能接受賞賜，還是希望回到我屠羊的商鋪重操賣肉的舊業。』屠羊說最終没有接受昭王的賞賜。

〔七〕

原憲居魯，環堵之室，茨以生草；蓬戶不完，桑以爲樞，而甕牖二室，褐以爲塞；上漏下濕，匡坐而弦。〔一〕

子貢乘大馬，中紺而表素，軒車不容巷，往見原憲。〔二〕原憲華冠縰履，杖藜而應門。〔三〕

子貢曰：『嘻！先生何病？』〔四〕

原憲應之曰：『憲聞之，无財謂之貧，學而不能行謂之病。今憲，貧也，非病也。』子貢逡巡而有愧色。〔五〕

原憲笑曰：『夫希世而行，比周而友，學以爲人，教以爲己，仁義之慝，輿馬之飾，憲不忍爲也。』〔六〕

【釋義】

〔一〕**原憲居魯**　原憲，孔門弟子，字子思，又稱原思。**環堵之室**　環堵，四面長高各一丈。成玄英《疏》：『周環各一堵，謂之環堵，猶方丈之室也。』**茨以生草**　茨，以茅草鋪蓋屋頂。生草，活草。成玄英《疏》：『以草蓋屋，謂之茨也。』**蓬戶不完**　蓬戶，編織蓬麻爲門扉。不完，猶言不密實。**桑以爲樞**　桑，桑樹枝。樞，門軸。《釋文》：『司馬云：屈桑條爲戶樞也。』**而甕牖二室**　而，猶且。甕牖，以破甕作窗戶。二室，東房西室。于鬯《香草續校書》：『二室卽東房西室之制，正士寢制也。《禮經》鄭注每言人君左右房。大夫士東房西室。其實大夫亦有左右房。東房西室惟士之制。』**褐以爲塞**　褐，粗布衣。《釋文》：『司馬云：以褐衣塞牖也。』**上漏下濕**　上，屋頂。下，地下。**匡坐而弦**　匡坐，端坐。弦，猶言弦歌。《釋文》：『案弦謂弦歌。』

〔二〕**子貢乘大馬**　子貢，孔門弟子，姓端木，名賜。乘，猶駕。大馬，轅馬高大。**中紺而表素**　中，裏衣。紺，深黑而顯紅色。《說文》：『紺，帛深青而揚赤色也。』段玉裁注：『揚當作陽，猶言表也。《釋名》曰「紺，含也；青而含赤色也。」按此今之天青，亦謂之紅青。』表素，白色外衣。**軒車不容巷**　軒車，有篷之車。容巷，容於巷。**往見原憲**　往，去原憲居所。

〔三〕**原憲華冠縰履**　華冠，《釋文》：『以華木皮爲冠。』縰（音徙）履，無後跟之鞋。《釋文》：『《通俗文》云：履不著跟曰屣。李云：謂履無跟也。』**杖藜而應門**　杖，拄。藜，莖可爲杖。應門，立於門首接待來訪客人。行甫按：應門，無僮僕之謂。

〔四〕**嘻**　怪訝之詞。**先生何病**　病，疾病。

〔五〕**原憲應之**　應，對。**憲聞之无財謂之貧**　財，財貨。**學而不能行謂之病**　行，猶用。**今憲貧**　貧，無財。**非病**　學用貫通。**子貢逡巡而有愧色**　逡巡，猶進退無如貌。行甫按：原憲與子貢同學於孔子，原憲學而能行，子貢學而不能行，是以有愧色。

〔六〕**夫希世而行**　夫，猶若。希，通睎，《説文》『睎，望也』，段玉裁注：『古多假希爲睎。』《釋文》：『司馬云：所行常顧世譽而動，故曰希世而行。』行甫按：希世，猶言投合流俗，取媚當世。**比周而友**　比周，親近周匝。行甫按：比周，猶言相互勾結，狼狽爲姦。**學以爲人**　爲人，取譽於人。**教以爲己**　爲己，謀取束脩。《釋文》：『學當爲己，教當爲人，今反不然也。』**仁義之慝**　之，猶爲。慝，音特，姦惡。《左傳》昭公二十五年『日入慝作』，杜預注：『慝，姦惡也。』《釋文》：『司馬云：謂依託仁義爲姦惡。』**輿馬之飾**　輿馬，車馬。之，猶爲。飾，華飾。**憲不忍爲**　忍，猶忍心。

此乃本篇第七章，言原憲境界高遠，既不『希世而行』，亦不『比周而友』，遺世而高蹈，特立而獨行，不慕世俗之榮華富貴，令子貢大有愧色。

【繹文】

孔門弟子原憲生活在魯國，居住在僅有一丈見方的斗室，家徒四壁，屋頂上鋪蓋著青青的茅草；蓬麻紮成的門扉也不密實，綁上桑樹條作爲門軸，用破罈子作爲兩個房間的窗戶，用粗布舊衣堵塞著透風的窗洞；天氣不好，便屋頂漏雨，地下濕滑，可是原憲卻端坐而鼓琴唱歌，毫無憂色。

與原憲同門的友人子貢乘坐高大的馬車，裏面穿著紅青色內衣，外面穿著白色外套，帶篷的大馬車一般小巷子還進不去，來到原憲的住處看望同門友人。原憲頭戴華樹皮做的帽子，拖著沒有後跟的鞋子，手拄枴杖，親到門前迎接子貢。

子貢見到原憲，驚訝地說：『哎呀，先生怎麼生病了呀？』

原憲回答子貢說：『我聽過這種説法，沒有財富叫作貧，學成不能用叫作病。像我這樣，屬於沒有財富的貧，不是學成不能用的病。』子貢有些站不住了，滿臉都是慚愧。

原憲見到子貢的窘態，連忙笑著說：『像那種投合流俗取媚當世的行爲，相互勾結狼狽爲姦的交遊，爲了邀譽於人而學習，爲了謀取利益而教人，把仁義作爲姦邪的託辭，把車馬作爲罪惡的裝飾，我不忍心幹這種事情！』

〔八〕

曾子居衛，緼袍无表，顏色腫噲，手足胼胝。〔一〕三日不舉火，十年不製衣，正冠而纓絕，捉衿而肘見，納屨而踵決。〔二〕曳縱而歌《商頌》，聲滿天地，若出金石。〔三〕天子不得臣，諸侯不得友。〔四〕故養志者忘形，養形者忘利，致道者忘心矣。〔五〕

【釋義】

〔一〕**曾子居衛** 曾子，曾參，字子輿，孔門弟子。**緼袍无表** 緼袍，以麻爲絮填充於袍內。无表，猶言外表破敗不堪，露出麻絮來。**顔色腫噲**　顔色，臉色。腫噲，《釋文》：『司馬云：種噲，剝錯也。王云：盈虚不常之貌。』奚侗《補注》：『噲爲黵借，《説文》：「黵，浂黑色也。」義亦通。』王叔岷《校詮》：『從奚後説，噲借爲黵。《廣雅·釋器》「黵，黑也」。』行甫按：腫噲，猶言虚浮而黝黑。**手足胼胝**　胼胝，音騈支，老繭。

〔二〕**三日不舉火**　不舉火，不造飯。**十年不製衣**　不製衣，不添新衣。**正冠而纓絶**　正冠，扶正帽子。纓，帽帶。絶，斷。**捉衿而肘見**　捉，握持。衿，衣袖。肘，胳膊。行甫按：猶言衣袖短小，不合寬袍大袖之時裝。**納屨而踵决**　納屨，腳伸進鞋中。踵，鞋後跟。决，斷絶。

〔三〕**曳縰而歌商頌**　曳，猶拖拉。縰，鞋子。《商頌》，《詩經》中《頌》之一。**聲滿天地若出金石**　若，猶如。金石，鐘磬。

〔四〕**天子不得臣**　臣，使之爲臣。**諸侯不得友**　友，與之爲友。

〔五〕**故養志者忘形**　志，意志。形，形體。行甫按：忘形，猶言忘記口體之養。**養形者忘利**　利，物利。行甫按：忘利，猶言不役形於物利。**致道者忘心**　致，猶達。道，高遠超邁的心靈境界。心，猶今語所謂主體。行甫按：忘心，猶言無我。

此乃本篇第八章，言曾子雖處身貧賤，卻志行高潔，『天子不得臣，諸侯不得友』，若非精神超邁的抱道之士，何堪有之！

【譯文】

曾參居住在衛國，身上穿著的夾袍外面已經破舊不堪，露出裏面充作綿絮的亂麻來，臉色虛浮黝黑，手腳都生滿老繭。三天都不生火做飯，十年都不添製新衣，扶正一下帽子便把朽爛的帽帶給扯斷了，抓住衣袖便立刻露出胳膊肘來，穿鞋子稍稍用力帶一下鞋跟便把鞋跟給勾缺了。就這樣拖著沒後跟的鞋子高唱《詩經》裏的《商頌》，聲音迴盪在天地之間，仿佛鐘磬齊鳴，悠揚悅耳。天子不能使他成爲臣子，諸侯不能與他成爲朋友。所以修煉意志的人忘掉了形體之養，修養形體的人忘掉了物質慾望，達到超邁境界的人忘掉了自我的存在了。

［九］

孔子謂顏回曰：『回，來！家貧居卑，胡不仕乎？』〔一〕顏回對曰：『不願仕。回有郭外之田五十畝，足以給飦粥；郭內之田十畝，足以爲絲麻；〔二〕鼓琴足以自娛，所學夫子之道者足以自樂也。回不願仕。』〔三〕孔子愀然變容曰：『善哉回之意！〔四〕丘聞之：「知足者不以利自累也，審自得者失之而不懼，行修於內者无位而不怍。」〔五〕丘誦之久矣，今於回而後見之，是丘之得也。』〔六〕

【釋義】

〔一〕**孔子謂顔回**　謂，言。顔回，字子淵，孔門弟子。**回**　君父之於臣子，直呼其名。**來**　呼語詞，提請聽者注意。**家貧居卑**　居卑，猶言處身卑賤。**胡不仕乎**　胡，何。仕，爲官。乎，猶邪。

〔二〕**顔回對曰不願仕**　對，答。**回有郭外之田五十畝**　郭，外城。**足以給飦粥**　足，夠。以，猶用。給，猶供。飦（音沾）粥，《釋文》：『字或作饘，《廣雅》云：糜也。《家語》云：厚粥。』**郭内之田十畝**　郭内，内城之外。孫詒讓《札迻》：『《周禮·載師》云「以場圃任園地」，凡園地在國門之外，郭門之内。《管子·輕重甲篇》云「桓公憂北郭民之貧，召管子而問曰：北郭者，盡屨縷之甿也，以唐園爲本利」，唐園，即場圃。屨縷之甿，即爲絲麻者也。』**足以爲絲麻**　爲，猶種。絲，種桑樹養蠶繅絲。

〔三〕**鼓琴足以自娱**　娱，愉悦。**所學夫子之道**　夫子之道，猶言夫子之學説。**足以自樂**　樂，和適。《荀子·解蔽篇》『聖人之思也樂』，楊倞注：『樂，謂性與天道，無所不適。』行甫按：鼓琴爲娱，術藝之事，愉情。學道爲樂，天人之事，樂思。

〔四〕**孔子愀然變容**　愀（音悄）然，變動貌。《釋文》：『愀，一本作欣。』變容，改變臉色。**善哉回之意**　意，猶志。

〔五〕**丘聞之知足者不以利自累**　足，滿足。累，束縛。**審自得者失之而不懼**　審，猶明辨。得，適意。**行修於内者无位而不怍**　行，行爲。行甫按：行爲方式即德的外在表現，是『行修於内』，亦即修德。位，勢位。怍，愧疚。

〔六〕**丘誦之久**　誦，猶言諷誦在口。之，代上文『知足者』云云三句。**今於回而後見之**　於，猶與，及。**是**

丘之得　是，此。

此乃本篇第九章，言顏回安貧樂道，不慕權勢，不求名位，不懼不怍，知足常樂。

【繹文】

孔子建議顏回說：『顏回呀，來，我跟你說！家庭貧困，處身卑賤，爲什麼不出去做官呢？』

顏回答道：『我不願意做官。我在郭門之外有田五十畝，足夠用來供給每日的粥飯飲食；郭門之內有田十畝，足夠用來種桑植麻養蠶織布；彈琴歌唱足夠用來自娛自樂，學習老師的理論學說也能夠用來滿足自己思考宇宙人生的快樂。我不願意出去做官。』

孔子欣然動容，說：『好啊！顏回的志向！我聽說過：「知道滿足的人不會用物利拖累自己，明白自己想要什麼的人縱然失去了某些東西也並不會感到害怕，從內心裏開始修養行爲方式的人即使沒有勢位也不會感到慚愧。」我在嘴巴上念叨這些話已經很長時間了，如今與你相處交談之後才算是真正見到了，這就是我的最大收穫。』

［一〇］

中山公子牟謂瞻子曰：『身在江海之上，心居乎魏闕之下，奈何？』〔一〕

瞻子曰：『重生。重生則利輕。』〔二〕

中山公子牟曰：『雖知之，未能自勝也。』〔三〕

瞻子曰：『不能自勝則從，神无惡乎？不能自勝而强不從者，此之謂重傷。重傷之人，无壽類矣。』〔四〕

魏牟，萬乘之公子也，其隱巖穴也，難爲於布衣之士；〔五〕雖未至乎道，可謂有其意矣。〔六〕

【釋義】

〔一〕**中山公子牟謂瞻子**　中山公子牟，《釋文》：『司馬云：魏之公子，封中山，名牟。』已見《秋水》。瞻子，賢人。或以爲卽《韓非子·解老》之『詹何』。**身在江海之上**　江海，隱居於江湖之野。**心居乎魏闕之下**　居，猶存，《文心雕龍·神思》『形在江海之上，心存魏闕之下』。乎，於。魏闕，猶言朝廷。《釋文》：『《淮南》作騩，司馬本同，云：騩讀曰魏，象魏觀闕，人君門也，言心存榮貴。許慎云：天子兩觀也。』**奈何**　奈，猶如。

〔二〕**重生**　重，重視。**重生則利輕**　《釋文》：『李云：重存生之道者，則名利輕，輕則易絕矣。此人身居江海，心貪榮利，故以此戒之。』行甫按：利輕，猶『輕利』，與『重生』相偶。

〔三〕**雖知之未能自勝**　未能，猶不能。勝，猶克。行甫按：自勝，猶言二者心戰，不能自克。

〔四〕**不能自勝則從**　從，通縱，猶放。**神无惡乎**　神，神明。惡，厭惡。乎，也。**不能自勝而强不從**

强，勉强，强行。**此之謂重傷** 之，猶乃。謂，猶爲。重傷，再度傷。**重傷之人无壽類** 无壽類，猶言不壽之類。

〔五〕**魏牟萬乘之公子** 萬乘，大國。**其隱巖穴** 其，猶寧。隱，隱居。巖穴，猶山野。**難爲於布衣之士** 難，不易。爲，猶行。於，比況之詞。布衣之士，平民。

〔六〕**雖未至乎道** 至，猶達。乎，於。道，高遠超邁的精神境界。**可謂有其意** 意，猶志。行甫按：有其意，猶言有向道之志。

此乃本篇第十章，言中山公子魏牟身處巖穴而心在魏闕，出處之際心戰不已。雖然尚未完全超脫世俗功名，但作爲貴介公子，親歷出世之苦行，已屬難能。

【繹文】

封於中山國的魏國公子牟對瞻先生說：『雖然隱居在江湖之上，但心還是老想著國都的高大城門，怎麽辦呢？』

瞻先生說：『重視生命。重視生命便會看輕名利。』

中山公子牟說：『雖然懂得這個道理，但還是不能克制自己。』

瞻先生說：『不能克制自己就放鬆，神明也不會把你怎麽樣的吧？如果不能克制自己又要强行克制而不放鬆的話，這就叫作再次受傷。再次受傷的人，恐怕不在長壽之列了。』

魏牟，作爲大國公子，能夠隱居在山野洞穴之中，比下層平民更加難以做到；雖然還沒有大徹大悟，達到最高境界，也可説是有那麼一點志向了。

［一一］

孔子窮於陳蔡之間，七日不火食，藜羹不糝，顔色甚憊，而弦歌於室。〔一〕顔回擇菜，子路子貢相與言曰：『夫子再逐於魯，削迹於衛，伐樹於宋，〔二〕窮於商周，圍於陳蔡，〔三〕殺夫子者无罪，藉夫子者无禁。〔四〕弦歌鼓琴，未嘗絶音，君子之无恥也若此乎？』〔五〕顔回无以應，入告孔子。孔子推琴喟然而嘆曰：『由與賜，細人也。召而來，吾語之。』〔六〕

子路子貢入。子路曰：『如此者可謂窮矣！』〔七〕孔子曰：『是何言也！君子通於道之謂通，窮於道之謂窮。今丘抱仁義之道以遭亂世之患，其何窮之爲！〔八〕故内省而不窮於道，臨難而不失其德。天寒既至，霜雪既降，吾是以知松柏之茂也。陳蔡之隘，於丘其幸乎！』〔九〕孔子削然反琴而弦歌，子路扢然執干而舞。子貢曰：『吾不知天之高也，地之下也。』〔一〇〕

古之得道者，窮亦樂，通亦樂。所樂非窮通也，道德於此，則窮通爲寒暑風雨之序

矣。〔一一〕故許由娛於潁陽，而共伯得乎共首。〔一二〕

【釋義】

〔一〕**孔子窮於陳蔡之間**　窮，困。陳蔡，陳國與蔡國。**七日不火食**　不火食，猶言斷炊。**藜羹不糝**　藜，藜蒿，莖葉可食。糝，古文糂字。《說文》：『糂，以米和羹也。一曰：粒也。糝，古文糂從參。』行甫按：猶言以藜蒿爲羹汁不加米粒。**顔色甚憊**　憊，疲困。**而弦歌於室**　而，猶然。弦歌，鼓琴而歌。

〔二〕**顔回擇菜**　擇菜，擇取藜蒿。王叔岷《校詮》：『奚侗云：《呂覽·慎人》篇「擇菜」下有「於外」二字，「擇菜於外」，與上文「弦歌於室」相因。證以下文「顔回無以應，入告孔子」，益見本書挩「於外」二字，當據《呂覽》補之。奚氏是也。《風俗通》「擇菜」下有「於戶外」三字，亦可證本書有脫文。』**子路子貢相與言**　相與言，二人共與顔回言之。**夫子再逐於魯**　夫子，孔子。逐，猶驅趕。**削迹於衛**　削迹，孔子遊於衛，衛人惡之，剗削其跡。**伐樹於宋**　伐樹，宋司馬桓魋欲殺孔子，拔其樹，孔子去。

〔三〕**窮於商周**　窮，厄。商，宋。周，衛。**圍於陳蔡**　圍，猶困。

〔四〕**殺夫子者无罪**　者，猶也。无罪，猶言人可殺之。**藉夫子者无禁**　藉，踐踏。《左傳》昭公十八年『鄅人藉稻』，孔穎達《正義》：『藉，踐履之義。』《史記·魏其武安侯列傳》『今我在也，而人皆藉吾弟』，司馬貞《索隱》：『晉灼云「藉，蹈也。以言蹂藉之。」』禁，止。行甫按：猶言人可得而辱之。

〔五〕**弦歌鼓琴未嘗絕音**　絕，斷，停止。《秋水》：『孔子遊於匡，宋人圍之數匝，而弦歌不輟。』**君子之无恥也若此乎**　君子，有身份有教養的人。之，猶而。恥，辱。行甫按：无恥，猶言不以爲辱。

〔六〕**顏回无以應** 應，猶對。**入告孔子** 入，入孔子之室。**孔子推琴喟然而嘆** 推，猶排開。喟然，嘆息貌。**由與賜** 由，子路之名。賜，子貢之名。行甫按：子路，姓仲，名由。子貢，姓端木，名賜。**細人也** 細人，猶小人。**召而來** 而，猶以。**吾語之** 語，說。行甫按：語之，猶言跟他們談談。

〔七〕**子路子貢入** 入，進孔子之室。**如此者可謂窮矣** 如此者，如上述諸事。謂，猶爲。窮，困厄。矣，猶乎。《論語·衛靈公》：『衛靈公問陳於孔子。孔子對曰：「俎豆之事，則嘗聞之矣。軍旅之事，未之學也。」明日遂行。在陳絕糧，從者病，莫能興。子路慍見，曰：「君子亦有窮乎？」子曰：「君子固窮，小人窮斯濫矣。」』可與本文相參證。

〔八〕**是何言** 是，猶此。**君子通於道之謂通** 通，猶貫。道，猶言思想學說與行爲方式。《論語·里仁》『子曰：參乎！吾道一以貫之』，是『通於道』之義。**窮於道之謂窮** 窮，不通。行甫按：窮於道，猶言思想學說與行爲方式未能貫通。行甫又按：思想學說與行爲方式，即所謂道與德，亦所謂學與術。**今丘抱仁義之道以遭亂世之患** 抱，猶懷。以，猶而。遭，逢。患，猶憂。行甫按：猶言道德或學術已備而不能行。**其何窮之爲** 其，猶此。爲，猶謂。與上『謂窮』相照應。行甫按：子路所謂『窮』，與孔子所謂『窮』，概念內涵有所不同。

〔九〕**故內省而不窮於道** 內，猶內心。省，音醒，察視。**臨難而不失其德** 臨，猶面對。難，艱難，困厄。其，猶於。德，合於道的行爲方式。**天寒既至** 天寒，當爲大寒。俞樾《平議》：『「天」乃「大」字之誤。《國語·魯語》「大寒降」，韋昭注曰：「謂季冬建丑之月，大寒之後也。」若作「天寒既至」，失其義矣。《呂氏春秋·慎人》篇亦載此事，正作「大寒」。』既，猶已。至，猶來。**霜雪既降** 霜雪，趙諫議本作霜露。降，猶下。**吾是以知松柏之茂** 是以，因此。之，猶如此。茂，猶繁榮蕪茂。王孝魚《校記》：『《闕誤》引江南古藏本茂也下有「桓公得之莒，文公得之曹，越王得之會稽」十六字。』王叔岷《校詮》：『下文「陳蔡之隘，於丘其幸乎」，正承此言，《呂氏春秋》亦有此文，桓公上更有「昔」字，疑江南古藏本脱之。』行甫按：當據《呂氏春秋》補十七字。齊桓公因無知之亂而奔莒，後返國爲君；晉文公遭驪姬之難流亡過曹，遇曹共公之辱，秦穆公助其返國；越王句踐敗於吳，於會稽臥薪嘗膽，終於復國。**陳蔡之隘**　隘，猶狹，猶言困境。**於丘其幸乎**　其，猶乃。幸，猶言免凶而得福吉。《説文》：『幸，吉而免凶也，從屰從夭；夭，死之事；死謂之不幸。』行甫按：幸，猶言意外之得。成玄英《疏》『因難顯德，可謂幸矣』，得其意。

〔一〇〕**孔子削然反琴而弦歌**　削然，猶砉然。成玄英《疏》：『取琴聲也。』反，猶拉回，與上文『推』字相關聯。**子路扢然執干而舞**　扢（音戲）然，《釋文》：『李云：奮舞貌。』干，楯。而，猶以。**子貢曰吾不知天之高也地之下也**　天之高地之下，不測高深。行甫按：猶言不知孔子之道德學術如此弘通廣大。

〔一一〕**古之得道者窮亦樂通亦樂**　樂，亦猶思之樂。參見上文第九章顔回所謂『足以自樂』釋義。**所樂非窮通**　非，猶不在於。**道德於此**　道德，猶言思想境界及行爲方式。於，猶如。行甫按：古之得道者云云，乃作者評論之言，其所謂『道德』與『窮通』又與上文孔子所謂『道德』與『窮通』在概念内涵上有所不一致，而與子路所謂『窮』趨同。**則窮通爲寒暑風雨之序**　序，自然節序。行甫按：猶言『窮』與『通』不過如自然節候之不斷推移而已，既無可拒，亦無可懼，安之若命。

〔一二〕**故許由娛於潁陽**　娛，猶愉。潁陽，潁水之北。**而共伯得乎共首**　共伯，共伯和，周王之裔，食封於共。厲王失國，天子曠絕，共伯和攝王位行王政。宣王既立，返政於宣王，歸於本邑。得，猶言得意。共首，共丘之首。

此乃本篇第十一章，言境界高遠的有道之士，視『窮通爲寒暑風雨之序』，命運的安排而已。是以孔子雖屢遭厄運，卻無以介懷，『弦歌鼓琴，未嘗絕音』，永遠保持著快樂適意的人生態度。

【繹文】

孔子在陳國與蔡國的邊境上遭到斷炊的困厄，七天都沒有吃到熟食，藜蒿羹湯裏也沒有放一粒米，臉色很是疲困，可是他卻在室內彈琴唱歌，快樂不已。顔回在外面擇著藜蒿，聽子路與子貢兩人之間的對話說：『先生兩次被魯國趕出國門，到衛國被衛國人鏟除腳印，到宋國司馬桓魋要殺他，故意砍倒了他身後的大樹，在宋國與衛國遭到如此險厄，又在陳國與蔡國的邊境受到如此圍困，殺死先生不受法律的制裁，踢踹先生沒有誰會制止。然而先生彈琴唱歌，歌聲琴聲未嘗停止過，有身份有教養的人物竟然毫無羞恥到如此地步嗎？』

顔回無言對答，進入內室告訴孔子。孔子推開所撫之琴，長嘆一聲之後說：『仲由與端木賜，這兩個小人。叫他們進來，我跟他們好好談談。』

子路和子貢進來了。子路說：『像剛才說的這些事情，不就是困厄不通嗎？』

孔子說：『這是什麼話呀！有身份有教養的人在思想理論與行爲方式上貫通一致，這就叫作通達；思想理論與行爲方式不能貫通一致，這就叫作困厄。如今我懷抱仁愛與正義的思想學說，卻遭到世道混亂的憂患，這哪裏能叫作困厄呢？所以反省我內在的思想學說，沒有不能貫通的；面對生存維艱的現實處境，沒有喪失與我思想學說相符應的行爲方式。嚴寒已經來臨，霜雪已經下降，我因此才知道松柏是如此繁茂了。（齊桓公遭到無知之亂，出逃到莒國，艱難備嘗。晉文公遭驪姬之難，流亡於諸侯，受到曹國君主的侮辱。越王句踐兵敗於吴國，棲息於會稽臥薪嘗膽。）陳國與蔡國的這點困苦，對於我來說，正好是打通我的理論學説與行爲方式的莫大幸遇！』

孔子嘩地拉回剛才推開的琴身，繼續彈琴與唱歌，子路奮然操起作爲道具的盾牌跳起舞來。子貢説：『我不知道天有多高，也不知道地有多厚啊！』

古代具有崇高精神境界的人，處身於困厄也快樂，處身於通達也快樂。之所以快樂的原因並不在於困厄與通達本身，而在於他們的思想學説與行爲方式就是如此，因而把困厄與通達看作冬夏的季節推移與風雨的氣候變化一樣自然而然了。所以許由在潁水之北開心愉悦，共伯和回到共丘山頭快樂適意。

［一二］

舜以天下讓其友北人无擇，〔一〕北人无擇曰：『異哉后之爲人，居於畎畝之中而遊堯之門！〔二〕不若是而已，又欲以其辱行漫我。吾羞見之。』〔三〕因自投清泠之淵。〔四〕

【釋義】

〔一〕**舜以天下讓其友北人无擇**　北人无擇，成玄英《疏》：『北方之人，名曰無擇，舜之友人也。』俞樾《人名考》：『《廣韻》二十五德『北』字注：「古有北人無擇。」則「北人」是複姓。《漢書・古今人表》作「北人亡擇」。』行甫按：雖爲虛擬人名，亦當以複姓爲是。

〔二〕**異哉后之爲人也**　異，猶怪。后，君。**居於畎畝之中而遊堯之門**　居，猶處。畎畝，猶農田。《釋文》：『司馬云：壟上曰畝，壟中曰畎。』《說文》：『〈，小水流也，《周禮》匠人爲溝洫，枱廣五寸，二枱爲耦；一耦之伐，廣尺深尺，謂之〈。倍〈謂之遂，倍遂曰溝，倍溝曰洫，倍洫曰巜。凡〈之屬皆從〈。甽，古文〈從田川，田之川也。畎，篆文〈，從田，犬聲。六畎爲一畮。』行甫按：畎畝，猶言溝壟。古之田畝，乃溝壟縱橫交錯，以通水利。遊，猶言奔走。行甫按：舜居於畎畝而遊堯之門，乃恥辱，即下文之『辱行』。

〔三〕**不若是而已**　不若是，不僅如此。已，猶止。**又欲以其辱行漫我**　漫，瀆，浸漫。行甫按：猶言舜自取其辱倒也罷了，卻不止於此，又欲以其辱行瀆漫於我。**吾羞見之**　羞，猶恥。

〔四〕**因自投清泠之淵**　清泠之淵，虛擬之淵水名。《釋文》：『《山海經》云：在江南。一云：在南陽郡西崿山下。』行甫按：清泠，猶清冽，與濁人濁世相對照。

此乃本篇第十二章，言北人无擇恥於舜讓，『自投於清泠之淵』，以示寧死也不願染指富貴的決絕態度。

【繹文】

舜想把天下讓給他的朋友北人无擇，北人无擇說：『奇怪啊，帝君這個人的作派！處身壟畝之中卻奔走於帝堯之門接受了天下。自取其辱倒也罷了，且不就此罷手，又想把自己的恥辱行爲潑撒到我身上。我見到他都是羞恥。』於是跳入清泠之淵自沈而死。

[一三]

湯將伐桀，因卞隨而謀。卞隨曰：『非吾事也。』

湯曰：『孰可？』曰：『吾不知也。』〔一〕

湯又因瞀光而謀，瞀光曰：『非吾事也。』

湯曰：『孰可？』曰：『吾不知也。』〔二〕

湯曰：『伊尹何如？』曰：『强力忍垢，吾不知其他也。』〔三〕

湯遂與伊尹謀伐桀，剋之，以讓卞隨。〔四〕卞隨辭曰：『后之伐桀也謀乎我，必以我爲賊也；〔五〕勝桀而讓我，必〔以〕我爲貪也。〔六〕吾生乎亂世，而无道之人再來漫我以其辱行，吾不忍數聞也。』乃自投椆水而死。〔七〕

湯又讓瞀光曰：『知者謀之，武者遂之，仁者居之，古之道也。吾子胡不立乎？』〔八〕

瞀光辭曰：『廢上，非義也；殺民，非仁也；人犯其難，我享其利，非謙也。〔九〕吾聞之曰：非其義者，不受其祿；无道之世，不踐其土。〔一〇〕況尊我乎！吾不忍久見

也。』乃負石而自沈於廬水。〔一二〕

【釋義】

〔一〕**湯將伐桀**　《呂氏春秋·離俗》亦有此文。**因卞隨而謀**　因，猶就。卞隨，虛擬人名。成玄英《疏》：『姓卞，名隨。』**非吾事**　非吾事，猶言與己無關。**孰可**　孰，誰。可，適。**吾不知**　不知，不願介其事。

〔二〕**湯又因瞀光而謀**　瞀（音務）光，虛擬人名。《釋文》：『本或作務。』成玄英《疏》：『姓務，名光。』是成本作務。王孝魚《校記》：『趙諫議本作務，下同。』謀，猶咨詢。**吾不知**　瞀光亦不與不薦。

〔三〕**伊尹何如**　伊尹，名阿衡，以滋味干湯，湯以之爲相。**强力忍垢**　强力，猶言强壯多力。忍，忍受。垢，恥辱。《釋文》：『李云：弑君須忍垢也。』行甫按：猶言伊尹其人能勝任伐桀之事。**吾不知其他**　其他，另有優長之處。

〔四〕**湯遂與伊尹謀伐桀**　遂，終，竟。**剋之**　剋，勝。《說文》『勊，尤劇也，從力克聲』，段玉裁注：『剋者，以力制勝之謂，故其事爲尤勞。許書勊與克，義不同。克者，肩也；肩者，任也。勊之字譌而從刀作剋，猶劇之譌而從刀也。經典有克無剋，百家之書克剋不分而勊乃廢矣。』**以讓卞隨**　以，猶而。讓，推讓。

〔五〕**卞隨辭**　辭，推卻。**后之伐桀也謀乎我**　后，君。之，猶爲。乎，於。**必以我爲賊**　賊，殘害。《左傳》文公十八年：『毁則爲賊。』《史記·李斯列傳》：『從下制上謂之賊。』行甫按：卞隨所謂『賊』，亦卽破壞規則秩序，私自蓄兵養士，以下劫上之寇匪。

〔六〕**勝桀而讓我**　勝，猶剋。**必〔以〕我爲貪也**　以，王孝魚《校記》：『以字依世德堂本補。』貪，貪婪。

〔七〕**吾生乎亂世**　生，猶活。乎，於。**而无道之人**　无道，殘暴不守規則。**再來漫我以其辱行**　再，二次。漫，猶污漬。辱行，恥辱行爲。**吾不忍數聞**　數，猶屢。**乃自投椆水而死**　椆（音稠）水，水名。《釋文》：「本又作桐水。本又作稠。司馬本作洞，云：洞水在潁川。一云：在范陽郡界。』王叔岷《校詮》：『洪頤煊云：《水經·潁水》注：「《呂氏春秋》曰，卞隨恥受湯讓，自投此水而死。張顯《逸民傳》、嵇叔夜《高士傳》並言投洞水而死。」洞、潁聲相近。《史記·伯夷列傳·索隱》引作桐水，與此作椆水，皆洞字之譌。洪氏謂「洞、潁聲相近，洞、椆皆洞字之譌」，是也。《禮記·中庸》「衣錦尚絅」，《釋文》：「絅，本又作潁。」洞之通潁，猶絅之通潁也。據此，則司馬本作洞，洞亦洞之誤，洞誤爲洞，遂更誤爲桐、椆、稠諸字矣。』

〔八〕**知者謀之**　知，通智。**武者遂之**　武者，猶上文『强力』者。遂，竟，終。**仁者居之**　居，猶處。**古之道**　猶言古代通常做法。**吾子胡不立乎**　吾子，敬稱，猶今所謂『您』。胡，何。立，通位，猶言處其位。

〔九〕**廢上**　廢，猶替。**非義**　義，正義，道義。**殺民**　民，與上相對。**非仁**　仁，慈愛。**人犯其難**　犯，遭。《淮南子·主術》『犯患難之危』，高誘注：『犯，猶遭也。』**我享其利非謙**　享，猶受。成玄英《疏》：『享，受也。廢上，謂放桀也。殺民，謂征戰也。人犯其難，謂遭誅戮也。我享其利，謂受祿也。』

〔一〇〕**非其義者**　其，猶於。義，猶宜。行甫按：非其義者，猶言不是通過正當的方法或途徑。**不受其祿**　祿，祿位。**无道之世**　无道，秩序混亂無規則。行甫按：无道之世，猶上文『亂世』。**不踐其土**　踐，猶履。

〔一一〕**況尊我乎**　況，更。尊我，以我爲尊。行甫按：猶言於此無道之世而以我爲君。**吾不忍久見**　忍，忍受。久見，久見其無道之世。**乃負石而自沈於廬水**　負，背。廬水，水名。《釋文》：『司馬本作廬水，在遼東西界。一云：在北平郡界。』

此乃本篇第十三章，言卞隨不願受『賊』與『貪』之污名，『自投椆水而死』；瞀光不願受不義之君禪讓天下，亦『自沈於廬水』。此章與上章皆有表彰士人氣節之義，是乃『讓王』之必然引申。

【繹文】

商湯準備攻伐夏桀，於是找卞隨商謀此事。卞隨說：『不關我的事。』

商湯問：『誰合適呢？』卞隨答：『我不知道。』

商湯又找瞀光商謀此事，瞀光也說：『不關我的事。』

商湯仍然問：『誰合適呀？』瞀光同樣答道：『我不知道。』

不得已，商湯徵求他的意見，問道：『伊尹怎麼樣？』瞀光說：『身强體壯多力，能夠忍受恥辱。至於他有什麼別的長處，我就不知道了。』

商湯終於與伊尹謀劃攻打夏桀，滅亡了夏王朝，於是要把天下讓給卞隨。卞隨拒絕說：『君王以攻伐夏桀之事來找我謀劃，一定以爲我就是個不守規則的强盜；打敗了夏桀又要把天下讓給我，一定以爲我是個貪得無厭的小人。我活在這個混亂的時代，卻遭到殘暴不守規則的人一而再地來向我潑臟水，我實在難以忍受屢次聽到這些令人髮指的說辭。』因而跳進洞水把自己淹死了。

商湯又想把天下讓給瞀光，說道：『有智慧的人處心積慮謀取天下，有勇力的人完成謀略奪取天下，有仁心的人高居其位擁有天下，這是古代常行的辦法。您老人家爲什麼不願意就天子之位呢？』

瞀光推辭說：『興兵取代君主，不是正義的行爲；爭戰屠殺平民，不是仁慈的做法；別人冒險犯難，我坐享其成暴取名利，沒有謙退的格局。我也聽過這樣的說法：不是通過正當的方法，不能接受祿位；混亂失序沒有規則的世道，不能踏上這片土地。更何況還要把我推到至尊的位置上做天子呢？我不能忍受長期眼見這種混亂無序的世道！』於是背上一塊大石頭便沈入廬水自殺了。

[一四]

昔周之興，有士二人處於孤竹，曰伯夷、叔齊。〔一〕二人相謂曰：『吾聞西方有人，似有道者，試往觀焉？』〔二〕至於岐陽，武王聞之，使叔旦往見之，〔三〕與盟曰：『加富二等，就官一列。』血牲而埋之。〔四〕

二人相視而笑曰：『嘻，異哉！此非吾所謂道也。〔五〕昔者神農之有天下也，時祀盡敬而不祈喜；其於人也，忠信盡治而无求焉。〔六〕樂與政爲政，樂與治爲治，不以人之壞自成也，不以人之卑自高也，不以遭時自利也。〔七〕今周見殷之亂而遽爲政，上謀而下行貨，阻兵而保威，割牲而盟以爲信，揚行以說衆，殺伐以要利，是推亂以易暴也。〔八〕吾聞古之士，遭治世不避其任，遇亂世不爲苟存。〔九〕今天下闇，殷德衰，其並乎周以塗吾身也，不如避之以絜吾行。』〔一〇〕二子北至於首陽之山，遂餓而死焉。〔一一〕若伯夷、叔齊者，其於富貴也，苟可得已，則必不賴。〔一二〕高節戾行，獨樂其志，不事於世，此二士之節也。〔一三〕

【釋義】

〔一〕**昔周之興**　昔，過去。興，起，猶言發跡。**有士二人處於孤竹**　士，猶言讀書人。處，猶居。孤竹，國名。《釋文》：『司馬云：孤竹國，在遼東令支縣界。』王叔岷《校詮》：『舊誤遼東，據世德堂本訂正。《呂氏春秋·誠廉》篇高注：「孤竹國在遼西，殷諸侯國也。」**曰伯夷叔齊**　曰，猶爲。伯夷、叔齊，《釋文》：『其君之二子也。』

〔二〕**二人相謂**　相謂，猶對話。**吾聞西方有人**　西方，岐周在殷商之西。有人，猶言有一羣人。**似有道者**　有道，猶言有正義，有秩序，守規矩。**試往觀焉**　試，嘗試。焉，猶乎，謀度之詞。

〔三〕**至於岐陽**　岐陽，岐山之南。成玄英《疏》：『文王所都之地，今扶風是也。』**武王聞之**　武王，周文王之子姬發。**使叔旦往見之**　叔旦，武王弟姬旦。

〔四〕**與盟**　盟，猶言約信。**加富二等**　加，增。富，財富。行甫按：加富二等，猶言加封采邑爲二等諸侯。**就官一列**　就，即。行甫按：就官一列，猶言入官公卿之位。**血牲而埋之**　血牲，殺牲歃血。埋之，將盟書加於牲體之上埋入坎中。成玄英《疏》：『其時文王已崩，武王登極，將欲伐紂招慰賢良，故令周公與其盟誓，加祿二級，授官一列，仍牲血釁其盟書，埋之壇下也。』

〔五〕**二人相視而笑**　相視而笑，彼此會心而譏笑。**嘻**　嘻，怪訝之嘆。**異哉**　異，猶不同。**此非吾所謂道**　非吾所謂道，與上文『似有道者』相關聯，猶言非吾事先所想象之『有道』。

〔六〕**昔者神農之有天下**　之，猶所以。有天下，得天下。**時祀盡敬而不祈喜**　時祀，四時之祭。盡，猶極，竭。祈，猶求。喜，福。俞樾《平議》：『「喜」當作「禧」。《爾雅・釋詁》：「禧，福也。」「不祈喜」者，不祈福也。《呂氏春秋・誠廉》篇作「時祀盡敬而不祈福也」，與此字異義同。』**其於人也忠信盡治而无求**　其，猶且。忠信，誠實無欺。盡治，猶言極盡治理之職事。无求，不求利。

〔七〕**樂與政爲政**　樂，猶喜。與，猶從。政，通正，善。《儀禮・士喪禮》『決用正』，鄭玄注：『正，善也。』政，猶治。**樂與治爲治**　治，猶聽。《周禮・掌訝》『令訝，訝治之』，孫詒讓《正義》：『《聘禮》注引此經作「令訝聽之」。案：治聽義同。彼經云：「賓三拜乘禽於朝，訝聽之。」又《記》云：「凡賓客拜於朝，訝聽之。」《公食大夫禮》云：「明日，賓朝服拜賜於朝，訝聽之。」』治，猶政。行甫按：二句前『政』、『治』與後『政』、『治』意義稍別，猶言樂於從善爲政，樂於從聽爲治。成玄英《疏》『爲政順事，百姓緝理，從於物情』，是。**不以人之壞自成**　壞，敗。成，成就。**不以人之卑自高**　卑，卑賤。高，高貴。**不以遭時自利**　時，猶凶時。《尚書・盤庚中》『鮮以不浮於天時』，拙著《釋讀》：『天時，猶天之凶時也。』行甫按：時，與上文『壞』、『卑』相對，則非『吉時』之義，猶言不以他人遭遇凶荒之時而自利。成玄英《疏》『終不幸人之災以爲己福，願人之險以爲己利也』，是。

〔八〕**今周見殷之亂而遽爲政**　遽，猶速。成玄英《疏》：『速爲治政，彰紂之虐。』**上謀而下行貨**　上，通尚。郭慶藩《集釋》：『王念孫曰：上謀而下行貨，下字後人所加也。上與尚同。上謀而行貨，阻兵而保威，句法正相對。後人誤讀上爲上下之上，故加下字耳。《呂氏春秋・誠廉》篇正作上謀而行貨，阻兵而保威。』王孝魚《校記》：『高山寺本無下字。』行貨，猶言行賄。行甫按：此與上文『加富二等，就官一列』相關聯，猶言以爵祿爲賄賂。**阻兵而保威**　阻，恃。保，猶養。《說文》：『保，養也。』《呂氏春秋・誠廉》『阻丘而保威』，畢沅《新校正》：『保，亦當訓恃。』威，有威可畏。**割牲而盟以爲信**　割，猶殺。信，猶約。行甫按：此與上文『血牲而埋之』相照應，猶言以盟誓而約束誠信，已有不誠之心在。**揚行以說眾** 揚，顯揚。行，善行。說，通悅。行甫按：說眾，猶言取悅於眾。《史記·周本紀》『西伯陰行善，諸侯皆來決平。諸侯聞之，曰「西伯蓋受命之君」』，是其事。**殺伐以要利** 要，猶劫取。**是推亂以易暴** 推，猶移。易，取代。行甫按：推亂以易暴，猶言以己之亂政推移至殷商以改變其暴政。《史記·伯夷列傳》『以暴易暴兮，不知其非矣』，是其義。

〔九〕**吾聞古之士** 士，節慨之士。**遭治世不避其任** 避，猶逃避。任，猶責任。**遇亂世不爲苟存** 苟，偷。行甫按：苟存，猶言苟且偷生。

〔一〇〕**今天下闇** 今，當今。闇，混亂黑暗。**殷德衰** 殷德，猶言殷商社會風氣。行甫按：德，就個人而言，指行爲方式；就國家而言，指治國舉措。行爲方式表現於個人行爲與品質，治國舉措表現於社會風尚與習俗。王孝魚《校記》：『殷字依高山寺本及《闕誤》引江南古藏本李氏本改。』王叔岷《校詮》：『《闕誤》引江南古藏本周作殷，褚伯秀以作殷爲是。案周作殷，疑淺人所改，「周德衰」對上文「周之興」而言。「周之興」殷德已衰，此何待言「殷德衰」乎？「周之興」，是文王有道之時。「周德衰」，武王以臣弒君也。《呂氏春秋》亦作周。』行甫按：王氏《校詮》之說，似是而實非。此言殷與周或亂或暴，無所適從，乃有『避之以絜吾行』之舉。王氏脫離本章全文語境爲說，尋行數墨之論耳。呂氏門客，抄撮本文，亦不解文意，擅自改殷爲周耳，不可信據。**其並乎周以塗吾身** 其，猶寧，與其，選擇之詞。並，相從。乎，於。塗，泥。成玄英《疏》：『塗，污也。』行甫按：塗，動詞，猶言沾上泥塗。**不如避之以絜吾行** 絜，通潔。

〔一一〕**二子北至於首陽之山** 首陽之山，成玄英《疏》：『首山在蒲州城南近河是也。』《論語·季氏》『伯夷、叔齊餓於首陽之下』，馬融曰：『首陽山在河東蒲坂縣華山之北河曲之中。』行甫按：今山西永濟市西南蒲州鎮南。**遂餓而死焉** 遂，終，竟。焉，猶於此。

〔一二〕**若伯夷叔齊** 若，猶如。**其於富貴也苟可得已** 苟，猶若，假設之詞。已，猶也。**則必不賴** 賴，取。王念孫云：『賴者，《方言》：賴，取也。』

〔一三〕**高節戾行** 節，氣節。戾，猶至。《小雅·采芑》『其飛戾天』，毛《傳》：『戾，至也。』**獨樂其志** 獨，猶特。志，猶志向。**不事於世** 不事，猶言不任職。**此二士之節** 節，猶操守。《戰國策·趙策二》：『進退謂之節。』行甫按：二士之節，猶言二人之進退操守。

此乃本篇第十四章，言伯夷與叔齊因失望於殷商王朝，從而對岐周部落抱有莫大期待，但發現周人之政更其惡劣。尤其野心勃勃，欲以不正當的手段圖謀滅商，不過是『推亂以易暴』而已。二人既不願與殷商同流，亦不願與周人合污，於是餓死於首陽山。實爲千古氣節之士！

【繹文】

先前周王朝剛剛發跡之時，有二位士人居住在遼河之西的孤竹國，名叫伯夷與叔齊。二人交換看法說：『我聽說西邊有一羣人，仿佛守秩序有規則，嘗試過去看看怎麼樣？』於是二人來到岐山之南，周武王姬發聽說他們到來周邦，便派他的弟弟姬旦去接見他們。與他們訂立盟約曰：『事成之後，增加采邑爲二等諸侯，官職列爲一等公卿。』然後殺牲歃血，盟書放置在牲體之上，掘土坑掩埋起來。

伯夷與叔齊二人互相對視而後笑著說：『哎呀，不一樣啊！這不是我們所理解的規則與秩序呀。過去神農氏得天下，四時祭祀竭盡敬畏之心卻不祈求福祉；對於民人，也忠實誠懇地盡力於太平卻對百姓沒有索取。樂意於順從善意來採取施政舉措，樂意於聽取民意來制訂治理國策，不會利用別人的失敗來成就自己，不會利用他人的卑賤來顯示自己高貴，更不會利用時世的艱難來牟取自己的私利。如今周人看準殷人的衰亂於是加快速度創造政績，崇尚陰謀詭計，大肆用高官厚祿來賄賂天下精英人士，仗恃著兵力雄厚，依靠著武力威脅，把殺牲歃血訂立盟約的手段當作誠信，用宣揚善行的方式討好周邊部落，通過殺戮與征伐來攫取利益，這就是推擴周人的亂政去取代殷人的暴政。我們聽說古代的知識精英，遭逢盛世不會逃避自己的責任與擔當，碰上亂世也不會偷生而苟活。如今天下昏暗一團漆黑，殷人的社會風氣既已衰敗不堪了，與其跟隨著周人以致沾上一身泥巴，還不如避開他們來保持我們的純潔品行。』二人行向北方，到達首陽這座荒山，最後就餓死在這裏了。像伯夷與叔齊這等人物，他們對待富貴，如果真的可以得到的話，他們一定不會苟取。崇高偉岸的氣節，義薄雲天的壯舉，尤其樂於實現自己的個人意志，不願任職於衰亂之世，這就是二位知識精英的出處進退與精神特操。

盜跖第二十九

盜跖，以首章中心人物爲篇名。本篇由三段人物對話所組成，主旨在於對人們習以爲常的是非觀念及歷史觀念乃至世俗所認可的某些毋庸置疑的行爲方式，作了深度的文化反思，亦是內篇《應帝王》之餘緒。

〔一〕

孔子與柳下季爲友，柳下季之弟，名曰盜跖。〔一〕盜跖從卒九千人，橫行天下，侵暴諸侯。穴室樞戶，驅人牛馬，取人婦女。貪得忘親，不顧父母兄弟，不祭先祖。〔二〕所過之邑，大國守城，小國入保，萬民苦之。〔三〕

孔子謂柳下季曰：『夫爲人父者，必能詔其子；爲人兄者，必能教其弟。若父不能詔其子，兄不能教其弟，則无貴父子兄弟之親矣。〔四〕今先生，世之才士也，弟爲盜跖，爲天下害，而弗能教也，丘竊爲先生羞之。丘請爲先生往說之。』〔五〕

柳下季曰：『先生言爲人父者必能詔其子，爲人兄者必能教其弟，若子不聽父之詔，弟不受兄之教，雖今先生之辯，將奈之何哉！〔六〕且跖之爲人也，心如涌泉，意如飄風，强足以距敵，辯足以飾非，順其心則喜，逆其心則怒，易辱人以言。先生必无往。』〔七〕

孔子不聽，顔回爲馭，子貢爲右，往見盜跖。盜跖乃方休卒徒大山之陽，膾人肝而餔之。〔八〕孔子下車而前，見謁者曰：『魯人孔丘，聞將軍高義，敬再拜謁者。』〔九〕

謁者入通。盜跖聞之大怒，目如明星，髮上指冠，曰：『此夫魯國之巧僞人孔丘非邪？〔一〇〕爲我告之：「爾作言造語，妄稱文武，冠枝木之冠，帶死牛之脅，多辭繆說，不耕而食，不織而衣，搖脣鼓舌，擅生是非，以迷天下之主，使天下學士不返其本，妄作孝弟而儌倖於封侯富貴者也。子之罪大極重，疾走歸！不然，我將以子肝益晝餔之膳！」』〔一一〕

孔子復通曰：『丘得幸於季，願望履幕下。』

謁者復通，盜跖曰：『使來前！』〔一二〕

孔子趨而進，避席反走，再拜盜跖。盜跖大怒，兩展其足，案劍瞋目，聲如乳虎，曰：『丘來前！若所言，順吾意則生，逆吾心則死。』〔一三〕

孔子曰：『丘聞之，凡天下有三德：生而長大，美好无雙，少長貴賤見而皆說之，此上德也；知維天地，能辯諸物，此中德也；勇悍果敢，聚衆率兵，此下德也。凡人有此一德者，足以南面稱孤矣。〔一四〕今將軍兼此三者，身長八尺二寸，面目有光，脣如激丹，齒如齊貝，音中黃鐘，而名曰盜跖，丘竊爲將軍恥不取焉。〔一五〕將軍有意聽臣，臣請南使吳越，北使齊魯，東使宋衛，西使晉楚，使爲將軍造大城數百里，立數十萬戶之邑，尊將軍爲諸侯，與天下更始，罷兵休卒，收養昆弟，共祭先祖。此聖人才士之行，而天下之願也。』〔一六〕

盜跖大怒曰：『丘來前！夫可規以利而可諫以言者，皆愚陋恆民之謂耳。今長大美好，人見而悅之者，此吾父母之遺德也。丘雖不吾譽，吾獨不自知邪？〔一七〕『且吾聞之，好面譽人者，亦好背而毀之。今丘告我以大城衆民，是欲規我以利而恆民畜我也。〔一八〕安可久長也！城之大者，莫大乎天下矣。堯、舜有天下，子孫无置錐之地；湯、武立爲天子，而後世絕滅；非以其利大故邪？〔一九〕

『且吾聞之，古者禽獸多而人少，於是民皆巢居以避之，晝拾橡栗，暮棲木上，故命之曰有巢氏之民。古者民不知衣服，夏多積薪，冬則煬之，故命之曰知生之民。〔二〇〕神農之世，臥則居居，起則于于，民知其母，不知其父，與麋鹿共處，耕而食，織而衣，无有相害之心，此至德之隆也。〔二一〕然而黃帝不能致德，與蚩尤戰於涿鹿之野，流血百里。堯、舜作，立羣臣，湯放其主，武王殺紂。自是之後，以强陵弱，以衆暴寡。湯、武以來，皆亂人之徒也。〔二二〕

『今子脩文武之道，掌天下之辯，以教後世，縫衣淺帶，矯言僞行，以迷惑天下之主，而欲求富貴焉。盜莫大於子。天下何故不謂子爲盜丘，而乃謂我爲盜跖？〔二三〕子以甘辭說子路而使從之，使子路去其危冠，解其長劍，而受教於子，天下皆曰孔丘能止暴禁非。其卒之也，子路欲殺衛君而事不成，身菹於衛東門之上，是子教之不至也。〔二四〕子自謂才士聖人邪？則再逐於魯，削跡於衛，窮於齊，圍於陳蔡，不容身於天下。子教子路菹此患。上无以爲身，下无以爲人，子之道豈足貴邪？〔二五〕

『世之所高，莫若黄帝，黄帝尚不能全德，而戰涿鹿之野，流血百里。堯不慈，舜不孝，禹偏枯，湯放其主，武王伐紂，文王拘羑里。〔二六〕此六子者，世之所高也，孰論之，皆以利惑其真而强反其情性，其行乃甚可羞也。〔二七〕世之所謂賢士，伯夷、叔齊。伯夷、叔齊辭孤竹之君而餓死於首陽之山，骨肉不葬。〔二八〕鮑焦飾行非世，抱木而死。申徒狄諫而不聽，負石自投於河，爲魚鱉所食。〔二九〕介子推至忠也，自割其股以食文公，文公後背之，子推怒而去，抱木而燔死。〔三〇〕尾生與女子期於梁下，女子不來，水至不去，抱梁柱而死。此六子者，无異於磔犬、流豕、操瓢而乞者，皆離名輕死，不念本養壽命者也。〔三一〕世之所謂忠臣者，莫若王子比干、伍子胥。子胥沈江，比干剖心。此二子者，世謂忠臣也，然卒爲天下笑。自上觀之，至於子胥比干，皆不足貴也。〔三二〕丘之所以說我者，若告我以鬼事，則我不能知也；若告我以人事者，不過此矣，皆吾所聞知也。〔三三〕『今吾告子以人之情，目欲視色，耳欲聽聲，口欲察味，志氣欲盈。人上壽百歲，中壽八十，下壽六十，除病瘦死喪憂患，其中開口而笑者，一月之中不過四五日而已矣。〔三四〕天與地无窮，人死者有時。操有時之具而託於无窮之間，忽然无異騏驥之馳過隙也。不能說其志意，養其壽命者，皆非通道者也。〔三五〕『丘之所言，皆吾之所棄也。亟去走歸，无復言之！子之道，狂狂汲汲，詐巧虛僞事也，非可以全真也，奚足論哉！』〔三六〕

孔子再拜趨走，出門上車，執轡三失，目芒然无見，色若死灰，據軾低頭，不能出氣。〔三七〕歸到魯東門外，適遇柳下季。柳下季曰：『今者闕然數日不見，車馬有行色，得微往見跖邪？』孔子仰天而嘆曰：『然。』〔三八〕

柳下季曰：『跖得无逆汝意若前乎？』〔三九〕

孔子曰：『然。丘所謂无病而自灸也，疾走料虎頭，編虎須，幾不免虎口哉！』〔四〇〕

【釋義】

〔一〕**孔子與柳下季爲友** 柳下季，春秋時魯國人展禽。《釋文》：『柳下惠，姓展，名獲，字季禽。一云：字子禽，居柳下而施惠。一云：惠，謚也。一云：柳下，邑名。案《左傳》云：展禽是魯僖公時人，至孔子生八十餘年，若至子路之死百五六十歲，不得爲友，是寄言也。』**柳下季之弟名曰盜跖** 名，猶言名聲。行甫按：『名曰盜跖』與『曰盜跖』，義有不同：『曰盜跖』，指其人本名；『名曰盜跖』，指人稱之爲盜跖，非其本名。盜跖，上古著名盜寇之名。《釋文》：『李奇注《漢書》云：跖，秦之大盜也。』郭慶藩《集釋》引俞樾《人名考》：『《史記·伯夷列傳·正義》又云：「蹠者，黄帝時大盜之名。」是跖之爲何時人，竟無定説。孔子與柳下惠不同時，柳下惠與盜跖亦不同時，讀者勿以寓言爲實也。』王叔岷《校詮》：『《史記正義》云：「蹠者，黄帝時大盜之名。以柳下惠弟爲天下大盜，故世放古，號之曰盜蹠。」蹠與跖同。』

〔二〕**盜跖從卒九千人** 從卒，跟隨盜跖之人衆。**橫行天下** 橫行，無理而行。《荀子·修身篇》『橫行天下』，楊倞注：『橫行，不順理而行也。』《戰國策·西周策》『則令不橫行於周矣』，鮑彪注：『橫行，無畏忌也。』**侵暴諸侯** 暴，虐。**穴室樞戶** 穴，猶穿洞。樞，通摳，猶侵入。《釋文》：『尺朱反。徐若溝反。司馬云：破人戶樞而取物也。』孫詒讓《札迻》：『依徐音，則樞爲摳，殷敬順《列子釋文》云：「摳，探也。」樞、摳聲類同，形亦相近。』王孝魚《校記》：『《闕誤》引劉得一本樞作摳。』**驅人牛馬** 驅，强行驅趕。**取人婦女** 取，强行佔有。**貪得忘親** 貪，猶欲求。忘，通亡，猶無。親，親情。**不顧父母兄弟** 顧，念視。《小雅·正月》『屢顧爾僕』，鄭《箋》：『猶視也，念也。』**不祭先祖** 祭，祀。行甫按：二句補充『貪得忘親』之義。

〔三〕**所過之邑** 過，經過。邑，猶都邑。**大國守城** 大國，實力雄厚之都城。**小國入保** 保，塢堡。行甫按：大國據城拒寇，小國無城可守，入塢堡以自藏。**萬民苦之** 苦，猶患。

〔四〕**夫爲人父** 夫，猶凡，非一之詞。**必能詔其子** 詔，教。**爲人兄者必能教其弟** 教，誨。**若父不能詔其子兄不能教其弟** 若，猶如。**則无貴父子兄弟之親** 則，猶即。貴，猶看重。親，親情。

〔五〕**今先生**　今，猶若。**世之才士**　世，猶當世。才士，才能之士。**弟爲盜跖**　爲，猶成爲。行甫按：弟爲盜跖，由此語益證『盜跖』之名固已有之。**爲天下害**　害，禍患。**而弗能教**　而，猶乃。**丘竊爲先生羞之**　竊，猶暗自。羞，猶恥。**丘請爲先生往說之**　說，猶勸誡。

〔六〕**先生言爲人父者必能詔其子**　言，猶講說。**爲人兄者必能教其弟若子不聽父之詔**　若，如，假設之詞。**弟不受兄之教雖今先生之辯**　雖，卽使。今，猶若。**將奈之何**　將，猶當。奈，猶如。

〔七〕**且跖之爲人**　且，猶又，更端之詞。**心如涌泉**　涌泉，言其詭計多端。**意如飄風**　意，猶心思。飄風，言其捉摸不定。**强足以距敵**　强，猶壯健。距，通拒。王孝魚《校記》：『世德堂本距作拒。』**辯足以飾非**　辯，猶口才。飾，文飾，美化。非，猶過錯。**順其心則喜逆其心則怒**　喜，樂。怒，忿。**易辱人以言**　易，輕易。辱，羞辱。**先生必无往**　无，通毋，止之。

〔八〕**孔子不聽**　聽，猶服。《左傳》成公四年『諸侯聽焉』，杜預注：『聽者，服也。』**顔回爲馭**　馭，猶御。《說文》：『御，使馬也。馭，古文御，從又馬。』**子貢爲右**　右，車右。**往見盜跖盜跖乃方休卒徒大山之陽**　乃方，猶正好，虛詞連用。休，猶歇。卒徒，猶人衆。大，音太，卽泰山。陽，南面。**膾人肝而餔之**　膾，細切肉絲。餔，食。《釋文》：『餔，日申時食也。』行甫按：日申時食，猶今日晚餐之時。段玉裁《說文注》：『引申之義，凡食皆曰餔。』

〔九〕**孔子下車而前**　前，上前。**見謁者**　謁者，專掌傳達之人。**魯人孔丘**　行甫按：通謁自報家門。**聞將軍高義**　將軍，對謁者指盜跖。高義，崇高的正義與氣節。**敬再拜謁者**　再拜，兩拜。

〔一〇〕**謁者入通**　通，猶通報。**目如明星**　明星，狀其眼眸明亮。**髮上指冠**　上指，頭髮直竪，狀其憤怒。

此夫魯國之巧僞人孔丘非邪 夫，猶彼。巧，巧詐。僞，做作。

〔一一〕**爲我告之爾作言造語** 爾，你，對謁者指孔丘。作言造語，猶言造作理論學說。**妄稱文武** 妄，虛。《法言·問神》：『無驗而言之謂妄。』文武，周文王、武王。**冠枝木之冠** 枝木之冠，《釋文》：『司馬云：冠多華飾，如木之枝繁。』**帶死牛之脅** 脅，音協，兩膀。《釋文》：『司馬云：取牛皮爲大革帶。』**多辭繆説** 辭，言辭。繆，通謬，《説文》：『謬，狂者之妄言也。』章太炎《解故》：『繆猶繁也。《庚桑楚》篇曰「外韄者不可繁而捉，內韄者不可繆而捉」，《説文》「繆，枲之十絜也」，故引伸得爲繁。「繁説」與「多辭」同意。今人以繆爲亂而繁亦可訓亂，皆最後引伸之義，非此「繆説」之訓也。』行甫按：二説皆通，然章説持之有故。**不耕而食不織而衣** 不耕不織，猶言不勞而獲。**搖脣鼓舌** 搖，猶動。鼓，亦動。**擅生是非** 擅，猶專。**以迷天下之主** 迷，猶惑。主，人君。**使天下學士不返其本** 本，純樸自然。**妄作孝弟而儌倖於封侯富貴** 作，猶興。孝，敬父母。弟，音悌，愛兄長。《釋文》：『本亦作悌。』儌，通僥。《説文》『僥，幸也』，段玉裁注：『幸者，吉而免凶也。引申之曰欽幸，亦曰僥幸；俗作僥倖、儌倖、徼倖，皆非也。凡《傳》言「徼福」，皆當作「僥福」爲正。』行甫按：僥倖，猶言不期而中，不冀而得；或冀少而得多，預凶而得吉。封侯，裂土分封爲諸侯。**子之罪大極重** 極，通殛，誅。俞樾《平議》：『言罪大而誅重也。極、殛古字通，《書·洪範》篇「鯀則殛死」，《多士》篇「大罰殛之」，僖二十八年《左傳》「明神殛之」，昭七年《傳》「昔堯殛鯀於羽山」，《釋文》並云「殛，本作極」。』**疾走歸** 疾，速。走，趨，快走。**不然我將以子肝益晝餔之膳** 益，加。晝餔，猶言中餐。膳，食。行甫按：自『爲我告之』至此，皆謁者傳達盜跖之言。

〔一二〕**孔子復通** 復通，再次請求謁者通報。**丘得幸於季** 得幸，得意外之福。《漢書·伍被傳》『不可以徼幸邪』，顏師古注：『幸，非望之福也。』季，柳下季。行甫按：聞將軍高義，先以恭維誇讚套近乎；得幸於季，繼而動以兄弟之情誼。**願望履幕下** 願望，希望，同義複詞。履，猶踏。幕下，帳下。《釋文》：『司馬本幕作綦，云：言視不敢望跖面，望履結而還也。』成玄英《疏》：『不敢正覩儀容，願履帳幕之下。亦有作綦字者，綦，履跡也。願履綦跡，猶看足下。』行甫按：猶言希望到帳下走一遭，乃委婉語。**謁者復通** 復通，再次向盜跖通報。**使來前** 來，進來。前，面前。

〔一三〕**孔子趨而進** 趨，疾走，以示恭敬。進，猶入。**避席反走** 避席，繞開坐席。反走，後退而行。《釋文》：『小卻行也。』行甫按：設席見客，客避席反走，以示恭敬主人。**再拜盜跖盜跖大怒** 再拜，拜兩次。**兩展其足** 展，猶伸開。行甫按：兩展其足，猶箕踞，岔開伸直兩腿，侮嫚之勢。**案劍瞋目** 案，通按，手壓腰中之劍。瞋目，圓睜雙眼。**聲如乳虎** 乳虎，哺乳母虎，凶猛異常。**來前** 提請聽者注意，非僅喚其上前。**若所言** 若，爾，你；亦猶如，假設之詞。**順吾意則生** 生，活。**逆吾心則死** 逆，違。

〔一四〕**凡天下有三德** 凡，非一之詞。德，猶言品質。**生而長大** 生，猶言天生。長大，身材高大。**美好无雙** 无雙，沒有相與媲美者。**少長貴賤見而皆說之** 說，音悅。**此上德** 上，猶言最高。**知維天地** 知，通智。維，周絡，包羅。**能辯諸物** 能，能夠。辯，讀辨，辨別。**此中德** 次等品質。**勇悍果敢** 勇悍，有勇力。果敢，有決斷也。**聚眾率兵** 猶言聚兵興亂。**此下德** 下德，末等品質。**凡人有此一德** 凡，猶夫，若。**足以南面稱孤** 南面，君臨天下。稱孤，猶言自稱寡人。

〔一五〕**今將軍兼此三者** 兼，猶並。**身長八尺二寸** 行甫按：相當今之身高一米八以上。**面目有光** 面目，猶言臉色。有光，有光彩。**脣如激丹** 激，《釋文》：『司馬云：明也。』章太炎《解故》：『激，借爲敫，

《說文》「敫，光景流也，讀若龠」，故司馬訓明。』丹，赤石。**齒如齊貝** 齊，整齊。貝，白色小貝殼。《釋文》：『一本作含貝。』行甫按：言牙齒整齊而潔白。**音中黃鐘** 中，猶合。黃鐘，樂律之一。行甫按：猶言聲音洪亮。**而名曰盜跖** 而，猶乃。曰，猶爲。**恥不取焉** 恥，辱。取，猶受。《禮記・喪服大記》『取衣者亦以篋』，鄭玄注：『取，猶受也。』

〔一六〕**將軍有意聽臣** 聽，猶從。**臣請南使吳越北使齊魯東使宋衛西使晉楚** 猶言遍請四方諸侯。**使爲將軍造大城數百里立數十萬戶之邑** 造城立邑，猶言構築都城，劃分采地。**尊將軍爲諸侯** 尊，推尊。**與天下更始** 更，改變，重新。行甫按：更始，猶言痛改前非，重新開始。**罷兵休卒** 罷，猶休。**收養昆弟** 昆弟，猶言兄弟。**共祭先祖** 共，與兄弟共。行甫按：此與上文『不顧父母兄弟，不祭先祖』相照應。或讀『共』爲『供』，非其義。**此聖人才士之行** 聖人才士，亦爲恭維語。王叔岷《校詮》：『孔子稱柳下季爲才士，亦以才士勉盜跖。』行，行爲。**而天下之願也** 而，猶乃。願，猶望。

〔一七〕**丘來前** 行甫按：再呼『來前』，以示憤怒。**夫可規以利而可諫以言者** 夫，猶凡。規，猶勸說。諫，規勸。以，猶用。**皆愚陋恆民之謂** 愚，愚昧。陋，淺薄。恆，猶常。謂，猶言稱說之對象。**今長大美好** 今，猶若。**人見而悅之者此吾父母之遺德** 遺，猶傳。德，猶言天性。《淮南子・齊俗》：『得其天性謂之德。』行甫按：父母之遺德，猶言父母遺傳之天性，意謂人之體貌乃由天生。**丘雖不吾譽** 雖，即使。譽，讚美。**吾獨不自知** 獨，猶豈。

〔一八〕**好面譽人者** 好，猶喜。面，猶當面。**亦好背而毀之** 背，猶背後。毀，猶誹謗。**今丘告我以大城衆民** 告，猶許諾。**是欲規我以利而恆民畜我** 是，猶此。畜，猶待。

〔一九〕**安可久長**　安，猶何，豈。行甫按：句首承前省『大城衆民』四字。**城之大者**　之，猶有。**莫大乎天下**　莫，沒有，無定代詞。**堯舜有天下**　有，猶得。**子孫无置錐之地**　置，通植，猶立。錐，長而尖之銳器。**湯武立爲天子**　立，猶位。**而後世絕滅**　絕，斷。滅，亡。**非以其利大故邪**　以，猶因。

〔二〇〕**於是民皆巢居以避之**　於是，因此。巢，構窠於樹。**晝拾橡栗**　橡栗，橡子樹與栗子樹之果實。**暮棲木上**　棲，人如鳥在巢上。《說文》：『西，鳥在巢上也。象形，日在西方而鳥西，故因以爲東西之西。棲，西或從木妻。』**故命之曰有巢氏之民**　命，猶名。曰，猶爲。**古者民不知衣服夏多積薪**　積薪，猶言積累木柴。**冬則煬之**　煬，向火。參見《寓言》『煬者避竈』釋義。行甫按：猶言夏日積薪，冬日用以向火取暖。**故命之曰知生之民**　知生，猶言懂得生存。

〔二一〕**臥則居居起則于于**　居居，于于，成玄英《疏》：『居居，安靜之容。于于，自得之貌。』《應帝王》『泰氏其臥徐徐，其覺于于』，《釋文》：『司馬云：徐徐，安穩貌。于于，無所知貌。』行甫按：司馬與成氏之說，可互相備。居，處，止。于，迂，大。『居居』猶止止，靜；『于于』，猶迂迂，閒。**民知其母不知其父**　羣居而雜處。**與麋鹿共處**　與動物爲羣，既無主體意識，亦無人類意識。《應帝王》『一以己爲馬，一以己爲牛』，是其義。**耕而食織而衣**　人皆自給自足，無商旅貿易。**无有相害之心**　相害，侵奪互害。**此至德之隆**　至德，社會風尚極爲淳樸。隆，猶盛。

〔二二〕**然而黃帝不能致德**　然而，轉折之詞。黃帝，至黃帝之時。致德，達到此淳樸社會風尚。**與蚩尤戰於涿鹿之野流血百里**　蚩尤，《釋文》：『《漢書音義》云：古之天子。一曰庶人貪者。』行甫按：傳說蚩尤善作兵，當是最初的兵器發明者。涿鹿，地名。《釋文》：『司馬云：故城今在上谷郡西南八十里。』行甫按：其地當在今河北涿州境。**堯舜作** 作，興起。**立羣臣** 猶言設置朝廷，建立公權力。**湯放其主** 放，放逐。主，夏桀。成玄英《疏》：『放桀於南巢也。』**武王殺紂** 紂，商王帝辛。**自是之後** 是，此。**以强陵弱** 陵，欺淩。**以眾暴寡** 眾，多。暴，虐。寡，少。**湯武以來皆亂人之徒也** 亂人，興亂之人。徒，猶輩類。

〔二三〕**今子脩文武之道** 脩，通修，猶研治。文武，周文王、周武王。道，猶言治理學說。**掌天下之辯** 掌，猶言主宰。辯，猶言論。**以教後世** 以，猶用。世，猶代。行甫按：『以』後省之字，猶言以此『道』及『辯』教培後代。**縫衣淺帶** 縫，通逢，猶寬大。《釋文》：『摓衣，本又作縫。』《尚書·洪範》『子孫其逢』，李惇《羣經識小》：『古逢、豐聲義皆同也。』淺，猶博。《荀子·儒效篇》『逢衣淺帶』，楊倞注：『淺帶，博帶也。《韓詩外傳》作「逢衣博帶」，言帶博則約束衣服者淺，故曰淺帶。』行甫按：楊說未達一間。約束衣服深淺與帶之博狹無關，此以反義爲訓，猶亂之訓治，落之訓始，徂之訓存，故之訓今。**矯言僞行** 矯，猶過激。僞，猶欺詐。**以迷惑天下之主** 迷惑，惑，同義複詞。主，人君。**而欲求富貴焉** 而，猶乃，即。焉，猶耳。**盜莫大於子** 子，你。**天下何故不謂子爲盜丘而乃謂我爲盜跖** 謂，猶稱。爲，猶曰。

〔二四〕**子以甘辭說子路而使從之** 甘辭，猶言甜言蜜語。說，勸說。從，猶跟隨。**使子路去其危冠** 危冠，高冠。《釋文》：『李云：危，高也。子路好勇，冠似雄雞形，背負豭斗，用表己强也。』行甫按：豭斗，猶言以豬皮纏飾斗柄。《史記·張儀列傳》『乃令工人作爲金斗，長其尾，令可以擊人』，必『長其尾』故以『背負』之，言子路好勇鬬狠。**解其長劍** 解，釋。長劍，不言『豭斗』。**而受教於子** 而，猶乃。**天下皆曰孔丘能止暴禁非** 暴，猶亂。非，猶惡。《淮南子·修務》『立是廢非』，高誘注：『非，惡也。』**其卒之** 其，猶而，轉折之詞。**子路欲殺衛君而事不成** 衛君，衛莊公蒯聵。衛靈公太子，衛出公蒯輒之父。蒯聵與其子衛出公蒯輒爭位，子路維護時君出公蒯輒而與太子蒯聵戰於大夫孔悝家（孔悝乃孔文子之子，孔文子娶蒯聵之姊，子路爲孔氏家臣），冠纓斷，子路曰：『君子死，冠不免。』於是結纓而死。事見《左傳》哀公十五年、《史記·衛世家》及《仲尼弟子列傳》。**身菹於衛東門之上** 菹，通葅，剁成肉醬。《說文》：『葅，醢也；醢，肉醬也。』**是子教之不至** 至，及，猶到。

〔二一五〕**子自謂才士聖人** 自謂，自以爲。**則再逐於魯削跡於衛窮於齊** 窮，困厄。齊景公時，孔子在齊，遭晏嬰及諸大夫之讒，既不得封，亦不得位，遂去之。**圍於陳蔡不容身於天下** 行甫按：盜跖譏諷孔子自身困厄，不見容於諸侯，沒有資格教育後進，乃以子之矛攻子之盾。**子教子路菹此患** 菹此患，猶言遭受剁成肉醬這種災難。**上无以爲身下无以爲人** 上，猶高。爲，猶保。身，猶己。下，猶低。**子之道豈足貴** 道，理論學說，思想方法。足，猶得。貴，猶珍重。

〔二一六〕**世之所高** 世，世俗。高，猶尊。**莫若黃帝** 莫，無人。若，猶如。**黃帝尚不能全德** 尚，猶且。全，保全。德，猶品行。**而戰涿鹿之野流血百里** 而，猶乃。**堯不慈** 不慈，《釋文》：『不授子也。』成玄英《疏》：『謂不與丹朱天下。』行甫按：下文滿苟得曰『堯殺長子』，《釋文》：『崔云：堯殺長子考監明。』**舜不孝** 不孝，成玄英《疏》：『爲父所疾也。』于鬯《香草續校書》：『此如《孟子·萬章》篇云「舜南面而立，瞽叟北面而朝之」，《韓非子·忠孝》篇云「瞽瞍爲舜父而舜放之」，又云「舜入則臣其父，妾其母」，皆舜不孝之事。戰國時此類語不足怪。』**禹偏枯** 偏枯，半身不遂。王叔岷《校詮》：『偏借爲㾍，《說文》：「㾍，半枯也。」』**湯放其主** 放，放逐。主，夏桀。**武王伐紂** 紂，商王帝辛。**文王拘羑里** 羑，音酉，成玄英《疏》：『羑里，殷獄名。』《史記·殷本紀》『紂囚西伯羑里』，張守節《正義》：『牖，一作羑。』行甫按：羑與牖通，牖，窗。猶言囚室暗黑，徒以一窗監視及送食。故址在今河南湯陰縣北。

〔二七〕**此六子**　六子，《闕誤》引江南古藏本作七子。行甫按：『文王拘羑里』列於『武王伐紂』之後，不合時序。疑此句乃後人所增，故改『六』爲『七』耳，闕疑可也。**世之所高**　高，猶尊。**孰論之**　孰，通熟，深。《文選·鄒陽〈上書吳王〉》『願大王熟察之』，張銑注：『熟，猶深也。』**皆以利惑其真而强反其情性**　以，猶因。惑，迷。真，猶本性。**其行乃甚可羞也**　行，行爲。羞，可恥。

〔二八〕**世之所謂賢士**　賢，猶亞聖。《荀子·哀公篇》『則可謂賢人矣』，楊倞注：『賢者，亞聖之名。』**伯夷叔齊**　王叔岷《校詮》：『「伯夷、叔齊」上疑本有「莫若」二字，今本脫之。上文「世之所高，莫若黄帝」，下文「世之所謂忠臣者，莫若王子比干、伍子胥」，文例並同。』**伯夷叔齊**　王孝魚《校記》：『世德堂本伯夷叔齊四字不重。』行甫按：有『莫若』二字，則當重四字，上文『莫若黄帝，黄帝尚不能全德』，是其證。**辭孤竹之君而餓死於首陽之山**　辭，推讓，拒絕。**骨肉不葬**　成玄英《疏》：『二人窮死首山，復無子胤收葬也。』

〔二九〕**鮑焦飾行非世**　鮑焦，姓鮑，名焦，周時隱者。飾行，矯飾其行爲。非世，批評時世。**抱木而死**　木，樹木。成玄英《疏》：『飾行非世，廉潔自守，荷擔採樵，拾橡充食，故無子胤，不臣天子，不友諸侯。子貢遇之，謂之曰：「吾聞非其政者不履其地，汙其君者不受其利。今子履其地，食其利，其可乎？」鮑焦曰：「吾聞廉士重進而輕退，賢人易愧而輕死。」遂抱木立枯焉。』**申徒狄諫而不聽負石自投於河爲魚鱉所食**　《釋文》：『申徒狄將投於河，崔嘉止之曰：「吾聞聖人仁，士民父母，若濡足故，不救溺人，可乎？」申徒狄曰：「不然。昔桀殺龍逄，紂殺比干，而亡天下；吳殺子胥，陳殺泄冶，而滅其國。非聖人不仁，不用故也。」遂沈河而死。』

〔三〇〕**介子推至忠**　介子推，晉國人，從晉文公流亡諸侯。**自割其股以食文公**　股，大腿。文公，晉文公重耳。**文公後背之**　背，猶忘。**子推怒而去**　去，離開文公。**抱木而燔死**　燔，燒。成玄英《疏》：『晉文公重耳也，遭驪姬之難，出奔他國，在路困乏，推割股肉以飴之。公後還三日，封於從者，遂忘子推。子推作《龍蛇之歌》，書其營門，怒而逃。公後慚謝，追子推於介山。子推隱避，公因放火燒山，庶其走出。火至，子推遂抱樹而焚死焉。』行甫按：《左傳》僖公二十四年『介之推不言祿，祿亦弗及』，『遂隱而死，晉侯求之，不獲，以綿上爲之田，曰：「以志吾過，且旌善人。」』則『割股』、『焚山』、『抱樹』之事，乃王充之所謂『語增』。

〔三一〕**尾生與女子期於梁下**　尾生，《釋文》：『一本作微生。《戰國策》作尾生高，高誘以爲魯人。』《論語・公冶長》『孰謂微生高直』，劉寶楠《正義》：『《漢書・古今人表》：「尾生高，尾生晦。」師古曰：「即微生高、微生晦也。」《燕策》蘇代曰「信如尾生高」，又曰「信如尾生高，則不過不欺人耳」，蘇秦曰「信如尾生，期而不來，抱梁柱而死」。《淮南・氾論》、《說林》並載此事，高誘注云「魯人，則微生蓋嘗硜硜自守者，故當時或以爲直也」。尾與微通。』期，猶約。梁，橋。**女子不來水至不去抱梁柱而死**　梁柱，猶言橋墩。**此六子者无異於磔犬流豕操瓢而乞者**　磔犬，以狗爲牲，肢解其體以祭風。流豕，猶沈豕。孫詒讓《札迻》：『流豕無義，疑當爲沈豕。《周禮・大宗伯》云「以貍沈祭山林川澤，以疈辜祭四方百物」，此磔犬卽所謂疈辜，沈豕卽所謂沈，言犬豕見磔沈棄於溝壑，乞人亦然。《荀子・榮辱篇》云「是其所以不免於凍餓操瓢囊爲溝中瘠者也」，可證此章之義。』行甫按：孫說有據，與磔相並列，必爲沈貍之事。然川澤之祭，沈牲於河，必先流而後沈，則流亦未必爲誤字。行甫又按：磔犬乃譏介子推『割股』之事，流豕乃譏申徒狄、尾生高『水死』之事，操瓢而乞乃譏伯夷、叔齊及鮑焦『餓死』之事，其義各有所當，非泛言之。**皆離名輕死**　離，通罹，猶言遭害。名，名聲，名譽。行甫按：離名輕死，猶言遭受好名之害以致輕易死亡。**不念本養壽命**　念，常思。本，生命之本。養，保養。

〔三二〕**忠臣者莫若王子比干伍子胥**　比干，殷王子比干。子胥，伍子胥，楚人，奔於吳。**子胥沈江**　越國戰敗求和，吳王欲許其和，伍子胥諫，吳王賜劍自殺，裹其尸於革囊沈於江。**比干剖心**　《史記・殷本紀》：

『（比干）乃强諫紂，紂怒曰：「吾聞聖人心有七竅。」剖比干，觀其心。』**此二子者** 二子，比干、子胥。行甫按：此二子，《胠篋》、《外物》皆言其事，可參見相關釋義。**世謂忠臣** 世，猶歷世。**然卒爲天下笑** 卒，終。**自上觀之** 上，指上述黃帝以下諸人。**至於子胥比干皆不足貴** 不足，不值得。貴，珍貴。

〔三三〕**丘之所以説我** 説，遊説，勸説。**若告我以鬼事則我不能知** 若，猶如。鬼事，猶言無人所見之事。《韓非子·外儲説左上》『客有爲齊王畫者，齊王問曰：「畫孰最難者？」曰：「犬馬難。」「孰易者？」曰「鬼魅最易。」夫犬馬，人所知也，旦暮罄於前，不可類之，故難。鬼魅，無形者，不罄於前，故易之也』，是其義。**若告我以人事** 人事，人們習知之事。**不過此** 過，超過。**皆吾所聞知** 聞知，由傳聞而知。

〔三四〕**今吾告子以人之情** 情，猶實。**目欲視色** 色，猶言美色。**耳欲聽聲** 聲，音樂。**口欲察味** 察，猶嘗。**志氣欲盈** 志氣，猶言心氣。盈，猶滿。行甫按：志氣欲盈，猶今語所謂精力欲其旺盛。**人上壽百歲** 上壽，高壽。**中壽八十下壽六十** 王叔岷《校詮》：『三壽之年，説多不同。《呂氏春秋·安死》篇：「人之壽，久之不過百，中壽不過六十。」《淮南子·原道》篇：「凡人中壽七十歲。」《論衡·正説篇》：「上壽九十，中壽八十，下壽七十。」嵇康《養生論》：「或云上壽百二十，古今所同。」李善注引《養生經》云：「黄帝問天老曰：人生上壽一百二十年，中壽百年，下壽八十年。」左僖三十二年《傳》孔《疏》：「上壽百二十歲，中壽百，下壽八十。」』**除病瘦死喪憂患** 除，猶言減去。瘦，當爲瘐之譌。郭慶藩《集釋》：『王念孫曰：《釋文》「瘦，色又反」，案瘦當爲瘐字之誤也。瘐，亦病也。病瘐爲一類，死喪爲一類，憂患爲一類。瘐字本作瘉。《爾雅》曰：「瘉，病也。」《小雅·正月》篇「胡俾我瘉」，毛《傳》與《爾雅》同。《漢書·宣帝紀》「今繫者或以掠辜若飢寒瘐死獄中」，蘇林曰：「瘐，病也，囚徒病，律名爲瘐。」師古曰：「瘐音庾，字或作瘉。」《王子侯表》曰：「富侯龍下獄瘐死。」』**其中開口而笑者一月之中不過四五日而已矣**　而已矣，猶罷了。行甫按：猶言人生痛苦良多，歡樂正少。

〔三五〕**天與地无窮**　无窮，無盡。**人死者有時**　時，猶期。**操有時之具而託於无窮之間**　操，猶持。具，猶形骸。託，猶寄。**忽然无異騏驥之馳過隙**　忽然，疾速貌。馳，奔。隙，縫隙。**不能説其志意**　説，通悦。志意，猶心意。**養其壽命者皆非通道**　非通道，猶言不能推廣而通行之理論與學説。

〔三六〕**丘之所言**　言，猶論。**皆吾之所棄**　棄，鄙棄。**亟去走歸**　亟，急，疾。**无復言之**　復，猶重，再。**子之道狂狂汲汲詐巧虛僞事**　狂狂，猶言狂悖。汲汲，猶言匆遽。《釋文》：『本亦作彶，音急。』行甫按：狂狂，言其學説不合『人之情』。汲汲，匆遽忙迫於名與利。故曰『詐巧虛僞事也』。**非可以全真**　全真，保全真實本性。**奚足論**　奚，何。論，言説。

〔三七〕**孔子再拜趨走**　趨走，快速疾走。**出門上車執轡三失**　執轡，手持馬韁繩。三失，多次掉落在地。行甫按：上言『顏回爲馭，子貢爲右』，此言孔子『上車執轡』，前後不周。或言孔子失魂落魄，竟不知有顏回爲馭，亦可通。**目芒然无見**　芒然，猶茫然，視線模糊茫茫無所見也。**色若死灰**　色，顏色。若，如。死灰，猶言毫無表情。**據軾低頭不能出氣**　據軾，抓憑車前横木以防顛簸。

〔三八〕**適遇柳下季**　適，恰好。**今者闕然數日不見車馬有行色**　闕然，隔斷貌。行色，猶言倦容。**得微往見跖邪**　微，讀无，下文正作『得无』。行甫按：得无，猶今語所謂是否。**孔子仰天而嘆曰然**　然，猶是。

〔三九〕**跖得无逆汝意若前乎**　逆，猶違。若，猶如。行甫按：若前，如前所言。與上文柳下季云盜跖『順其心則喜，逆其心則怒，易辱人以言』相照應。

〔四〇〕**然**　猶如前所言。**无病而自灸**　灸，燃艾草而熏灼之。**疾走料虎頭**　疾走，猶急趨。料，通撩。王叔岷《校詮》：『料與撩通，《説文》「撩，理之也」，段注：「之字依玄應書卷十五補，下云：謂撩捋整理也。今多作料量之料。」《事文類聚·後集》三六引「料虎頭」，作「撩虎尾」，尾字蓋誤。』**編虎須**　須，讀鬚，鬍鬚。**幾不免虎口**　幾，庶幾。免，猶脱。

此乃本篇第一章，言盜跖與孔子之是非論辯，所涉三事：其一，上古之民，『臥則居居，起則于于』，純樸天真，『耕而食，織而衣，无有相害之心』；然而，自黄帝與蚩尤戰於涿鹿之野，便拉開了中原部落『以强陵弱，以衆暴寡』相互爭戰的歷史大幕。因此，世人不斷吹嘘的商湯與周武王，『皆亂人之徒』。其二，儒家學者『脩文武之道』，授徒講學，不過是『迷惑天下之主，而欲求富貴』罷了，且誘惑教唆青年才俊死於權貴之門，白白喪失寶貴生命，尤其罪大惡極。其三，從來所標榜的節義忠信，爲世人頂禮膜拜，無知盲從，又無非『矯言僞行』，完全違背人的自然本性。雖然人的自然生命『上壽』可至『百年』，但仍然人生苦短，痛苦恆多。任何學説，如果『不能説其志意，養其壽命』，皆爲『詐巧虚僞』，不能成爲放之四海而皆準的『通』行大『道』。由此可見，本章反對既有文明與文化對人性的扭曲與戕害，實與《應帝王》反文明、反傳統思想一脈相承。

【繹文】

孔子與柳下季是朋友，柳下季的弟弟，人們稱他爲盜跖。盜跖率有嘍囉九千人，肆無忌憚地跨州過郡，橫行天下，侵犯攻打諸侯各國。穿牆打洞，撬門扭鎖，驅趕人家的牛馬牲畜，强搶人家的妻子女兒。貪婪成性，沒有親情，既不顧念父母兄弟，更不祭祀先人祖宗。所經過的地方，築有城郭的大國便關閉城門自守，沒有城郭的小國便躲進塢堡不敢露頭，天下百姓大受其害，苦不堪言。

孔子對柳下季說：『大凡作爲人的父親，一定能教好他的兒子；作爲人的兄長，也一定能教好他的弟弟。如果父親不能教好他的兒子，兄長不能教好他的弟弟，那麽父子兄弟之間的親情也就一文不值了。像先生您這樣的人，是當代有才能的知識精英，弟弟卻成爲盜跖，給天下造成了巨大危害，卻不能教好他，我打心底裏替先生感到羞愧。我想替先生去勸說勸說他。』

柳下季說：『先生說作爲人的父親一定能教好他的兒子，作爲人的兄長一定能教好他的弟弟，如果兒子不聽父親的教誨，弟弟不接受兄長的規勸，卽使像先生這樣能言善辯，恐怕也拿他沒有辦法吧！再說，跖這種人，心思像泉水一般翻湧而出詭計多端，想法像烈風一樣飄忽不定難以捉摸，身强力壯完全能夠抵禦他的對手，能說會道完全能夠文過飾非，順從他的心意就高興，違背他的意願便發怒，動不動就輕易地拿言語羞辱別人。先生千萬不要去了。』

孔子不服氣，於是讓顔回駕車，子貢作車右保駕，前去見盜跖。盜跖正好在泰山南邊休兵養卒，就著切細的人肝正在用餐進食。孔子到達之後，下車前往守門通報的人員自報家門說：『我是魯國人孔丘，聽說將軍崇高的節義正氣，恭敬地拜問通報大員。』

守門人員進去向盜跖通報。盜跖聽說孔丘來了，大發脾氣，眼睛如同天上的星星一樣放著幽冷的凶光，頭髮一根根豎起來，仿佛要把頭上的帽子頂下來似的，說：『這就是那個魯國人孔丘，一個巧詐虛僞的人不是嗎？替我告訴他：「你搬弄言詞，編造學說，毫無根據地胡亂宣揚讚美周文王與周武王，頭上戴一頂用爛樹枝作的帽子，腰裏系一條用死牛皮做的帶子，一套又一套的花言巧語，不耕田就能有飯吃，不織布就能有衣穿，到處耍弄嘴皮，專門混淆黑白，顛倒是非，以此迷惑天下人君，讓天下讀書人喪失根基，脫離本性，胡亂鼓吹孝悌的說辭，不過是爲了得到裂土分封大富大貴的非份之福而已。你罪孽深重，惡貫滿盈，趕快滾回去吧！否則，我就拿你的肝作爲我午餐的一道加味菜！」

孔子仍然不走，再次請求通報，說：『我承蒙柳下季先生不棄，非常希望到將軍帳下走走，見識見識。』

守門人員再次通報，盜跖才說：『讓他進來吧！』

孔子加快腳步進入盜跖大帳，繞開鋪設的座席，稍稍後退幾步，然後跪在盜跖面前拜了兩拜。盜跖仍然怒不可遏，伸直兩條腿，岔開兩隻腳，手握腰間的寶劍，怪眼圓睜，聲音如同護崽的母老虎，令人毛骨悚然。說：『孔丘，過來，聽著！如果你說的話，與我的意思相投合，你就可以活命；如果違背我的心願，你就死路一條！』

孔子說：『我聽說，全天下大抵有三種品質：天生身材高大，瀟灑英俊，無人可比，無論男女老少貧窮富貴，人人見了都喜歡他，這是上等品質；知識淵博，上知天文，下知地理，包羅萬象，能夠分辨各種不同物性，這是中等品質；勇力過人，強悍無比，果斷剛毅，聚集徒眾，率領人馬，這是下等品質。不過祇要具有其中一種品質，就完全能夠高高在上，統理天下，稱孤道寡了。像將軍這樣身兼三種品質的人，身高八尺有餘，容光煥發，嘴唇如同流丹一般紅潤，牙齒如同排列整齊的潔白小貝殼，聲音洪亮如同黃鐘大呂，可是卻落了個盜跖的名聲。我打心裏替將軍感到恥辱而不願意接受啊！將軍如果願意聽從我的勸告，我將南到吳國與越國，北到齊國與魯國，東到宋國與衛國，西到晉國與楚國，讓他們給將軍構築幾百里的大國都，封建幾十萬戶的大采地，推尊將軍爲諸侯，棄舊圖新，與天下重新開始，裁撤隊伍，遣散兵卒，聚養兄弟，一起祭拜先人祖宗。這才是聰明睿智的精英人物該幹的事，也是天下百姓的共同心願。』

聽了孔子的話，盜跖非常憤怒，說：『孔丘，過來，聽著！如果用利益的誘惑與言辭的勸導就能就範的人，不過是些愚蠢鄙陋的凡夫俗子而已。至於身材高大，英俊瀟灑，人見人愛，這是父母遺傳的品質。卽使你孔丘不讚美我，我哪裏就不知道呢？

『而且我聽說過，喜歡當面說好話的人，也喜歡背面說壞話。今天你許諾給我構築大都城，分封大采地，這是想用利益來誘勸我，把我當作平庸俗人看待。城邑廣大，民人眾多，又怎麼可以長久呢？最大的城池，沒有大過天下的。唐堯、虞舜得了天下，他們的後世子孫卻沒有立錐之地；商湯與周武王位爲天子，可是後世卻亡國滅種斷了子孫，不就是因爲他們利益太大的緣故嗎？

『而且我還聽說過，古時候禽獸太多而民人很少，因此人們都在樹枝上構築木巢居住以逃避野獸的傷害，白天揀拾橡子榛子之類的果實充飢，晚上就在樹上的木巢中歇息，所以稱之爲構築鳥巢一族。古時候人們不知道織布縫製衣服，於是夏天多多堆積木柴，冬天就用來烤火取暖，所以稱之爲懂得生存一族。在神農時代，人們睡覺就安安穩穩，起床便舒舒服服，羣居雜處，人們衹知道自己的生身母親而不知道誰是自己的父親，與麋鹿之類的動物共同生活，耕田就有吃的，織布就有穿的，彼此都沒有互相傷害的意圖，這就是社會風尚最爲淳樸的時代。然而到了黃帝的時代，黃帝沒有能力締造淳樸的社會風尚，與蚩尤在涿鹿這個地方的郊外展開大戰，死傷無數，血流百里。到了唐堯和虞舜發跡的時代，設置衆多大臣，掌握天下公權，及至後來又發生了商湯驅逐他的君主夏桀，周武王殺害他的盟主商紂王帝辛的事。從此之後，天下就沒有太平日子，仗恃自己强大便凌辱勢小力弱的，依著人多便欺侮勢單力薄的。從商湯到周武王以來，都是一幫暴亂不安分的傢伙！

『如今，你研究周代文王與武王的思想學說，掌控著天下的話語與言論，不遺餘力地把這些東西灌輸給後代。穿著寬鬆的衣服，紮著博大的腰帶，用過激的言辭與虛僞的行動，去迷惑天下各國君主，不過是爲了求取財富與勢位而已。所有盜竊行爲，沒有比你更大的，爲什麼天下不把你叫作盜丘，反而叫我是盜跖？你用甜言蜜語勸說子路讓他跟隨你，讓子路摘掉頭上的高頂帽，解下腰裏的長柄劍，從而在門下接受你的教育，天下人全都認爲孔丘能夠制止暴亂惡行，禁止爲非作歹。可是最後呢？子路爲了巴結現任君主，想殺掉流亡在外的衛國未來君主衛莊公蒯聵，不但事情沒能成功，自己反在東城門下被人剁成了肉醬，這就是你教導不周到的結果。你不是自我標榜爲才智之士聰明睿智的人物嗎？可是你兩次被趕出魯國，被衛國人剷除腳印，在齊國沒有升官的前程，在陳國與蔡國邊境上遭到圍困，連你自己都無法在天下容身，又教唆子路遭受被人剁成肉醬這種災難，你的所謂才能，首先不能爲你本人爭得容身之地，其次又不能爲你的學生免除禍患，你的理論學說豈不也是一文不值嗎？

『世俗所尊重的，沒有比得上黃帝的，黃帝尚且不能保住完美的品質，在涿鹿這個地方的郊外展開大戰，血流百里，死傷無數。唐堯不慈愛自己的兒子，虞舜不孝敬自己的父親，夏禹半身不遂，商湯驅逐自己的君主夏桀，周武王殺掉了商紂王帝辛，周文王被囚禁在殷人的黑暗牢房裏。這六個人，都是世俗頂禮膜拜的對象，仔細說來，都是因爲利益的誘惑喪失了本性，反而强行與自己的真實本性對著幹的人，他們的行爲的確非常值得羞愧。世俗所稱許的賢能精英，是伯夷與叔齊。伯夷與叔齊拒絕孤竹國君的位置，餓死在首陽山，尸骨無人收葬。鮑焦行爲夸飾，憤世疾俗，非毁當代，抱著樹木枯死了。申徒狄勸說自己的君主不被接受，便背著一塊石頭跳了河，被魚蝦王八們當作美食吃了。介子推最爲忠心耿耿，跟隨晉文公重耳流亡外國，自己割下大腿上的肉給晉文公療飢，晉文公回國之後便把他給忘了，介子推憤怒地離開了晉文公，抱著一棵大樹被燒死了。尾生高與女孩子約定在橋下幽會，因爲天氣不好，女孩子沒有來，河水暴漲，大水直衝過來，尾生高也不願意失約離開，抱著橋墩被水淹死了。這六個人，介子推自割大腿，跟肢解祭風的狗子有什麼兩樣； 尾生高活活地淹死了，與漂沈活豬祭祀河神有什麼不同； 伯夷、叔齊餓死在首陽山，與持瓢討飯的乞丐餓死在路邊溝裏有什麼區别； 都是一幫遭受好名的災禍不珍惜自己的生命，不知道顧念本性養壽得天年的傢伙。世俗所稱道的忠臣，沒有比得上王子比干與伍子胥的。伍子胥被吴王賜死，尸體裝在皮袋裏拋入江水沈了，比干被商紂王剖了心。這兩個人，世俗稱爲忠臣，然而到頭來爲天下人恥笑。從上面這些事情來看，直到伍子胥與王子比干，都是一文不值的貨色！ 孔丘用來遊說勸告我的東西，如果是跟我講關於鬼的事情，那是我無法知道的； 如果是跟我講人的事情，也不過就是這些了，都是我聽說過曉得的。

現在，我該給你講講人的真實情性： 眼睛想看漂亮的美色，耳朵想聽美妙的音樂，嘴巴想品嚐好吃的味道，精神想飽滿，精力想旺盛。人生高壽也就一百歲，中壽也就八十歲，下壽衹有六十歲，除掉生病死亡與擔憂的日子，其中能夠開口笑的時光，一個月之內也不過四五天而已了。天地宇宙無盡無終，人的死亡卻有期限。守著有期限的身軀，寄託在無盡無終的天地之間，飛速而逝的過程與駿馬奔馳越過縫隙沒有絲毫差別。不能夠讓人的心志愉悅和快樂，不能夠讓人安養天年的理論與學說，都不能算是放之四海而皆準的理論與學說。

孔丘說的這些東西，都是我丟棄的垃圾。趕緊離開這裏，滾回老家去吧，不要再哆嗦了！你的思想學說，狂妄悖謬，蠅營狗苟，不外乎欺詐巧辯，虛假作僞的勾當，不可能用來保全人的真實本性，有什麼值得一談的呢！』

孔子拜了兩拜，快步離開，出門之後匆忙上車，竟然忘記了顏回是駕車的，自己提起馬韁繩，卻多次失手掉落下來，兩眼模糊不清，什麼也看不見，臉色如同死灰一般，面目毫無表情，最後抓住車前橫木，低著頭，一口氣接不上一口氣。回到魯國都城的東門之外，恰好遇上了柳下季。柳下季說：『近來好幾天都斷然沒見你的人影，車馬也有跋涉痕跡，莫非是去見跖了麼？』孔子抬頭向天，大聲嘆息，說：『是啊。』

柳下季說：『跖莫非像我先前所說的那樣，與你的想法大相忤逆吧？』

孔子說：『是啊。我就是人們說的那種沒有毛病自找艾灸熏灼的人，急急忙忙跑去撩撥老虎的頭髮，編結老虎的鬍鬚，差一點就死在老虎嘴裏了！』

〔二〕

子張問於滿苟得曰：『盍不爲行？无行則不信，不信則不任，不任則不利。〔一〕故觀之名，計之利，而義真是也。〔二〕若棄名利，反之於心，則夫士之爲行，不可一日不爲乎！』〔三〕

滿苟得曰：『无恥者富，多信者顯。夫名利之大者，幾在无恥而信。〔四〕故觀之名，計之利，而信真是也。〔五〕若棄名利，反之於心，則夫士之爲行，抱其天乎！』〔六〕

子張曰：『昔者桀、紂貴爲天子，富有天下，今謂臧聚曰，汝行如桀、紂，〔七〕則有怍色，有不服之心者，小人所賤也。〔八〕仲尼墨翟，窮爲匹夫，今謂宰相曰，子行如仲尼墨翟，則變容易色稱不足者，士誠貴也。〔九〕故勢爲天子，未必貴也；窮爲匹夫，未必賤也；貴賤之分，在行之美惡。』〔一〇〕

滿苟得曰：『小盜者拘，大盜者爲諸侯。諸侯之門，義士存焉。〔一一〕昔者桓公小白殺兄入嫂而管仲爲臣，田成子常殺君竊國而孔子受幣。〔一二〕論則賤之，行則下之，則是言行之情悖戰於胷中也，不亦拂乎！〔一三〕故《書》曰：「孰惡孰美？成者爲首，不成者爲尾。」』〔一四〕

子張曰：『子不爲行，卽將疏戚无倫，貴賤无義，長幼无序；五紀六位，將何以爲別乎？』〔一五〕

滿苟得曰：『堯殺長子，舜流母弟，疏戚有倫乎？〔一六〕湯放桀，武王殺紂，貴賤有義乎？〔一七〕王季爲適，周公殺兄，長幼有序乎？〔一八〕儒者僞辭，墨子兼愛，五紀六位將有別乎？〔一九〕

『且子正爲名，我正爲利。〔二〇〕名利之實，不順於理，不監於道。〔二一〕吾日與子訟於无約曰：「小人殉財，君子殉名。」其所以變其情，易其性，則異矣；〔二二〕乃至於棄其所爲而殉其所不爲，則一也。〔二三〕故曰，无爲小人，反殉而天；无爲君子，從天之理。〔二四〕若枉若直，相而天極；面觀四方，與時消息。〔二五〕若是若非，執而圓機；獨成而意，與道徘徊。〔二六〕无轉而行，无成而義，將失而所爲。〔二七〕无赴而富，无殉而成，將棄其天。〔二八〕

『比干剖心，子胥抉眼，忠之禍也；直躬證父，尾生溺死，信之患也；〔二九〕鮑子立乾，申子不自理，廉之害也；孔子不見母，匡子不見父，義之失也。〔三〇〕此上世之所傳，下世之所語，以爲士者正其言，必其行，故服其殃，離其患也。』〔三一〕

【釋義】

〔一〕子張問於滿苟得 子張，孔門弟子，姓顓孫，名師，字子張。滿苟得，虛擬人名，成玄英《疏》：『姓滿，名苟得，假託爲姓名，曰苟且貪得以滿其心，求利之人也。』**盍不爲行**　盍，何。爲行，猶言修養品行。《釋文》：『勸何不爲德行。』**无行則不信**　信，誠實，值得信賴。**不信則不任**　任，猶用。**不任則不利**　利，猶獲利。

〔二〕**故觀之名**　觀，察。之，猶於。**計之利**　計，猶考。**而義真是也**　而，猶其。義，猶宜，理。《淮南子·齊俗》『義者，循理而行宜也』，是。行甫按：猶言其理應當真是這樣。

〔三〕**若棄名利**　若，如。**反之於心**　反，猶還。之，往。行甫按：求名與利，外求。反之於心，內求。**則夫士之爲行**　則，猶乃。夫，猶彼。之，猶於。**不可一日不爲乎**　猶言不可中斷。行甫按：子張之意，謂士所以修養德行，在於得信任而獲利，從名與利來考量，理當如此；如果拋開名利不計，反求於內心，亦當修養德行。

〔四〕**无恥者富**　恥，猶廉恥。**多信者顯**　信，通伸，猶言攀附。鍾泰《發微》：『此信當讀如伸。多伸者，不甘屈抑而貪於進取也。』行甫按：鍾說可從。多信，猶多所攀附。顯，顯達。**夫名利之大**　夫，猶彼。**幾在无恥而信**　幾，猶殆。而，猶與。

〔五〕**故觀之名計之利而信真是也**　信，猶誠，副詞。行甫按：而信真是也，與上文『而義真是也』句法從同，猶言的確真是這樣。

〔六〕**士之爲行抱其天乎**　抱，猶保，守。其，猶於。天，自然本性。

〔七〕**今謂臧聚**　今，猶若。臧，猶臧獲。行甫按：臧獲，猶今語所謂張三李四，猶言隨便任何人。聚，猶眾。孫詒讓《札迻》：『以聲類考之，聚當讀爲騶，《說文》馬部云：「騶，廄御也。」《周禮》「趣馬」，鄭注云：「趣，養馬者也。」《國語·楚語》說齊有「騶馬繻」，《月令》「命七騶咸駕」，鄭注亦謂「即趣馬」。趣、聚同從取得聲，古字通用。聚與臧皆僕隸賤役，故並舉之。』行甫按：孫說可備一義。然此『聚』如字讀，亦通。《左傳》成公十三年『我是以有輔氏之聚』，杜預注：『聚，衆也。』《玄應音義》卷六『聚落』注：『聚，衆也，謂人所聚居也。』臧聚，猶言臧獲之衆。**汝行如桀紂**　行，行爲。桀、紂，惡人之代稱。

〔八〕**則有怍色**　有，猶或。怍，慚。王孝魚《校記》：『高山寺本作「則作色。」』**有不服之心者**　服，猶從，受。**小人所賤**　小人，臧獲之流。賤，輕視。

〔九〕**仲尼墨翟窮爲匹夫**　窮，困厄。匹夫，猶平民。**今謂宰相**　今，猶若。宰相，國相。錢穆《纂箋》：『焦竑曰：「封侯、宰相等語，秦以前無之。」馬敍倫曰：「宰相之名，又見韓非《顯學》、呂氏《制樂》。」』**子行如仲尼墨翟則變容易色稱不足**　則，猶乃。變容易色，改變臉色。稱，自稱。不足，猶不夠。**士誠貴**　士，猶言知識精英。貴，尊貴。

〔一〇〕**故勢爲天子未必貴**　勢，權位。貴，高貴。**窮爲匹夫未必賤**　賤，卑賤。**貴賤之分在行之美惡**　美，猶善。

〔一一〕**小盜者拘**　拘，羈押。**大盜者爲諸侯諸侯之門義士存焉**　義士，猶言正義之士。劉師培《斠補》：『《胠篋》篇云「諸侯之門而仁義存焉」，《史記·游俠傳》「侯之門，仁義存」，此作「義士」，詞迥不符。《淮南·齊俗訓》云「故仕鄙在時，不在行」，《論衡·命祿篇》引作「仁鄙」，淮南書誤「仁」爲「仕」，猶此文譌「仁」爲「士」也。蓋「仁義」譌爲「仕義」，校者知弗克通，因更易其文，倒字舛詞，冀通其句，幸有《胠篋》篇以正之。』王叔岷《校詮》：『《史記·貨殖傳》「人富而仁義附焉」，可爲旁證。』行甫按：義士，乃指下文管仲與孔子，不必爲「仁義」。言各有當，不必强行牽附。存，猶在。焉，猶於此。行甫按：猶言竊國的諸侯便用義士來裝點門面。

〔一二〕**昔者桓公小白殺兄入嫂而管仲爲臣**　小白，齊桓公之名。入，猶納。成玄英《疏》：『殺其兄子糾，納其嫂焉。』管仲，名夷吾，傅公子糾，後相齊桓公。**田成子常殺君竊國而孔子受幣** 田成子常，陳恆。田、陳古音同通用。成子，其謚。竊國，陳恆之孫田莊子，田莊子之子卽齊太公和，遷齊康公於海上。齊康公十九年，田和自立爲齊侯，列於周室。受幣，猶言接受禮聘。王叔岷《校詮》：『漢人諱恆，故恆或作常。《論語·憲問》篇「陳成子殺簡公，孔子沐浴而朝，告於哀公曰：陳恆弒其君，請討之」，孔子請討陳恆，何致受幣邪？真誣妄也！』行甫按：莊子寓言，不必皆爲史實，不過是說『諸侯之門，義士存焉』而已。

〔一三〕**論則賤之** 論，言論，猶言口頭上。賤，猶言鄙視。**行則下之** 行，行爲，猶言行爲上。下，猶屈從。**則是言行之情悖戰於胷中** 則是，猶是則。情，心情。悖，猶逆。行甫按：悖戰，猶言矛盾衝突。**不亦拂乎** 亦，猶特。拂，乖戾。成玄英《疏》：『拂，戾也。』

〔一四〕**故書曰** 《書》，逸書。成玄英《疏》：『所引之書，並遭燒滅，今並無本也。』**孰惡孰美** 孰，猶誰。美，猶善。**成者爲首** 成，成功。首，猶上。**不成者爲尾** 尾，猶末。成玄英《疏》：『成者爲首，君而事之；不成者爲尾，非而毀之。以此而言，祇論成與不成，豈關行與無行，故不知美惡的在誰也。』

〔一五〕**子不爲行卽將疏戚无倫** 卽將，猶必當。疏，猶疏遠。戚，猶親近。《慧琳音義》卷十五『親戚』注引《考聲》：『戚，親也，近也。』倫，猶輩類。**貴賤无義** 義，通儀，法則。《鄘風·柏舟》『實維我儀』，王先謙《三家義集疏》：『儀，法也，則也。』**長幼无序** 序，次序。**五紀六位** 紀，綱紀，綱常。位，角色，身份。俞樾《平議》：『五紀卽五倫也，六位卽六紀也。《白虎通·三綱六紀篇》曰：「六紀者，謂諸父、兄弟、族人、諸舅、師表、朋友。」此皆所以爲疏戚、貴賤、長幼之別。不曰五倫而曰五紀，不曰六紀而曰六位，古人語異耳。《家語·八官篇》「羣僕之倫也」，王肅《注》曰：「倫，紀也。」然則倫、紀得通稱矣。』行甫按：五紀，卽五倫，俞說是。六位，當是於五倫之外，加以『師徒』一倫，其排列順序爲『父子、兄弟、夫婦、師徒、朋友、君臣』，亦即六種相對的角色定位。

將何以爲別乎　將，猶當。

〔一六〕**堯殺長子**　殺長子，《韓非子·説疑》『其在《記》曰：「堯有丹朱，而舜有商均，啓有五觀，商有太甲，武王有管蔡。」五王之所誅者，皆父兄子弟之親也。』**舜流母弟**　流，猶放。母弟，當是指弟象。《釋文》：『《孟子》云：舜封象於有庳，不得有爲於其國，天子使吏治其國，而納其貢稅焉，故謂之放也。』**疏戚有倫乎**　乎，猶邪。

〔一七〕**湯放桀武王殺紂貴賤有義乎**　義，猶儀，法則。《史記·儒林列傳》載黄生曰：『桀、紂雖失道，然君上也；湯、武雖聖，臣下也。夫主有失行，臣下不能正言匡過以尊天子，反因過而誅之，代立踐南面，非弑而何也？』是其義。

〔一八〕**王季爲適**　王季，季歷。適，通嫡。行甫按：季歷乃古公亶父幼子，上有兄太伯與虞仲。古公欲傳其位於文王姬昌，故以其父季歷爲嫡，於是太伯與虞仲奔吳。**周公殺兄**　殺兄，誅管叔鮮。行甫按：武王崩，成王誦立，年幼，周公攝政。管叔鮮及蔡叔度流言於國曰『周公不利於孺子』，遂興亂，周公誅之。**長幼有序乎**　長幼，《史記·管蔡世家》曰：『武王同母兄弟十人，母曰太姒，文王正妃也。其長子曰伯邑考，次曰武王發，次曰管叔鮮，次曰周公旦。』是管叔鮮乃周公之兄。

〔一九〕**儒者僞辭墨子兼愛**　行甫按：堯既殺長子，湯既放夏桀，則疏戚豈有倫，長幼豈有序，是儒者之僞辭。若信墨子兼愛之説，則亦無所謂疏戚之倫，長幼之序。**五紀六位將有別乎**　將，猶當。

〔二〇〕**且子正爲名**　且，而且，更端之詞。正，猶誠。《論語·述而》『正唯弟子不能學也』，鄭玄注：『魯讀正爲誠。』爲名，猶言求名。**我正爲利**　爲利，猶言求利。

〔二一一〕**名利之實**　實，猶財富，好處。《説文》『實，富也；從宀貫，貫爲貨物』，段玉裁注：『以貨物充於屋下是爲實。』《大戴禮・少閒》『實者猶實』，盧辯注：『實以喻善。』行甫按：名利之實，猶言求名則得好處，求利則得財富。**不順於理**　順，猶遵從。理，猶事理。**不監於道**　監，猶領受，監臨。《説文》『監，臨下也』，段玉裁注：『《小雅》毛《傳》「監，視也」，許書「瞷，視也；監，臨下也」，古字少而義晐，今字多而義別。監與鑒互相假。』《小雅・節南山》『何用不監』，《釋文》：『《韓詩》云：領也。』《大戴禮・四代》『德以監位』，王聘珍《解詁》：『《韓詩》云：監，領也。』行甫按：不監於道，猶言不領受道的監察。『監』之『領受』與『監臨』，二義互相備。

〔二一二〕**吾日與子訟於无約**　日，猶日日。行甫按：張君房本作『昔』，乃不明文義而臆改。訟，爭論。約，約定。成玄英《疏》：『約，謂契誓也。』行甫按：无約，猶言無約定之前提與標準。《墨子・非命上》『言必立儀，言而毋儀，譬猶運鈞之上而立朝夕者，是非利害之辨，不可得而明知也』，是其義。此『約』即上文『順於理』、『監於道』之『理』與『道』。**小人殉財君子殉名**　殉，猶追逐。行甫按：猶言以『殉財』爲『小人』之性，以『殉名』爲『君子』之性，皆『无約』之『訟』，亦即無『理』與『道』爲其前提與標準之『訟』，不能得其實。**其所以變其情易其性則異矣**　其，猶之。則，猶雖。矣，猶也。行甫按：則異矣，與下『則一也』相關聯，猶言變易情性的手段與目的雖有不同。

〔二一三〕**乃至於棄其所爲而殉其所不爲**　乃，猶然。至於，猶若，虚詞連用。所爲，猶言所當爲，養生盡年。所不爲，猶言所不當爲，變情易性。**則一也**　則，猶乃。一，一致，相同。行甫按：則異矣與則一也，乃滿苟得就

『无約』之『訟』所作的評斷語。

〔二一四〕**无爲小人** 爲，猶如。行甫按：猶言不要如小人追逐財富。**反殉而天** 反，猶回歸。殉，猶追隨。而，猶爾，你。天，自然。**无爲君子** 行甫按：猶言不要如君子追逐名聲。**從天之理** 從，猶順。天之理，自然之理。

〔二一五〕**若枉若直** 若，猶或。枉，猶曲。**相而天極** 相，猶視。王叔岷《校詮》：『相乃隨順義。《左傳》昭公三年「其相胡公」，孔《疏》引服虔曰：「相，隨也。」』而，猶爾，你。極，猶準則。**面觀四方** 面，猶面向。**與時消息** 時，猶節候。消，猶退。息，猶進。行甫按：消息，猶言消長進退盈虚。

〔二一六〕**若是若非執而圓機** 執，猶持守。圓，猶言環中。機，猶變動。成玄英《疏》：『執於環中之道以應是非。』行甫按：《齊物論》『五者园而幾向方矣』，是其義。圓機，猶言周全圓通而靈活變動以應無窮。**獨成而意** 獨，猶特，直。意，猶心志，本意。**與道徘徊** 徘徊，猶進退。行甫按：與道徘徊，與道相進退，相左右，猶言不離於道。

〔二一七〕**无轉而行** 无，通毋，禁之之詞。轉，通專，郭慶藩《集釋》：『王念孫曰：轉讀爲專。《山木》篇云「一龍一蛇，與時俱化，而無肯專爲」，即此所謂無專而行也。』**无成而義** 成，猶言一成不變。義，猶言主張。行甫按：无轉而行，无成而義，既與『與時消息，與道徘徊』相關聯，亦與『執而圓機』相照應。**將失而所爲** 將，猶當。所爲，所當爲，指全生養性。

〔二一八〕**无赴而富** 赴，猶趨。富，財富。**无殉而成** 成，成就。行甫按：富與成，猶上文『名利之實』。**將棄其天** 其，猶於。天，自然本性。

〔二九〕**比干剖心子胥抉眼忠之禍**　抉，猶剔。成玄英《疏》：『比干忠諫於紂，紂云「聞聖人之心有九竅」，遂剖其心而視之。子胥忠諫夫差，夫差殺之，子胥曰「吾死後，抉眼縣於吳門東以觀越之滅吳也」。斯皆至忠而遭其禍也。』**直躬證父**　直躬，立身正直之人。《論語·子路》『吾黨有直躬者，其父攘羊，而子證之』，孔安國注：『直躬，直身而行。』證，證明，猶言揭發。**尾生溺死**　尾生，尾生高。**信之患**　信，誠實。患，災難。

〔三〇〕**鮑子立乾**　鮑子，鮑焦。《釋文》：『司馬云：鮑子，名焦，周末人，汙時君不仕，採蔬而食。子貢見之，謂曰：「何爲不仕祿？」答曰：「無可仕者。」子貢曰：「汙時君不食其祿，惡其政不踐其土。今子惡其君，處其土，食其蔬，何志行之相違乎？」鮑焦遂棄其蔬而餓死。《韓詩外傳》同。又云：槁洛水之上也。』乾，讀干，成玄英《疏》：『鮑焦廉貞，遭子貢譏之，抱樹立乾而死。』**申子不自理**　申子，申徒狄。《釋文》：『「勝子自理」，一本理作俚。本又作申子自埋。或云：謂申徒狄抱甕之河也。一本作申子不自理，謂申生也。』王叔岷《校詮》：『王先謙云：「申生不得云『廉之害』」，作『申子自埋』者是。」如王說，謂申徒狄抱甕之河者是也。「申子自埋」與上句「鮑子立乾」，文既相耦，事亦相類。勝、申古通，《史記·酷吏·周陽由傳·索隱》引《風俗通義》云：「勝屠即申屠也。」又見《潛夫論·志氏姓篇》，即其證。申子下有不字者，蓋涉下文而衍。理、俚並埋之形誤。』理，埋字之譌。高亨《新箋》：『埋，猶沈也。上文「申徒狄自投於河」，即申子自沈之事也。』**廉之害**　廉，稜角，方正。害，災禍。**孔子不見母**　《釋文》：『李云：未聞。』成玄英《疏》：『孔子滯耽聖跡，歷國應聘，其母臨終，孔子不見。』**匡子不見父**　匡子，匡章，齊國大將。《釋文》：『司馬云：匡子，名章，齊人，諫其父，爲父所逐，終身不見父。案此事見《孟子》。』行甫按：《戰國策·齊策》『章子之母啓，得罪其父，其父殺之而埋之馬棧之下。』《孟子·離婁下》『公都子曰：匡章，通國皆稱不孝焉。』是其事。**義之失**　義，正義。俞樾《平議》：『孔子無不見母事，疑「仲子」之誤，卽謂避兄離母之陳仲子也。』《孟子·滕文公下》：『匡章曰：「陳仲子豈不誠廉士哉？居於陵，三日不食，耳無聞，目無見也。井上有李，螬食實者過半矣，匍匐往將食之，三咽，然後耳有聞，目有見。」孟子曰：「仲子，齊之世家也。兄戴，蓋祿萬鍾。以兄之祿爲不義之祿而不食也，以兄之室爲不義之室而不居也，避兄離母，處於於陵。」』行甫按：義之失，猶言嫉惡之過，俞説可從。

〔三一〕**此上世之所傳**　傳，猶流傳。**下世之所語**　語，猶轉述。**以爲士者正其言**　以，猶而。爲士者，作爲士者。正，猶直。**必其行**　必，猶固。**故服其殃**　服，伏。《爾雅·釋詁上》『悅懌愉，服也』，郝懿行《義疏》：『悅懌愉既訓樂，又訓服者，服之言伏也。喜樂之至，轉爲屈伏，義相成。下文「服，事也」，通作伏事；故《文選·吳王郎中時從梁陳詩》云「誰謂伏事淺」，李善注：「服與伏同，古字通。」是其證矣。《史記·司馬相如傳》「故遣中郎將往賓之」，《索隱》引賈逵云：「賓，伏也。」伏亦服也。』殃，災禍。**離其患**　離，通罹，遭受。

此乃本篇第二章，言子張與滿苟得討論德行問題。所論亦有三：其一，德行與富貴無關，史上無數德行有虧者卻大富大貴，操行端方者反而居於貧賤。其二，德行所以爲人尊重，不過是用來裝點門面借以自我標榜的招子。成者爲王，敗者爲寇，無論如何作惡，德義永遠存在於諸侯權貴之門。其三，世俗所認可的忠信之德，流弊叢生，矯情飾僞自不必説，而戕害生命，扼殺人性，則是最大的災難與禍患。本章對中國傳統文明與文化的反省尤爲深刻，亦爲《應帝王》思想之流裔耳。

【譯文】

孔門弟子顓孫師子張問滿苟得說：『爲什麼不修養品行？沒有品行便得不到信任，得不到信任便不可能被聘用，不能被聘用便不能獲得利祿。所以無論從名來觀察，還是從利來考量，那道理應當是這樣的。如果不考慮名聲和利祿，回歸到內在的本心，那些知識精英對於修養品行，仍然是不可以有一天能放鬆的吧！』

滿苟得說：『沒有廉恥的人富有，喜歡攀附的人顯達。那些名聲大且獲利多的人，大抵就在於沒有廉恥並且喜歡攀附權貴。所以無論從名聲來觀察，還是從利祿來考量，那道理的確是這樣的。如果不計較名和利，回歸到內在的本心，那些知識精英對於修養品行，便是保持與守護著自然本性的吧！』

子張說：『先前夏桀與商紂王雖然具有當天子的尊貴，擁有全天下的財富，假如對張三李四或者隨便某個人說：你的行爲就像夏桀和商紂王，此人要麼有愧疚之色，要麼有不服的心理反應，所以夏桀與商紂還是被小小百姓們看不起。仲尼和墨翟，身爲平民，困頓窘迫，如果對一國宰相說：你的行爲就像仲尼和墨翟，宰相必定會改變臉色很嚴肅認真地聲稱不敢相比，可見知識精英的確還是受人尊重。所以做天子權勢顯赫，未必受人尊重；當平民困頓窘迫，未必遭人鄙視。尊重與鄙視的區別，在於行爲的善與惡。』

滿苟得說：『偷雞摸狗的人被抓起來，盜竊國家的人被封爲諸侯。竊國的諸侯門下，便用所謂正義人士來裝點門面。從前齊桓公小白殺了兄長公子糾，又把他的妻子納入己室，可是公子糾的師傅管仲卻做了齊桓公的重臣；謚號爲成子的陳恆殺了齊簡公盜竊齊國的政權，孔子嘴巴上要求魯哀公討伐他，可是一轉身便接受陳恆的禮聘。由此可見，在言論上義憤填膺地鄙視他們，在行爲上又畢恭畢敬地臣服他們，這種言論與行動兩相悖謬的情緒在内心裏互相交戰，豈不是特别矛盾乖戾嗎！所以《書》中説：「誰是惡，誰爲善？成功的就是老大，不成功的就是老么。」』

子張説：『你不修養品行，疏遠和親近的關係就會發生紊亂，高貴與卑賤的法則就會遭到破壞，年長與年幼的秩序就會出現倒錯；父子、兄弟、夫婦、朋友、君臣這五種綱常倫理以及加上師徒之後的六類角色定位，當用什麼來作爲區分呢？』

滿苟得説：『唐堯殺了自己的長子，虞舜流放了同母的弟弟，有遠近與親疏的關係嗎？商湯驅逐了他的君主夏桀，周武王殺死了他的君主商紂王，有高貴與卑賤的法則嗎？古公亶父的小兒子季歷升爲嫡子當了周王，周公旦殺了他的哥哥管叔鮮，有年長與年幼的秩序嗎？儒家學者宣揚虚僞的説辭，墨家墨子宣揚無差别的愛，有五種綱常倫理與六類角色定位的區分嗎？

『再説，你的確是講求名，我的確是講求利，求名得來的好處以及求利得來的財富，不能遵循合理的法則，不能經受道義的監察。即使我每天都與你在沒有約定的前提與標準之下爭論説：「平民百姓追逐財富，精英人士追逐名聲。」他們用來改變自然本性的方式雖然有所不同，但放棄了應當做的事反而追逐不應當做的事，其本質卻是完全一樣的。所以説，不要像平民百姓那樣追逐財富，反而應當遵循你的自然本性；不要像精英人士那樣追逐名聲，應當順從自然的法則。或者是曲，或者是直，要以你的自然天性爲準則；臉朝四方，觀察八面，與四時進退消長相推移。或者是肯定，或者是否定，根據圓通與靈活以應無窮；祇要成全你的本意，不要脱離道的左右。不要專斷你的行爲，不要固執你的成見，否則就會喪失你的修養。不要追逐你的財富，不要追逐你的成就，否則就是對自然本性的摒棄。

『比干被剖了心，子胥被挖了眼，這是忠誠招來的災禍；立身正直指控自己的父親，尾生守約淹死在橋下，這是誠實招來的禍難；鮑焦直立乾枯，申徒自沈於河，這是方正招來的禍殃；仲子厭惡兄長不義而離母別居，匡章失去生母而不見父親，這是正義引來的過錯。所有這些都是上一代流傳下來，下一代又轉述下去，而作爲知識精英用來規範他們的言論，固執他們的行爲，所以往往屈伏於禍殃，遭受了災難。』

〔三〕

无足問於知和曰：『人卒未有不興名就利者。彼富則人歸之，歸則下之，下則貴之。〔一〕夫見下貴者，所以長生安體樂意之道也。今子獨无意焉，知不足邪，意知而力不能行邪，故推正不忘邪？』〔二〕

知和曰：『今夫此，人以爲與己同時而生同鄉而處者，以爲夫絕俗過世之士焉。〔三〕是專无主正，所以覽古今之時，是非之分也；〔四〕與俗化世，去至重，棄至尊，以爲其所爲也；此其所以論長生安體樂意之道，不亦遠乎！〔五〕慘怛之疾，恬愉之安，不監於體；

怵惕之恐，欣懽之喜，不監於心；知爲爲而不知所以爲，是以貴爲天子，富有天下，而不免於患也。』〔六〕

无足曰：『夫富之於人，无所不利，窮美究埶，至人之所不得逮，賢人之所不得及，〔七〕俠人之勇力而以爲威强，秉人之知謀以爲明察，因人之德以爲賢良，非享國而嚴若君父。〔八〕且夫聲色滋味權勢之於人，心不待學而樂之，體不待象而安之。〔九〕夫欲惡避就，固不待師，此人之性也。天下雖非我，孰能辭之！』〔一〇〕

知和曰：『知者之爲，故動以百姓，不違其度，是以足而不爭，无以爲故不求。〔一一〕不足故求之，爭四處而不自以爲貪；有餘故辭之，棄天下而不自以爲廉。〔一二〕廉貪之實，非以迫外也，反監之度。〔一三〕勢爲天子而不以貴驕人，富有天下而不以財戲人。計其患，慮其反，以爲害於性，故辭而不受也，非以要名譽也。〔一四〕堯、舜爲帝而雍，非仁天下也，不以美害生也；善卷、許由得帝而不受，非虛辭讓也，不以事害己。〔一五〕此皆就其利，辭其害，而天下稱賢焉，則可以有之？彼非以興名譽也。』〔一六〕

无足曰：『必持其名，苦體絶甘，約養以持生，則亦久病長阨而不死者也。』〔一七〕

知和曰：『平爲福，有餘爲害者，物莫不然，而財其甚者也。〔一八〕今富人，耳營鐘鼓筦籥之聲，口嗛於芻豢醪醴之味，以感其意，遺忘其業，可謂亂矣；〔一九〕侅溺於馮氣，若負重行而上阪，可謂苦矣；〔二〇〕貪財而取慰，貪權而取竭，靜居則溺，體澤則馮，可謂疾矣；〔二一〕爲欲富就利，故滿若堵耳而不知避，且馮而不舍，可謂辱矣；〔二二〕財積而无用，服膺而不舍，滿心戚醮，求益而不止，可謂憂矣；〔二三〕內則疑刦請之賊，外則畏寇盜之害，內周樓疏，外不敢獨行，可謂畏矣。〔二四〕此六者，天下之至害也，皆遺忘而不知察，及其患至，求盡性竭財，單以反一日之无故而不可得也。〔二五〕故觀之名則不見，求之利則不得，繚意體而爭此，不亦惑乎！』〔二六〕

【釋義】

〔一〕**无足問於知和** 无足、知和，皆虛擬人名。成玄英《疏》：『無足，謂貪婪之人，不止足者也。知和，謂體知中和之道，守分清廉之人也。假設二人以明貪廉之禍福也。』**人卒未有不興名就利** 卒，猶終。成玄英《疏》：『世人卒竟。』王叔岷《校詮》：『「人卒」一詞，本書習見，猶人眾也，成《疏》誤矣。』行甫按：成說是。本書『人卒』有用爲並列詞組者，亦有『卒』字爲副詞修飾其後之動詞者，不可執一爲說。興，猶喜。王叔岷《校詮》：『「興名」猶「喜名」』，《禮·學記》「不興其藝，不能樂學」，鄭注：「興之言喜也。」』就利，猶趨利。者，也。**彼富則人歸之** 彼，猶夫，若。說見吳昌瑩《經詞衍釋》。則，猶卽。歸，歸附。**歸則下之** 則猶乃。下，猶言屈伏。**下則貴之** 貴，尊重。

〔二〕**夫見下貴** 夫，猶彼。見，猶爲，被。下，猶言在下之人。行甫按：猶言爲屈伏於己之人尊重崇敬。

所以長生安體樂意之道　所，猶可。道，猶方法，途徑。長生，久壽。安體，安適形體。樂意，快樂心情。**今子獨无意**　今，猶若。獨，猶何。意，心志，意向。**知不足**　知，讀智。足，夠。**意知而力不能行**　意，猶抑，轉折之詞。**故推正不忘**　故，通顧，猶言還是。推，求。王叔岷《校詮》：『推猶求也。《淮南子·原道》篇「因其自然而推之」，高注：「推，求也。」』正，猶正道，亦卽正當方法。不忘，通妄，猶亂。《釋文》：『忘，或作妄。』鍾泰《發微》：『「妄」與「正」對，作「妄」是本字，「忘」則假借也。』行甫按：《老子》十六章『不知常，妄作，凶』，景龍碑本作『不知常，忘作，凶』，是二字相通之證。

〔三〕**知和曰今夫此**　今夫，猶假若，虚詞連用。此，指上文无足所謂『長生安體樂意之道』。行甫按：各本皆讀『今夫此人』云云爲句，茲從鍾氏《發微》於『此』字頓斷。**人以爲與己同時而生同鄉而處者**　人，猶人們。以爲，猶認爲。行甫按：今夫此，人以爲，猶言若此，則於人之認知有所誤導。鄉，猶言聚落。處，猶居。同時而生，與下『過世』相關聯。同鄉而處，與下『絕俗』相關聯。**以爲夫絕俗過世之士焉**　以，猶有。夫，猶此。絕俗，絕棄世俗。過世，超越時代。焉，猶於此。行甫按：猶言若如此，人們便會認爲與己同時同鄉之人，有爲此絕俗過世之士存於其中。

〔四〕**是專无主正**　是，讀寔，猶實。專，通顓，蒙昧。《漢書·賈捐之傳》『顓顓獨居一海之中』，顔師古注：『顓與專同。』《法言·序》『倥侗顓蒙』，李軌注：『顓蒙，頑愚也。』主，猶内心之虚空。正，猶外物之依憑。鍾泰《發微》：『「主」卽「中无主而不止」之主，「正」卽「外無正而不行」之正。二句見《天運》篇。』行甫按：鍾說是。主，猶舍。正，通止。參見《天運》『中无主而不止，外无正而不行』釋義。**所以覽古今之時**　所，猶可。覽，猶察。古今，照應上文『同時』及『過世』。**是非之分**　是非，照應上文『同鄉』及『絕俗』。行甫按：猶言愚昧顓蒙，内無虛心，外無憑借，以此觀覽古今之時與是非之分，實爲認知妄亂而不足信據。

〔五〕**與俗化世** 與俗，猶言同於流俗。化世，猶言化於世俗。**去至重** 至，猶極。成玄英《疏》：『至重，生也。』**棄至尊** 至尊，成玄英《疏》：『道也。』福永光司《莊子》：『自己的本性。』行甫按：當以日人福永光司之説爲是，同於俗化於世，則渾渾噩噩喪失本性。此與上文『專无主正，所以覽古今之時，是非之分也』之認知妄亂互爲補充耳。**以爲其所爲也** 以，猶而。所爲，猶可爲。行甫按：爲其所爲，猶言爲其所欲爲，指上文『興名就利』。**此其所以論長生安體樂意之道** 其，猶之。**不亦遠乎** 亦，猶特。

〔六〕**慘怛之疾** 慘怛（音達），猶悲痛。疾，病。**恬愉之安** 恬愉，猶愉快。安，樂。**不監於體** 監，猶視。行甫按：不監於體，猶言不能在形體上表現出來。**怵惕之恐** 怵惕，猶驚恐。**欣懽之喜** 欣懽，猶歡欣。**不監於心** 行甫按：不監於心，猶言不能在心理上發泄出來。**知爲爲而不知所以爲** 爲爲，猶爲其所爲。所以，猶何以。**是以貴爲天子** 是以，猶如此。爲，猶如。**富有天下而不免於患也** 患，災禍。

〔七〕**夫富之於人** 夫，且，更端之詞。**无所不利** 所，猶處。利，猶便好。《國語·魯語下》『唯子所利』，韋昭注：『利，猶便也。』《漢書·高帝紀下》『與利田宅』，顔師古注：『利，謂便好也。』**窮美究埶** 窮，猶盡。究，猶極。《説文》：『究，窮也；窮，極也。』埶，通藝，技藝。《釋文》：『音勢，本亦作勢。一音藝，究竟也。』行甫按：埶當讀『藝』，與『美』字相對爲文。《左傳》襄公十四年『工執藝事以諫』，杜預注：『所謂獻藝。』是。究藝，猶言窮極於技藝，言其奢華。《禮記·禮器》『管仲鏤簋朱紘，山節藻棁，君子以爲濫矣』，下文『今富人耳營鐘鼓筦籥之聲』，皆其事。**至人之所不得逮** 至人，境界極高之人。逮，猶及。**賢人之所不得及** 賢人，才能之士。及，猶逮，互文。

〔八〕**俠人之勇力而以爲威强**　俠，通挾，猶挾持。威强，威勢與强悍。**秉人之知謀以爲明察**　秉，猶持。知，通智。**因人之德以爲賢良**　因，猶用。德，猶言才能。**非享國而嚴若君父**　享，主持祭祀。行甫按：享國，猶言主持國家祭祀，必國君乃有此資格。《左傳》襄公二十六年衛獻公使人言於寧喜曰『苟反，政由寧氏，祭則寡人』，是其證。嚴，威嚴。若，猶如。君父，君，偏義複詞。行甫按：四句分言富人『无所不利』。

〔九〕**且夫聲色滋味權勢之於人**　且夫，猶況且，遞進之詞。**心不待學而樂之**　待，猶須。樂，猶喜。**體不待象而安之**　象，猶模仿。安，猶適。

〔一〇〕**夫欲惡避就**　夫，猶若，列舉之詞。**固不待師**　固，通故，猶本來。待，猶須。**此人之性也**　性，本性。**天下雖非我**　非，猶言反對，非議。**孰能辭之**　辭，猶拒絕。之，指上文『聲色滋味權勢』。

〔一一〕**知者之爲**　知，通智。之，猶所。爲，作爲。**故動以百姓**　故，猶常。動，亦作爲。以，猶因，順從。**不違其度**　度，法度。**是以足而不爭**　足，猶言内心充足。是以，因此。**无以爲故不求**　以，猶所。行甫按：所可訓以，以自可訓所。

〔一二〕**不足故求之爭四處而不自以爲貪**　四處，猶四方。**有餘故辭之**　辭，拒絕，推辭。**棄天下而不自以爲廉**　廉，猶潔，儉。

〔一三〕**廉貪之實**　實，實情。**非以迫外也**　以，猶因。迫外，迫於外。行甫按：猶言取決於内心。**反監之度**　監，猶視。之，猶於。度，猶内心之法度。《大雅·皇矣》『帝度其心』，毛《傳》：『心能制義曰度。』賈誼《新書·道術》：『以人自觀謂之度；反度爲妄。』

〔一四〕**勢爲天子而不以貴驕人**　勢，位勢。驕，猶傲。**富有天下而不以財戲人**　戲，猶弄。**計其患**

其，猶之，代『驕人』、『戲人』。**慮其反**　反，猶報應。行甫按：此『反』字，猶『以其人之道，反治其人之身』之反。**以爲害於性**　以爲，猶認爲。**故辭而不受也**　辭，辭天子之位與天下之富。**非以要名譽也**　要，猶求。

〔一五〕**堯舜爲帝而雍**　雍，推字之形譌。孫詒讓《札迻》：『雍當爲推，形近而誤。謂推位於善卷、許由也。《漢書·田千秋傳·贊》「劉子推」，《鹽鐵論·雜論篇》「推」作「雍」，是其證。』**非仁天下**　仁，猶親，愛。行甫按：非仁天下，猶言並非令天下以之爲仁。**不以美害生**　美，善，福慶。《周禮·行夫》『媺惡而無禮者』，鄭玄注：『美，福慶也。』**善卷許由得帝而不受**　善卷、許由，堯、舜時隱士。事見《讓王》篇。**非虛辭讓**　辭讓，猶推讓。**不以事害己**　事，猶言天下事。

〔一六〕**此皆就其利**　就，猶趨。其，猶於。**辭其害**　辭，猶拒。**而天下稱賢焉**　焉，猶矣。**則可以有之**　則，猶其。可，猶何。《石鼓文》『其魚維可，維鱮與魴』，《雲夢秦簡》『盜封嗇夫可論』，《帛書老子》『道可道也，非恆道也』，諸『可』字皆讀『何』。有之，猶言有賢之稱。**彼非以興名譽**　彼，指堯、舜與許由、善卷。以，猶用。興，猶興起。行甫按：二句一問一答，謂其何以有賢之稱？非其人以此樹立聲譽。舊注皆不了。

〔一七〕**必持其名**　必，猶固。持，猶守。其，猶於。**苦體絶甘**　苦，猶困苦。絶，猶棄。甘，甜，美味。**約養以持生**　約，猶節制。持，通治。王叔岷《校詮》：『「持生」猶治生，《讓王》篇「道之真以治身」，古鈔卷子本治作持。』**則亦久病長阨而不死**　則，猶乃。亦，猶特。阨，困厄。不死，猶氣息奄奄，苟延殘喘。

〔一八〕**平爲福**　平，猶無有餘及不足。福，猶善。行甫按：平爲福，猶言適中，恰到好處。**有餘爲害者**者，也。**物莫不然**　然，猶如此。**而財其甚**　而，猶且。其，猶乃。甚，猶尤，重。

〔一九〕**今富人**　今，猶若。**耳營鐘鼓筦籥之聲**　營，猶求。《戰國策·楚策一》『可營也』，鮑彪注：『營，猶求。』《資治通鑑・魏紀五》『有司徒營目前之利』，胡三省注：『此營求之營。』筦，通管。趙諫議本作管。籥，音樂，笛類管樂器。《周禮・笙師》『掌教龡竽笙塤籥簫篪篴管』，鄭玄注：『籥，如篴，三空。』**口嗛於芻豢醪醴之味** 嗛，通銜，《說文》『嗛，口有所銜也』，段玉裁注：『假借爲銜字，如《佞幸傳》「太后由此嗛韓嫣」是也。』行甫按：王念孫據《戰國策・魏策》高誘注，釋『嗛』爲快，雖與成玄英《疏》『稱適也』義近，可備一說。但此『嗛』字與上文『營』字相對，爲動詞，非形容詞意動用法，故不取王說。**以感其意** 感，猶動。《說文》：『感，動人心也。』意，心志。**遺忘其業** 業，猶事功。**可謂亂** 可，猶適。謂，猶爲。亂，猶妄亂。

〔二一〇〕**侅溺於馮氣** 侅，音該，通賅。《釋文》：『徐音礙，飲食至咽爲侅。一云偏也。』行甫按：此當從《釋文》『一云偏也』爲訓，則讀『侅』爲『賅』。賅，猶備，兼。此『侅』若『賅』字，乃就上文『耳營』與『口嗛』以言之。侅溺，口耳兼溺，下文更就『溺』與『馮』二字申其說。溺，沈溺。行甫按：侅溺，猶言兼沉湎於『聲』與『味』。馮，猶滿。《左傳》昭公五年『今君奮焉震電馮怒』，杜預注：『馮，盛也。』**若負重行而上阪** 若，猶如。阪，山坡。王孝魚《校記》：『阪字依成《疏》改。《闕誤》引張君房本作坂，與阪同。』**可謂苦** 苦，猶痛。

〔二一一〕**貪財而取慰** 慰，猶病困。《淮南子・繆稱》『人之困慰者也』，高誘注：『可蹶也。一曰：慰，極也。』何寧《集釋》引吳承仕云：『困慰者，假慰爲瘃。《詩・緜》「維其喙矣」，毛《傳》云「困也」，《方言》「喙，極也」，此注「一曰慰，極」，正與《方言》相應。「慰」一作「蔚」，《俶真》篇「五藏無蔚氣」，注云：「蔚，病也」，音義正同。寧案：注「可蹶」疑當作「句蹶」，句、可形近而譌。「句蹶」卽「拘蹶」。《集韻》「句」「拘」通。』行甫按：此『慰』卽『蔚氣』字，猶言病，困，拘蹶。其義正與上文『侅溺於馮氣』相照應。王叔岷《校詮》：『《釋文》「慰亦作畏」，《闕誤》引張君房本慰作辱，疑並淺人所改。下文「可謂辱矣」及「可謂畏矣」，乃專就辱與畏而言，此文慰不當作畏或作辱也。』**貪權而取竭** 權，猶權勢。竭，猶盡。行甫按：竭，猶言精疲力竭。**靜居則溺** 居，猶處。溺，猶沉湎。行甫按：溺，亦是溺於聲與味。**體澤則馮** 澤，猶言肥胖。王叔岷《校詮》：『體澤謂身體肥澤。《論衡·語增篇》「聖人憂世念人，身體羸惡，不能身體肥澤」。』馮，滿。猶言氣血淤積。**可謂疾** 疾，病。

〔二二二〕**爲欲富就利** 爲，讀去聲。欲，猶圖。就，猶趨。**故滿若堵耳而不知避** 故，猶常。若，猶如。堵，墻壁。耳，猶矣。避，猶回轉。《說文》『避，回也』，段玉裁注：『此回依本義訓轉，俗作廻，是也。』**且馮而不舍** 且，猶尚。馮，猶滿。行甫按：王念孫謂『服與馮一聲之轉』，訓『服』訓『伏』，與此文義不諧。本章『馮』字皆訓『滿』，其義雖各有所當，要爲『滿』義之引申，無須別解。舍，止。**可謂辱** 辱，恥。

〔二二三〕**財積而无用** 无用，猶不用。**服膺而不舍** 服，通伏。行甫按：服膺，猶言屈服拜倒。不舍，不止。**滿心戚醮** 滿心，猶言滿腔。戚，猶憂。醮，亦猶憂。《釋文》：『李云：顦顇也。』奚侗《補注》：『醮乃醮之誤字，形相似。《廣雅·釋詁》「醮，悴，憂也。」』**求益而不止** 益，增加。**可謂憂** 憂，猶患害。

〔二二四〕**內則疑刦請之賊** 內，家內。疑，猶恐。刦，讀劫。請，猶乞求。《禮記·王制》『墓地不請』，鄭玄注：『請，求也。』《廣雅·釋言》：『請，乞也。』行甫按：刦請，猶言搶劫與乞求。**外則畏寇盜之害** 外，外面。寇盜，攔路劫財。**內周樓疏** 周，猶周密。樓疏，孔隙。章太炎《解故》：『疏，正作䟽。《說文》「䟽，門戶青疏窻也」，《古詩》曰「交疏結綺窻」，所以穿孔如交綺者，本由防盜。《釋名》「樓，謂牖戶之間有射孔慺慺然也」，射孔正防盜之具。若《天官書》言「亢爲疏廟」，則寢廟亦有䟽。此蓋襲爲之。《楚辭》言「靈瑣」，漢有青瑣胥象是也。』**可謂畏** 畏，恐懼。

〔二二五〕**此六者** 六者，上述亂、苦、疾、辱、憂、畏。**天下之至害** 至，猶極。害，災禍。**皆遺忘而不知察**

遺忘，猶言疏忽。**及其患至** 患，猶災害。至，猶來。**求盡性竭財** 盡，猶全。性，猶生。竭，盡。**單以反一日之无故而不可得** 單，通亶，但。郭慶藩《集釋》引郭嵩燾曰：『單當作亶。《史記・曆書》單閼，崔駰（王叔岷《校詮》：當作徐廣）注：單閼，一作亶安。單亶字通。《漢書》但字多作亶。《賈誼傳》「非亶倒懸而已」，《揚雄傳》「亶費精神於此」，《說文》「但，裼也」，是但自爲袒而亶爲但。「單以反一日之無故」，猶言但以反一日之無故。《玉篇》「單，一也」，一，猶單獨也，與但字義亦近。』以，猶使。之，猶於。无故，猶無事。

〔二一六〕**故觀之名則不見** 之，猶於。**求之利則不得** 則，猶乃。行甫按：言人不能全生保身，則名與利皆無任何意義，生不帶來，死不帶去，是所謂『不見』、『不得』。**繚意體而爭此** 繚，纏繞。《釋文》：『繚音了，理也。』意，志。爭，爭奪。此，名與利。**不亦惑** 亦，猶特。惑，迷惑。

此乃本篇第三章，言无足與知和論辯名利之事。其一，名利不是獲取『長生安體樂意』的途徑，而追名逐利，物慾膨脹，必然導致情緒失控以致傷生害體。其二，名利固然可以使人獲得『聲色滋味權勢』等各種精神與肉體的滿足，但是，如果窮奢極欲，超過了限度，必然『侅溺於馮氣』，戕害性命。其三，古之辭讓帝王之位者，並非虛情假意，博取名譽，而是『計其患，慮其反，以爲害於性，故辭而不受』。反之，如果一味追逐名利，積累財富，卻往往憂患叢生。既擔心內有竊賊，又害怕外有盜寇，寢食難安。災禍一旦發生，再想回到從前一無所有的安逸日子，也完全不可能了。

【繹文】

无足向知和請教說：『人最終沒有不喜名趨利的。如果富有，那麼別人便歸附他；歸附他，便低他一等；低他一等，便尊敬他。讓人低己一等而備加尊敬自己，就是延長壽命舒適形體快樂心意的辦法。像你這樣的人爲什麼沒有這方面的想法呢？是智力不夠用呢，還是知道了卻沒有能力去實行呢？還是說都不是，而是要講求正道不願胡作非爲呢？』

知和說：『如果這樣說，人們便認爲與自己生在同一時代、住在同一地方的人，其中必有作爲那種絕棄世俗超越時代的精英人物。這種想法其實是非常愚蠢的，既沒有接納外來觀念的內在心胸，也無法讓自己的觀念與外在事物相投合，拿什麼來通觀古今的時代變化，分別當下的正確與錯誤呢；與習俗同流合污，與時世隨波逐流，放棄了最爲重要的生命，丟掉了最爲尊貴的本性，從而爲所欲爲；這對於延長壽命舒適形體快樂心意的方法來說，豈不是差得太遠了嗎？悲慘而痛苦的疾病，恬靜而愉快的安適，不能在形體上表現出來；驚嚇與害怕的恐懼，高興與歡樂的喜悅，不能在心理上體現出來；知道幹自己想幹的卻不知道爲什麼要這麼幹，果如此，即使是高貴如同天子，富足如有天下，可仍然不能免除災禍。』

无足說：『還有，富足對於人來說，好處與方便無所不在，可以窮極美觀竭盡雕琢，境界高遠的人更是不能與他比肩，有能力才幹的人也難以望其項背，富人可以挾持他人的勇氣與力量來耍威風逞强狠，拿著別人的智慧與謀略來作觀察出判斷，利用別人的品德與行爲來裝優秀顯才能，雖然沒有國君的地位卻威嚴如同君主。況且聲樂、美色、味道、權利與勢位對於人來說，不須學便打心裏喜歡它，不須模仿便在形體上適應它。至於喜好、厭惡、避讓、追求，本來就不須老師教的，這就是人的本性。雖然全天下的人都指責我，誰又能夠拒絕這些呢！』

知和說：『有智慧的人所做的事，常常是因百姓而行動，不會違背内在的法度，因而内心富足便不會爭奪，沒有目的所以也不苟求。以爲不足所以去求取，即使到處爭奪卻不認爲自己貪婪；因爲盈餘所以推辭不接受，即使放棄整個天下也不覺得自己廉潔。廉潔與貪婪的真實原因，並不在於外在的壓力，乃是反觀於内在的法則。有如天子的權勢卻不拿高位去侮慢別人，富有天下卻不拿財富去耍弄別人。考慮災禍，顧及報應，認爲對本性有所傷害，所以推辭拒絕而不接受，並不是爲了求取名聲與讚譽。唐堯與虞舜作爲帝王而推讓天下，並不是要在天下博取仁愛的聲譽，而是不想讓美好的東西傷害了生命；善卷與許由之流得到帝王的禪讓卻不願意接受，也不是虛心假意地推辭謙讓，而是不想讓治天下的事情傷害了自己。這些人都是追求好處，拒絕傷害，可是天下人都稱他們是賢能的人了，然而他們爲什麽會有賢能的稱譽呢？他們並沒有要用這種方式樹立聲譽的本意呀！』

无足說：『如果一定要保全名聲，勞苦身體，斷棄美味，節制口體之福來修身養性，那也不過是長病久困，氣息奄奄，苟延殘喘之人罷了。』

知和說：『既無不足也無有餘，便是福分，因爲富足有餘而產生危害，任何事物都是這樣的，而財富有餘所產生的危害又是最爲嚴重的。像那些富人，耳朵求取鐘鼓笛簫之類的音聲，嘴巴含著肉食美酒的味道，從而心旌搖蕩，意志消沉，忘忽了事業生計，可算是昏亂了；完全陷溺在心氣滿塞郁結之中，就如同挑著沈重的擔子爬山上坡一樣，可算是痛苦了；貪圖財富而自尋煩惱，貪戀權勢而自取疲乏，平時居家過日子卽沈溺於聲色滋味，身體虛浮肥胖便血脈滯塞胷悶氣短，可算是生病了； 爲了貪圖財富，追求好處，常常是財物堆滿屋子如同墻壁壘到屋頂，也不知道回心轉意，且一味求財卻不知道停止下來，可算是恥辱了； 財富不斷積累卻毫無用處，低三下四聚斂不休，滿心都是求財而不得的焦慮，財富不斷增加也不知道收手，可算是憂患了； 在家便害怕家賊難防，擔心被人偷被人討，出外就恐懼江湖盜匪，害怕被搶劫被謀財，家裏到處堵得嚴嚴實實，不漏半點縫隙，外出不敢一個人單獨行動，可算是恐懼了。 這六種情緒，就是天底下最爲有害的東西，可是人們都輕視忘忽了而不知道明察個中事理。 等到災難到眼前了，希望散盡家財以保全性命，哪怕是衹有一天回到先前的平安日子也不可能實現了。 所以到頭來想看看那名聲也看不見，想求求那財富也求不著，可是仍然攪盡腦汁耗損體力去爭名奪利，豈不是特別糊塗嗎！』

說劍第三十

說劍，談論劍道。與其從《釋文》説『以事名篇』，不如説『以理名篇』更爲恰當。不過，本篇頗類戰國策士的遊談之辭，又似軨才諷說的小說家言，是以歷來學人皆指其非莊子之書，進而以爲亦非莊子學派所當有。『編《莊子》書的，祇見是莊子的故事，遂拉來混入了莊子書』（羅根澤《諸子考索》）。然而日人池田知久認爲本篇除了莊子所論的『天子之劍』、『諸侯之劍』、『庶人之劍』以外，尚有揭示『道家立場』的『莊子之劍』，體現了天道不爭而常勝人的基本原則，故莊周以此治身。其實本篇旨在以劍道喻治道，因其自然，順乎天道，合於民意，乃四境安寧，海内清一，則『劍事已畢』而無所用其鋒矣。全文故事完整，首尾一氣，爲了便於閲讀，分爲兩章作解，並非必其斷爲兩橛。

〔一〕

昔趙文王喜劍，劍士夾門而客三千餘人，日夜相擊於前，死傷者歲百餘人。〔一〕好之不厭。如是三年，國衰，諸侯謀之。〔二〕

太子悝患之，募左右曰：『孰能説王之意止劍士者，賜之千金。』左右曰：『莊子當

能。』〔三〕

太子乃使人以千金奉莊子。莊子弗受，與使者俱，往見太子曰：『太子何以教周，賜周千金？』〔四〕

太子曰：『聞夫子聖明，謹奉千金以幣從者。夫子弗受，悝尚何敢言！』〔五〕莊子曰：『聞太子所欲用周者，欲絕王之喜好也。〔六〕使臣上說大王而逆王意，下不當太子，則身刑而死，周尚安所事金乎？〔七〕使臣上說大王，下當太子，趙國何求而不得也！』〔八〕

太子曰：『然。吾王所見，唯劍士也。』莊子曰：『諾。周善爲劍。』〔九〕

太子曰：『然吾王所見劍士，皆蓬頭突鬢垂冠，曼胡之纓，短後之衣，瞋目而語難，王乃說之。〔一〇〕今夫子必儒服而見王，事必大逆。』〔一一〕

莊子曰：『請治劍服。』治劍服三日，乃見太子。太子乃與見王，王脫白刃待之。〔一二〕莊子入殿門不趨，見王不拜。王曰：『子欲何以教寡人，使太子先？』〔一三〕曰：『臣聞大王喜劍，故以劍見王。』〔一四〕

王曰：『子之劍何能禁制？』曰：『臣之劍十步一人，千里不留行。』〔一五〕

王大悅之，曰：『天下无敵矣！』〔一六〕

莊子曰：『夫爲劍者，示之以虛，開之以利，後之以發，先之以至。願得試之。』〔一七〕

王曰：『夫子休就舍，待命令設戲請夫子。』〔一八〕

【釋義】

〔一〕**昔趙文王喜劍** 趙文王，《釋文》：『司馬云：惠文王也，名何，武靈王子，後莊子三百五十年。《洞記》云：周赧王十七年，趙惠文王之元年。一云：案《長曆》推惠文王與莊子相值，恐彪之言誤。』喜，猶好。**劍士夾門而客三千餘人** 夾門，猶傍門。《釋名·釋姿容》：『挾，夾也，在傍也。』行甫按：夾門，言人數之多，門口兩邊皆是。客，猶養客，動詞。**日夜相擊於前** 前，面前。**死傷者歲百餘人** 歲，猶言每年。

〔二〕**好之不厭** 好，猶喜。厭，猶滿足。**如是三年** 如是，如此。**國衰諸侯謀之** 衰，衰落。謀，圖謀滅趙。

〔三〕**太子悝患之** 悝，音虧，太子之名。王叔岷《校詮》：『案《史記·趙世家》「惠文王卒，太子丹立，是爲孝成王」，梁玉繩云「《莊子·說劍》篇有趙文王（卽惠文）太子悝，若太子卽孝成，則有二名矣（《六國年表志疑》）」。』**募左右** 募，猶召。左右，近臣。**孰能說王之意止劍士者** 孰，誰。說，勸說。意，心志。**賜之千金** 賜，猶言獎賞。千金，二萬兩。《戰國策·齊策一》『公孫閈乃使人操十金而往卜於市』，高誘注：『二十兩爲一金。』**莊子當能** 當，猶乃。

〔四〕**太子乃使人以千金奉莊子** 奉，猶捧送。《周禮·天府》『若遷寶則奉之』，鄭玄注：『奉，猶送也。』**莊子弗受與使者俱** 俱，猶一起。**往見太子曰** 往，往太子所。**太子何以教周賜周千金** 教，猶命。

〔五〕**聞夫子聖明** 夫子，猶先生。聖，睿智。明，猶明達。**謹奉千金以幣從者** 謹，猶敬。幣，贈送禮物。

從者，隨從。行甫按：此乃表敬之委婉語。**夫子弗受悝尚何敢言**　尚，猶庶幾。《闕誤》引張君房本作當，當與尚古通用。

〔六〕**聞太子所欲用周者**　所，猶所以。用，猶使。**欲絶王之喜好**　絶，猶斷。

〔七〕**使臣上説大王而逆王意**　使，假使。逆，違背。**下不當太子**　當，猶合。**則身刑而死**　則，猶即。刑，受刑罰。**周尚安所事金乎**　尚，猶庶幾。安，猶何。所，猶可。事，猶用。

〔八〕**趙國何求而不得**　趙國何求，猶言何求於趙國。得，猶獲。

〔九〕**然**　猶是，應允之詞。**吾王所見**　所，猶可。見，猶言接見。**唯劍士**　唯，衹有。**諾**　猶然，同意之詞。**周善爲劍**　善，猶能。爲，猶弄。

〔一〇〕**然吾王所見劍士**　然，猶而，轉折之詞。**皆蓬頭突鬢垂冠**　蓬頭，不翦髮。突鬢，鬢毛外張。垂冠，猶言罩面冠。《釋文》：『將欲鬬，故冠低傾也。』成玄英《疏》：『鐵爲冠，垂下露面。』**曼胡之纓**　曼胡，《釋文》：『司馬云：謂麤纓無文理也。』纓，冠帶。行甫按：曼胡之纓，猶言冠帶長而下垂，飄於頤下。曼，長。胡，猶垂。《説文》『胡，牛頷垂也』，段玉裁注：『引伸之凡物皆曰胡。如老狼有胡，鶻胡，龍垂胡頿是也。胡與侯音轉最近，故《周禮》「立當前侯」，注曰：「車轅前胡下垂柱地者。」』是其證。**短後之衣**　短後，上衣後襟較短，便於騰挪進退。**瞋目而語難**　瞋目，瞪大眼睛。難，猶言貶抑。《釋文》：『艱難也；勇士憤氣積於心胷，言不流利也。又乃旦反，既怒而語，爲人所畏難。司馬云：説相擊也。』行甫按：當以司馬説爲當。語難，猶言以言語貶抑對方。《廣雅·釋詁三》『攤，按也』，王念孫《疏證》：『《堯典》「惇物允元而難任人」，難，猶抑也。』是其證。**王乃説之**　説，通悦。猶喜歡。

〔一一〕**今夫子必儒服而見王**　今，猶若。必，定。《資治通鑑·漢紀二十一》『能必其眾不犯約哉』，胡三省引毛晃曰：『必，定辭也。』儒服，儒士之服，卽縫衣淺帶，說見《盜跖》釋義。**事必大逆**　逆，違。行甫按：大逆，猶言非常不順利。

〔一二〕**請治劍服**　請，猶願。治，製作。劍服，卽上述『垂冠，曼胡之纓，短後之衣』。**治劍服三日乃見太子**　三日，猶言三日之後。**太子乃與見王王脫白刃待之**　脫，猶露。行甫按：脫白刃，猶言拔出劍鞘，露出劍身。

〔一三〕**莊子入殿門不趨**　殿，無室之屋，猶今所謂大廳。**見王不拜**　不拜，不行跪拜之禮。**子欲何以教寡人**　子，尊稱。教，命。**使太子先**　先，猶事先請告。成玄英《疏》：『汝欲用何術以教諫於我，而使太子先言於我乎？』

〔一四〕**臣聞大王喜劍**　喜，猶好。**故以劍見王**　以，猶因，用。見，猶言進見。

〔一五〕**子之劍何能禁制**　能，猶能夠。禁制，猶閉拒，防遏，同義複詞。《廣韻·侵韻》：『禁，制也。』《禮記·王制》『關譏而不征』，孔穎達《正義》：『禁謂防遏。』《戰國策·趙策一》『韓乃西師以禁秦國』，鮑彪注：『禁，閉拒也。』**臣之劍十步一人**　十步一人，成玄英《疏》：『其劍十步殺一人。』王叔岷《校詮》：『疑「十步」下原有殺字。李白《俠客行》「十步殺一人，千里不留行」，卽用此文，正有殺字。』**千里不留行**　行，通形，猶言形跡、痕跡。俞樾《平議》：『十步之內輒殺一人，則歷千里之遠，所殺多矣，而劍鋒不缺，所當無撓者，是極言其劍之利也。』行甫按：俞說是。然此『行』與『形』通，已見前文多篇釋義。不留行，猶言劍鋒纖毫無損，不留一絲痕跡。

〔一六〕**王大悦之曰天下无敵**　悦，猶喜。敵，對，匹。

〔一七〕**夫爲劍者**　夫，猶若。爲，猶弄，擊。**示之以虚**　示，猶顯。之，指對手。虚，猶言假象。行甫按：示之以虚，猶言賣個破綻。**開之以利**　開，猶誘啓。利，好處。**後之以發**　後之，猶言後於對手。以，猶而。發，猶擊。**先之以至**　至，猶達。**願得試之**　試，嘗試，亦猶用。

〔一八〕**夫子休就舍**　休，休息。舍，館舍。**待命令設戲請夫子**　設戲，猶言安排賽事。王孝魚《校記》：『張君房本無令字。』

此乃本篇第一章，言趙文王喜愛劍術而荒怠國政，太子悝請莊子扮成劍客往説趙王。趙王以爲莊子之劍乃『天下无敵』，並許諾讓衆劍客與莊子試劍。

【繹文】

從前趙惠文王愛好劍術，圍在門外受到優待的劍客有三千多人，天天在趙惠文王面前互相擊殺，每年連死帶傷都在百人以上，可趙惠文王卻樂此不疲，從不厭倦。像這樣過了三年，國力大爲衰退，周邊諸侯開始動心思瓜分趙國。

太子悝對此非常擔憂，召見身邊左右近臣説：『誰能夠説服國王改變興趣不再與劍客們廝混，就賞給他千金。』左右近臣推薦説：『莊子應該可以。』

太子於是派人帶上千金贈送給莊子。莊子不收，與派去的人一起來太子府拜訪太子，説：『太子有什麼需要吩咐我的事嗎，贈送給我千金？』

太子回答道：『聽說先生睿智明達，恭持千金做爲禮物送給先生手下當差的。先生不願接收，我還哪裏敢開口啊！』莊子說：『聽說太子要用到我的地方，是想斷掉國王的個人偏好。假如我首先勸說國王因而忤逆了國王的心意，而最後還是得不到太子的認可，那麼我自己就會遭到刑戮而被處死了，我還要黃金有什麼用處呢？假如我首先說服了國王，最後又讓太子滿意，那麼在趙國我想要什麼還會沒有嗎？』

太子說：『那也是。可我們國王願意召見的人，衹有劍客呀。』莊子說：『好。我擅長劍術。』

太子說：『可是我們國王召見的那幫劍客，都是蓬頭散髮，鬢毛橫生，帽沿倒挂，長長的帽帶飄垂到胸前，上衣後襟短小，高高地貼在半腰，怒目圓睜，開口除了貶抑對方就不會好好說話，可國王就是喜歡這種角色。如果先生一定要穿著寬袍大袖的儒生服裝去見國王，事情必定非常不順利。』

莊子說：『是應該製作一套劍客服裝。』於是用三天時間製作了一套劍客服裝，然後入見太子。太子於是與莊子一起去拜見趙惠文王，惠文王抽出長劍露出白晃晃的劍鋒等著他們。莊子邁進比劍大廳的門檻，慢慢走近惠文王，見了惠文王也不跪拜。趙惠文王說：『先生想拿什麼來教導我呀，還讓太子事先請示？』莊子回答說：『我聽說君王喜歡劍術，所以因劍事來拜見君王。』

趙惠文王說：『先生的劍術能夠抵擋什麼？』莊子說：『我呀，走十步殺一人，即使遠行千里，劍刃也不會留下任何痕跡。』

趙惠文王非常喜歡莊子，說：『天下沒人與你相匹敵了！』

莊子說：『至於擊劍，先是給對方露出一點破綻，開張門戶給一點好處引誘對方，當他氣勢稍餒之後再出手還擊，在對方尚未出招之前便把他一劍擊倒。希望有機會試試這套劍法。』

趙惠文王說：『先生今天到此爲止，請回館舍歇息，等我指派安排好賽事再來請先生。』

［二］

王乃校劍士七日，死傷者六十餘人，得五六人，使奉劍於殿下，乃召莊子。〔一〕王曰：『今日試使士敦劍。』〔二〕

莊子曰：『望之久矣。』〔三〕

王曰：『夫子所御杖，長短何如？』〔四〕

曰：『臣之所奉皆可。然臣有三劍，唯王所用。請先言而後試。』〔五〕

王曰：『願聞三劍。』〔六〕

曰：『有天子劍，有諸侯劍，有庶人劍。』〔七〕

王曰：『天子之劍何如？』〔八〕

曰：『天子之劍，以燕谿石城爲鋒，齊岱爲鍔，晉魏爲脊，周宋爲鐔，韓魏爲夾；〔九〕包以四夷，裹以四時，繞以渤海，帶以常山；〔一〇〕制以五行，論以刑德，開以陰陽，持以春夏，行以秋冬。〔一一〕此劍，直之无前，舉之无上，案之无下，運之无旁，上決浮雲，下絶地紀。〔一二〕此劍一用，匡諸侯，天下服矣。此天子之劍也。』〔一三〕

文王芒然自失，曰：『諸侯之劍何如？』〔一四〕

曰：『諸侯之劍，以知勇士爲鋒，以清廉士爲鍔，以賢良士爲脊，以忠聖士爲鐔，以豪桀士爲夾。〔一五〕此劍，直之亦无前，舉之亦无上，案之亦无下，運之亦无旁；上法圓天以順三光，下法方地以順四時，中和民意以安四鄉。〔一六〕此劍一用，如雷霆之震也，四封之内，无不賓服而聽從君命者矣。此諸侯之劍也。』〔一七〕

王曰：『庶人之劍何如？』

曰：『庶人之劍，蓬頭突鬢垂冠，曼胡之纓，短後之衣，瞋目而語難。相擊於前，上斬頸領，下決肝肺。〔一八〕此庶人之劍，无異於鬬雞，一旦命已絶矣，无所用於國事。〔一九〕今大王有天子之位而好庶人之劍，臣竊爲大王薄之。』〔二〇〕

王乃牽而上殿。宰人上食，王三環之。莊子曰：『大王安坐定氣，劍事已畢奏矣！』〔二一〕

於是文王不出宫三月，劍士皆服斃其處也。〔二二〕

【釋義】

〔一〕**王乃校劍士七日**　校，音教，考覈。《釋文》：『司馬云：考校取其勝者也。校，本或作教。』**死傷者六十餘人得五六人**　得，猶言選取。**使奉劍於殿下乃召莊子**　奉劍，猶持劍。召，召見。

〔二〕**今日試使士敦劍**　敦，通雕，猶言切磋。《周頌·有客》『敦琢其旅』，鄭《箋》：『言敦琢者，以賢美之，故玉言之。』孔穎達《正義》：『敦琢，治玉之名。《釋器》云「玉謂之雕」，又云「玉謂之琢」，是雕琢皆治玉之名。敦、雕，古今字。』馬瑞辰《傳箋通釋》：『敦與彫雙聲，敦即彫字之假借，字亦作雕。據《說文》「琱，治玉也。」，彫及雕又皆琱字之假借。』行甫按：《爾雅·釋器》又云『骨謂之切，象謂之磋』，是雕琢、切磋，皆爲治器之名，引申之有商討、較量、比試之義。敦劍，猶言切磋劍術。舊注皆不了。

〔三〕**望之久**　望，猶盼。

〔四〕**夫子所御杖**　御，猶用。杖，兵器。《說文》『杖，持也』，段玉裁注：『凡可持及人持之，皆曰杖。喪杖、齒杖、兵杖，皆是也。』行甫按：所御杖，猶言常所使用之兵器。**長短何如**　行甫按：問慣用兵器之長短。

〔五〕**臣之所奉皆可**　之，猶乃。奉，猶持。可，猶適。**然臣有三劍唯王所用**　然，猶而，轉折之詞。唯，惟，猶以。行甫按：王問莊子所持之器杖長短，答曰皆可。然後反問王之所用，以期長短對等。**請先言而後試**　而，猶然。試，猶用。

〔六〕**願聞三劍**　願，猶欲。

〔七〕**有天子劍有諸侯劍有庶人劍**　王孝魚《校記》：『高山寺本三「劍」上均有「之」字。』

〔八〕**天子之劍何如**　天子，猶言帝王。行甫按：據下文以趙惠文王爲『有天子之位』，故王先問天子之劍。

〔九〕**天子之劍以燕谿石城爲鋒**　燕谿石城，《釋文》：「燕谿，地名，在燕國。石城，在塞外。」鋒，劍端。**齊岱爲鍔**　岱，泰山，在魯國。鍔，劍刃。《釋文》：「司馬云：劍刃也。一云：劍稜也。」行甫按：司馬之説是。「劍稜」與下文「脊」字重複。**晉魏爲脊**　晉魏，成玄英《疏》：「晉魏二國近乎趙地，故以爲脊也。」王孝魚《校記》：「高山寺本魏作衛。」行甫按：晉魏，乃《詩經·國風》之唐國與魏國，二國比鄰，非三家分晉之魏。脊，劍稜。**周宋爲鐔**　周宋，衛國與宋國。二國鄰近，故連及而稱。行甫按：「伐樹於宋，削跡於衛，窮於商周」，見於《天運》與《山木》；「削跡於衛，伐樹於宋，窮於商周」，見於《讓王》，是「周宋」猶「商周」。商既爲宋，周必指衛。是益知「晉魏」之「魏」不得爲「衛」字明矣。高山寺本及王叔岷《校詮》所錄類書引字作「衛」者，皆不明莊書語例而臆改。鐔，音尋，劍首。成玄英《疏》：「鐔，環也。」《說文》「鐔，劍鼻也」，段玉裁注：「《攷工記》、《曲禮》、《少儀》所謂劍首也。《通藝錄》曰：『劍鼻謂之鐔，鐔謂之珥，又謂之環，一謂之劍口。有孔曰口，視其旁如耳然曰珥，面之曰鼻，對末言之曰首。』」**韓魏爲夾**　韓魏，韓國與魏國。王孝魚《校記》：「高山寺本魏作衛。」行甫按：魏，卽分晉之魏，與上「晉魏」之魏乃春秋時魏國者非一。行甫又按：高山寺本「晉魏」、「韓魏」二魏字皆作「衛」，無理之甚。夾，成玄英《疏》：「鋏，把也。韓魏二國在趙之西，故以爲把也。」段玉裁《說文注》：「《莊子·說劍》凡五事，曰鋒鍔脊鐔夾。鋒者其耑，許書之鏠字，《左傳》所謂劍末也。鍔者其刃，許之㓘字。脊者其身中隆處，《記》因之有兩從臘廣之偁也。鐔者其鼻，玉部所謂設璏處也。夾者其柄，鐔在其耑，《記》所謂莖，許刀部所謂釗也。」

〔一〇〕**包以四夷**　包，猶裹。四夷，四方邊遠之地。**裹以四時**　裹，猶包。程瑤田《通藝錄》：「鐔者其首也，夾次鐔後，繼夾遂言包、裹，則夾者，其室也。《釋文》『司馬云：夾，把也』，先後鄭氏亦並以人所握者爲夾，是謂莖外著木如今之刀劍拊者，古劍無是物也。《戰國策》馮煖彈劍鋏歌曰『長鋏歸來』，鋏爲劍室，故呼長鋏，劍把安得謂之長乎？』行甫按：《說文》『夾，持也』，司馬彪云『把也』，成玄英本作『鋏』亦訓『把』，皆不誤。劍把露出劍室之外，納劍於鞘之後必持劍室，則劍室亦可稱夾，是以馮煖乃有其歌。言各有當，程氏之說泥矣。此二句乃言劍鞘。**繞以渤海**　繞，猶言劍帶。渤海，北海。成玄英《疏》：『渤海，滄州也。』**帶以常山**　帶，劍背帶。《史記·刺客列傳》言秦皇遇刺，『拔劍，劍長，操其室』，左右乃曰『王負劍』，『負劍遂拔以擊荊軻』，是劍有背帶之證。常山，恆山。漢人避文帝諱改爲常。行甫按：包、裹、繞、帶，皆爲互文，非『繞』爲一物，『帶』又爲一物。上二句言劍鞘，下二句言劍帶。王叔岷《校詮》所引類書『繞』作『統』，不知此乃文學比喻而妄改。

〔一一〕**制以五行**　制，猶製作。以，猶用。五行，金木水火土之五種可用之材。**論以刑德**　論，猶理論主張。刑德，猶言懲惡揚善。**開以陰陽**　開，猶發。陰陽，天地之氣。行甫按：猶言以天地之氣發其刃。**持以春夏**　持，猶提，握。《史記·高祖本紀》『吾以布衣提三尺劍取天下』，是其義。以，猶於。**行以秋冬**　行，猶用。王先謙《集解》：『春夏長養，則持而不御；秋冬肅殺，故行用之。』行甫按：王說是。二句猶言持劍行用，皆與四時之節令相合。

〔一二〕**此劍**　此，指天子之劍。**直之无前**　直，當。王叔岷《校詮》：『王先謙云：「直，當也。」案古鈔卷子本直作值，古字通用。《史記·匈奴列傳》「直上谷」，《索隱》：「案姚氏云：古字例以直爲值，值者，當也。」』无前，前無能當。**舉之无上**　舉，揚。**案之无下**　案，通按，抑之。**運之无旁**　運，猶轉。**上決浮雲**　決，猶斷絕。**下絕地紀**　絕，決斷。地紀，地之綱維。

〔一三〕**此劍一用**　一，一旦。**匡諸侯天下服**　匡，猶正。

〔一四〕**文王芒然自失曰諸侯之劍何如**　芒然，猶茫然。自失，猶言迷失自我，不知所措。成玄英《疏》：

『夫才小聞大，不相承領，故芒然若涉海，失其所謂，類魏惠王之聞韶樂也。』

〔一五〕**諸侯之劍以知勇士爲鋒** 知，通智。知勇，猶言智勇雙全。**以清廉士爲鍔** 清廉，猶言清正廉潔。**以賢良士爲脊** 賢良，猶言才能優良。**以忠聖士爲鐔** 忠聖，猶忠誠明智。**以豪桀士爲夾** 豪桀，今作豪傑，猶言才能出眾。

〔一六〕**上法圓天以順三光** 法，效法。圓，通圜，《說文》：『圜，天體也。』順，隨從。三光，日月星。**下法方地以順四時中和民意以安四鄉** 和，猶應，協。《淮南子·俶真》『是故治罪不能和下』，高誘注：『和，協也。』《說文》：『和，相應也。』四鄉，猶言四方。

〔一七〕**此劍一用如雷霆之震** 震，動。**四封之內** 四封，猶四境。**无不賓服而聽從君命** 賓，猶敬。《說文》『賓，所敬也』，段玉裁注：『賓謂所敬之人，因之敬其人亦曰賓。』服，猶事。

〔一八〕**上斬頸領** 頸領，脖子，同義複詞。**下決肝肺** 決，猶割斷。

〔一九〕**无異於鬭雞** 異，差別。鬭雞，猶言如同兒戲。**一旦命已絕矣** 絕，猶滅。**无所用於國事** 所，猶可。

〔二〇〕**臣竊爲大王薄之** 薄，猶言輕視。

〔二一〕**王乃牽而上殿** 牽，引。**宰人上食** 宰人，猶宰夫，如《左傳》宣公二年『宰夫胹熊蹯不熟』。**王三環之** 環，猶繞。《釋文》：『聞義而愧，繞饌三周，不能坐食。』**大王安坐定氣** 安坐，猶言安心落座。定氣，猶言平心靜氣。**劍事已畢奏** 畢，猶終竟。奏，猶進。《尚書·堯典》（僞古文《舜典》分於《堯典》）『敷奏以言』，枚《傳》：『奏，進也。』是其義。行甫按：猶言有關劍術之事已經全部說完了。

〔一二〕**於是文王不出宮三月** 於是，猶從此。三月，猶言多月。**劍士皆服斃其處** 服，通伏，王孝魚《校記》：『高山寺本及卷子本服斃其處也並作伏斃其處矣。』斃，猶僵仆。處，猶住所。

此乃本篇第二章，言莊子論劍有三種，有天子之劍，有諸侯之劍，有庶人之劍，而譏諷趙王雖有天子之位卻好庶人之劍。趙文王聽罷，無地自容，三月不出王宮，而衆劍客無所用其鋒紛紛自盡。

【繹文】

趙惠文王於是用七天時間考覈劍客，連死帶傷六十多人之後，才挑選了五六個，讓他們抱著劍等候在比賽大廳的臺階下面，這才去召請莊子。趙惠文王說：『今天試試讓劍客們切磋切磋劍術。』

莊子說：『盼望了很久了。』

趙惠文王問：『先生平時使用的兵器，長短怎麽樣？』

莊子回答說：『我用的兵器長短都適合。不過，我有三把劍，看看君王想用哪一把。讓我先說說，然後再比試比試。』

趙惠文王說：『想聽聽哪三把劍。』

莊子說：『有天子使用的劍，有諸侯使用的劍，有平民使用的劍。』

趙惠文王問：『什麽是天子使用的劍呢？』

莊子回答說：『天子使用的劍，把燕地的石城作爲劍鋒，把齊魯大地作爲劍刃，把唐國和魏國作爲劍稜，把衛國與宋國作爲劍珥，把韓國與魏國作爲劍柄；　把周邊四方夷種部落以及春夏秋冬四時作爲劍鞘，把北邊的渤海與北嶽之恆山作爲劍帶；　使用金木水火土五種材料製作而成，把除暴安良與懲惡揚善作爲用劍的理論依據，用天地陰陽之氣淬發劍刃，春夏生長之時執劍而不動，秋冬肅殺之季出鞘而行用。　這把劍，向前刺無可擋，向上揚無可覆，往下推無可承，左右轉動旁邊無可遏。　在上可以裁斷天上的浮雲，在下可以割斷地下的綱維。　這把劍一旦使用起來，便可以匡正諸侯，天下無不服從了。　這就是天子使用的劍。』

趙惠文王聽了之後，茫然不知所措，說：『什麼是諸侯使用的劍呢？』

莊子說：『諸侯使用的劍，用智能雙全的人物作爲劍鋒，用清正廉潔的人物作爲劍刃，用才能優良的人物作爲劍稜，用忠誠明達的人物作爲劍珥，用出類拔萃的人物作爲劍柄。　這把劍，向前刺無可擋，向上揚無可覆，往下推無可承，左右轉動旁邊無可遏。　上取法於圓圓的天穹，追隨日月星的光芒；　下取法於方方的大地，順從春夏秋冬的節候；　中間協同天下萬民的意志而安定四方。　這把劍一旦使用起來，有如雷霆萬鈞一樣的震動，天下四境之內，沒有不恭敬服事而聽從君王的命令了。　這就是諸侯使用的劍。』

趙惠文王問：『什麼是平民使用的劍呢？』

莊子回答說：『平民使用的劍，一個個蓬頭散髮，鬢毛横生，帽沿倒挂，長長的帽帶飄垂到胷前，上衣後襟短小，高高地貼在半腰，怒目圓睜，開口除了貶抑對方就不會好好說話。　兩人在前面互相對打，上砍腦袋，下割肝肺。　這就是平民使用的劍，跟鬭雞的遊戲沒有什麼兩樣，一朝命斷黄泉了，對於國事來說沒有絲毫用處！可是現在，尊敬的君王雖然具有天子的地位，卻喜歡平民使用的劍術，我打心底裏替大王看不起這種劍術！』

於是趙惠文王拉著莊子一起走進大廳。宮裏的廚師端上食物，趙惠文王繞著食物轉來轉去，不好意思坐下來。莊子說：『尊敬的君王可以放心落座了，平心靜氣不要多想，關於劍術的事情我已經全部給您講完了。』

從此以後，趙惠文王一連好幾個月都不願意走出宮門，那些劍客們便一個個在他們的住處伏劍自裁了。

漁父第三十一

漁父，以主要人物爲篇名。借漁父詆譏孔子，以嘲笑儒家治理思想與入世行爲不過是無職無位的卑賤之人卻要替有職有位的諸侯王公『勞心苦形』而已，純粹是多管閒事。與其『非其事而事之』，不如『修之身』而『守其真』以『達其道』。本篇當與《讓王》、《盜跖》、《説劍》一樣，皆出自莊子後學之手。

〔一〕

孔子遊乎緇帷之林，休坐乎杏壇之上。〔一〕弟子讀書，孔子弦歌鼓琴。奏曲未半，有漁父者，下船而來，須眉交白，被髮揄袂，〔二〕行原以上，距陸而止，左手據膝，右手持頤以聽。〔三〕曲終而招子貢子路，二人俱對。〔四〕

客指孔子曰：『彼何爲者也？』

子路對曰：『魯之君子也。』〔五〕

客問其族。子路對曰：『族孔氏。』

客曰：『孔氏者何治也？』〔六〕

子路未應，子貢對曰：『孔氏者，性服忠信，身行仁義，飾禮樂，選人倫，〔七〕上以忠於世主，下以化於齊民，將以利天下。此孔氏之所治也。』〔八〕

又問曰：『有土之君與？』子貢曰：『非也。』

『侯王之佐與？』

子貢曰：『非也。』〔九〕

客乃笑而還，行言曰：『仁則仁矣，恐不免其身。苦心勞形，以危其真。嗚呼，遠哉其分於道也！』〔一〇〕

子貢還，報孔子，孔子推琴而起曰：『其聖人與！』乃下求之，至於澤畔，〔一一〕方將杖拏而引其船，顧見孔子，還鄉而立。孔子反走，再拜而進。〔一二〕

客曰：『子將何求？』

孔子曰：『曩者先生有緒言而去，丘不肖，未知所謂，竊待於下風，幸聞咳唾之音，以卒相丘也！』〔一三〕

客曰：『嘻！甚矣子之好學也！』

孔子再拜而起曰：『丘少而脩學，以至於今，六十九歲矣，无所得聞至教，敢不虛

心！』〔一四〕

客曰：『同類相從，同聲相應，固天之理也。吾請釋吾之所有而經子之所以。子之所以者，人事也。〔一五〕天子諸侯大夫庶人，此四者自正，治之美也，四者離位而亂莫大焉。〔一六〕官治其職，人憂其事，乃无所陵。故田荒室露，衣食不足，征賦不屬，妻妾不和，長少无序，庶人之憂也；〔一七〕能不勝任，官事不治，行不清白，羣下荒怠，功美不有，爵祿不持，大夫之憂也；〔一八〕廷无忠臣，國家昏亂，工技不巧，貢職不美，春秋後倫，不順天子，諸侯之憂也；〔一九〕陰陽不和，寒暑不時，以傷庶物，諸侯暴亂，擅相攘伐，以殘民人，禮樂不節，財用窮匱，人倫不飭，百姓淫亂，天子有司之憂也。〔二〇〕今子既上无君侯有司之勢而下无大臣職事之官，而擅飾禮樂，選人倫，以化齊民，不泰多事乎！〔二一〕

『且人有八疵，事有四患，不可不察也。〔二二〕非其事而事之，謂之摠；莫之顧而進之，謂之佞；〔二三〕希意道言，謂之諂；不擇是非而言，謂之諛；〔二四〕好言人之惡，謂之讒；析交離親，謂之賊；〔二五〕稱譽詐僞以敗惡人，謂之慝；不擇善否，兩容頰適，偷拔其所欲，謂之險。〔二六〕此八疵者，外以亂人，內以傷身，君子不友，明君不臣。〔二七〕所謂四患者：好經大事，變更易常，以挂功名，謂之叨；〔二八〕專知擅事，侵人自用，謂之貪；〔二九〕見過不更，聞諫愈甚，謂之很；人同於己則可，不同於己，雖善不善，謂之矜。

此四患也。〔三〇〕能去八疵，无行四患，而始可教已。』〔三一〕

【釋義】

〔一〕**孔子遊乎緇帷之林**　緇帷，《釋文》：『司馬云：黑林名也。本或作惟。』成玄英《疏》：『其林鬱茂，蔽日陰沈，布葉垂條，又如帷幕，故謂之緇帷之林也。』**休坐乎杏壇之上**　杏壇，《釋文》：『司馬云：澤中高處也。李云：壇名。』成玄英《疏》：『其處多杏，謂之杏壇也。』

〔二〕**弟子讀書孔子弦歌鼓琴**　弦歌鼓琴，猶言邊彈琴邊吟唱。**奏曲未半**　奏，猶言弦歌。《周禮·大師》『令奏擊拊』，孫詒讓《正義》：『歌亦得謂之奏。』**有漁父者**　漁父，以捕魚爲生者。者，也。**下船而來須眉交白**　須，鬍鬚。交白，猶皆白。《釋文》：『李云：俱也。一本作皎。』**被髮揄袂**　揄，讀爲搖，搖動。《素問·骨空論》『折使揄臂齊肘正』，王冰注：『揄，讀爲搖。搖，謂搖動也。』袂，袖。行甫按：揄袂，行走時擺動手臂而衣袖隨之擺動。

〔三〕**行原以上**　原，通源。《說文》：『原，水本也。』以，而。行甫按：行原而上，猶言順著水流反向而走，是杏壇當在上游之處，故言『上』。**距陸而止**　距，猶至。《釋文》：『李云：至也。』陸，即杏壇，壇高而平，故言之。《說文》『陸，高平地也』，是也。**左手據膝**　據，猶按。**右手持頤以聽**　持，猶握。頤，下巴。以，猶而。

〔四〕**曲終而招子貢子路**　招，呼。**二人俱對**　對，答，應。

〔五〕**客指孔子曰彼何爲**　客，漁父。何爲，猶言幹什麼，問其職業。**魯之君子**　君子，猶言有身份有教養之人。

〔六〕**客問其族**　族，猶姓氏。**族孔氏**　氏，猶支。行甫按：古姓與氏別，氏乃姓之分支，如楚國王族有屈、景、昭三氏。**孔氏者何治**　治，治學。

〔七〕**子路未應**　應，對。**孔氏者性服忠信**　性，猶本性。服，猶事，行。**身行仁義**　行，猶事，服。行甫按：二句互文見義。**飾禮樂**　飾，猶飭，修飾。**選人倫**　選，通僎，具。《小雅·車攻》「選徒囂囂」，王引之《經義述聞》：「選，具也，字本作僎。」

〔八〕**上以忠於世主**　以，猶而。世，猶時。**下以化於齊民**　化，教化。齊民，平民。《釋文》：「李云：齊，等也。許慎云：齊等之民也。如淳云：齊民猶平民。」**將以利天下此孔氏之所治**　將，猶且。利，猶惠。

〔九〕**有土之君與**　君，猶主。行甫按：有土之君，猶言封國之諸侯。與，通歟。**侯王之佐**　佐，輔佐，國相。

〔一〇〕**客乃笑而還**　乃，猶於是。還，歸。**行言**　邊走邊說。**仁則仁矣**　仁，愛。**恐不免其身**　免，脫離災禍。**苦心勞形以危其真**　苦，猶勞。危，猶害。真，猶言自然本性。**其分於道**　分，猶言隔。《釋文》：「分，本又作介，音界。司馬云：離也。」章太炎《解故》：「《說文》：「異，分也。」則分亦異也。」王叔岷《校詮》：「《讓王》篇「道之真以治身」，孔子苦勞心形以危真，故離於道也。章訓分爲異，義亦近之。」

〔一一〕**子貢還**　還，還於壇上。**報孔子**　報，白，回覆。**孔子推琴而起**　推琴，言將所彈之琴向前推開。起，起身。**其聖人與**　其，猶當，乃。與，通歟。行甫按：其、歟，皆揣度之詞。**乃下求之至於澤畔**　下，下壇。求，猶尋。畔，猶涯岸。

〔一二〕**方將杖拏而引其船**　方將，正要，虛詞連用。杖，持。拏，音義當同今之橈字。《釋文》：「司馬云：「橈也。」引，猶言後退。**顧見孔子** 顧，回頭。**還鄉而立** 還，音旋，轉動。鄉，通向，亦作嚮。**孔子反走** 反走，後退。**再拜而進** 進，猶前。成玄英《疏》：「反走前進，是虔敬之容也。」

〔一三〕**子將何求** 將，猶當。**曩者先生有緒言而去** 曩者，猶言剛才。緒，猶餘。成玄英《疏》：「緒言，餘論也。」**丘不肖** 肖，猶似。行甫按：不肖，與預期不相符。兒子與父親所預期者不符，則謂之「不肖之子」。**未知所謂** 所謂，猶言語。**竊待於下風** 待，猶侍。《釋文》：「或作侍。」下風，風向之下。**幸聞咳唾之音** 幸，猶庶幾。咳唾，咳嗽與吐痰，比喻尊者說話。**以卒相丘也** 以，猶乃。卒，終。相，猶助。

〔一四〕**嘻** 驚異之辭。**甚矣子之好學** 子，你。**丘少而脩學** 脩，通修；修學，猶治學。**以至於今** 以，猶乃。**无所得聞至教** 所，猶處。至教，猶言最崇高之教言。**敢不虛心** 敢，猶不敢。

〔一五〕**同類相從** 從，猶隨。**同聲相應** 應，猶和。**固天之理也** 固，猶故，本來。**吾請釋吾之所有而經子之所以** 釋，猶解，捨。行甫按：釋吾之所有，猶言盡吾之所學。經，猶編織，補綴。以，猶用。《說文》：「以，用也，從反已。」行甫按：經子之所以，猶言裨補子之所用。**子之所以者人事** 人事，猶言人之事。

〔一六〕**天子諸侯大夫庶人此四者自正** 正，猶端正，正派。**治之美也** 美，猶善。**四者離位而亂莫大焉** 離位，猶言喪失了角色定位。

〔一七〕**官治其職** 治，猶理。**人憂其事** 憂，思慮。《素問·陰陽應象大論》「在志爲憂」，王冰注：「憂，深慮也。」王孝魚《校記》：「高山寺本憂作處。」**乃无所陵** 所，猶可。陵，通淩，亂。成玄英《疏》：「陵，亦亂也。」**故田荒室露** 故，通顧，猶但，相反。露，敗。郭慶藩《集釋》：「荒露，謂荒蕪敗露也。《方言》曰「露，敗也」。古本或作路，路露古通用。《淮南·臣道》篇「路亶者也」，王念孫曰：「路亶，猶羸憊也，亦通作潞，《秦策》

「士民潞病」，高注云「潞，羸也」，皆與敗義相近。《孟子·滕文公》篇「是率天下而路也」，趙注云：「是導率天下之人以羸路也。」』王叔岷《校詮》：『郭氏所稱《淮南·臣道》篇乃《荀子·議兵篇》之誤，所引王說卽見《議兵篇雜志》，又見《管子·王輔篇雜志》。』**衣食不足征賦不屬** 屬，猶續。《荀子·儒效篇》『以屬天下』，楊倞注：『屬，續也。』**妻妾不和** 和，猶睦。**長少无序庶人之憂** 庶人，眾人。憂，患害。

〔一八〕**能不勝任** 能，能力。勝，猶任。任，猶用。**官事不治** 官事，猶官府事務。不治，猶言無條理。**行不清白** 行，行爲。清白，廉潔。**羣下荒怠** 羣，眾。下，下屬。荒，猶廢。怠，猶惰。**功美不有** 功，事功。美，猶善。**爵祿不持** 持，猶守。**大夫之憂** 大夫，公卿朝臣。

〔一九〕**廷无忠臣** 廷，朝廷。高山寺本作朝。**國家昏亂** 昏亂，秩序紊亂。**工技不巧** 工技，工匠技藝。巧，新奇。行甫按：工技不巧，猶言工匠技藝無創新性。**貢職不美** 職，亦貢。《淮南子·原道》『四夷納職』，高誘注：『職，貢也。』行甫按：貢職，猶職貢，同義複詞。美，善。**春秋後倫** 《釋文》：『朝覲不及等比也。』行甫按：後倫，猶言與公侯伯子男之爵職不相配。**不順天子** 順，猶從。**諸侯之憂** 諸侯，封君。

〔二〇〕**陰陽不和** 和，猶調適。**寒暑不時** 時，猶時序。**以傷庶物** 以，猶而，乃。庶物，眾物。**諸侯暴亂** 暴，虐。**擅相攘伐** 擅，猶專。攘，猶奪。**以殘民人** 殘，賊害。章太炎《解故》：『成玄英本賤作殘，訓當從之，文則作賤爲故書。』**禮樂不節** 節，法度。**財用窮匱** 窮，盡。匱，乏。**人倫不飭** 飭，猶飾。**百姓淫亂** 淫，多欲。亂，失序。**天子有司之憂** 有，語助詞，變單音節爲雙音節，使脣吻調利。司，猶主。

〔二一〕**今子既上无君侯有司之勢而下无大臣職事之官** 今，猶若。子，你。君侯，君主，近義複詞。勢，勢位。職事，職位，同義複詞。**而擅飾禮樂選人倫** 擅，猶專。飾，猶修。選，通撰，具。倫，猶理。行甫按：人倫，猶言人際關係。**以化齊民** 化，教化。齊民，平民。**不泰多事乎** 泰，通太。

〔二一二〕**且人有八疵** 且，況且，更端遞進之詞。疵，瑕疵。**事有四患** 患，猶害。**不可不察** 察，猶知，審察。

〔二一三〕**非其事而事之謂之摠** 摠，音總，猶言總攬。《釋文》：『李云：監也。』成玄英《疏》：『濫也。』章太炎《解故》：『總，借爲傯。《地官·廛人》「掌斂市總布」，《肆長》「斂其總布」，杜子春皆云：「總當爲傯。」古音東、談相轉也。《曲禮》「長者不及，毋儳言」，是儳者，不應豫而豫之也。』王叔岷《校詮》：『《道藏》各本摠皆作總，揔、摠並總之俗變。《釋文》李注「監也」，監蓋濫之壞字。』**莫之顧而進之** 顧，還視。進，猶前。**謂之佞** 佞，獻媚。

〔二一四〕**希意道言** 希，猶揣摩。王叔岷《校詮》：『晞、希正、假字，《說文》「晞，望也」。』道，通導，《釋文》：『道，音導。』行甫按：希意，揣摩人君意旨。道言，誘導人君言其所欲言。**謂之諂** 諂，巧言。**不擇是非而言謂之諛** 諛，曲從，悅順。《逸周書·芮良夫解》『惟以貪諛爲事』，孔晁注：『曲從爲諛。』《管子·五行》『諛然告民有事』，尹知章注：『諛，悅順貌。』

〔二一五〕**好言人之惡** 好，猶喜。**謂之讒** 讒，猶毀謗。**析交離親** 析，猶挑撥。交，朋友。離，猶離間。**謂之賊** 賊，猶敗。

〔二一六〕**稱譽詐僞以敗惡人** 稱譽詐僞，成玄英《疏》：『與己親者，雖惡而譽；與己疏者，雖善而毀。』以，猶而。敗，壞。惡，通䛩。王叔岷《校詮》：『惡借爲䛩，《說文》：「䛩，相毀也。」《闕誤》引張君房本惡作德，義頗難通，疑卽惡之誤，德之本字作悳，惡誤爲悳，復易爲德耳。』鍾泰《發微》：『「德人」各本作「惡人」，惟張君房作

「德人」。案德字古從直從心作悳，與「惡」字相似，故譌作「惡」。「稱譽詐僞以敗悳人」者，於詐僞者稱之譽之，則德人自不免遭其誣蔑，故曰「以敗德人」也。今「德」誤「惡」，爲其敗惡人不可通，故《釋文》音烏路反，讀去聲，然「敗」「惡」兩字終難連屬。』行甫按：王說是，鍾說非。敗惡，近義複詞，自《尚書》以來載籍多有，並非『終難連屬』。且『人』卽他人，下文『外以亂人』、『侵人自用』、『人同於己』，皆非定指某種類型之人。**謂之慝**　慝，音特，作惡。**不擇善否**　否，音痞，惡。**兩容頰適**　兩，善否。容，容納。頰適，和顔悅色。《釋文》：『善否皆容，顔貌調適也。頰，或作顔。』**偷拔其所欲**　偷，通揄，錢穆《纂箋》：『馬敘倫曰：「偷」借爲「揄」，《說文》：「揄，引也。」』拔，猶引取。行甫按：偷拔，猶援引攬取，近義複詞。其，其人。所，猶可。**謂之險**　險，猶陰險。

〔二七〕**此八疵者外以亂人**　亂，猶惑亂。**內以傷身**　以，猶則。身，自己。行甫按：身、人，相對爲文。**君子不友**　友，交友。**明君不臣**　臣，猶任用。

〔二八〕**所謂四患者好經大事**　經，猶理。**變更易常**　更，猶經。《漢書・平帝紀》『其歷職更事有名之士』，顔師古注：『更，經也。』行甫按：變更、易常，同義並列詞組。**以挂功名**　挂，猶圖謀。章太炎《解故》：『挂從圭聲，與卦畫本同字。《說文》「挂，畫也」，畫引伸爲謀畫，與圖本訓謀而引伸爲畫圖，反覆相明。規與營亦謂畫圓，引伸爲規畫爲營求，皆同意。「挂功名」者，圖功名也，規畫功名也。』**謂之叨**　叨，通饕，猶貪。《說文》：『饕，貪也；從食，號聲。叨，俗饕，從口，刀聲。』奚侗《補注》：『叨之本訓爲貪，既與下文貪並舉，則當訓殘。《方言》「叨，殘也」，《說文》「殘，賊也」，《孟子》「賊義者謂之殘」。』王叔岷《校詮》：『成《疏》說叨爲「叨濫」，《廣韻》下平聲豪第六亦云「叨，濫。」叨有濫義，亦與下文貪義有別。』

〔二九〕**專知擅事**　知，通智。擅，猶專。**侵人自用**　侵人，猶言奪人事權。用，猶任。**謂之貪**　貪，欲物。

《説文》：『貪，欲物也。』《逸周書·芮良夫解》『惟以貪諛爲事』，孔晁注：『專利爲貪。』行甫按：上文『叨』，猶貪名；此文『貪』，猶貪利。

〔三〇〕**見過不更** 見，猶被。過，猶過責。更，改。**聞諫愈甚** 甚，猶極。**謂之很** 很，猶剛愎，今作狠。《説文》：『很，不聽從也。』**人同於己則可** 可，肯定。行甫按：可、肯，一聲之轉。**不同於己雖善不善謂之矜** 猶自大。《方言》『京，大也』，錢繹《箋疏》：『大謂之京，自尊大亦謂之矜，其義一也。』《淮南子·本經》『和而弗矜』，高誘注：『矜，自大也。』

〔三一〕**能去八疵** 去，免除。**无行四患** 无，猶毋。行，猶爲。**而始可教已** 而，猶乃。始，猶終，竟。可，猶值得。已，猶矣。

此乃本篇第一章，言孔子初遇漁父，『待於下風』以聽其教。漁父以爲，孔子既無官職，亦無勢位，身爲庶人而操天子王公之心，專修禮樂，撰具人倫『以化齊民』，實在是『多事』！

【繹文】

孔子在名叫緇林的一片茂密蔥綠的樹林中觀光，坐在栽滿杏樹的土壇上休息。弟子們在旁邊讀書，孔子一邊彈琴一邊唱歌。曲子尚未彈唱到一半，有一位捕魚爲生的男子，從漁船上走下來，鬍鬚與眉毛全都是白的，披散著頭髮，擺動著衣袖，循著水源往上走，到達杏壇旁邊便停了下來，坐在一旁，左手按壓在膝蓋上，右手支著下巴，聆聽孔子的琴聲與歌聲。等到孔子一曲彈唱完畢，便與子貢和子路打招呼，二人也一起與他打招呼。
漁客指著孔子說：『那位是幹什麼的？』
子路回答說：『是魯國有身份教養的人物。』
漁客問他的家族姓氏。子路回答說：『他的家族是孔氏。』
漁客說：『孔氏治什麼學業？』
子路沒吱聲。子貢回答說：『孔氏這個人，依本性行事，忠誠而老實，躬行仁愛與正義，有極好的禮儀與音樂修養，具備良好的人際關係，首先忠誠於在上的時君世主，其次教化在下的黎民百姓，還將造福於整個天下。這就是孔氏研治的學業。』
漁客又問道：『他是有封地的君主嗎？』子貢說：『不是。』
『是諸侯王公的輔佐大臣嗎？』
子貢說：『不是。』
漁客於是笑了笑便往回走，一邊走一邊說：『仁愛倒是仁愛，恐怕自身難免災禍。勤苦心志，勞累形體，卻傷害了自己的真性情。唉，與超邁高遠的心靈境界相差太遠了！』
子貢回到杏壇，把漁父的話告訴了孔子。孔子推開身邊彈過的琴便站了起來，說：『那必定是一位聰明睿智境界高遠的人物了！』於是下壇追尋他，到達水邊漁船停泊之處，祇見他正在握著櫓篙撐開他的漁船要劃向水面，回過頭來看見孔子，便轉過身來對著孔子站著。孔子後退幾步，拜了兩拜走上前來。

漁客說：『先生當有什麼可求的？』

孔子說：『剛才先生話沒說完便走了，我比較愚昧笨拙，發自內心裏尊敬您，恭候在下風，希望能夠聽到您一言半句的教導，祗爲最終對我有所幫助。』

漁客說：『噫！你還真是非常好學啊！』

孔子拜了兩拜然後站起來說：『我從小便修習學業，一直到現在，六十九歲了，沒有機會聆聽到極爲深刻的教誨，哪敢不虛心向學啊！』

漁客說道：『相同類型的東西總是伴隨在一起，相同樂律的聲音總是相互應和，本來就是自然界的規律。我想傾盡我平生所學來補綴你平生從事的志業。你從事的志業，便是有關人的事情。天子，諸侯，朝臣，眾人，這四種人的社會角色與他們的身份地位擺正了，就是美好的太平盛世，四種人的身份地位與他們的社會角色關係錯位了，那麼社會秩序的最大紊亂莫過於此。官家履行他們的職責，人人謀慮自己份內的事情，也就不會發生混亂。但是如果田園荒蕪，屋舍破敗，吃不飽穿不暖，國家稅收無法交納，妻室之間相互不和睦，長幼之間沒有次序，這是平民百姓的焦慮；能力不能勝任職位，官府事務不能落實，行爲不清白廉潔，眾下屬荒廢懈怠政務，不能取得政績與成就，品級與祿位得不到保證，這是朝中大臣的焦慮；朝堂上沒有忠誠的大臣，國家制度弛廢混亂，工匠技藝沒有創新，貢賦品質低劣，春秋朝覲天子的班次與自己的品級不相副，不能順從天子，這是諸侯封君的焦慮；天地陰陽失調，寒暑季節錯亂，傷害百物，諸侯封君暴虐生亂，擅自相互侵奪攻伐，殘害百姓，禮樂制度失去規範，財政用度枯竭匱乏，人際關係無法整頓，平民百姓欲望過多巧取豪奪天下大亂，這是天子及其下主管部門的焦慮。像你這樣在上沒有君主侯王與主管部門的權勢，在下沒有朝中大臣任職的官位，卻要擅自整頓禮樂制度，撰具人倫規範用來教化平民百姓，這不是多管閒事嗎？

『再説了，做人有八種毛病，做事有四種患害，不可不留心察看。不是自己的事情卻要搶著去做，這叫作包攬；沒有招呼你便往前擠，這叫作獻媚；揣摩君主的內心想法，引誘君主説自己想説的話，這叫作諂巧；沒有是非準則而胡説八道，這叫作阿諛；喜歡揭別人的短處，這叫作讒毀；挑撥朋友離間親人，這叫作傷害；稱讚夸獎不合實情並且謗毀中傷他人，這叫作作惡；不論善惡好壞，一味逢迎討好，兩邊都不得罪，從中獲取利益滿足自己的私欲，這叫作陰險。這八種做人的毛病，在外則惑亂別人，在內則傷害自己，有教養的人不會與他交朋友，明智的君主不會讓他做大臣。所説做事的四種患害是：喜歡經歷大事，違背經驗變改常識，去圖謀功績博取名聲，這叫作貪名；獨斷專行，侵犯他人權利，剛愎自用，這叫作貪利；遭到指責不改正錯誤，聽到勸告反而變本加厲，這叫作頑固；別人與自己看法相同便肯定，與自己不同，即使是好的也認爲不好，這叫作自大。這就是做事的四種患害。如果能夠去掉這做人的八種毛病，免除這做事的四種患害，便最終是值得教誨的了。』

〔二〕

孔子愀然而嘆，再拜而起曰：『丘再逐於魯，削跡於衛，伐樹於宋，圍於陳蔡。丘不知所失，而離此四謗者何也？』〔一〕

客悽然變容曰：『甚矣子之難悟也！人有畏影惡跡而去之走者，舉足愈數而跡愈多，走愈疾而影不離身，自以爲尚遲，疾走不休，絕力而死。不知處陰以休影，處靜以息跡，愚亦甚矣！〔二〕子審仁義之間，察同異之際，觀動靜之變，適受與之度，理好惡之情，和喜怒之節，而幾於不免矣。〔三〕謹脩而身，慎守其真，還以物與人，則无所累矣。今不脩之身而求之人，不亦外乎！』〔四〕

孔子愀然曰：『請問何謂真？』

客曰：『真者，精誠之至也。不精不誠，不能動人。〔五〕故强哭者雖悲不哀，强怒者雖嚴不威，强親者雖笑不和。〔六〕真悲无聲而哀，真怒未發而威，真親未笑而和。真在內者，神動於外，是所以貴真也。〔七〕其用於人理也，事親則慈孝，事君則忠貞，飲酒則歡樂，處喪則悲哀。〔八〕忠貞以功爲主，飲酒以樂爲主，處喪以哀爲主，事親以適爲主，功成之美，无一其跡矣。〔九〕事親以適，不論所以矣；飲酒以樂，不選其具矣；處喪以哀，无問其禮矣。〔一〇〕禮者，世俗之所爲也；真者，所以受於天也，自然不可易也。故聖人法天貴真，不拘於俗。〔一一〕愚者反此。不能法天而恤於人，不知貴真，祿祿而受變於俗，故不足。〔一二〕惜哉，子之蚤湛於人僞而晚聞大道也！』〔一三〕

孔子又再拜而起曰：『今者丘得遇也，若天幸然。〔一四〕先生不羞而比之服役，而身

教之。敢問舍所在，請因受業而卒學大道。』〔一五〕

客曰：『吾聞之，可與往者與之，至於妙道；不可與往者，不知其道，慎勿與之，身乃无咎。〔一六〕子勉之！吾去子矣，吾去子矣！』乃刺船而去，延緣葦間。〔一七〕

【釋義】

〔一〕**孔子愀然而嘆** 愀（音巧）然，慚懼貌。**丘再逐於魯** 再逐，兩次被驅逐。**削跡於衛** 孔子遊於衛，衛人惡之，剗削其跡。**伐樹於宋** 宋司馬桓魋欲殺孔子，拔其休憩之樹。**圍於陳蔡** 圍困於陳國與蔡國之間，七日不火食。**丘不知所失** 所，猶何。失，猶過錯。**離此四謗** 離，通罹，遭。謗，猶辱。

〔二〕**客悽然變容** 悽然，悲情貌。容，猶顏色。**甚矣子之難悟** 悟，猶覺醒。《釋文》：『難語，本或作悟。』行甫按：難悟，猶下文『難化』。**人有畏影惡跡而去之走者** 畏，害怕。惡，討厭。去，猶離。走，猶跑。**舉足愈數而跡愈多** 舉，猶擡。數，猶急，迫促。**走愈疾而影不離身** 疾，快速。**自以爲尚遲** 尚，猶仍。遲，緩。**疾走不休** 休，猶止。**絕力而死** 絕，猶竭，盡。**不知處陰以休影** 處，猶居止。陰，無光。休，猶息。**處靜以息跡** 靜，不動。息，猶休止。**愚亦甚矣** 矣，也。

〔三〕**子審仁義之間** 審，猶明悉。**察同異之際** 察，猶審。際，猶間。**觀動靜之變** 變，互變。**適受與之度** 適，猶合。受，接受。與，給予。度，限度。**理好惡之情** 理，猶整理。**和喜怒之節** 和，猶合。節，節制。**而幾於不免** 幾，近。免，免除禍患。

〔四〕**謹脩而身** 謹，猶慎。脩，通修，猶治，養。而，爾，你。**慎守其真** 真，真實本性。其，猶此。**還以物**

與人 還，猶反。行甫按：以物與人，猶言將外在之物給予他人。**則无所累** 累，羈絆，負擔。**今不脩之身而求之人** 今，猶若。之身，於身。之人，於人。高山寺本作「今不脩身而求之於人」，劉孝標《世説新語·言語篇》注引作「不脩身」，無「之」字。行甫按：今本句式工穩，節奏明快，於文於義皆長。**不亦外乎** 亦，猶特。外，猶遠。

〔五〕**請問何謂真** 謂，猶爲。**真者精誠之至也** 精，純粹。至，猶極。**不精不誠不能動人** 動，猶感動。

〔六〕**故强哭者雖悲不哀** 强，勉强。雖，即使。悲，悲傷。高山寺本「悲」作「疾」。疾，病。行甫按：悲字較勝。悲爲心理，病在生理。「强悲」可裝做悲狀，不可裝做病狀。哀，哀痛。**强怒者雖嚴不威** 嚴，嚴肅。威，有威可畏。**强親者雖笑不和** 親，親近。和，猶悦樂。

〔七〕**真悲无聲而哀** 无聲，無哭泣之聲。**真怒未發而威** 發，猶動。高山寺本「未發」作「不嚴」。行甫按：于省吾以爲「嚴」與「笑」爲對文，以作「嚴」爲是，非。不嚴，何威之有？且「怒」與「威」搭配爲用，《禮記·學記》「神則不怒而威」是其證。**真親未笑而和** 和，猶悦。**真在内者** 在内，在心。**神動於外** 神，猶言神采。**是所以貴真** 是，此。所以，猶何以。貴，看重。

〔八〕**其用於人理** 其，猶若。理，事。《禮記·樂記》「禮也者，理之不可易者也」，鄭玄注：「理，猶事也。」**事親則慈孝** 事，勤奉。則，猶即。慈孝，當爲同義複詞。王叔岷《校詮》：「「慈孝」，複語，慈亦孝也。」**事君則忠貞** 貞，猶正。**飲酒則歡樂** 歡樂，歡愉快樂。**處喪則悲哀** 處，猶居。

〔九〕**忠貞以功爲主** 功，猶事功。**飲酒以樂爲主處喪以哀爲主事親以適爲主** 適，舒適。**功成之美** 功，猶成。《爾雅·釋詁下》「功，成也」，郭璞注：「功、績，皆成也。」行甫按：功成，猶成功，同義複詞，指上文

『功』、『樂』、『哀』、『適』等所成之功效。之，猶而。美，猶善。**无一其跡矣**　其，猶於。跡，外在跡象。

〔一〇〕**事親以適**　以，猶於；　於，猶在。**不論所以矣**　所，猶何。以，猶使。行甫按：　所以，猶言憑借之方法。矣，也，下文諸矣字義同。**飲酒以樂不選其具**　選，猶擇。具，猶酒器。**處喪以哀无問其禮**　問，猶講求。《孟子·盡心上》『而問無齒決』，朱熹《集注》：　『問，講求之意。』

〔一一〕**禮者**　者，也。**世俗之所爲**　爲，猶行。**真者所以受於天**　所以，猶所；　所，猶可。**自然不可易**　自然，猶自成。易，改變。**故聖人法天貴真**　法，效法。天，自然。**不拘於俗**　拘，猶限。

〔一二〕**愚者反此**　反此，與此相反。**不能法天而恤於人**　恤，猶憂。行甫按：　恤於人，猶言憂不能與人相投合。**不知貴真禄禄而受變於俗故不足**　禄禄，平庸隨從。奚侗《補注》：　『禄借爲逯，《說文》「逯，隨從也」，或作錄，《史·平原君傳》「公等錄錄」，《索隱》引王邵云「錄，借字耳」。《說文》云：　逯逯，隨從之貌也。」《漢書·蕭何傳贊》「當時錄錄未有奇節」，師古注：　「錄錄，猶鹿鹿，言在凡庶之中也。」《灌夫傳》「此特帝在卽錄錄」，師古注：　「錄錄，言循衆也。」此文「受變於俗」，卽「逯逯」之義。』故，猶常。不足，猶言不知止足。行甫按：『不』下承前省『知』字。

〔一三〕**惜哉**　惜，猶憾恨。**子之蚤湛於人僞而晚聞大道**　蚤，通早，猶早年。湛，通沈，沈溺。人僞，猶言人爲。晚，猶晚年。大道，猶言大境界。

〔一四〕**今者丘得遇**　遇，《釋文》：　『過，或作遇。』俞樾《平議》：　『二字形近易誤也。過字義不可通。』**若天幸然**　若，猶如。天，猶上天。幸，福。《漢書·伍被傳》『不可以儌幸邪』，顏師古注：　『幸，非望之福也。』然，猶如。行甫按：　若天幸然，猶言如同上天所賜意外之福一樣。

〔一五〕**先生不羞而比之服役**　羞，猶恥。比，猶列。之，猶於。服役，猶言爲弟子服勞。《庚桑楚》『老聃之役有庚桑楚者』，《論語·爲政》『有事弟子服其勞』，皆是其證。**而身教之**　而，猶且。身，猶親自。**敢問舍所在**　舍，住所。**請因受業而卒學大道**　因，猶從。卒，終，竟。

〔一六〕**吾聞之可與往者與之**　往，猶前進。與之，猶與之往。**至於妙道**　至，達。妙，猶美好。《太玄·格》『幽貞，妙也』，范望注：『妙，美善也。』**不可與往者不知其道**　其，猶於。行甫按：不知其道，猶言不知於道。**慎勿與之**　慎，猶謹。**身乃无咎**　身，自身。乃，猶始。咎，災害。

〔一七〕**子勉之**　勉，猶言努力。**吾去子矣**　去子，離你而去。**乃刺船而去**　刺，猶直撐。《説文》：『刺，直傷也。』行甫按：刺船，以長篙直抵河岸而行船。**延緣葦間**　延，猶進。緣，猶繞。葦間，蘆葦之間。行甫按：船離岸之後，在蘆葦之間或直進或繞行。

此乃本篇第二章，言漁父教導孔子修身在於修真。所謂修真，亦卽『精誠之至』而無一毫僞飾。然孔子欲受業於漁父，而漁父不許，則孔子猶未可與『知其道』耳。

【繹文】

孔子既慚愧又驚訝地長嘆一聲，拜了兩拜起身説道：『我被魯國驅逐過兩次，在衛國遭到衛人剷除腳印的恥辱，在宋國被司馬桓魋追殺砍倒了身後大樹險些喪命，在陳國與蔡國之間又被圍困餓了七天。我真不知道錯在哪裏，卻遭到平生這四次大的侮辱，爲什麽呀？』

漁客臉上充滿悲情，一改剛才的和顏悅色，說道：『你也太過愚笨了，怎麼就點不醒你呢！有一個人，既害怕自己投在地上的影子，又討厭自己留下的腳印，於是想丟掉影子遠離腳印而逃跑，他抬腳越是急速，留下的腳印便更多，跑得越快，影子也緊隨其後，他認爲自己還跑得不夠快，於是加快速度奔跑不止，最後力氣用盡累死了。不知道停在陰處就可以滅息影子，歇止安靜下來就不會有腳印，真是太愚蠢了！你明白仁愛與正義的價值，分清相同與不同的區別，觀察動態與靜止的變化，適應接受與施與的分寸，懂得喜歡與討厭的實情，調和高興與憤怒的程度，卻還是遭受了困厄幾乎喪命。如果你修養自己的身心，謹慎地保持你的真實本性，把所有外在的東西都還給別人，那麼你就沒有什麼羈絆和束縛了。倘若你不修養自己的身心，反而向別人索求，豈不是差得太遠了嗎？』

孔子再一次慚愧而驚訝地說：『請問什麼是真實本性啊？』

漁客說：『真實本性，就是極爲純粹、極爲誠實的東西。如果不純粹、不誠實，就不能打動別人的心。所以勉强哭泣即使樣子很悲傷卻並沒有哀痛之情，勉强發脾氣即使表面很嚴肅也沒有什麼可怕，勉强親近即使笑容滿面卻並沒有快樂。真正的悲傷卽使沒有哭泣的聲音也是哀傷悲痛的，真正的憤怒卽使沒有發脾氣也是威嚴可怕的，真正的親近卽使沒有笑容也是愉悅快樂的。真誠藏在內心，神采現在外表，這就是爲什麼看重真誠的原因。如果把這種真誠用在人事方面，那麼伺候父母就會孝順而仁慈，服侍君主就會誠實而正派，喝酒也會很愉悅而快樂，辦理喪事便會悲傷而哀痛。誠實正派以成就爲主，飲酒以快樂爲主，辦理喪事以悲哀爲主，伺候父母以舒適爲主，所有這些成就、快樂、悲哀、舒適等等良好的效果，沒有一種是表現在事情的跡象上的，而是體現在內在的情感上的。伺候父母在於舒適，並不講究採用什麽方法； 喝酒在於快樂，並不對飲酒器具有什麽選擇； 辦理喪事在於哀痛，並不對禮節儀式有什麽講究。 禮節儀式，是世俗社會採取的行爲； 真誠，是從上天那裏接受而來的東西，是自然而然地不可改變的。 所以聰明睿智境界高遠的人物效法自然看重真誠，而不受世俗的限制。 愚蠢的人則與此相反。 不能夠效法自然卻擔心不能與他人相投合，不知道重視真誠，平平庸庸地追隨著衆人在滚滚塵世之中變來變去，往往樂此不疲停不下來。 遺憾啊，你這是從早年便沈湎在矯情作僞之中卻又遲至晚年才聽到人生的大境界！』

孔子又拜了兩拜然後站起來說：『今天我算是遇見你了，就好像上天賜給我意外的福份一樣。先生不以爲羞恥能夠把我列入門牆服弟子之勞，從而便可以親自教導我。 斗膽打聽一下先生的學舍在什麽地方，請允許我托身門下受業，從而最終全面學習人生的大境界。』

漁客說：『我聽説過這樣的話，適合一起進步的人便與他一起，達到美好的境界； 不適合一起進步的人，不知道那個美好的境界，千萬不要和他在一起，自己才不會遭殃。 你努力向學吧！ 我要離開你走了，我要離開你走了！』於是用長篙直抵坡岸便把船劃走了，小船在蘆葦之間穿來繞去，不一會兒便消失在蘆叢之中了。

〔三〕

顔淵還車，子路授綏，孔子不顧，待水波定，不聞拏音而後敢乘。〔一〕

子路旁車而問曰：『由得爲役久矣，未嘗見夫子遇人如此其威也。〔二〕萬乘之主，千乘之君，見夫子未嘗不分庭伉禮，夫子猶有倨傲之容。〔三〕今漁父杖拏逆立，而夫子曲要磬折，言拜而應，得无太甚乎？門人皆怪夫人矣，漁人何以得此乎？』〔四〕

孔子伏軾而嘆，曰：『甚矣由之難化也！湛於禮儀有間矣，而樸鄙之心至今未去。〔五〕進，吾語汝！夫遇長不敬，失禮也；見賢不尊，不仁也。〔六〕彼非至人，不能下人，下人不精，不得其真，故長傷身。〔七〕惜哉！不仁之於人也，禍莫大焉，而由獨擅之。〔八〕且道者，萬物之所由也。庶物失之者死，得之者生；爲事逆之則敗，順之則成。〔九〕故道之所在，聖人尊之。今漁父之於道，可謂有矣，吾敢不敬乎！』〔一〇〕

【釋義】

〔一〕**顔淵還車** 還車，猶言掉轉車頭。**子路授綏** 綏，車中拉手上車之繩索。**孔子不顧** 顧，回頭。**待水波定** 定，平静下來。**不聞拏音而後敢乘** 拏音，打槳聲。

〔二〕**子路旁車而問** 旁，通傍；旁車，立在車旁邊。**由得爲役久矣** 由，子路之名。爲役，猶言爲弟子。**未嘗見夫子遇人如此其威** 未嘗，未曾。遇，猶對待。其，猶之。威，有威可畏，猶敬畏。

〔三〕**萬乘之主** 萬乘，萬輛兵車。**千乘之君** 行甫按：二句互文，猶言各大諸侯。**見夫子未嘗不分庭伉禮** 庭，屋室之中。《説文》：『庭，宫中也。』伉，猶敵。《左傳》成公十一年『不能庇其伉儷而亡之』，杜預注：

『伉，敵也。』行甫按：分庭伉禮，猶言平起平坐，禮儀相當。**夫子猶有倨傲之容** 猶，猶尚。倨傲，猶傲慢不謙遜。

〔四〕**今漁父杖拏逆立** 杖拏，執船篙。逆立，迎立。**而夫子曲要磬折** 要，通腰。曲要，猶彎腰。磬折，猶如磬之彎折。**言拜而應** 言拜，漁父有所言卽行跪拜之禮。應，回答。**得无太甚乎** 得无，猶是否。**門人皆怪夫人** 怪，猶驚訝。夫人，彼人。**漁人何以得此** 何以，猶言憑什麼。得此，猶言獲此殊遇。

〔五〕**孔子伏軾而嘆** 軾，車前横木，乘者扶手之用。伏軾，猶憑軾。嘆，嘆息。**由之難化** 化，教化。行甫按：難化，猶上文『難悟』。**湛於禮儀有間** 湛，通沈。行甫按：湛於禮儀，猶言悠游沈潛於禮儀。有間，很長時間。**而樸鄙之心至今未去** 樸鄙，猶粗野鄙陋。未去，未除。

〔六〕**進** 猶前。**吾語汝** 語，告。**夫遇長不敬** 夫，猶若。長，長者。**失禮** 無禮。**見賢不尊** 賢，有才能的人。**不仁** 仁，猶敬愛。

〔七〕**彼非至人** 彼，猶夫，若。至人，境界極高之人。**不能下人** 下人，在人之下，猶言尊敬他人。**下人不精** 精，純粹。**不得其真** 真，誠實。王先謙《集解》：『上文云：真者，精誠之至也。』**故長傷身** 長，猶常。

〔八〕**惜哉不仁之於人** 之於，猶於，虛詞連用。**禍莫大焉而由獨擅之** 禍，災禍。獨，猶特。擅，猶專。

〔九〕**且道者** 且，而且，更端之詞。道，無限的宇宙時空。**萬物之所由也** 所，處所。由，猶從。行甫按：萬物之所由，猶言萬物從來之處，萬物皆在時空構架之中發生。**庶物失之者死** 庶，猶衆。失之，猶言脫離此宇宙時空卽不能生存。**得之者生** 得之，得此時空構架。**爲事逆之則敗** 爲事，猶行事。逆之，猶背之。**順之則成** 成，成功。

〔一〇〕**故道之所在** 道，無限高遠的心靈境界，内化於心的宇宙時空構架。行甫按：且道者，乃言外在的時空構架；道之所在，乃言内化於心的精神境界。參見《大宗師》解題。**聖人尊之** 之，代道。**今漁父之於道** 今，猶若。**可謂有矣** 有，有道。**吾敢不敬** 敬，猶敬畏。

此乃本篇第三章，以孔子答子由之怪訝，言尊漁父其人者，所以尊其具有高遠而超邁的心靈境界。

【繹文】

顔回掉轉車頭，子路把上車的拉繩遞給孔子，孔子没有回頭。等到水上的波浪完全平静下來，再也聽不到漁父的打槳聲之後才上車。

子路站在車的旁邊問孔子説：『我入先生門下做弟子已經很長時間了，從來没有見過先生對人如此敬畏。特大國家的君主，中等國家的君主，與先生相見都是畢恭畢敬，從來没有與先生平起平坐，而先生仍然對他們没有一點謙恭的樣子。今天這個漁父拄著船篙對面站著，可是先生俯身低頭，腰彎得像磬背一樣曲折，聽漁父説完話每每要跪拜之後再回答，是不是太過份了啊？弟子們都覺得先生的行爲很奇怪，一個打漁的，哪裏值得這樣尊敬呢？』

孔子手扶車前横木長嘆一聲，説：『太過分了，仲由這個人真是難以教化呀！你悠游沈潛於禮儀這麽多年了，可是你的粗魯鄙陋之心到現在都没有去掉。過來，我好好跟你談談。如果遇到年長的人不尊敬，便是失了禮節；見到有才能的人不尊重，便是没有敬愛之心。如果不是境界高遠的人是不能尊重他人的，即使表面尊重也是不真誠的，更是不純粹的，往往會傷害自己。遺憾啊！沒有敬愛之心，對於人來說沒有比這更大的災禍了，可是仲由卻一人專有了。再說，道這個東西，萬事萬物都是從這裏發生的。所有的事物失去了它就會死亡，得到了它就能生存；做事違背它就會失敗，順從它就會成功。所以道在哪裏，聰明睿智的聖人就尊重哪裏。像漁父這個人，可以稱得上是有道的了，我豈敢不敬畏他呢！』

列禦寇第三十二

列禦寇，以篇首首句人名爲篇名。王叔岷認爲，『僞《列子·黄帝》篇「子列子之齊」章，與「楊朱南之沛」章相連，盧重玄注云「子列子之齊」章，言列子之使人保汝，「楊朱南之沛」章，言楊朱能使人無保汝也」，得二章相連之旨。東坡於《寓言》篇曾云：「此莊子自敍其作書之旨，末以老子爲宗，略取楊朱。」若從《列子》，《寓言》篇終「陽子居南之沛」章，應合於《列禦寇》篇首「列禦寇之齊」章，則莊子作書之旨豈亦有取於列禦寇邪？姑存疑焉。』然夷考《莊子》外、雜各篇之名，《山木》首句爲『莊子行於山中，見大木』，卻不以莊子爲篇名，避與本書《莊子》重名。《庚桑楚》首句爲『老聃之役有庚桑楚者』，卻不以老聃爲篇名，避與《老子》之書重名。本篇赫然以《列禦寇》爲篇名，足證其時未有《列子》之書（參見程水金《〈列子〉考辨述評與〈列子〉僞書新證》，載《中國哲學史》二〇〇七年第二期）。王叔岷氏疑『莊子作書之旨豈亦有取於列禦寇』，其説傎矣！本篇各章皆由綴集而成，主旨蕪雜，但與《内篇》有著十分密切的思想關聯。

〔一〕

列禦寇之齊，中道而反，遇伯昏瞀人。伯昏瞀人曰：『奚方而反？』〔一〕曰：『吾驚焉。』曰：『惡乎驚？』曰：『吾嘗食於十饗，而五饗先饋。』〔二〕

伯昏瞀人曰：『若是，則汝何爲驚已？』〔三〕曰：『夫内誠不解，形諜成光，以外鎮人心，使人輕乎貴老，而𩐋其所患。〔四〕夫饗人特爲食羹之貨，〔无〕多餘之贏，其爲利也薄，其爲權也輕，而猶若是，而況於萬乘之主乎！〔五〕身勞於國而知盡於事，彼將任我以事而效我以功。吾是以驚。』〔六〕

伯昏瞀人曰：『善哉觀乎！女處已，人將保女矣！』〔七〕无幾何而往，則户外之屨滿矣。伯昏瞀人北面而立，敦杖蹙之乎頤，立有間，不言而出。〔八〕

賓者以告列子，列子提屨，跣而走，暨乎門，曰：『先生既來，曾不發藥乎？』〔九〕曰：『已矣，吾固告汝曰人將保汝，果保汝矣。〔一〇〕非汝能使人保汝，而汝不能使人无保汝也，〔一一〕而焉用之感豫出異也！必且有感，搖而本才，又无謂也。〔一二〕與汝遊者又莫汝告也，彼所小言，盡人毒也。〔一三〕莫覺莫悟，何相孰也！巧者勞而知者憂，无能者无所求，〔一四〕飽食而敖遊，汎若不繫之舟，虛而敖遊者也。』〔一五〕

【釋義】

〔一〕**列禦寇之齊** 列禦寇，成玄英《疏》：『禦寇既師壺子，又事伯昬。』行甫按：師壺子，見《應帝王》。《田子方》有『列禦寇爲伯昬无人射』之事。之，往。**中道而反** 中道，中途。反，通返。**遇伯昬瞀人** 瞀，《釋文》：『音茂，又音務。』行甫按：《德充符》及《田子方》均作『无人』。无、瞀音同字通。**奚方而反** 奚，何。方，猶有，爲。《廣雅·釋詁一》『方，有也』，王念孫《疏證》：『方爲有無之有。』《廣雅·釋詁三》：『方，爲也。』行甫按：奚方而反，何爲而返。下文『汝何爲驚已』，正此『奚方』之義。

〔二〕**吾驚焉** 驚，猶駭怖。**惡乎驚** 惡乎，猶何以。**吾嘗食於十饗** 饗，同漿。《釋文》：『本亦作漿。司馬云：饗讀曰漿，十家並賣漿也。』《說文》『漿，酢漿也』，段玉裁注：『《周禮·漿人》「掌共王之六飲皆有漿」，注云「漿，今之截漿也」，《內則》注云：「漿，酢截也。」按西部云「截，酢漿也」，則漿、截二字互訓。』行甫按：截，音代，『截漿』當爲今之所謂醋。**而五饗先饋** 饋，猶贈送。郭象《注》：『言其敬己。』《釋文》：『饋，遺也，謂十家中五家先見遺。王云：皆先饋進於己。』

〔三〕**若是** 猶如此。**則汝何爲驚已** 則，猶而。已，猶也，也讀邪。

〔四〕**夫內誠不解** 夫，猶若。內，內心，內在。誠，誠信。賈誼《新書·道術》：『至操精果謂之誠。』解，猶散。《釋文》：『司馬音懈。』**形諜成光** 形，外形，容貌。諜，通偞，容華美好。王叔岷《校詮》：『朱駿聲謂諜假借爲偞，《方言二》「偞，容也。自關而西凡美容或謂之偞，宋衛曰偞」；《說文》「偞，宋衛之間謂華偞偞」，段注：「華，容華也。偞亦作偞，《廣韻》曰：偞偞，輕薄美好皃。」偞有美好義，「形偞成光」，謂形容美好成光華也。』**以**

外鎮人心　以，猶因。鎮，猶壓服。**使人輕乎貴老**　輕，猶輕視。貴，尊貴。老，年長。《孟子·公孫丑下》『天下有達尊三：爵一，齒一，德一。』錢穆《纂箋》：『高秋月曰：言敬己通於爵、齒也。』**而𩐃其所患**　而，猶乃。𩐃，通濟。𩐃，䪡字之俗體。《說文》：『䪡，墜也。從韭，次朿皆聲。齏，䪡或從齊。』是𩐃、䪡之或體作齏，與濟皆從齊聲。《尚書·禹貢》『達於濟』，《漢書·地理志》引作泲，從水朿聲，亦是䪡與濟通用之證。說見《大宗師》『𩐃萬物而不爲義』釋義。行甫按：二句猶言使人不重爵祿與年齒，而重其才德以濟止其患。其義與下文『无能者无所求』恰相反對。舊注皆不了。

〔五〕**夫𩟄人特爲食羹之貨**　夫，猶彼。特，猶但，不過，祇詞。爲，猶是。食，動詞，猶言以之爲食。貨，化，貿易。行甫按：食羹之貨，猶言以貨賣酢漿爲生計。**［无］多餘之贏**　无，王孝魚《校記》『依《闕誤》引江南古藏本及文如海、張君房本補，據成《疏》亦當有无字』。贏，盈餘。**其爲利也薄**　利，盈利。**其爲權也輕**　權，猶權勢。**而猶若是**　猶，猶尚。若是，如此。**而況於萬乘之主乎**　而況，猶言更何況，遞進之詞。

〔六〕**身勞於國而知盡於事**　身，形體。知，通智。**彼將任我以事而效我以功**　任，猶用。效，通校，考校。《釋文》：『本又作校。』功，猶績。**吾是以驚**　是以，因此。

〔七〕**善哉觀乎**　觀，猶觀察。王先謙《集解》：『善其能觀察人情。』**女處己**　女，通汝，你。處，猶伏，安止。《易·咸·象傳》『亦不處矣』，焦循《章句》：『處，不出也。』《繫辭上》『或出或處』，焦循《章句》：『處，伏也。』己，自己。王孝魚《校記》：『《闕誤》引江南古藏本及李氏本俱音紀。』錢穆《纂箋》：『馬其昶曰：處已，猶言歸矣。』行甫按：『處己』與上文『之齊』相關聯。之齊，猶出仕。處己，猶自行伏居。**人將保女矣**　將，猶當。保，依附。王先謙《集解》：『言汝且處乎家，人將附汝矣。』

〔八〕**无幾何而往** 无幾何，猶言沒動靜，無原因。往，伯昏瞀人往見列禦寇。**則戶外之屨滿** 戶，猶門。屨，來訪者之屨。**北面而立** 北面，面朝北。立，立於堂下庭中。**敦杖蹙之乎頤** 敦，猶植。《釋文》：『司馬云：豎也。』蹙，猶迫。乎，於。頤，下巴。**立有間** 有間，猶片刻。**不言而出** 出，出門。

〔九〕**賓者以告列子** 賓，通儐，導。**列子提屨跣而走** 跣，光著腳。**暨乎門** 暨，猶及。乎，於。**先生既來** 既，已。**曾不發藥乎** 曾，猶乃，則。發，猶置。藥，猶言鍼砭之言。

〔一〇〕**曰已矣** 已，猶止。**吾固告汝曰人將保汝** 固，通故。**果保汝矣** 果，果然。

〔一一〕**非汝能使人保汝而汝不能使人无保汝** 而，猶然，轉折之詞。

〔一二〕**而焉用之感豫出異** 而，猶爾，你。焉，猶安，何。用，猶以。之，猶此。感，猶動。豫，猶愉，悅。出，猶顯示。異，不同。**必且有感** 必，猶定。且，猶將。有感，有動。**搖而本才** 搖，猶動。而，猶爾，你。本才，猶本性。《釋文》：『一本才作性。』郭象《注》：『必將有感，則與本性動也。』**又无謂** 无謂，猶言無意義，無價值。

〔一三〕**與汝遊者又莫汝告** 遊，猶從學者。行甫按：與汝遊者，即『保汝』之人。告，猶言忠告。**彼所小言** 彼，即『與汝遊者』。所，猶以。小言，宵小之言，小人之言。**盡人毒也** 盡，猶皆。毒，猶害。行甫按：盡人毒也，皆毒害人。

〔一四〕**莫覺莫悟** 莫，沒人，無定代詞。覺，猶悟。悟，猶覺。**何相孰也** 何，猶如。相，互相。孰，古熟字，猶成。**巧者勞而知者憂** 巧，手巧，技巧。知，通智。**无能者无所求** 能，猶才能。所，猶可。求，猶索取。行甫按：无能者无所求，猶言沒有才能者，則無可索取。

〔一五〕**飽食而敖遊** 敖遊，猶言逍遙。行甫按：飽食而敖遊，猶言飽食終日，無所用心。**汎若不繫之舟**

汎，通泛，猶漂浮。若，猶如。繫，猶拴住。**虛而敖遊** 虛，猶心靈曠達。

此乃本篇第一章，言列禦寇才德外顯，乃爲人所尊重以至爲人所依憑、所利用，是以伯昏瞀人以『巧者勞而知者憂，无能者无所求』告誡其人。則此章大旨與《人間世》及《山木》從同，亦《應帝王》所謂『胥易技係，勞形怵心』以及『虎豹之文來田，猨狙之便執斄之狗來藉』之義。

【繹文】

列禦寇到齊國去，中途折返回來，在路上遇到伯昏瞀人。伯昏瞀人問道：『爲什麼中途返回來呢？』列禦寇回答説：『我在途中感到驚異與恐怖。』伯昏瞀人問道：『驚異與恐怖什麼呀？』列禦寇説：『我曾經在一條有十家賣醋店鋪的街上用膳，卻有五家賣醋的店家先給我送醋來。』

伯昏瞀人説：『如此説來，那你有什麼可驚異與恐怖的呢？』列禦寇説：『如果內在的精誠積而不散，在容貌上便會顯得容光煥發，形成華貴的氣質，因而就能對人產生碾壓之勢，讓人心生敬畏，還會讓人輕視爵祿與年齒，反倒利用你的才德去振濟他們的患害。那些賣醋的店家，祇不過是做些羹湯漿水之類的小買賣維持生計而已，沒有多餘的進項，盈利十分微薄，權勢也微乎其微，給我一點小小的好處無非就是想利用我，他們尚且如此，更何況是齊國那樣的大國君主呢？身體勤勞於國家，智慧窮盡於國事，他們當會把國家的重大事務都委派在我身上，並且還要考覈我的政績，所以我覺得驚異與恐怖。』

伯昏瞀人說：『好啊，你觀察人情世故非常正確！不過，你卽使是呆在家裏不願意出來做官，人們也會來依附你！』沒過多久，伯昏瞀人便悄無聲息地來到列禦寇這裏，果然見到門外滿是鞋子了。伯昏瞀人面向北方站在堂下，把枴杖直戳在地上，握著枴杖緊緊地抵住下巴，站了好一會，一言不發，便走出門外。

負責接待賓客的人把這事告訴了列禦寇，列禦寇慌忙提著鞋子光著腳追趕出來，到了門口，對伯昏瞀人說：『先生既然已經來了，爲什麼不給我說一點逆耳忠言呢？』伯昏瞀人說：『算了吧，我早就告訴過你，人們將會依附你，如今果然依附你了。並不是你有能力讓人們依附你，而是你沒有能力讓人們不依附你，你何必要用這種讓人動心愉悅的討好方式來標新立異呢！一定要討好別人，衹會搖動你的本性，這又有什麼意義呢。與你交往的人又沒有人能夠對你有所忠告，他們說的不過是些小人的言論，都是一些毒害人的東西。沒有人提醒你，沒有人開導你，哪裏會有共同的成熟與進步呢！技巧高超的人便會勤勞辛苦，智力發達的人便會勞精傷神，沒有才能的人人們也不會對他有什麼苛求。飽食終日，無所用心，逍遥自在，就像沒有纜繩拴住的小船一樣，在水面上自由地漂浮，心靈曠達的人才能如此自由自在地生活。』

〔二〕

鄭人緩也呻吟裘氏之地。〔一〕祇三年而緩爲儒，河潤九里，澤及三族。使其弟墨。〔二〕

儒墨相與辯，其父助翟。十年而緩自殺。〔三〕其父夢之曰：『使而子爲墨者，予也。闔胡嘗視其良，既爲秋柏之實矣！』〔四〕

夫造物者之報人也，不報其人而報其人之天。〔五〕彼故使彼。夫人以己爲有以異於人以賤其親，齊人之井飲者相捽也。故曰今之世皆緩也自是。〔六〕有德者以不知也，而況有道者乎！古者謂之遁天之刑。〔七〕

聖人安其所安，不安其所不安；衆人安其所不安，不安其所安。〔八〕

【釋義】

〔一〕**鄭人緩也呻吟裘氏之地** 緩，人名。鍾泰《發微》：『儒之爲名本有濡緩之義，故名之爲緩。此自寓言，未必實有其人也。』呻吟，郭象《注》：『吟詠之謂。』裘氏，地名。

〔二〕**祇三年而緩爲儒** 祇，猶適，但。爲，猶成爲。**河潤九里** 潤，滋潤。**澤及三族** 澤，恩澤。三族，父、母、妻族。行甫按：以河水灌溉九里比喻成儒可以衣被家族。**使其弟墨** 墨，學墨家之義。鍾泰《發微》：『儒成而三族蒙其澤也。緩既獲爲儒之利，復欲兼收爲墨之利，因使其弟學墨。』

〔三〕**儒墨相與辯** 相與辯，互相論辯。鍾泰《發微》：『不曰弟兄相與辯，而曰「儒墨相與辯」，以見是非之争起於所習。』**其父助翟** 翟，墨子之名。鍾泰《發微》：『翟本墨子之名，今以名其弟，益知其爲寓言矣。』成玄英《疏》：『父黨小兒，遂助於翟矣。』**十年而緩自殺** 緩自殺，緩以爲父助弟而攻己，處於儒墨兩難之地。若已勝，則父子兄弟相攻，儒家人倫教義敗； 若己不勝，則墨家兼愛教義顯，而儒家親親之義亦敗。 遂自殺。 行甫按： 此言緩之所以自殺，乃是其人『使其弟墨』欲兼收儒墨之利而自取其咎。

〔四〕**其父夢之** 夢，做夢，動詞。 之，指自殺之緩。 **使而子爲墨者予也** 而，猶爾，你。 子，緩之弟。 予，夢中之緩自指。 **闔胡嘗視其良** 闔，通盍。 胡，猶何。 行甫按： 闔胡，虚詞連用，載籍多有。《尚書》『曷何』、『克堪』，《左傳》『克能』、『其抑』，本書『嘗試』、『庸詎』，皆是其例。 嘗，猶試。 其，指其弟翟。 良，良木，良材。《釋文》： 『或作埌，音浪，冢也。』鍾泰《發微》： 『《釋文》讀「良」爲埌，以秋柏爲墓上之木，且緩自殺便見夢於父，墳土未乾，安得墓木已實！』行甫按： 鍾説是。 此與『秋柏之實』相關聯，比喻其弟學墨已成，乃如『秋柏』良木之材有實。 **既爲秋柏之實** 既，猶已。 爲，猶有。 秋，通楸。 實，籽實。 行甫按： 緩謂其父曰，之所以使其弟爲墨者，因其弟有成墨之材，如今已見其效，猶言亦有如緩『河潤九里，澤及三族』之利。

〔五〕**夫造物者之報人** 夫，猶彼。 造物者，猶言造化，上天。 之，猶若。 報，猶懲罰。《説文》： 『報，當辠人也。』行甫按： 此『報』字與上文『自殺』及下文『遁天之刑』相關聯，故知用其本義。 舊注皆不了。 **不報其人而報其人之天** 其，猶於。 人，後天所爲。 天，天性，先天秉賦。 行甫按： 猶言上天若懲罰人，懲罰的不是其人後天所爲之事，而是先天所就的自然秉賦。 此二句以下，乃作者議論之辭。

〔六〕**彼故使彼** 彼，其人之先天秉賦。 故，因此，所以。 使，猶爲。 彼，其事。 行甫按： 猶言其人有彼先天之秉賦，必使其人有彼所爲之事。 **夫人以己爲有以異於人以賤其親** 夫人，猶彼人。 有以異，有所異。 以賤，猶而賤。 王叔岷《校詮》： 『緩語其父「使而子爲墨者，予也」，稱父爲而，是賤其親也。 成《疏》「輕賤其親，而汝於父」，是矣。』行甫按： 此言緩有其天性而有其人事，而造物者報其天性而使其自殺。 然則其天性在於欲兼儒墨之利而處於兩難之境，其實亦爲利祿與親情之兩相煎。**齊人之井飲者相捽**　齊人，猶衆人。錢穆《纂箋》：『陸長庚曰：齊人，卽衆人。』井飲，猶言汲井水而飲。捽，音昨，抓髮相毆。《說文》：『捽，持頭髮也。』行甫按：衆人因井飲而抓髮互鬬，比喻爭利而相鬬。**故曰今之世皆緩也自是**　故，所以。曰，謂。皆緩，猶言今世之人皆爲爭利之緩。自，猶若。是，此。行甫按：自是，猶言若此井飲之人爭水而相鬬。行甫又按：俞樾《平議》以『自是』上屬爲讀，是；然不從其『自美其儒，是自是也』之說。

〔七〕**有德者以不知**　有德，行爲方式合於道的境界。以，猶乃。不知，猶言不知爭利。**而況有道者**　有道，具有超邁高遠的精神境界。行甫按：言精神境界高遠超邁之人更不知爭利。**古者謂之遁天之刑**　古者，猶言古昔之人。遁天之刑，逃避天的刑罰。參見《養生主》釋義。行甫按：此言緩不能超越世俗爭利之心，因欲兼收儒墨之利，以致兩難之境，實爲上天處罰其天性，緩於是自殺以逃避上天之處罰。舊注皆不了。

〔八〕**聖人安其所安**　聖人，聰明睿智而境界高遠之人。安，安於道。**不安其所不安**　不安，不安於俗。**衆人安其所不安**　衆人，世俗之人。不安，猶言爭利。**不安其所安**　所安，猶言道德。

此乃本篇第二章，言世俗之人皆如鄭人緩，欲兼利以致陷於親情與利祿的人生兩難之境，而這種兩難境地的心靈折磨與創痛，正是上天對於世人好利天性的懲罰。如果沒有超越世俗的心靈境界，那麼衹有死才是最後的解脫。此亦《養生主》篇旨之餘緒。

【繹文】

鄭國有一個名叫緩的人，在裘氏這個地方吟誦《詩》、《書》，研習儒家教義。衹用了三年時間，鄭人緩便成爲儒家學者，其獲利之豐，如同大河之水可以灌溉兩岸九里之田，他的父黨、母黨以及妻黨三族的親戚眷屬都因此受到他的恩惠。爲了兼收儒墨兩家之利，於是讓他的弟弟研習墨家教義。後來，兄弟倆因爲儒墨兩家教義不同而發生了爭論，他們的父親支持小兒子的墨家學說。這樣過了十年，在利祿與親情的雙重煎迫之下，鄭人緩終於支撐不下去，於是自殺了。鄭人緩死去之後，他的父親夢見他對自己說：『讓你的兒子研習墨家學説的人是我。爲什麼不試著看看你兒子的優秀才能呢？他的父母妻子內外親戚眷屬同樣都得到了好處，他的成就已經如同楸樹與柏樹一樣結出籽實了！』

那造物的上天如果要懲罰一個人，不會對他所做的事進行懲罰，而是懲罰他那與生俱來的天性。正是由於緩有那種天性，所以他才會做出那樣的事情來。他以爲自己爭利的天賦與別人大不相同，因而連他的父親都可以不尊重以至你我相稱，正像人們爲了爭搶井水以致相互揪著頭髮打架，無非就是瞅著那一點利益而已。所以說當今之世人人都像鄭人緩一樣爭搶利祿。當然具有良好品行的人士是不知道去爭利祿的，更何況是精神境界高遠超邁的聖人呢！像鄭人緩那樣，活在世上就受著利祿與親情雙重煎迫的精神折磨，死了才算是真正的解脱。古代的人便把死亡稱之爲逃脱了上天的懲罰。

聰明睿智境界高遠的聖人，祇會安心在他所安心的精神境界上，不會安心在他不能安心的世俗爭奪上；而俗世的衆多人卻衹是安心在不應該安心的世俗爭奪上，卻不會安心在應當安心的精神境界上。

〔三〕

莊子曰：『知道易，勿言難。〔一〕知而不言，所以之天也；知而言之，所以之人也。古之人，天而不人。』〔二〕朱泙漫學屠龍於支離益，單千金之家，三年技成而无所用其巧。〔三〕

聖人以必不必，故无兵；衆人以不必必之，故多兵；〔四〕順於兵，故行有求。兵，恃之則亡。〔五〕

小夫之知，不離苞苴竿牘，敝精神乎蹇淺，而欲兼濟道物，太一形虛。〔六〕若是者，迷惑於宇宙，形累不知太初。〔七〕彼至人者，歸精神乎无始而甘冥乎无何有之鄉。〔八〕水流乎无形，發泄乎太清。〔九〕悲哉乎！汝爲知在毫毛，而不知大寧！〔一〇〕

【釋義】

〔一〕**莊子曰**　行甫按：本文作者引用莊子之言。**知道易**　易，容易。**勿言難**　勿，通勉。《禮記·禮器》『勿勿乎其欲其饗之也』，鄭玄注：『勿勿，猶勉勉也。』段玉裁《說文注》『勿』字條：『勿勿卽沒沒，猶勉勉也。』行甫按：猶言明白道的境界是容易的，要用語言勉强表達出來卻是困難的。《齊物論》『大道不稱，大辯不言』，是其義。

〔二〕**知而不言所以之天**　所以，猶可以。之，猶爲。天，猶自然而渾全。**知而言之所以之人**　人，人爲而虧漏。**古之人**　王孝魚《校記》：『《闕誤》引張君房本人上有至字。』王叔岷《校詮》：『《注》「應其至分而已」，似就正文至字而言，疑郭本原亦作「至人」。《疏》「復古真人」，疑成本「至人」作「真人」，或釋「至人」爲「真人」，《天下》篇「不離於真，謂之至人」。』行甫按：『人』上當有『至』字，下文『彼至人者』，是其證。**天而不人**　猶言自然而渾全，而非人爲而虧漏。

〔三〕**朱泙漫學屠龍於支離益**　朱泙漫、支離益，皆虛擬之人名。郭慶藩《集釋》：『俞樾曰：支離，複姓；說在《人間世》篇。朱泙，亦複姓。《廣韻·十虞》「朱」字注：「《莊子》有朱泙漫，郭《注》：「朱泙，姓也。」」今象《注》無此文。』屠，宰殺。龍，鱗蟲之長。《說文》：『龍，鱗蟲之長，能幽能明，能細能巨，能短能長；春分而登天，秋分而潛淵。』**單千金之家**　單，通殫，盡。千金，二萬兩。家，猶家產。**三年技成而无所用其巧**　技，技術。所，猶處。用，施，行。《說文》：『用，可施行也。』巧，技巧。行甫按：道乃是虛空與無限的宇宙形式及其內化於人心的精神境界，既不可稱說，亦不在具體之某處，故以無處可施之『屠龍術』爲喻。參見《知北遊》『東郭子問於莊子曰「所謂道，惡乎在」』釋義。

〔四〕**聖人以必不必**　以，猶惟，雖。必，猶專固，期必。《玉篇·八部》：『必，專也。』《論語·子罕》『毋意毋必』，朱熹《集注》：『必，期必也。』**故无兵**　兵，爭。錢穆《纂箋》：『焦竑曰：「兵非戈矛之謂，喜怒之戰於胷中者也。」』鍾泰《發微》：『兵者，爭也。』行甫按：鍾說較長。焦氏謂『兵非戈矛』，是；然『兵』又非僅『心戰』之一端。此言聖人雖然可以專固而期必之，卻不專固而期必之，通達而順其自然，是以爭議不起。**眾人以不必**

必之　眾人，猶世俗之人，與聖人相反。不必必之，雖不能專固而期必之，反而專固而期必之，謂不能通達以順其自然。**故多兵**　多兵，多起爭執。

〔五〕**順於兵**　順，猶從。《釋文》：『愼於兵，愼或作順。』王叔岷《校詮》：『《釋文》本順作愼，愼亦借爲順。下文「有順懷而達」，《釋文》：「順，王作愼」，順又借爲愼也。』**故行有求**　行，猶爲。有求，欲有所求。**兵恃之則亡**　恃，猶依賴。亡，滅亡。

〔六〕**小夫之知**　小夫，心智狹小之人。《齊物論》『小知間間』，是其義。知，通智。**不離苞苴竿牘**　苞苴，饋贈禮物。王先謙《集解》引宣穎曰：『裹曰苞，藉曰苴。《詩》鄭箋：「以果實相遺者，必苞苴之。」』《衛風·木瓜》『匪報也，永以爲好也』，毛《傳》：『孔子曰：吾於《木瓜》，見苞苴之禮行。』竿牘，《釋文》：『司馬云：謂竹簡爲書，以相問遺，修意氣也。』章太炎《解故》：『竿本借爲簡字。古干聲、間聲相通。《聘禮記》「皮馬相間」，古文間作干。《小雅》「秩秩斯干」，《傳》以干爲澗，是其例。』**敝精神乎蹇淺**　敝，敗壞。《說文》：『㡀，敗衣也。從巾，象衣敗之形。敝，一曰敗衣也。從㡀從攴，㡀亦聲。』段玉裁注：『引伸爲凡敗之稱。』精神，精力心神。乎，於。蹇淺，偏頗淺薄。王叔岷《校詮》：『《說文》「蹇，跛也」，《禮·曲禮》「立毋跛」，鄭注：「跛，偏任也。」孔《疏》：「跛，偏也。」「蹇淺」猶「偏淺」也。』**而欲兼濟道物**　兼，猶並。濟，猶通。道物，道與物。**太一形虛**　太一，猶『兼濟』。王叔岷《校詮》：『「太一」猶「大齊」，《淮南子·原道》篇「一度循軌」，高注：「一，齊也。」形、虛與物、道相應。謂「兼能道與物，大齊形與虛」也。』行甫按：言『欲』者，雖云向往之，卻心智弱劣而不能。《至樂》所謂『褚小者不可以懷大，綆短者不可以汲深』，是其義。

〔七〕**若是者**　若，猶如。者，也。**迷惑於宇宙**　宇宙，猶言時空架構。**形累不知太初**　形累，爲形軀所羈絆而不能脱俗。太初，未有天地萬物之渾樸狀態。《齊物論》『有以爲未始有物者，至矣，盡矣，不可以加矣』，是其義。下文『无始』，亦是。

〔八〕**彼至人** 彼，猶夫，若。至人，境界高遠之人。**歸精神乎无始而甘冥乎无何有之鄉** 歸，猶復，返。乎，於。无始，猶『太初』。甘，通酣。柳宗元《寄許京兆孟容書》『如得甘寢』，蔣之翹《輯注》：『甘寢，與酣寢同字。』冥，通瞑，即眠字。《釋文》：『甘冥，如字。本亦作瞑。又音眠。』郭慶藩《集釋》：『俞樾曰：瞑眠古今字。《文選·養生論》「達旦不瞑」，李善注曰：「瞑，古眠字。」是也。甘瞑即甘眠。《徐无鬼》篇「孫叔敖甘寢秉羽而郢人投兵」，司馬云：「言叔敖願安寢恬臥以養德於廟堂之上，折衝於千里之外。」此云甘瞑，彼云甘寢，其義一也；並謂安寢恬臥也。』行甫按：俞説『瞑眠古今字』是，然『甘冥』猶言『酣眠』。

〔九〕**水流乎无形** 水流，如水之流。乎，於。无形，宇宙時空。**發泄乎太清** 發，生發。泄，運泄。太清，氣之虚。行甫按：此承上文，猶言至人體道，境界高遠，參透宇宙之虚空與無限及其大化流行之理。

〔一〇〕**悲哉乎** 哉乎，猶哉，乎，語詞連用。**汝爲知在毫毛** 汝，猶爾，你。行甫按：以第二人稱泛指『小夫』、『小知』之人。爲，猶用。毫毛，猶言苛細之事，與上文『苞苴竿牘』相關聯。**而不知大寧** 大寧，深沈的寧静。虚静的心靈境界，亦即道的境界。

此乃本篇第三章，言道雖易知，强言則難，猶如朱泙漫之有屠龍術而無所施其巧。所以境界高遠的聖人，雖自有定見卻不專固於定見，順其自然而无所爭執。至於心智淺俗之人，不過拘執於人際交往之瑣事，雖欲參悟卻無法參悟宇宙之虚空與無限及其大化流行的道理，因而也永遠不能進入高遠而寧静的心靈境界。此章乃發皇《内篇》道論之旨。

【繹文】

莊子説：『明白道的意義與價值是很容易的，但要勉强用語言來表述出來卻是很困難的。明白道的意義與價值卻不用語言表述出來，是爲著保持道的自然而渾全狀態；明白道的意義與價值卻還要用語言表述出來，往往是採取人爲而偏漏的做法。古代境界高遠的人物，總是保持著自然而渾全的態度，不取人爲而偏漏的做法。』朱泙漫向支離益學習屠宰飛龍的技術，散盡了千金的家財，費時三年好不容易才學到宰龍的技術，可是卻没有地方施展他的技巧。這就好比道的境界是不可能落實在某個具體事物上的，所以古代境界高遠的人物，不會採取人爲而偏漏的做法。

聰明睿智境界高遠的聖人，雖然懂得專固的意義與價值，但他不會採取專固的做法，所以也就無所爭執；世俗的人們雖然明知不能專固，卻偏要採取專固的做法，所以就必然多起爭執；伴隨著爭執所起的後續狀況，一定是爲了實現某種目的的行爲。一味依賴爭執，必定是自取滅亡。

境界狹隘的小人物，他們的智慧不外乎用在請客送禮與書信問候的瑣末之事，他們把心神與精力耗費在這些偏狹淺薄的事情上，卻還想打通宇宙與萬物的關係，整合有形與無形爲一體。像他們這樣，就是弄不清楚宇宙時空的無限，被有形之物窒塞了心靈，因而不能參悟無邊無際與無始無終的道境。至於境界極爲超邁的人，他們把精力與心智歸向無限高遠的純樸狀態，無知無識，無憂無慮，在無限的虛空境界中酣然大睡。任隨天地萬物在虛空與無限的宇宙大氣之中變動不居而大化流行。可悲啊！你們這些胷襟狹隘的小人物，衹知道把心智耗費在一些雞毛蒜皮的毫末細事，卻永遠不明白那極其高遠而寧靜的精神境界。

〔四〕

宋人有曹商者，爲宋王使秦。其往也，得車數乘；王說之，益車百乘。〔一〕反於宋，見莊子曰：『夫處窮閭阨巷，困窘織屨，槁項黃馘者，商之所短也；〔二〕一悟萬乘之主而從車百乘者，商之所長也。』〔三〕

莊子曰：『秦王有病召醫，破癰潰痤者得車一乘，舐痔者得車五乘，所治愈下，得車愈多。〔四〕子豈治其痔邪，何得車之多也？子行矣！』〔五〕

【釋義】

〔一〕**宋人有曹商** 曹商，姓曹，名商。**爲宋王使秦** 宋王，《釋文》：『司馬云：偃王也。』使秦，出使秦國。**其往也** 其，代曹商。往，去。**得車數乘** 得車，得秦王之車。數乘，多輛車。**王說之** 王，秦王。說，通悅。**益車百乘** 益，增加。

〔二〕**反於宋** 反，通返。**見莊子** 見，猶訪。**夫處窮閭阨巷** 夫，猶若。處，居。窮閭，閉塞的閭里。阨，通隘。阨巷，狹窄的衚巷。**困窘織屨**　困窘，貧困窘迫。織屨，編織草鞋。**槁項黃馘者**　槁，枯槁。項，脖子。馘，音國。《說文》：『聝，軍戰斷耳也。《春秋傳》曰：以爲俘聝。馘，聝或從首。』俞樾《平議》：『「馘」疑「㾑」之假字。《說文·疒部》：「㾑，頭痛也。」謂頭痛而色黃。』行甫按：黃馘，猶言面色黃瘦，今所謂營養不良之癥，未必是因『頭痛』而引起面黃。且人之『頭痛』，他人豈可外見？**商之所短也**　短，猶少。

〔三〕**一悟萬乘之主而從車百乘者**　一，猶今語所謂一下子，迅速之詞，說見吳昌瑩《經詞衍釋》。悟，覺，猶開通，點醒。從，猶言追加，與上文『益』字相關聯。**商之所長也**　長，猶言長處，優點。

〔四〕**秦王有病召醫**　召，猶延請。**破癰潰痤者得車一乘**　破癰（音雍），擠破膿瘡。潰痤（音磋），破散毒瘡。行甫按：窮閭阨巷、槁項黃馘、破癰潰痤，皆爲二詞並列之聯合詞組。**舐痔者得車五乘**　舐，音市，舌舔。痔，痔瘡，今屬肛腸科疾病。**所治愈下得車愈多**　愈下，越是往下。

〔五〕**子豈治其痔邪**　子，你。其，指秦王。**何得車之多**　之，猶如此。**子行**　行，走。

此乃本篇第四章，卑鄙勢利的宋人曹商，對莊子炫耀以骯髒齷齪的手段獲得的財富，嘲笑莊子笨拙無能以致貧困不堪，卻遭到莊子極其尖酸刻薄的譏諷與挖苦，體現了莊子不慕富貴，鄙棄榮華，蔑視宵小的高尚人格。

【繹文】

宋國有一個名叫曹商的人，爲宋偃王出使到秦國。他剛去秦國的時候，便得到秦王賞賜的幾輛車子；後來秦王很喜歡他，又增加了一百輛車子。回到宋國之後，曹商便去莊子那裏擺闊氣，說：『像這樣居住在閉塞狹隘的貧民窟裏，窮困潦倒，指靠著打草鞋賣草鞋爲生，餓得形銷骨立，面黄肌瘦，我曹商所欠缺的，正是這種境況；三言兩語一下子就點醒大國君主，讓他開了竅，然後又追加賜我一百輛車子，這正是我曹商的優點和强項。』

莊子說：『秦王患了病，延請郎中診治，誰給他擠破了膿腫毒瘡便可以得到一輛車子，用舌頭舔痔瘡便可以得到五輛車子，治療的部位越是往下，得到的車輛就越多。你難道是替秦王舔了痔瘡嗎，怎麼得了這麼多的車輛呢？你滚吧！』

〔五〕

魯哀公問乎顔闔曰：『吾以仲尼爲貞幹，國其有瘳乎？』〔一〕曰：『殆哉圾乎！仲尼？〔二〕方且飾羽而畫，從事華辭，以支爲旨，忍性以視民而不知不信。〔三〕受乎心，宰乎神，夫何足以上民！〔四〕彼宜女與？予頤與？誤而可矣！〔五〕今使民離實學僞，非所以視民也，爲後世慮，不若休之。〔六〕『難治也，施於人而不忘，非天布也，商賈不齒；〔七〕雖以事齒之，神者弗齒。〔八〕『爲外刑者，金與木也；爲内刑者，動與過也。〔九〕宵人之離外刑者，金木訊

之；〔一〇〕離內刑者，陰陽食之。〔一一〕夫免乎外內之刑者，唯真人能之。』〔一二〕

【釋義】

〔一〕**魯哀公問乎顏闔** 魯哀公，姬姓，名蔣。乎，於。顏闔，姓顏，名闔，魯國賢人。已見《人間世》。**吾以仲尼爲貞幹** 貞，通楨，築牆所用置於兩端之直木。幹，通榦，築牆所用置於兩側之横木。行甫按：貞幹，以喻國家棟梁。**國其有瘳** 其，猶將。有，助語之詞，變單音節爲雙音節，使脣吻調利。瘳，音抽，病癒。行甫按：有瘳，以喻秩序恢復，民風好轉。

〔二〕**殆哉圾乎** 殆，猶危。圾，通岌，危。

〔三〕**方且飾羽而畫** 方且，猶並且，虚詞連用。飾羽而畫，羽本爲飾，又繪以畫，猶言繁文縟節，崇尚華靡。**從事華辭** 從，隨，因。《説文》：『從，隨行也。』《爾雅·釋詁上》『從、崇，重也』，郭璞注：『隨從、增崇，皆所以爲重疊。』郝懿行《義疏》：『重猶疊也。』《漢書·外戚傳上·孝宣許皇后》『霍光夫人顯欲貴其小女，道無從』，顏師古注：『從，因也，由也。』事，猶爲。華辭，麗辭。行甫按：從事華辭，猶言『飾羽而畫』之外，又爲華麗之文辭。**以支爲旨** 支，枝節，旁歧。旨，旨意，主旨。行甫按：以支爲旨，猶言旁門左道，曲學阿世。**忍性以視民而不知不信** 忍，强，矯。《荀子·儒效篇》『志忍私，然後能公；行忍情性，然後能修』，楊倞注：『忍，謂矯其性。』《玉篇·心部》：『忍，强也。』視，通示。行甫按：忍性以視民，猶言强矯人之自然本性以垂教於民。信，從。《呂氏春秋·勸學》『師尊則言信矣』，高誘注：『信，從也。』

〔四〕**受乎心** 乎，於。**宰乎神** 宰，猶主。行甫按：二句主語皆爲仲尼，猶言仲尼强矯人性，違背自然天道，乃師心自用。**夫何足以上民** 夫，猶彼，指仲尼。足，猶能。上民，在民上，猶言垂範於民，與上『視民』相關聯。

〔五〕**彼宜女與** 彼，彼仲尼。宜，適合。女，通汝，猶言汝之國。與，通歟。**予頤與** 予，予顏闔。王叔岷《校詮》：『案予，顏闔。予與女對言。』頤，通嶷，讀若疑。《大雅·生民》『克岐克嶷』，《春秋元命苞》『后稷岐頤』，是『岐頤』卽『岐嶷』。王筠《說文句讀》『嶷』字條曰：『九嶷山，《楚詞·九歌》、《九懷》、《秦始皇本紀》皆作「九疑」。案作疑者古文也，作嶷者後起之專字也。』與，通歟。行甫按：予頤與，猶言予疑歟。**誤而可矣** 誤，誤國誤民。而，猶乃。可，猶宜。《後漢書·皇甫規傳》『今日立號雖尊可也』，章懷注：『可，猶宜也。』行甫按：誤而可矣，猶言誤乃宜矣，『可』字與上文『宜』字相關聯。行甫又按：三句爲顏闔之詼諧語。舊注皆不了。

〔六〕**今使民離實學僞** 今，猶若。離，偏離。實，猶言人性之實情。學，猶效。**非所以視民** 所以，猶可以。視民，猶示民。**爲後世慮** 慮，猶計。**不若休之** 休，猶止。

〔七〕**難治也** 難治，難以爲治。王孝魚校點以三字從上爲讀，並以『施於人而不忘』另起一節。行甫按：王氏點讀與分節皆非。此三字乃啓下之詞。**施於人而不忘** 施，猶佈施，與下文『布』字爲互文。不忘，猶言求報。**非天布也** 天布，上天佈施雨露，不求回報。**商賈不齒** 商賈，行商坐賈，泛指商人。齒，猶列。《左傳》隱公十一年『不敢與諸任齒』，杜預注：『齒，列也。』《漢書·項籍傳》『陳涉之位，不齒於齊楚燕趙韓魏宋衛中山之君』，顏師古注：『齒，謂齊列如齒。』

〔八〕**雖以事齒之** 以，猶因。事，交易之事。世德堂本作士，通假字。**神者弗齒** 神，猶言心神。者，猶則。鍾泰《發微》：『「施於人」，謂施於民也。「不忘」，謂責報也。施於民而責其必報，是治也，非在宥也。在宥則循其性，治則拂其性。循其性是用天，拂其性是用人，故曰「非天布也」。「天布」猶言天行。責報者，商賈之道，故曰「商賈不齒。」』行甫按：鍾説是。自『施於人而不忘』至『神者弗齒』，乃喻『難治』之意，猶言施政於民而不忘求報，雖商賈之人亦不齒。

〔九〕**爲外刑者**　爲，猶作爲。外刑，猶言肉刑。**金與木**　金，謂刀鋸斧鉞之屬。木，謂桎梏棰楚之屬。**爲内刑者**　内刑，猶言心靈創痛，内心折磨。**動與過也**　動，靜之反。《易·繫辭下》『幾者，動之微』，孔穎達《正義》：『動，謂心動事動。』過，踰之失。《史記·外戚世家》『皆過栗姬』，司馬貞《索隱》：『過，猶踰也。』《禮記·哀公問》『不過乎物』，孔穎達《正義》：『過，謂過誤。』行甫按：動與過，既爲『内刑』，當是動心忍性，急於求成，過於其度。

〔一〇〕**宵人之離外刑者**　宵人，猶小人。俞樾《平議》：『宵人猶小人也。《禮記·學記》篇「宵雅肄三」，鄭注曰：「宵之言小也。」習《小雅》之三，謂《鹿鳴》、《四牡》、《皇皇者華》也。」然則宵人爲小人，猶宵雅爲小雅矣。』離，通罹，猶遭。**金木訊之**　訊，拘問。

〔一一〕**離内刑者陰陽食之**　陰陽，猶言生理機能之平衡系統。食，通蝕。《左傳》隱公三年經『日有食之』，《釋文》：『食，本或作蝕。』《釋名·釋天》『日月虧曰食，稍稍侵虧如蟲食草木葉也。』

〔一二〕**夫免乎外内之刑者**　夫，猶若。免，免除。乎，於。**唯真人能之**　真人，無己、無功、無名之悟道高人。

此乃本篇第五章，言孔子矯情飾僞，虛假浮華，徒有其名而已。用孔子治國理政，必將誤國害民。

施政治民，要在順從人的自然天性，既不可『受乎心，宰乎神』，師心自用；更不能『動與過』，急於求成。師心自用，必遭『外刑』；急於求成，必遭『内刑』。唯有『无己』、『无功』、『无名』的『真人』，才能順其自然依乎天性，從而免遭『外内之刑』。

【繹文】

魯哀公向顏闔請教説：『我把孔仲尼作爲國家棟梁加以重用，魯國的社會風氣會不會有所好轉呢？』

顏闔回答説：『危險啊，危險啊！仲尼？用羽毛作裝飾尚嫌不夠，還要加上繪畫，因之又造作華麗辭藻，把枝節當作主旨，矯抑人的天性强行教化民衆，卻不知道民衆根本不會信從。師心自用，主觀獨斷，拍拍腦袋就是一個主意。這種人怎麽能夠讓他在上治理民衆呢！他適合你們魯國嗎？是我有些多疑嗎？誤國誤民他還是很適合的吧！如果是讓民衆遠離誠實而學習虚僞，這可不是教化民衆的好辦法呀，爲了替後世子孫考慮，不如算了吧，還是不要任用仲尼了。

『再説，天下民衆是很難治理的。好比説，對人有所施舍，卻念念不忘以圖回報，這就不像天降甘霖那樣自然單純了，這種施恩圖報的心理與行爲，就連做買賣的人都覺得可恥；即使是因事勉强與他打交道，在心裏也是看不起他的。如果施行了某項政策，就指望收到相應的效果，豈不是異想天開麽！

『作爲肉體的刑罰，是刀鋸斧鑿之類的金屬刑具與棍棒枷鎖之類的木制刑具；作爲内在的刑罰，則是動心忍性，超過限度，急於求成的内心煎熬。主觀獨斷，師心自用的宵小之人便會遭到外在的肉刑，於是有金鐵與木枷的刑具拘執審問他；動心忍性，急於求成的政治人物就會遭受内在的刑罰，於是生理上的陰陽平衡就會一點點地破壞銷蝕掉。能夠免除外在的肉刑與内在的心刑，衹有無己、無功、無名因而心靈極爲純粹的悟道高人才能做得到。』

〔六〕

孔子曰：『凡人心險於山川，難於知天。〔一〕天猶有春秋冬夏旦暮之期，人者厚貌深情。〔二〕故有貌愿而益，有長若不肖，有順懁而達，有堅而縵，有緩而釬。〔三〕故其就義若渴者，其去義若熱。〔四〕故君子遠使之而觀其忠，近使之而觀其敬，煩使之而觀其能，〔五〕卒然問焉而觀其知，急與之期而觀其信，委之以財而觀其仁，〔六〕告之以危而觀其節，醉之以酒而觀其側，雜之以處而觀其色。〔七〕九徵至，不肖人得矣。』〔八〕

【釋義】

〔一〕**凡人心險於山川** 凡，猶夫。險，險惡。於，猶比。**難於知天** 天，猶自然天道。

〔二〕**天猶有春秋冬夏旦暮之期** 猶，尚。期，常，猶言周期。**人者厚貌深情** 者，猶則。厚，猶多。《呂氏春秋·務本》『以此厚望於主』，高誘注：『厚，多。』行甫按：厚貌，猶言多副面孔。深情，猶言真實內心深藏不露。行甫又按：厚貌深情，猶言善於僞裝，心機難測。

〔三〕**故有貌愿而益**　有，或。愿，謹，敬慎。《釋文》：『《廣雅》云：謹慤也。』益，通溢。俞樾《平議》：『「益」當作溢，溢之言驕溢也。《荀子·不苟篇》「以驕溢人」是也。「謹愿」與「驕溢」，義正相反。』**有長若不肖**　長，猶長處。鍾泰《發微》：『解作長者，長者不得但云長，猶小人不得但云小也。』若，猶而。不肖，猶不似。**有順懁而達**　順，猶順從。《釋文》：『王作慎。』行甫按：順、慎，古音通假，此與『懁』字並列爲用，當以『順』爲正字，『慎』爲假借字。《孟子·滕文公下》『以順爲正者，妾婦之道也』，趙岐注：『女子則當婉順從人耳。』懁，音暄，通儇，慧黠欺謾也。《方言》卷一『虔、儇，慧也；秦謂之謾；自關而東趙魏之間謂之黠，或謂之鬼』，錢繹《箋疏》：『《荀子·非相篇》「鄉曲之儇子」，楊倞注引《方言》「儇，疾也，慧也」，云「與喜而譞義同，輕薄巧慧之子也」。卷十二「儇、虔，謾也」，卽申此條之義。《荀子·不苟篇》「小人」「喜則輕而翾」，注：「如小鳥之翾然。或曰與懁同。」《淮南·主術訓》「辨慧懁給」。「儇」「翾」「懁」「譞」「䠥」「獧」，聲義並同。「謾」者，《說文》：「謾，欺也。」蓋人用慧黠以欺謾人，故慧亦謂之謾也。』行甫按：順懁，猶儇媚。《楚辭·惜誦》『忘儇媚以背衆兮』，王逸《章句》：『儇，佞也。媚，愛也。』黄靈庚《疏證》：『此儇，謂巧佞、詐僞。《說文》「媚，說也。從女，眉聲」，婦人以容色說於人者謂之媚。』順懁，猶言婉順佞慧。達，猶不相通問。《說文》『達，行不相遇也』，段玉裁注：『今俗說不相遇，尚有此言，乃古言也。訓通達者，今言也。』《說文》『通，達也』，段玉裁注：『按達之訓行不相遇也，通正相反。經傳中通達同訓者，正亂亦訓治，徂亦訓存之理。』《禮記·曲禮上》『叔嫂不通問』，鄭玄注：『通問，謂相稱謝也。』行甫按：順懁而達，猶言表面上婉順而佞巧媚悅，內心裏則耿介而不相通問。舊注皆不了。**有堅而縵**　堅，猶剛毅。縵，猶散慢。成玄英《疏》：『形如堅固而實散縵。』**有緩而釬**　緩，猶寬緩。釬，音悍，猶强悍。俞樾《平議》：『縵者慢之假字，釬者悍之假字。堅强而又惰慢，紓緩而又桀悍，故爲情貌相反也。』

〔四〕**故其就義若渴者**　其，猶若。就義，猶向義。若渴，如同飢渴。者，也。**其去義若熱**　其，猶則。去義，猶背義。若熱，如同燙手。王先謙《集解》：『宣云：進鋭而退速。』

〔五〕**故君子遠使之而觀其忠**　觀，猶考察。王先謙《集解》：『遠則多欺。』而，猶以，目的連詞。**近使之而觀其敬**　王先謙《集解》：『近則多狎。』**煩使之而觀其能**　煩，猶煩雜。王先謙《集解》：『宣云：煩則難理。』才，才能。

〔六〕**卒然問焉而觀其知**　卒，通猝，倉猝。焉，猶之。知，通智。**急與之期而觀其信**　期，猶約。信，誠。**委之以財而觀其仁**　委，付，與。《戰國策·齊策一》『願委之於子』，高誘注：『委，付也。』《魏策四》『魏委國於王』，鮑彪注：『委，與也。』財，財貨。仁，猶言廉而不貪。成玄英《疏》：『仁者不貪。』

〔七〕**告之以危而觀其節**　危，猶險。節，節操，氣節。**醉之以酒而觀其側**　側，通則，儀則。《釋文》：『側或作則。』俞樾《平議》：『其云「側或作則」，當從之。則，法則也。《國語·周語》曰「威儀有則」，既醉之後，威儀反反，威儀怭怭，是無則矣；故曰「醉之以酒而觀其則」。《周書·觀人篇》作「醉之酒，以觀其恭」，與此文語意相近。《大戴禮記·文王官人篇》作「醉之以觀其不失也」，「不失」即謂不失法則也。』**雜之以處而觀其色**　雜，男女相雜。處，猶居止。色，女色。成玄英《疏》：『男女參居，貞操不易。』王叔岷《校詮》：『《楚辭·招魂》「士女雜坐，亂而不分些」。』

〔八〕**九徵至**　徵，猶驗。至，猶到。**不肖人得**　不肖，不似。行甫按：不肖，猶言名實不副，或曰與所期許者不相符，如『不肖之子』。

此乃本篇第六章，言人心險惡難測，若欲知其人之心性及其才能之賢否，則有九種不同的觀察方法，可供一試。

【繹文】

孔子說：『人心險惡甚比高山大川，人心難測比預知天道還要困難。天道還有春夏秋冬與早晚的季節週期，然而人的外貌卻多種多樣，內心實情也深不可測。所以有的人表面謹慎敦厚，內心卻驕慢橫生；有的人看起來滿腹才華，其實不過徒有其表；有的人表面上低眉順眼甜言蜜語，內心裏卻清高耿介不願與人多有來往；有的人表面上剛毅果決，實際上卻是溫軟柔弱；有的人看似寬容和緩，實則性情强硬彪悍。因此倘若追求正義如飢似渴，那麼背棄正義便像拋掉燙手的山芋。所以有身份的人物，要讓他去邊遠之地赴任，以便考察他是否忠誠；讓他在身邊近距離任職，以便觀察他是否恭敬；讓他處理煩雜的事務，以便觀察他是否能幹；猝不及防地詢問他，以便考察他是否智慧；與他約定極爲緊迫的時限，以便觀察他是否守信；把大量的財富交給他掌管，以便觀察他是否清廉不貪；把危險的處境告訴他，以便考察他是否氣節無虧；用酒把他灌醉，以便觀察他是否有失威儀；讓他男女雜處，以便觀察他是否好色。九種驗證方法都用到了，人們的缺點就暴露無遺了。』

〔七〕

正考父一命而傴，再命而僂，三命而俯，循牆而走，孰敢不軌！〔一〕如而夫者，一命而呂鉅，再命而於車上儛，三命而名諸父，孰協唐、許！〔二〕

賊莫大乎德有心而心有睫，及其有睫也而內視，內視而敗矣。〔三〕凶德有五，中德爲首。何謂中德？中德也者，有以自好也而吡其所不爲者也。〔四〕

窮有八極，達有三必，形有六府。〔五〕美髯長大壯麗勇敢，八者俱過人也，因以是窮。〔六〕緣循，偃佒，困畏不若人，三者俱通達。〔七〕知慧外通，勇動多怨，仁義多責。〔八〕達生之情者傀，達於知者肖；達大命者隨，達小命者遭。〔九〕

【釋義】

〔一〕**正考父一命而傴**　正考父，春秋時宋國之卿。曾事宋戴公、武公、宣公三君，乃孔子七世祖。《左傳》昭公七年載其《鼎銘》，文有如此。一命，命爲士。傴，音雨，曲背。**再命而僂**　再命，命爲大夫。僂，彎腰。**三命而俯**　三命，命爲卿。俯，伏身近地。行甫按：傴、僂、俯，所命爵位愈高，身心愈卑。**循牆而走**　循，順。走，快步。行甫按：循牆而走，順著墻根快步行走，以示不敢當路而表恭敬。**孰敢不軌**　孰，誰。行甫按：孰，猶言誰何，實爲他指而非正考父自指。軌，法。郭象《注》：『言人不敢以不軌之事侮之。』行甫按：正考父《鼎銘》作『亦莫余敢侮』，是『不軌』猶言行以非法。

〔二〕**如而夫者**　如，猶若。而夫，猶女夫。章太炎《解故》：『而，女也。而夫，即女夫。左氏昭六年《傳》「左師曰：女夫也，必亡」，此輕賤語。莊子言「而夫」，亦必有指斥矣。』者，也。**一命而呂鉅**　呂鉅，猶言腰板强壯不屈。《說文》：『呂，脊骨也，象形。膂，篆文呂從肉旅聲。』《說文》：『鉅，大剛也。』馬敍倫《古書疑義舉例校録》：『旅距，古語也。《後漢書·馬援傳》「黠羌欲旅距」，李賢注曰：「旅距，不從之貌。」謹案：沈濂謂旅距，即《莊子·列禦寇》篇「一命而呂鉅」之「呂鉅」（《懷小編》）。』俞正燮謂「呂鉅，謂其脊呂强鉅也。呂鉅即强梁」（《癸巳存稿》）。郭嵩燾謂《方言》「矤呂，長也」，《說文》「鉅，大剛也」，謂通作巨，大也。呂鉅謂自高大（《莊子集釋》引）。引《說文》，「呂」爲古文，「膂」爲篆文，則「旅」即「膂」之省文，「呂」「旅」實一字耳。「鉅」「巨」並從巨聲，故得通假，「呂鉅」義，俞說是也。《莊子》以「一命而呂鉅」對上文正考父「一命而傴」，而謂其强梁不屈耳。**再命而於車上儛**　儛，同舞，樂。成玄英《疏》：『再命則援綏作舞。』鍾泰《發微》：『大夫則有乘軒。驕極而忘形，近於顛狂矣。』**三命而名諸父**　名，直呼其名。諸父，伯父叔父。**孰協唐許**　協，猶同。唐、許，唐堯與許由，皆以天下爲輕而崇尚謙讓者。《釋文》：『言考父與而夫，誰同於唐許也。』郭慶藩《集釋》引郭嵩燾曰：『「孰協唐許」與「孰敢不軌」對文，言如而夫者，誰知比同於唐許哉！』行甫按：孰協唐、許，猶言誰能以『而夫』重爵而至顛狂與唐堯、許由推讓天下相提並論呢？

〔三〕**賊莫大乎德有心而心有睫**　賊，猶禍害。德，良好的行爲方式。有心，猶言以心。行甫按：德有心，猶言以心爲德。而，猶且。睫，通接，《釋文》：『睫音接。』《淮南子·說林》『盲者不觀，無以接物』，高誘注：『接，猶見也。』《呂氏春秋·知接》『無由接』，高誘注：『接，知也。』《墨子·經上》：『知，接也。』俞樾《平議》：

「『心有睫』，謂以心爲睫也。人於目之所不接而以意度之，謂其如是，是心有睫也。聖人不逆詐，不意不信，豈如是乎？故曰『賊莫大乎德有心而心有睫』，下文曰『及其有睫也而内視，内視而敗矣』，然則『心有睫』正『内視』之謂，『内視』者，非謂收視返聽也，謂不以目視，而以心視也。」行甫按：德有心而心有睫，猶言以心爲德且又以心爲接。**及其有睫也而内視**　及，猶至。内視，猶言自視。行甫按：俞氏《平議》既解『心有睫』爲『内視』，又以『内視』爲『以心視』，則循環論證，非其義。《則陽》『无内无外』，成玄英《疏》：『内，我也。』《大戴禮·子張問入官》『法象在内故不遠』，王聘珍《解詁》：『内，謂身也。』孔廣森《補注》：『在内，求諸己也。』内視，猶言『視我』、『視己』之『自視』，故下文曰『有以自好也』。**内視而敗**　而，猶乃。敗，猶壞。

〔四〕**凶德有五**　凶德，招災的行爲。有五，有五種。成玄英《疏》：『謂心耳眼舌鼻也。曰此五根，禍因此得，謂凶德也。』**中德爲首**　中德，心之德。成玄英《疏》：『五根禍主，中德爲心也。』**何謂中德中德也者**　也者，猶者，虛詞連用。**有以自好也而吡其所不爲者也**　以，猶所，與下文『所不爲』之『所』同意。自好，自以爲好，猶言自以爲是，自視甚高。吡，通諀，猶抵毁。《廣雅·釋詁二》『諀、訾，諻』，王念孫《疏證》：『毁與諻通，諀訾者，《玉篇》：「諀，訾也。」《莊子》「吡其所不爲」，郭象注云：「吡，訾也」，吡與諀同。《衆經音義》卷五引《通俗文》云：「難可謂之諀訾。」《説文》：「𨊠，毁也。」義亦與諀同。』

〔五〕**窮有八極**　窮，困窘。極，猶忌。《史記·楚世家》『使費無忌如秦』，《索隱》：『無忌，古《傳》作無極。極、忌聲相近。』《左傳》昭公二十年『無極曰：奢之子材』，《史記·伍子胥列傳》作『無忌』，《吳越春秋·王僚傳》亦同。《左傳》昭公二十七年『夫無極，楚之讒人也』，《吳越春秋·闔閭内傳四》作『無忌』。是『極』與『忌』音近相通之證。行甫按：猶言八種忌憚之事可致人窮困。**達有三必**　達，通達。必，猶固定，期必。**形有六府**　形，通刑，猶言災禍。府，猶本。《玉篇·广部》：『府，本也。』行甫按：形有六府，猶言有六種招致禍患的根源。

〔六〕**美髯長大壯麗勇敢**　美，美貌。髯，長鬚。長，高大。大，魁梧。壯，健壯。麗，明艷。勇，勇武。敢，果敢。行甫按：八者皆就人身之體貌、顔值、氣質、才性而言之：美髯，體貌。長大，氣質。壯麗，顔值。勇敢，才性。**八者俱過人**　過，勝過。**因以是窮**　因以，因也，虚詞連用。是，此。

〔七〕**緣循**　緣，循。循，順。成玄英《疏》：『緣物順他，不能自立也。』行甫按：緣循，因循順從，不自爲主。**偃佒**　佒，音仰。偃仰，猶俯仰。行甫按：偃仰，低頭折腰，謙卑下人。**困畏不若人**　困，猶自限。《説文》『困，故廬也』，段玉裁注：『困之本義，爲止而不過。』畏，畏懼。行甫按：困畏，固步自封，膽小怕事。不若人，猶不如人之進取。**三者俱通達**　三者俱，錢穆《纂箋》：『陸長庚曰：「三者俱不若人，而卻有通達之理。」穆按：「困畏不若人」爲一事。』王叔岷《校詮》：『「三者」二字當在「不若人」上，「三者不若人，俱通達」，與上文「八者俱過人也，因以是窮」對言。』行甫按：王説大非莊子原意。此言做到『三者』便『俱通達』，並非做不到『三者』乃『通達』。

〔八〕**知慧外通**　知，通智。慧，明憭。《説文》『憭，慧也』，段玉裁注：『《方言》「愈，或謂之慧；或謂之憭」，郭云：「慧、憭比意精明。」按《廣韻》曰：「了者，慧也。」蓋今字假了爲憭，故郭注《方言》已云「慧了」，他書皆云「了了」。』行甫按：智慧，並列詞組，猶今所謂智慧與精明。通，猶達。行甫按：智慧與精明外露，則必招人妒嫉與防范。**勇動多怨**　勇，勇爲。動，猶主動。怨，招人怨恨。**仁義多責**　仁，仁愛。義，正義。責，猶求取。王孝魚《校記》：『《闕誤》引劉得一本責下有六者所以相刑也七字。』奚侗《補注》：『今本捝去，則上文「形有六府」句無結語矣。當據劉本補之。六者，指知慧勇動仁義而言。「形有六府」（形乃刑字之誤），謂此六者乃刑之所府也。《在宥》篇「吾未知聖知之不爲桁楊接槢，仁義之不爲桎梏鑿枘也」，卽此文刑字之義。』行甫按：『形』乃『刑』字之借，非誤字，猶『形名』之爲『刑名』。

〔九〕**達生之情者傀**　達，通達於事理。《孟子·盡心上》『獨孤臣孽子，其操心也危，其慮患也深，故達』，朱熹《集注》：『達，謂達於事理，卽所謂德慧術知也。』行甫按：達生之情，猶言通達於生命之實情。傀，音歸，猶偉大。章太炎《解詁》：『《說文》：「傀，偉也」，《周禮》曰「大傀異災」，魁梧，亦此傀字。《方言》「肖，小也」，傀爲大，肖爲小，此皆昔人所證知也。』**達於知者肖**　知，通智。肖，小。郭慶藩《集釋》引王念孫曰：『《方言》曰「肖，小也」（《廣雅》同）。肖與傀正相反，言任天則大，任智則小也。』**達大命者隨**　大命，長壽。成玄英《疏》：『大命，大年。』隨，猶言因任自然。**達小命者遭**　小命，夭折。遭，猶言隨遇而安。成玄英《疏》：『小命，小年也。遭，遇也。』

此乃本篇第七章，言倘若能像正考父之自處謙卑，必然不會有人加害於己。倘若自視甚高，得志乃顛狂，便是最大的『凶德』。因此，能使自己窮困者，必是因爲自己過人的優勢；相反，自身的劣勢卻是發達自己的潛力所在。所以『智慧』、『勇動』、『仁義』之美德，恰是招惹刑憲的根源。如果通達於事理，則委運隨化，順其自然，壽夭生死以之而已也。

【繹文】

正考父第一次被任命爲士便低著頭走路，第二次被任命爲大夫便彎著腰走路，第三次任命爲卿便俯下身子走路，而且沿著墻根快步走，表示對任何人都謙恭卑下。這樣也就沒人敢用不法行爲對待他了。像你們這種人，第一次被任命爲士便腰板挺得直直的彎不下去了，第二次被任命爲大夫便在車上抓著車靶繩手舞足蹈了，第三次被任命爲卿便六親不認開始對伯父叔父們直呼其名了，有誰會把你們這種人當作推讓天下的唐堯與許由呢！

最大的禍害莫過於用心安排自己的行爲方式以及用心選擇自己的認知對象了，到他選擇自己的認知對象時，他又往往衹是看到自己，覺得自己很了不起，這種自高自大的自我感覺就是失敗的總根子。有五種行爲方式會招致災禍，其中不良的思維方式便是罪魁禍首。什麼叫作不良的思維方式呢？不良的思維方式就是：自以爲是，自我感覺良好，因而總是抵毁超過他的人，誹謗他做不到的事。

窮困窘迫在於具有八種招人嫉妒的優良品質，發達顯赫在於具有三種必然預期結果的人格特徵，災難禍患在於有六種四面樹敵的根本原因。美貌、長鬚、高大、魁梧、壯碩、光鮮、勇武、果敢，在這些有關體貌、顔值、氣質、才性等八個方面都超過別人，因而就會窮困窘迫。因循順從，不自爲主；低頭折腰，謙卑下人；固步自封，膽小怕事，不如別人有進取之心；能做到這三個方面，便都可以發達顯赫。智慧與精明的外露往往會招人嫉妒與防范，勇力與主動的行爲往往會招人怨怒與憤恨，仁愛與正義的舉動往往招徠求助與索取，這就是四面樹敵而招致災禍的六大根源。通曉生命的真情是偉大的，通曉智慧的運用是渺小的；通曉長壽的命數是因任自然的，通曉短折的命數是隨遇而安的。

〔八〕

人有見宋王者，錫車十乘，以其十乘驕稺莊子。〔一〕

莊子曰：『河上有家貧恃緯蕭而食者，其子沒於淵，得千金之珠。〔二〕其父謂其子曰：「取石來鍛之！夫千金之珠，必在九重之淵而驪龍頷下，子能得珠者，必遭其睡也。〔三〕使驪龍而寤，子尚奚微之有哉！」〔四〕今宋國之深，非直九重之淵也；宋王之猛，非直驪龍也；〔五〕子能得車者，必遭其睡也。使宋王而寤，子爲虀粉夫！』〔六〕

或聘於莊子。莊子應其使曰：『子見夫犧牛乎？衣以文繡，食以芻叔，〔七〕及其牽而入於大廟，雖欲爲孤犢，其可得乎！』〔八〕

【釋義】

〔一〕**人有見宋王者**　人，不具名姓，猶某人。成玄英《疏》：『宋襄王時，有庸瑣之人遊宋，妄說宋王，錫車十乘。』**錫車十乘**　錫，通賜，賞賜。**以其十乘驕稺莊子**　以，用。驕，矜，炫耀。稺，俗體稺字。《說文》『稺，幼禾也』，段玉裁注：『引申爲凡幼之偁，今字作稚。』《管子·重令》『工以雕文刻鏤相稺』，房玄齡注：『稺，驕義。』行甫按：驕，猶言炫耀。稺，猶言鄙視。『驕』己必『稺』人，其義相因。《釋文》引李頤曰『自驕而稺莊子也』，是。

〔二〕**河上有家貧恃緯蕭而食者**　河上，猶言河岸。恃，依賴。緯，猶編織。蕭，萩蒿。《爾雅·釋草》『蕭，萩也』，郝懿行《義疏》：『今萩蒿，葉白似艾而多岐，莖尤高大如蔞蒿，可丈餘。左襄十八年《傳》「伐雍門之萩」是也。萩之言楸，蕭之言修，以其修長而高大，異於諸蒿，故獨被斯名矣。』行甫按：蕭萩修長，則『緯蕭』當類同於編織蘆席。食，猶爲生。**其子沒於淵**　沒，沈水。淵，回水。行甫按：沒於淵，猶言潛入深水之中。**得千金之珠**　千金，二萬兩黄金。珠，珍珠。《說文》『珠，蚌中陰精也。《春秋國語》曰「珠足以御火災」是也』，段玉裁注：『《大戴禮》曰「珠者，陰之陽也，故勝火」，《楚語》左史倚相曰「珠足以禦火災，則寶之」，韋注：「珠，水精，故以禦火災。」』

〔三〕**取石來鍛之**　鍛，捶破。**夫千金之珠**　夫，猶若。**必在九重之淵而驪龍頷下**　九重，九層，極言其深。而，猶且。驪龍，黑龍。頷，下巴。**子能得珠者**　者，也。**必遭其睡**　遭，猶逢遇。睡，猶今語打盹。《說文》：『睡，坐寐也。』

〔四〕**使驪龍而寤**　使，假使，如果。寤，通悟，覺，醒。**子尚奚微之有**　尚，猶且。奚，猶何。微，細小。《周禮·典同》『微聲韽』，鄭玄注：『微，謂其形微小也。』《老子》『搏之不得名曰微』，《釋文》：『微，細也。』之，猶乃，而。

〔五〕**今宋國之深**　今，猶若。之，猶如此。深，謂王宮深遠。**非直九重之淵也**　直，猶特，但。**宋王之猛非直驪龍**　猛，兇殘。

〔六〕**子能得車者必遭其睡**　者，也。**使宋王而寤**　使，假使。**子爲齏粉夫**　齏，音計，細碎。粉，粉末。

夫，猶矣。

〔七〕**或聘於莊子**　或，有人，不具言其姓名。成玄英《疏》：『寓言，不明聘人姓氏族，故言或也。』聘，訪謀，徵求。**莊子應其使曰**　應，猶對。其，猶於。使，使者。**子見夫犧牛乎**　夫，猶彼。犧牛，供祭祀之牲。乎，猶邪。**衣以文繡**　衣，猶披。文繡，有花紋刺繡之絲織品。**食以芻叔**　芻，剁碎的草料。叔，通菽，大豆。

〔八〕**及其牽而入於大廟**　大（音太）廟，宗廟。**雖欲爲孤犢**　雖，卽使。孤犢，無母之小牛。**其可得乎**　其，猶豈。乎，猶邪。

此乃本篇第八章，有人乘宋王一時糊塗而偶得賞賜，便自以爲功成名就而沾沾自喜，殊不知若宋王當時明白，其人必遭粉身碎骨之災。相反，莊子鄙棄功名，絕意仕進，崇尚獨立人格與自由精神，既沒有廊廡喋血的心理恐懼，也沒有廟堂犧牲的死亡威脅。其人格之優劣，對比鮮明；其人生之境界，高下立判。是以本章文雖不屬，意則相貫，實爲意聯文不聯之章法。

【繹文】

有一個見過宋王的人，得了宋王十輛車的賞賜，便拿這十輛車到莊子這裏炫耀，大有瞧不起莊子一事無成的意思。

莊子說：『河岸住著一戶人家，家境貧困，靠著編織蘆席爲生，這家有個兒子，潛到深水中得到一顆價值千金的珍珠。父親對兒子說：「拿塊石頭來捶打一下！如果真是千金的珠寶，一定是萬丈深淵之下掛在黑龍脖子上的東西。你能夠得到它，那一定是恰好碰上黑龍閉著眼睛打盹了。如果黑龍當時是醒著的，你哪裏還有機會得到一絲一毫的好東西呢？」像宋國的都城與王宫如此深邃沈遠，不僅僅祇是萬丈深淵那麽簡單；宋王也如此殘暴，更不僅僅祇是水中的黑龍而已。你能夠從宋王那裏得到車子，一定也是恰好碰上他在打盹吧！如果宋王當時是清醒的，恐怕你早就粉身碎骨了吧！』

有人訪問徵聘莊子，莊子對派來的差人說：『你見過將要用於祭祀的犧牛嗎？身上披著繡有漂亮花紋的絲織品，嘴裏吃著精細的草料和大豆，等到它被牽進宗廟遭受屠宰的時候，卽使想做一個無人豢養的小牛犢子，又哪裏做得到呢！』

〔九〕

莊子將死，弟子欲厚葬之。〔一〕莊子曰：『吾以天地爲棺槨，以日月爲連璧，星辰爲珠璣，萬物爲齎送。〔二〕吾葬具豈不備邪？何以加此！』〔三〕

弟子曰：『吾恐烏鳶之食夫子也。』〔四〕

莊子曰：『在上爲烏鳶食，在下爲螻蟻食，奪彼與此，何其偏也！』〔五〕

以不平平，其平也不平；以不徵徵，其徵也不徵。〔六〕明者唯爲之使，神者徵之。〔七〕夫明之不勝神也久矣，而愚者恃其所見入於人，其功外也，不亦悲乎！〔八〕

【釋義】

〔一〕**莊子將死**　將，即將。**弟子欲厚葬之**　厚葬，猶言舉行隆重的葬禮以及發送華貴的葬具。

〔二〕**吾以天地爲棺槨**　棺槨，内棺外槨。**以日月爲連璧**　連璧，猶言雙璧。璧，《爾雅·釋器》『肉倍好謂之璧』，郭璞注：『肉，邊；好，孔。』**星辰爲珠璣**　璣，不圓之珠。《說文》：『璣，珠不圓者。』**萬物爲齎送**　齎，音機，資送。《釋文》：『齎，音資。本或作濟。』《說文》『齎，持遺也；從貝，齊聲』，段玉裁注：『《周禮·掌皮》「歲終則會其財齎」，注：「予人以物曰齎。今時詔書或曰齎計吏」，鄭司農云：「齎或爲資。」玉裁按：此鄭君不用許書說，謂齎、資一字，聲義皆同也。許則釋資爲貨，釋齎爲持而予之，其義分別，不爲一字。近人則訓齎爲持矣。』行甫按：齎送，同義複詞，資送死人之物爲陪葬品。作『濟』者，『齎』之聲借。

〔三〕**吾葬具豈不備**　備，猶具，全。**何以加此**　加，猶增，過。

〔四〕**吾恐烏鳶之食夫子**　恐，猶擔心。烏，烏鵲。《說文》：『烏，孝鳥也。』《小爾雅·廣鳥》：『純黑而反哺者謂之烏。』鳶，音寃，鴟，鷂鷹。《小雅·旱麓》『鳶飛戾天』，鄭《箋》：『鳶，鴟之類，鳥之貪惡者也。』《爾雅·釋鳥》『鳶，烏醜，其飛也翔』，郝懿行《義疏》：『鳶即鴟也，今之鷂鷹。』

〔五〕**在上爲烏鳶食**　在上，猶言在地上。**在下爲螻蟻食**　在下，猶言在地下。螻，螻蛄。《說文》『螻，螻蛄也』，段玉裁注：『今之土狗也。』蟻，蚍蜉也。《楚辭·惜誓》『爲螻蟻之所裁』，王逸注：『蟻，蚍蜉也。』朱駿聲《說文通訓定聲》『蛪』字條：『大者爲蚍蜉，小者爲螘，通名爲蛪，即蟻。』**奪彼與此**　奪，强取。彼，烏鳶之食。與，給予。此，螻蟻之食。**何其偏**　其，猶如此。偏，偏私。

〔六〕**以不平平**　不平，偏。鍾泰《發微》：『「不平」承上「偏」字言。《尚書·洪範》曰「無黨無偏，王道平平」，明「平」與「偏」爲對立也。』**其平也不平**　也，猶亦。鍾泰《發微》：『言以偏而求平，其平不可得而終平也。』**以不徵徵**　徵，猶驗，信。行甫按：『徵』有二義：曰徵驗，曰徵信。徵驗者，在客體；徵信者，在主體。徵驗者，爲手段；徵信者，爲效果。由客體之徵驗而生主體之徵信。是『以不徵徵』者，以不可徵驗者爲徵驗，或曰以不可徵信者爲徵信。**其徵也不徵**　不徵，不可徵信。行甫按：其徵也不徵，以不可徵驗者爲徵驗，則其徵驗者乃不可徵信。

〔七〕**明者唯爲之使**　明，指徵驗手段，猶明辨或明察。者，也。唯，僅。使，用。行甫按：猶言明辨明察，僅爲徵驗所用之手段與方法。**神者徵之**　神，心神，思維器官。行甫按：猶言客體與手段之徵驗，主體與效果之徵信，皆由思維器官之心神作出思考與判斷。

〔八〕**夫明之不勝神也久矣**　夫，彼，若。之，乃。不勝，不及，猶言有待。久，由來已久，猶言振古如茲。行甫按：明之不勝神也久矣，猶言徵驗所用之辨察手段，永遠有待於思維器官的心神作出思考與判斷。**而愚者恃其所見入於人**　所見，感官知覺。行甫按：恃其所見，僅僅依賴辨察所見，今哲學術語所謂感官現象。行甫又按：所見，與上『明』字、『使』字相關聯。入於人，猶言入於其人。行甫按：今哲學術語所謂由感官所得之印象。**其功外**　功，功效，效果。外，遠。行甫按：功，與上文『徵』字相關聯。**不亦悲乎**　亦，猶特。行甫按：鍾泰言『平』字與上『偏』字相關聯，是。唯『徵』字義人言言殊，莫衷一是。此『徵』字，當從莊子生死觀及生命觀以作解，否則難免穿鑿附會而虛辭濫說。《至樂》曰：『察其始而本无生，非徒无生也而本无形，非徒无形也而本无氣。雜乎芒芴之間，變而有氣，氣變而有形，形變而有生，今又變而之死，是相與爲春秋冬夏四時行也。』《大宗師》曰：『偉哉造化！又將奚以汝爲，將奚以汝適？以汝爲鼠肝乎？以汝爲蟲臂乎？』又曰：『假於異物，託於同體；忘其肝膽，遺其耳目；反覆終始，不知端倪。』生命如此生死遞嬗，形氣轉續，實在是無從驗證的。然雖則無從驗證，但其思理當存。而此當存之理乃由『神者徵之』，而不能由『明』之『所見』。然則妥否，有待來學參而定之。

此乃本篇第九章，言莊子要求死後無需掩尸埋骨，更不需以珠玉珍寶爲陪葬。既體現了莊子曠達開朗的人生觀與大化流行的宇宙觀，也體現了莊子萬物平等的世界觀與破除執見的生命觀。

【繹文】

莊子快要死了，弟子們想給他舉行隆重的葬禮，並且給予更多的陪葬物品。莊子表示反對，說：『我把天地作爲内棺與外槨，把日月作爲雙璧，把天上的星星作爲珠璣珍寶，把世上的萬事萬物作爲我的隨葬品。我辦理喪事的東西難道還不夠齊備嗎？還有什麽比這些更多的呀！』

弟子們說：『我們擔心烏鴉和鷂子把您老人家給吃了。』

莊子說：『在地面上給烏鴉和鷂子吃，在地底下給螻蛄和蟻子吃。你把那烏鴉鷂子嘴裏的東西搶奪過來，送給這螻蛄蟻子嘴裏去，爲什麽要這樣偏心呢？』

用偏心的方法求公平，那公平也就不是公平；用無法驗證的方法來驗證，那驗證也就無從徵信了。明察與明辨不過是驗證所使用的方法與手段，最終還須作爲思維器官的心神來思考與判斷其驗證的效果。至於那作爲驗證方法與手段的明辨與明察，衹是感官由此得到的印象，從來就趕不上心神作爲思維器官的功能及其功效，可是愚蠢的人總是依賴與相信由感官所得到的印象，那結果就與真實的世界相差很遠了，這不是很悲哀的事情嗎？你們看見人死了就覺得人就是死了，那生命背後的生死遞嬗與形氣轉續的道理，你們能看得見嗎？又怎樣去驗證呢？

天下第三十三

天下，以篇首二字爲篇名。本篇從莊子學派的立場，對先秦儒墨名法以及道家學派乃至莊子本人之學術淵源及其思想流別作了簡略的概述，是中國思想史上最早的一篇學術史論。職是之故，前人大抵以爲本篇乃莊子之自序或後序，『與《論語・堯曰》之篇、《孟子・盡心》篇之末章上追堯、舜授受之淵源，下陳孔子與孟子自己設施志趣之所在，大略相似』（鍾泰《發微》）。由此開其端緒，後世繼軌之作，有司馬談《論六家要旨》增陰陽家，劉歆《七略》派分九流而增縱横、農、雜與小説爲十家，以辨章學術，考鏡源流，衡其優劣，程其短長。其大略椎輪，實爲後世所謂『學案』之濫觴。

〔一〕

天下之治方術者多矣，皆以其有爲不可加矣。〔一〕古之所謂道術者，果惡乎在？曰：『无乎不在。』〔二〕曰：『神何由降？明何由出？』『聖有所生，王有所成，皆原於一。』〔三〕

不離於宗，謂之天人。不離於精，謂之神人。不離於真，謂之至人。〔四〕以天爲宗，以德爲本，以道爲門，兆於變化，謂之聖人。〔五〕以仁爲恩，以義爲理，以禮爲行，以樂爲和，薰然慈仁，謂之君子。〔六〕以法爲分，以名爲表，以參爲驗，以稽爲決，其數一二三四是也。〔七〕百官以此相齒，以事爲常，以衣食爲主，蕃息畜藏，老弱孤寡爲意，皆有以養，民之理也。〔八〕

古之人其備乎！配神明，醇天地，育萬物，和天下，澤及百姓，〔九〕明於本數，係於末度，六通四辟，小大精粗，其運无乎不在。〔一〇〕其明而在數度者，舊法世傳之史尚多有之。其在於《詩》、《書》、《禮》、《樂》者，鄒魯之士搢紳先生多能明之。〔一一〕《詩》以道志，《書》以道事，《禮》以道行，《樂》以道和，《易》以道陰陽，《春秋》以道名分。〔一二〕其數散於天下而設於中國者，百家之學時或稱而道之。〔一三〕

天下大亂，賢聖不明，道德不一，天下多得一察焉以自好。譬如耳目鼻口，皆有所明，不能相通。〔一四〕猶百家衆技也，皆有所長，時有所用。雖然，不該不徧，一曲之士也。〔一五〕判天地之美，析萬物之理，察古人之全，寡能備於天地之美，稱神明之容。〔一六〕是故內聖外王之道，闇而不明，鬱而不發，天下之人各爲其所欲焉以自爲方。悲夫，百家往而不反，必不合矣！〔一七〕後世之學者，不幸不見天地之純，古人之大體，道術將爲天下裂。〔一八〕

【釋義】

〔一〕**天下之治方術者多**　方，猶别。《國語·楚語下》『民神雜糅，不可方物』，韋昭注：『方，猶别也。』鍾泰《發微》：『首言「方術」、「道術」之異；全者謂之「道術」，分者謂之「方術」。』行甫按：方術，猶言分別之學。**皆以其有爲不可加** 其有，猶所爲。王叔岷《校詮》：『其猶所也，有猶爲也。』爲，猶乃。不可加，猶言無所增益。

〔二〕**道術** 天人之學，囊括萬有。**果惡乎在** 果，猶終，竟。惡，猶何。在，猶存。**曰无乎不在** 曰，自設問而自爲答。乎，猶所。行甫按：道術，乃囊括萬有之天人之學。

〔三〕**神何由降** 神，神靈，天神。由，從。降，下。**明何由出** 明，明智，精明。鍾泰《發微》：『神者天，故曰降。明者地，故曰出。《天道》篇曰「天尊地卑，神明之位也」，本篇後文曰「配神明，醇天地」，又曰「天地並與，神明往與」，皆以神明與天地相配，是言神明卽言天地之用也。』行甫按：二句互文見義，天地神明何由而降而出，猶言天地何從而顯其神明。**聖有所生** 聖，聖人。有，猶以，使。所，猶可。生，猶出。行甫按：聖有所生，猶言天地通過聖人以顯其神明。**王有所成** 王，明王。成，猶成就。行甫按：王有所成，猶言天地通過明王以成就其神明。行甫又按：二句亦互文見義，猶言天地通過聖人與明王顯示與成就其神明，亦卽天地神明通過聖與王以體現。**皆原於一** 原，本原。一，同一。行甫按：猶言聖與王所體現之神與明，皆來自同一本原。意謂研治『道術』之智慧與神明體現於聖人與明王，此智慧與神明皆來自於天地之大本大根，亦卽下文『不離於宗』之『宗』。

〔四〕**不離於宗** 不離，渾然不分。宗，本，主。**謂之天人** 天人，與天地神明相通之人。**不離於精** 精，純一，精氣。**謂之神人** 神人，與天地純一不雜之氣相互通流之人。**不離於真** 真，真實，不虛。行甫按：真，謂天地神明大本大宗純一不雜皆真實不虛之實有。**謂之至人** 至人，通達天地神明之人。鍾泰《發微》：『其曰宗，曰精，曰真者，皆「原於一」之「一」。以其爲主言，謂之宗；以其不雜言，謂之精；以其無妄言，謂之真也。』

行甫按：天人、神人、至人，所謂三『人』，實爲一『人』，亦即與天地神明同流合一，身心不二，精純通達之人。

〔五〕**以天爲宗** 以天爲宗，猶上文『不離於宗，謂之天人』，是以『聖人』亦即『天人』。**以德爲本** 德，體現於行爲之品格。鍾泰《發微》：『「以天爲宗」，則聖人即天人也。「以德爲本」，則聖人即真人也。』**以道爲門** 道，宇宙時空之無限。行甫按：以道爲門，則聖人亦即通達天地神明而境界極爲高遠之至人。**兆於變化** 兆，猶言先見其朕兆，預測。《說文》『𠧞，灼龜坼也，從卜兆，象形。兆，古文𠧞省』，段玉裁注：『凡曰朕兆者，朕者如舟之縫；兆者如龜之坼；皆引伸假借也。』鍾泰《發微》：『「以道爲門，兆於變化」，則聖人即神人也。』**謂之聖人** 聖人，集『天人』、『神人』、『至人』於一身之人，俗稱聰明睿智之人。郭象注：『凡此四人，一人耳，所自言之異。』鍾泰《發微》：『此之聖人，則於天人、神人、至人爲集其成。』行甫按：以『四人』爲『一人』，是，然猶有未盡之誼焉。《國語·楚語下》載楚昭王問於觀射父曰：『《周書》所謂重黎實使天地不通者何也？若無然，民將能登天乎？』對曰：『非此之謂也。古者民神不雜，民之精爽不攜貳者，而又能齊肅衷正，其智能上下比義，其聖能光遠宣朗，其明能光照之，其聰能聽徹之，如是則明神降之，在男曰覡，在女曰巫。』韋昭注：『巫覡，見鬼者。《周禮》男亦曰巫。』《說文》『巫，巫祝也，女能事無形，以舞降神者也，象人兩褎舞形』，段玉裁注：『祝，乃覡之誤，巫、覡皆巫也。故「覡」下總言其義。』《說文》『覡，能齊肅事神明者，在男曰覡，在女曰巫』，段玉裁注：『此析言之耳，統言則《周禮》男亦曰巫，女非不可曰覡也。』據《國語》及許君『巫、覡』之說，則集『天人』、『神人』、『至人』於一身之『聖人』者，乃觀射父之所謂『巫覡』。

〔六〕**以仁爲恩** 仁，仁愛。恩，恩惠。**以義爲理** 義，猶宜。理，事理。**以禮爲行** 禮，節文。行，行爲。**以樂爲和** 樂，音樂。和，和諧。**薰然慈仁** 薰然，香氣馥鬱貌。《說文》『薰，香艸也』，段玉裁注：『《左傳》曰「一薰一蕕」，張揖注《上林賦》曰：「蕙，薰艸也。」陳藏器曰：「薰即是零陵香也。」郭注《西山經》曰：「蕙，蘭屬也。」行甫按：『薰』乃蘭蕙香草，喻君子之溫馨。**謂之君子** 君子，臣工。鍾泰《發微》：『聖人之後，繼之以「君子」者，「君子」者，聖王之佐。』行甫按：鍾說是。此『君子』亦『巫覡』。《說文》『巫』字條又曰『象人兩褎舞形，與工同意，古者巫咸初作巫』，段玉裁注：『《君奭》曰「在大戊時，則有巫咸乂王家」，《書序》曰「伊陟相大戊，伊陟贊於巫咸」，馬云：「巫，男巫名咸，殷之巫也。」鄭云：「巫咸謂爲巫官者。」《封禪書》曰：「伊陟贊巫咸，巫咸之興自此始。」謂巫覡自此始也。或云大臣必不作巫官，是未讀《楚語》矣，賢聖何必不作巫乎？』行甫又按：許君云『巫』之『與工同意』，此『工』者，猶言臣工。《周頌·臣工》『明昭上帝，迄用康年』，是臣工猶行祈年之祭，則『聖王之佐』亦巫覡。

〔七〕**以法爲分** 法，法度。行甫按：《周禮·大宰》『以六典治邦國，以八法治官府，以八則治都鄙』，則『法』爲治官府之法。分，猶言設官分職，分曹治事。鍾泰《發微》『分，分守也』，差爲得之。**以名爲表** 名，形名。行甫按：名，猶今語所謂概念。表，標準。《荀子·天論篇》『水行者表深』，楊倞注：『表，標準也。』《後漢書·劉祐傳》『政爲三河表』，章懷注：『表，猶標準也。』**以參爲驗** 參，通叁。驗，猶驗證，檢驗。行甫按：二句猶言循名責實，考覈事功。《墨子·經上》：『名實合爲。』《經說上》：『所以謂，名也。所謂，實也。名實耦，合也。志行，爲也。』是所謂『叁』者，名，實，合於動機之行爲。三者相互檢證，以考百官之事功。**以稽爲決** 稽，通卟，卜問。《說文》：『卟，卜以問疑也。從口卜，讀與稽同。』《尚書·洪範》『明用稽疑』，蔡仲默《書傳》：『稽疑曰明，所以辨惑也。』決，猶決疑。《左傳》桓公十一年『卜以決疑，不疑何卜』，《禮記·曲禮上》『卜筮者，先聖王之所以使民決嫌疑，定猶與也』，皆是其義。**其數一二三四是也** 數，卜筮之數。一二三四，猶略舉卜筮之有數的規定性。《尚書·金縢》『乃卜三龜，一習吉』，《周禮·大卜》『龜之八命』，《筮人》『掌九筮之名』，《禮記·曲禮上》『卜筮不過三，卜筮不相襲』，皆爲卜筮之數。《尚書·洪範》言『稽疑』之法：『三人占，則從二人之言。汝則有大疑，謀及乃心，謀及卿士，謀及庶人，謀及卜筮。汝則從，龜從，筮從，卿士從，庶民從，是之謂大同，身其康彊，子孫其逢，吉。汝則從，龜從，筮從，卿士逆，庶民逆，吉。卿士從，龜從，筮從，汝則逆，庶民逆，吉。庶民從，龜從，筮從，汝則逆，卿士逆，吉。汝則從，龜從，筮逆，卿士逆，庶民逆，作內吉，作外凶。龜筮共違於人，用靜吉，用作凶』，是三從二逆，則吉；三逆二從，則內吉外凶；龜筮俱逆，則宜靜不宜動。凡此皆言『稽疑』有多種『數』的規定性。

〔八〕**百官以此相齒**　此，即上文『以法爲分，以名爲表，以參爲驗，以稽爲決』。齒，列。行甫按：百官分曹治事，形名責實，參驗其功，乃至下以決疑，皆以此相並列、相平等，一視同仁。**以事爲常**　事，即『以仁爲恩，以義爲理，以禮爲行，以樂爲和』。常，猶恆，長。**以衣食爲主**　衣食，猶言生生之資。**蕃息畜藏**　蕃息，猶繁殖生息。畜，通蓄，猶積蓄。藏，充府庫。行甫按：蕃息，就牲畜言；畜藏，就穀物言。**老弱孤寡爲意**　爲意，王孝魚《校記》：『高山寺本無爲意二字。』錢穆《纂箋》：『梁啓超曰：「疑爲意二字當在養字下。」蔣錫昌曰：「疑在藏字下。」』行甫按：無『爲意』二字當是古本。**皆有以養**　以，猶所。養，衣食之養。**民之理也**　理，猶天理，性。《禮記·樂記》『天理滅矣』，鄭玄注：『理，猶性也。』

〔九〕**古之人其備乎**　古之人，指上文集『天人』、『神人』、『至人』於一身之『聖人』。其，猶殆。備，完具。**配神明**　配，猶合。行甫按：『神明』乃由『聖人』與『明王』所顯現、所運用。**醇天地**　醇，通準，猶言效法。章太炎《解故》：『醇借爲準。《地官·質人》「壹其淳制」，《釋文》：「淳音準。」是其例。《易》曰「易與天地準」。「配神明，準天地」，二句同意。行甫按：章說是。『神明』即『天地』。**育萬物**　育，養育，指上文『蕃息畜藏』。萬物，牲畜與穀物。**和天下**　和，和樂，指上文『薰然慈仁』。**澤及百姓**　澤，恩惠，指上文『皆有以養』。

〔一〇〕**明於本數**　明，猶通曉。本數，猶言根本理數。行甫按：本數，指上文『以衣食爲主，蕃息畜藏，老弱孤寡，皆有以養，民之理也』。**係於末度** 係，猶關聯。末度，猶言制度方法。行甫按：末度，指上文『以法爲分，以名爲表，以參爲驗，以稽爲決』。**六通四辟** 六通，猶言周流六虛。四辟，四面通達。行甫按：六通四辟，猶言天地宇宙無所不至，無所不達。**小大精粗** 猶言萬事萬物無所不包。**其運无乎不在** 其，涵本數與末度之『道術』。運，猶行，用。无乎不在，猶言其用無所不在。行甫按：古之所謂道術者，實有上古巫卜時代政教不分之學術性質，即下文所謂『內聖外王』之學。具有『天人』、『神人』、『至人』之神性特質的『聖人』及其『明王之佐』的『君子』、『百官』，雖然設官分職，分曹治事，卻『以天爲宗』，『兆於變化』，皆以卜筮爲決疑，則上古王官之學具有巫卜文化特質。參見《中國早期文化意識嬗變》第二卷第十二章第四節有關由卜文化而史官文化以至士人文化蟬聯遞變的論述。

〔一一〕**其明而在數度者** 明，神明。行甫按：明，即上文『明何由出』之『明』，與『神何由降』之『神』爲互文見義。即由集『天人』、『神人』與『至人』於一身之『聖人』所顯現的『不離於宗』、『不離於精』、『不離於真』之『道術』，亦即『內聖外王』的天人之學。數度，指上文『明於本數，係於末度』，亦即設官分職，分曹治事，以稽決疑的王官之學。行甫又按：其明而在數度，猶言天人之學寄於王官之學，下文所謂『內聖外王之道』，是其義。**舊法世傳之史尚多有之** 舊法世傳之史，古代遺存之典籍。行甫按：《國語·楚語上》載申叔時告士亹教太子所用之教材，除《詩》、《禮》、《樂》之外，尚有《春秋》、《世》、《令》、《語》、《故志》、《訓典》，韋昭注曰『《春秋》，以天時紀人事』，『《世》，謂先王之世系也，爲之陳有明德者世顯而暗亂者世廢也』，『《令》，謂先王之官法時令也，使議知百官之事業』，『《語》，治國之善語』，『《故志》，謂所記前世成敗之書』，『《訓典》，五帝之書』，此即所謂『舊法世傳之史』。**其在於詩書禮樂者** 在，存。**鄒魯之士搢紳先生多能明之** 鄒，孟子出生地。魯，孔子出生地。搢，音晉，猶插。紳，大帶。行甫按：搢紳，猶言腰間大帶插著笏版。鄒魯之士搢紳先生，泛指孔孟之鄉研習《詩》、

《書》、《禮》、《樂》之儒生。明，猶知曉。

〔一二〕**詩以道志**　道，言説，講述。志，情志。**書以道事**　事，政事。**禮以道行**　行，行爲。**樂以道和**　和，和悦。**易以道陰陽**　陰陽，猶言陰陽消長互變。**春秋以道名分**　名分，猶言角色定位。

〔一三〕**其數散於天下而設於中國者**　數，猶言細目。《小雅·魚麗》『魚麗於罶』，毛《傳》：『庶人不數罟。』《釋文》：『陳氏云：數，細也。』《集韻·語韻》：『數，目物也。』設，猶施。中國，諸夏。**百家之學時或稱而道之**　百家，猶言諸子。時，猶時時。或，猶有。稱，舉。道，言説。行甫按：自『其明而在數度者』至此，言史官文化爲巫卜文化與士人文化之橋樑與中介。

〔一四〕**天下大亂賢聖不明**　賢聖，猶言賢者與聖者。不明，猶言混雜無法分辨。**道德不一**　道德，理論學説及相關的行爲方式。不一，不相統一。行甫按：道德不一，理論主張與行爲方式不一致，或曰各自的理論主張及其行爲方式皆不相同。二義雖相備，然據下文『天下多得一察焉以自好』，則以後一義爲長。**天下多得一察焉以自好**　多，猶祇，適。説見王引之《經傳釋詞》。一察，猶言察其一端。俞樾《平議》：『察當讀爲際，一際，猶一邊也。《廣雅·釋詁》際、邊並訓方，是際與邊同義。得其一際，卽得其一邊，正不知全體之謂。察、際並從祭聲，古音相同，故得通用耳。下文云「不該不徧，一曲之士也」，一際與一曲，其義相近。』焉，猶然，而。自好，猶自喜。**譬如耳目鼻口皆有所明**　明，猶知，辨。**不能相通**　通，猶共，同。

〔一五〕**猶百家衆技**　猶，猶若。百家衆技，各家技藝。世德堂本百作有，當爲百字之譌。行甫按：百家，指工匠百家，上文『百家之學』之『百家』則指諸子百家，義有不同。百家衆技，亦以百家技藝各有所長喻『多得一察焉以自好』。**皆有所長**　所長，猶言優長之處。**時有所用**　時，猶有時。所，猶可。用，行。時有所用，猶時有可行。**雖然** 卽使如此。**不該不徧** 該，猶備。徧，猶周遍。**一曲之士也** 一曲，猶一隅。

〔一六〕**判天地之美** 判，猶剖分。**析萬物之理** 析，猶分。**察古人之全** 察，通際；際，畔，界。鍾泰《發微》：『《左傳》昭公元年「周公殺管叔而蔡蔡叔」，杜注：「蔡，放也。」蔡、際字皆從祭得聲。』王叔岷《校詮》：『察與蔡並諧祭聲，亦可通用。蔡有散義，《說文》「蔡，艸丰也。」丰，艸蔡也，象艸生之散亂也。』**寡能備於天地之美** 寡，鮮少。備，猶具。**稱神明之容** 稱，猶副，當。《國語·晉語八》『功庸以稱之』，韋昭注：『稱，副也。』《太玄·盛》『作不恃，稱玄德也』，司馬光注：『稱，當也。』容，盛。《說文》：『容，盛也。』王叔岷《校詮》：『美、容義近。』

〔一七〕**是故內聖外王之道** 聖，猶通，通於神明。王，猶參通天地人。《說文》：『王，天下所歸往也。董仲舒曰：古之造文者，三畫而連其中謂之王。三者，天地人也；而參通之者王也。孔子曰一貫三爲王。』行甫按：內聖外王，猶言內通於神明，外通於人事。所謂『內聖外王之道』，亦卽上文所述寄天人之學於王官之學之『道術』。**闇而不明** 闇，猶蔽。**鬱而不發** 鬱，猶閉。發，猶開。**天下之人各爲其所欲焉以自爲方** 焉，猶者。方，方術。**悲夫** 夫，猶乎，語詞。**百家往而不反** 反，通返。**必不合矣** 合，通洽，猶融洽。《考工記·弓人》『春液角則合』，鄭玄注：『合，讀爲洽。』

〔一八〕**後世之學者不幸不見天地之純** 不幸，猶言沒有機遇。成玄英《疏》：『幸，遇也。』純，全。《儀禮·鄉射禮》『二筭爲純』，鄭玄注：『純猶全也。』**古人之大體** 大體，猶整體。**道術將爲天下裂** 將，猶乃。爲，猶被。裂，分離，割裂。

此乃本篇第一章，爲全篇緒論。言古人之『道術』，寄『天人之學』於『王官之學』，乃『內聖外王之道』，渾然周備，一皆以宇宙人生爲宗本。其『舊法世傳之史』以及『鄒魯之士搢紳先生』所誦習之《詩》、《書》、《禮》、《樂》、《春秋》之書，猶存其遺義。然而及至『百家之學』，則『多得一察焉以自好』，因而『寡能備於天地之美』，乃爲『一曲之士』，遂使『後世之學者』不能見『天地之純，古人之大體』，於是『道術將爲天下裂』。此章勾勒了上古學術由巫卜文化至史官文化以至士人文化之演進大勢。

【繹文】

天下研治各種學說的人很多，人人都認爲自己研治的學說已經登峯造極而無以復加了。古人所說的宇宙人生的學問，究竟在哪裏呢？應該說是無處不在的。那麽研究古人所說的宇宙人生的學問所需要的神明與智慧又是從哪裏來的呢？當然是通過聰明睿智的聖帝明王顯示出來的。神明與智慧雖然是通過聖帝明王顯示出來的，但它們的總體來源卻是相同的，天地宇宙就是它們的大根與大本。

與天地宇宙渾然不分，便稱之爲與天地相通的天人。與天地精神渾然不分，便稱之爲與神明相通的神人。與天地境界渾然不分，便稱之爲心靈極爲通達的至人。把天地宇宙作爲尊崇的對象，把天地精神作爲行爲的根據，把宇宙時空作爲萬物的本原，能夠預測事物的未來變化，便稱之爲聰明睿智境界極爲高遠的聖人。把仁愛作爲恩惠的手段，把正義作爲評判事理的標準，把禮儀作爲行爲的準則，把音樂作爲和悅的方式，慈惠的心靈，仁愛的行爲，如同蘭花蕙草，香氣馥鬱，便稱之爲有職有位的君子。把官府的法則作爲設官分職的依據，把概念與術語作爲校定名實的標準，把概念術語與相關事實及其行爲動機相互參照作爲檢驗政績的方法，把考求天意的占卜算卦作爲決定嫌疑的手段，那些一習吉、再三瀆、三人佔而從二人之言等等有關數的種種規定就是這個意思。百官把這些設官分職的依據、校定名實的標準、檢驗政績的方法、決定嫌疑的手段相互並列使用，把官事政務作爲持之以恆的日常行爲，把吃飽穿暖作爲人生主要目標，繁殖牲畜、蓄積糧食，讓男女老少鰥寡孤獨都有衣食滋養，這就是民生的根本道理。

古代的聖人大抵是非常完備的吧！他們與天地神明相配合，以天地宇宙爲準則，生育萬物，和樂天下，恩澤遍及黎民百姓，他們通曉宇宙人生的根本道理，統屬分曹治事的所有細則，六虛周流，四維張大，無論小事還是大事，無論精微之理還是粗疏之跡，他們的運思無所不到也無所不在。他們的思想精神體現在宇宙人生及其制度安排之中，那些舊時代的法規準則以及傳世的史籍之中多有記載。而保存在《詩》、《書》、《禮》、《樂》之類儒家文獻中的，孔孟之鄉的讀書人都能夠理解與通曉它。《詩》是講述情志的，《書》是講述政事的，《禮》是講述行爲的，《樂》是講述和悅的，《易》是講述陰陽消長互變的，《春秋》是講述角色身份的。那些思想精神的細目散佈在天下各處以及分散在諸夏各國的政教設施之中，諸子百家的學說有時也會稱揚而講述一二。

天下秩序非常紊亂，聖人與賢人混雜不分，思想學說與行爲方式各不相同，天下學人衹是得到一點片面的思想便沾沾自喜。好比耳朵、眼睛、鼻子和嘴巴，都有各自的感覺功能，但不能互相通用。正像百家工匠的手藝一樣，他們都有自己的技術專長，時常有他們施展的地方。即使如此，卻是不完備不普遍的，並非無所不能，他們不過是僅有一個方面的本事罷了。剖分了天地的大美，破碎了萬物的純理，分散了古人精神的全體，很少能夠具備天地的大美，配得上神明的盛德。因此內通於神明外通於人事的天人之學，便幽暗而不能明晰，鬱閉而不能光大，天下學人便各自想幹什麼就幹什麼，因而祇是自成一家之說。可悲啊，百家之學便走上了一意孤行的不歸路，再也不能融洽相通了！後世的學人也就沒有機會見到天地宇宙的純粹精神，沒有機會見到古人學說的整體大全了，內通於神明外通於人事的天人之學就這樣被天下學人割裂了。

〔二〕

不侈於後世，不靡於萬物，不暉於數度，以繩墨自矯而備世之急，古之道術有在於是者。〔一〕墨翟、禽滑釐聞其風而說之，爲之大過，已之大循。〔二〕作爲《非樂》，命之曰《節用》，生不歌，死无服。〔三〕墨子汎愛兼利而非鬭，其道不怒；又好學而博，不異，不與先王同，毁古之禮樂。〔四〕

黄帝有《咸池》，堯有《大章》，舜有《大韶》，禹有《大夏》，湯有《大濩》，文王有辟雍之樂，武王、周公作《武》。〔五〕古之喪禮，貴賤有儀，上下有等。天子棺槨七重，諸侯五重，大夫三重，士再重。〔六〕今墨子獨生不歌，死不服，桐棺三寸而无槨，以爲法式。〔七〕以此教人，恐不愛人；以此自行，固不愛己，未敗墨子道。〔八〕雖然，歌而非歌，哭而非哭，樂而非樂，是果類乎？〔九〕其生也勤，其死也薄，其道大觳。使人憂，使人悲，其行難爲也，〔一〇〕恐其不可以爲聖人之道，反天下之心，天下不堪。〔一一〕墨子雖獨能任，奈天下何！離於天下，其去王也遠矣。〔一二〕

墨子稱道曰：『昔禹之湮洪水，決江河而通四夷九州也。名山三百，支川三千，小者无數。禹親自操橐耜而九雜天下之川；〔一三〕腓无胈，脛无毛，沐甚雨，櫛疾風，置萬國。禹大聖也，而形勞天下也如此。』〔一四〕使後世之墨者，多以裘褐爲衣，以跂蹻爲服，日夜不休，以自苦爲極，〔一五〕曰：『不能如此，非禹之道也，不足謂墨。』〔一六〕

相里勤之弟子五侯之徒，南方之墨者苦獲、已齒、鄧陵子之屬，俱誦《墨經》，而倍譎不同，相謂別墨。〔一七〕以堅白同異之辯相訾，以觭偶不仵之辭相應。〔一八〕以巨子爲聖人，皆願爲之尸，冀得爲其後世，至今不決。〔一九〕

墨翟、禽滑釐之意則是，其行則非也。〔二〇〕將使後世之墨者，必自苦以腓无胈脛无毛相進而已矣。〔二一〕亂之上也，治之下也。雖然，墨子真天下之好也，〔二二〕將求之不得也，雖枯槁不舍也。才士也夫！〔二三〕

【釋義】

〔一〕**不侈於後世**　侈，奢侈。行甫按：猶言不示後世以奢侈。**不靡於萬物**　靡，靡麗。行甫按：猶言不靡麗於萬物。《荀子·解蔽篇》「墨子蔽於用而不知文」，是。**不暉於數度**　暉，猶光耀。數度，猶言政教設施，度制儀文。行甫按：猶言不講求儀文度制。墨子倡言「節用」、「節葬」、「非樂」而重鬼神。**以繩墨自矯而備世之急**　繩墨，木工取直之具。矯，矯正。《說文》「矯，揉箭箝也」，段玉裁注：「柔箭之箝曰矯，引伸之爲凡矯枉之偁。」行甫按：以繩墨自矯，猶言時時注重矯正自己的過錯。比喻之辭。備，慎，具。《說文》「用部：葡，具也；人部：備，慎也」，段玉裁注：「用部曰『葡，具也』，此今之備字。備行而葡廢矣。葡廢而備訓具，尟知其古訓慎者，今義行而古義廢矣。」行甫按：此「備」字實兼「備」與「葡」二字之古義焉。今之所謂「準備」者，「葡」；今之所謂「防備」者，「備」。急，災難。成玄英《疏》：「世急者，謂陽九百六水火之災也。」勤儉節用，儲積財物，以備世之凶災急難也。**古之道術有在於是者**　道術，即上文天人王官之學。在，猶存。是，此。者，也。

〔二〕**墨翟禽滑釐聞其風而說之**　墨翟、禽滑釐，《釋文》：「墨翟，宋大夫，尚儉素。禽滑釐，墨翟弟子也。」《墨子·備梯》：「禽滑釐子事子墨子三年，手足胼胝，面目黧黑，役身給使，不敢問欲。」行甫按：墨子生卒無考，《史記·孟荀列傳》云「或曰並孔子時，或曰在其後」。《漢書·藝文志》：「《墨子》七十一篇。名翟，爲宋大夫，在孔子後。」《墨子》之書今存五十三篇。風，猶傳聞，大略。《國語·晉語六》「風聽臚言於市」，「風聽」猶傳聞。俞樾《古書疑義舉例》「古書連及之詞例」曰：「《莊子·天地》篇『願先生之言其風也』，『風』即『凡』字，猶云『言其大凡』也。」行甫按：此「風」兼傳聞與大略二義焉。說，音悅。**爲之大過**　爲，行爲。之，指上文「不侈」、「不靡」、「不暉」。大，讀太。過，過分。**已之大循**　已，止。王叔岷《校詮》：「爲、已對文，已，止也，不爲也。」

循，因，順從。《釋文》：『大順，順或作循。』王孝魚《校記》：『世德堂本循作順。』王叔岷《校詮》：『循、順古通，《釋名·釋言語》「順，循也」，《列禦寇》篇「有順懁而達」，陳碧虛《音義》云「一本作循」，亦其證。』行甫按：二句猶言墨家之道，若遵而行之，則於人之常情矯抑太過；若止而不行，則於人之常情過於放任。舊注故訓有得，釋義皆不了。

〔三〕**作爲非樂**　作爲，猶作，同義複詞。行甫按：今《墨子》有《非樂》上篇，闕中篇與下篇。**命之曰節用**　命，名。曰，猶爲。行甫按：今《墨子》有《節用》上篇與中篇，闕下篇。**生不歌**　生，猶活。歌，猶用樂，作樂。**死无服**　服，喪服。成玄英《疏》：『謂無衣衾棺槨等資葬之服，言其窮儉惜費也。』行甫按：无服，猶言無五等喪服之制，所謂斬衰、齊衰、大功、小功、緦麻是。今《墨子》有《節葬》下篇，闕上篇與中篇。

〔四〕**墨子泛愛兼利而非鬭**　氾愛，猶博愛。《廣雅·釋詁四》：『氾，博也。』行甫按：今《墨子》有《兼愛》上中下三篇，主張兼相愛交相利。非鬭，猶言反對鬭毆，乃至反對戰爭。行甫按：今《墨子》有《非攻》上中下三篇。**其道不怒**　道，猶學說。怒，張。行甫按：不怒，猶言不疾發，不張揚。**又好學而博**　好，猶喜。錢穆《纂箋》：『馬其昶曰：「墨子南遊，載書甚多，自言嘗見百國春秋，是其好學之事。」』**不異**　異，不同。**不與先王同**　先王，黄帝、堯、舜、禹、湯、文、武等。同，不異。章太炎《解故》：『言墨子既不苟於立異，亦不一切從同。「不異」者，尊天敬鬼尚儉，皆清廟之守所有事也。「不同」者，節葬非樂，非古制本然也。』**毀古之禮樂**　毀，廢。郭象《注》：『嫌其侈靡。』

〔五〕**黄帝有咸池**　《咸池》，《禮記·樂記》『《咸池》，備矣』，鄭玄注：『黄帝所作樂名也，堯增修而用。咸，皆。池之言施，言德之無不施。《周禮》曰《大咸》。』**堯有大章**　《大章》，《禮記·樂記》『《大章》，章之也』，鄭玄

注：『堯樂名也，言堯德章明也，《周禮》闕之，或作《大卷》。』**舜有大韶** 《大韶》，《禮記·樂記》『《韶》，繼也』，鄭玄注：『舜樂名也，韶之言紹也，言舜能繼紹堯之德。《周禮》曰《大韶》。』**禹有大夏** 《大夏》，《禮記·樂記》『《夏》，大也』，鄭玄注：『禹樂名也，言禹能大堯、舜之德，《周禮》曰《大夏》。』**湯有大濩** 《大濩》，音戶。《周禮·大司樂》『以樂舞教國子，舞《雲門》、《大卷》、《大咸》、《大磬》、《大夏》、《大濩》、《大武》』，鄭玄注：『湯樂也。湯以寬治民，而除其邪，言其德能使天下得其所也。』**文王有辟雍之樂** 辟雍，《大雅·靈臺》『於論鼓鐘，於樂辟廱』，《韓詩說》：『辟雍者，天子之學，圓如璧，壅之以水，示圓，言辟，取辟有德。不言辟水言辟雍者，取其雍和也，所以教天下春射秋饗，尊事三老五更。』行甫按：文王有辟雍之樂，猶言文王亦有奏樂於辟雍之事。**武王周公作武** 《武》，《周禮·大司樂》『舞《大武》』，鄭玄注：『大武，武王樂也。武王伐紂以除其害，言其德能成武功。』行甫按：周公制禮作樂，其《大武》樂章乃表現武王伐紂，故曰『武王周公作《武》』。

〔六〕**古之喪禮** 喪禮，喪葬之禮。**貴賤有儀** 儀，儀式，法則。**上下有等** 等，等級，差別。**天子棺槨七重** 棺槨，內棺外槨。重，猶層。**諸侯五重大夫三重士再重** 再重，二層。

〔七〕**今墨子獨生不歌死不服** 獨，猶乃。**桐棺三寸而无槨** 桐，易朽之木。《左傳》哀公二年『桐棺三寸，不設屬辟，下卿之罰也』，《釋文》：『棺用難朽之木，桐木易壞，不堪爲棺，故以爲罰。墨子尚儉，有桐棺三寸。』**以爲法式** 以爲，猶以之爲，省之字。法式，法則。

〔八〕**以此教人** 教，猶化。**恐不愛人** 恐，恐怕。不愛人，猶言沒有同情憐憫之心。**以此自行** 自行，猶行於己。**固不愛己** 固，猶必。**未敗墨子道** 未，猶無。敗，猶傷，害。章太炎《解故》：『未借爲非，敗卽伐字。言己非攻伐墨子之道也。』行甫按：章說非。此言墨子以其道教人則使人苦，自行之則使己苦，卽使如此，亦無傷於墨子之道。猶言墨子不因其道難行，便降低其標準，貶損其難度。孟子所謂『大匠不以拙工而改廢繩墨，羿不爲拙射變其彀率』，差爲近之。

〔九〕**雖然** 即使如此。行甫按：即使墨子之道沒有降低標準。**歌而非歌** 歌，以歌爲樂。非歌，以歌爲非。行甫按：猶言人生不免以歌爲樂，而墨子則反對歌樂。**哭而非哭** 哭，因喪葬而哀哭。非哭，以哭爲非。**樂而非樂** 樂，宗廟祭祀演奏音樂。非樂，反對演奏音樂。**是果類乎** 是，此。果，猶終，竟。類，猶善。《大雅·桑柔》『貪人敗類』，毛《傳》：『類，善也。』《左傳》僖公二十四年『召穆公思周德之不類』，杜預注：『類，善也。』行甫按：此連上文，猶言墨子之道不因難行而降低標準，但與人情多有相違，其終善乎？故下文曰『恐其不可以爲聖人之道』。

〔一〇〕**其生也勤** 生，活著。勤，猶勞苦。**其死也薄** 薄，猶言薄葬。**其道大觳** 道，理論學說，思想方法。觳，音確，猶言刻薄，瘠薄。《管子·地員》『剛而不觳』，尹知章注：『觳，薄。』《荀子·富國篇》『墨子將蹙然衣麤食惡，憂戚而非樂，若是則瘠』，楊倞注：『《莊子》說墨子曰「其生也勤，其死也薄，其道也大觳」郭云：「無潤也。」義與瘠同。』**使人憂** 憂，猶愁。**使人悲** 悲，猶傷。行甫按：使人憂，與上文『已之大循』照應；使人悲，與上文『爲之大過』照應。**其行難爲** 其，猶於。行，施行。難爲，猶言難以做到。

〔一一〕**恐其不可以爲聖人之道** 恐，猶疑。《廣韻·用韻》：『恐，疑也。』《楚辭·離騷》『恐年歲之不吾與』，洪興祖《補注》：『恐，疑也。』不可以，猶不適於。**反天下之心** 反，違反。心，人心。**天下不堪** 堪，猶克，能，任。

〔一二〕**墨子雖獨能任** 獨，猶乃，特。任，堪，克。行甫按：任，與上文『堪』字相關聯。**奈天下何** 奈，猶如。奈何，猶如何。**離於天下** 離，背離。**其去王也遠矣** 去，猶距。王，讀旺，猶言風行天下，人心歸往。

〔一三〕**墨子稱道** 稱道，稱說，同義複詞。**昔禹之湮洪水** 湮，猶下，落。《爾雅·釋詁上》：『湮，落也。』《慧琳音義》卷五十一『殺湮』注引賈逵《國語注》：『湮，下也。』行甫按：《釋文》『音因，又音烟，塞也，沒也。掘地而注之海，使水由地下也』，舊注皆以『湮』爲堵塞，無視陸氏『使水由地下也』之說，顯與下文『決江河而通四夷九州』相矛盾，不可取。洪，大。**決江河而通四夷九州** 決，猶開決，疏浚。四夷，猶四表，四方邊遠地帶。九州，《禹貢》之九州：冀、兗、青、徐、揚、荊、豫、梁、雍。**名山三百** 名山，猶大山。俞樾《平議》：『名山當作名川，字之誤也。名川支川，猶言大水小水。下文曰「禹親自操橐耜而九雜天下之川」，可見此文專以川言，不當言山也。學者多見名山，尟見名川，故誤改之耳。』王孝魚《校記》：『趙諫議本山作川，與俞說合。』**支川三千** 支川，支流。**小者无數** 小者，小水。**禹親自操橐耜而九雜天下之川** 橐，當爲橐字之譌。《釋文》：『舊古考反，崔、郭音託，字則應作橐。崔云：囊也。司馬云：盛土器也。』王孝魚《校記》：『世德堂本橐作橐。』耜，臿，掘土工具，今語謂之鍬。九雜，猶鳩集。《釋文》：『音鳩，本亦作鳩，聚也。雜，本或作𠈌，音同。崔云：所治非一，故曰雜也。』章太炎《解故》：『九當從別本鳩字之義。然作九者，是故書。雜，借爲集。』

〔一四〕**腓无胈** 腓，音肥，小腿後部，俗稱腿肚子。胈，音拔，白肉。**脛无毛** 脛，小腿前部骨脛，俗稱腳桿子。**沐甚雨** 沐，洗髮。甚雨，暴雨。《釋文》：『崔本甚作湛，音淫。』行甫按：甚、湛，聲轉義通，此當如字讀。《廣雅·釋言》：『甚，劇也。』成玄英《疏》：『賴驟雨而洒髮。』**櫛疾風** 櫛，音志，梳理。成玄英《疏》：『假疾風而梳頭。』**置萬國** 置，安定。**禹大聖也而形勞天下也如此** 形，猶身。勞，勤苦。

〔一五〕**使後世之墨者** 使，猶要求。行甫按：主語爲墨子，承前省略。後世之墨者，猶言墨家後學。**多以**

裘褐爲衣 多，猶衹，僅。裘，毛皮。褐，粗衣。**以跂蹻爲服** 跂蹻，木屐與麻鞋。《釋文》：「李云：麻曰屩，木曰屐。屐與跂同，屩與蹻同。一云：鞋類也。」行甫按：木屐，底部有齒寸餘，著於鞋子外面，道路泥濘時用。**日夜不休** 休，猶止息。**以自苦爲極** 極，最高法則。

〔一六〕**曰不能如此** 曰，墨子曰。**非禹之道也** 道，猶言思想方法或人生態度。**不足謂墨** 足，猶得。謂墨，稱之爲墨者。

〔一七〕**相里勤之弟子五侯之徒** 相里勤，墨家後學别派之師。《釋文》：「司馬云：墨師也。姓相里，名勤。」郭慶藩《集釋》：「俞樾曰：《韓非子·顯學》篇有相里氏之墨，有相夫氏之墨，有鄧陵氏之墨。」《人名考》：「五侯，人名。孫詒讓《墨子閒詁·墨學傳授考》：『五侯，蓋姓五，五與伍同。古書伍子胥姓多作五，非五人也。』」徒，猶衆，與下「屬」字爲互文。**南方之墨者苦獲已齒鄧陵子之屬** 苦獲、已齒，墨家學派二學人名。鄧陵子，孫詒讓《墨學傳授考》：「《姓纂》云：『楚公子食邑鄧陵，因氏焉。』據此，則鄧陵子蓋楚人。苦獲已齒，疑並爲楚人。」屬，猶徒衆。**俱誦墨經** 《墨經》，馬敍倫《義證》：「畢沅、孫詒讓、張爾田、胡適諸家多異說。倫謂魯勝《墨辯序》曰『墨子著書，作《辯經》以立名本』，又曰『《墨辯》有上下經，經各有說，凡四篇』。魯說最明確。此謂《墨經》，即墨子所著之《辯經》。」行甫按：《墨經》即今《墨子》書之《經》上下與《經說》上下四篇。說者或以《大取》與《小取》列入《墨經》，非。「取」乃「聚」若「叢」之省借，即二《取》乃是聚集三墨後學相互紛爭的雜反之說而成篇，並非墨徒「俱誦」之《墨經》。參見拙文《三墨紛爭與二〈取〉立名考》，載《學鑒》第一輯（武漢大學出版社二〇〇七年版）。亦可參見拙著《中國早期文化意識的嬗變》第二卷第十五章《墨子：重祭史巫文化大纛的智者》第四節《先質後文，樸拙尚用》相關論述（武漢大學出版社二〇〇五年重印本第五三四—五四四頁）。**而倍譎不同** 倍，通背，相反。譎，音決，反向。王念孫《讀書雜志·漢書雜志》：「謂其各守所見，分離乖異也。」**相謂**

別墨　別，猶離，異。行甫按：別墨，猶言離墨、異墨。相謂別墨，相互指責對方非墨、背墨。

〔一八〕以堅白同異之辯相訾　堅白，《墨子·經上》：『堅白不相外也。』《經說下》：『無堅得白，必相盈也。』《經下》：『於一，有知焉，有不知焉，說在存。』《經說下》：『於石一也，堅白二也，而在石，故有智焉，有不智焉，可。』《大取》：『苟是石也白，敗是石也，盡與白同；是石也，唯大不與大同。』公孫龍《堅白論》言『無堅得白，無白得堅』，『堅白不相盈』。行甫按：《經說下》之『堅白』論已與《經上》不完全相同，而《大取》乃三墨後學之說，提出碎其石，『白』則不變，而『堅』則可疑。然則墨子及三墨雖有紛爭，但仍然停留在感覺論，而公孫龍『堅白不相盈』乃走向純粹的概念論了。參見拙著《中國早期文化意識的嬗變》第三卷下册第十九章《公孫龍子：推尋天下名理維護多元定格的辯士》第三節《離與藏：存想的分割性》相關論述。同異，《墨子·經上》：『同，重體合類。』《經說上》：『同：二名一實，重同也。不外於兼，體同也。俱處於室，合同也。有以同，類同也。』《經上》：『異：二體不合不類。』《經說上》：『異：二必異，二也。不連屬，不體也。不同所，不合也。不有同，不類也。』《經上》：『同，異而俱於一也。』《經說上》：『侗，二人而俱見是楹也，若事君。』此外，《經上》尚有『同異交得，放有無』，謂同中有異，異中有同，文繁不錄。《大取》：『智與意異。重同，具同，連同，同類之同，同名之同，丘同，鮒同，是之同，然之同，同根之同。有非之異，有不然之異。有其異也，爲其同也；爲其同也異。』『小圓之圓，與大圓之圓同。不至尺之不至也，與不至千里之不至，其不至同；異者，遠近之謂也。』惠施則曰：『大同與小同異，此之謂小同異；萬物畢同畢異，此之謂大同異。』行甫按：墨家後學『同異』說比墨子細化與深化，尤其重視『同異交得』，至惠施之『小同異』與『大同異』，則上升爲科學哲學。訾，猶指責，非毀。《說文》：『訾，不思稱意也。』《漢書·地理志下》『好訾毀』，顏師古注：『以言相毀曰訾。』行甫按：以堅白同異之辯相訾，猶言用堅白與同異之說辭相互指責詆毀對方不符合墨子之本意。**以觭偶不仵之辭相應**　觭偶，猶奇偶。不仵，不相抵牾。辭，說辭。應，猶對。行甫按：以觭偶不仵之辭相應，猶言用奇與偶互不矛盾的說辭與對方相回應。

〔一九〕**以巨子爲聖人**　巨，大。《釋文》：『向崔本作鉅。向云：墨家號其道理成者爲鉅子，若儒家之碩儒。』孫詒讓《墨學傳授考》：『以《莊》、《呂》二子所言推之，墨家鉅子蓋若後世儒家大師，開門授徒，遠有端緒，非學行純卓者，固不足以當之矣。』**皆願爲之尸**　之，猶其，代巨子。尸，代神受祭之尸主。行甫按：《公羊傳》宣公八年『祭之明日也』，何休注：『祭必有尸者，節神也。禮，天子以卿爲尸，諸侯以大夫爲尸，卿大夫以下以孫爲尸。』徐彥《疏》：『天子不使公，諸侯不使卿，皆爲其疑也。卿大夫以下以孫爲尸，以其昭穆同也。』願爲之尸，比喻之辭，猶言願爲巨子之卿大夫與傳人耳，故下文曰『冀得爲其後世』，是其義。**冀得爲其後世**　冀，猶希望。其，代巨子。後世，猶言傳人。**至今不決**　不決，不能決斷。行甫按：至今不決，墨離爲三，互不相服，推舉各派認可之巨子尤難。

〔二〇〕**墨翟禽滑釐之意則是**　意，猶心意。則，猶卽。是，猶正確。**其行則非也**　行，行爲。非，不正確。行甫按：意在反對奢靡，行之過於苦刻。

〔二一〕**將使後世之墨者**　將，猶卽。**必自苦以腓无胈脛无毛相進而已矣**　進，登，升。《說文》：『進，登也。』《廣韻·震韻》：『進，升也。』行甫按：相進，猶言相攀比。

〔二二〕**亂之上**　之，猶乃。上，猶首。**治之下**　下，猶末。行甫按：猶言墨子之道擾亂天下乃是首屈一指，治理天下乃是倒數第一。**雖然**　卽使如此。**墨子真天下之好**　真，誠。好，猶言美德之士。《說文》『好，媄也』，段玉裁注：『好本謂女子，引伸爲凡美之偁。凡物之好惡，引伸爲人情之好惡。本無二音，而俗强別其音。』黄生《字詁》：『好爲美德，故借爲惡之對。人情慕好而惡惡，故轉去聲，爲愛慕之義。』行甫按：『好』之今音分爲上聲與去聲，古無別。句意謂墨子誠爲天下美德之士，爲人所愛慕喜好。

〔一二三〕**將求之不得**　將，猶當。求，索，覓。行甫按：此『求』字與上文『好』字相照應。謂墨子誠爲美德之士，誠爲天下人所愛慕喜好，然其人乃世之所稀，當索之而不得。**雖枯槁不舍**　枯槁，猶言形銷骨立。不舍，猶言不放棄。《孟子·盡心上》：『墨子兼愛，摩頂放踵利天下，爲之。』**才士也夫**　才士，才能之士。鍾泰《發微》：『稱墨子爲才士，雖曰與之，而意有微辭。故郭注曰「非有德者也」，以才別於有德，可謂能窺莊子之意矣。』行甫按：此二句乃重申上文『墨子真天下之好也』，亦是所以『求之不得』之可貴品質。

此乃本篇第二章，評述墨家學派。言墨翟、禽滑釐學派繼承與發揚了天人王官之學『以衣食爲主，蕃息畜藏，老弱孤寡，皆有以養』的學術傳統以及大禹勤勞治水的刻苦精神，『以裘褐爲衣，以跂蹻爲服』，『以自苦爲極』，因而提倡『非樂』與『節用』。不過，墨家學派的思想初衷固然很好，墨子也算得上天下『才士』，但他的學說卻難以普遍推行。且正因如此，墨家學術便有了不同的派別支分，相互爭論不休，『至今不決』。

【繹文】

不把奢侈作風留傳給後人，不讓任何事物華靡不實，不講究禮節與儀式，用正直嚴格的標準約束與規範自己的行爲矯正自己的過錯，勤儉節約，儲存財物，防備社會災難，古代天人王官之學存在著這方面的思想傳統。墨翟及其弟子禽滑釐聽到有關傳聞之大略便十分歡喜它，但是如果真正按照他們這種學說做起來，對於人之常情卻矯抑太過，如果不遵從這些思想的規範，又對人之常情過於放縱。墨子寫了《非樂》，稱之爲《節用》，說人活著不必唱歌作樂，死去不用葬禮喪服，因此非樂就是爲了節用。墨子主張普遍的愛與共同的利，反對鬭毆、反對戰爭。他思想學說的主要特點就是不張揚、不突發；又喜歡讀書，博學多識，既不輕易與先王傳統立異，也不盲目與先王思想趨同，因提倡節儉反對浪費，所以廢毀古代先王的禮樂傳統。

黄帝時代有《咸池》之樂，唐堯時代有《大章》之樂，虞舜時代有《大韶》之樂，夏禹時代有《大夏》之樂，商湯時代有《大濩》之樂，文王也在辟雍裏演奏音樂，周武王與周公旦製作了《大武》之樂。所有這些具有時代性的古典音樂，都被墨子廢棄了。古代的喪葬禮儀，因其身份的高貴與卑賤，其禮節儀式有一定標準。官職爵位的大小，其禮節儀式也會體現出等級的差别。埋人入土的內棺與外槨，天子用七層，諸侯用五層，大夫用三層，士人祇用二層。現在墨子主張活著不要歌唱作樂，死了不用葬禮喪服，棺材祇用薄薄三寸的易腐桐木製作而成，也不用外槨，並把它作爲一切葬禮的法則。用這個法則去教導別人，恐怕有冷酷無情的嫌疑；把這個法則實行在自己身上，必定讓人覺得對自己過於刻薄，可是這些顧慮並不能讓墨子改變原則降低標準。雖然墨子並不會因此而改變原則降低標準，但是人生不免以歌爲樂，而墨子卻反對歌樂；親人死了情不自禁會悲傷哭泣，可是墨子卻反對悲傷哭泣；宗廟祭祀也免不了有音樂演奏，而墨子卻反對演奏音樂；這些做法終究是好事嗎？對於活著而言過於勤苦，對於死去而言過於寡情，墨子的學說對於人生也太刻薄了。不行吧，讓人犯愁；行之吧，讓人哀傷；所以施行起來的確左右爲難，恐怕墨子的思想理論並不適合成爲通達睿智的聖人學說，它違背了天下人心，天下便難以認可與接受。墨子卽使獨自特有道義擔當，可是對於天下人心他又能怎麽樣呢！與天下人心相背離，當然就離風行天下人心歸往的境界相差太遠了。

墨子宣揚說：『從前大禹消除氾濫的洪水，開決大江大河，疏通四海九州的水道，大川三百，支流三千，小溪小流更是不計其數。大禹親自拿著土囊與木鍬，匯聚天下大大小小的水道；腳肚子上沒有白肉，腳桿子上沒有汗毛，用暴雨洗髮，用疾風梳頭，安定了天下無數區域。禹雖是偉大的聖人卻親自操勞天下，累成這個樣子。』墨子要求後來的墨家弟子，衹把獸皮與粗麻作衣服，把木屐與草鞋作行具，日日夜夜，不要休息，把自我刻苦作爲最高的人生準則，並且說：『如果做不到這些，就不符合大禹的思想方法與人生態度，也就沒有資格稱爲墨家。』

相里勤的弟子門人五侯這幫人，南方的墨家學者苦獲、已齒以及鄧陵子這些人，共同誦讀《墨經》，但是各以所見，互相矛盾，並且相互指責對方不是墨家弟子，背離了墨子學說。他們把堅與白以及同與異作爲說辭互相指責詆毀對方不符合墨子本意，然後用單就是單，雙就是雙之類能夠自圓其說的一套說辭來回應對方。他們把墨家的大師當作聖人，都願意當他的下屬與傳人，希望能夠成爲下一代的墨家大師，到現在都無法確定墨徒們公認的墨家領袖。

墨翟與禽滑釐的思想初衷是無可厚非的，但是他們的行爲方式卻是非常錯誤的。不過是讓後來的墨家門徒必須刻薄自己，把腳肚子沒有肉、腳桿子沒有毛來作爲他們互相攀比的晉升條件罷了。墨子的學說，擾亂天下是首屈一指的，治理天下卻是倒數第一。當然，卽使是這樣，墨子的確是天下難能可貴的美好之士，當是稀世難得的鳳毛麟角，他卽使形銷骨立，摩頂放踵，也仍然鍥而不舍地爲天下造福興利。不愧是才志之士啊！

〔三〕

不累於俗，不飾於物，不苟於人，不忮於衆，〔一〕願天下之安寧以活民命，人我之養畢足而止，以此白心，〔二〕古之道術有在於是者。宋鈃、尹文聞其風而悅之，〔三〕作爲華山之冠以自表，接萬物以別宥爲始。〔四〕語心之容，命之曰心之行，〔五〕以聏合驩，以調海內，請欲置之以爲主。〔六〕見侮不辱，救民之鬬；禁攻寢兵，救世之戰。〔七〕以此周行天下，上說下教，雖天下不取，强聒而不舍者也，故曰上下見厭而强見也。〔八〕

雖然，其爲人太多，其自爲太少。曰：『請欲固置五升之飯足矣。』〔九〕先生恐不得飽，弟子雖飢，不忘天下，日夜不休，曰：『我必得活哉！圖傲乎救世之士哉！』〔一〇〕曰：『君子不爲苛察，不以身假物。』〔一一〕以爲无益於天下者，明之不如已也。〔一二〕以禁攻寢兵爲外，以情欲寡淺爲內，〔一三〕其小大精粗，其行適至是而止。〔一四〕

【釋義】

〔一〕**不累於俗** 累，羈絆。鍾泰《發微》：『「不累於俗」，《消搖遊》篇所謂「舉世譽之而不加勸，舉世非之而不加沮」是。』**不飾於物** 飾，矯飾。鍾泰《發微》：『「不飾於物」，所謂「定乎內外之分，辨乎榮辱之竟」是。』**不苟於人** 苟，苛字之譌。章太炎《解故》：『苟者，苛之誤。《說文》言苛之字止句，是漢時俗書苛苟相亂。下言「苛察」，一本作苟，亦其例也。』**不忮於眾** 忮，郭象注：『逆也。』《釋文》：『司馬云：害也。《字書》云：很也。』行甫按：很，今字作『狠』。很、害、逆互相備。上二句言修己，下二句言待人。

〔二〕**願天下之安寧以活民命** 之，猶乃。以，目的連詞。**人我之養畢足而止** 養，生生之資。畢，皆，即『人』與『我』。足，猶充足，足夠。止，猶已。郭象注：『不敢望有餘也。』**以此白心** 白心，表明心跡。行甫按：猶言將此意告白於天下。

〔三〕**古之道術有在於是者宋鈃尹文聞其風而悅之** 宋鈃，《孟子·告子下》作『宋牼』，《逍遥遊》之『宋榮子』。尹文，《釋文》：『崔云：齊宣王時人，著書一篇。』行甫按：《漢書·藝文志》小說家：『《宋子》十八篇。孫卿道宋子，其言黃老意。』名家：『《尹文子》一篇。說齊宣王。先公孫龍。師古曰：劉向云與宋鈃俱游稷下。』

〔四〕**作爲華山之冠以自表** 華山之冠，成玄英《疏》：『華山，其形如削，上下均平。而宋、尹立志清高，故爲冠以表德之異。』自表，猶自顯。**接萬物以別宥爲始** 接，知。《呂氏春秋·知接》『無由接』，高誘注：『接，知也。』《墨子·經上》：『知，接也。』別，猶分。宥，通囿，猶局域。《呂氏春秋·去宥》『此有所宥也』，畢沅《校注》：『疑宥與囿同，謂有所拘礙而識不廣也。以下文觀之，猶言蔽耳。』錢基博《疏記》：『別囿云者，蓋別白其囿我者而不蔽於私之意。』始，猶先。行甫按：猶言認知萬物當以解除個人偏見爲先。

〔五〕**語心之容** 語，猶言說。容，猶動。《禮記·月令》『有不戒其容止者』，鄭玄注：『容止，謂動靜也。』

《帛書老子》『孔德之容，唯道是從』，高明《校注》：『古容、動二字音義皆通。』**心之行** 猶言心之行爲。行甫按：猶言談論心之活動，稱爲心之行爲。

〔六〕**以聏合驩** 聏，當是胹字之譌，音而。郭慶藩《集釋》引郭嵩燾曰：『《莊子闕誤》引作胹。』《釋文》：『崔本作聏，音而，郭音餌。司馬云：色厚貌。崔、郭、王云：和也。聏和萬物，物合則歡矣。一云：調也。合驩，以道化物，和而調之，合意則歡。』行甫按：作『胹』是，《左傳》宣公二年『宰夫胹熊蹯不熟』，《釋文》：『胹音而，煮也。』胹、調，皆以烹調爲喻。崔譔、郭象、王穆之云『和也』，一云『調』，所謂『和而調之』，是其義。驩，通歡。行甫按：合驩，猶言相合而歡。**以調海内** 調，和。**請欲置之以爲主** 請，通情。《帛書老子》『其請甚真，其中有信』，『請』乃『情』之借字，與『信』字爲互文。欲，希望。行甫按：情欲，猶言真誠希望。置，猶立。之，代『別宥』。主，猶首，始。行甫按：以爲主，與上文『以別宥爲始』相照應。

〔七〕**見侮不辱** 見，猶被。侮，輕慢。辱，恥。行甫按：恥辱，乃『心之容』及『心之行』。**救民之鬭** 救，猶制止。**禁攻寢兵救世之戰** 禁，猶止。寢，猶息。行甫按：《孟子·告子下》：『宋牼將之楚，孟子遇於石丘，曰：「先生將何之？」曰：「吾聞秦楚構兵，我將見楚王說而罷之。楚王不悅，我將見秦王說而罷之。二王我將有所遇焉。」』是宋鈃『寢兵』之事。

〔八〕**以此周行天下** 周行，遍歷。行甫按：猶言宋、尹以此主張行遍各地遊說天下人主。**上說下教** 上，人主。說，遊說。下，平民。教，教化。行甫按：上說，勸說人君『禁攻寢兵』。下教，教化平民『見侮不辱』。**雖天下不取** 取，猶接受。**强聒而不舍者也** 强，猶强行。聒，音鍋，多舌而攘人。舍，止。者也，猶也，虛詞連用。行甫按：强聒而不舍，猶言强行說教而不放棄。**故曰上下見厭而强見** 故，通顧，相反。行甫按：故曰，猶言反而說。見厭，猶言遭到厭棄。而，猶，尚。强見，猶言强行見之。

〔九〕**雖然** 卽使如此。**其爲人太多** 其，代宋、尹。爲人，猶言替他人著想。**其自爲太少** 自爲，猶言替自己打算。**曰** 宋、尹自言之。**請欲固置五升之飯足** 請，通情，誠。固，通姑，猶乃。章太炎《解故》：『固借爲姑。』吴昌瑩《經詞衍釋》：『固與姑聲相近，字亦相通。姑，猶固也，乃也。』置，措置，常設。林希逸《口義》：『每日但得五升之飯。』

〔一〇〕**先生恐不得飽** 先生，宋、尹。不得飽，猶飢。**弟子雖飢** 雖，猶惟，乃。飢，不得飽。行甫按：二句互文見義，與下文構成條件複句，言先生弟子皆飢，猶且不忘天下。**不忘天下** 行甫按：與上文『周行天下』相關聯。**日夜不休** 行甫按：與上文『强聒而不舍』相關聯。**曰** 宋、尹自言雖不得飽猶不忘天下之意。**我必得活哉** 行甫按：此以反詰語氣解釋上述飢飽之意。謂我必以活命爲得邪？猶言我並非以活命爲目的，則飢飽不足憂，唯憂乎救世而已矣。**圖傲乎救世之士哉** 圖傲，猶言鄙夷與傲慢。章太炎《解故》：『圖當爲啚之誤。啚卽鄙陋、鄙夷之本字。啚傲，猶今言鄙夷耳。』行甫按：章氏解義是，詁字則未達一間。圖與鄙之初文皆作啚，後世分化爲二字，兩周金文圖鄙皆作啚字。參見《齊物論》『滑疑之耀，聖人之所圖也』釋義。乎，於。救世之士，宋、尹自命。行甫按：連上文，猶言若認我以活命爲得，豈非於救世之士有所鄙夷與傲慢邪？

〔一一〕**曰** 宋、尹自言若認我以活命爲得，則於救世之士有所鄙夷與傲慢。苟如此，則不過『苛察』之『君子』而已。**君子不爲苛察** 君子，有身份有教養之人。苛，瑣末，細碎。《說文》『苛，小艸也』，段玉裁注：『引伸爲凡瑣碎之稱。』行甫按：苛察，衹看重雞毛蒜皮之瑣瑣屑屑，不知大體與大義。此宋、尹回應人們詬病二人衹爲活命而忽視其爲救世。**不以身假物** 身，自己。假，給與。《漢書·轅固傳》『乃假固利兵』，顔師古注：『假，給與也。』物，猶他人。行甫按：不以身假物，不把自己給與他人，猶言不將自己的想法加於他人。言下之意，『苛察』者不過是『以小人之心度君子之腹』而已。

〔一二〕**以爲无益於天下**　以爲，猶認爲。无益，猶言『苛察』無益。**明之不如已**　明，猶察。已，止。行甫按：此爲『曰』下二句之結語，猶言苛察無益於天下，雖爲明察不如止而不察。舊注皆不了。行甫又按：由此可見，宋、尹之學說及其行爲，或許大爲當世所誤解與詬病。

〔一三〕**以禁攻寢兵爲外**　外，猶表。**以情欲寡淺爲內**　內，猶裏。行甫按：禁攻寢兵，爲外在的行爲表現，猶『心之行』；情欲寡淺，爲內在的心理基礎，猶『心之容』。

〔一四〕**其小大精粗**　小，『救民之鬬』。大，『救世之戰』。精，『情欲寡淺』之『心之容』。粗，『禁攻寢兵』之『心之行』。**其行適至是而止**　行，行爲，行事。行甫按：行，與上文『周行天下，上說下教』相關聯。適，猶祇。是，此『小大精粗』。而止，而已。

此乃本篇第三章，评述宋鈃、尹文学派。言宋、尹學派繼承了上古『以仁爲恩，以義爲理』的天人王官之學，崇尚『安寧以活民命，人我之養畢足而止』的思想傳統，建立了有關『心之容』及『心之行』的理論學說。『以情欲寡淺爲內』，卽『心之容』；『以禁攻寢兵爲外』，卽『心之行』。以此學說『周行天下，上說下教』，卽使不爲天下『所取』，遭人誤解與嘲笑，亦『强聒而不舍』，見其弘道之志堅韌而不拔。

【繹文】

不被世俗所羈絆，不用外物裝門面，對他人不苛刻，對大衆無傷害，希望天下老百姓都能過上和平安寧的日子好好地活著，他人與自我彼此養生活命的物資都足夠了就可以，無需多餘的私藏，把這個想法作爲一種理論學說向天下人彰顯與表白，古代天人王官之學存在著這方面的思想傳統。宋鈃與尹文聽到有關傳聞之大略便十分喜歡它，製作上下平齊形同華山高聳的帽子來表示自己清峻高潔，主張認知任何事物應當首先解除個人局限與偏見。談論心的情感動態，稱之爲心的行爲取向，其目的在於營造合作與歡快的人際關係，進而調和四海之内普天之下的人心與人性，並且真心誠意地希望把這種思想方法設置爲引領天下人心的主流意識。受到輕慢與欺淩也不應當感覺到恥辱，意在防止民衆打架鬬毆；制止攻打别國，解除軍事武裝，意在防止邦國之間發生戰爭。把這種防止鬬毆、防止戰爭的思想向全天下普遍推行，遊説在上的君主，教化在下的平民，卽使天下人並不願意接受，也仍然喋喋不休地到處强行宣講，絲毫不願放棄，反而宣稱：哪怕是上上下下所有人都討厭我，我也要强行去見他們，並不斷地向他們推廣我的思想學説。

卽使像這樣遭到人們普遍拒絶，可是宋鈃與尹文仍然爲他人想得很多，爲自己想得很少。他們説：『的確衹是想每天常有五升米的飯食就足夠了。』然而每天五升米的飯食，當老師的恐怕都吃不飽，做弟子的就衹好挨餓了。可是哪怕是餓著肚子，他們也仍然念念不忘天下蒼生，日夜不停地四處奔走説教。大抵有人對他們如此克己爲人感到不理解，甚至還頗有微辭，於是他們回應説：『我們四處奔走説教，哪裏衹是爲了活命呢！如果這樣看待我們的話，豈不是對挽救社會危機的仁人志士報以鄙夷與輕蔑嗎？』對抱有這種看法的人，他們說：『有身份有教養的人，是不會斤斤計較那些雞毛蒜皮的小事的，也不會以己度人把自己的想法强加給别人。』他們認爲，對於天下没有任何好處的小事，是没有必要斤斤計較的，即使把它弄明白了又有什麼意義呢？還不如放棄這種關注雞毛蒜皮的瑣屑行爲。他們把禁止攻戰與解除軍事武裝作爲思想的外在行爲表現，把情感淡漠與欲望寡少作爲行爲的内在思想基礎。於是他們小到防止民間鬪毆，大到防止國際爭戰，精微到淡漠情感與減少慾望的心理活動，粗放到禁止攻戰與解除武裝的行爲取向，無不關注，不過他們向天下推行的思想主張也就到此爲止了。

〔四〕

公而不當，易而无私，〔一〕決然无主，趣物而不兩，〔二〕不顧於慮，不謀於知，〔三〕於物无擇，與之俱往，〔四〕古之道術有在於是者。彭蒙、田駢、慎到聞其風而悅之，〔五〕齊萬物以爲首。曰：『天能覆之而不能載之，地能載之而不能覆之，大道能包之而不能辯之。〔六〕知萬物皆有所可，有所不可。〔七〕故曰選則不偏，教則不至，道則无遺者矣。』〔八〕

是故慎到棄知去己而緣不得已，泠汰於物以爲道理。〔九〕曰知不知，將薄知而後鄰傷之者也。〔一〇〕謑髁无任而笑天下之尚賢也，縱脫无行而非天下之大聖。〔一一〕椎拍輐斷，與物宛轉，舍是與非，苟可以免。〔一二〕不師知慮，不知前後，魏然而已矣。〔一三〕推而後行，曳而後往，若飄風之還，若羽之旋，若磨石之隧。〔一四〕全而无非，動靜无過，未嘗有罪。〔一五〕是何故？夫无知之物，无建己之患，无用知之累，〔一六〕動靜不離於理，是以終身无譽。〔一七〕故曰至於若无知之物而已，无用賢聖，夫塊不失道。〔一八〕豪桀相與笑之曰：『慎到之道，非生人之行而至死人之理，適得怪焉。』〔一九〕

田駢亦然，學於彭蒙，得不教焉。〔二〇〕彭蒙之師曰：『古之道人，至於莫之是莫之非而已矣。其風窢然，惡可而言？』〔二一〕常反人，不見觀，而不免於魭斷。〔二二〕其所謂道非道，而所言之韙不免於非。〔二三〕彭蒙、田駢、慎到不知道。雖然，概乎皆嘗有聞者也。〔二四〕

【釋義】

〔一〕**公而不當**　公，公正。當，通黨，《釋文》：『崔本作黨，云：至公無黨。』《國語·晉語五》『比而不黨』，韋昭注：『阿私曰黨。』**易而无私**　易，猶公平。私，偏私。

〔二〕**決然无主**　決然，流動貌。《說文》：『決，行流也。』主，猶主意，主見。鍾泰《發微》：『「決然」者，若水之決諸東則東流，決諸西則西流也。』行甫按：決然無主，與下文『不顧於慮，不謀於知』相關聯，猶言隨勢而動，無所拘滯，不加思慮，不主故常。**趣物而不兩**　物，猶人。趣，通趨，《大雅·棫樸》『左右趣之』，毛《傳》：『趣，趨也。』不兩，猶言無擇。行甫按：趣物而不兩，與下文『於物无擇，與之俱往』相關聯，亦與『決然无主』互爲解釋，猶言於人不作取捨，無所選擇。

〔三〕**不顧於慮** 顧，回視。慮，思慮。**不謀於知** 謀，商謀。知，通智。鍾泰《發微》：『「不顧於慮，不謀於知」，謂不用智慮，下文云慎到「棄知」者，以此。於慮言「不顧」，於知言「不謀」，蓋互文。「顧」者，顧其既往。「謀」者，謀其將來也。』

〔四〕**於物无擇** 物，猶人。无擇，无所選擇。行甫按：於物无擇，與上文『公而不黨，易而无私』相照應。**與之俱往** 俱，猶同。行甫按：與之俱往，與上文『決然無主，趣物而不兩』相照應，亦與下文『椎拍輐斷，與物宛轉』相關聯。

〔五〕**彭蒙田駢慎到聞其風而悅之** 彭蒙，成玄英《疏》：『姓彭，名蒙。』郭慶藩《集釋》引俞樾曰：『據下文，彭蒙當是田駢之師。《意林》引《尹文子》有彭蒙曰「雉兔在野，衆皆逐之，分未定也；雞豕滿市，莫有志者，分定故也。」』田駢，成玄英《疏》：『姓田，名駢。』《釋文》：『齊人也，遊稷下，著書十五篇。《慎子》云：名廣。』郭氏《集釋》引俞樾曰：『《漢書·藝文志》道家《田子》二十五篇，名駢，齊人，遊稷下，號天口駢。《呂覽·不二》篇陳駢貴齊，即田駢也。《淮南子·人間》篇「唐子短陳駢於齊威王」云云，即田駢之事實，亦可見貴齊之一端矣。』慎到，姓慎，名到。《史記·孟荀列傳》：『慎到，趙人，學黃老道德之術，因發明序其指意，故慎到著十二論。』裴駰《集解》引徐廣曰：『今《慎子》，劉向所定，有四十一篇。』《漢書·藝文志》法家《慎子》四十二篇，班氏自注：『名到，先申韓，申韓稱之。』

〔六〕**齊萬物以爲首** 齊萬物，齊同萬物，猶言無所分別。首，通道。奚侗《補注》：『首借爲道，《史·秦始皇紀》「追首高明」，《索隱》曰：「今碑文首作道。」《逸周書·芮良夫》篇「稽道謀告」，《羣書治要》道作首，是其例。』**曰** 彭蒙、田駢、慎到三人共同主張。**天能覆之而不能載之** 覆，覆蓋。載，承載。**地能載之而不能覆**

之　行甫按：二句爲對文，猶言各有所偏。**大道能包之而不能辯之**　大道，猶宇宙時空。包，包容。辯，通辨，辨別。行甫按：雖『大道』於萬物無所不包容，卻不分別其『可』與『不可』，是亦偏。

〔七〕**知萬物皆有所可**　知，知曉。可，猶適。**有所不可**　不可，不適。行甫按：此五句皆言其所以倡言『齊萬物以爲首』之理。《齊物論》『物固有所然，物固有所可。无物不然，无物不可。故爲是舉莛與楹，厲與西施，恢恑憰怪，道通爲一』，是其義。

〔八〕**選則不徧**　選，猶擇。徧，今作遍，全。行甫按：此與上文『於物无擇，與之俱往』以及『決然无主，趣物而不兩』相關聯。『趣物』卽『選』。**教則不至**　教，猶學。《說文》『教，上所施下所效也；斆，覺悟也，從教冂，冂，尚矇也』，段玉裁注：『《學記》曰「教學相長也」。《兑命》曰「學學半」，其此之謂乎」，按《兑命》上「學」字謂「教」，謂教人乃益己之學半。』至，猶通達，周遍。行甫按：『教』若『學』者，皆智慧謀慮之事，既與上文『不顧於慮，不謀於知』相關聯，亦與下文『不師知慮，不知前後』相照應。猶言師從智慮則不能通達，不能周遍。**道則无遺者矣**　道，超拔高邁之心靈境界。行甫按：道，卽上文『齊萬物』之『道』。遺，猶遺漏。《釋文》：『本又作貴。』行甫按：遺，從『貴』得聲，古字通用。行甫又按：此『道』就内在心靈境界而言，上文『大道』乃就外在宇宙時空言。參見《大宗師》解題。

〔九〕**愼到棄知去己而緣不得已**　棄知，猶上文『不顧於慮，不謀於知』。去己，猶上文『決然无主，趣物而不兩』。緣，猶順從。不得已，不能止。行甫按：緣不得已，下文『推而後行，曳而後往』，是其義。**泠汰於物以爲道理**　泠汰，音零太，猶縱放，放任。郭象《注》：『猶聽放也。』鍾泰《發微》：『聽者聽從之，放者放任之。』行甫按：泠汰，猶言任其自然，當與下文『謑髁』、『縱脱』之義從同。道理，道，理，同義複詞，猶言以『泠汰萬物』爲道爲理。

〔一〇〕**曰知不知**　曰，愼到曰。知不知，知所不能知。**將薄知而後鄰傷之**　將，猶當，卽。薄，猶迫近。知，通智。後鄰傷之，孫詒讓《札迻》：「此『後』疑當爲『復』，形近而誤。『鄰』當讀爲『磷』，『磷傷』猶言『毁傷』也。《考工記·鮑人》『雖敝不甐』，鄭注云：『甐，故書或作鄰。』鄭司農云：『鄰，讀爲「磨而不磷」之磷。』此『鄰』正與《鮑人》故書字同。」行甫按：孫説雖有據，然此『後』與『鄰』皆如字讀亦可通，不必改字。『鄰』與『薄』爲近義詞，猶言近於智慧然後近於傷。

〔一一〕**謑髁无任而笑天下之尚賢**　謑髁，音奚棵，猶懈惰。馬敍倫《述義》：「或謂『謑髁』卽《荀子·儒效》『解果其冠』之『解果』。彼文楊注云：『《説苑》淳于髡謂齊王曰「臣笑鄰圃之祠田，以一壺酒三鮒魚，祝曰：蟹螺者宜禾，汙邪者百車。」蟹螺，蓋高地也，今冠蓋亦比之。』尋所引《説苑》，文見《尊賢》。『蟹螺』彼作『蟹堁』。疑『謑髁』卽『懈惰』之借。髁、惰聲同歌類，故通。」行甫按：馬説可從。『謑』與谿、溪皆諧『奚』聲，當同屬溪母支部字。『懈』古讀見母支部，見溪同爲舌聲。『髁』古讀溪母歌部，『隋』古讀定母歌部，溪定通轉，説見黄焯《古今聲類通轉表》。是『謑髁』、『解果』、『蟹堁』、『懈惰』皆爲雙聲詞。任，能。高亨《箋證》：「《莊子·秋水》篇『任士之所勞』，《釋文》：『李云：任，能也。』《戰國策·魏策》『是大王籌策之臣无任矣』，高注：『任，能也。』此任有能義之證。」尚賢，以賢能爲上。行甫按：『无任』而笑『尚賢』，猶《天地》『不尚賢，不使能』。**縱脱无行而非天下之大聖**　縱脱，放縱逃脱。成玄英《疏》：「縱恣脱略。」无行，猶無爲。《墨子·經上》：「行，爲也。」《呂氏春秋·愛類》「無不行也」，高誘注：「行，爲也。」非，猶否定。聖，通達睿智。

〔一二〕**椎拍輐斷**　椎，音搥，猶捶打。拍，猶拍擊。輐，通刓，猶削。《楚辭·九章》「刓方以爲圜兮」，王逸注：「刓，削也。」行甫按：此以匠人製器隨物所施，比喻對待外在人事之態度與方法。**與物宛轉**　與，猶隨從。

宛，猶彎。轉，猶繞。行甫按：此與上文『於物无擇，與之俱往』相照應，猶言或椎或拍，或削或斷，隨物之勢而宛轉以施。**舍是與非**　舍，放棄。行甫按：舍是與非，猶言不作價值判斷，亦無所選擇。與上文『決然无主，趣物而不兩』相照應。**苟可以免**　苟，猶姑且。免，免除患害。

〔一三〕**不師知慮**　師，用。高亨《箋證》：『《韓非子·顯學》篇「夫求聖通之士，爲民知之不足師用」，師亦用也。此師有用義之證。』知，通智。**不知前後**　猶言不謀慮先後。《荀子·天論篇》「慎子有見於後無見於先」，是其義。**魏然而已矣**　魏然，猶巍然，塊然獨立貌。行甫按：猶言不用智謀，不思因果，塊然獨立於當前而已。此與上文『不顧於慮，不謀於知』相照應。

〔一四〕**推而後行曳而後往**　曳，音夜，猶引。成玄英《疏》：『推而曳之，緣不得已，感而後應，非先唱也。』**若飄風之還**　若，如。飄風，旋風。還，旋轉。《釋文》：『《爾雅》云：回風爲飄。還，音旋，一音環。』王叔岷《校詮》：『古鈔卷子本、陳碧虛《音義》本亦並無風字。今本風字，疑後人所加。《疏》「如飄風之回」，蓋說飄爲飄風耳。』**若羽之旋**　羽，羽毛。**若磨石之隧**　磨石，石磨。隧，旋轉。《釋文》：『隧，音遂，回也。』成玄英《疏》：『若磑石之轉。』

〔一五〕**全而无非**　全，保全。非，過錯。**動靜无過**　動靜，猶舉止。**未嘗有罪**　未嘗，不曾。行甫按：此與上文『苟可以免』相照應。

〔一六〕**是何故**　是，此，指『未嘗有罪』。**夫无知之物**　夫，猶彼，指上文飄風、旋羽、磨石，故曰『无知之物』。**无建己之患**　建己，猶爲主。行甫按：建己，與『決然无主』相反而相關。**无用知之累**　知，通智。累，猶患。無患無累，即上文無非、無過、無罪。

〔一七〕**動靜不離於理**　不離於理，猶言合理。**是以終身无譽**　无譽，無譽亦無毀。

〔一八〕**至於若无知之物而已**　至，猶達。若，猶如。**无用賢聖**　賢聖，即上文『謑髁无任而笑天下之尚賢也，縱脫无行而非天下之大聖』之『賢』之『聖』。**夫塊不失道**　夫，猶乃，若。說見吳昌瑩《經詞衍釋》。塊，土塊。道，處世方法。指『不師知慮，不知前後』而形如土塊。

〔一九〕**豪桀相與笑之**　豪桀，通豪傑，猶言才華出衆之輩。相與，猶共同。**慎到之道非生人之行而至死人之理**　非，猶不是。生人，猶活人。行，行爲。至，實。王叔岷《校詮》：『猶言「非生人所行，而實死人之理」，之猶所也，至猶實也，《漢書·東方朔傳》「非至數也」，師古注：「至，實也。」即至實同義之證。』理，道理。**適得怪焉**　適，祇。怪，異。

〔二〇〕**田駢亦然**　然，如此。王先謙《集解》：『其言相同，舉到以包駢。』**學於彭蒙得不教焉**　不教，無須教，與上文『教則不至』相關聯。

〔二一〕**彭蒙之師**　不知姓名。**古之道人**　道人，有道之人。**至於莫之是莫之非**　莫，猶無。之，猶所。**其風窢然**　窢（音恤）然，成玄英《疏》：『迅速貌也。』**惡可而言**　惡，猶何。王先謙《集解》：『言古道人之風教，窢然迅過，惡可言傳！』

〔二二〕**常反人**　反人，與人相反。**不見觀**　見觀，猶被觀。《釋文》：『一本作不聚觀。』觀，通歡，猶喜。一本作『聚觀』，聚，通取，『聚觀』猶言取歡。郭象《注》：『不順民望。』是其義。**而不免於魭斷**　而，猶然。魭，通刓，削。行甫按：不免於魭斷，不免於削與斷，猶言不合自然之道，有矯揉造作之嫌。

〔二三〕**道非道**　非道，非高遠超邁的時空境界之道。**而所言之韙不免於非**　韙，是。

〔一一四〕**彭蒙田駢慎到不知道**　不知道，不懂高遠超邁的時空境界之道。**雖然**　卽使如此。**概乎皆嘗有聞**　概乎，概然，大略。有聞，有聞於道，猶上文『聞其風而悅之』。

此乃本篇第四章，評述彭蒙、田駢、慎到學派。言彭蒙、田駢、慎到繼承了上古『以德爲本，以道爲門』的天人王官之學，推崇無黨無私『棄知去己』的學術傳統，不主是非，隨物宛轉而非笑天下聰明睿智的大賢至聖。不過，其倡言『推而後行，曳而後往』，不得已乃應物而動，衹是爲了全身遠害而已。其思想學說似乎『非生人之行而至死人之理』，終不免矯揉造作之嫌，故而頗爲當時豪傑所訕笑。而莊子後學亦認爲彭蒙、田駢、慎到的學說似是而非，與高遠超邁的宇宙境界卽『以道爲門』的天人王官之學尚有較大差距。

【繹文】

公正而不拉幫結派，公平而無所偏私，如水下流而無主觀成見，趨向於外在的人與物卻不必在兩者之間權衡利蔽，既不須用心思去考慮過去，也無須用智慧去謀劃未來，對於任何人事都不作選擇，衹是與它們一同前往，古代天人王官之學存在著這方面的思想傳統。彭蒙、田駢、慎到聽到有關傳聞之大略便十分喜歡它，把齊同萬物作爲他們的思想學說。他們說：『蒼天能夠覆蓋萬物卻不能承載萬物，大地能夠承載萬物卻不能覆蓋萬物，天地宇宙能夠包容萬物卻不能分辨萬物。由此知道萬物都有它們適應的地方，也有它們不能適應的地方。所以說，有所選擇便不是普遍的，有所教授便有所遺漏，衹有超邁高遠的心靈境界才是無所不包無所不容的。』

因此，慎到主張拋棄知識，袪除自我，從而採取不得已的人生態度，把因循隨物放任自流作爲思想學説的理論基礎。他宣稱説，認知那些不能認知的東西，就是接近智慧然後便離傷害自己不遠了。主張懈怠懶惰無知無能，從而嘲笑天下竟如此崇尚賢能；放縱逃遁無所事事，從而誹謗天下那些聰明睿智的偉大人物。認爲對於外在的人與事，應當像匠人製器一樣，或捶打，或拍擊，或刮削，或截斷，隨著物勢與人情採取宛轉周旋的態度與方法，不加任何是與非的主觀價值評判，以此免除各種無謂的煩惱與意外的禍患。更無須運用智慧與思慮，也無須瞻前顧後揣摩前因後果，巍然直立，塊然獨生而已。因此，對待任何事情，都不必積極主動，有人往前推便走幾步，有人往前拉便跟上去，如同旋風吹物一樣環轉，如同飛翔的羽毛一樣隨風飄移，如同石製磨盤一樣推一圈便轉動一圈。於是保全自己而不受指責，行爲舉止不會有過錯，更不曾遭受刑事處罰。這是什麽原因呢？看看那些沒有知覺的東西，既沒有以我爲主的憂患，也沒有運用智慧的麻煩，行爲舉止都合於事理，因此一輩子都不會遭到毀謗，也不會遭到讚譽。所以説，要是到了沒有任何知覺的東西那種狀態就好了，無所謂賢能，無所謂睿智，那便是如同土塊一樣無知無識無思無慮的境界。不過當世那些傑出的人物卻共同訕笑他説：『慎到的思想主張，不是活人的行爲，實是死人的道理，衹是在那裏興妖作怪罷了。』

田駢的思想行爲也是這樣的，師從彭蒙，師徒二人心領神會，在那裏也用不著言語教誨。彭蒙的思想學説與授徒方法，大抵淵源有自，他的老師便這樣説道：『古代有思想境界的人物，到達了既無所謂肯定也無所謂否定的程度罷了。他們的行爲作派就如同疾風迅速吹過一樣無影無蹤，哪裏還用得著話語和言說呢？』他們的思想學說往往與常人的思維習慣相違背，因而難以受到人們的歡迎與喜愛，相反認爲他們不免矯揉造作乃至削足適履。他們所說的如同土塊一樣的心靈境界，並不是超邁曠達的宇宙情懷，而且他們所說的正確則難免不正確。彭蒙、田駢、慎到不懂得什麼是無限高遠超邁曠達的心靈境界。當然，即使如此，他們也算是聽說過有關心靈境界的大略與概況了。

〔五〕

以本爲精，以物爲粗，〔一〕以有積爲不足，澹然獨與神明居，〔二〕古之道術有在於是者。關尹、老聃聞其風而悦之，〔三〕建之以常无有，主之以太一，〔四〕以濡弱謙下爲表，以空虚不毁萬物爲實。〔五〕

關尹曰：『在己无居，形物自著。〔六〕其動若水，其靜若鏡，其應若響。〔七〕芴乎若亡，寂乎若清。〔八〕同焉者和，得焉者失。未嘗先人而常隨人。』〔九〕

老聃曰：『知其雄，守其雌，爲天下谿；知其白，守其辱，爲天下谷。』〔一〇〕人皆取先，己獨取後，曰受天下之垢；〔一一〕人皆取實，己獨取虚，无藏也故有餘，巋然而有餘。〔一二〕其行身也，徐而不費，无爲也而笑巧。〔一三〕人皆求福，己獨曲全，曰苟免於咎。〔一四〕以深爲根，以約爲紀，曰堅則毁矣，鋭則挫矣。〔一五〕常寬容於物，不削於人。〔一六〕

可謂至極，關尹、老聃乎！古之博大真人哉！〔一七〕

【釋義】

〔一〕**以本爲精**　本，根，猶宇宙時空之道。精，精微。**以物爲粗**　物，佔有空間的有形之物。粗，粗糲。成玄英《疏》：『本，無也。物，有也。用無爲妙，道爲精，用有爲事，物爲粗。』行甫按：以《老子》之書互相參證，成《疏》以『本』爲道、爲無，是其義。

〔二〕**以有積爲不足**　積，積貯。不足，猶匱乏。行甫按：《帛書老子》六十八章曰『聖人无積，既以爲人，己愈有；既以予人矣，己愈多』，則『有積』，猶言不以『爲人』、『予人』。『不足』，猶言不『有』、不『多』。**澹然獨與神明居**　澹然，恬淡貌。獨，猶特，但。神明，心神，猶言寧靜虛無的心靈境界。居，猶處。行甫按：猶言把積貯財物而不願施予視爲匱乏，寂然恬淡僅與寧靜虛無的心境相伴。

〔三〕**關尹老聃聞其風而悅之**　關尹，不詳其名氏。《釋文》：『關尹，關令尹喜也。或云：尹喜字公度。老聃，即老子也。爲喜著書十九篇。』郭慶藩《集釋》：『俞樾曰：《漢書·藝文志》道家有《關尹子》九篇，注云：「名喜，爲關吏。」或以尹喜爲姓名，失之。又按《釋文》云：「老子爲喜著書十九篇。」考《老子》一書，《漢志》有《鄰氏經傳》四篇、《傅氏經說》三十七篇、《徐氏經說》六篇，未聞有十九篇之說。《呂覽·不二》篇「關尹貴清」，高注：「關尹，關正也，名喜，作《道書》九篇，能相風角，知將有神人而老子到，喜說之，請著《上至經》五千言。」《上至經》之名，他書所未見也。』行甫按：《史記·老子傳》『關令尹喜曰』，裴駰《集解》：『關令尹喜者，周大夫也。』郭沫若《稷下黃老學派的批判》：『「關令尹喜曰」，本來是「關令尹高興而說道」的意思。』原司馬遷之意，當是以『令』釋『尹』，故稱『關尹』爲『關令尹』耳。本篇不稱『關尹』爲『關令』或『關令尹』，即是其證。喜，當如郭說，非關尹之名。

〔四〕**建之以常无有**　建，創建，樹立。《帛書老子》五十四章：『善建者不拔。』常，猶言循環往復之規律。《帛書老子》十六章：『致虛極也，守靜篤也，萬物旁作，吾以觀其復也。天物雲雲，各復歸於其根。歸根曰靜。靜，是謂復命。復命，常也。知常，明也；不知常，妄，妄作，凶。知常容，容乃公，公乃王，王乃天，天乃道，道乃久。沒身不殆。』五十二章：『見小曰明，守柔曰强，用其光，復歸其明。毋遺身殃，是謂襲常。』行甫按：常，即道之循環往復，故《帛書老子》四十一章曰『反也者，道之動也』，即是其義。无有，無與有，亦猶道與物。《帛書老子》十一章：『卅輻同一轂，當其无，有車之用也。埏埴而爲器，當其无，有埴器之用也。鑿戶牖，當其无，有室之用也。故有之以爲利，无之以爲用。』四十一章：『天下之物生於有，有生於无。』行甫按：說者多引《老子》一章舊讀『常無，欲以觀其妙；常有，欲以觀其徼』以釋『常无有』爲『常無，常有』，大謬不然矣。《帛書老子》『故恆无欲也，以觀其眇；恆有欲也，以觀其所噭』，舊讀破析老子原文，決不可從。**主之以太一**　主，猶歸，寄。《周禮·大宰》『六曰主，以利得民』，孫詒讓《正義》：『蓋凡寄寓之賓旅於所寄之主人，與庸賃之閒民於執役之家長，並謂之主。』行甫按：所寄之主人，執役之家長皆可謂之『主』，引而申之，『主』猶言『寄』。之，指常无有。以，猶於。太一，猶言終極之『一』。『一』者，道。《帛書老子》十四章：『視之而弗見，名之曰微。聽之而弗聞，名之曰希。捪之而弗得，名之曰夷。三者不可致詰，故混而爲一。一者，其上不皦，其下不昧，尋尋呵不可名也，復歸於无物。』行甫按：猶言『常』、『无』、『有』皆歸之於『太一』之『道』。

〔五〕**濡弱謙下爲表**　濡，通儒，《說文》：『儒，柔也。』是『濡弱』猶言柔弱。謙，謙退。下，低下。表，外表。《帛書老子》四十一章：『弱也者，道之用也。』三十六章：『柔弱勝强。』七十八章：『堅强死之徒也，柔弱生之徒也。』行甫按：老子以『道之用』在於示弱，故以柔弱謙退處下爲待人接物之處世方法。**以空虛不毀萬物爲實** 空虛，猶守靜致虛。《帛書老子》十六章：『致虛，極也；守靜，篤也。』不毀萬物，猶無爲。《帛書老子》五章：『天地不仁，以萬物爲芻狗；聖人不仁，以百姓爲芻狗。』五十七章：『我无爲而民自化，我好靜而民自正，我无事而民自富，我欲不欲而民自樸。』實，猶核，猶言思想核心。

〔六〕**在己无居** 在，於。无，猶毋，禁止之詞。居，止。行甫按：猶言不要滯著於一己之成見。**形物自著** 形物，形與物。張湛《列子·仲尼》注：『形物，猶事理也。事理自明，非我之功也。』著，顯明。郭象《注》：『不自是而委萬物，故物形各自彰著。』

〔七〕**其動若水** 其，猶若，假設之詞。動，行動。若水，如水之流。行甫按：猶言若動當如水流而不停滯。**其靜若鏡** 靜，靜止。若鏡，平靜如鏡，隨物自照，不滯不藏。**其應若響** 應，應物。成玄英《疏》：『動靜無心，神用故速。』張湛《列子》注：『順水而動，故若水也；應而不藏，故若鏡也；應而不唱，故若響也。』

〔八〕**芴乎若亡** 芴，通惚，猶恍惚。若，猶如。亡，通無。**寂乎若清** 寂，猶不動。清，清澈。《呂氏春秋·不二》：『關尹貴清。』行甫按：芴乎若亡，主體似有若無，猶言不執著於主體成見，與上文『其動若水』相關聯。寂乎若清，猶言寂然不動，表裏澄澈，與上文『其靜若鏡』相關聯。

〔九〕**同焉者和** 同，合，會。《說文》：『同，合會也。』焉，猶之。和，讀去聲，猶應和。《說文》：『咊，相應也。』**得焉者失** 得，猶兩者相應。《考工記·輪人》『牙得則無槷而固』，鄭玄注：『得，謂倨句鑿内相應也。』失，猶縱，去。《說文》：『失，縱也。』《禮記·禮運》『故人情不失』，鄭玄注：『失，猶去也。』行甫按：此二句與上文『其靜若鏡，其應若響』相關聯，謂與之相會合者則應和之，相應和者卽縱去之。猶言和而不唱，應而不藏。下文曰『未嘗先人而常隨人』，是其義。舊解皆不了。**未嘗先人而常隨人** 未嘗，未曾。先人，猶言唱。隨人，猶言和。行甫按：此句乃關尹學說之總結。成玄英《疏》：『和而不唱也。』是其義。

〔一〇〕**知其雄** 知，猶明白，懂得。其，猶於。雄，猶強。**守其雌** 守，猶保持，保守。雌，猶弱。**爲天下谿** 谿，猶溪谷，以喻卑弱處下。**知其白** 白，當是日字之誤，日與榮雙聲。榮與辱相對。參見《帛書老子》二十八章高明《校注》。**守其辱** 辱，猶恥也。與『日（榮）』字相對。**爲天下谷** 谷，與上文『爲天下谿』爲互文，亦喻謙弱處下。行甫按：《帛書老子》四十章有『上德如浴，大白如辱』，世傳今本作『上德若谷，大白若辱』，傅奕本、范應元本『辱』皆作『黷』，黑垢也。《儀禮·士昏禮》『今吾子辱』，鄭玄注：『以白造緇曰辱。』是『辱』亦有『黑』之義。然《帛書老子》四十章與二十八章之文，言各有當。本篇所引乃二十八章之文，不可援四十章『大白如辱』之義爲說。

〔一一〕**人皆取先** 取，猶爲。**己獨取後** 獨，猶特，但。《帛書老子》六十九章：『我恆有三寶，持而寶之。一曰慈，二曰儉，三曰不敢爲天下先。今舍其慈，且勇；舍其儉，且廣；舍其後，且先，則死矣。』**曰受天下之垢** 垢，污垢，恥辱。郭象《注》：『雌辱後下之類，皆物之所謂垢。』《帛書老子》八十章：『受國之垢，是謂社稷之主；受國之不祥，是謂天下之王。正言若反。』

〔一二〕**人皆取實** 實，猶有。郭象《注》：『唯知有之以爲利，未知無之以爲用。』**己獨取虛** 虛，猶無。郭象《注》：『守沖泊以待羣實。』行甫按：實與虛，所包甚廣，舉凡强弱、有無、進退、前後、高下、取與、得失諸義，皆可囊括於『虛實』之中。而舍『實』就『虛』，更是老子『用弱』思想的高度概括進而成其韜晦與陰謀。《帛書老子》七章：『是以聖人退其身而身先，外其身而身存。不以其无私與，故能成其私。』三十六章：『將欲翕之，必固張之；將欲弱之，必固强之；將欲去之，必固舉之；將欲奪之，必固予之。是謂微明。』六十六章：『江海所以能爲百谷王者，以其善下之也，是以能爲百谷王。是以聖人之欲上民也，必以其言下之；其欲先民也，必以其身後之。故居前而民弗害也，居上而民弗重也。天下樂推而弗厭也。不以其无爭與，故天下莫能與爭。』皆是其例。**无藏也故有餘** 藏，猶積。《帛書老子》六十八章（王弼本第八十一章）：『聖人无積，既以爲人，己愈有；既以予人矣，己愈多。』故，通顧，相反也。行甫按：『无藏』而『有餘』，猶『无私』而『能成其私』，『不爲大』而『能成其大』。亦是韜晦與陰謀。**巋然而有餘** 巋然，充足貌。《釋文》：『本或作魏。』二字通假。鍾泰《發微》：『「巋然而有餘」，形容有餘之狀，莊子所加。宣穎《南華經解》云「故疊一句，甚言其有餘」，是也。《爾雅·釋山》云「小而衆，巋」，「巋然」，正取衆多之義。衆多，所謂「有餘」也。』行甫按：鍾氏之說是。由《雅》訓『小而衆』，則知『巋』之云者，猶言雖小而衆多，或曰聚少而成多。

〔一三〕**其行身** 其，猶若，至於。行，猶爲。身，猶己。行甫按：行身，猶言『爲身』，《論語》『其行己也恭』及『行己有恥』之『行己』，是其義。**徐而不費** 徐，舒緩。費，損耗。《帛書老子》十五章：『濁而靜之徐清，安以動之徐生，葆此道不欲盈，夫唯不欲盈，是以能敝而不成。』**无爲也而笑巧** 无爲，無所作爲，無所事事。《帛書老子》四十三章：『吾是以知无爲之有益也。不言之教，无爲之益，天下希能及之矣。』巧，智巧也。《帛書老子》十八章：『智慧出，安有大僞。』十九章：『絕巧棄利，盜賊无有。』五十七章：『人多知巧，而奇物滋起。』是皆『笑巧』之例。

〔一四〕**人皆求福** 福，猶備。《說文》：『福，備也。』《禮記·祭統》：『福者，備也；備者，百順之名也；無所不順者謂之備。』**己獨曲全** 曲，猶隅，偏。《淮南子·氾論》『此見隅曲之一指』，高誘注：『隅曲，室中之區隅，言狹小。』行甫按：隅曲，同義複詞，隅猶曲，曲猶隅。全，猶完備，整全。行甫按：曲全，猶以曲隅爲全備。《帛書老子》二十二章：『曲則全，枉則正，洼則盈，敝則新，少則得，多則惑。古之所謂曲全者，幾語哉！』**曰苟免**

於咎　曰，猶爲。行甫按：此『曰』字乃申明上二句之義。苟，猶姑且。咎，災禍。行甫按：人皆求備，我獨以狹小之區隅爲備，姑以免除災禍。說者多以今語『委曲求全』解之，恐非古訓古義。

〔一五〕**以深爲根**　深，猶深玄之德。《帛書老子》六十五章：『玄德深矣，與物反也，乃至大順。』根，猶本。《帛書老子》五十九章：『是謂深根固柢，長生久視之道也。』行甫按：以深爲根，猶言以深玄之德爲本。**以約爲紀**　約，猶儉，嗇。《廣雅·釋言》：『約，儉也。』紀，綱紀。《帛書老子》六十九章（王本六十七章）：『我恆有三寶，持而保之。一曰慈，二曰儉，三曰不敢爲天下先。』五十九章：『治人事天莫若嗇。』**曰堅則毀**　曰，猶爲。堅，堅强。毀，敗。《帛書老子》七十八章：『堅强死之徒也；柔弱生之徒也。』**銳則挫**　挫，猶折。《帛書老子》九章：『揣而銳之，不可長葆也。』

〔一六〕**常寬容於物**　物，人。《帛書老子》十六章：『知常容，容乃公。』**不削於人**　削，猶侵刻，刻削。行甫按：二句互文，猶言於人於物，皆寬容而不侵削。

〔一七〕**可謂至極**　可謂，王孝魚《校記》：『高山寺本作「雖未」，《闕誤》同，云：江南古藏本及文李二本俱作「可謂至極」。』王叔岷《校詮》：『作「雖未」是。莊子之學出於老子，而不爲老子所限，況關尹乎！今傳舊本「雖未」皆作「可謂」，疑唐人崇老子者所改。成《疏》稱「關尹老聃，窮微極妙，莊子庶幾，故有斯嘆」，是所見正文已作「可謂至極」，或卽成氏改「雖未」爲「可謂」，亦未可知。』至，猶達。極，猶盡。行甫按：王說可從。『雖未至極』與下文相關連，猶言卽使未到達極致，也算是『博大真人』。**關尹老聃乎**　乎，也。**古之博大真人**　博大，猶寬容。真人，猶言有道之人。王夫之《莊子解》：『贊之曰「真人」，意其未至於天。』行甫按：博大真人，謂其柔弱謙退，空虛無爲。行甫又按：此與首章『不離於真』相關聯。

此乃本篇第五章，評述關尹、老聃學派。言關尹、老聃繼承了上古『不離於宗』、『不離於精』、『不離於真』的天人王官之學，崇奉虛無恬淡不重物欲的思想傳統，『以濡弱謙下爲表，以空虛不毁萬物爲實』。關尹主張虛己應物，『未嘗先人而常隨人』；老聃主張虛靜無爲，儉約處下，以曲隅爲全備。二人之學，雖未達『天人』至境，亦可謂『古之博大真人』。

【繹文】

認爲萬物之根本的虛無之道是精微的，認爲充塞於空間的有形之物是粗糲的，認爲貯藏物資與積累財富就是吝嗇的行爲與匱乏的表現，爲人淡泊恬静，與虛無寂寞的心靈獨自相伴，古代天人王官之學存在著這方面的思想傳統。關尹與老聃聽到有關傳聞之大略便十分喜歡它，用規律、虛無、實有作爲基本概念並統攝於終極永恆一貫的無形之道來建立他們的理論體系，把柔弱謙退卑下體現於待人接物，把虛無恬靜無爲落實在治國理政。

關尹説：『自己不要滯著於主觀成見，萬物之形與萬事之理必將自然呈現。如果有所作爲，便要如同流水一樣順勢而動，不留不止；如果處於静止，就要如同鏡子一樣隨物自照，不滯不藏；如果有所應和，就要如同聲音一樣隨響而發，不主不唱。惝恍迷離，無影無蹤，就如同自己並不存在，觀物無我；寂然無聲，寞然不動，就如同一汪清潭碧水，表裏澂澈。與外物相會相合，便應之和之；相會合相應和，便縱放之舍去之。和而不唱，應而不藏，未曾先發於人而往往隨從於人。』

老聃説：『明白什麽是陽剛，卻保持著陰柔，甘心做天下空虛的山谷；明白什麽是榮譽，卻保持著辱垢，甘願當天下低窪的溪谷。』人們都會爭先而恐後，自己卻就後而舍先，也就是説樂於接受天下的污垢與恥辱；人們都願意追求實利，自己卻寧可空虚，樂善好施没有積蓄，不會匱乏反而還會有所盈餘，也就是雖然量不大卻爲數較多的那種盈餘狀態。至於立身做人，舒遲緩慢因而不會傷精與耗神，虚静無爲因而譏笑智慧與機巧。人們都努力以求福求備，唯獨自己以曲隅爲全體，也就是爲了免除災禍。把不用智慧作爲根基深固的治國舉措，把簡單節儉作爲辦事的綱紀與準則，就是説，堅强就會導致死亡與毁傷，尖鋭就會招致挫折與失敗。常常採取寬緩與包容而不是侵奪與刻削以對待他人。即使關尹與老聃尚未達到極致的天人境界，但也足以與古代寬容博大的有道之士相提並論啊！

〔六〕

芴漠无形，變化无常，死與生與，天地並與，神明往與！〔一〕芒乎何之，忽乎何適，萬物畢羅，莫足以歸，〔二〕古之道術有在於是者。莊周聞其風而悦之，〔三〕以謬悠之説，荒唐之言，无端崖之辭，時恣縱而不儻，不以觭見之也。〔四〕以天下爲沈濁，不可與莊語，以卮言爲曼衍，以重言爲真，以寓言爲廣。〔五〕獨與天地精神往來而不敖倪於萬物，不譴是非，以與世俗處。〔六〕其書雖瓌瑋而連犿无傷也，其辭雖參差而諔詭可觀。〔七〕彼其充實不可以已，上與造物者遊，而下與外死生无終始者爲友。〔八〕其於本也，弘大而辟，深閎而肆；其於

宗也，可謂稠適而上遂矣。〔九〕雖然，其應於化而解於物也，其理不竭，其來不蜕，芒乎昧乎，未之盡者。〔一〇〕

【釋義】

〔一〕**芴漠无形**　芴，猶冥。王叔岷《校詮》：『芴借爲昒，《説文》「昒，尚冥也」，與寂義近。』漠，通莫，猶無。行甫按：芴漠，猶冥莫，無有。**變化无常**　常，猶久，恆。行甫按：二句言宇宙時空之性質及其大化流行之功能。**死與生與**　與，通歟，疑問之詞。行甫按：死與生與，猶言不知哪種狀態是死，哪種狀態是生。是謂萬事萬物皆在大化流行的宇宙時空之中不斷地生生死死，來來往往。**天地並與**　並，猶合。行甫按：此承上文變化无常及死生無狀之意，猶言既然如此，則天與地將會相合麽？**神明往與**　神，人之精神。明，人之聰明。往，去。行甫按：此承上文『死與生與』之意，追問人之死與生，其精其明是否隨生死而同往呢？

〔二〕**芒乎何之**　芒，通茫，蒙昧。乎，猶然。之，猶往。**忽乎何適**　忽，通惚，恍惚。適，猶之，往。行甫按：二句乃追問生命的意義與價值。《齊物論》：『一受其成形，不忘以待盡，與物相刃相靡，其行盡如馳，而莫之能止，不亦悲乎！終身役役而不見其成功，苶然疲役而不知其所歸，可不哀邪！人謂之不死，奚益！其形化，其心與之然，可不謂大哀乎？人之生也，固若是芒乎？其我獨芒，而人亦有不芒者乎？』參見《齊物論》相關文字釋義。**萬物畢羅**　畢，猶盡。羅，猶網羅。行甫按：猶言萬事萬物盡皆網羅於宇宙時空之中。**莫足以歸**　莫，猶不。足，猶得。以，猶所。歸，猶歸宿。行甫按：猶言不得所歸，與上文『變化无常』相照應。行甫又按：本小節九句，言大化流行的宇宙時空，萬事萬物都在其中千變萬化，而人的生命也在其中不斷地生生死死。不知人生的意義與價值何在，亦不知包羅萬象的宇宙時空最後的歸宿竟在何處。

〔三〕**莊周聞其風而悅之**　莊周，直呼莊子之名，此乃莊子後學評價莊子之學。

〔四〕**以謬悠之說**　謬，虚妄。悠，遠邁。**荒唐之言**　荒唐，猶夸大，同義複詞。《說文》：『唐，大言也。』**无端崖之辭**　端，猶起點。崖，岸畔。**時恣縱而不儻**　時，猶寔。恣，猶隨意。縱，猶放縱。儻，通讜，直言。高亨《箋證》：『儻借爲讜。《玉篇·言部》：「讜，直言也。」古亦借黨爲讜。《荀子·非相篇》「博而黨正」，楊注：「黨與讜同，讜謂直言也。」是其例。時恣縱而不讜，謂時放縱其辭而不直言也。儻、黨音同，古通用，古無讜字，故《莊子》以儻爲之，《荀子》以黨爲之。』《釋文》：『而儻，丁蕩反。徐敕蕩反。』《釋文》本無『不』字。趙諫議本作『黨』。行甫按：有『不』字是。趙諫議本作『黨』，與《荀子》作『黨』同，皆通假字。行甫又按：此與下句乃爲上三句之結語，猶言實爲隨心放縱而不欲直言。**不以觭見之也**　觭，猶一端、一隅。見，讀現。行甫按：此乃補充上句，尤其强調『无端崖之辭』，且與下文『以卮言爲曼衍』相照應，猶言不以一端一隅現之。

〔五〕**以天下爲沈濁**　天下，猶言天下之人。沈，昏沈。濁，渾濁。行甫按：沈濁，猶言頭腦不清醒，沒有思維能力。**不可與莊語**　莊，嚴正也。行甫按：莊語，猶言端正嚴肅之語。《知北遊》莊子對答東郭子『道惡乎在』之問，即是其例。不可與莊語，猶言插科打諢不莊重。**以卮言爲曼衍**　卮言，自說自掃，自立自破之言。參見《寓言》『卮言日出』釋義。曼衍，猶言邊界模糊不清，流動無所凝滯。**以重言爲真**　重言，猶權威人士之言。真，真實可信。**以寓言爲廣**　寓言，以他人寄意之言，亦二人相偶爲言。廣，猶言傳播廣泛。

〔六〕**獨與天地精神往來而不敖倪於萬物**　獨，猶惟，雖。行甫按：惟、雖既可訓獨，則獨亦可訓惟、雖。天地精神，猶言高遠無限的心靈境界。敖，通傲，傲慢。倪，通睨，邪視。行甫按：猶言精神超邁，境界高遠，又能與世俗打成一片，既不矯揉造作，亦不索隱行怪。**不譴是非** 譴，猶責。《齊物論》『是以聖人和之以是非而休乎天鈞，是之謂兩行』，是其義。**以與世俗處** 以，猶而。行甫按：《大宗師》『以刑爲體者，綽乎其殺也；以禮爲翼者，所以行於世也；以知爲時者，不得已於事也；以德爲循者，言其與有足者至於丘也，而人真以爲勤行也』，所謂『古之真人』，是其義。

〔七〕**其書雖瓌瑋而連犿无傷** 瓌瑋，奇特而壯美。《釋文》：『奇特也。』成玄英《疏》：『弘壯也。』行甫按：『瓌』乃『瑰』之異體，《說文》：『瑰，玫瑰也。一曰圜好。玫，玫瑰，火齊珠。一曰石之美者。』瓌瑋，猶言奇特。而，猶且，並列連詞。連犿（音翻），《釋文》：『本亦作抃。李云：皆宛轉貌。一云：相從之貌，謂與物相從不違，故无傷也。』行甫按：『犿』字《說文》所無，當從一本作『抃』，音變，乃『拚』之俗字。《說文》：『拚，拊手也』，段玉裁注：『拊，揗也；拍，拊也。此不但言附，言拊手者，謂兩手相拍也。今人謂「歡抃」是也。《漢書》、《吳都賦》皆云「拚射」，孟康曰：「手搏爲拚。」此則謂兩人手相搏也。俗作抃。』无傷，猶言無傷讀者之欣賞習慣。行甫按：此與上文『不可與莊語』相關聯，謂莊子之書雖然想象奇特出人意表，令人不斷歡心拍手叫絕，卻不致於傷敗讀者趣味，猶言雅俗共賞。此句當讀爲：『其書，雖瓌瑋而連犿，无傷也』，下句文法從同，舊注皆不了。**其辭雖參差而諔詭可觀** 參差，不齊。行甫按：參差，猶言與讀者欣賞習慣不相一致。諔詭，諔通弔，猶奇怪非常。參見《齊物論》『其名爲弔詭』以及《德充符》『彼且蘄以諔詭幻怪之名聞』釋義。可觀，值得觀賞。行甫按：『其辭，參差而諔詭，可觀』，猶言其文辭與讀者的言說習慣不太合拍，新奇怪異，不可以常理揣度，然而值得觀賞閱讀。

〔八〕**彼其充實不可以已** 彼，莊周。其，猶乃。充實，猶言心胷博大，境界高遠。以，猶使。已，猶止。行甫按：不可以已，猶言無限廣闊而無所止境。**上與造物者遊** 造物者，猶天。行甫按：上與造物者遊，謂心與天遊，猶言精神超越而心靈自由。**而下與外死生无終始者爲友**　外死生，猶言不以死生挂懷。終，死。始，生。行甫按：外死生、无終始，乃同位語。爲友，猶言與之交遊。

〔九〕**其於本**　其，莊周。本，根，猶道。**弘大而辟**　弘，猶大。行甫按：弘大，同義複詞。而，猶且。辟，通闢，猶開闢。成玄英《疏》『闢，開也』，是成本作『闢』。馬敘倫《述義》：『「弘大而辟」，是橫遍也。』**深閎而肆**　深，猶遠。閎，猶深遠。《說文》『閎，巷門也』，段玉裁注：『巷，里中道也。』行甫按：『閎』之本意乃里衖之門，《爾雅·釋宮》『衖門謂之閎』，郝懿行《義疏》：『衖，《說文》作䢼，云「里中道，從𨛜從共，皆在邑中所共也」。篆文作巷，「閎，巷門也。」』由里巷之門入里巷之道，引而伸之則爲『深僻』之義。肆，猶極遠。《說文》：『肆，極陳也。』《淮南子·本經》『肆畛崖之遠』，高誘注：『肆，極也。』馬敘倫《述義》：『「深閎而肆」，是直遍也。』行甫按：二句言莊周道論體系廣博而深遠。**其於宗**　宗，本，主。行甫按：此『宗』即上文『以天爲宗』及『大宗師』之『宗』，與上文『本』字爲互文，皆指道而言。**可謂稠適而上遂**　稠，通調，和。《釋文》：『稠音調。本亦作調。』《說文》：『調，龢也。』適，和適，調適，安適。《素問·離合真邪論》『適而自護』，王冰注：『適，謂調適也。』《管子·水地》『瑕適皆見精也』，郭沫若《集校》引郝懿行云：『凡物調適謂之適，得間便安亦謂之適，皆善之意。』上，向上。遂，猶進，成，達。《廣韻·至韻》：『遂，達也，進也，成也，安也，止也，往也，從志也。』行甫按：其於本也、其於宗也，互文見義。『本』乃指道之本體而言，即無聲無形，無始無終，無邊無際之時空框架，故曰『弘大而辟，深閎而肆』；『宗』則是指道之內化於人心的精神境界而言，即無比高遠，無比舒展，無比和適，無比自由的心靈境界，故曰『稠適而上遂矣』。

〔一〇〕**雖然**　然，如此。**其應於化而解於物**　應，猶隨從。《淮南子·覽冥》『應而不藏』，高誘注：『應，猶隨也。』《文選·張協〈七命〉》『故靡得應子』，呂向注：『應，從也。』化，變化。行甫按：應於化，猶言隨從道的大化流行。解，猶通曉，通達。王叔岷《校詮》：『解猶達也，《荀子·正論篇》「夫今子宋子不能解人之惡侮」，楊倞注：「解，達也。」』行甫按：王氏之說是。《天地》『大惑者，終身不解』，成玄英《疏》：『解，悟也。』《資治通鑑·魏紀八》『故使欽解其旨』，胡三省注：『解，喻也，曉也。』物，猶人。行甫按：解於物，猶言通達於人情。**其理不竭** 理，道理。竭，盡。**其來不蛻** 來，猶往。《大雅·文王有聲》『遹追來孝』，王引之《經義述聞》引王念孫曰：『來，往也。』《晏子春秋·諫上》『自今以後』，王念孫《讀書雜志》：『來與往意相反，而謂往爲來者，亦猶亂之爲治，故之爲今，擾之爲安也。』蛻，猶脱，斷。行甫按：《說文》『蛻，它蟬所解皮也』，蛇蟬蛻其皮，則體與皮由相續而相斷，以比喻莊文『巵言曼衍』，自說而又自掃，循環往復，蟬聯無端的言說方式。行甫又按：二句補充述說『其應於化而解於物』之思想內容及其敍述方式。其理不竭，謂述論其理，則放浪恣縱而滔滔不絕。其來不蛻，謂敷暢其文則支離曼衍而源源不斷。**芒乎昧乎未之盡** 芒，通茫，猶渺茫。昧，猶暗昧。盡，猶窮盡。言莊生之文，理深辭遠，味之無極而歸趣難求。

此乃本篇第六章，評述莊周之學。言莊周繼承而且弘揚了上古天人王官之學『配神明，醇天地，育萬物，和天下』之有關生命神明之生生死死與天地宇宙之大化流行的思想資源，採取謬悠、荒唐、自說而又自掃的言說方式，創立了一套超越古今、勘破生死、不譴是非的理論學說，從而『上與造物者遊』，『下與外生死无終始者爲友』。是以其精神不妨高遠而超邁，其行爲卻又不脱離於世俗。因此，心境和適寧靜，順應天地大化，通達世俗人情。然而，其道論體系理深辭遠而歸趣難求，則『知其解者，是旦暮遇之也』，不啻夫子之自道。

【繹文】

幽暗虛無沒有形體，卻又大化流行變動不居，不知道哪種狀態是活著，也不知道哪種狀態是死亡，不知道蒼天與大地是否有一天會相互並攏重合，也不知道人的精神與聰明會不會隨著生命的死亡而一同逝去！　生命的意義究竟在哪裏，茫然而無所知；　人生的歸宿究竟在何方，也昧然而不能曉；萬事萬物都逃不出天地宇宙的羅網，卻不知何處是宇宙萬物的最後歸宿，古代天人王官之學存在著這些思想資源。　莊周聽到有關傳聞之大略便十分喜歡它，於是運用虛妄玄遠的說法，夸誕不實的言論，無頭無尾的文辭，實際上就是隨心所欲地放言高論卻不直接說出自己的想法，自己說出一個意思隨後又自己推翻這個意思，不用極端與偏頗的說法來表達自己的思想。　他認爲天下人沒有思辨能力，頭腦也不清醒，根本沒有辦法與他們端莊嚴肅一本正經地說話，於是便採取無頭無尾的方式反覆不斷地來回述說，把權威人物的話語當作真實可信的道理，把寄託他人之口便使人深信不疑的寓言形式作爲廣泛傳播的手段。　胷襟博大，心靈高遠，雖然往來於天地境界，交通於宇宙精神，可是又不會用傲慢的態度與蔑視的眼光對待世俗人生，也不會追問是非曲直，而是與世俗打成一片，無可無不可。　他的著作，雖然奇特而壯美，令人不斷拍手叫絕，卻是雅俗共賞，不會敗壞人們的閱讀趣味；　他的文辭，雖然與眾人的言語習慣不相一致，顯得奇詭而怪異，可是的確值得玩味與觀賞。　他的心胷無比開闊，境界無比高遠，彷彿無邊無際與無始無終的宇宙時空一樣，根本就沒有止境與盡頭；　他精神超邁，上與天地造化一起遨遊於世情之外；　他心胷豁達，下與遺世高蹈不以死生挂懷的人士交朋友。　他對於大道的論述，宏大而廣博，深邃而悠遠；　他對於大道的體悟，和適而快樂，通達而高邁。　卽使如此，由於他順應天地大化與通達世情人物，因而述論其理則放浪恣縱而滔滔不絕，敷暢其文則支離曼衍而源源不斷，是以其思理深邃而綿渺，其文辭暗昧而隱晦，即使不斷玩索卻也理不清頭緒，難以盡得其旨趣。

〔七〕

惠施多方，其書五車，其道舛駁，其言也不中。〔一〕麻物之意，曰：『至大无外，謂之大一；至小无內，謂之小一。〔二〕无厚，不可積也，其大千里。〔三〕天與地卑，山與澤平。〔四〕日方中方睨，物方生方死。〔五〕大同而與小同異，此之謂小同異；萬物畢同畢異，此之謂大同異。〔六〕南方无窮而有窮。〔七〕今日適越而昔來。〔八〕連環可解也。〔九〕我知天下之中央，燕之北越之南是也。〔一〇〕氾愛萬物，天地一體也。』〔一一〕

惠施以此爲大，觀於天下而曉辯者，〔一二〕天下之辯者相與樂之。〔一三〕卵有毛，雞三足，〔一四〕郢有天下，犬可以爲羊，〔一五〕馬有卵，丁子有尾，〔一六〕火不熱，山出口，〔一七〕輪不蹍地，目不見，〔一八〕指不至，至不絕，龜長於蛇，〔一九〕矩不方，規不可以爲圓，鑿不圍枘，〔二〇〕飛鳥之景未嘗動也，鏃矢之疾而有不行不止之時，〔二一〕狗非犬，黃馬驪牛三，〔二二〕白狗黑，孤駒未嘗有母，〔二三〕一尺之捶，日取其半，萬世不竭。〔二四〕辯者以此與惠施相應，終身无窮。〔二五〕

桓團、公孫龍辯者之徒，飾人之心，易人之意，能勝人之口，不能服人之心，辯者之囿也。〔二六〕惠施日以其知與人之辯，特與天下之辯者爲怪，此其柢也。〔二七〕然惠施之口談，自以爲最賢，曰『天地其壯乎，施存雄而无術！』〔二八〕南方有倚人焉曰黄繚，問天地所以不墜不陷，風雨雷霆之故。〔二九〕惠施不辭而應，不慮而對，徧爲萬物說，說而不休，多而无已，猶以爲寡，益之以怪。〔三〇〕以反人爲實而欲以勝人爲名，是以與衆不適也。〔三一〕弱於德，强於物，其塗隩矣。〔三二〕由天地之道觀惠施之能，其猶一蚊一虻之勞者也。〔三三〕其於物也何庸！夫充一尚可曰愈，貴道，幾矣！〔三四〕惠施不能以此自寧，散於萬物而不厭，卒以善辯爲名。〔三五〕惜乎！惠施之才，駘蕩而不得，逐萬物而不反，是窮響以聲，形與影競走也。悲夫！〔三六〕

【釋義】

〔一〕**惠施多方** 惠施，莊子之友。方，方術。錢穆《纂箋》引日人武義内雄之說，以爲此節乃北齊杜弼所注之《惠施》篇，爲崔譔、向秀所不取，郭象取他本附於《天下》之末。行甫按：惠施之學由墨家『談辯』派而流於名家自然哲學一路，實則横空出世，無復依傍。故本篇述惠施則不言『古之道術有在於是者』而惠施『聞其風而悦之』。其次，雖然莊子主張『齊物』，是非『兩行』，不屑於『口辯』，其實二人之學，互有啓迪。再次，惠施、公孫龍及其名辯學派，實乃戰國學術大宗，流布甚廣，人徒孔殷，而述評戰國學術不可不論及其學，是以附於篇末，且較諸家之學亦多所臧否，理所固然。至於北齊杜弼因喜惠施之學而爲之專門作注，與晉人魯勝於《墨子》一書獨注《經》與《經說》而稱爲《墨辯》之心理及其動機同，是以既不能證明此即杜弼所注之《惠施》篇，亦不能證明莊書另有《惠施》篇。**其書五車** 書，簡冊。行甫按：《墨子·貴義》「子墨子南遊使衛，關中載書甚多」，而惠施則「其書五車」，言其博學，爲下文「其道舛駁」張本。**其道舛駁** 道，猶學說。舛，乖戾。駁，雜亂。**其言也不中** 中，猶得。行甫按：其言不中，謂其認知判斷與常識不相合。

〔二〕**厤物之意** 厤，通覈，猶考覈。《釋文》：「古歷字，本亦作歷。物之意分別歷說之。」行甫按：厤物，猶「覈物」，即考覈事物。《史記·滑稽列傳》「桐歷爲棺」，司馬貞《索隱》：「歷，即釜鬲也。」《說文》：「鬲，鼎屬也。象腹交文，三足。䰛，鬲或從瓦。𤮍，漢令鬲從瓦厤聲。」則鬲、歷、䰛、𤮍四字皆音同義通。《楚世家》「居三代傳器，吞三翮六翼，以高世主」，《索隱》：「三代之傳器，謂九鼎也。翮，亦作䰛，同音歷。」則翮、䰛皆從鬲得聲。《廣韻·麥韻》「覈」小韻收「翮，下革切」；「隔」小韻收「鬲、槅，古核切」。則隔、槅、翮同爲鬲聲，既可讀「古核切」，亦可讀「下革切」。是鬲聲之字必有與「覈」字相通者，左思《蜀都賦》「金罍中坐，肴槅四陳」，正「槅」與「覈」相通之例。則「厤物」若「歷物」即「覈物」若「核物」，無所可疑。《說文》「覈，實也。攷事襾笮邀遮其辭得實曰覈」，段玉裁注：「凡有骨之偁也。襾者，反覆之。笮者，迫之。徼者，巡也。遮者，遏也。言考事者定於一是，必使其上下四方之辭皆不得逞而後得其實，是謂覈。此所謂咨於故實也，所謂實事求是也。骨，肉之覈也。蔡邕注《典引》曰：「有骨曰覈」，《周禮》「其植物曰覈物」，謂梅李之屬。按《詩·小雅》「肴覈維旅」，《典引》及注不誤。《蜀都賦》作槅，假借字也。今本作核，傳譌也。《周禮》經作「覈」，注作「核」，蓋漢人已用核爲覈矣。」則「厤」、「歷」與「翮」通，「翮」與「槅」同讀，「槅」又通「覈」，是「厤物」若「歷物」即「覈物」，猶言反覆考覈事物以推求其實。行甫按：《尚書·堯典》「厤象日月星辰」，謂考覈天象日月星辰之會，其用字及文法皆同。參見拙著《尚書釋讀》。意，猶理。章太炎《解故》：『意者，《禮運》云「非意之也」，注：「意，心所無慮也。」《廣雅・釋訓》：「無慮，都凡也。」在心計其都凡曰意，在物之都凡亦曰意。「厤物之意」者，陳數萬物之大凡也。』行甫按：章氏之說可從，猶言惠施考覈萬物，歸納其抽象之理，今所謂『物理』者，卽其義。**曰至大无外** 曰，猶爲。至大，猶極大。无外，猶言沒有邊界。**謂之大一** 大一，猶言最大而無邊界之整體。**至小无内** 无内，猶言不可分。**謂之小一** 小一，與『大一』相對，猶言最小而不可分之整體。《秋水》：『夫自細視大者不盡，自大視細者不明。夫精，小之微也；垺，大之殷也；故異便，此勢之有也。』行甫按：惠施此條乃綜合《墨經》關乎宇宙時空與物體分割之相關界定而後融合莊子『精粗』之說以成其『大一』與『小一』之邏輯概念。參見拙著《中國早期文化意識的嬗變》第三卷下册第十八章《公孫龍的學術前緣：眾壑分流與墨惠承衍》第六節《散名曲期與惠施的厤物之意》相關論述，茲不贅引。

〔三〕**无厚** 厚，猶厚度。**不可積** 積，堆積，積累。**其大千里** 大，指面積而言。行甫按：凡物皆有三維體積，此說乃離體而言面，超越具體之物而進入形上之論。

〔四〕**天與地卑** 卑，通比，接近。孫詒讓《札迻》：『古卑聲比聲相近，字多通用。《孟子・萬章》篇「有庳」，《白虎通義・封公侯篇》作「有比」，是其例。』**山與澤平** 平，平齊。行甫按：墨子《經下》：『取下以求上，說在澤。』《經說下》：『說：取。高下以善不善爲度，不若山；澤處下善於處上，下所謂上也。』今人李耽曰：科學地測量高下，當以絕對高度之多（『善』）與少（『不善』）爲依據，不可如常言所謂『山高』，僅與山腳地面相比較。『澤』對周邊地面言乃『處下』，但是就絕對高度少於它的『山』而言，則是『處上』。正如一盆水放在桌上，水面對屋頂說是『處下』，對地面說則是『處上』。是『取下以求上』卽先建立『下』的標準點然後求上，現代世界以海平面爲基準測量陸地與山峯，稱之爲海拔高度，卽是其理（《先秦形名之家考察》，湖南大學出版社一九九八年版，第二一七—二一八頁）。因此，經驗中常見的在高在下，並非絕對的在高在下，如果確定高下的參照平面發生位移，則孰在高孰在下也就不能一概而論了。『天與地卑，山與澤平』的命題，正是這一思想的邏輯拓展。『天』與『地』在經驗直觀中乃是高下之極，《荀子·儒效篇》『至高謂之天，至下謂之地』，《說文》『天，顛也，至高無上，從一大』，《釋名》『天，顯也；在上高顯也。地，底也；其體低下載萬物也』，皆爲直觀經驗中無比正確的常識之談，其參照物就是不能離開地面而生存的人類之眼。但是，如果確定『天』與『地』及『山』與『澤』之高下的參照物一旦發生位移，換言之，在遙遠的天地之外如果有一隻眼睛，看到『天與地卑，山與澤平』的景象也就不足爲怪了。然而這個天地之外的參照物或另一隻眼究竟在何處，惠施很想知道，但以當時之科學與技術，他根本無法知道，故曰：『天地其壯乎，施存雄而无術。』但惠施超越經驗直觀的另一隻眼卻來自於莊子的想象力。《秋水》：『計四海之在天地之間也，不似礨空之在大澤乎？計中國之在海內，不似稊米之在大倉乎？號物之數謂之萬，人處一焉；人卒九州，穀食之所生，舟車之所通，人處一焉。此其比萬物也，不似豪末之在於馬體乎？』莊子這段文字，便是不斷地變換著比較的參照系，其思維過程及其參照對象也不斷地由大到小。如果將莊子這種由大到小的思維過程逆轉過來，由小到大不斷地推出去，其參照對象愈來愈大，其視野也愈來愈拓展，以至於『天與地卑，山與澤平』，當然就是合乎邏輯的結論了。

〔五〕**日方中方睨** 方，猶當。睨，音倪，猶斜。**物方生方死** 於人爲生死，於物爲成毀。《齊物論》：『其分也成也，其成也毀也。』行甫按：此命題與爲規槷以測日影定方向相關。《墨子·經上》：『日中，正南也。直，參也。』但有《經》而無《說》。《周禮·考工記》：『匠人建國，水地以縣，置槷以縣，眡以景。爲規識日出之景，與日入之景。晝參諸日中之景，夜考之極星，以正朝夕。』中國處赤道之北，自日出至日入之影，皆在臬北，日中之影在正北，日中之日在正南。自日出之影到日入之影，以其東西影長之中垂線爲界，分爲兩段，東西影端之長的中垂線與日中之影正好重合，因而既是日升之終點，也是日昃之始點。而且，自日升之時開始，每一刻都在不斷地向日昃接近，也就是日昃的開始，則『日方中方睨』也就包含著『日方升方睨』的理論内涵。由此卽可通過邏輯演繹而推出『物方生方死』。然而，惠施『方生方死』乃考察物理，莊子『方生方死，方死方生』則表述超越是非成毀之心境。此乃莊子與惠施之同與不同。

〔六〕**大同而與小同異**　大同，大部分相同，卽大同小異。小同，小部分相同，卽小同大異。異，不同。**此之謂小同異**　小同異，部分相同與部分相異。**萬物畢同畢異**　畢同，完全相同。畢異，完全不同。**此之謂大同異**　大同異，完全相同與完全相異。行甫按：小同異，來源於《墨經》『同：重、體、合、類』及『異：二、不體、不合、不類』的同異界定；大同異，來源於《墨經》對『同異交得』的現象觀察以及莊子『視同視異』的境界之論，從而形成了惠施既不同於墨子亦不同於莊子的『厤物之意』。

〔七〕**南方无窮而有窮**　窮，猶盡，止。《墨子·經下》：『無窮不害兼，説在盈否。』《經説下》：『無。「南者有窮則可盡，無窮則不可盡。有窮無窮未可智，則可盡不可盡亦未可智。人之盈之否未可智，人之可盡不可盡亦未可智。而必人之可盡愛也，誖。」「人若不盈無窮，則人有窮也，盡有窮，無難。盈無窮，則無窮盡也，盡有窮，無難。」』行甫按：此乃墨子回應時人對『兼愛』説的邏輯質疑。質疑者認爲，其一，南方如果有窮，其邊際就是可以達到的；南方如果無窮，其邊際就是不可達到的。既然有窮還是無窮不可知，則其有無邊際也不可知。其二，如果南方是有窮的，則充斥於南方的人就是有數的；如果南方是無窮的，則充斥其間的人也是無數的。既然南方之有無邊際不可知，則南方之人有數無數也不可知。因此，既不能肯定南方是不是有窮，也不能肯定充斥於南方的人是不是有數，那麼説『兼愛』就是不合邏輯的。墨子則利用『二難推理』加以回應：其一，如果南方是沒有邊際的，而充斥於其間的人是有數的；那麼，盡愛這些有數的人是不存在困難的。其二，如果無窮的南方竟然能被人所充滿，則無窮就變成有窮了，盡愛這些有窮的人也是不存在困難的。然而墨子的回應雖然巧妙，但始終沒有接觸到問題的本質。他既沒有否定『無窮』，也沒有否定『有窮』，也不是二者必居其一，這就恰好暗示著『南方无窮而有窮』。而惠施則認爲，南方既是『无窮』又是『有窮』，兩者並不相互排斥，但如何論證卻不得而知。《則陽》載惠施薦戴晉人説魏惠王『遊心於无窮，而反在通達之國』，其論證方法與此命題當有某種程度的思想關聯。不過，祇要將『有窮』涵於『无窮』，則『南方无窮而有窮』的命題卽可有效。反之，將『无窮』加於『有窮』，則『南方无窮而有窮』的命題亦可有效。此外，通過『有窮』以達於『无窮』，則『南方无窮而有窮』的命題仍然有效。

〔八〕**今日適越而昔來**　適，往。昔，猶昨。來，至。行甫按：此命題嚴重違背常識，以致《齊物論》作爲虚假命題進行歸謬論證：『未成乎心而有是非，是今日適越而昔至也。』當然，違背常識，未必違背科學。《周髀算經》：『故日運行處極北，北方日中，南方夜半。日在極東，東方日中，西方夜半。日在極南，南方日中，北方夜半。日在極西，西方日中，東方夜半。凡此四方者，天地四極四和，晝夜易處，如四時相反。』則時間之早晚隨東西南北之方位變化而有不同。此命題乃在凸顯南北時間早晚之不同以及東西時差之異。古代天文歷象之學，是本命題的學理基礎，莊子的齊物之論，不是惠施此題的立説依據。

〔九〕**連環可解**　連環，兩環相貫。《淮南子·俶真》：『智終天地，明照日月，辯解連環，辭（原文作澤，據王念孫説校改）潤玉石，猶無益於治天下也。』楊俊光《惠施公孫龍評傳》據此以爲『連環可解』當爲『辯解』而非實解。然如何『辯解』，楊氏未之及。行甫按：《墨子·經上》：『儇，稘秖。』《經説上》：『儇，昫民也。』孫詒讓《閒詁》：『當爲「環俱柢」，皆聲之誤。俱，《説》作「昫」，音亦相近。秖，《説》作「民」，當作「氐」，卽「柢」之省。』《爾雅·釋器》『邸謂之柢』，郭璞注：『根柢皆物之邸，邸卽底，通語也。』李耽《先秦形名之家考察》以『割圓術』的思路解釋此條《墨經》曰：『圓的邊是曲線，而分解開來，則處處爲直線。卽謂圓是無限多直線合成的。晉代數學家劉徽用「割圓術」求圓周率，其方法是把圓化作內接正多邊形，求這個內接正多邊形的邊長之和與圓的半徑之比。當圓的內接正多邊形的邊趨向於無窮多時，圓周變成無限多直線段的組合，故曰「圓俱柢」。』李氏解釋『儇，稘柢』的然有見，圓環之所以能旋轉或滾動甚至直立，正由其所在爲『柢』。而所在爲『柢』之『柢』既然可以視爲平直之線段，或可正是『圓環』之所以『可解』的思想路徑或邏輯前提。『圓環』既然在理論上或思辨中可以『解』爲無數之『柢』，則『連環』亦可依之而作『解』。則惠施『連環可解也』之命題，正是以墨子『儇，稘柢』之經驗觀察爲前提所作的思辨性推論，並非墨子思想的簡單重複，而是超越經驗直觀的邏輯思辨。

〔一〇〕我知天下之中央　天下，王孝魚《校記》：『世德堂本無下字。』行甫按：有無『下』字不害文意。

燕之北越之南　燕，燕國，在北。越，越國，在南。王先謙《集解》：『此擬議地球中懸，陸路可達，故燕北即是越南，與鄒衍瀛海之談又別。』行甫按：《墨子·經下》：『正而不可擔，說在摶。』《經說下》：『正，凡無所處而不中縣，摶也。』吴毓江《校注》：『擔借爲儋。《說文》曰「儋，安也」，《淮南子·俶真訓》注云「儋，定也」。《說文》曰「摶，圓也」。《道藏》諸本「凡」字作「九」，陸本及《四庫》諸本作「凡」，茅本及緜眇閣諸本作「几」，即「凡」之壞字。《說文》曰「凡，圓也，傾仄而轉者。從反仄」，俗字作「丸」。渾圓之謂丸，「無所處而不中縣」即所謂「正」，其體易轉不能安定。《尹文子·大道篇》曰「因圓者之自轉，使不得止」，《淮南子·原道訓》曰「員者常轉」，《論衡·狀留篇》曰「圓物投之於地，東西南北無之不可，策杖叩動，才微輒行」，皆謂圓物易轉不定也。』吴氏校讀及釋義皆是。此條《墨經》乃描述球體之性質，可謂曲盡其妙。球體雖傾仄不定，但又無時無處不可垂直而正立，則所在皆中之故。惠施以『燕之北越之南』爲『天下之中央』，正是墨子此條《經》與《經說》的邏輯放大，通過類比推理即可依思辨玄想而得之。但也並非全無根據的玄想，因爲古人設想地爲懸浮於大氣之中的球體，亦有明文可徵。《黃帝內經·五運行大論》：『黃帝曰：「地之爲下否乎？」岐伯曰：「地爲人之下，太虛之中也。」曰：「憑乎？」曰：

「大氣舉之也。」』沈括《渾儀議》：『臣嘗讀黃帝《素問》書：「立於午而面子，立於子而面午，至於自卯而望西，自西而望卯，皆曰北面。立於卯而負西，立於西而負卯，至於自午而望南，自子而望北，則皆曰南面。」臣始不諭其理，逮今思之，乃常以天中爲北也。常以天中爲北，則蓋以極星常居天中也。《素問》尤爲善言天者。』子爲正北，午爲正南；卯爲正東，酉爲正西。立於南而面向北，立於北而面向南，自東而望西，自西而望東，皆稱爲『北面』。而立於東而背向西，立於西而背向東，自南方而向南望，自北方而向北望，皆稱爲『南面』。顯然，謂之『北面』者，乃自東西南北相對而望；謂之『南面』者，乃自東西南北相背而望。是知此『北面』與『南面』者，乃向背之稱，面對面相望者，皆爲『北面』，背對背相望者，皆爲『南面』。正是今所謂東半球與西半球或者南半球與北半球之別，則謂古人已知地爲圓形之球體且懸浮於大氣之中。當然，惠施的地圓思想與莊子『天鈞』與『天倪』之說，也有某種思想關聯。所不同者，莊子『天鈞』與『天倪』，有旋轉無端性質，而惠施地圓思想似乎沒有球體轉動之意。因此『南方无窮而有窮』，『今日適越而昔來』，『我知天下之中央，燕之北越之南是也』諸論題，皆有地圓說的因素，但的然不見地動說的痕跡，亦無庸諱言。

〔一二〕**氾愛萬物** 氾，猶溥。**天地一體** 一體，猶同體。行甫按：惠施『厤物十事』，前九事可分爲兩組，前四事爲一組，後五事爲一組。前四事從『量』的角度討論同異問題，後五事從『質』的角度討論同異問題。第一組：『至大无外，謂之大一；至小无內，謂之小一』，從總體上說明事物之『量』在幅度上有『大一』與『小一』之別。『大一』是一種連續的『量』；『小一』是一種分離的『量』。這種連續的『量』與分離的『量』，不僅在性質上有區別，如『大一』可分，『小一』不可分，有時還是相互外在彼此獨立的。『无厚，不可積也，其大千里』，正是强調『无厚』之『小一』與『其大千里』之『大一』可以是相互外在而彼此獨立的，因而其差異與區別也是十分顯著的。不過，惠施認爲，這種相互外在與彼此獨立而有所區別的『量』，祇是在人類的常識範圍內呈現出來，一旦超越了常識範圍，這種有區別且不相容的『量』旋卽消失，或者卽使有所呈現，也與常識的意義截然相反。所謂『常識』，卽通過人類固有的生理感官所認知的某種現象，或者根據人類自身所固有的思維方式而得到的某種結論。如山有高水有深，天在上地在下，皆爲直立行走的人類肉眼感官所觀察的結果。一旦超越了人類的生理感官範圍，或者改變了人類長期依賴感官所形成的既定思維方式，那麼這種通過感官所形成而長期被認爲是普通常識的認知成果或所謂放之四海而皆準的思維結論，便立刻遭到質疑而發生改變。『天與地卑，山與澤平』，『日方中方睨，物方生方死』，便是超越了人類既有的生理感官範圍與既定的思維方式之後所得之結論。因此，大與小，高與低，長與短，中與睨，甚至生與死，諸種『量』的分別與差異，都是與人類的生理感官相應以及與這種感覺方式密切相關的思維方式所形成的意見，一旦超越了這種生理感官及其思維方式，一切差異便消失了。因而常識範圍中是『異』，在超常識的範圍中便可能是『同』。第二組：『大同而與小同異，此之謂小同異；萬物畢同畢異，此之謂大同異』，這是從總體上說明事物在『質』的方面，雖然有『小同異』與『大同異』的程度不同，但無論是『小同異』還是『大同異』，終歸是有『同』有『異』。同理，這些不同程度的『同』和『異』，仍然衹是人類常識的直觀範圍內的『同』和『異』。一旦超越了常識的直觀範圍，或者改變了觀察立場，或者是改變了思維方式，這種常識範圍中的『同』和『異』，也就可能發生本質的變化，以致形成與常識截然相反的結論。例如，形式邏輯的矛盾律是人類若正確地思維所必須遵循的一般思維規律。而且矛盾律要求思維者不能在同一時間對於同一對象既加以肯定又加以否定。不言而喻，『无窮』與『有窮』，是二個互相矛盾的謂詞，作爲概念，其基本內涵也截然相反，因而二者具有『質』的差異。然而『南方无窮而有窮』的命題，卻將這二個本質截然相異的概念在同一語境中結合在一起述說同一對象，顯然嚴重違反了矛盾律的一般思維常識。但是如果設想我們腳下的大地是個圓形的球體，而不是按感官常識所認知的那樣，是個方形的平板，那麼『南方无窮而有窮』就是在陳述某種可能的事實而不存在任何矛盾。同理，時間的一維性與不可逆性，也是一般人的經驗常識，『今』與『昔』也是絕對不相容的矛盾概念，人的旅行活動在任何時候也都是『先敷近』而『後敷遠』，因而『今日適越而昔來』，就是超出一般人之時空常識的悖論。但是『今』與『昔』可以理解爲在一定空間範圍內的時間規定。在某個既定空間根據日出與日入的相對時長所形成的『今』與『昔』的劃分，可能與在另一個不同空間所作的『今』、『昔』劃分是不相值的。也就是說，一旦我們改變了空間的參照範圍，『今』與『昔』的時間差異，也就不存在了，因而同一時間的日出與日入，此空間認作『今』而彼空間認作『昔』。因此，『今日適越而昔來』的悖論，在這種觀察視野及其思維方式之中，也就有了超越常識的時空理據。此外，『連環可解也』以及『我知天下之中央，燕之北越之南是也』，在一般常識看來，也無不違背常識而成悖論。但是，如果改變了固有的既定思維方式，或者變換了原來的觀察立場與觀察視角，則一切矛盾即可消融而悖論也就不存在了。由此可見，惠施認爲，無論是『量』的同異或『質』的同異，祇是在人們的感官經驗所形成的常識範圍之內以及與此感官常識相應而形成的固有思維方式中呈現的差別與異同，一旦超越了常識範圍，或者改變了以人類的感官經驗爲依據的思維方式，其差別與異同就不存在了。準此，惠施認爲，在人們的一般常識範圍之中，事物是有差異的，因而『萬物』皆是具體而個別的，在這個意義上，惠施說『氾愛萬物』。但是，在超越常識範圍或者改變了常識的思維方式而進入一種超越的理性思辨範圍，事物的差別與同異又是不存在的，因而『萬物』又是同一的，在這個意義上，惠施說『天地一體也』。因此，我們有足夠的理由說，這個論題是惠施『麻物之意』的最後總結。由此亦可知，惠施並非完全擯棄『同異』之別，更不是無條件地主張『合同異』。

〔一二〕**惠施以此爲大**　大，猶言綱要。**觀於天下而曉辯者**　觀，猶顯示，炫耀。曉，猶論證。辯者，習於論辯之士。行甫按：惠施『麻物之意』一方面繼承了墨子《經》與《經說》之感官經驗的常識性『散名之學』，另一方面又接受了莊子超越的思想影響，從而形成了超越感官經驗的思辨性自然哲學與超越的『名辯之學』。然而，就

『名辯之學』而言，是應在常識的範圍思考與建立一般形式邏輯的名學體系，還是在超越常識的思辨範圍思考與建立某種辨證的名學體系，這決定著未來『名學』發展的不同方向。然而，辯者之徒，卻沿著惠施的思辨路綫，比惠施走得更遠。以致公孫龍以及後來的荀卿，雖然在不同程度以及不同的理論層面對惠施及其辯者的名學思想有所繼承與發揮，但同時也在較大程度上有所矯正與批評。

〔一三〕**天下之辯者相與樂之**　樂之，以論辯爲樂。行甫按：惠施『厤物之意』以超越常規的認知方式，以及突破形式邏輯規律的思維方法，創建了思辨的自然哲學。這是一次思想方法的大解放，其直接後果就是引發當時學術界對既往司空見慣的自然現象以及普通常識認爲堅確不移的思想結論，進行廣泛而深入的重新考量，從而將惠施思辨的自然哲學推向了新的高峯，同時也將超越的『名辯之學』所潛在的問題暴露得更加充分，更加徹底。於是惠施的追隨者『辯者之徒』欣喜若狂地運用惠施的思想方法，大肆懷疑既往的一切事物與現象，無所顧忌地掀翻常識中人們所普遍認可的思維習慣。

〔一四〕**卵有毛**　卵，羽禽類動物之種，如雞蛋。毛，毛羽。行甫按：此論題或可從兩個不同角度論證：一是潛在論，一是物種循環互變論。《釋文》引司馬彪云：『胎卵之生，必有毛羽。雞伏鵠卵，卵不爲雞，則生類於鵠也。毛氣成毛，羽氣成羽，雖胎卵未生，而毛羽之性已著矣。』此爲潛在論的解釋。馮友蘭曰：『鳥類之毛謂之羽，獸類之毛謂之毛。鳥類卵生，獸類胎生。辯者說「卵有毛」，就是說，卵可以出有毛之物，也就是說，鳥類可以產生獸類。』（《中國哲學史新編》第二冊，人民出版社一九八四年版，第一七六頁。）此爲物種循環互變論的解釋。由《寓言》與《至樂》可知其時有所謂『萬物皆種也，以不同形相禪』以及『萬物皆出於機，皆入於機』的物種循環互變思想。因此，無論以潛在論抑或物種循環互變論證明『卵有毛』，皆可自圓，更何況現代生物學對『鴨嘴獸』之繁殖習性的考察與研究，足證『鳥類可以產生獸類』的物種循環互變並非無稽之談。然而，潛在論也罷，物種循環互變論也罷，雖然在改變了常規思維方式的思辨前提下皆可以持之有故，言之成理；也就是說，卽使由『卵』所出之雞是有『毛』的，但在以『卵』爲存在狀態的生命階段，『卵』畢竟是沒有『毛』的。退一步說，卽使古人已知世界上有所謂『卵』可生『毛』的『鴨嘴獸』，但『鴨嘴獸』之『卵』所生仍爲『鴨嘴獸』而不是『豬嘴獸』。況且卽使有能生『豬嘴獸』的『卵』，但『卵』畢竟是『卵』，至於它是生『雞』還是生『獸』，那也是經過孵化之後的事。因此，說『卵有毛』，忽視了事物發展過程，泯滅不同發展階段的差異性，將潛在與現在混爲一談，因而與同一律的思維邏輯直接衝突。而且由此以往，勢必引起社會語言的混亂。**雞三足** 三足，三隻足。行甫按：此論題有多解，但主要有二。一是據《養生主》以形與神相對而爲說。司馬彪曰：『雞兩足，所以行而非動也，故行由足發，動由神御。今雞雖兩足，須神而行，故曰三足也。』二是據《公孫龍子・通變論》以形象與數象有別爲說。錢基博《疏記》：『夫雞足數之則二，而二足同成一象曰雞足，故一爲形象，一爲數象；形象則一，數象乃二，二與一爲三，故曰「雞三足」。』由此二說引伸，則有『名實通言』說，『實相與共相相加』說，『左足與右足皆與足不同』說，不一而足。諸說皆有理據而可通，但『辯者之徒』取意如何，不得而知。至於《公孫龍子・通變論》之『謂雞足一，數足二，二而一，故三。謂牛羊足一，數足四，四而一，故五』，據其語境乃以『類之不同』爲辯，以『雞足』與『牛羊之足』加以區別，未必與『辯者之徒』立說全然相同。然而『辯者』此題不辨名言之『虛』與物體之『實』，無條件地等同『形』與『數』，如果沒有更爲完善以及更高層次的理論體系作支撑，勢必流於謔談，難爲一般常識所能肯認。而公孫龍《指物論》之所以不憚其煩反覆論證『指』與『物』的區別與聯繫，職是之故。

〔一五〕**郢有天下** 郢，楚國都城。行甫按：辯者如何論證此題，今不得而知。解之者亦形同射覆，衆說紛紜而莫可究詰，而以下四說爲代表。胡適曰『郢雖小，天下雖大，比起那些無窮無極的空間來，兩者都無甚分別，故可說「郢有天下」』，乃將『郢』與『天下』放在更大的宇宙空間作比較，使『郢』與『天下』之差別忽略不計。錢基博曰『辯者言「郢有天下」者，猶宋儒云「一物一太極」也』，此認惠施之『大一』與『小一』同爲『一』並以『大宇宙』等同於『小宇宙』而作解。顧實曰『天下有郢，以大名統小名者，實也。一轉而言郢有天下。以小名統大名，二名換位者，名也』，此以邏輯換位而作解。馮友蘭曰『郢是楚國的京城，跟天下比較起來，是小得多了。但其小是相對的，天下的大也是相對的，所以因其所大而大之，郢可以說是「有天下」』，此依莊子『視同視異』的相對論作解。諸說之是與非，無從質證，要皆自有其理而可通。然『郢』乃『天下』之部分，『天下』亦非僅一『郢』而已，是『天下』爲全稱，『郢』爲特稱，職是之故，說『天下有郢』則可，說『郢有天下』則不可。此公孫龍之所以辨『白馬非馬』。**犬可以爲羊** 《釋文》：『司馬云：名以名物，而非物也，犬羊之名，非犬羊也。非羊可以名爲羊，則犬可以名羊。鄭人謂玉未理者曰璞，周人謂鼠未腊者亦曰璞，故形在於物，名在於人。』此謂『名』與『物』有別，且『物』之所以是此『名』而非彼『名』，亦無內在必然之聯繫，不過是人隨方俗習慣而任意指派所得。如鄭人稱未雕琢之玉爲『璞』，而周人稱未風乾之鼠爲『璞』，異物而可同『名』，是『璞』之爲『名』，乃人之約定俗成。既如此，則呼爲『犬』之『物』爲『羊』卽可，反之，呼爲『羊』之『物』爲『犬』亦可。司馬之說極是，或許『辯者之徒』正是依此而立說。不過，在『名』與『物』尚未約定俗成之前，說『犬可以爲羊』固然是真理；倘在『名』與『物』既已約定俗成之後，仍然說『犬可以爲羊』，當然就成謬論。此公孫龍《名實論》與《指物論》所以作。

〔一六〕**馬有卵** 行甫按：此題亦有多種不同之說。《釋文》：『李云：形之所托，名之所寄，皆假耳，非真也。故犬羊無定名，胎卵無定形，故鳥可以有胎，馬可以有卵也。』此據『名』與『物』的約定俗成之說將『卵』與『胎』互換，則所謂『馬有卵』亦無異於『馬有胎』。又有以物種循環互變爲說者，馮友蘭曰：『馬是胎生之物，可是辯者說「馬有卵」，就是說，馬可以爲卵生之物，也就是說，獸類可以產生鳥類。』高亨認爲『馬』爲『辰』字之形誤，而『辰』卽『蜃』之古文。《逸周書》、《國語》、《大戴禮》及《禮記》、《說文》皆有『雉入水爲蜃』之說，『雉』有『卵』，故爲『雉』所化之『蜃』亦有『卵』。高氏亦以物種循環互變之說爲基底作解，至於以『馬』爲『辰』之形譌，則此論題乃淪爲形式邏輯的常規性推理，辯者之意，決非如此，是知高氏形譌之說之非。要之，此題不僅變亂既有之名實關係，更『以无有爲有』，是以公孫龍提出『實』之於『物』具有『位』的規定性之『正名』學說。**丁子有尾**　丁子，說者不一，馬敍倫《述義》所集衆家之說俱在，茲不贅錄。今多從成玄英《疏》『楚人呼蝦蟆爲丁子』，則『有尾』的『丁子』卽『蝌蚪』。汪奠基曰：『本題辯說的理由，是謂蝦蟆方有尾方無尾的轉化過程，就是他離形化生與有無共相的表現。換句話說，對於丁子化生的表現說，謂之有尾的丁子，而無尾的蝦蟆卽在；謂之無尾的蝦蟆，而有尾的丁子亦存。但這裏衹是講化生過程的情況，如果衹抓住這一「有無」轉化的過程，來混同蝦蟆與蝌蚪兩個不同的現實，則在邏輯上就是名實不符，在語言上亦有「不喻之患」。』此題之所以辯說的理由及其實際的言說謬誤，汪氏之說差爲得之。無尾之蝦蟆由有尾之蝌蚪蛻化而來，然蛻化之前有尾並不等於蛻化之後有尾。因而蝌蚪就是蝌蚪，蝦蟆就是蝦蟆，蝌蚪有尾而蝦蟆無尾。說蝦蟆有尾，仍然是忽視事物的轉化過程，泯滅不同發展階段的差異性，違反同一律而導致言語混亂以致『名實相乖』，此之所以公孫龍强調『名』之於『實』具有『位』的規定性。

〔一七〕**火不熱**　熱，火的自然屬性。行甫按：此題解說，傳統與現代不同。傳統多以《達生》『至人潛行不窒，入火不熱』爲據而從主觀感覺立論，《釋文》：『一云：猶金木加於人有楚痛，楚痛發於人，而金木非楚痛也。如處火之鳥，火生之蟲，則火不熱也。』顧實曰：『火不自知其熱，待人之以爲熱而後熱，故曰火不熱也。秦毓鎏曰：「知火之熱，由於我之有覺。若我無覺，安知火熱。故熱在人，不在火也。」秦說是也。蓋充辯者之旨，可以赴湯蹈火而不顧，故墨辯著而墨徒勇，誰謂辯者無益於人哉？《達生》篇曰「至人入火不熱」，此亦其事實矣。』現代解說以馮友蘭與汪奠基爲代表。馮氏曰：『可從認識論及本體論兩方面說，從本體論方面說，火之共相衹是火，熱之共相衹是熱，二者絕對非一。具體的火雖有熱之性質，而火非卽是熱。若從認識論方面說，則可以說火之熱乃由於人的感覺，熱是主觀的，在我而不在火。』汪氏曰：『從知覺上説，覺火則知熱；從概念上説，知火之名，並不覺有火之熱。在惠施合同異的觀點下來看，當以共相爲名。火是共相之火，熱是共相之熱，太陽熱非火，火星以火名而不熱。』由此二説引伸，今人劉利民曰：『作爲語詞意義，作爲人關於火的概念化認識，「火」當然不是熱的。火的熱度是人所經驗到的客觀現象。而「火」是關於火的語言性抽象之「名」，這是兩個不同邏輯層面的問題，不容混淆。』（《先秦『辯者二十一事』的語言哲學解讀》，《哲學研究》二〇〇九年第九期。）三氏之説，即：表達事物屬性的語詞不等於事物屬性本身。《墨子・經下》『火必熱，説在頓』，《經説下》『説火。見火謂火熱也，非以火之熱我有，若視日』，李耿曰：『火不熱，是説火不立刻熱人』，《經》意是説：『火必定會熱的，不過稍有一定時間間隔』，《説》意是説：『見到火就説火熱，並不是因爲火的熱度立刻就會感覺到，如同晒太陽，必得晒過一陣之後方覺暖。』因此，李氏認爲『火不熱』是《墨經》此題的另一種陳述方式。然事實上，《墨經》旨在探究熱的傳播需要時間，與『知而不以五路，説在久』論知識形成記憶需要時間之論旨相同而立意稍異。由《墨經》之説，大可產生現代物理學中所謂熱律學。至於辯者乃就《墨經》既有話題而另作思想發揮，其意則如馮、汪諸氏所説，乃在討論實物、語詞、概念三者之間的邏輯區別，而公孫龍《指物論》與此題有著深度的學理關聯。當然，亦有似於『雞三足』的命題，如果没有深邃的學理論證，辯者所持之『火不熱』的命題便形同戲論。而世人多誤以爲《墨經》的常識之論必以辯者『詭論』爲標靶而批評之而抨擊之，其致誤之由，乃在不明墨子與辯者之徒所關注的問題根本不在同一思想層面。

山出口 顧實曰：『山本不自名爲山，出乎人之口呼以爲山。且出乎人之口呼以爲某山某山，而後名爲某山某山。故曰「山出口」也。』謂山之所以稱爲『山』，是由人的語言所派定的。聯繫《荀子・不苟篇》『入乎耳，出乎口』之摘引，顧氏之説大抵近實。劉利民認爲，應予『山出口』之『山』字加上引號寫成『「山」出口』。因『古漢語不重句法結構，更没有標點符號，故名家很可能祇能依靠這種非標點式的語言技術手段』，借以『聲明自己的命題屬於純語言性分析』，因此，『辯者們用類似「出乎口」的聲明，把自己的辯論範疇界定在與可經驗的實在沒有關涉的語言邏輯層面之上』。行甫按：《墨子·經上》：『名：達、類、私。』《經說上》：『說名。物，達也，有實必待文名（原文作有實必文多，依孫詒讓說校改）也。命之馬，類也，若實也者，必以是名也命之。臧，私也，是名也，止於是實也。聲出口，俱有名，若姓字灑（「灑」通麗，匹也）。』謂『名』有三種：『達』者，全稱之名，如『物』，所有之『實』必待之以名，故凡物皆可名爲『物』；『類』者，特稱之名，如馬，凡與馬相『若』者，必然以『馬』爲名；『私』者，單稱之名，如『臧』，某個體之名。然無論『達』名，『類』名，抑或『私』名，皆需人以其『口』而『出』其『聲』，方爲『有名』，『出口』之『聲』與『是實』之『名』的關係，就如人的『姓』與『字』相匹配，有著固定的意義關聯。則墨子已注意到『聲』之『名』與語之實的關係。而辯者之徒則專注於『出口』之『名』的語言分析，大有割裂『名實』關係而論『名』之勢。而公孫龍《指物論》或者意識到這個思路所存在的問題，從而在更高的理論層面討論『指』與『物』的關係。

〔一八〕**輪不蹍地**　馮友蘭曰：『輪之所輾者，地之一小部分而已。輾地的衹是車輪與地相接觸的那一小部分。地的一部分非地，輪的一部分非輪，猶白馬非馬。也可以說，輾地之輪，乃具體的輪；其所輾之地，乃具體的地。至於輪之共相則不輾地，地之共相亦不爲輪所輾。』馮氏既以全體與部分相對爲說，又以本體與實在二分爲說。高亨曰：『輪者，包括輞輻轂以爲名。此輪之界說也。車行而蹍地者，輞也。輞非輪，輞蹍地非輪蹍地。單舉輪不函蹍地之相，故曰「輪不蹍地」。』高氏二說，一是『輪』有輞、輻、轂三個構成部分，而與地實際接觸者是輞而不是輪；二是『輪』的概念不包含『蹍地』的概念。李耽以微分極限爲說，『輪』的外接正多邊形的邊數趨於無窮大時，則其邊長趨於零，故可以說『輪不蹍地』。行甫按：李氏之說，當與惠施『麻物之意』思路從同。爾後轉爲概念分析，則當如高氏所言者。再後又轉爲名理辨析，則當如馮氏所言者。其爲名理辨析，所謂『輪之共相不輾地，地之共相亦不爲輪所輾』，則當寫作『「輪」不輾「地」』，『輪』與『地』皆爲人的思維對象，思維中的『輪』不輾思維中的『地』，此乃公孫龍《堅白論》之所由以作。**目不見**　《墨子·經下》：『知而不以五路，說在久。』《經說下》：『說智。以目見，而目以火見，而火不見，惟以五路智。久不當以目見，若以。』謂知識必須通過口耳鼻舌身五種感官知覺而得，而感官又須外在條件方能起認知作用，如『以目見，而目以火見，而火不見』。然知識也是由長期積累而形成的記憶，對於已經積累於記憶的知識，無須再由感官一一重複感知了。故曰『知而不以五路，說在久』；『久不當以目見，若以目見』。《養生主》『方今之時，臣以神遇而不以目視，官知止而神欲行』，可爲知而不以五路之例證。而《公孫龍子·堅白論》『白以目見，目以火見，而火不見，則火與目不見而神見，神不見而見離』，乃將『白』之『見』，分解爲『目』、『火』、『神』三個條件，三者不俱，『白』即不『見』。與《墨經》之意差近。然而辯者所謂『目不見』，大概不是墨子有關記憶問題的推闡，也與公孫龍《堅白論》所述角度稍有不同。如按今人所說，『目』的語詞或概念，皆不與實際的目具有同一的邏輯意義，則辯者『目不見』所論之旨，乃是『物』與『指』的區分關係。果如此，則與公孫龍《指物論》所思考的問題從同。

〔一九〕**指不至至不絕**　絕，猶止。《列子·仲尼》載樂正子輿引公孫龍言『有意不心，有指不至，有物不盡』，馬敘倫、顧實、馮友蘭、高亨因之疑《莊子》原文當作『指不至，物不絕』。錢基博因司馬彪注『夫指之取物，不能自至，要假物故至也，然假物則指不絕也』，疑原文當作『指不至，指不絕』。《列子》僞書，不足採信。司馬注死於句下，亦不足爲訓。學者多方擅改原文，不可取。行甫按：指，指稱，亦即名號或概念，指稱或名號是用來指稱事物的，但指稱或名號並不是事物本身，因而概念與存在之間，『總有一點距離』，總『有一種分別』（牟宗三：《名家與荀子》，吉林出版集團二〇一〇年版，第三二頁）；而且指稱或名號遠遠不及客觀事物之繁多，是以客觀事物亦不可盡指。英人洛克曰：『普通的實體名稱，亦同別的概括的名詞一樣，所表示的都是物種』（《人類理解論》，商務印書館一九五九年版，第四二二頁），而某一『物種』，實涵該物種之無窮個體。《墨子・經下》『所知而弗能指，説在春也、逃臣、狗犬、貴者』，《經説下》『説所。春也，其勢固不可指也。逃臣，不智其處。狗犬，不智其名也。遺者，巧弗能網也』。此謂某些事物的特徵與屬性是人們熟知的，用以指稱這些事物的特徵與屬性的名稱或語詞也是存在的，但卻無法用這些名稱或語詞去指認與之相關的具體對象。如『春』，是人們所熟知的，但『春』卻『其來不蜕，其往无崖』，且『春』之既來，又在何處？在楊柳，抑或在河水？在陽光，抑或在空氣？是雖有『春』之『名』而無從指認『春』之實。『逃臣』明知其在逃，然不知其藏匿之所，故亦不可指認。《爾雅・釋畜》『犬未成豪，狗』，然介乎『成豪』與『未成豪』之間，則是『狗』抑是『犬』，殊難確定。是以『狗犬，不智其名』，不知當名之爲『狗』，抑或名之爲『犬』，亦不可指認。『貴』與『遺』聲同義通，遺失之物，智巧之人不能失而復得，此與『逃臣』同類，亦不可指認。是則『指稱』與客觀實體之間存在著『指』與『物』的虛位關係，此時，『指稱』的存在價值乃在這個『指稱』所表示的『意義』而不在這個『指稱』的『承擔者』（維特根斯坦：《哲學研究》，商務印書館一九九六年版，第三〇—三一頁）。墨子似乎天才地意識到：用以表達事物的語詞和概念不能等同於事物本身。『指不至，至不絶』，大抵有取於墨子斯義而又有所深造耶？而公孫龍《指物論》所謂『物莫非指，而指非指』，或者正是沿此方向運思的結果，亦未可知。**龜長於蛇**　《墨子・經下》『異類不吡，説在量』，《經説下》『説異。木與夜孰長？智與粟孰多？爵親行賈，四者孰貴？麋與霍孰高？麋與霍孰霍？蚓與瑟孰瑟？』『吡』乃『比』之繁筆，『異類不吡』，即不同類的事物無從比較。樹木的空間長度與夜晚的時間持續是不能比較的，而智慧的多寡與粟米的多寡也無從比較。至於爵位的尊貴，父母的尊貴，德行的高貴，價格的昂貴，這四種不同的『貴』也是不能互相比較的。麋鹿的『高』是與獸類相較而言的，鶴鳥的『高』是與禽類相較而言的，是以麋鹿之『高』與鶴鳥之『高』不可比較。麋鹿之白與鶴鳥之白，乃各白其所白，亦不可相較而比其白。寒蟬淒切的蕭瑟悲鳴與琴瑟淒清的蕭瑟演奏，二者亦不可比較。是以墨子曰『異類不吡，說在量』。然『龜長於蛇』，則同時犯有『麋與霍孰高』與『麋與鹿孰霍』的比較錯誤。司馬彪曰：『蛇形雖長而命不久，龜形雖短而命甚長。』卽使加上一個『命』字作爲比較的範圍，也仍然如同『麋與霍孰霍』相似而犯有『異類不比』的錯誤。不過辯者明知『異類不比』卻要故意『異類』相『比』，公然與墨子立異，或者正是要追問這個『異類不比，說在量』的『量』，究竟應該指向什麼，它的本體意義與實體意義究竟應該如何確定。說『童八齡』與『粟八升』，此『八』與彼『八』皆爲『八』，然『八』與『八』在本質上有何不同？準此，則同樣是『長』，『形』之『長』與『命』之『長』，究竟有何本質的不同？如果不能回答這些問題，那麼說『龜長於蛇』，有何不可？或者這正是辯者之徒所要表達的思想，而公孫龍《通變論》所謂『俱有而類之不同』，『不俱有而或類焉』所要解決的『通』與『變』亦卽語詞的流動性問題，其針對性或者就在於此。

〔二〇〕**矩不方規不可以爲圓**　《墨子·經上》『圓，一中同長也』，《經說上》『說圓。規寫交也』。《經上》『方，柱隅四讙也』，《經說上》『說方。矩見交也』。『一中同長』謂之『圓』，畫『圓』則以『規寫交』而得。『柱隅四讙』，卽柱隅四合，柱隅四合謂之『方』，作『方』以『矩見交』而得。《經上》『法，所若而然也』，《經說上》『說法。意、規、員三也，俱可以爲法』。『法』之本義乃鑄器之模型，以模型爲範，所鑄之器皆與此模型相似。推而廣之，凡可爲樣板者皆可爲『法』。『意』卽『一中同長』之定義，『規』乃作圓之工具，而『員』卽具體之圓形，皆可爲作圓之法。若以『一法』爲型，則其所成者必『盡類』，故《經下》曰『一法者之相與也盡類，若方之相台也，說在方』，《經說下》曰『說。一方盡類，俱有法而異，或木或石，不害其方之相台也。盡類，猶方也，物俱然』。『台』乃古文『㠯』，『㠯』卽『佀』之省，隸變作『似』。猶言如以『方』爲『法』，則所爲之『方』，無論是『方木』抑或『方石』，不影響其『方之相似』。之所以『盡』爲『方』之『類』，就因其『法』爲『方』之故，是以所成之『物』乃『俱』爲『方』之形。然『矩不方，規不可以爲圓』，謂以『矩』或『規』所作之方或圓，都祇是一個具體的方或具體的圓。這些具體的方或具體的圓，可能『盡』方之『類』或者『盡』圓之『類』，也可能在形狀上與方『相似』或與圓『相似』。但『相似』也罷，『盡類』也罷，它們畢竟僅僅是『相似』與『盡類』，而決不是絕對的相等與相同。況且那用以作『方』或作『圓』的『矩』或『規』，也是一個具體的矩或具體的規，它本身不是『方』也不是『圓』，我們憑什麼說『矩』就是方的，而『規』就可以作圓呢？雖然在概念上或定義上盡可以界說『圓，一中同長也』，『方，柱隅四讙也』；但用『矩』所作的方，以『規』所作的圓，能夠保證就是絕對嚴格意義上的『一中同長』嗎？能夠保證絕對嚴格意義上的『柱隅四讙』嗎？既如此，我們用概念或定義所把握的世界，絕對就是那個實在的客觀世界嗎？如果不是，它們之間究竟有多大程度的誤差，或者根本就不是一回事？如果二者不是一回事，那麼我們所擁有的那些概念與界說又有什麼價值呢？或者在我們所擁有的概念與實際存在的客觀世界之中，我們更應該信任哪一個呢？而且，既然在概念與實在之間存在如此重大的差異，我們又如何可能通過概念去把握實在呢？這就是辯者之徒通過『矩不方，規不可爲圓』的命題向墨子『工藝經驗論』提出的形而上學的詰難。而公孫龍《指物論》所討論的『概念虛擬性』問題，正是『指』與『物』之間微妙複雜的即離關係，以及概念世界與實在世界之既疏離又疊合的離合關係。**鑿不圍枘**　鑿，猶斧上插柄之孔槽。枘，音瑞，猶斧柄。行甫按：此命題如『輪不輾地』之論式，亦有三個不同的解釋路徑：一是『麻物之意』的解說。馮友蘭曰：『鑿有孔，枘是孔中之木。具體的鑿和具體的枘總不能完全相合，所以也可以說「鑿不圍枘」。』今人李耽以現代機械工業之『軸』與『孔』的『公差配合』爲說，亦是其例。李氏曰：『「鑿」爲作「孔」工具，故「鑿」亦訓「孔」。「枘，柱也」，現代機械工業「軸」與「孔」的配合密切程度用「公差」表示，稱「公差配合」。「軸」與「孔」的配合做到「公差」爲零的程度是不可能的。這就叫作「鑿不圍枘」。』二是概念分析的解說。高亨曰：『鑿以空爲體，因空立名，鑿則必空，不空非鑿，此鑿之界說也。鑿枘異處，則鑿自鑿，枘自枘，鑿固不圍枘也，鑿枘同處，則其空已塞，鑿體已亡，鑿名已去，而爲非鑿，此時圍枘者乃鑿邊之木，非體空之鑿，是納枘則爲非鑿，是鑿則不圍枘，故曰「鑿不圍枘」。』三是名理辨析的解說。馮友蘭之『或者說』曰：『圍枘的是事實上個體的鑿，至於鑿之共相，則不圍枘。』依此說，則此論亦當寫作：『「鑿」不圍「枘」』。然與『輪不蹍地』一樣，此三種不同的解說路徑，從具體事實的物理考察到概念內涵的邏輯分析，再到語言層面的哲學反省，從而將內在的思維對象與外在的具體事物分離，由此，即可在不同層面上思考『指』與『物』及其相互關係，公孫龍所謂《指物論》與《堅白論》，乃由此路徑而深入其壼奧者。

〔二一〕**飛鳥之景未嘗動**　景，影字之初文。《墨子·經下》『景不徙，說在改爲』，《經說下》『說景。光至景亡，若在，盡古息』。譚戒甫曰：『「改爲」之「爲」，當是「譌」字之省，意即「變動」。且《經》之「景不徙」，當爲「景徙」，「不」字爲衍文。』行甫按：物體之有影，乃由光源之照射；是以若陰影移動，可能有兩個原因。其一，光源固定不動，物體移動，則陰影隨之而動。其二，物體固定不動，光源移動，陰影亦隨之而動。《墨經》之『改爲（變動）』是『光』之『改爲』，還是『物』之『改爲』，當依《經說》而定。物之有影，由光之照射，說『光至景成』乃符光學之理；但《經說》不是『光至景成』，而是『光至景亡』，是知『景亡』之『景』，非『光至』之『光』所成之『景』，而是與原有光源方向相對之『景』，而現在的光源移『至』與原有之『景』相同方向，則原有之『景』消失而已『至』光源對面之『景』乃成。準此，則《經》所謂『說在改爲』，乃『光』之『改』，而非『物』之『改』甚明。而《經說》『若在，盡古息』，仍然是說『光』若永遠固定不變，則其相對之『景』也『盡古』止『息』於同一方位而終古不『改』。由此可見，《經》當作『景徙』，『不』字確系衍文。因爲無論『光』之『改爲』，還是『物』之『改爲』，皆可導致『景徙』，決不可能是『景不徙』。退一步說，即使『光』與『物』同時向同一方向作等速運動，『景』雖然不能有角度變換之『徙』而仍有線性之『徙』，也決然不可能全然『不徙』。是以原文無疑當作『景徙，說在改爲』。不過，『飛鳥之景未嘗動也』，仍然是與《墨經》立異之論。因爲即使『光』與『物』同時向同一方向作等速運動，『景』雖然不能有角度變換之『徙』，但仍然有線性之『徒』，是以『飛鳥之景』必因其『飛』而有線性之『動』。然而，『飛鳥之景』因『鳥』之『飛』而有線性之『動』，這也是就立於地面的人類肉眼在既觀察到『鳥飛』又觀察到『景動』之時的感覺印象。如果改變這種立於地面的觀察角度以及與之相關的思維路徑，從飛鳥自身的視角來看，則無論飛鳥如何飛，它在陽光下的陰影永遠投射在它飛動的身體之下，飛鳥與陰影始終以等速保持著對應狀態。倘若以這種思維方式來看『飛鳥之景』，則又何曾有『動』？然則正是因爲人類能夠認知『飛鳥之景未嘗動也』之平行原理，人類一切有形與無形的空間虛擬行爲才成爲可能。不過這是後話，中國古代『辯者之徒』在二千多年以前無須預知。今人李耽以『改變運動的參考座標』爲說，雖言之成理，但以『平面直角座標』描述物體的時空運動，爲十七世紀法國科學哲學家笛卡爾（一五九六—一六五〇）所發明。而辯者論證『飛鳥之景未嘗動也』，亦無須預知座標原理，衹要採取惠施的思維方式，改變墨子的觀察立場及其經驗的思維路徑即可。**鏃矢之疾而有不行不止之時**　鏃矢，體輕而鋒利之箭頭。《釋文》：『司馬云：形分止，勢分行；形分明者行遲，勢分明者行疾。目明無形，分無所止，則其疾無間。矢疾而有間者，中有止也，質薄而可離，中有無及者也。』大抵是說，從『矢』的『形』體著眼，『矢』的飛動是慢的（『行遲』）；從『矢』的『勢』力著眼，『矢』的飛動是快的（『行疾』）。是以僅從『形』的角度著眼，『矢』是有『止』的；僅從『勢』的角度著眼，『矢』是有『行』的。但就人眼對矢疾的感覺而言，則無所謂『形』與『勢』的分別，因而在人眼看來，飛動之矢無非就是一直在飛動，所謂『目明無形，分無所止，則其疾無間』，或是此意。但『矢疾』是『有間』的，故其『中』必『有止』，就好比一個很『薄』的物體（『質』），衹要它能夠從中間剝離開來（『質薄而可離』），那麼其中就必然存在著互不相連的空隙（『中有無及者也』）。或者由於論題之所謂『不止』較易理解，而所謂『不行』則甚爲難言，司馬乃不得其意而强爲之說，故其注文含混夾雜而語意不了。當然，所謂『形分止，勢分行』者，大抵是以鏃矢的形體阻力與矢發的動力慣性爲說，或者不無道理。就此而言，司馬之說仍有其存在的價值。近代以來，學者多以古希臘哲學家芝諾（前三三六—前二六四）「飛矢不動」相比附。其實芝諾「飛矢不動」，是用以證明「運動是自相矛盾的因而運動不能享有真正的存在」的論據之一（參見黑格爾：《哲學史講演錄》第一卷，商務印書館一九五九年版，第二八二—二九一頁）。因此，誠如學者所言，將辯者「鏃矢之疾而有不行不止之時」與芝諾的「飛矢不動」相比附，實在捍格而難通（參見汪奠基：《中國邏輯思想史料分析》第一輯，中華書局一九六一年版，第一八七頁）。其實，辯者此題之論證或者並沒有想象的那麼複雜，也不必如司馬彪以「形分」與「勢分」或者如現代物理學之以阻力與慣性爲說。祇要分別考察「鏃矢」始發之離弦而飛及其最終之力盡而墜兩個現象的不同原因，即可加以證明。也就是說，如果「鏃矢」始發之後，在飛動過程中祇有「行」而沒有「止」，則其最終之「止」（墜落）就不可能產生，這是「鏃矢」之所以有「不行」的原因。如果「鏃矢」既發之後，沒有「行」而祇有「止」，則其離弦而飛亦是不可能。這是「鏃矢」之所以有「不止」的原因。綜合上述兩個原因，則「鏃矢之疾」必「有不行不止之時」。是以此論題的思想意義就在於：相關的原因必有相關的結果，相關的結果必有相關的原因；通過原因固然可以思考結果，但通過結果也同樣可以逆推原因。是以「鏃矢之疾」，有「行」的原因必然使其「不止」，有「止」的結果必是因其「不行」。於是同一「鏃矢之疾」的過程而實含「行」與「止」以及「不行」與「不止」之兩種不同的因果關係。祇不過這些因果關係，不是由感官知覺所能直接感知的，祇能通過知性分析方可洞察其理。然而，正是這一知性的分析方法，卻是公孫龍《堅白論》之概念分析更爲直接的思想來源。

〔二二〕**狗非犬**　《墨子·經下》「知狗而自謂不知犬，過也，說在重」，《經說下》「說智。智狗不智犬，重則過，不重則不過」。言「狗」與「犬」之名，有「重」與「不重」兩種名實關係。「重」即「二名一實」之「重同」，即「狗」與「犬」指同一種動物。「不重」即「二」，亦即「二名二實」，《爾雅·釋畜》「犬未成豪，狗」，是也。若以「二名一實」之「重同」而言，「知狗而自謂不知犬」，是錯誤的。若以「二名二實」之「不重」而言，「知狗而自謂不知犬」，是正確的。《經下》『狗，犬也，而殺狗非殺犬，不可（不字依高亨說校補），說在重』，《經說下》『說狗。狗，犬也，而殺狗謂之殺犬也，可；　若兩䰢。』吴毓江謂『䰢』借爲『槐』，《爾雅·釋木》『槐，小葉曰榎，大而皵楸，小而皵榎』，郝懿行《義疏》：　『榎與檟同，字之或體。楸檟同物異名，小葉者名檟，即知大葉者名楸。』是『槐』有二種，大葉楸，小葉檟；　古人視爲一物，同名爲『槐』，則『殺狗謂之殺犬』亦猶『砍楸謂之砍檟』之比，故曰『若兩槐』。　然辯者所謂『狗非犬』，當不至踵墨子之後繼續討論『犬未成豪』者是該稱『狗』還是稱『犬』的常識問題，大可能與『犬可以爲羊』一樣，討論語詞與概念以及名稱與實在的約定俗成關係。　既然『犬可以爲羊』，人們可以任意將某種動物毫無根據地稱之爲『犬』或『羊』，同樣也可以任意將另一種不相干的動物稱之爲『狗』。因此，稱之爲『犬』的東西，也不必與稱之爲『狗』的東西有何關聯。　況且，人們說出一個『犬』的概念，並不等於就是那個實際存在的犬，更不等於就是那實際存在的狗。　當然，這仍然是在語詞與概念既已約定俗成之後思考其約定俗成之前的狀態。但思考歸思考，倘若真要依此而變亂既有語詞與概念的約定關係，則『志必有不喻之患，事必有困廢之禍』，乃不爲荀子『正名』之論所許。

黃馬驪牛三　驪，深黑色。《釋文》：　『司馬云：　牛馬以二爲三。　曰牛，曰馬，曰牛馬，形之三也。　曰黃，曰驪，曰黃驪，色之三也。　曰黃馬，曰驪牛，曰黃馬驪牛，形與色爲三也。　故曰一與言爲二，二與一爲三也。』《文選·劉孝標〈廣絕交論〉》注引司馬云：　『牛馬以二爲三，兼與別也。　曰馬，曰牛，形之三也。　曰黃，曰驪，色之三也。　曰黃馬，曰驪牛，形與色之三也。』行甫按：　《釋文》所引，司馬以『一與言爲二，二與一爲三』爲說，認爲黃馬、驪牛之實物與表示該實物之語詞『黃馬』、『驪牛』分別相加而『爲三』。《選注》所引，是以『黃馬』、『驪牛』之『別』與『黃馬驪牛』之『兼』相加而『爲三』。　前者乃實物加指稱，後者乃以分別之實物與混合之實物相加。如果按實物加指稱之方式，則黃馬驪牛要麼是黃馬驪牛之實物加上『黃馬』、『驪牛』之指稱，則爲四；　要麼是黃馬、驪牛、黃馬驪牛之實物加『黃馬』、『驪牛』、『黃馬驪牛』之指稱，則爲六。　而無論以分別之實物加混合之實物，還是分別之指稱加混合之指稱，則皆爲『三』。顯然《釋文》所引司馬彪以『一與言爲二，二與一爲三』作解與辯者『黃馬驪牛三』之論旨不相符；而《選注》所引司馬之說較近於辯者之旨，因爲無論就實物還是就指稱而言，牛與馬以及『牛』與『馬』，其『兼』與『別』相加，爲數皆是『三』。原辯者之意，大抵認爲，黃馬與驪牛合爲一羣，既不是單一的黃馬，也不是單一的驪牛，而是一個新的混合羣。這個新的混合羣雖然沒有發生『質』變，卻發生了『量』變。它既不是原來驪牛的『量』，也不是原來黃馬的『量』，而是一個黃馬與驪牛相加的新『量』。這個新『量』不能無條件地等同於舊『量』，故曰『黃馬驪牛三』。而且現實生活也不乏先點黃馬之數，再點驪牛之數，然後以二者相加而成一總數的經驗事實。如此說來，則此命題與『龜「長」於蛇』一樣，仍然是在思考墨子所謂『異類不比，說在量』的那個『量』，祇不過其思考的角度有所不同。『龜「長」於蛇』追問的是『量』有沒有本體意義；而『黃馬驪牛三』追問的是『量』有沒有實體意義。二者思路不同，但可以相互補充。也就是說，如果『量』祇有超越的本體意義而沒有具體的實在意義，那麼說『龜「長」於蛇』究竟錯在哪裏？如果『量』沒有超越的本體意義而祇有具體的實在意義，那麼說『黃馬驪牛三』又有何不妥？由此可見，辯者在這個問題上，要麼具有高度的辯證思維，要麼陷入兩難而無所折中。公孫龍《通變論》或者竟是試圖通過辯證的思維方式，以及由語詞的流動性亦即語詞之『通』與概念之『變』的關係，思考與解決這個兩難問題。

〔一一三〕**白狗黑**　《釋文》：『司馬云：狗之目眇，謂之眇狗；狗之目大，不曰大狗；此乃一是一非。然則白狗黑目，亦可爲黑狗。』高亨曰：『《墨子·小取》篇「之馬之目眇，則爲之馬眇。之馬之目大，而不謂之馬大。之牛之毛黃，則謂之牛黃。之牛之毛眾，而不謂之牛眾，此乃一是一非者也」。司馬彪暗用此文。然則狗之毛白，謂之白狗，狗之目黑，謂之黑狗，非則俱非矣，是則俱是矣。世人因狗之毛白，謂之白狗，因其所白而白之也。名家因狗之目黑，謂之黑狗，因其所黑而黑之也。狗之毛雖白，其目必黑，故曰「白狗黑」。』然《小取》之意，謂指稱同類之物，往往取其特徵明顯而易於辨識者以與其同類相區別。『牛之毛黃』固可稱之爲『黃牛』，『狗之目眇』固可稱之爲『眇狗』，但正如『之馬之目大，而不謂之馬大』，『之牛之毛衆，而不謂之牛衆』，『狗之目黑』亦未必可稱之爲『黑狗』。因爲『馬之目大』、『牛之毛衆』、『狗之目黑』，皆非明顯而易於辨識之特徵，是知司馬與高氏之說非。成玄英《疏》：『夫名謂不實，形色皆空，欲反執情，故指白爲黑也。』意謂一切都不是真實的，擺脱了世俗的羈絆，也就無所執著了。而之所以故意顛倒黑白，就是要消解世俗執著的虚妄。然此說祇是一個境界與趣味問題，既没有爭辯的必要，也没有爭辯的可能。是成氏之說亦非也。胡適曰：『犬羊黑白，都系人定的名字。當名約未定之時，呼犬爲羊，稱白爲黑，都無不可。』是謂『白狗黑』亦與『犬可以爲羊』從同，乃討論語詞與概念的約定俗成。劉利民曰：『古漢語的形容詞和名詞没有形態區分，均爲無差別的名。「狗」作爲名，本質是「命形」，而「黑、白」則「命色」。「白」命色，「黑」也命色，既然都命色，且色就是色，那麼說「白狗黑」可不可以呢？這絕不是普通的文字遊戲，而是提出了一個重要的追問：「顔色本身有顔色嗎？」若有，顔色是什麼顔色？若無，顔色又是一個什麼概念，其所指之「實」是什麼？顯然，辯者們的思考已經涉及了本體論的根本性問題。』劉氏之說雖辯，但將表示顔色概念的語詞作爲表示一般狀態概念的語詞處理，似有不妥。因爲各種不同的顔色，也是有『某種可感的實體』作爲其概念的語義依托的。是以各具體顔色的指稱也仍然應該是名詞，而不是一般的形容詞。其次，就顔色而言，古人可能會追問某種具體之色的本體，不一定會追問抽象的顔色之本體。如孟子曾追問『白雪之白，猶白羽之白歟』，但不會追問『色爲何色』。唐人陳子昂始有『色爲何色』之語，但並非追問『色之爲色』的本體，而是指悲樂之面色，故曰『色爲何色，悲樂忽而因生；誰去誰來，離會紛而妄作；俗之迷也，不亦煩乎』！是知劉氏認爲『白狗黑』的論題意在追問何爲顔色的本體，不免鑿之過深。其實，此命題仍然是關乎語詞與概念的約定俗成問題。僅此一點，辯者關於語言的反省也足夠深刻了，無須脱離辯者們當下的學術背景而過事深求。**孤駒未嘗有**

母　孤駒，《釋文》：「李云：駒生有母，言孤則無母，孤稱立則母名去也。母嘗爲駒之母，故孤駒未嘗有母也。本亦無此句。」行甫按：此題乃討論「有無」問題。《墨子·經下》「無不必待有，說在所謂」，《經說下》「說無。若焉，則有之而後無。無天陷，則無之而無」。墨子認爲，「有」與「無」並非總是相對而相關的，要看所指的具體對象。比如，「無焉」與「無天陷」，就是有所區別的。《說文》「焉，焉鳥，黄色，出於江淮。象形。凡字：朋者羽蟲之長。烏者，日中之禽。舄者，知太歲之所在。燕者，請子之候，作巢避戊己。所貴者，故皆象形，焉亦是也」，段玉裁注：「今未審何鳥也，自借爲詞助而本義廢矣。」則「焉」之鳥，乃古「有」而今「無」。而「天陷」，自墨子至惠施以及南方之「倚人」黄繚，皆認爲天地乃懸浮於大氣之中而「不墜不陷」，則「所謂」之「天陷」乃從來就「無」且永遠不會「有」。是知墨子認爲，天下有兩種「無」，一是相對之「無」，一是絕對之「無」。相對之「無」，必待「有」而後「無」；絕對之「無」，不必待「有」而自爲「無」。然「孤駒未嘗有母」，從「無」的角度來看，似乎正是混淆了墨子所說的這兩種不同的「無」。「孤駒」無母，不是「無之而無」，乃「有之而後無」。以「有之而後無」爲「無之而無」，顯然有悖於常理。但辯者的意圖恐非如此簡單。既然「無」有「待有」之「有之而後無」與不「待有」之「無之而無」，那麼，據此邏輯，則「有」可否分爲兩類：一是「待無」的「無之而後有」之「有」；二是不「待無」的「有之而有」之「有」。果能如此劃分，那麼其次，如果「有」有「無之而後有」，則必是「有」生於「無」，即「無」在先而「有」在後。果如此，姑不論「無」就是「無」，不可能生出「有」，所謂「無既無矣」，又何能生「有」？即使從「無」可以生「有」，「無」在前而「有」在後，而「孤駒」之「無母」必在「有母」之前，是先「無母」而後「有母」，顯然有悖於事理，可見「有」是沒有「無之而後有」的。又其次，如果「有」有不「待無」的「有之爲有」，則「有」永遠爲「有」，就不會有「無」。然此意墨子亦有說。《經下》「可無也，有之而不可去，說在嘗然」，《經說下》「說。可無也，已給則當給，不可無也」。孤立地看，《經》「說在嘗然」之「嘗」，似爲「曾經」之意，及與《說》文參照，乃知其非。《說》「已給則當給』之『給』，具也，有也（張惠言說），與《經》『有之而不可去』之『有』義同。《經》『說在嘗然』之『嘗』，與《說》之『已給則當給』之『當』乃《經》、《說》照應之字，其意相同，不可別解。唯此『嘗』字『當』字皆『常』字之借（吳毓江注：『當』讀爲『常』。不釋『嘗』字，是吳氏讀爲『曾經』之『嘗』，顯然忽視了《經》、《說》照應之旨，非也）。是《經》意卽『無就是無，無不是有』；既有之而不可去，就是所謂常然』，《說》意卽『無就是無，無不是有』；已經具有了就永遠具有，不可是無』。可見墨子所言正是不須『待無』的『有之爲有』（譚戒甫疑此條《墨經》似破『孤駒未嘗有母』，此誤信章士釗本末倒置的『名墨訾應論』所致，譚氏讀此條《經》、《說》亦不了）。既然是『有之而不可去』，或『已給則常給』，則『有』就永遠爲『有』，沒有『無』，那麼卽使『孤駒』亦『有母』，因而說『孤駒』之『無母』，也是有悖於事理的。然而，誠如李頤所言，『駒生有母，言孤則無母；孤稱立則母名去』，因此既稱『孤駒』則必然『無母』。由此可見，就『有之爲有』而言，『孤駒』亦『有母』，說『孤駒無母』則爲邏輯悖論；而事實上『孤稱立則母名去』，『孤駒』又的確『無母』。而且就沒有『待無之有』而言，『有母』不可能在『無母』之後。因此要解決邏輯上的『孤駒有母』與事實上的『孤駒無母』的衝突，衹有在『孤駒有母』的語言架構之中加上『未嘗』，說成『孤駒未嘗有母』。因此，言『有母』，是肯定『有之而有』或『有之不可去』，不違背『孤駒有母』的邏輯原則；言『未嘗』，並不違背『孤駒無母』的當下事實；而言『未嘗有』，則既保證了『有之而有』的邏輯一致，也不違背『孤駒無母』的當下事實。由此可見，辯者所謂『孤駒未嘗有母』，是繼墨子之後思考與討論關於『有』與『無』的本質及『有』與『無』的關係問題。辯者認爲，『無』雖然如墨子所言，有『有之而後無』以及『無之而無』兩種不同的『無』；但是『有』卻不然，『有』衹有『有之而有』，而沒有『無之而後有』。因爲『無』就是『未嘗有』，『有』卻不能是『未嘗無』。因爲說『未嘗無』就意味著說『未嘗未嘗有』，而說『未嘗未嘗有』，是沒有意義的。因此，辯者通過『孤駒未嘗有母』的討論，是要思考一個非常深刻的語言哲學問題：『無』與『有』是不是完全相互否定的反對概念；『無』可不可以說成『未嘗有』或『無有』，而『有』是不是也可以說成『未嘗無』或『無無』。然而，辯者的討論似乎最終並沒有獲得令人滿意的結論。但有沒有結論並不重要，關鍵在於能破除常識拘囿而提出新問題。不過，此一討論自辯者而後歷祀千載有餘，遂成絕響。雖然魏晉學人對於『有無』問題興趣頗濃，然其所談者，乃老莊哲學之『有無』，而墨家辯者『有無』之旨無與焉，是學者不可不知。

〔二四〕**一尺之捶** 捶，通棰，木棒，世德堂本作棰。**日取其半** 日，每日。**萬世不竭** 竭，猶盡。《釋文》：『司馬云：若其可析，則常有兩，若其不可析，其一常存，故曰萬世不竭。』《墨子·經下》『非半弗斱，則不動，說在端』，《經說下》『說非。斱半，進前取也。前則中無爲半，猶端也。前後取，則端中也。斱必半，毋與、非半，不可斱也』。斱，斫，析，即截取。非半弗斱，即一物體如果沒有一定長度，確切地說，這個長度，必須超過被截取長度的二倍，否則無法截取。而《說》即舉例解釋何以『非半弗斱』。墨子認爲，一根木棒，可以有兩種截取方式：或『進前取』，或『前後取』。『進前取』即『斱半』，即先斫取其半，倘若再斫取，則衹能斫取其半之半，而剩下的半之半就無法再行斫取了。因爲它所剩下的僅有一『端』（今所謂『零頭』）而不到一半，故曰『猶端也』。而『前後取』，則是從木棒的兩頭開始，同時逐漸向中間截取，截取到最後，則中間所剩者亦爲不到一半之『端』（『零頭』），故曰『端中也』。然無論是『進前取』還是『前後取』，最後之結果都是僅剩一『端』（『零頭』），也就無法截取（『動』）了，因爲『端』（『零頭』）者，既『毋與』（參與，輔助；猶言輔助手段），亦『非半』；故曰：『非半弗斱，則不動，說在端。』由此可見，墨子所思考的不僅是直接的事實層面的物體切割問題，而且將運思方向牢牢地鎖定在被切割的對象上。應該說，就當時的實際工藝操作水平而言，墨子的觀察，當然是非常精細而正確的。然而，『一尺之捶，日取其半，萬世不竭』所討論的問題卻是形而上的思想層面的物體切割之理。宋人洪邁曰：『雖爲寓言，然此理固具。蓋但取其半，正碎爲微塵，餘半猶存，雖至於無窮可也。』今人李耽以現代數學極限論的無窮小定義爲説，謂『一尺之捶』，按『日取其半』的方法『取』下去，『理論上説或邏輯上説，永遠可以「取」下去，其結果趨近於零，而永遠不等於零，故云「萬世不竭」。』因此，辯者們將墨子關於切割操作的事實問題轉變成數理分析的哲學問題，從而再一次對墨子『工藝經驗論』提出形而上學的詰難。如果從數理層面上或從邏輯思想上肯定了事物是無限可分的，那麽在事實層面上或者在操作程序上之所以不能無限分下去，就必然是分割的技術與分割的工具不能適應精細切割甚至無限切割的科學要求，並非物體本身在何種情況下可以繼續切割而在何種情況下卻不能繼續切割的問題。按照這一思維路徑繼續前進，勢必發生切割工具以及切割技術的變革，因而其理論具有無可限量的科學前景。

〔二五〕**辯者以此與惠施相應終身无窮**　應，猶對應。行甫按：『辯者二十一事』所討論的問題雖然表面看來相當龐雜，涉及的内容也十分廣泛，但就其精神實質而言，辯者們所論之事，不外乎『厤物之意』與『語言反省』之相關互動的兩大思想範疇。辯者之徒秉承惠施的思維方式及其認知方法，通過『語言反省』來表達與描述他們的『厤物之意』，又通過『厤物之意』來輔助與深化他們的『語言反省』，以驚世駭俗的思想勇氣，與顛覆常規的敏鋭觀察，從現實生活中司空見慣的事物現象及其既定的思維結論中，發現了出乎人們意料之外（『飾人之心，易人之意』）卻又令人十分難以接受（『能勝人之口，不能服人之心』）的超驗事實，從而徹底打破了長期以來人們習以爲常的是非觀念與精神迷幻。思想解放的邏輯進程，導致了批判的工具淪爲批判的對象，從而真理與謬誤相互挾持，彼此糾結，難解難分。辯者之徒顛覆常識、質疑積習的思想方法，雖然接觸到部分真理，卻難免『以反人之實而欲以勝人爲名』之嫌，『是以』其結論之『與衆不適』，也就毫不足怪。因此，辯者之徒雖然將惠施思辨的自然哲學推向了新的高峯，同時也將辯者們的思維方式所潛在的問題暴露得更加充分，也更爲徹底。他們的『語言反省』，肆無忌憚地撕破了人們長期辛勤編織且代代賡續相傳的語詞概念與外在實體之間的既定關係之網。這種顛覆常識，質疑積習的思想方法，雖然使他們接觸到真理的邊緣，但又造成了一連串新的謬誤。問題的解決，當然有待於討論的深入。如何從更高的認知層面與哲學層面思考辯者之徒遺留的問題，決定著未來『名學』的發展方向。揚棄是非，澄清混亂，抬走辯者之徒離開思想殿堂的腳，隱然就在門外；公孫龍思辨的『名辯之學』即將濃墨重彩閃亮登場！

〔二一六〕**桓團公孫龍辯者之徒**　桓團，姓桓，名團，六國時辯士。公孫龍，字子秉，六國時辯士。行甫按：辯士公孫龍之『龍』，當寫作『龓』，兼有，與『持一禾』之『秉』字意義相關。徒，猶屬，黨友。**飾人之心**　飾，通拭，刷。《說文》『飾，㕞也』，段玉裁注：『飾拭古今字，許有飾無拭。』**易人之意**　易，猶變。行甫按：二句爲互文，猶言刷新改變了世人的思想觀念。**能勝人之口**　勝，猶服。**不能服人之心**　服，屈伏。《爾雅・釋詁上》『悅，服也』，郝懿行《義疏》：『服之言伏也。服，事也，通作伏事。』**辯者之囿也**　囿，猶局限。

〔二一七〕**惠施日以其知與人之辯**　日，日日。以，猶恃。知，通智。之，猶爲。**特與天下之辯者爲怪**　特，猶直。成玄英《疏》：『特，獨也，字亦有作將者。』怪，異。**此其柢**　柢，猶略。俞樾《平議》：『柢與氐通。《史記・秦始皇紀》「大氐盡畔秦吏」，《正義》曰：「氐猶略也。」此其柢也，猶云此其略也。上文「卵有毛，雞三足」以下皆是。』

〔二一八〕**然惠施之口談**　然，猶而。談，猶談說。行甫按：談，與下文『術』字爲對文，猶言理論學說。**自以爲最賢**　賢，猶能，善。**曰天地其壯**　曰，惠施曰。其，猶乃。壯，大。**施存雄而无術**　施，惠施自名。存，猶察。雄，猶大。行甫按：《逸周書・周祝解》『維彼大心是生雄』，是『雄』亦『大』，乃與『壯』字爲互文。術，猶技術，方法。行甫按：无術、口談，相對爲文。惠施自認爲其科學思想與科學理論處於領先地位，當世無人超越，故曰『最賢』。但是他找不到有效的科學技術與科學手段根據他先進的科學思想與科學理論對浩瀚的天地宇宙進行實際的科學考察，所謂『存雄而无術』。古今之注皆不了。

〔二九〕**南方有倚人焉曰黃繚** 南方，當爲楚地。倚，通奇。《釋文》：『本亦作畸，同。李云：異也。』曰，猶名，稱。黃繚，姓黃，名繚。**問天地所以不墜不陷** 所，猶何。墜，墜落，謂天。陷，塌陷，謂地。**風雨雷霆之故** 故，原因。鍾泰《發微》：『「風雨雷霆」四者，皆發生於天地之間，故並舉以問之。』

〔三〇〕**惠施不辭而應** 辭，辭讓。應，對。**不慮而對** 對，猶答。**徧爲萬物說** 徧，古遍字，猶廣。鍾泰《發微》：『又有在風雨雷霆之外者。』爲，猶以。行甫按：徧爲萬物說，猶言廣及萬物爲說。**說而不休** 休，猶止。**多而无已** 已，猶盡。**猶以爲寡** 猶，尚。寡，少。**益之以怪** 益，增，加。怪，猶荒誕不經。

〔三一〕**以反人爲實而欲以勝人爲名** 反人，猶與人相反。勝，猶屈伏。行甫按：實、名相爲表裏，猶言惠施立意以悖反常識爲內在目的，而務求以屈伏人口爲外在表現。行甫又按：此連下文以至篇末，實爲莊子對惠施的評價。**是以與衆不適** 是以，因此。適，猶合。《荀子·非十二子篇》『惠施好治怪說，玩琦辭，甚察而不惠，辯而無用，多事而寡功，不可以爲治綱紀』，猶言惠施考察事物甚爲明晰，卻不順於常理，其奇辭怪說，辯才無礙，卻不切於實用。

〔三二〕**弱於德** 弱，猶言忽視。德，猶真性。《天運》『此皆自勉以役其德也』，成玄英《疏》：『德者，真性也。』**强於物** 强，猶重視。物，外物。行甫按：猶言重於物而輕於人。**其塗隩矣** 塗，通途，路徑，方向。隩，音餘，猶偏僻，隅曲。矣，猶耳。行甫按：其塗隩矣，猶言重物而輕人，其學問之方向路徑已偏矣。

〔三三〕**由天地之道觀惠施之能** 由，猶從。天地之道，天地之境界。觀，猶考量。能，才能。**其猶一蚊一**

虻之勞　其，猶乃。猶，猶如。一蚊一虻，猶言微不足道。勞，猶功。《大雅·民勞》『無棄爾勞』，鄭《箋》：『勞，猶功也。』

〔三四〕**其於物也何庸**　庸，猶用，功。行甫按：此『庸』字與上文『勞』字相關聯。**夫充一尚可曰愈**　夫，猶若。充，猶備。《公羊傳》桓公四年『充君之庖』，何休注：『充，備也。』尚，猶，仍。可，猶堪。曰，猶爲。愈，猶過。《釋文》：『愈貴，羊主反。』行甫按：舊以『曰愈』屬下爲讀，錢穆《纂箋》從呂惠卿屬上爲讀，兹從之。夫充一尚可曰愈，猶言卽使以惠施之說備一家之學，尚且認爲有些過分。**貴道**　貴，猶尊。道，猶『古之道術』。**幾矣**　幾，猶微。行甫按：二句承上句意謂：若以惠施之學與古之道術相提並論，則微不足道。此之所以《天下》全篇言及各家之學，皆以『古之道術有在是者』，誰某誰某『聞其風而悅之』，而言惠施及辯者之徒獨無其說，意在不足比數。

〔三五〕**惠施不能以此自寧**　以，猶因。此，指『貴道，幾矣』。寧，猶止息，安靜。**散於萬物而不厭**　散，猶雜，放。厭，滿足。**卒以善辯爲名**　卒，終。以，猶因。善辯，喜好論辯。爲，猶成。名，名聲。

〔三六〕**惜乎**　惜，憾恨。**惠施之才**　才，才能。**駘蕩而不得**　駘（音台）蕩，猶氾濫，雙聲連綿詞。得，猶獲。**逐萬物而不反**　逐，追逐。反，通返。**是窮響以聲**　窮，猶止。響，猶回聲。《說文》『響，聲也』，段玉裁注：『渾言之也；《天文志》曰「鄉之應聲」，析言之也。鄉者，假借字。按《玉篇》曰「響，應聲也」。』**形與影競走**　競，强，爭，逐。走，奔跑。**悲夫**　悲，猶傷痛。夫，猶乎。

此乃本篇第七章，評述惠施及其辯者學派。言惠施與辯者之學乃横空出世，於古之道術無所承，不過考覈物理，逞其口辯，欲『以反人爲實』而『以勝人爲名』而已，因而不足爲『貴』。然『惠施之口談，自以爲最賢』，且能對答黃繚『天地所以不墜不陷，風雨雷霆之故』之問，其理論成果及其思維方式雖然度越時賢，遠邁當代，卻無術以考察天地之雄偉與壯麗。惠施注重物理而輕忽人性，其學不免以身殉物，猶如可悲的『形與影競走』。毋庸諱言，莊子學派以其遺世高蹈的心靈境界及其超然物外的處世精神，如此評價惠施及其辯者之學，當然是缺乏『同情之了解』的學術偏見，也是缺乏科學精神的妄加指責，則學者不可不知。

【繹文】

惠施知識淵博，學術多門，富有藏書多達五車，他的學問相當駁雜乃至不免相互抵牾，他的言論也往往與常識不相吻合。他推考覈定萬物之理，說：『最大的對象是沒有邊界的，稱之爲大的整體；最小的對象是不可分割的，稱之爲小的整體。最薄的對象沒有厚度，不能堆積形成高度，但它的長度和寬度均可大到千里。高天與大地相接近，山峯與湖面相平齊。當太陽升到中天之時便是太陽開始偏斜之時，當萬物發生之時便是萬物走向死亡之時。大部分相同與小部分相同是不一樣的，這就叫作部分同與部分異；萬物完全相同與完全不同，這就叫作全同與全異。南方既是沒有盡頭的也是有盡頭的。今天出發到越國去昨天就到了。連貫的圓環是可以分解的。我知道天下的中央地帶，就在燕國的北邊與越國的南邊交合的地方。廣泛愛惜萬物，天與地是一體的。』

惠施把這些命題看得非常重要，展示於天下並且教告於喜歡論爭辯說的人士，天下喜歡論爭辯說的人士也高興與惠施爭論一些問題。他們說：鳥蛋上有羽毛；雞有三條腿；楚國郢都擁有天下；犬可以名爲羊；馬能生蛋；蝦蟆有尾巴；叫火的東西並不等於熱的感覺；山是人們嘴裏叫出來的名稱；叫它是車輪並不意味著它就蹍在地上；眼睛就是眼睛並非跟視覺一定有關係；指稱就是指稱與它所指稱的具體對象無關而且能夠被它指稱的對象是不可窮盡的；龜比蛇還長；矩尺畫出的方形並不是絕對的方，圓規畫出來的圓形也不是絕對的圓；叫斧槽就是斧槽，叫斧柄就是斧柄，斧柄不一定就完全插在斧槽裏；飛鳥的影子不曾有所移動；射出的箭頭在空中飛得很快卻有既不飛行也不停止的時刻；狗與犬是同一種動物，既可以不叫它是狗，也可以不叫它是犬；黄馬與黑牛混羣，其數目卻有三個；稱爲白狗，並非不能稱爲黑狗；叫孤駒便是無母，說無母就是不曾有母；一尺長的木棒，每天截取它的一半長度，永遠也不會等於零。天下的論辯之士用這些論題與惠施的論題相呼應，一輩子都討論不完。

桓團與公孫龍都屬於論辯之士，他們可以刷新人們的思想，顛覆人們的觀念，能夠讓人們口服，卻不能讓人們心服，這是論辯之士的局限之所在。惠施每天依仗他的智慧與辯者們相互論爭，更是伙同天下論辯之士推出了許多可怪非常之說，諸如上述說法不過是其梗概而已。

當然，惠施的口頭談辯，自認爲是最了不起的，他說：『天地是多麼雄偉而壯觀啊，可是我惠施卻沒有辦法考察它們的雄偉與壯觀！』南方有一位奇人名叫黄繚，問天地爲什麼不會墜落塌陷，風雨雷電是如何形成的。惠施毫不謙讓也不假思索地回答了他的問題，還推廣到萬事萬物的原理，講說不停，越說越多，說也說不完，卻仍然認爲說得不夠充分，又增加了許多奇談怪論，不過是立意要表現與常識相背而務求讓人屈服而已，因此與眾人的思想觀念大相逕庭。惠施輕視人性卻看重物性，這種學問路徑，一開始就偏離正軌了。從天地宇宙的無限來看惠施的才能，簡直就像一隻蚊子一隻牛蠅的能力一樣渺小而不足挂齒。他的那些學說對於萬物而言又有什麼用處呢！即使把惠施的學說當作一家之言來看待也覺得是過於抬舉他了，他的學說與古代天人王官之學相比較，簡直微乎其微不值得一提了。可是惠施卻並不因爲不能與古之道術相比肩便停下來，仍然把心力耗費於思考萬事萬物而不厭其繁，終於讓他成就了善於爭辯的名聲。可惜啊！惠施的才能，汜濫於萬物而一無所獲，討究萬物之理而不知返本回頭修養身心，這就好比用發聲制止回音，以形體追趕影子一樣，不僅徒勞無功，而且奔波勞累以致身心疲憊。真是可悲啊！

附　录

附錄一

『天籟』解

——生命的自然本質與莊子的生存焦慮

『天籟』，是莊子《齊物論》中與『人籟』、『地籟』相對而立的概念。然而，自郭象、成玄英以至於當代注莊論莊者，對於『三籟』之關係及其比喻意義，歧解紛呈，而得其正詁者寥寥。本文擬就莊子『天籟』的比喻意涵及其相關的哲學問題，略作探討，以就正於方家。

一、文本辨析：『敢問天籟』

《齊物論》曰：

南郭子綦隱机而坐，仰天而噓，荅焉似喪其耦。顔子成游立侍乎前，曰：『何居乎？形固可使如槁木，而心固可使如死灰乎？今之隱机者，非昔之隱机者也。』子綦曰：『偃，不亦善乎，而問之也！今者吾喪我，汝知之乎？女聞人籟而未聞地籟，女聞地籟而未聞天籟夫！』子游曰：『敢問其方。』子綦曰：『夫大塊噫氣，其名爲風。是唯无作，作則萬竅怒呺。而獨不聞之翏翏乎？山林之畏佳，大木百圍之竅穴，似鼻，似口，似耳，似枅，似圈，似臼，似洼者，似污者；激者，謞者，叱者，吸者，叫者，譹者，宎者，咬者，前者唱于而隨者唱喁。泠風則小和，飄風則大和，厲風濟則衆竅爲虛。而獨不見之調調，之刀刀乎？』子游曰：『地籟則衆竅是已，人籟則比竹是已。敢問天籟。』子綦曰：『夫吹，萬不同，而使其自己也；咸其自取，怒者其誰邪！』

郭氏注『夫吹萬不同』曰：

此天籟也。夫天籟者，豈復別有一物哉？卽衆竅比竹之屬，接乎有生之類，會而共成一天耳。

是郭氏將『天籟』與『衆竅比竹』混而爲一，將自然界所有的有生物及無生物，皆歸之爲『天籟』。於是成玄英曰：

夫天者，萬物之總名，自然之別稱，豈蒼蒼之謂哉！故夫天籟者，豈別有一物邪？卽比竹衆竅接乎有生之類是爾。尋夫生生者誰乎，蓋無物也。故外不待乎物，內不資乎我，塊然而生，獨化者也。是以郭注云，自己而然，則謂之天然。故以天然言之者，所以明其自然也。而言吹萬不同。且風唯一體，竅則萬殊，雖復大小不同，而各稱所受，咸率自知，豈賴他哉！此天籟也。故知春生夏長，目視耳聽，近取諸身，遠託諸物，皆不知其所以，悉莫辨其所然。使其自己，當分各足，率性而動，不由心智，所謂亭之毒之，此天籟之大意者也。

郭氏既合『三籟』爲一，攪亂了莊子文章脈絡，致使莊子本意不明；而成氏進而謂『天籟』乃『自然』，是所謂『率性而動，不由心智』，則與莊生之意不僅大相徑庭，且不啻霄壤，其誤不可以道里計！後世以『天籟』爲『自然』之代名者，成玄英所播郭氏之謬種也！

今人陳鼓應與郭注與成疏，一脈相承，陳氏注『汝聞人籟而未聞地籟，汝聞地籟而未聞天籟』曰：

『籟』，卽簫，這裏意指空虛地方發生的聲響。『人籟』是人吹簫管發出的聲音，譬喻無主觀成見的言論。『地籟』是指風吹各種竅孔所發出的聲音，『天籟』是指各物因其各己的自然狀態而自鳴。可見三籟並無不同，它們都是天地間自然的音響。

陳氏注『怒者其誰邪』又曰：

發動者還有誰呢？這話意指萬竅怒號乃是自取而然的，並沒有其他的東西來發動它們。馬其昶說：『萬竅怒號，非有怒之者，任其自然，卽天籟也。』馮友蘭說：『《齊物論》對於大風不同的聲音，作了很生動的描寫。它是用一種形象化的方式，說明自然界中有各種不同的現象。歸結它說：「夫吹，萬不同，而使其自己也，咸其自取，怒者其誰耶？」在這裏並不是提出這個問題尋求回答，而是要取消這個問題，認爲無需回答……「自己」和「自取」都表示不需要另外一個發動者。』

將陳鼓應之今注與郭象、成玄英之舊解稍加比較，便知陳氏之誤其來有自了。又，今人楊柳橋《莊子譯詁》，雖知『三籟』有別，然仍不明『三籟』之所指及其相互之關係究屬何如。楊氏曰：

莊子以籟喻音律，更以喻語言。人籟，喻分辨是非之語言；地籟，喻不存是非之語言；天籟，喻不言之言或無聲之言也，卽其所謂『天倪』或『天鈞』之化育也。此章乃全篇引言與綱領。南郭子綦心存是非，欲言而不言，是以『仰天而噓』也。『仰天而噓』，自比於『天籟』也。

楊氏區別『三籟』，看起來頗有條理，實亦穿鑿爲說，似是而非。莊子既非論『音律』，『天籟』亦非『不言之言或無聲之言』。楊氏致誤之根源，仍可追溯到成玄英。『知春生夏長，目視耳聽，近取諸身，遠託諸物，皆不知其所以，悉莫辨其所然』，是楊氏所謂『不言之言或無聲之言』之所出也。

不必多事徵引，徒增篇幅。要解決問題，仍需回到文本：

子綦曰：『汝聞人籟而未聞地籟，汝聞地籟而未聞天籟夫！』子游曰：『敢問其方。』

『方』，各家皆依成玄英說，注爲『道術』、『道理』、『方法』，均誤。《國語・楚語下》『不可方物』，韋昭注：『方，猶別也。』『敢問其方』即『敢問其別』。是子游所問乃『三籟』之『別』，並非『三籟』之『道術』。南郭子綦描述了風吹眾竅之現象而後，顏成子游即有所悟，曰：『地籟則眾竅是已，人籟則比竹是已。』至於『天籟』，仍然有所不明。是以子游曰：

敢問天籟。

子游既以『天籟』爲問，子綦當然應以『天籟』爲答，是文章乃神完氣足，否則答非所問，文勢阻隔。不過，子綦並沒有直接回答子游『天籟』之『問』，而是先說『地籟』與『人籟』之共通處，然後提出問題，引導子游去思悟『天籟』與『地籟』、『人籟』之不同。子綦曰：

夫吹，萬不同，而使其自己也。咸其自取，怒者其誰邪？

子綦所語，自郭象以來，各家解釋，皆不得要領。惟近代劉武《莊子內篇集解補正》獨有會心，惜乎限於『補』與『正』的著述體例，亦語焉不詳。因王先謙《莊子集解》引宣穎之說：『待風鳴者地籟，而風之使竅自鳴者，即天籟也。』故劉氏正之曰：『宣注非。子游至此方問天籟，是前所言者爲地籟，而

非天籟也。子綦因子游之問，再將地籟之義補足，此以後方言天籟。』〔二〕

劉氏一語，確乎觸到了問題的要害。不過，子綦如何『補足』、『地籟之義』，則必先從文本校勘說起。『而使其自己』之『己』，郭象注本與司馬彪注本不同。郭注曰『自己而然，則謂之天然。天然耳，非爲也，故以天言之』，『而或者謂天籟役物使從己也』。是郭注本作『己』。又，郭慶藩《莊子集釋》曰：『案《文選》謝靈運《九日從宋公戲馬臺集送孔令詩》注引司馬云：「吹萬，言天氣吹煦，生養萬物，形氣不同。已，止也，使各得其性而止。」謝靈運《道路憶山中詩》注、江文通《雜體詩》注引同。』是司馬彪注本又作『自已』。

今按：郭注本作『己』，是也；司馬彪注本作『已』，乃因形近而譌，司馬彪依譌誤之文作注，不足爲訓。此『自己』與《應帝王》『明王之治，功蓋天下而似不自己，化貸萬物而民弗恃』之『自己』同。故『自己』，卽『從己而出』之意。是以『夫吹萬不同，而使其自己也』，意卽：無論是風吹衆竅，還是人吹比竹，雖然它們發出的聲音有萬種不同，但它們都是順從吹者而發出來的聲音。言下之意，卽風息則『衆竅』無聲，吹止則『比竹』不鳴。故『地籟』也罷，『人籟』也罷，皆有鼓吹者在。而『天籟』的鼓吹者又是誰呢？倘依司馬彪注本作『已』，意爲『自己停止』，然而誰使其『自己停止』？既然是『自己停止』，何由而『使』之？顯然，文意自相矛盾。『衆竅』與『比竹』，皆不可能『自止』，必『厲風濟而衆竅方得『爲虛』。因此，『吹』的聲音順從吹者而發，『使其自己也』，此乃子綦所補足的『地籟（實包括人

〔二〕劉武：《莊子集解內篇補正》卷二，中華書局一九八七年，第三四頁。

籟）之義』。

非常明顯，子綦順承子游之問而作引導式回答，但語意有跳躍。子綦之答語分爲兩半，前半承『地籟』與『人籟』而言，補足其義；後半則就『天籟』之問而作不肯定的反詰式答語，意在引導子游思考，或者說指示子游順著自己的思路思考。意思是說：『人籟（比竹）』與『地籟（衆竅）』，雖然發出的聲音有各種不同，但它們都是由『吹者』吹之而發出的。而『天籟』並不像『比竹（人籟）』與『衆竅（地籟）』，有吹者使它們發出聲音。『天籟』發出的聲音都是它自己發出的，有誰在鼓動它讓它發出各種不同的聲音呢？『咸其自取，怒者其誰邪？』〔一〕這就是『天籟』！

〔一〕《世說新語·文學》『殷中軍問自然無心於稟受，何以正善人少，惡人多』條，劉孝標注：『《莊子》曰天籟者，吹萬不同，而使其自己也。郭子玄注曰無既無矣，則不能生有』云云，嚴靈峯、陳鼓應皆據之以補今本，故陳氏《今注今譯》作：『夫天籟者，吹萬不同，而使其自己也，咸其自取，怒者其誰邪！』按嚴、陳二氏所補，非是。一、『而使其自己也』句下，郭注曰：『此天籟也。夫天籟者……』此正郭注本無『天籟者』三字之證。唯其無此三字，故郭氏爲之注明。否則，郭氏如此下注，甚無謂矣。二、劉氏引文，當是以意搭截，不可爲據。以劉氏所引『郭子玄注』云云與今本郭象注對照，即可明了。因此，既不可依劉氏所引，刪削郭象注文，亦不可依之以增改《莊子》正文。三、即使劉孝標確有所本，亦當是郭象之注文竄入正文者，或依郭注而妄改正文者。四、郭氏本來已經誤讀子綦之語，以爲四句皆言天籟，故有『夫天籟者，豈復別有一物哉』之濫說，致使《莊子》原意晦澀難明。五、子綦之語，語意原本完整，上二句補足『人籟』與『地籟』之義，下二句方說『天籟』。這種意聯而文不接的行文方式，於《莊子》最爲常見。而嚴、陳二氏反以雜說爲據，妄改莊子原文，十分不妥。

古今解説之誤，一旦澂清，則不僅《齊物論》一文可解，即莊子之思想亦迎刃而解。倘如郭注，『天籟』與『地籟』、『人籟』同是一物，則上文明言『大塊噫氣，其名爲風，是唯无作，作則萬竅怒呺』，而此又有『怒者其誰邪』，豈非自相矛盾？倘若如司馬彪注，『而使其自止』，則與『厲風濟而衆竅爲虚』，豈不捍格？假使『怒者其誰邪』如馮友蘭説，『不是提出這個問題尋求回答，而是要取消這個問題，認爲無需回答』，那麽下文『若有真宰』，『其有真君存焉』之種種疑問與猜測，又作何解？且又云『夫言非吹也』，其根據何在？是馮氏不懂莊子明矣！

到此爲止，莊子之所謂『天籟』，所指何物，已經軒豁呈露。其所謂『天籟』，就是指『人』——這個具有各種器官與孔竅，時時刻刻都在發出各種不同的聲音，吐出各式各樣不同言論的東西！也因此，莊子之『人籟』、『地籟』、與『天籟』的比喻關係，也不言自明。故釋德清曰：『篇中以三籟發端者，蓋籟者猶言機也。地籟萬竅齊鳴〔二〕，乃一氣之機，殊音衆響，而了無是非。人籟，比竹雖是人爲，曲屈而無機心，故不必説。若天籟，乃人人説話，本出於天機之妙。』〔三〕這個憨山和尚，實在不『憨』，古今注『天籟』者，惟此釋氏獨得也。

〔二〕　按原作『萬籟齊鳴』，『籟』當爲『竅』，或是釋氏筆誤。徑改。

〔三〕　釋德清：《莊子内篇注》：明天啓元年管覺僊刻本，第二〇頁。

二、真君與真宰：『怒者其誰邪』

莊子之所以將『人』比作『天籟』，是因爲『人』這東西，與其他牛馬鳥禽之類的動物一樣，都是造化所生之物。因此，『天籟』，便是『天』然所成之『籟』，是造物者最爲奇妙的傑作，它不僅有『百骸九竅』而異於『牛馬四足』之形體，更有各種是非不同的言論！因此，『天』之所成也，故曰『天』；自己發出各種不同的言論聲音，無需外在的鼓吹者，故曰『籟』。合而言之，是爲『天籟』。

然而，莊子之所以將『人』比作『天籟』，除卻『人』有不同於『牛馬四足』的形體，異乎『人籟』與『地籟』各種不同音聲之言論以外，莊子之所以稱『人』爲『天籟』，同時也流露出對『人』自身難以索解的困惑與茫然。故《齊物論》曰：

百骸，九竅，六藏，賅而存焉，吾誰與爲親？汝皆說之乎？其有私焉？如是皆有爲臣妾乎？其臣妾不足以相治乎？其遞相爲君臣乎？其有真君存焉？如求得其情與不得，无益損乎其真。一受其成形，不忘以待盡。

人何以要生成這樣一個『百骸，九竅，六藏，賅而存焉』的形體？這『百骸，九竅，六藏』，哪個部分最爲重要？我應該與誰最爲親近？對它們都一視同仁嗎？還是要對某個部位特別偏愛？或者一無所愛，它們不過就是一羣奴僕『臣妾』？但奴僕『臣妾』們又如何能自己管理自己？可是，這形體的各個部位，何以配合得如此默契？是不是它們輪流做君主，發號施令，以支配其餘？或者是在『百骸，九竅，六藏』之外，還有一個真正的『君主』存在？這是多麼令人想不通也弄不明白的事情啊！〔二〕可它又千真萬確地存在著。而且，這個形體一旦形成，也就終身無改，一直到死，既不少去點什麼，也不多出點什麼。並不像樹木之類，砍去舊枝，還能發出新條，是『一受其成形，不忘以待盡』者。

且也，人不僅有配合默契的器官與形體，還有各種是非不同的言論，更有各種不可名狀的幻覺與映象、心理與情緒、性格與癖好。《齊物論》曰：

大知閑閑，小知間間；大言炎炎，小言詹詹。其寐也魂交，其覺也形開，與接爲構，日以心鬬。縵者，窖者，密者。小恐惴惴，大恐縵縵。其發若機栝，其司是非之謂也；其留如詛盟，其守勝之謂也；其殺如秋冬，以言其日消也；其溺之所爲之，不可使復之也；其厭也如緘，以言其老洫也；近死之心，莫使復陽也。喜怒哀樂，慮嘆變慹，姚佚啓態；樂出虛，蒸成菌。日夜相代乎前，而莫知其所萌。

〔二〕《庚桑楚》曰：『目之與形，吾不知其異也，而盲者不能自見；耳之與形，吾不知其異也，而聾者不能自聞；心之與形，吾不知其異也，而狂者不能自得。形之與形亦辟矣，而物或間之邪，欲相求而不能相得。』亦可與之相參證。不過，與《齊物論》不同的是，此以正常人與非正常人進行比較。又曰『物或間之邪，欲相求而不能相得』，乃從人體外部找原因。

已乎，已乎！旦暮得此其所由以生乎！

既然人都是大自然的造化，何以又如此千差萬別！智大才贍者，遊刃有餘；才智低淺者，拘拘於枝節〔二〕。能說會道，滔滔不絕，氣焰灼人；拙於言辭者，出言瑣碎，喋喋不休。是人之才智有高下，言語亦有優劣。這是人與人之間的差異。又，晚間睡覺魂牽夢繞，形成許多幻覺；白天醒來感官開啓，又與外物相接，形成許多映象。於是晚間的夢幻與白天的映象糾結於心，彼此衝突〔三〕。所謂『夢飲酒者，旦而哭泣；夢哭泣者，旦而田獵。方其夢也，不知其夢也。夢之中又占其夢焉，覺而後知其夢也』（《齊物論》），即是其例。是同一人也，覺醒之後與睡寐之時，其感覺又不一樣。而且，要把這些樊然淆亂的幻覺與映象區別開來，有時還實在不太容易。它們棼然雜陳，漫無頭緒；或者深藏不露，稍現即逝；或者盤根錯節，繁密難分〔三〕。至於驚恐憂懼，又人人皆有；輕則惴惴不安，重則失魂落魄。

〔二〕『閑閑』，成疏：『寬裕也。』簡文云：『廣博之貌。』『間間』，成疏：『分別也。』《釋文》：『有所間別也。』

〔三〕『其寐也魂交，其覺也形開，與接爲搆，日以心鬭』，『搆』字，成疏作『構』，《釋文》亦出『與接爲構』。按『與接爲構，日以心鬭』，當合指晚間之夢幻與白日之映象言。晚間人與夢境爲接，白天人與外物爲接，於是造成許多映象與幻覺，盤結在心，互相衝突，彼此糾纏。

〔三〕『縵者，窖者，密者』，成疏：『窖，深也，今穴地藏穀是也。密，隱也。』獨不解『縵』字。按：《周禮·磬師》『教縵樂燕樂之鐘磬』，鄭玄注：『縵，謂雜聲之和者也。』又《大戴禮·文王官人》『僞色縵然亂以煩』，王聘珍《解詁》曰：『縵，讀如縵樂，言其雜也。』是『縵』言『雜』，『窖』言『深』，而『密』言『繁』。

要是某人與某人，或者這羣人與那羣人互相爭吵起來，可就又有好戲了。那首發難端的一方，揪住對方的不是，便猛然相攻，如同亂箭齊發，毫不留情；　至於那被攻的一方，便壓住陣腳，拼命爲自己辯護，仿佛背誦盟約似的，衆口一詞，前後相踐。〔二〕　是人之見亦各有是非，彼此爭勝又如此。還有那冷酷的心腸，如同嚴冬肅殺，願與他來往交接的人日見其少。〔三〕　那執著沉迷的性格，用九牛二虎之力，也難以讓他回頭；　那守口如瓶，心機決不外露的傢伙，又是如此地老於世故，深不可測。〔三〕　而那接近死亡的衰朽之心，卻又怎麼也不能激起絲毫的活力了。同樣是人，何以又有如此截然不同的秉賦？同是一人之心，何以年輕時充滿生機與活力；　衰老時，卻又死氣沉沉，思緩而慮拙？　至於情緒之不穩定，時而高興，時而憤怒，時而堅執；〔四〕　時而輕浮躁進，時而搖蕩恣睢，時而飛揚跋扈，時而忸怩作態。其

〔二〕『司』，成疏：『主也。』非是。『司』即伺。《漢書·燕靈王劉建傳》『以爲物而司之』，顔師古注：『司者，察視之。』『是非』，此爲偏義複詞。『留』，讀如《管子·正世》『不慕古，不留今』之『留』，尹知章注：『留，謂守常不變。』

〔三〕『其殺若秋冬』句，孤立地看，不易懂。郭注曰：『其衰殺日消有如此者。』釋如未釋，讀者仍不明了。下文『其溺』『其厭』二句，其文法句式與之相同，當是言人之性情各殊，故繹解如此。『消』，消散，減少之謂也。

〔三〕《禮記·大學》『見君子而後厭然』，《釋文》：『厭然，閉藏貌也。』又，《毛詩·大雅·文王有聲》『築城伊淢』，《釋文》：『淢，字又作洫。《韓詩》云：洫，深池。』

〔四〕『變』，成疏曰：『變則改易舊事。』『慹』，司馬彪云：『不動貌。』

翻雲覆雨，反覆無常，來去靡蹤，就如『樂』之『出虛』，『蒸』之『成菌』，乍作乍止，旋生旋滅。〔一〕總而言之，這些是非不同的言論與腔調，無可名狀的幻覺與映象，千差萬別的性格與癖好，千姿百態的心理與情緒，日夜在你眼前晃來晃去，彼伏此現，卻又實在鬧不清它們是從哪裏冒出來的！鬧不清，弄不明，就算了吧；算了就算了吧，沒必要爲它們勞神費力了！總有一天，會有人弄清楚它們是如何產生的吧？〔二〕

然而，雖然人們不能解悟這些複雜多變的生命現象所由以產生的根源，但是，它們又是使人之所以爲人的決定性因素。故《齊物論》曰：

非彼无我，非我无所取。

人的生命，就是由這些奇特的現象所構成的；沒有這些生命現象，人也就不存在（『非彼无我』）！反之，沒有人的存在，這些生命現象也不可能產生（『非我无所取』）。『近死之心，莫使復陽

〔一〕『樂出虛，蒸成菌』，陸長庚《南華副墨》曰：『如樂之出虛，乍作乍止。如蒸之成菌，倏生倏死。』

〔二〕王孝魚標點郭慶藩《莊子集釋》，將此句斷爲『已乎，已乎！旦暮得此，其所由以生乎！』陳鼓應及各家所注皆同。今按：『旦暮得此』與『其所由以生乎』，不可斷開，亦不可標感嘆號。莊子之意是說，我弄不清楚它，就不必勞心傷神了，總有一天會有人弄清楚的吧？故本文所引《莊子》原文，不從諸家句讀。

也』，臨近死亡的人，其生命卽將消歇萎頓，這種靈動活潑的生命機能也永遠不可能再度呈現。因此，衹要是一個健全的人，便有這些複雜的生命現象；這些生命現象也不能脫離人而存在。然而：

是亦近矣，而不知其所爲使；若有真宰，而特不得其眹；可行已信，而不見其形，有情而无形。

『非彼无我，非我无所取』，這道理是人人明白的，『彼』與『我』也是相互緊緊依附的（『是亦近矣』）；可是，人的這種靈動活潑的生命機能，這些複雜豐富的生命現象，不僅何由產生我們不知道；由誰來指使，我們也同樣不知道。仿佛應該有一個真正的主宰者（『真宰』）在支配人的這些生命現象，然而，我們卻看不出它究竟在什麼地方。〔一〕就像那藏在幕後垂簾聽政的母后，她按照自己的意願發號司令，調兵遣將，可外人就是看不到她的身影。因此，這個『真宰』，它必然存在著，但看不見。

可以說，這是《齊物論》中最難理解，也最不容易把握的段落。當今眾賢，或以知識論的觀點，生吞活剝；或以爲莊子意在批評百家爭鳴。因此，現行的各家注釋與譯解，將這段文字擺弄得十分晦澀難懂。然而，如果細心體會莊子的思想脈絡，從莊子對生命現象的困惑與疑思著眼，則這段文字，卻是

〔一〕『眹』字，《說文》新附字。可見許慎時無其字。按此『眹』字當爲『朕』字之譌。戴震、段玉裁依《周禮·考工記·函人》『視其朕，欲其直也』之說，釋爲『舟縫』，『引申爲凡縫之偁。』故『特不得其眹』，意卽看不出什麼破綻，找不到門徑。

如此文從字順！它所描述的心理與情緒、幻覺與映象、性格與癖好等精神現象，可謂絲絲入扣，條理分明。[一]

依照《齊物論》原文，莊子對於『天籟』——『人』的生命現象的描述與思考，其順序乃從内在的精神現象到外在的物質形體。這種行文順序，是承接上文而來的。因子綦言『地籟』與『人籟』的鼓動者爲『吹者』，『天籟』則是『咸其自取』，而不知『怒者其誰』，故先言精神現象，以與『怒者其誰』相銜接。而我們的敍述，從説明『天籟』的喻意入手，因而必須首先交待『百骸，九竅，六藏』之物質形體與『人籟』、『地籟』之竅穴的關係，故將莊子原文次序顛倒了。不過，這並不妨礙對莊子的正確理解。

莊子對於生命現象的思考，由精神而形體，走過了一段十分艱難的探索歷程。其探索的結論是：無論是内在的精神活動還是外在的物質形體，它們都有一個看不見也摸不著的主宰者存在。就内在的精神現象而言，莊子曰：

若有真宰，而特不得其眹；可行己信，而不見其形，有情而无形。

[一] 按《在宥》篇崔瞿問於老聃曰：『不治天下，安藏人心？』老聃曰：『女慎无攖人心。人心排下而進上，上下囚殺，淖約柔乎剛强。廉劌雕琢，其熱焦火，其寒凝冰。其疾俯仰之間而再撫四海之外，其居也淵而靜，其動也懸而天。僨驕而不可系者，其唯人心乎！』其描寫人心難測，亦可與本節相參。又，《列禦寇》載孔子曰『凡人心險於山川，難於知天；天猶有春秋冬夏旦暮之期，人者厚貌深情。故有貌願而益，有長若不肖，有順懁而達，有堅而縵，有緩而釬。故其就義若渴者，其去義若熱。』其言人心險惡，表裏不一，亦可與此互參。

就外在的物質形體而言，莊子曰：

其有真君存焉？如求得其情與不得，无益損乎其真。

無論能不能『得其眹』，無論『求得其情與不得』，這個『真宰』，這個『真君』，都是存在的；雖『不見其形』，但『无益損乎其真』！『有情而无形』，『求得其情與不得』，『情』者，皆『實』也。[二] 值得注意的是，莊子認爲統理形體的是『真君』，統理精神的則是『真宰』，二者並不同一，這個區別非常重要，下文將有詳論，茲不贅述。

如此看來，所謂『天籟』，也有一個『怒者』，用馮友蘭的話説，叫『發動者』[三]。衹不過『天籟』的『發動者』與『人籟』及『地籟』的『發動者』有所不同，『人籟』與『地籟』的『怒者』是外在於『比竹』與『衆

〔二〕 馮友蘭曰：『《齊物論》對於「真宰」或「真君」也是用一種迷離惝恍的話説出來的。這並不僅衹是由於文章的風格，而是在提示，人的主觀世界也如客觀世界一樣，心理現象的變化，也是「咸其自取」，自然地如此，不需要有使之然的「真宰」。』馮氏對莊子原文『可行己信，而不見其形，有情而无形』，『如求得其情與不得，无益損乎其真』，視而不見。

〔三〕 馮友蘭：《中國哲學史新編》第二冊，人民出版社一九八四年，第一一一—一一二頁。然而，馮氏對莊子『天籟』的理解，與莊子本意恰恰相反。

竅』的，而『天籟』的『怒者』，卻是內在於他自身的，即『不得其眹』的『真宰』。然而，既然『人人說話，本出自天機之妙』，則人人皆爲『天籟』。而『我』，作爲一個生命個體，也必然是這樣一個『天籟』！如果想要這個『籟』無聲無息，無思無慮，無喜無憂，除非它壽終正寢；或者把它砸壞，毀掉；要不，就採取子綦的辦法，把它『喪』掉！然而，人活著不是爲了壽終正寢。況且，在壽終正寢之前，也還有一段時光要挨過。這『籟』也就仍然還得『籟』著。把它砸壞、毀掉吧，又太殘忍，還很痛苦，確乎不是上策。看來，祇有子綦的方法——『喪』，較爲切實可行，既能活著，亦不用毀傷自己。不過，那『喪』的方法，也委實不太容易，而且最終能不能『喪』掉，也在未定之數。因此，在莊子的思想歷程中，還有一段漫漫長路，他還得繼續求索。不過，這是後話。

三、死亡：『其形化，其心與之然』

莊子用『人籟』、『地籟』與『天籟』的比擬關係，把『人』之所以爲『人』，或『人』之區別於非人的本質特徵，作了十分巧妙，也是十分準確的界定。『人』與草木禽獸之最大不同，就是『人』有種種不同的精神活動，有思維，有情感，有個性，更重要的是，有自我意識。這就是莊子通過南郭子綦與顏成子游的問答，一步一步引導人們去思考領悟的生命的本質。

然而，莊子對人之生命本質的思考，並沒有就此打住。精神的『真宰』也罷，肉體的『真君』也罷，『求得其情與不得，无益損乎其真』。勞心費神地去思索這些問題，不過是自尋煩惱。然而，有一種生命現象，無論你『求』與不『求』，『得』與『不得』它絕對是存在的，那就是死亡！《齊物論》曰：

一受其成形，不忘以待盡。與物相刃相靡，其行盡如馳，而莫之能止，不亦悲乎！終身役役而不見其成功，苶然疲役而不知所歸，可不哀邪！人謂之不死，奚益！其形化，其心與之然，可不謂大哀乎？人之生也，固若是芒乎？其我獨芒，而人亦有不芒者乎？

『一受其成形，不忘以待盡』，此句於文法爲承上啓下，既結束『百骸，九竅，六藏』、『其有真君』的論述，同時轉向『其形化，其心與之然』之死亡現象的思考。

『不忘以待盡』之『忘』，當作『亡』，郭象注曰：『言性各有分，故知者守知以待終，而愚者抱愚以至死，豈有能中易其性者也！』成玄英疏亦曰：『是故形性一成，終不中途亡失，適可守其分内，待盡天年矣。』郭注『中易其性』，成疏『中途亡失』，都暗示著『忘』與『亡』通。至於郭、成二氏之釋義，郭注從智愚之性説，是以『上智與下愚不移』解莊子，顯然非莊子本意。成疏在『性』之前加一『形』字，差爲得之。然莊子此處不是講『性』，而是講『形』，謂『人』的形體一旦秉受於『天』，它就永遠也不會改變，今之俗語所謂『生就的眉毛長就的相』，便是莊子這話的最好註腳。

不過，『人』的形體雖然生來便是如此，不會少點什麽，也不會多點什麽，但是，人一旦出於娘胎，就得與周圍的世界打交道，就得『與物相刃相靡』，而且在不知不覺之中，一天天地很快便走向衰老，接近死亡。生命的匆忙疾速，如風馳電掣，不可思議；而且誰也無法阻擋遲暮與衰老的飛速而來。更何況在這短暫的人生之中，一輩子忙忙碌碌，又不見有所成就；一天到晚奔波勞累，也看不出有什麼結果。然而，活著固然很累，死卻更加讓人傷心而且恐懼。好死不如賴活著。可是人人又都得死！如果誰說『我不會死』，那不過是自欺欺人，有什麼用呢？或者不過是說說而已，未必能當真。〔二〕而且，所謂死亡，還不僅僅是肉體生命日益衰老而不斷走向死亡，人的精神活力也逐漸衰竭枯萎，同樣地一天天走向死亡。莊子對於人的生命歷程，作了十分痛苦的描述。他一則曰：『不亦悲乎！』再則曰：『可不哀邪！』三則曰：『可不謂大哀乎！』其悲傷與沮喪之情，溢於言表。

肉體既要凋謝，精神也不能長存！人爲什麼不能如草，『野火燒不盡，春風吹又生』？人爲什麼不能如木，披去繁枝，另生新條？難道人的生命，就是這樣『終身役役而不見其成功』，糊裏糊塗地從生到死嗎？人生就是這樣毫無意義，毫無價值，『苶然疲役而不知其所歸』，這就是生命的軌轍，人生的必由之路嗎？何以如此？人生的意義，生命的價值，究竟是什麼？我是怎麼也想不通的。是不是祇有我自己想不明白，而有人已經想明白了呢？

由此可見，莊子對生命的本質，由生到死，作了全面系統的考察。雖然其考察的結果，令人如此沮喪與悲哀！

〔二〕『人謂之不死，奚益』，林希逸曰：『人生之自勞如此，壽雖百年亦何益！故曰不死奚益。』其實，莊子本意恰恰是說，死亡是不可避免的，也是人生最大的悲哀。本段以『不亦悲乎』『可不哀邪』『可不謂大哀乎』爲標志，分爲三個層次，林氏誤將『人謂之不死，奚益』屬『可不哀邪』之後，故說之如此。諸家之解亦不了。

四、認知的時空囿限：『生也有涯而知也无涯』

莊子對生命的本質，從生存的各種精神現象到死亡的最終到來，作了通盤的思索與考量之後，又對其中引而未發的『知』與『言』的問題作了深入的思考。這是『天籟』之所以爲『天籟』，最爲本質的屬性。

『隰有萇楚，猗儺其枝。夭之沃沃，樂子之無知』（《詩·檜風·隰有萇楚》），詩人的歌詠，固然是有感而發，但人之異於草木者，以其有『知』，也是無可否認的事實。因此，無論這『知』，是知覺，還是知識，它都是人的本質屬性。

然而，莊子對『知』的考察，仍然陷入了無可名狀的沮喪與悲哀。首先，莊子站在生命個體的立場，對人的生命極限與認知範圍，作了深刻而又令人沮喪的反省。莊子曰：

> 吾生也有涯，而知也无涯。以有涯隨无涯，殆已；已而爲知者，殆而已矣。（《養生主》）

『其形盡如馳而莫之能止』，生命本身是短暫的。在這短暫的人生旅途，能有多少時間去認知外部世界？而知識的浩瀚無涯，又豈能以一己之生命所窮盡？生命有限，知識無窮，想要以有窮的生命，去追求無限的知識，這本身就是危險而且愚蠢的。然而，既知生命有限，既知知識無窮，仍然拚命地追求知識，這就更加危險而且愚蠢了。

生命有限，知識無窮。因此，莊子往往以人的生命與非人的生物作比，借以突出人的生命所屬的時間之短暫，從而造成人的認知能力與認知範圍的限制。《逍遥遊》曰：

小知不及大知，小年不及大年。奚以知其然也？朝菌不知晦朔，蟪蛄不知春秋，此小年也。楚之南有冥靈者，以五百歲爲春，五百歲爲秋；上古有大椿者，以八千歲爲春，八千歲爲秋。而彭祖乃今以久特聞，衆人匹之，不亦悲乎！

人的生命，永遠也不可能與『冥靈』、『大椿』相比。『冥靈』、『以五百歲爲春，五百歲爲秋』，又不知它還要活多少個這樣的『春秋』？而『大椿』更以『八千歲爲春，八千歲爲秋』，亦不知它已經活了多少個這樣的『春秋』？而人呢？即使是最長壽的彭祖，據説他『歷夏經殷至周』，活了『八百歲』，但比起『冥靈』、『大椿』們，仍然少得可憐。至於一般的『衆人』，下壽不過六十，中壽不過八十，上壽亦不過百歲而已，比於彭祖猶自短命，更何況比於『冥靈』、『大椿』！簡直是不能同年語，豈止是不能同日語！『大年』決定了『大知』，『小年』拘定了『小知』，人的生命如此短促，豈能認知他的生命限度之外的事物？這與『不知晦朔』的『朝菌』及『不知春秋』的『蟪蛄』，有什麼兩樣？莊子此意，《秋水》篇作了創造性的發揮。其文曰：

井鼃不可以語於海者，拘於虚也；夏蟲不可以語於冰者，篤於時也；曲士不可以語於道者，束於教也。今爾出於崖涘，觀於大海，乃知爾醜，爾將可與語大理矣。天下之水，莫大於海，萬川歸之，不知何時止而不盈；尾閭泄之，不知何時已而不虚；春秋不變，水旱不知。此其過江河之流，不可爲量數。而吾未嘗以此自多者，自以比形於天地而受氣於陰陽，吾在於天地之間，猶小石小木之在大山也，方存乎見少，又奚以自多！計四海之在天地之間也，不似礨空之在大澤乎？計中國之在海内，不似稊米之在大倉乎？號物之數謂之萬，人處一焉；人卒九州，穀食之所生，舟車之所通，人處一焉；此其比萬物也，不似豪末之在於馬體乎？

如果説，在《養生主》與《逍遥遊》中，莊子還僅僅衹是注意到，人的生命由於時間的短暫從而限制了人的認知能力與認知範圍；那麽，《秋水》篇則是將這一思想往空間向度作了合理延伸。人的認知能力與認知範圍，不僅受到時間的限制，如同『朝菌不知晦朔，蟪蛄不知春秋』，『夏蟲不可以語於冰者』，皆『篤於時』；而且，人的認知能力與認知範圍，還受到空間的限制。人的生命不僅在所屬的時間上是短暫的，其所屬的空間也是極爲狹小的。『號物之數謂之萬，人處一焉；人卒九州，穀食之所生，舟車之所通，人處一焉；此其比萬物也，不似豪末之在於馬體乎』？整個人類不僅衹是『萬物』之中的一『物』；而且，每個生命個體，又是所有人類之中的一個。將這一生命個體，放在世間萬物之中加以觀照，無異於『豪末之在於馬體』，太微不足道了。以這樣有限的生命個體，以求知於廣漠無垠的宇宙，豈不『殆而已矣』！於是《秋水》曰：

計人之所知，不若其所不知；其生之時，不若未生之時；以其至小求窮其至大之域，是故迷亂而不能自得也。

人的生命，在廣漠的宇宙時空之中，既轉瞬卽逝；『若白駒之過隙，忽然而已』，又『似豪末之在於馬體』，微不足道。時間如此短暫，『其生之時，不若未生之時』，故其所知亦極爲有限，『計人之所知，不若其所不知』。而所屬之空間又如此狹小，欲『以其至小求窮至大之域』，豈不『迷亂而不能自得』！人如何能夠認知其自身所屬的時空之外的事物？《秋水》的這種表述，把人安放在更爲廣闊的宇宙背景之中，來思索生命有限與知識無窮的不成比例，當然是對《養生主》與《逍遙遊》的創造性發揮。而成玄英曰：『以有限之小智，求無窮之大境，而無窮之境未周，有限之智已喪，是故終身迷亂，返本無由，喪己企物而不自得也。』成氏之說，固然不錯，但孤立地就『智』與『境』的關係立論，忽略了『境』的宇宙內涵，所見反而促狹，因而喪失了莊子原文所藴涵的那種空曠落寞的生命情懷。

五、認知的個體差異：『物有同是乎』

人的認知能力與認知範圍，不僅受到人的生命所屬的時間與空間的限制，而且還受到人類自身從感官功能到意識理性的個體差異性的制約。《齊物論》中齧缺與王倪的問答，便是對人類感官功能之個體差異性的集中論述。其文曰：

齧缺問乎王倪曰：「子知物之所同是乎？」曰：「吾惡乎知之！」「子知子所不知邪？」曰：「吾惡乎知之！」「然則物无知邪？」曰：「吾惡乎知之！雖然，嘗試言之。庸詎知吾所謂知之非不知邪？庸詎知吾所謂不知之非知邪？且吾嘗試問乎女：民濕寢則腰疾偏死，鰌然乎哉？木處則惴慄恂懼，猨猴然乎哉？三者孰知正處？民食芻豢，麋鹿食薦，蝍蛆甘帶，鴟鴉耆鼠，四者孰知正味？猨猵狙以爲雌，麋與鹿交，鰌與魚游。毛嬙麗姬，人之所美也，魚見之深入，鳥見之高飛，麋鹿見之決驟。四者孰知天下之正色哉？」

「物之所同是」，卽人的感覺與認知能否達到一致。王倪曰：「吾惡乎知之」，便已經否定了達到一致的可能性。因此，他反過來問齧缺：「庸詎知吾所謂知之非不知邪？庸詎知吾所謂不知之非知邪」？你又如何知道我所說的「知道」，就一定不是「不知道」，你如何知道我所說的「不知道」，就一定不是「知道」？這就意味著，人的認知本身，就已經是靠不住的。各人的感覺不同，其認知結果自然便不一樣。於是，他以「正處」、「正味」、「正色」爲例，說明人的感覺與認知，本身就是不可靠，也是不一致的。人在濕地裏睡覺，感覺是很難受的，必然會招致腰腿偏癱之疾。可是泥鰌永遠生活在泥水中，它們會有這種毛病嗎？泥水像人所感覺的那樣，永遠是寒冷的、對人有害的嗎？人爬到樹上，便感到驚恐不安，擔心跌落摔傷，那猨猴整天生活在樹上，它們怎麼一點也不感到恐懼？難道高處也像人所感覺的那樣，永遠讓人恐懼害怕嗎？ 還有，人以蔬菜與肉類爲食物； 麋鹿以薦草爲食物； 蜈蚣喜歡吃蛇； 烏鴉、貓頭鷹喜歡腐鼠。人與動物，各有不同嗜好，你能肯定哪種嗜好是正當的，哪種嗜好是不正當的？ 蔬菜與肉類、薦草、蛇、腐鼠，對於人來說，它們的味道都是一樣的嗎？ 而且，毛嬙、麗姬，這些大美人，無論在誰的眼裏都是美的嗎？ 可是，魚見了卻害怕得鑽到水底； 鳥見了卻飛得高高的； 而麋鹿們見了卻驚恐得四散而逃。可見，大美人也未必走到哪兒都被視爲『美的』。

有學者認爲，莊子以人與動物的感覺進行比較，强調的是人的『類的主觀性』。〔二〕 其實不然。莊子此處所强調的，恰恰是人的個體差異性，而不是人的『類的主觀性』。以今之情，推古之實，生活於極地寒帶的人，可以耐受高寒，依冰而臥； 而生活在熱帶地區的人，卻又不畏酷暑，耐受高熱。如果易地而居，他們的感覺會是一樣的麽？ 生活於極地高寒地帶者，視生活於熱帶地區者無異於非類； 反之亦然。又，今之粵人食蛇、食鼠，恰與蝍蛆、鴟鴉同嗜。粵人非人乎？ 能說這些感覺的差異是人與動物的不同麽！ 由此可見，莊子決不是强調人類共通的『主觀性』，而是以此極端的事象爲喻，强調生命個體的感官差異性。故王倪最後曰：

> 自我觀之，仁義之端，是非之途，樊然殽亂，吾惡能知其辯！

〔二〕 參見崔大華：《莊學研究》，人民出版社一九九二年，第二七〇頁。

『自我觀之』之『我』，『吾惡能知其辯』之『吾』，能以『人類』置換，說成『自人類觀之』或『人類惡能知其辯』麽？顯然，『類的主觀性』之說，決非莊子本意。

又，陳鼓應將『物之所同是』，解爲『共同所認可的；共同標準』，譯爲『你知道萬物有共同的標準嗎』。事實上，這種譯解與莊子原意仍有很大偏差。莊子現在所討論的是『人的認識有没有一致性』，而不是『萬物有没有共同的標準』。如果莊子關心的是客觀世界；那麽，莊子這一偉大的思想成果，爲什麽成爲絕響，而後世没有人沿著這一路徑繼續討論，從而發展出一套完備的認識論思想體系？理論的性質本身，就決定了它的歷史發展方向。因此，莊子所表述的，根本就不是認知有無客觀標準，而是作爲生命個體的人，因其感官功能的差異性，根本就不可能達到認知的一致。故此句譯爲『你知道人對萬物可有一致的認知嗎？』這才與莊子原意相吻合。

人不僅在感官功能上存在著巨大的個體差異性，從而不可能有一致的認知結果。而且，人在意識知性的層面上，也有相當的個體差異性，從而也不可能達到一致的認知結果。這種意識知性層面上的個體差異性，就是所謂『成心』。《齊物論》曰：

夫隨其成心而師之，誰獨且无師乎？奚必知代而心自取者有之？愚者與有焉。未成乎心而有是非，是今日適越而昔至也。是以无有爲有。无有爲有，雖有神禹，且不能知，吾獨且奈何哉！

莊子對『成心』的來源，在《齊物論》中沒有作過多的論述，也用不著論述。〔二〕因爲，既然莊子以人爲『天籟』，則所謂『成心』，也就是近人蔣錫昌之所謂『天然自成之心』，〔三〕是人與生俱來之『心』。祇要是人，他便有『成心』。而且無論是心理意識正常的人，還是心理意識不正常的人都有『成心』。因此，莊子曰：『奚必知代而心自取者有之？愚者與有焉。』

『奚必知代而心自取者有之』一句，各家之注皆未了。曹礎基曰：『代，更，變化。知代，懂得事物的變化。』〔三〕陳鼓應曰：『代，指自然變化之相代。』楊柳橋曰：『懂得循環交替的道理。』〔四〕王世舜則譯作：『何必互相替代著做老師？如果取自己的思想感情做老師，那麼，愚笨的人也會有自己的老師。』按此『知代者』，並不是指『了解自然變化之理的智者』，亦非指『互相替代著做老師』，而是指具有

〔二〕莊子雖然在《齊物論》中沒有展開論述『成心』的形成原因，但莊子卻深刻地意識到，人的認知能力及認知範圍受到人類個體所屬的時間與空間的限制；也同樣深刻地意識到，人類個體的感官差異性造成了認知結果的不一致性。事實上，這就是『成心』形成的客觀基礎。不過，莊子所謂『成心』，主要是指意識知性層面的個體差異性。

〔三〕按蔣錫昌解『成心』爲『真君所成之心』，『天然自成之心』。『天然自成之心』，與莊子原意不爽。但『真君所成之心』，則稍有不合，如改爲『真宰所成之心』，便與莊子原意相符，因爲莊子認爲支配心理意識或精神活動的是『真宰』，而協調形體的是『真君』。陳鼓應以蔣說『大誤』，不知陳氏自誤。

〔三〕曹礎基：《莊子淺注》，中華書局一九八二年，第二一頁。

〔四〕楊柳橋：《莊子譯詁》，上海古籍出版社一九九一年，第三一頁。

正常心理意識的人，與下文『愚者』——不具有正常心理意識的人相對。此『知』字，卽『日夜相代乎前而莫知其所萌』之『知』；此『代』字，亦卽『日夜相代乎前而莫知其所萌』之『代』。上文『大知閑閑』一節，言人皆有各種不同的幻覺、映象、情感、性格、情緒等心理意識，而這些心理意識無時無刻不在人眼前（其實是在大腦中）交替（『代』）。故『知代者』，卽具有上述正常心理意識者。聞一多不懂莊子文章前後照應之理，改『代』爲『成』，又釋『成』爲『盛』，[一]而關鋒從其説，則歧路之中又有歧路也。[二]『知代』，卽『知』有各種不同心理意識之交替隱顯，故莊子又以『心自取』補足『代』字之意。『心自取』，卽『非我无所取』之『取』，亦『咸其自取』之『自取』。可見莊子文心綿密如此。

『夫隨其成心而師之，誰獨且无師乎？』《人間世》曰：『猶師心者也。』是『師』卽『師法』、『取法』、『仿效』之意。以自己與生俱來的『成心』作爲取捨的標準，則人人皆有自己的標準。而『天籟』者，天然所成之物，故人之性情好惡、心理意識也就天然地不同。以這種不同的『成心』去觀照世界，當然不能形成一致的認知。既有『成心』，便有是非之論。故曰：『未成乎心而有是非，是今日適越而昔至也。』由此可見，莊子認爲，人心生來就不同，因不同之心，故有是非之論。人心不同與是非之論既先天地不可避免，則人又何能達成一致的認知！

心理意識正常的人，其認知尚且不可能達成一致，更何況那些心智昏亂、意識失常的人，就更加無

[一] 聞一多：《古典新義·莊子內篇校釋》，《聞一多全集》第二册，三聯書店一九八二年，第二四四頁。

[二] 關鋒：《莊子內篇譯解和批判》，中華書局一九六一年，第一一四頁。

從説起了。《逍遥遊》所謂『瞽者无以與乎文章之觀，聾者无以與乎鐘鼓之聲，豈惟形骸有聾盲哉，夫知亦有之』，卽是其意。故莊子曰：

夢飲酒者，旦而哭泣；夢哭泣者，旦而田獵。方其夢也，不知其夢也。夢之中又占其夢焉，覺而後知其夢也。且有大覺而後知此其大夢也，而愚者自以爲覺，竊竊然知之。（《齊物論》）

處於夢幻之中的人，不可能有正確的認知。『夢飲酒者，旦而哭泣』，夢中飲酒作樂，快樂無比；而現實的生活可能痛苦不堪。反之，夢中傷心哭泣，心情十分悲痛，而醒來之後的實際生活，則又是無比快樂。故曰『夢哭泣者，旦而田獵』。顯然，處於夢幻之中者，以夢幻爲實境，根本不能正確分辨夢境與實境的區別。衹有完全清醒了，才能意識到夢幻的不真實。而那些心智悖亂、意識失常的『愚者』，與夢幻者的意識狀態完全一樣，惟一的差別，是他們自以爲清醒。故曰：『自以爲覺，竊竊然知之。』這種『愚者』之『知』，顯然不是那些『知代而心自取者』之意識正常者之『知』。這種『知』，不過『是以無有爲有』，將幻覺當作真實而已。所謂『莊周夢蝶』的寓言，卽是此例。

昔者莊周夢爲胡蝶，栩栩然胡蝶也，自喻適志與！不知周也。俄然覺，則蘧蘧然周也。不知周之夢爲胡蝶與，胡蝶之夢爲周與？周與胡蝶，則必有分矣。此之謂物化。

雖然莊周不是胡蝶，胡蝶也不是莊周，『周與胡蝶，則必有分矣』，但夢境中，莊周化爲胡蝶，就自以爲是胡蝶，其時並不知尚有真實的莊周。醒來之後，才知真正的莊周就是這個實實在在的莊周。然而，如果繼續沉浸在夢境之中，即使醒來，也仍然分不清哪是夢境，哪是實境。於是，就有究竟是莊周夢爲胡蝶，還是胡蝶夢爲莊周的迷惑了。然而，這個實實在在的莊周（『蘧蘧然周也』）既沒有『化』爲胡蝶，胡蝶也沒有『化』爲莊周；以莊周爲胡蝶，以胡蝶爲莊周，不過是夢幻與真實混而不分罷了。這就是所謂『物化』。『物』者，人也。語云『招致物議』，『物議』即『人議』也。故『物化』實爲『人化』，意即人在『覺醒』狀態與『夢幻』狀態的不同變化。這種因『物化』而出現的認知偏差，其實是『以无有爲有』，即使是神明通達的夏禹，也無法裁定這些意識顛倒、心理錯亂者的認知是不是正確的。『吾獨且奈何哉！』我能拿它有什麽辦法呢？不過徒喚『奈何』而已！

可見，無論心智正常者，還是心智不正常者，都有與生俱來的『成心』，不過愚者的『成心』，更加顛倒錯亂而已。惟其『成心』與生俱來，因而也就無法克服。然而，有『成心』，便有『是非』。於是人的認知，也就永遠無法達成一致。

六、認知的『成心』蔽障：『道隱於小成』

不僅人的認知本身，由於人人師心自用，永遠不可能達成一致，就是這不一致的認知結果與存在的事實能不能相符，也不能確定。《齊物論》曰：

瞿鵲子問乎長梧子曰：『吾聞諸夫子，聖人不從事於務，不就利，不違害，不喜求，不緣道；无謂有謂，有謂无謂，而遊乎塵垢之外。夫子以爲孟浪之言，而我以爲妙道之行也。吾子以爲奚若？』

對於同一個對象（『聖人不從事於務』云云），『夫子以爲孟浪之言，而我以爲妙道之行』，是見解截然相反。而長梧子曰：

是黄帝之所聽熒也，而丘也何足以知之！且女亦大早計，見卵而求時夜，見彈而求鴞炙。

『是黄帝之所聽熒也，而丘也何足以知之』，即『雖有神禹且不能知』，丘何從而知之？『夫子（丘）以爲孟浪之言』，而你瞿鵲子『以爲妙道之行』，我又何從判斷誰所言爲是，誰所言爲非？譬如『説生』、『惡死』、『哭劫』之類，它們是對還是錯，該還是不該，你能提前下結論嗎？你以爲有卵，就必定有雞；有彈，就必定有烤肉吃？故曰：

予惡乎知説生之非惑邪！予惡乎知惡死之非弱喪而不知歸者邪！麗之姬，艾封人之子也。晉國之始得之也，涕泣沾襟；及其至於王所，與王同筐牀，食芻豢，而後悔其泣也。予惡乎知夫死者不悔其始之蘄生乎？（《齊物論》）

對生的留戀，對死的恐懼，這是人之常情；但是，生，真的就那麼值得留戀嗎？死，真的就那麼值得恐懼嗎？那麗姬，艾地戍邊者的女兒，剛被晉國掠來之時，一把鼻涕一把淚，哭得跟淚人似的。等她到了晉國，與晉侯朝夕相處，寵愛有加，吃香的喝辣的，於是反而覺得當初被擄劫時拚命掙扎，哭得死去活來，實在好笑。可見，人的認知結果有時與存在的事實是大相徑庭的。心智昏亂者，其認知結果與事實相反，固不必說。這『麗之姬，艾封人之子』，可不是意識失常的人，其『成心』也使她不能作出合於事實的判斷，以爲被擄劫，就是當奴隸做賤人，生活一定痛苦不堪。

這樣說來，則無論正常人，還是心智不健全的人，其認知結果都難以與存在的事實相符。故曰：

君乎，牧乎，固哉？丘也與女，皆夢也！予謂女夢，亦夢也。是其言也，其名爲弔詭。萬世之後而一遇大聖，知其解者，是旦暮遇之也。（《齊物論》）

說他是『君主』，他本真就是『君主』嗎？說他是『牧夫』，他本真就是『牧夫』嗎？焉知指爲『君主』者，不是『牧夫』；指爲『牧夫』者，不是『君主』？看來，你瞿鵲子與孔丘都是癡人說夢，與事實相去甚遠。而我現在斷定你們是癡人說夢，也許我自己也在癡人說夢。這不？我所回答的，與你所要問的問題，杳不相涉！因此，人的認知永遠也不能達成一致；人的認知結果，能否與存在的事實相符，也永遠不能確證。可人又在不斷地認知，不斷地對存在的事實，下各種各樣的判斷。這豈不是悖論(『是其言也，其名爲弔詭』)！然而，有誰能解決這個悖論呢？如果千秋萬代之後，有某個大聖人出現，能夠解決這個悖論，那可是不期而遇的萬幸之事啊！

當然，人的認知結果與存在的事實能否相符，固然是由於人的『成心』所至，但正是由於這種『成心』的蔽障，也就決定著人之認知程度有深有淺。《齊物論》曰：

道惡乎隱而有真僞？言惡乎隱而有是非？道惡乎往而不存？言惡乎存而不可？道隱於小成，言隱於榮華。故有儒墨之是非，以是其所非而非其所是。

《莊子》一書，『道』字的意涵比較複雜，容後再議。這裏，『道惡乎隱而有真僞』、『道隱於小成』之『道』，姑且理解爲『真理』。所謂『道惡乎隱而有真僞』，意即：是什麼東西使得人們的認知不能達到真理，而使人們的認知結果有『真』有『僞』呢？因爲『道隱於小成』。『小成』，其涵義有二。其一，滿足於一得之見，淺嘗輒止，謂之『小成』。其二，人的根器秉賦、眼界識見亦有大小之分，所謂『大知閑閑，小知間間』者，是也；所謂『賢者識其大者，不賢者識其小者』，亦是也。『小知間間』，當然衹能『識其小者』。故所謂『小成』者，『小知間間』者之所『成』也。

人的認知，或者由於淺嘗輒止，或者由於器識有限，因而其認知結果也有差異。然而，這些不同的認知結果，最終是否與事實相符，也是難以確定的。《齊物論》篇末『罔兩問景』的寓言，即是此意：人的認知結果無論深淺，能否與存在的事實相符，亦不可知。

罔兩問景曰：『曩子行，今子坐；曩子坐，今子起，何其无特操與？』景曰：『吾有待而然者邪？吾所待又有待而然者邪？吾待蛇蚹蜩翼邪？惡識所以然！惡識所以不然！』

罔兩問景『曩子行，今子坐』云云，這代表著罔兩對影的認知水平。他衹知道影在不斷變化運動，拘定在感官知覺的層面上，並不能上升到知性的層面，去認知影隨形動的事實真相，故怪而問之。景的認知，卻有所推進。景曰：『吾有待而然者邪？吾所待又有待而然者邪？』影之待形，故形動而影動。但事實如何呢？影固然待形，有形才有影；然而，徒有形而無光照，影又從何而生？《寓言》載景之言曰：『火與日，吾屯也；陰與夜，吾代也。』文備而意明。於是影究竟是待形而生，還是待光而生，終究不甚了然。且也，卽使有形，亦有光，然而影動，也未必就是形動。因爲，形不動而光動，也同樣有影動的效果。那麼，影動究竟是形動，還是光動，亦不甚了然。於是，影之所待，究竟是形，還是光？影之動，究竟是因形動而動，還是因光動而動，亦難以分辨了。故曰：『吾待蛇蚹蜩翼邪？』意卽：『我所待的究竟是什麼呢？就像蛇蚹與蜩翼一樣難於分辨！』如果將一小片形狀相似的蟬翼或者蛇蛻放在你面前，讓你辨別它是蛇蛻，還是蟬翼。你能分辨得出嗎？你說它是蟬翼，它可能是蛇蛻；你說它是蛇蛻，它可能是蜩翼。你怎麼能肯定它就是蜩翼而不是蛇蛻；又怎麼能肯定它就是蛇蜕而不是蜩翼！〔二〕故曰：『惡識所以然，惡識所以不然！』雖然景比罔兩在認知層次上有所推進，但是，其認知的結果，最終究竟與事實能不能相吻合，卻是難以確定的。在這一點上，景與罔兩的認知水平又是沒有區別的。

由此可見，莊子認爲，人的認知結果，由於『成心』與識見的限制，不僅在認知主體上不能達成一致，而且其與存在的事實能否相符，也仍然在未定之數。

值得注意的是，莊子雖然從感官功能到心理意識，論述了人的個體差異性導致了認知的個別性；但是，他是分別從感覺與知性的不同層次進行論證的。他並沒有意識到，人的認知，是從感性到知性的運動過程，感性與知性是既有區別又有聯繫的兩個不同階段。在莊子看來，人的肉體官能與心理意識是各自分離的東西。因此，他猜想支配心理意識的是『真宰』；而協調形體運作的是『真君』。〔三〕而所謂『成心』，則僅僅是指支配心理意識的『真宰』，並不包括協調形體動作的『真君』。因此，莊子不可能將感覺與知性統一起來思考人的認知活動。其次，莊子是從生命個體的立場，而不是從整個人類在認知過程中綿綿不絕，世代相續的發展來思考人的認知活動；加之，他又僅僅是從認知主體的角度，

〔二〕『吾待蛇蚹蜩翼邪』，諸家注解皆誤。此句省略一『邪』字，當爲：『吾待蛇蚹邪，蜩翼邪？』意即我所待的東西究竟是什麼，就像蛇蜕與蟬翼一樣難以分辨。

〔三〕馮友蘭認爲『真君』即是『真宰』。近來又有人認爲『真君』與『真宰』，是『君主』與『宰臣』的關係，『真宰』從屬於『真君』。二説皆誤。

用自己證明自己的方法，探究人的認知成果的有效性，必然如揪住自己的頭髮提升自己一樣無能爲力。因此，他祇能看到人的認知能力與認知範圍受到各種限制的一面；也祇能看到人的認知結果模糊不定、似是而非。於是，莊子陷入了認知的迷惘與無可奈何的尷尬。這也是莊子之所以把人稱爲『天籟』的重要原因。

七、爭辯的根源：『夫言非吹』

既然人的認知永遠不能達成一致，其認知結果與存在的事實能否相符，也不可知；那麽，與人的認知結果密切相關的『言』，當然也就飄忽不定，是非莫辨了。因此，莊子對『言』的考察，則同樣陷入了無可名狀的困惑與悲觀。《齊物論》曰：

夫言非吹也。言者有言，其所言者特未定也。果有言邪？其未嘗有言邪？其以爲異於鷇音，亦有辯乎，其无辯乎？

『夫言非吹也』，這仍然是將作爲『天籟』的人『言』，與作爲『地籟』的『衆竅』及『人籟』之『比竹』所發之聲進行比較，以突出人『言』與『泠風則小和，飄風則大和』的『衆竅』之音不同。

如前所述，『天籟』之『言』與『衆竅』之『吹』的不同，首先表現於內在的發動與外在的發動之別。

然而，僅僅是這一區別，還不足以盡人『言』之實質。因爲，那剛剛破殼而出的雛鳥，它的叫聲，也是自己發出的，並沒有誰在『吹』它，或者掐它，捏它，讓它嘰嘰叫個不停。因此，僅僅從這個意義上說，雖然『夫言非吹也』，但『其以爲異於鷇音』，卻是『无辯』的。

其次，『言』與『吹』的不同，是『言者有言』。風吹『眾竅』，不過是一陣嗚嗚喇喇或悅耳或刺耳的聲音組合而已，毫無意義。但是，人『言』則不是毫無意義的聲音組合，而是有著豐富複雜的語義內涵。王夫之曰：『使言而僅如吹歟？洪纖雖殊而不相軋。言則有立言之旨，是非相競而其亂滋甚。』〔二〕從這個意義上說，不僅『夫言非吹也』，且『其以爲異於鷇音』，卻是『有辯』的。小鳥的叫聲在人聽來，是沒有意義內涵的，人之『立言』卻有『立言之旨』。

然而，『天籟』之『言』與『眾竅』之『吹』的第三點不同，也是至爲重要的一點，即『其所言者特未定也』。如前所述，『天籟』之『言』是以人的認知爲前提的，而人的認知，無論智愚，都受到『成心』的制約，不可能達成一致。因此，『人』之所『言』，也就有了各種不同的主張宗旨與參差不齊的見解甚至是非之論，是王夫之所謂『言則有立言之旨，是非相競其亂滋甚』。『故有儒墨之是非，以是其所非而非其所是』。儒之與墨，之所以彼此爭來爭去，不就因『隨其成心而師之』，所見不同，以致各『是其所非』而各『非其所是』嗎？故曰：『言者有言，其所言者特未定也。』『未定』者，有是非也。

此外，『天籟』之『言』與『眾竅』之『吹』的第四點不同，則是『言』的有效性問題。亦如前述，人的

〔二〕王夫之：《莊子解》卷二，中華書局一九六四年，第一六頁。

認知成果，能否與存在的事實相符合，尚在未定之數。如果所認知者，與事實相符，則『言』者『果有言』；倘若與事實不侔，則『言』者亦『未嘗有言』。故曰：『果有言邪？其未嘗有言邪？』『有言』與『未嘗有言』，亦在未定之數。如果『言』者沒有『立言之旨』，所『言』者內容空洞，毫無意義，不過是一堆雜亂的噪音，那麼，此其『言』之與『吹』的不同，又僅僅是內動與外動的區別，而與小鳥的叫聲沒有兩樣了。故曰：『其以爲異於鷇音，亦有辯乎，其无辯乎？』是鳥叫還是人言，仍然在未定之數。

根據『言』之異於『吹』的不同以及與『鷇音』既『有辯（辨）』又『无辯（辨）』的本質特徵，莊子對『言』之是非難分，飄忽不定的屬性，作了十分悲觀的描述。

莊子認爲，有『知』，便有『言』，有『言』便有『是非』，有『是非』，便有爭論。《齊物論》曰：

> 古之人，其知有所致矣。惡乎至？有以爲未始有物者，至矣，盡矣，不可以加矣。其次以爲有物矣，而未始有封也。其次以爲有封焉，而未始有是非也。是非之彰也，道之所以虧也。道之所以虧，愛之所以成。果且有成與虧乎哉？果且无成與虧乎哉？有成與虧，故昭氏之鼓琴也；无成與虧，故昭氏之不鼓琴也。昭文之鼓琴也，師曠之枝策也，惠子之據梧也，三子之知幾乎，皆其盛者也，故載之末年。唯其好之也，以異於彼，其好之也，欲以明之。彼非所明而明之，故以堅白之昧終。而其子又以文之綸終，終身無成。

這節文字，集中描述『知』與『言』、『知』與『是非』之爭的關係。莊子曰，『古之人』（即古來之人）

的認知雖各有『所致』，但見解卻參差不齊。有的認爲，事物產生之前什麼也沒有。這當然是最遠的盡頭，無以復加了。有的認知到事物的產生，但還沒有分辨物與物的界線。有的認知到物與物的界線，但尚未加以是非判斷與評價。不過，自從有了是非判斷與評價，問題就複雜起來了。有是非，就有好惡；有好惡，爭論也就開始了。故曰：『唯其好之也，以異於彼；其好之也，欲以明之。』因此，是非、好惡、爭端，歸根結柢，皆由『知』所引起。『昭文之鼓琴也，師曠之枝策也，惠子之據梧也，三子之知幾乎，皆其盛者也，故載之末年。』『枝策』、『據梧』，所指何事，今雖不可確知，大抵與『鼓琴』相類，爲某種職業或技藝活動。〔二〕然此處並非描述其技藝或職業操作，而是用以比擬人的認知活動。故曰：『三子之知幾乎，皆其盛者也。』然而，祇要有認知活動，是非之爭就不能免。正如昭氏之鼓琴，他祇要動手『鼓』，正確與錯誤就同時存在了。他不鼓琴，當然既無所謂正確，也無所謂錯誤了。故曰：『有成與虧，故昭氏之鼓琴也；无成與虧，故昭氏之不鼓琴也。』顯然，這是以『成』與『虧』喻『是』與『非』。至於這些『是』與『非』，究竟『是』還是『非』，實在難以斷定。是以，『果且有成與虧乎哉？果且无成與虧乎哉？』『是』、『非』界線既已模糊，其以『是』、『非』爲依據的『言』論之爭，當然便永無休止，且毫無結果。『彼非所明而明之，故以堅白之昧終』。而且，更無奈的是，一代人沒有爭出什麼結果，第二代繼續爭，『而其子又以文之綸終』，且仍然一輩子沒爭出結果（『終身無成』）。由此可見，

〔二〕『惠子之據梧』，梧桐乃古代製作琴瑟的最佳材料，則『據梧』當亦與音樂有關之事。否則惠子不能與昭文、師曠相提並論，且沒有共同性也不可能形成論爭。

『知』與『言』，『言』與『是非』，乃蟬聯而起，而且爭論永無休止。

以此爲基礎，莊子又用幾個極端的例證，繼續彰明有『知』便有『言』，有『言』便有『是非』，有『是非』便有永無休止的論爭，終於陷入了有『言』而無『知』的『知—言』怪圈。《齊物論》曰：

今且有言於此，不知其與是類乎？其與是不類乎？類與不類，相與爲類，則與彼无以異矣。雖然，請嘗言之。有始也者，有未始有始也者，有未始有夫未始有始也者。有有也者，有无也者，有未始有无也者，有未始有夫未始有无也者。俄而有无矣，而未知有无之果孰有孰无也。

今我則已有謂矣，而未知吾所謂之其果有謂乎，其果无謂乎？天下莫大於秋豪之末，而大山爲小；莫壽於殤子，而彭祖爲夭。天地與我並生，而萬物與我爲一。

既已爲一矣，且得有言乎？既已謂之一矣，且得无言乎？一與言爲二，二與一爲三。自此以往，巧曆不能得，而況其凡乎！故自无適有以至於三，而況自有適有乎！无適焉，因是已。

『不知其與是類乎』，『其與是不類乎』之『是』，即指上述『知—言』怪圈。『類與不類，相與爲類，則與彼无以異矣』，意即，我舉的這些『言』的例子（『有言於此』），如果你認爲是同類的，當然可以證明我的上述說法。如果你認爲不同類，也更能證明我的上述說法。何也？因爲在這些例子是否同類本身，就已經起了爭端。於是，關於『類』還是『不類』的問題，也仍然會無窮地爭下去。這樣說來，無論『類與不類』，都能證明我的上述說法。故曰：『相與爲類。』

『今且有言於此』，其『言』曰：『有始也者，有未始有始也者，有未始有夫未始有始也者。』這是關於『有始』與『无始』的爭論，雖然僅列三種不同的認知結果，但是，這種『有未始有夫未始有始也者』之『有』，還可以繼續『有』下去，以至無窮。此外，『有有也者，有无也者，有未始有无也者，有未始有夫未始有无也者』，這是關於『有』與『无』的爭論，亦僅列三種不同說法。但與上述之例一樣，這種『有……』仍然可以無窮無盡地『有』下去。但是，倘若拋開這些不同的論爭，直接追問：『你們所爭論不休的這個「有」與「无」的問題，究竟是個真問題（「有」），還是個假問題（「无」）？』於是這些執『有』執『无』的論者，自己也不清楚究竟是真問題（『有』）還是假問題（『无』）。故曰：『俄而有无矣，而未知有无之果孰有孰无也。』這就是所謂『彼非所明而明之，故以堅白之昧終』，論者欲將連自己都沒有弄明白的問題去使別人明白，豈不是『以其昏昏，使人昭昭』？因此，這些不同的認知與言論，究竟誰是誰非，實在難於斷定，即使是論者自己，對所爭論的問題也未必明白。但是儘管如此，爭論卻沒有休止。

事物究竟起於『有』，還是起於『无』，時間究竟有『始』還是無『始』，當是莊子時代人們耳熟能詳的爭論，就如同『堅白』、『同異』一樣，是惠施、公孫龍之流侈辯騰口的主要論題，故莊子舉以爲例。接下來，莊子又通過子綦之口，對於『大小』、『壽夭』、『物我』的問題，發表了一通言論。『今我則已有謂矣』，說『天下沒有比秋毫之末更大的東西，因而泰山也小得可憐』；又說『天下沒有比夭折的幼子活得更長的，而彭祖也是短命的』；還說『天地與我同樣永生，而萬物與我爲一體』等等，諸如此類的話，都是由『我』說出的。〔二〕可是，『我』雖然説了這許多話，但『我』究竟説了什麽，還是没有説什麽，亦即這些説法，究竟有没有意義，有没有價值，連『我』自己也無法確定。故曰：『而未知吾所謂之其果有謂乎，其果无謂乎？』何以言之？就説『天地與我同樣永生，萬物與我爲一體』吧，既然『天地與我同樣永生，萬物與我爲一體』了，『我』就是『天地』，『我』就是『萬物』，然而，『天何言哉！四時行焉，萬物生焉』，『天地』與『萬物』，何曾説過話？『我』既爲『天地』，既爲『萬物』，『我』還能説話麽？故曰：『既已爲一矣，且得有言乎？』可是『我』又確實已經説了『天地與我同樣永生，而萬物與我爲一體』這話。説出來的話，就是覆出去的水，覆水難收，這句話本身就獨立地存在了。話既已出口，能説『我』没有説話嗎？故曰：『既已謂之一矣，且得无言乎？』因此，認爲『我』不能説，是有理由的；而且本來也是不該這樣説，因爲人不可能『與天地同樣永生』，也不可能『與萬物爲一體』。但既然『我』已經這樣説了，『我』當然認爲這樣説是有理由的。因爲『我』覺得『我』跟天地萬物是一體的。於是，『不能説』與『已經説』，既然都有理由，便形成兩個針鋒相對的意見，故曰『一與言爲二』。『二』即『既已爲一矣』之『一』；『言』即『既已謂之一矣』之『謂』。然而，人終究不能與『天地』同久，也不能

〔二〕『天下莫大於秋豪之末，而大山爲小；莫壽於殤子，而彭祖爲夭』云云，在莊子所設定的當下語境（『今且有言於此』）中，不是莊子正面闡述的觀點，而是莊子作爲荒謬言論所舉之例（實爲趣味判斷，趣味無爭辯）。其論題明顯荒謬，故以此爲前提的無窮爭論，也是没有意義、没有價值的。後世注《莊》讀《莊》者，皆誤解爲莊子的正面主張，故與《齊物論》此處的語境捍格難通。

與『萬物』同爲一體，於是又有了第三種意見，來考量『我』的說法是否與事實相符，故曰：『二與一爲三。』如果又有人來追問這第三種意見：『你怎麼知道他說的「天地與我同樣永生，而萬物與我爲一體」就不符合事實呢？』然後，又有人來追問這追問者：『你怎麼知道他不知道……』如此這般地追問下去，將是無窮無盡，無休無止！即使是善於天文推步的人，算術水平極高超，恐怕也計算不清楚，何況一般人呢！因此，『自无適有以至於三，而況自有適有乎』？從一個虛幻的事實或曰『以无有爲有』的趣味論題開始，就產生了這許多的追問與爭論，何況一個真正有爭論的問題，還不知要爭到什麼時候。不因此而曠日持久、永無休止地爭下去才怪（『无適矣，因是已』）！

不僅『成心』之『知』，形成『是非』之爭，而且，『知』的深淺，也是形成『是非』之爭的重要根源。《齊物論》曰：

> 道惡乎隱而有真僞？言惡乎隱而有是非？道惡乎往而不存？言惡乎存而不可？道隱於小成，言隱於榮華。故有儒墨之是非，以是其所非而非其所是。

由於『小成』之『知』，隱蔽了真理，人的認知結果便有了『真僞』，有了深淺。『道惡乎往而不存』，『言惡乎存而不可』，真理隱藏到了何處？言論何以滿世界都是，但又與事實不相符？『不可』之『可』，即相值、相符之意。『道隱於小成』，而『言』則『隱於榮華』。『榮華』何謂？成疏曰：『英華者，謂浮辯之辭，華美之言也。』成說固然不錯，但『浮辯』、『華美』，尚不能盡『榮華』之蘊。此『榮華』

還有與『根幹、根本』相對應的『枝節、枝葉』之義。與『道隱於小成』密切相關，因『知』有大小，限於識見，故其所『言』亦不過枝節細碎而已，離真理或所謂『大道』尚遠。故曰：『言隱於榮華。』『道』既『隱於小成』，『言』既『隱於榮華』，於是『是非』之爭又起。『故有儒墨之是非，以是其所非而非其所是』。儒墨之『道』皆爲『小成』，其『言』亦皆爲『榮華』，於是彼此相非，終無竟日。因此，《齊物論》曰：

夫道未始有封，言未始有常，爲是而有畛也，請言其畛：有左有右，有倫有義，有分有辯，有競有爭，此之謂八德。

『道未始有封』，認知也就沒有止境；認知沒有止境，『言』也就沒有定準，於是就出現了界線與差別（『畛』）。而界線與差別（『畛』），就是爭論的根源。故曰：『有左有右，有倫有義，有分有辯，有競有爭。』『左』與『右』，就立場言；『倫』與『義』，就評價言；『分』與『辯』，就是非言；『競』與『爭』，就爭論言。可見所謂『八德』，是兩兩遞進的四個不同層次。這四個層次也就是由『知』到『爭』的四個不同環節：『知』—『言』—『是非』—『爭論』。因此，『知』，就是『爭論』的禍根與罪魁，故《人間世》曰：『知也者，爭之器也。』其原因，卽在於此！

由於『成心』與『小成』所形成的『知』的差異，人與人之間也永遠無法溝通，也永遠誰也說服不了誰。因此，『知—言』怪圈，也永遠無法超越。辯論的結果，衹會愈辯愈亂，猶如治絲益棼。故《齊物論》曰：

既使我與若辯矣，若勝我，我不若勝，若果是也，我果非也邪？我勝若，若不吾勝，我果是也，而果非也邪？其或是也，其或非也邪？其俱是也，其俱非也邪？我與若不能相知也，則人固受其黮闇。吾誰使正之？使同乎若者正之？既與若同矣，惡能正之！使同乎我者正之？既同乎我矣，惡能正之！使異乎我與若者正之？既異乎我與若矣，惡能正之！使同乎我與若者正之？既同乎我與若矣，惡能正之！然則我與若與人，俱不能相知也，而待彼也邪？

人人皆因時地的限制，感官的差異，『成心』的驅使，『小成』的蔽障，不可能有一致的認知，故曰：『人固受其黮闇。』既然『人固受其黮闇』，『我與若與人俱不能相知』，辯論的誰『是』誰『非』，也就無從質『正』了。人與人之間的言語隔膜，就像人與雞狗之間的不能相通一樣，誰能裁判誰的是非對錯！《則陽》篇載少知問於太公調的寓言卽是其意。其文曰：

少知曰：『季真之莫爲，接子之或使，二家之議，孰正於其情，孰徧（偏）於其理？』太公調曰：『雞鳴狗吠，是人之所知；雖有大知，不能以言讀其所自化，又不能以意其所將爲。』

人們聽慣了『雞鳴狗吠』之聲，可是誰能聽懂『雞鳴狗吠』的意義！不僅人『不能以言讀其自化』，也不能猜透它們究竟說的是什麼，而且，雞與狗也未必能互相知解。季真之主張『莫爲』，不過是『雞鳴』而已，接子之主張『或使』，不過是『狗吠』而已。我太公調與你少知又如何能判斷他們的是與非！

這樣一來，雖然『夫言非吹也』，但實在是與『鷇音』無以異了！人之與人，如此不可解讀，則人之爲『天籟』，其有以夫！

八、結論

綜上所述，莊子視人爲『天籟』，是把人的生命，作爲天地萬物之中的一物來思考的。但是，人雖爲萬物中之一物，卻與非人的生物有著本質的不同。人不僅有『百骸，九竅，六藏，賅而存焉』的形體，且形體各部分之間的配合又如此默契，不可思議；同時，人還有各種不同的心理、幻覺、映象、情感以及彼此迥異的性格、秉賦與癖好，這些無可名狀的心理意識，由誰來支配，也難以知曉。不僅如此，作爲一種奇特的生命現象，人之所以異於非人者，除了知覺與理性之外，還有各種不同的言論與是非。但是，由於人的知覺與理性，受到人與生俱來的生理與心理的制約，又使人不可能達成一致的認知結果，從而導致了無窮的是非之爭。而且，這種是非之爭，由於人的彼此不能溝通，也永遠不可能平息。因此，人便一輩子受著『成心』的驅使，『是非』的糾纏，人與人的疆域與鴻溝，也就永遠不能超越。也因此，人與人之間的脣槍舌劍，言語廝殺，所謂『相拂以辭，相鎮以聲』（《徐无鬼》）也就永無平息。這就是人之所以爲人的本質屬性！也是人之所以爲『天籟』——無外在之『怒者』而自鳴的根本原因！

如何擺脱『知』的困擾，如何擺脱『相拂以辭，相鎮以聲』的是非之爭，莊子陷入了深刻的思想危機與生存焦慮。

（原載《學鑒》第一輯，武漢大學出版社二〇〇七年，第一九四—二三〇頁）

附錄二

以技喻道：莊子技藝觀的變遷與道的境界分層

一、『由技入道』還是『以技喻道』？

相對其他先秦諸子，莊子有過『漆園吏』的特殊生活經歷。作爲朝廷委派的技術官員，莊子不僅對漆樹種植以及漆器製作具有豐富的理論知識與實踐經驗，同時對木工、金工等其他行業也非常熟悉。因此，莊子往往以工藝造物活動爲事象論證他的哲學思想，這是他迥異於其他先秦諸子的獨特之處。由於莊子哲學在言說方式上有這種明顯的工匠技藝特點，不少學者便以工藝美學或者技術美學爲鵠的遊弋於莊子的思想世界。因此，有學者認爲：『《莊子》寓言故事中講述了許多有關工藝造物的技巧，對於技道關係的闡釋是《莊子》古代工藝造物思想的關鍵。從工藝美學角度來說，《莊子》爲後世打開了一扇「大美」之窗，以「通道之技」表明了對工藝美學的態度，奠定了古代人們對工藝造物的認識與評價』。〔一〕但是，這裏有一個邏輯前提必須予以澄清。由於莊子並不是現代意義上的美學家，《莊

〔一〕王朝俠：《通道之技的美學思想——〈莊子〉中的工藝美學思想》，《藝術探索》二〇一三年第三期。

子》一書也不是探討美學問題的專門著作； 他在許多場合或者言說語境之中，衹是把有關『工藝造物』的『寓言故事』作爲一種言說手段來闡述他的哲學思想，則所謂『技道關係』，衹有限定在『以技喻道』這一邏輯前提之下，探討莊子之所謂『技』與『道』的比喻關係，從而準確地理解莊子之『道』的思想内涵； 而不是以所謂『通道之技』的概念將莊子之所謂『技』簡單地歸約於其所謂『道』本身。

值得注意的是，將莊子之『技』與『道』混爲一談，其始作俑者乃是當代著名哲學家馮友蘭，其《新理學》說，『舊說論藝術之高者謂其技進乎道。 技可進於道，此說我們以爲是有根據底』。〔二〕馮氏之說，大抵包含二層意思： 一是在藝術實踐的基礎上總結歸納出相應的藝術理論，可稱之爲『技進於道』； 二是藝術水準達到了某種出神入化的高妙境界，也可稱之爲『技進於道』。 但馮氏引《養生主》庖丁所謂『臣之所好者，道也； 進乎技矣』一語，來說明他的這一觀點，卻是將莊子本意嚴重地閹割了。 因爲就《養生主》的文本語境而論，庖丁『所好』之『道』，是指解牛過程中『依乎天理』、『因其固然』的規律性； 而莊子用『庖丁解牛』的故事卻是要說明『全生』與『盡年』的人生哲理。 顯然，從『解牛之技』上升到『依乎天理』、『因其固然』的規律性，二者之間是從特殊到一般的邏輯推導關係； 而從『庖丁解牛』的寓言故事到『全生』、『盡年』的人生哲學，則是兩個異質範疇之間的邏輯類比關係。 因此，所謂『臣之所好者，道也，進乎技矣』，實際上包含著上述兩個方面的邏輯關聯，而馮氏的用典，顯然是取其前而棄其後。 從『賦《詩》斷章，余取所求』的用典慣例來說，馮氏的引申與推衍，當然不算錯。 但是如

〔二〕 馮友蘭：《貞元六書》（上），華東師範大學出版社一九九六年，第一六七頁。

果依馮氏之說而把『臣之所好者，道也，進乎技矣』泛化爲『技』與莊子之『道』的關係，又全然忽視莊子以『技』喻『道』的類比邏輯關係，換言之，亦即以馮氏所理解的『道』等同於莊子之所謂『道』，由此而進入莊子研究，必然產生一系列糾纏不清的邏輯混亂，於是把莊子之『道』簡單地理解爲『藝術精神』者便大有人在〔一〕。這種似是而非的說法，不僅誤解了莊子，也誤解了馮氏。然而歧路之中更有岐路，由此又引起莊子是『技外見道』還是『技中見道』的無謂之爭〔二〕。且因『由技入道』的向壁虛造，在莊子文本中根本找不到直接證據，於是有學者提出莊子既非『技外見道』亦非『技中見道』而是『遺技合道』以及『神技無技』之類的非常可怪之論〔三〕。當然，也有所謂『順道之技』與『離道之技』之類折衷調和的說法〔四〕。事實上，所有這些說法，無一例外地都是把莊子所謂『技』與『道』的類比關係當作『由技入道』的推導關係，從而其研究路徑與思想方法陷入將手段當目的、將喻體當本體的邏輯誤區。

我們認爲，說莊子文本中有大量關於工匠技藝活動的寓言故事當然是事實；說某些寓言故事體現了莊子對工匠技藝的某些看法也是可以成立的；但是，莊子這些有關工藝造物活動的寓言故事以及這些故事本身所體現的工藝看法都不能當作莊子自身的言說目的，而僅僅衹是莊子用以表現其哲

〔一〕徐復觀：《中國藝術精神》，春風文藝出版社一九八七年，第四四—四五頁。
〔二〕張節末：《徐復觀對莊子美學的發明及其誤讀》，《浙江社會科學》二〇〇四年第五期。
〔三〕陳火青：《『技中見道』抑或『遺技合道』？》，《文藝理論研究》二〇一三年第六期。
〔四〕李寶峯：《莊子技術哲學思想研究》，南昌大學二〇一〇年碩士論文。

學思想的一種手段,是一種言說方式。既然如此,則由莊子對工藝造物活動的不同態度可以感知莊子之『道』的不同境界; 反之,由莊子悟『道』的不同層次亦可覘見莊子技藝觀也不是一成不變而是前後思想有所躍動的。通過言説手段與言説目的相互印證,或者從修辭手法上分析喻體與本體之間的相似性亦即類比關聯,既可以準確地理解莊子之『道』的基本内涵及其不同的思想層次,也可由此理清莊子技藝觀之所以從否定到圓融的邏輯發展。因此,由其『以技喻道』的類比性,從而通過『技』與『道』的雙向梳理,既有助於莊子『道』論體系的正確把握,也有助於澄清莊子研究中所謂『由技入道』的思想混亂。

二、虛空與無限——『道』的本質屬性

什麼是莊子之『道』?

爲了超越與解脱『天籟』與『天弢』所帶來的人生焦慮與困境,莊子從老子那裏找到了『道』的思想武器,[二]拓展其理論内涵,把它從『繩繩』而爲『一』的時間維度改造成超越於萬物的宇宙形式,具有無限的超越性與廣延性,因而與所謂『氣』的虛無屬性相類同。時間的無始無終,空間的無邊無際,這就

[二] 參見程二行:《時間·變化·對策——老子道論重詁》,《武漢大學學報(人文社會科學版)》二〇〇四年第二期。

是宇宙。而自身無形無質而又充塞著宇宙，這就是『氣』。虛空與無限，既是時空的本質，也是宇宙的形式，也是『氣』的屬性，從而也是『道』之本身。『道』既無始無終，『氣』則有聚有散，以『氣』爲基質的『物』，也在虛空與無限的宇宙時空中生變死滅，『以不同形相禪』。一切都在大化流行之中，既『不位乎其形』，又『終則有始』。因此，莊子之『道』，就是將這種外在的虛空與無限的宇宙時空形式，内化爲一種空靈虛靜與無限高遠的精神境界。它的理論價值就在於引領人的心靈不斷地超越與提升，最終達到一種『參萬歲一成純』的『純白』之境，從而擺脱俗世的一切瑣瑣屑屑，遠離塵世的一切熙熙攘攘。

由於『道』是一種内化於心的虛空與無限的宇宙形式，是一種超邁而高遠的精神境界，因而所謂『聞道』，也就不是一般的認知活動，而是一種『徇耳目内通而外於心知』的修養工夫，這就是所謂『心齋』與『坐忘』的參悟之法。所謂『心齋』，就是凝神靜氣，心志内斂，將思慮專注於心靈自身，讓精神無所拘束也無所湊泊；放棄感官的一切感知功能，停止一切感官活動，『无聽之以耳而聽之以心，无聽之以心而聽之以氣』（《人間世》），使主體精神達到一種至虛靜極的生命狀態。所謂『坐忘』，就是將已有的知識系統與價值體系乃至正在『坐』的主體自身統統從記憶中抹去，從而達到南郭子綦所謂『吾喪我』的那種『形如槁木』與『心如死灰』的生命狀態。

經過漫長的思想求索與艱難的工夫踐履，莊子的主體心靈便與廣漠無垠的宇宙時空融爲一體，在無所挂礙、纖塵無染的虛空與無限之中作精神的放飛。在這個空明澄澈的虛空世界，人之爲人的一切生存價值與生存條件，皆一一爲之勘破。雖然今天的生活並不比昨天的生活更加美好；今天的陽光也並不比昨天的陽光更加燦爛。但悟『道』之後的心情卻大不一樣，超邁與曠達的宇宙情懷，寧靜與高遠的精神境界，給人以安閒、愉快與通達的心情與心境，以此心情與心境重新觀照現實生活中的人生遭際與世情百態，不僅死生窮達禍福榮辱等諸般人生際遇不能擾亂心靈的安閒與和適，反而以一種包舉宇內，涵藏萬有的博大胷襟，欣然容受而不存任何芥蒂，坦然接納而沒有絲毫稽滯。因此，既超越了人世間的一切價值羈絆，心靈飛升於無限高遠的宇宙時空，雄視大千萬象；又以怡然曠達的心境入乎世、行乎俗，隨緣自適，無可無不可。心靈既與世俗保持著距離，又在行爲上與世俗打成一片，也就是心靈超越而又混跡黎甿。「獨與天地精神往來而不敖倪於萬物，不譴是非，以與世俗處」（《天下》），這就是莊子悟「道」之後的心靈境界及其生存智慧。

三、絕鉤繩而棄規矩——悟「道」之際的心靈陣痛

勿庸諱言，《莊子》一書中否定工匠與工巧的說法並不少見，其《駢拇》一篇尤爲集中。他認爲，一切工藝製作以及色彩、音聲、文辭、辯說，甚至包括「仁義」的說教皆如「駢拇」與「枝指」一樣，對於人類的自然天性而言，都是多餘無用的；從而對人類的既有文明包括精神文明與物質文明作了總的清算〔一〕。

〔一〕《莊子》一書，包括《內篇》、《外篇》與《雜篇》三個部分，本是莊學叢書，具有統一的思想體系。莊子對於人類既往文明進程的歷史反思，集中在《內篇·應帝王》，而《外篇》與《雜篇》諸如《駢拇》《馬蹄》之類的相關論述，皆是《應帝王》一篇的思想發揮。參見程水金《中國早期文化意識的嬗變》第三卷上冊相關論述。

莊子認爲，由古代對於色彩與圖案有著特殊辨識功能的離朱創造的那些燦爛的色彩，漂亮的圖案，輝煌的『黼黻文章』； 由擅長於音律的師曠用『金石絲竹』等材質製作而成的各種樂器所演奏的『黄鐘大吕』之類美妙動聽的音樂； 由沽名釣譽之徒曾參與史魚所鼓吹的那些屈抑人性、違背人情因而讓天下之人永遠也難以做到的所謂『仁義』的道德説教； 還有楊子和墨子這些不異於玩雜耍、變戲法似的咬文嚼字，堆砌辭句，勞心傷神把精力浪費在辯説『堅』與『白』是在同一石頭裏還是不在同一石頭裏這些雞毛蒜皮毫無用處的問題； 所有這些人幹的所有這些事，不過如同畸形醜陋多餘的『駢拇枝指』及『附贅縣疣』一樣，都不是天下正當合理而應該有的東西！

所謂天下正當合理應該有，就是與生命的本性與真情不相違背。然而，那些巧手慧中的能工巧匠利用各種工具製作各式花樣翻新的工藝器物，也與那些聰明智慧的文化人鼓吹『仁義』以戕害人性一樣，也是對正常物性的鑿毁與破壞。因此，用半規（『鉤』）正其曲、用墨斗（『繩』）正其直、用圓規（『規』）正其圓、用矩尺（『矩』）正其方，就是對木性的損傷。用繩索捆綁與膠漆粘合以保持牢固，就是對物性的侵害。所以『仁義』道德的説教，如同這些膠漆繩墨一樣，都是使人和物喪失其自身本性的工具與武器！ 至於《馬蹄》一篇，莊子竟是直接指控『工匠之罪』了。莊子説：

陶者曰：『我善治埴，圓者中規，方者中矩。』匠人曰：『我善治木，曲者中鉤，直者應繩。』夫埴、木之性，豈欲中規矩鉤繩哉？ 然且世世稱之曰：『伯樂善治馬，而陶、匠善治埴、木。』此亦治天下者之過也。故純樸不殘，孰爲犧樽！ 白玉不毁，孰爲珪璋！ 道德不廢，安取仁義！ 性情不離，安用禮樂！五色不亂，孰爲文采！五聲不亂，孰應六律！夫殘樸以爲器，工匠之罪也；毁道德以行仁義，聖人之過也。

顯然，因爲要反對一切人爲的『治』，所以莊子認爲，陶者『治』埴，匠人『治』木，伯樂『治』馬乃至聖人『治』天下，都是殘害天下本性的行爲。因此，『殘樸以爲器，工匠之罪也；毁道德以行仁義，聖人之過也』！

也因此，莊子主張滅絶一切規矩法度，毁棄一切工藝技巧：

擢亂六律，鑠絶竽瑟，塞瞽曠之耳，而天下始人含其聰矣；滅文章，散五采，膠離朱之目，而天下始人含其明矣；毁絶鉤繩而棄規矩，攦工倕之指，而天下始人有其巧矣。故曰：『大巧若拙。』

所有這些説法，無疑偏激而決絶。他要顛覆一切權威，打破一切壟斷，廢除一切技巧，徹底放逐一切知識與文明，返樸歸真，重新回到自然無文的洪荒之世！

不過，所有這些否定工匠與技藝的説法，以及這種偏執情緒與決絶態度，衹是莊子悟『道』之初的思想陣痛；或者説，衹是他悟『道』過程中的一個思想環節。然而，心靈一旦進入高遠而超邁的『道』的境界，以涵藏萬有的博大胷懷，觀照人間的世情百態與大千萬象，則一切皆可圓融通達，對於工匠與技藝的態度與看法，也必將展現出本質的超越。

四、有機事而無機心——無可無不可的技藝觀

然而，如前所述，莊子悟『道』之後，修道與行世兩不相妨，隨緣自適而無可無不可。無論先前贊成的也罷，先前反對的也罷，都在中正平和的心境之中，失去了對待的意義而變得和諧一致起來（『故其好之也一，其弗好之也一』）。至於它們是否真的和諧，是否真的一致，在做足了『齊不齊以致齊』的『心齋』與『坐忘』的修養工夫之後，已然不成問題。壽夭禍福、窮達富貴一皆無所挂懷，也就沒有執意追問與判然分別的必要了（『其一也一，其不一也一』）。更何況『人』並不是『藐姑射之山』不食人間烟火的『神人』，而且卽使是『吾喪我』的南郭子綦，『喪』了之後仍然還得回到現實的生活。因此，心靈固然可以曠達而高遠，精神亦無妨超邁而脫俗，遠離俗世間的一切熙熙攘攘，放棄人世間的一切文化與價值（『其一與天爲徒』）；但『人』畢竟仍然是『羣於人』的社會動物，還必須要在『人間世』繼續生存下去，因而也必須與『人』生活在一起，該幹什麼還得幹什麼（『其不一與人爲徒』）。這樣一來，精神的高邁超脫也就與世俗的社會生活兩不相礙，『天與人不相勝』。這就是《大宗師》所謂『古之真人』在悟『道』之後重新回到世俗生活的具體行爲表現！

既然『其好之也一，其弗好之也一；其一也一，其不一也一』；那麼先前對於工匠與工藝造物活動的偏激與決絕，卻在『道』的心靈境界不斷提升的過程中逐漸發生著潛移默化的改觀。反過來，對於工匠與工藝造物活動潛移默化的不斷改觀，同時也反映出且象徵著心靈境界不斷超越的思想歷程。

在這裏，『技』仍然是喻『道』的工具與手段。

《天地》載子貢與漢陰丈人的故事，不僅濃縮了莊子悟『道』前後不同技藝觀的思想變遷，也象徵著『道未始有封』的心靈境界不斷提升的漫長過程。

子貢從楚國返回晉國，途經漢陰，碰到一位事先鑿一條隧道斜達井底然後從井底舀上一罐水呼哧呼哧爬上來一棵一棵地澆菜的老者。看他如此勞而少功，便給他推薦一種名叫桔槔的機械裝置，日灌百畝，用力少而見功多。老者卻『忿然作色而笑』曰：『吾聞之吾師，有機械者必有機事，有機事者必有機心。機心存於胷中，則純白不備；純白不備，則神生不定；神生不定者，道之所不載也。』而且你說的那玩藝兒，我並非不知道，衹是恥於使用而已（『吾非不知，羞而不爲也』）。子貢回到魯國，把這事告訴了孔子。孔子則認爲，那不過是『假修渾沌之術』的人。如果他心靈通達，境界高遠，而又混跡於黎甿，隨緣自適，與世俗的人和事打成一片，就像把一個白色透明的東西放進白色透明的東西裏面一樣，你還會覺得他有什麼與衆不同從而對他的矯揉造作嘩衆取寵產生莫大的驚訝嗎？況且，如果是真正修行『渾沌之術』，你和我能認出他來嗎？

這個故事，可謂峯迴路轉，一波三折，讀來令人興味盎然。

所謂『桔槔』，是利用杠杆原理製作的一種機械裝置。在當時的技術條件下，應該是比較先進的機械化勞動工具了。但是這位灌園老人卻遵循師訓，認爲『有機械者必有機事，有機事者必有機心』，寧可採取原始笨重的汲水方法而堅決拒絕使用高效省力的機械工具。這種對待工匠技藝與機械工具的排斥與拒絕，無疑是在對人類文明進程作了十分悲觀的文化反省之後所產生的否定與抗拒心理，與莊子對工匠與技藝的上述否定態度相吻合。不過，這種『絕繩墨而棄規矩』的偏激與決絕，是莊子悟『道』之際的思想陣痛。或者更準確地說，是悟『道』之際較爲粗淺的初級層次：對人類先進技藝乃至一切造物活動都抱著抵觸情緒與排拒心理，要求返回原始的粗樸狀態，因而其思想與行爲與機械化的器物文明保持距離。當然，這種獨行精神與孤介秉性，雖然就『道』的境界而言，尚處在『分界著跡』的初始狀態，但是就一般世俗生活而言，也是一種難能可貴的德性與品質，也更是一般俗人難以承受的苦行方式。祇是這種行爲方式，表明灌園老人在思想上還執著一種絕對非此即彼的思維方式，因而不免流於行跡，尚欠圓融與通達。

然而，子貢竟誤以爲這種淺嘗輒止的悟『道』層次就是天底下最爲了不起的得『道』高人了。他不計較功利得失，也不屑於投機取巧，『功利機巧必忘夫人之心』，心中的每一個角落都是淨然無染、坦然無私的。因而對老者的行爲佩服得五體投地，甚至認爲與自己最爲尊敬的老師孔子相比，其『道行』更精深，其心胷更寬廣，其境界更高遠。哪怕是『以天下譽之，得其所謂，謷然不顧；以天下非之，失其所謂，儻然不受』。這種孤介特立、我行我素的精神作派，不是悟『道』高人又是誰呢！與他相比，子貢頓覺自已人格渺小，毫無定力，是個隨波逐流的俗人！顯然，子貢根據表面的觀察，加上自已的想象，把這位老人的思想境界作了相當程度的拔高。

可是孔子看問題並非如此膚淺。孔子認爲，這個灌園老人僅『識其一不知其二，治其內而不治其外』，將內在的心靈境界與外在的現實生活割裂開來，誤以爲高遠超邁的精神境界必然是索隱行怪，與眾不同，從而陷入矯揉造作、高自標榜的流弊與嫌疑。而真正的悟『道』高人不會故意排斥『用力甚寡而見功多』的機械化勞動工具。對於工匠技藝已然產生的造物成果如此抵觸與排斥，衹能說明他還沒有達到那種精神高遠而又混跡於黎甿乃至無可無不可的更高境界，不過是『假修渾沌之術』而已，與隨緣自適，通達無礙，不著痕跡，無可無不可的心靈境界相去甚遠！

因此，心靈固然應該與世俗保持著距離，生活卻不妨與世俗打成一片。這種心靈超越、境界高遠而又混跡於黎甿的渾融與通達，亦即今之俗語所謂『真人不露相』的那種高妙境界。

五、結論

總之，爲應對生命的自然屬性（『天籟』）與社會屬性（『天弢』）帶來的人生困境，莊子將虛空與無限的外在宇宙形式，通過『徇耳目內通而外於心知』的『心齋』與『坐忘』的修養工夫，內化爲無限高遠的心靈境界。然後，以此高遠超邁的心靈境界入乎世，行乎俗，一切皆圓融通達，無可無不可。隨著悟『道』層次的不斷提升，其工匠技藝觀也呈現一波三折的流動狀態。於是，心靈境界的逐級提升映射著工匠技藝觀的潛移默化，而工匠技藝觀從否定走向圓融的潛移默化，又隱喻著悟『道』的心靈從超越世俗而終歸隨緣自適的行爲軌跡。這種『技』與『道』相關互喻而並行提升的思想歷程與行爲軌跡，北宋青原惟信的體會與證悟，最爲生動而貼切。青原和尚說：

老僧三十年前未參禪時，見山是山，見水是水。及至後來，親見知識，有個入處。見山不是山，見水不是水。而今得個休歇處，依前見山衹是山，見水衹是水。

『見山是山，見水是水』，是悟『道』之際『分界著跡』的區別相，象徵著對工匠技藝的否定與排斥，漢陰丈人抱甕灌園拒絕使用機械卽屬此類。『見山不是山，見水不是水』，悟『道』心靈有所超越的情理狀態，子貢所想象的『天下之非譽，无益損焉，是謂全德之人』屬之。至於『依前見山衹是山，見水衹是水』，以悟『道』心靈重新回到世俗生活的生命狀態：心靈高遠而又混跡黎甿，隨緣自適而無所矯飾，俯仰因循而無可無不可。孔子所謂『渾沌之術』，《大宗師》所謂『天與人不相勝』，就是這種修道與行世兩不相妨之自由境界的寫照。在這種自由無礙的心靈狀態觀照之下，一切工匠技藝與器物文明再無拒斥的必要，反而無所挂礙地坦然受而用之。此時此刻，此情此境，唯無他意，僅有一段『有機事而無機心』的圓融與通達而已。

由此可見，莊子所謂『技』與『道』的言說，究竟是『由技入道』還是『以技喻道』，不是非常清楚的嗎？

（原載《光明日報》二〇二三年十月二三日第十三版，略有改動）

主要參考書目

林希逸：《莊子鬳齋口義》，中華書局一九九七年。
呂惠卿、湯君：《莊子義集校》，中華書局二〇〇九年。
褚伯秀：《莊子義海纂微》，華東師範大學出版社二〇一四年。
王夫之：《莊子解》，中華書局一九六四年。
釋德清：《莊子内篇注》，華東師範大學出版社二〇〇九年。
郭慶藩：《莊子集釋》，中華書局一九六一年。
王先謙：《莊子集解》，中華書局一九八七年。
錢澂之：《莊屈合詁·莊子精釋》，黄山書社一九九五年。
朱桂曜：《莊子内篇證補》，商務印書館一九三五年。
章太炎：《莊子解故》，浙江圖書館校刊《章氏叢書》本。
馬叙倫：《莊子義證》，商務印書館一九三〇年。
劉文典：《莊子補正》，安徽大學出版社一九九九年。
錢　穆：《莊子纂箋》，商務印書館一九三一年。
鍾　泰：《莊子發微》，上海古籍出版社一九八八年。

王叔岷：《莊子校詮》（上下册），中華書局二〇〇七年。
錢　穆：《莊老通辨》，生活·讀書·新知三聯書店二〇〇二年。
劉　武：《莊子集解内篇補正》，中華書局一九八七年。
關　鋒：《莊子内篇譯解和批判》，中華書局一九六一年。
曹礎基：《莊子淺注》，中華書局一九八二年。
陳鼓應：《莊子今注今譯》，中華書局一九八三年。
楊柳橋：《莊子譯詁》，上海古籍出版社一九九一年。
張耿光：《莊子全譯》，貴州人民出版社一九九一年。
陳鼓應：《老莊新論》，上海古籍出版社一九九二年。
吳林伯：《莊子新解》，京華出版社一九九八年。
方勇、陸永品：《莊子詮評》，巴蜀書社一九九八年。
王世舜：《莊子注譯》，齊魯書社一九九八年。
顧　實：《莊子天下篇講疏》，知識產權出版社二〇一五年。
錢基博：《讀莊子〈天下篇〉疏記》，華夏出版社二〇一六年。
高　亨：《莊子天下篇箋證》：華夏出版社二〇一六年。
馬敍倫：《莊子天下篇述義》：華夏出版社二〇一六年。
涂光社：《莊子範疇心解》，中國社會科學出版社二〇〇三年。

畢德來：《莊子四講》，中華書局二〇〇九年。
崔大華：《莊子歧解》，中華書局二〇一二年。
蔣門馬：《莊子彙校考訂》，巴蜀書社二〇一九年。
龔樂羣：《老莊異同》，臺灣幼獅文化事業公司一九七四年。
張恆壽：《莊子新探》，湖北人民出版社一九八三年。
陳品卿：《莊學新探》，臺灣文史哲出版社一九八三年。
崔大華：《莊學研究》，人民出版社一九九二年版。
劉笑敢：《莊子哲學及其演變》，中國社會科學出版社一九九三年。
崔宜明：《生存與智慧》，上海人民出版社一九九六年。
張　涅：《莊子解讀》，齊魯書社二〇〇三年。
王　博：《莊子哲學》，北京大學出版社二〇〇四年。
安繼民等：《道家雙峯》，河南大學出版社二〇〇一年。
哲學研究編輯部：《莊子哲學討論集》，中華書局一九六二年。
復旦學報編輯部：《莊子研究》，復旦大學出版社一九八六年。
蔡宗陽：《莊子之文學》，臺灣文史哲出版社一九八三年。
劉紹瑾：《莊子與中國美學》，廣東高等教育出版社一九八〇年。
馮友蘭：《中國哲學史新編》，人民出版社一九八四年。

李　耽：《先秦形名之家考察》，湖南大學出版社一九九八年。
黃華珍：《莊子音義研究》，中華書局一九九九年。
王　凱：《逍遥遊》，武漢大學出版社二〇〇三年。
劉生良：《鵬翔無疆》，人民出版社二〇〇四年。
陳引馳：《莊子精讀》，復旦大學出版社二〇〇五年。
楊國榮：《莊子的思想世界》，北京大學出版社二〇〇六年。
牟宗三：《名家與荀子》，吉林出版集團二〇一〇年。
程水金：《中國早期文化意識的嬗變》第三卷，武漢大學出版社二〇一四年。
賈學鴻：《〈莊子〉名物研究》，人民出版社二〇一六年。
楊國榮：《莊子内篇釋義》，中華書局二〇二一年。
黃震雲：《莊子思想研究》，花木蘭文化事業有限公司二〇二三年。
陸德明：《經典釋文》，中華書局一九八三年。
段玉裁：《説文解字注》，上海古籍出版社一九八一年。
劉　淇：《助字辨略》，上海古籍出版社二〇〇二年。
于　鬯：《香草續校書》，中華書局一九六三年。
孫詒讓：《札迻》，中華書局一九八九年。
俞　樾：《諸子平議》，浙江古籍出版社《俞樾全集》本。

王念孫：《廣雅疏證》，上海古籍出版社二〇一八年。
王引之：《經傳釋詞》，岳麓書社一九八四年。
吳昌瑩：《經詞衍釋》，中華書局一九五六年。
郝懿行：《爾雅義疏》，上海古籍出版社一九八三年。
王先謙：《釋名疏證補》，上海古籍出版社一九八四年。
錢　繹：《方言箋疏》，中華書局一九九一年。
黄承吉：《字詁義府合按》，中華書局一九八四年。
朱季海：《莊子故言》，中華書局一九八七年。
黄　焯：《古今聲類通轉表》，上海古籍出版社一九八三年。
宗福邦等：《詁訓匯纂》，商務印書館二〇二三年。

後記

早在二〇〇六年，當我完成了《中國早期文化意識的嬗變》第三卷有關《莊子》部分的寫作之後，便有做一個《莊子》新注本的衝動，衹因牽於各種人事，一直未能付之於實行。直到近來不期然而然地做了一部《尚書釋讀》，某種程度上滿足了國學諸生的教讀之需，也意外地獲得了學界同行的不吝褒獎，這才迫切地意識到，給當代莊子愛好者做一個《莊子》新注本，也不期然而然地成爲必須一鼓作氣的當務之急了。

說到《莊子》，有些早年的趣事，頗可追憶。

本人係華中師範大學中文系七七級本科生，進校的那個學期，是在湖北省京山縣孫橋鎮附近的華師分院度過的。一天晚上，與兩位新洲籍同學去拜訪一位同籍的蕭老師。蕭老師講述了自己讀書求學的親身經歷，給我們這些剛從農村進城上大學的年輕本科生指點爲學門徑。其間，老師提到一件在當時是特別遺憾的事情：他在學生時代省吃儉用收藏過一套《莊子》，後來不幸丟失了；衆所周知，這類古籍讀物在當時不可能再版與重印，失而復得幾乎完全無望。此時，有位同學就著話題請教蕭老師，『我們可不可以讀《莊子》』。老師回答說，『以你們現在剛上大學的語文水平，恐怕還沒有能力讀《莊子》』。蕭老師隨意一句甘苦之言，卻深深地激發了我對《莊子》的强烈好奇心。不過，也因爲迫於諸多不得已的『當務之爲急』，一直沒有時間與機會覓讀這部書。直到本科畢業之後，突然有一天看到

《光明日報》有一則中華書局讀者服務部的郵購信息，仿佛空谷忽聞足音，他鄉重逢故舊，興奮不已。於是一路狂奔，立卽去鎮上的郵電局寄出五元人民幣，生怕去晚了便立馬售罄似的。就這樣，從中華書局直接郵購了這套平裝四冊重印一九六一年版的郭慶藩《莊子集釋》。

然而，真正接觸《莊子》，始於八六年到武漢大學中文系攻讀碩士研究生之後，業師蔡守湘先生爲我們講授《莊子》。那個年代，研究生上課，沒有規定必須在教室，學校也沒有給教師配備專門的工作室，所以導師可以直接在家授課。師生圍坐在客廳的飯桌旁邊，氣氛融洽，便於交流。每周一次，上完課之後，蔡先生還留我們共進午餐，一同喝點小酒。師生親密無間，相得甚歡，至今都是常常浮現在腦海之中的美好回憶。

蔡先生講《莊子》，沒有規定具體版本，不計版式橫豎與字體繁簡，祇要是原文卽可。聽課的同門，有用曹礎基《莊子淺注》的，有用陳鼓應《莊子今注今譯》的，我用的就是先前郵購的這部《莊子集釋》。

先生備課非常認真。那時還沒有電腦，他的講義是碩大一個膠皮封面的紙質筆記本，正文夾雜著注文，寫得密密麻麻。先生授課也十分投入，聲音纖細卻很高昂，聽起來很是亢奮。不過因爲先生濃重的湖南東安口音，實在不容易聽得懂。一個學期的《莊子》課，除了每次陪同先生小酌之外，印象最爲深刻而永遠不能忘記的就是，他老人家講授了一個學期的《莊子》，就足足罵了一個學期的『打狗屁』。這是先生個性十足的特殊表達方式，凡是碰到他認爲舊註不貼切或者今人說解謬誤的地方，他都會斥罵一聲『打狗屁』。不過，應該說明的是，雖然先生性合佩韋，遇事有些急躁，但他講授《詩經》與《楚辭》以及漢魏樂府，卻很少有這種斥罵，唯獨講《莊子》方是如此。而且一個學期下來，似乎『打狗屁』最多的是《莊子今注今譯》。或者是因爲蔡先生覺得這種書，簡便通俗，反而可能貽誤更廣的緣故罷！

本人正式研讀《莊子》，始於二〇〇二年夏天。其時，拙著《中國早期文化意識的嬗變》第二卷已交付出版社，準備著手撰寫第三卷的莊子部分。於是將坊間各種注本一一對讀，這才真正體會到，當年蕭老師那番話實在千真萬確，要讀懂《莊子》，誠非易事！不僅原文難以透悟，那些陳陳相因的義解與注疏，同樣讓人丈二和尚摸不著頭腦。甚至有時不看它們怎麼說，我還能大致明白；可是看了它們的說解之後，反而讓我更加糊塗。不知道是我的腦袋太笨，還是它們確乎『以其昏昏，使人昭昭』？而且有些注疏與義解，用蔡先生的話說，常常是用這一種『打狗屁』替換另一種『打狗屁』，而莊子實在沒有它們說的那些意思！這令我常常想到小時候在鄉下聽過的一則『瞎子斷匾』的故事。說是平時總是互不服氣的幾個窮秀才，在一起炫耀自己的眼力。爲了一決高下，他們約定，誰能看清楚對面村莊那個大戶人家門上新近挂出的一張匾額，就證明誰的眼力好。於是都說自己看得最清楚，而且各自言之鑿鑿地描述了自己的所見。一個說是燙金的顔體，一個說是墨綠的柳體，最後一個說：你們都不對，那明明是白底黑字，妥妥的歐體，還是出自鄰村舉人趙大老爺的手筆。最後派人去驗證，結果回報說，大戶人家那塊新匾還沒有挂出來呢！毫不客氣地說，古今注《莊》解《莊》的著作，大多類似於『瞎子斷匾』。

《莊子》解讀所以常常出現『瞎子斷匾』的荒謬與笑話，其原因大抵不外乎以下數事：一是形象思維。衆所周知，形象往往大於思維；於是理解見仁見智，說者便人言言殊。比如『莊周夢蝶』。二是自我解構。王夫之稱爲『自説自掃』，莊子自道則稱爲『卮言曼衍』。也就是説，爲了免除語言造成的思維僵固，防范誤讀與曲解，莊子不斷地通過自我否定來遮撥語言與思想之間的張力。比如『相呴以濕，相濡以沫；不如相忘於江湖』，就是一個具體而微且頗具典型意義的『自説自掃』。而且莊子的思想體系本身，自始至終都呈現出不斷否定與遮撥的搖擺過程。三是語義濃縮。莊子的語詞與概念，內涵繁複，語義多歧；雖然文句看似簡短，涵義卻異常豐贍，籀繹與解讀頗費周折。比如『有天，天也；有人，亦天也；人之不能有天，性也』，如果對莊子的思想體系沒有全面深入的系統把握，則很難準確理解其真實涵義。四是語言風趣。『以天下爲沈濁，不可與莊語』，甚至不惜插科打諢，雲山霧罩，使人不明就裏。比如『道在屎溺』，不知道讓古今多少學人誤入歧途。事實上，莊子回應東郭子『道惡乎在』這段文字，不僅是插科打諢，也是典型的『自説自掃』，衹是粗心的讀者掉進陷阱而不自知罷了。除此之外，莊子文章常常採取『意聯文不聯』或『文聯意不聯』的結構與章法，常常令讀者如入迷宮，失了方向。

不過，障礙一經發現，掃除與克服就不會太難。其實，以莊子的『心齋』之法研讀《莊子》，就是唯一正確的路徑。因此，『虛室生白，吉祥止止』，以莊治《莊》，既不要迷信權威，也不要先入之見；更不要照搬現行哲學教科書的所謂『本體論』、『宇宙論』、『認識論』那些僵化的套路去肢解莊子，尤其不要與什麼尼采之類任何一位西方大哲作比附！所謂『伐柯伐柯，其則不遠』，衹有用莊子的『心齋』之法，排除各種外在的思想干擾，才有可能比較準確地把握莊子的思想體系，才能真正理解他究竟在説什麼以及怎麼説？卽如晉人郭象，首先抱定『性分』二字橫亙於胸，便自始至終與莊子死磕，終究衹是自說自話；雖然偶有所中，也不過是歪打正著，郢書燕說而已。倘若用《德充符》常季的那句話來回敬郭象的《莊子注》倒是恰如其分的：『彼兀者也，而王先生，其與庸亦遠矣』！

當然，回歸元典，細讀文本，以莊治《莊》，並不是說不要參考前人著作。其一，雖然自《尚書》以來，華夏文明早已奠定了言文分離的書寫傳統；但莊子的時代畢竟距離我們十分遙遠，其話語方式不僅刻烙著鮮明的時代印痕，其觀念表達也呈現出莊子本人的個性特徵。因此，『由小學入經學，其經學可信』，以治經的方法研治子學，這是讀《莊子》的不二法門。因此，乾嘉以及近世以來，有關《莊子》的樸學著作是不容忽視的。其二，古注今釋，文庫義府，堪比五車之富，雖然大多陳陳相因卓見無多，卻也不乏吉光片羽；擇善而從，取精用宏，當然有助於正確理解《莊子》，這也是無庸諱言的。

基於上述原因與原則，本書整理《莊子》的思想方法，是以宏觀提振微觀，以微觀支持宏觀。因此，首先樹其弘綱，立其大體，讓讀者對莊子的思想體系有一個整體把握。第一，將拙著《中國早期文化意識的嬗變》第三卷上冊《莊子：咀嚼生命本真出離人生苦難的貧士》的結語部分，作爲『代前言』置於本書之首。這個結語，是本人經過多年深入研究歸納而成的，可以自負地說，它對莊子思想體系及其言說方式的總結與提示，簡潔而明了，對於《莊子》閱讀具有提綱挈領指點門徑的作用與效果。當然，如果通讀《嬗變》有關莊子的系統論述，可能更加清晰明了。第二，每篇作品設置解題，交待全篇主旨以及在莊子思想體系中所屬的思想環節。而《外》、《雜》篇的解題，還會揭示與《內篇》某文某觀念的思想關聯；以此突出莊子思想體系的連貫性。第三，每篇原文皆劃分章句與段落，歸納其大意。因此，前言，解題，章句，釋義，繹文，五者相輔相須，綱舉目張，有條不紊。其次，文本串講，亦如拙著《尚書釋讀》，仍然採用文章學的方法，根據文本內在的自我詮解性，解決諸多疑難問題，並以此檢證前修與時賢說解的確當性。也同樣不放過任何一個重要虛詞，注重語法文勢以及文本內在的邏輯關聯。總而言之，如果不是將現存三十三篇文本融滙貫通，熟讀深思，難免出現錯誤。《莊子今注今譯》之所以被蔡先生屢屢斥之爲『打狗屁』，平心而論，其書本身具有明顯的三大缺陷：其一，凡是作者無法通解之處，便以爲不是莊子思想，因而對莊子原文隨意刪削，如刪除《大宗師》『以刑爲體』一節十三句極爲重要的文字，卽是典型例證。如果像這樣遇到讀不懂的地方便自行刪除，天下也就沒有讀不懂的書了。其二，對晉宋以來的前人舊注不善抉擇，如對釋德清《莊子內篇注》有關『三籟』之極爲精審的解說置若罔聞，造成極大的遺珠之憾，以致於當代學者乃至普通讀者仍然衹知郭《注》與成《疏》的錯誤說法，給當代莊子研究與《莊子》閱讀造成了極大的學術障礙與思想混亂。其三，由於該書對莊子思想體系的整體把握產生了較大偏差，因而對不同版本的文字校勘便失去了學理依據。如《養生主》『始也吾以爲其人也，而今非也』，該書依文如海本校爲『至人』，既不知『至』與『其』乃因行草字形相似而致訛；也不知聯繫莊子生命哲學的整體思想進行理校，以致莊生之旨全失！當然，我們指出這些問題，決非對該書的無端指摘，讀者自可取該書覆檢覈查，以資比較。不過，這也可從反面吸取教訓：給《莊子》做文獻整理，當心存敬畏，決不能率爾操觚，貿然行事；更不能魯莽滅裂，肆意妄爲！

此外，本書附錄兩篇相關論文，以期正本清源，撥雲見日；糾正學術界長期以來的某些嚴重誤讀。

『詩家總愛西昆好，獨恨無人作鄭箋』；莊生辭華，解人難得，振古如茲。『予謂女夢，亦夢也；

是其言也，其名爲弔詭！』且西人有言曰：『一千個讀者心目中便有一千個哈姆萊特。』這是鑑賞活動與詮釋過程之中的不爭事實。但是在這一千個讀者再生的哈姆萊特之中，總會有一個最爲接近莎翁筆下那個原創的哈姆萊特。至於哪一個再生的哈姆萊特與原創的哈姆萊特最爲接近，衹好交由讀者諸君作對比研判了。

最後，非常感謝南昌大學人文學院的領導以及江馬益院長的大力支持，也十分感謝人民文學出版社爲本書提供了出版機會。責任編輯葛雲波先生及李昭女士對拙稿的審校多所勞心，這才有了目前這部編校質量令讀者諸君比較滿意的正式出版物，在此也一並致以忱摯的謝意。

程水金行甫二〇二三年七月十一日於南昌